Das
städtische Amtsrecht
in Preußen.

Von

Dr. Hugo Preuß.

Berlin.
Druck und Verlag von Georg Reimer.
1902.

Inhalts-Verzeichnis.

In wenigen Jahren wird die erste preußische Städteordnung ihr Säkularfest begehen. An Bedeutung für das öffentliche Leben und das öffentliche Recht wird sie von keinem anderen organisatorischen Gesetze dieses Jahrhunderts übertroffen, und wohl nur von der Verfassungsurkunde erreicht; ja der Leitgedanke des Verfassungsstaates ist in ihr zuerst auf preußischem Boden zu rechtlich organisatorischem Ausdruck gelangt, vier Jahrzehnte früher, als er die Staatsverfassung selbst umzugestalten vermochte. Und wie die Überwindung des Absolutismus in Preußen die immanente Vorbedingung für die Erfüllung seines deutschen Berufs war, wie nur ein preußischer Verfassungsstaat zum Fundament eines neuen deutschen Reiches werden konnte, so war die Befreiung des Gemeindelebens von dem ertötenden Drucke des obrigkeitlichen Anstaltsstaates die Vorbedingung der konstitutionellen Gestaltung, so war die Neubelebung kommunaler Selbstverwaltung das Fundament des preußischen Verfassungsstaates. Es besteht ein innerlich organischer Zusammenhang zwischen der Städteordnung aus der Zeit tiefster Erniedrigung und der Reichsgründung in der Zeit höchster Machtentwicklung. Jene vier Jahrzehnte eines absolutistischen Zwischenreiches haben freilich tiefe Spuren zurückgelassen an der preußischen Selbstverwaltung wie am preußischen Verfassungsstaat. Ursprünglich gedacht als Grundstein eines organischen Verfassungsbaues, stand die städtische Selbstverwaltung während jener Epoche gleich einem erratischen Block inmitten der im Absolutismus stecken gebliebenen Staatsverfassung und der zu feudal patrimonialen Formen zurückgebildeten Verwaltung des flachen

Landes. Diese Jugendeindrücke hat das preußische Städterecht noch heute nicht völlig verwunden. Und auch die junge Verfassung hatte schwer zu leiden an jener Unterbrechung des Zusammenhanges mit dem großen organischen Reformwerk der Stein-Hardenberg'schen Aera; daraus erklären sich zum guten Teil die gefährlichen und entkräftenden Kinderkrankheiten des preußischen Konstitutionalismus, wie aus diesen sich wiederum gewisse Schwächezustände im Verfassungsleben des Reiches erklären.

In einem merkwürdigen Gegensatz zu der eminenten Bedeutung der städtischen Selbstverwaltung für die Entwicklung unseres Staatslebens und Staatsrechts steht die Vernachlässigung dieses Gebiets von seiten der publizistischen Theorie. Das positive preußische Städterecht ist während seiner nahezu hundertjährigen Existenz über die primitive Behandlungsform jeder jungen Rechtsmaterie, über die Bearbeitung des Rohstoffes für die Bedürfnisse der Praxis tatsächlich nicht hinausgelangt. Diese praktische Litteratur weist zum Teil ganz treffliche Leistungen auf. Wie schon die Bearbeitung der preußischen Gemeindeverfassung von Rönne und Simon eine ausgezeichnete Sammlung des Rohmaterials zu den Städteordnungen von 1808 und 1831 bietet, so können sich die neueren Kommentare zur Städteordnung von 1853, namentlich der von Oertel, ebenbürtig neben die Kommentarlitteratur jeder anderen Gesetzgebung stellen. Um so auffälliger ist der geradezu absolute Mangel jeder theoretischen Systematik; sofern man unter einer solchen nicht lediglich eine von der Legalordnung abweichende Gruppierung des positiven Stoffes versteht, sondern von ihr die Zurückführung der Rechtsinstitute auf wissenschaftliche Leitgedanken und organisatorische Prinzipien verlangt. Legt man diesen Maßstab an, so erscheinen die sämtlichen Bearbeitungen des preußischen Städterechts als Materialsammlungen und Kommentare, teils nach der Legalordnung, teils nach einem selbständigen Schema gruppiert; aber keine einzige von ihnen entspricht den Anforderungen, die man auf anderen Rechtsgebieten an eine wissenschaftliche Systematik stellt. Das gilt auch noch von Leidigs preußischem Stadtrecht, wenngleich sich dieses verdienstliche Buch dem Versuche einer wissenschaftlichen Systematik immerhin noch am meisten nähert. Und wenn Schoen es mit Recht als die Aufgabe einer systematischen Bearbeitung bezeichnet, den inneren Zusammenhang der einzelnen gesetzlichen Bestimmungen zur Geltung zu bringen und auch der Rechtsvergleichung und der historischen Entwicklung der einzelnen Rechtsvorschriften die erforderliche Aufmerksamkeit zuzuwenden, so wird sich doch nicht behaupten lassen, daß es seiner ebenso fleißigen wie brauchbaren, jedoch überwiegend kompilatorischen Bearbeitung des Rechts der preußischen Kommunalverbände wirklich gelungen sei, „diese Lücke in der Litteratur auszufüllen". Die Erreichung dieses Zieles war ihm von vornherein unmöglich gemacht durch den viel zu weit gegriffenen Umfang des positiven Stoffes und die Bestimmung der Arbeit zur Ergänzung des Rönneschen Staatsrechts.

Wohl findet regelmäßig das Städterecht ein bescheidenes Plätzchen in den systematischen Darstellungen des Staats- und Verwaltungsrechts; gelegentlich auch in monographischen Untersuchungen aus diesen Rechtsgebieten. Aber gerade an die eigenartigen Probleme des Städterechts kommt man gar nicht heran, wenn man dasselbe als einen Anhang des staatlichen Verwaltungs- und Verfassungsrechts behandelt. Diese übliche Behandlungsart erklärt es vielmehr zum Teil, daß die spezifischen Fragen dieses Rechtsgebiets wissenschaftlich noch kaum formuliert worden sind, daß es für die publizistische Theorie noch immer Neuland ist. Allerdings bedarf diese Behauptung einer sehr wesentlichen Einschränkung. Die allgemeine Grundlage dieses ganzen Rechtsgebiets, der Begriff der Selbstverwaltung hat sich einer überaus reichen, extensiv und intensiv bedeutenden Kultivierung seitens der wissenschaftlichen Theorie zu erfreuen gehabt. Aber diese theoretische Litteratur hat die Fragen des positiven Rechts, insonderheit des preußischen Städterechts, nur gelegentlich und exempli gratia in ihren Kreis gezogen, während umgekehrt die mit der Handhabung dieses positiven Rechts befaßte Praxis nur gelegentlich und meist widerwillig von der Existenz jener wissenschaftlichen Kultur Notiz nimmt. Noch mehr als auf anderen Gebieten des Rechts, und namentlich der Publizistik, sind hier Theorie und Praxis ihre eigenen Wege gegangen.

Einer wissenschaftlichen Bearbeitung des Städterechts ungünstig war übrigens auch der Einfluß der Richtung, die seit längerer Zeit in der deutschen Staatsrechtswissenschaft vorherrscht, des dogmatischen Positivismus. Diese Richtung steht ihrem Wesen nach der auf historische und begriffliche Argumente gestützten wissenschaftlichen Kritik allzu skeptisch gegenüber. Gerade der Mangel einer solchen wissenschaftlichen Kritik aber bezeichnet die schwächste Seite der üblichen Behandlungsart des Städterechts. Aus den Bedürfnissen der Praxis hervorgegangen und wesentlich nur zu ihrer Befriedigung bestimmt, kann sich diese Litteratur auf eine Sichtung und Würdigung des massenhaften positiven Materials mit den Mitteln juristischer Kritik nur sehr ausnahmsweise einlassen; es ist ein Luxus, wenn sie hier und da einmal ein kritisches Lichtlein aufsetzt. Der Praktiker sucht Rat und Hilfe zu einer möglichst raschen Entscheidung in Zweifelsfragen; findet er dies in einem Ministerialreskript, so wird er selten geneigt sein, sich mit weiteren Zweifeln über die Rechtsverbindlichkeit eines solchen Reskripts den Kopf zu zerbrechen; gibt es gar ein irgendwie verwendbares Oberverwaltungsgerichtserkenntnis, so ist das juristische Gewissen vollends beruhigt. Mit Verwaltungsverordnungen aller Art, namentlich mit Ministerialreskripten ist nun unser preußisches Städterecht in geradezu tropischer Fülle gesegnet. Diese ihre Quantität steht nur leider im umgekehrten Verhältnis zu ihrer Qualität unter dem Gesichtspunkt juristischer Kritik. Hier wirken jene oben erwähnten historischen Tatsachen nach aus der Zeit, da die städtische Selbstverwaltung als ein heterogenes Element im absoluten Staate dastand; und aus jenen noch weit traurigeren konstitutionellen Anfangsjahren, da das Ministerium Westfalen-Raumer die Durchlöcherung und Verfälschung der verfassungs- und gesetzmäßigen Grundlagen der staatlichen und kommunalen Organisation im Verordnungswege als Leitgedanken seiner Verwaltung betrieb. Aber weit über diese Zeit hinaus und bis auf den heutigen Tag sind Ministerialreskripte von zweifelhafter Rechtsgiltigkeit, ja von zweifelloser Rechtsungiltigkeit gerade keine Seltenheit, namentlich auf den von der Verwaltungsgesetzgebung wenig oder gar nicht ergriffenen Gebieten, wie dem der Schulverwaltung. Und obwohl die Judikatur des Oberverwaltungsgerichts in den ihr zugänglichen Materien einen erheblichen Fortschritt für die Rechtssicherheit bedeutet, so kann doch auch sie füglich das Korrektiv einer Nachprüfung durch die wissenschaftliche Kritik nicht entbehren. Unterliegt sie ihr aber schon überhaupt weniger als die eines anderen obersten Gerichts, so kommt dieses Korrektiv auf dem Gebiete des Städterechts am allerwenigsten zur Geltung. Und nicht nur gegenüber der Verwaltungspraxis und der Judikatur, sondern auch der positiven Gesetzgebung gegenüber bedarf es auf diesem Gebiete einer intensiven wissenschaftlichen Kritik, um wenigstens de lege ferenda den schöpferischen Rechtsgedanken dieser Organisationsform zur Geltung zu bringen, und von der Verkümmerung und Entstellung durch den Einfluß heterogener Organisationsprinzipien und politischer Tendenzen zu befreien.

Eine solche Behandlungsart läuft unter der Herrschaft des dogmatischen Positivismus stets Gefahr, als eine historisch-politische, also unjuristische stigmatisiert und aus den heiligen Hallen der juristischen Publizistik verwiesen zu werden. Gewiß ist es das hohe und bleibende Verdienst der positiven Dogmatik und ihres mit Recht gefeierten Führers, das spezifisch juristische Wesen des Staatsrechts scharf herausgearbeitet zu haben; ihrer langjährigen Herrschaft ist es zu danken, daß ein Rückfall in jenen Dilettantismus als ausgeschlossen erscheint, „welcher einerseits mit einer gedankenlosen Zusammenstellung von Gesetzen und Gesetzgebungsmaterialien sich begnügte, andererseits banale Erörterungen der Tagespolitik, oberflächliche Zweckmäßigkeitserwägungen und aus dem Zusammenhang gerissene historische Notizen für staatsrechtliche Untersuchungen ausgab" (Laband im Vorwort zur 2. Auflage seines Reichsstaatsrechts). Aber wenn eine harte und übertreibende Einseitigkeit für die spezifisch juristische Methode als Kampfmittel zunächst unentbehrlich sein mochte, so kann doch auf die Dauer diese Methode nicht an dem starren Dogma festhalten, wonach „alle historischen, politischen und philosophischen Betrachtungen für die Dogmatik eines konkreten Rechtsstoffes ohne Belang" seien. Die nicht länger mehr abzuweisende Notwendigkeit, ihr Gebiet nach dieser Richtung hin zu erweitern, scheint mir aus dem heutigen Stande unserer positiven Staatsrechtswissenschaft klar hervorzugehen, falls nicht auf die Epoche eines raschen Aufblühens der Dogmatik eine Periode des Stillstandes und der dogmatischen Erstarrung folgen soll. Und nur eine in diesem Sinne erweiterte wissenschaftliche Theorie vermag sich das Brachfeld des positiven Selbstverwaltungsrechts, insonderheit des Städterechts für eine fruchtbare Bearbeitung zu erschließen. Wenn freilich die Heranziehung des historischen, politischen und philosophischen Elements dazu dienen sollte, „den Mangel an konstruktiver Arbeit zu verhüllen", so würde das einen unverantwortlichen Rückschritt bedeuten. In Wahrheit handelt es sich jedoch nicht um eine Verringerung, vielmehr um eine zugleich extensive und intensive Steigerung der juristischen Konstruktionsarbeit, die danach nicht nur die positiven Rechtssätze, sondern auch die zu ihrer kritischen Würdigung unentbehrlichen historischen, politischen und philosophischen Momente in juristische Begriffe umzusetzen hat. Diesen Befähigungsnachweis muß allerdings eine jede derartige Arbeit erbringen, die einen spezifisch juristischen Charakter für sich in Anspruch nimmt. Auch die folgende Untersuchung will die Anlegung dieses Maßstabes nicht nur gern dulden, sondern geradezu herausfordern.

Eine Behandlung des preußischen Städterechts unter den hier angedeuteten Gesichtspunkten kann sich, was das historische Material betrifft, für die Vorgeschichte im Zeitalter des absoluten Staates vor allem auf die Untersuchungen Schmollers zur preußischen Geschichte stützen; ferner für die Entstehung der ersten Städteordnung auf Ernst Meiers treffliche Darstellung der Stein-Hardenbergschen Verwaltungsreform, die eine spezielle Ergänzung in Max Lehmanns Untersuchung über den Ursprung der Städteordnung von 1808 findet. Damit ist freilich das wissenschaftlich durchgearbeitete Material nach dieser Seite hin im wesentlichen erschöpft. Das breitere Fundament jeder Arbeit nach dieser Methode muß die Rechtsgeschichte und der Rechtsbegriff der deutsch-rechtlichen Genossenschaft bilden; nur aus dem genossenschaftlichen Element seines Wesens heraus kann das Recht der modernen Selbstverwaltungskörper überhaupt und der Städte im besonderen begriffen und organisch konstruiert werden. In dieser Beziehung sind sowohl nach der historischen wie nach der begriffskonstruktiven Seite hin die Werke Gierkes die unentbehrliche und unerschöpfliche Rüstkammer für jede Weiterbildung der wissenschaftlichen Theorie.

Wie die Städteordnung von 1808 der Grundstein der modernen Selbstverwaltungsorganisation in Preußen ist, so ist historisch und begrifflich das Städterecht die Grundlage des positiven Selbstverwaltungsrechts überhaupt. Die wissenschaftliche Bearbeitung dieses Rechtsgebiets muß daher mit der des Städterechts beginnen; und bei der Schwierigkeit der Arbeit auf diesem noch nicht umgebrochenen Boden ist es geboten, sich zunächst auf dieses engere Feld zu beschränken. Erst von der so gewonnenen Grundlage aus wird man zu einer wissenschaftlichen Konstruktion des positiven Selbstverwaltungsrechts auch in seinen vom städtischen Typus abweichenden Bildungen, unter Anwendung der gleichen Methode gelangen können. Ja, die gleichen Erwägungen einer Selbstbeschränkung für den ersten Angriff auf dieses Neuland veranlaßten mich zu einer noch engeren Begrenzung der Aufgabe. Nicht das positive Städterecht in seiner Totalität ist Gegenstand der folgenden Untersuchungen, vielmehr nur der allerdings sehr umfangreiche und wichtige Teil der städtischen Selbstverwaltungsorganisation, in welchem sich ihre spezifische Eigenart, ihre Differenzierung von der staatlichen Organisation und zugleich ihre organische Wechselwirkung mit jener am schärfsten ausprägt. Das Organisationsprinzip der städtischen Selbstverwaltung und ihres Ämtersystems, das städtische Amtsrecht erscheint mir als der springende Punkt für die wissenschaftliche Erfassung des Wesens städtischer Selbstverwaltung auf dem Boden des positiven Rechts. Der Beweis für diese Auffassung kann nur durch den gesamten Inhalt dieses Buches erbracht werden, wenn sich ergibt, daß in diesem Rahmen tatsächlich die prinzipiell entscheidenden Probleme ihre systematisch richtige Stelle finden.

Was von dem Stande der wissenschaftlichen Behandlung des Städterechts überhaupt gesagt wurde, das gilt selbstverständlich auch von dem städtischen Amtsrecht im besonderen. Hier hat neuerdings das Kommunalbeamtengesetz vom 30. Juli 1899 den Anlaß zu einer eifrigen kommentatorischen Bearbeitung des Rohstoffes gegeben. So sind in kurzer Zeit mehrere sehr verdienstliche und praktisch brauchbare Arbeiten entstanden, wie z. B. der Kommentar jenes Gesetzes von Ledermann, die umfassende Zusammenstellung der einschlägigen Gesetze und Verordnungen in dem preußischen Kommunalbeamtenrecht von Kautz und Appelius u. a. m. Im Anschluß an das Gesetz, das ja selbst keine Kodifikation des ganzen Kommunalbeamtenrechts, vielmehr nur eine Novelle zu dem Recht eines Teiles der besoldeten kommunalen Berufsbeamten und zwar wesentlich nach der vermögensrechtlichen Seite hin sein will, beschränken sich auch jene Arbeiten in der Hauptsache auf die Darstellung dieser Materien. Sie bilden demgemäß eine Ergänzung zu den erwähnten Bearbeitungen des positiven Städterechts in Kommentar- oder Systemform. Daß sich das gegenwärtige Buch eine andere Aufgabe stellt als diese trefflichen Ratgeber der Praxis, ergibt sich aus den vorangehenden Ausführungen. Die Herausarbeitung einer wissenschaftlichen Systematik müßte durch ein Überwuchern des massenhaften Details von Einzelbestimmungen nach der Enumerationsmethode geradezu vereitelt werden. In dieser Hinsicht ergeben sich schon aus der partikularistischen Zersplitterung des preußischen Städterechts in eine Vielheit provinzieller Städteordnungen nicht unerhebliche Schwierigkeiten. Diese sind in der folgenden Darstellung dadurch überwunden, daß, abgesehen von den älteren Städteordnungen von 1808 und 1831 sowie der Gemeindeordnung von 1850, die als historisches Material in erheblichem Umfange herangezogen sind, im übrigen stets die östliche Städteordnung von 1853 zu Grunde gelegt ist und die abweichenden Bestimmungen anderer Städteordnungen insoweit berücksichtigt sind, als ihnen eine systematisch prinzipielle Bedeutung zukommt. Auch hinsichtlich des neben den Städteordnungen stehenden massenhaften Materials an Gesetzen, Verordnungen, Regulativen war eine erschöpfende Vollständigkeit der Reproduktion für die Zwecke dieser Arbeit nicht geboten, vielmehr notwendig ausgeschlossen; auch hier kam es auf die Heraushebung des prinzipiell Bedeutsamen an, während im übrigen auf die dem rein praktischen Bedürfnis entsprechenden Zusammenstellungen in jenen Handbüchern und Kommentaren verwiesen werden kann. Indessen verzichtet andererseits diese Arbeit keineswegs auf den Anspruch, die praktische Handhabung des positiven Städterechts gerade durch eine tiefere theoretische Begründung zu fördern. Das Wesen der wissenschaftlichen Theorie besteht nicht in der Produktion leerer Abstraktionen, sondern im richtigen Sehen dessen, was wirklich ist; deshalb müssen eine wahre Theorie und eine gesunde Praxis schließlich miteinander übereinstimmen und sich gegenseitig stützen, wie dies bezüglich vieler Punkte durch die folgenden Untersuchungen erhärtet werden wird. In diesem Sinne ist denn auch namentlich die höchste Judikatur ausgiebig berücksichtigt worden; freilich auch dies wiederum nicht in der Weise einer erschöpfenden Einregistrierung und Aufzählung jedes für irgend eine der erörterten Fragen in Betracht kommenden Erkenntnisses, sondern durch Hervorhebung der prinzipiell bedeutsamen Urteile; und zwar je nachdem als unterstützende Argumente für das Resultat der systematischen Konstruktion oder als Objekte der wissenschaftlichen Kritik.

Spiegelt sich in der Tat im städtischen Amtsrecht das spezifische Wesen der städtischen Selbstverwaltungsorganisation überhaupt in konzentrierter Form wieder, so müssen in demselben auch die drei prinzipiell bedeutsamen Seiten jeder kommunalen Selbstverwaltungsorganisation scharf hervortreten. Der kommunale Selbstverwaltungskörper ist erstens eine Art in der Gattung der Gebietskörperschaften oder politischen Gemeinwesen; er weist also zunächst die ihm mit den wesensverwandten Erscheinungsformen gemeinsamen Gattungsmerkmale auf. Der kommunale Selbstverwaltungskörper ist zweitens ein Teilorganismus der höheren Gebietskörperschaft, des Staates, dem er eingegliedert ist, und zu dem er in den spezifischen Rechtsbeziehungen dieser organischen Eingliederung steht. Der kommunale Selbstverwaltungskörper ist drittens ein eigener sozialer Organismus, dessen immanenter Gemeinwille in einer ihm eigentümlichen organisatorischen Rechtsform zum Ausdruck kommt. Diese drei Seiten, nach denen hin sich das organische Wesen des Selbstverwaltungskörpers überhaupt entfaltet, müssen sich in seinem Amtsrecht als seiner rechtlichen Organisationsform widerspiegeln. Dem entsprechen die drei Teile dieses Buches. Der erste behandelt den Gattungsbegriff des gebietskörperschaftlichen Amtsrechts, wie er als dessen Grundprinzip der modernen organischen Staatsanschauung zum Bewußtsein gekommen, positiv rechtlich aber in Preußen zuerst für das städtische Amtsrecht noch vor dem staatlichen verwirklicht worden ist. Der zweite Teil erörtert die eigenartigen Rechtsbeziehungen der städtischen Selbstverwaltungsorgane zu der höheren staatlichen Gebietskörperschaft als organisatorische Rechtsfolgen jenes spezifischen Eingliederungsverhältnisses. Der dritte Teil entwickelt das innere Amtsrecht des städtischen Selbstverwaltungskörpers als die Organisationsform zur rechtswirksamen Äußerung seiner eigenen Lebenstätigkeit im Wollen und Handeln.

Dieses ganze System ruht nun aber auf der begrifflichen Grundlage der organischen Staats- und Rechtstheorie. Wie überhaupt die klärende Kraft dieser Lehre gerade bei den Rechtsverhältnissen am deutlichsten sich bewährt, die allen gebietskörperschaftlichen Organisationen gemeinsam sind, so kann insonderheit das moderne Amtsrecht als das Recht der gebietskörperschaftlichen Organverhältnisse nur auf dem Boden der organischen Theorie gedanklich erfaßt und einheitlich konstruiert werden. Diese juristische Konstruktion berührt aber notwendig die Grundprobleme der Personentheorie wie die des subjektiven Rechts; denn in den amtlichen Kompetenzen ist ein Inbegriff von Rechten gegeben, deren Subjekt nicht der Beamte als Einzelperson, wohl aber der Beamte als Organ der Gesamtperson und zugleich diese Gesamtperson selbst über der Einzelperson ist. Damit stehen wir vor einem juristischen Kernproblem, an dem entscheidenden Punkte, wo sich die beiden heterogenen Personentheorien von einander scheiden, die anorganisch individualrechtliche Lehre einerseits, die direkt oder indirekt immer wieder auf die persona ficta zurückführt, und die organisch sozialrechtliche Personentheorie andrerseits, die auf der Erkenntnis von der realen Existenz der Gesamtperson und des ihr immanenten Gemeinwillens beruht. Der Gegensatz der beiden Personentheorien konzentriert sich um deswillen gerade auf dem Gebiet der amtlichen Organverhältnisse, weil es sich hier stets um ein und dasselbe Recht handelt, das unzweifelhaft der Gesamtperson zusteht, und das ebenso unzweifelhaft von dem Organ jedenfalls ausgeübt wird. Die Einzelperson als Organ ist die real gegebene Tatsache, die juristisch konstruiert werden muß; vor dieser Aufgabe versagt die der anorganischen Persönlichkeitstheorie sonst stets zu Gebote stehende Kunst des Wegdenkens vollständig, da hier weder die Gesamtperson noch ihr Organ weggedacht werden kann. Daher bleibt der individualistischen Persönlichkeitstheorie nichts übrig, als die Rechtssubjektivität d. h. die Persönlichkeit des Organs zu leugnen, und die zum Organ einer Gesamtperson berufene Gliedperson in dieser Eigenschaft ihrer Persönlichkeit zu berauben und zu einem unpersönlichen Etwas herabzudrücken. Denn für die anorganische Auffassung gibt es bezüglich der Rechtssubjektivität in jedem Falle nur ein Entweder — oder; für sie kann Subjekt eines bestimmten Rechts stets nur entweder das fingierte Individuum der Gesamtperson oder das reale Individuum der als Organ fungierenden Einzelperson sein. Für die organische Theorie dagegen, die in der Anschauung wurzelt, daß Einheit und Vielheit nicht einander ausschließende, sich gegenseitig aufhebende Begriffe sind, daß vielmehr die Einheit in der Vielheit eine Tatsache von realer Existenz ist, löst sich jenes Entweder — oder in ein Sowohl — als — auch auf. Subjekt der amtlichen Rechte ist für sie sowohl der Beamte wie auch das Gemeinwesen; denn der Beamte ist als solcher ebenso ein integrierender Bestandteil der Gesamtpersönlichkeit wie seine Kompetenz ein integrierender Bestandteil der Kompetenz des Gemeinwesens ist; daraus ergibt sich ein der organischen Theorie eigentümlicher Begriff, die Organpersönlichkeit.

Indessen erheischen diese Fragen, weil sie Grundprobleme der juristischen Begriffskonstruktion berühren, eine weitere Auseinandersetzung mit entgegenstehenden Lehren, namentlich auch mit der auf diesem Gebiete neuerdings besonders einflußreichen Zweck- und Interessentheorie; Erörterungen so abstrakter Art, wie sie sich füglich nicht in diese systematische Bearbeitung des positiven Rechts eingliedern lassen. Dieselben bilden deshalb den Inhalt einer begriffskritischen Studie: „Über Organpersönlichkeit", die ich in Schmollers Jahrbuch für Gesetzgebung 2c. Jahrg. XXVI (1902) H. 2 S. 103/142 diesem Buche vorausgeschickt habe. Auf diese Abhandlung muß ich hier generell verweisen, wie ich es im einzelnen zu näherer prinzipieller Begründung der berührten Punkte an verschiedenen Stellen dieses Buches getan habe. Dieser ihr eigentümliche Begriff der Organpersönlichkeit ermöglicht es der organischen Anschauung, das Problem von der Rechtssubjektivität der Gemeinwesen bei gleichzeitiger Rechtssubjektivität ihrer Organe zu lösen. Allerdings sind die Begriffe Organ und Organperson auseinander zu halten. Die Organe an sich sind Institutionen, organisatorische Einrichtungen, mit deren Namen man eine Mehrheit von Gliedpersonen, die in einem vom Rechte geordneten Nacheinander oder Nebeneinander zu bestimmten Organfunktionen berufen sind, in abstrakter Weise bezeichnet. Reale Existenz, Willen und damit rechtliche Wirksamkeit erlangen diese organisatorischen Einrichtungen lediglich dadurch, daß Gliedpersonen zu diesen Organfunktionen berufen und damit zu Organpersonen werden. Daher sind auch die Kollegialbehörden als solche keine Personen; vielmehr besteht ihre Eigenart dem Einzelamt gegenüber lediglich darin, daß letzteres die Zusammenfassung für eine Mehrheit von Organpersonen ist, die nach einander, jenes die Zusammenfassung für eine Mehrheit von Organpersonen, die gemeinsam neben einander zu den betreffenden Organfunktionen berufen sind. Wohl aber kann dem Staate gegenüber der kommunale Selbstverwaltungskörper nicht nur als Gliedperson, sondern auch als Organperson erscheinen, wie dies namentlich im sogenannten übertragenen Wirkungskreis der Gemeinden der Fall ist. Darauf beruht die Mediatisierung der Gemeindebeamten als Selbstverwaltungsorgane durch den Selbstverwaltungskörper gegenüber dem Staate, eine Anschauung, die im zweiten Teile dieses Buches, dessen prinzipielle Grundlage sie bildet, ausführlich entwickelt wird.

Die abstrakt theoretischen Darlegungen der erwähnten Abhandlung ebenso wie die positiv rechtlichen Untersuchungen des folgenden Buches zeigen, wie erst die Entfaltung der organischen Staatsidee in den Institutionen des modernen Verfassungs- und Rechtsstaates zur Entwicklung eines organischen Amtsrechts geführt hat. Der individualistische Geist des absoluten Staates konnte im Amtsverhältnis nur eine Abart des privatrechtlichen Dienstverhältnisses, im Beamtentum nur ein Dienertum sehen; erst aus dem organischen Wesen des modernen Verfassungs- und Rechtsstaats heraus gestaltet sich das Amtsverhältnis zum rein publizistischen Organverhältnis, das Beamtentum zur unmittelbaren Organschaft des Gemeinwesens. Die hohe Bedeutung gerade des städtischen Amtsrechts für diesen Entwicklungsprozeß wird sich aus den folgenden Untersuchungen ergeben. Darüber hinaus zeigen sich in den sozialrechtlichen Bildungen unserer Tage die unverkennbaren Ansätze zu einer weiteren organisatorischen Gestaltung, welche publizistische Elemente auch in das gewöhnliche privatrechtliche Arbeitsverhältnis in größerem oder geringerem Umfange hineinträgt. Der weitere Gang dieser Entwicklung läßt sich nicht voraussehen; keinesfalls jedoch dürfen diese Erscheinungen den Anlaß bieten, das publizistische Amtsverhältnis wieder mit dem privatrechtlichen Arbeitsverhältnis zu amalgamieren; man wird vielmehr umgekehrt in ihnen eine allmähliche Ausdehnung des publizistischen Rechtsgebiets zu sehen haben, Anfänge neuer Evolutionen der schöpferischen Idee des Rechtsstaats.

Und damit komme ich schließlich auf einen Einwand, der gegen einen Leitgedanken des folgenden Buches, die fortschreitende Entwicklung der Rechtsstaatsidee, schon gewissermaßen avant la lettre erhoben worden ist. Den wesentlichen Inhalt des nachfolgenden siebenten Kapitels habe ich bereits in den Preußischen Jahrbüchern (Bd. 107, H. 2. Febr. 1902) veröffentlicht. Dem Herrn Herausgeber jener Zeitschrift bin ich für die freundliche Aufnahme um so mehr zu Dank verpflichtet, als er in entscheidenden Punkten auf einem anderen prinzipiellen Boden steht. Dieser abweichenden Meinung hat er in einer redaktionellen Nachschrift zu meinem Aufsatz Ausdruck gegeben. So weit es sich dabei um wesentlich politische Fragen und ferner um die merkwürdige Sonderstellung der Stadt Berlin innerhalb unserer Verwaltungsgesetzgebung handelt, gehe ich darauf an dieser Stelle nicht ein. Daß die größte Gemeinde des Landes schlechteres Selbstverwaltungsrecht haben müsse als die kleinste, wird damit begründet, daß sie gefährlich und voll Herrschsucht sei! Manche seltsamen Konsequenzen dieses Rechtszustandes werden gelegentlich im Laufe der folgenden Untersuchungen berührt werden. Aber es wird in jener Nachschrift auch dem von mir vertretenen „Ideal des Rechtsstaates" das freie Walten der Persönlichkeiten entgegengesetzt, das vielleicht den allerwertvollsten Teil des staatlichen Lebens bilde. Damit scheint mir von vornherein die Frage falsch gestellt zu sein. Das Problem ist nicht: Freiheit der Persönlichkeit oder fortschreitende organisatorische Rechtsordnung; vielmehr: die Sicherung persönlicher Freiheit, und zwar nicht nur der Einzelpersonen, sondern auch der Gesamtpersonen, also der Gemeinden und darüber hinaus auch der Staaten, durch eine fortschreitende organisatorische Rechtsordnung. Das ist der Leitgedanke des Rechtsstaats; die organisatorische Abgrenzung der persönlichen Willenssphären durch eine immer weiter fortschreitende Ausgestaltung der objektiven Rechtsordnung. Innerhalb der Rechtsschranken ist der notwendige und fruchtbare Raum für die freie Entfaltung des persönlichen Wollens und Handelns; aber die Grenzen gegenüber der Freiheitssphäre anderer Einzel- oder Gesamtpersonen, auch der einer höheren Organisation eingegliederten Gemeinwesen, sind nicht durch das freie Ermessen, sondern durch das objektive Recht zu ziehen, und nicht durch die willkürliche Gewalt, sondern durch die organisierte Rechtsmacht auf Grund der Rechtsprechung zu schützen. In diesem Sinne ist der Fortschritt aller staatlichen Kultur identisch mit der immer größeren Einschränkung individueller Willkür, das heißt mit dem Fortschreiten der Rechtsstaatsidee.

Erster Teil.

Das Grundprinzip des modernen Amtsrechts.

I.

Das Amtsrecht des absoluten Staates.

Das Recht der Kommunalbeamten erscheint in der heutigen Dogmatik des Staats- und Verwaltungsrechts regelmäßig wie ein Anhang zum Recht der Staatsbeamten, was ja auch ihrer Behandlung als „mittelbare Staatsbeamte" durchaus entspricht. Es finden eben auf sie die für die unmittelbaren Staatsbeamten geltenden Rechtssätze „analoge Anwendung", soweit nicht gerade ihre Mittelbarkeit gewisse Abweichungen und Sonderbestimmungen bedingt. Die Zweckmäßigkeit dieser Methode für die heute übliche Darstellung des positiven Beamtenrechts mag hier unerörtert bleiben. Jedoch für das Verständnis seiner historischen Entwicklung wie seines begrifflichen Wesens darf man die prinzipiell überaus wichtige Thatsache nicht übersehen, daß die heutige Gleichstellung der beiden Kategorien auf einem Prozesse beruht, der sich zuerst für die städtischen Kommunalbeamten vollendet, und erst dann allmählich auf das staatliche Beamtentum ausgedehnt hat. Denn der Grundgedanke des heutigen Beamtenrechts ist die Anerkennung der Beamten als Organe ihres Gemeinwesens; und dieser Gedanke ist in Preußen und Deutschland zu entschiedenem rechtlichen Ausdruck früher für die städtischen Gemeindebeamten, als für die unmittelbaren Staatsbeamten gelangt. Das ist aber lediglich ein Ausfluß der entwicklungsgeschichtlichen Thatsache, daß der organische Charakter des politischen Gemeinwesens überhaupt zuerst in den Gemeinden, besonders den städtischen, zur rechtlichen Erscheinung kommt. Wie die mittelalterliche Stadt das Prototyp des modernen Staates war, so fand auch die Ueberwindung des absoluten Staates in Deutschland ihren ersten rechtlich organisatorischen Ausdruck in der preußischen Städteordnung von 1808. Der absolute Fürstenstaat aber hätte mit der Anerkennung der Beamten als Organe des Gemeinwesens bei konsequenter Durchführung sein tragendes Prinzip, sich selbst, verleugnen müssen.[1])

Es ist gewiß kein Zufall, daß sich die Bezeichnung Staatsdiener neben dem Staatsbeamten zwar noch aus älterer Zeit erhalten hat, daß aber die neuerdings angeregte Wiederbelebung und Verallgemeinerung jener Bezeichnung[2]) schon an dem gesunden Instinkt des Sprachgebrauchs scheitern muß, der sich unter Gemeindediener eine ganz spezielle Art von kommunalem Beamten, und unter Reichsdiener gar nichts vorstellt. Wort und Begriff des Staatsdieners ist charakteristisch für jenes Uebergangsstadium, da der Sohn des Zeitalters der Aufklärung nicht mehr Fürstendiener sein mochte, aber der noch aufrecht stehende absolute Fürstenstaat den modernen Staatsbeamten im vollen Rechtssinne des Staatsorgans noch nicht aufkommen ließ. Dieses Uebergangsstadium weist in Deutschland nur die Entwicklung des Territorialstaates auf. So hat sich allerdings der heutige Staatsbeamte durch die Verpuppung des Staatsdieners hindurch aus dem Fürstendiener entwickelt. Die Gemeinde jedoch, deren Beamte in der Blütezeit des absoluten Staates allerdings nicht ihre Organe, sondern Staats- oder Fürstendiener niederer Ordnung waren, hat mit Erlangung ihrer Selbständigkeit sich sofort Beamte in modernem Rechtssinne gebildet. Und dies gilt auch vom Reiche, das ja unmittelbar als moderner Staat ins Leben trat.

„Der Herr und der Diener", das ist in der That die treffende Bezeichnung für das rechtliche und tatsächliche Verhältnis zwischen dem Fürsten und dem fürstlichen Beamtentum nicht nur nach seiner Entstehung, sondern auch nach seinem Bestande während der Aera des absoluten Staates. Wenn sich nach einem Satze Lorenz von Steins[3]) „das Elend der Zustände des Mittelalters ...... für die Staatswissenschaft in dem Satze zusammenfaßt, daß es die

[1]) Vergl. die näheren Ausführungen in der Einleitung und in meiner dort citierten Abhandlung: Ueber Organpersönlichkeit.

[2]) Rehm in Hirth's Annalen 1885, S. 160 fg., vergl. auch Laband, Staatsrecht (3. Aufl.) Band I Seite 394 n. 1.

[3]) L. v. Stein: Handbuch der Verwaltungslehre. (3. Auflage.) I. S. 40.

Zeit der Verwaltungslosigkeit und der Amtslosigkeit gewesen ist“, so hat der siegreiche absolute Fürstenstaat diesen Zustand beseitigt, indem er an die Stelle der feudalen Selbstverwaltung, die in der Verfallzeit allerdings zur Verwaltungslosigkeit entartet war, wenigstens in den oberen und mittleren Schichten die Amtsverwaltung durch fürstliche Diener setzte. Die schärfste Betonung der unbedingten rechtlichen und tatsächlichen Abhängigkeit dieses fürstlichen Dienertums von der Person des Herrn, die absolute Negierung jeder eigenen und unmittelbaren staatlichen Berechtigung der Beamten ergab sich als logische Konsequenz aus der Idee des absoluten Staates, der völligen Aufsaugung aller staatlichen Potenz durch die fürstliche Souverainität in bewußtem Gegensatze zu dem eigenen Recht ständischer Libertät. Dieser fürstliche Beamte war das civile Seitenstück zum miles perpetuus, der die feudale Miliz verdrängt hatte, wie jener die feudale Verwaltung; beide standen gleicherweise in Lohn und Brot des fürstlichen Herrn. So unvollziehbar dieser Epoche der Gedanke sein mußte, daß Kriegsherr und Kriegsknecht nicht absolute Gegensätze, sondern verschiedene Grade derselben Art seien, ebenso auch die Betrachtung des Fürsten und seiner Beamten als nur verschiedener Arten derselben Gattung, des Staatsorgans. Wohl hatte diese letztere Anschauung schon einmal beredten und energischen Ausdruck in der politischen Litteratur gefunden; das war zur Zeit der großen Religionskämpfe, der ersten Anfänge des absoluten Staates, als jene merkwürdige Oppositionstheorie der Monarchomachen, die das geistige Bindeglied zwischen der mittelalterlichen ständischen Libertät und der modernen konstitutionellen Freiheit darstellt, mit allem Nachdruck lehrte: rex est organon regni, summus gradus magistratuum; magistratus sunt officiarii regni, non regis. Aber über diese Ideen schritt wenigstens auf dem europäischen Kontinent während zweier Jahrhunderte der fürstliche Absolutismus siegreich hinweg, bis sie in der Zeit der großen Umwälzung zu neuem, mächtigerem Leben erwachten und ihren Ueberwinder überwanden.

Daß die Theorie oder die Praxis des aufgeklärten Despotismus an dem Wesentlichen jenes Verhältnisses irgend etwas geändert hätten, ist ein gefälliger, aber handgreiflicher Irrtum. Wohl lehrte auch der absolutistische Zweig des naturrechtlichen Rationalismus, daß der

Staat um der Untertanen willen da sei, sei es zu ihrer sozialen Vollendung, ihrer Sicherheit oder Glückseligkeit; nicht für das Privatinteresse des Herrschers. Aber diese aufgeklärte Zweck- und Interessentheorie änderte nichts an der rechtlichen Organisation des Absolutismus, den sie vielmehr philosophisch rechtfertigte; denn eben jenes Interesse der Untertanen erheische die unbedingte Konzentrierung aller Gewalt in der Hand des Fürsten. Nach ihren Zwecken geschieden, werden Staat und Fürst für die Organisation wiederum identifiziert; aus jener Scheidung ergeben sich also lediglich Motive, keine Beschränkungen für den fürstlichen Willen; der „erste Diener des Staates" bleibt in Wahrheit dessen allein berechtigte Personifikation, und die „anderen" Diener werden nicht etwa unmittelbare Diener des Staates, sondern bleiben seine Bedienten. Daß der fürstliche Beamte zum Gesinde gehöre, das lehrt mit völliger Unbefangenheit noch der Theoretiker, den man gern als den Staatsphilosophen Friedrichs des Großen bezeichnet, Christian Wolff: „quae de heri ac famuli jure et obligatione valent, ea etiam de jure ac obligatione superioris seu collatoris et ejus, qui officio publico fungitur, jure ac obligatione intelliguntur."[4])

Und nicht anders, als der rationalistische Theoretiker des aufgeklärten Despotismus dachte und schrieb, dachte und handelte der gekrönte Praktiker der Aufklärung, der „erste Diener des Staates" selbst. Es ist ja im allgemeinen ratsam, in dieser einen Person den Philosophen von Sanssouci und den König von Preußen wohl auseinander zu halten, und die Thaten des Einen nicht mit dem kritischen Maßstabe aus den Schriften des Andern zu messen. Wenn er jedoch sein Verhältnis zu seinen Beamten ganz anders auffaßte, als es dem Verhältnis eines ersten zu den andern Dienern eines Gemeinwesens zu entsprechen scheint, so brauchte er sich deshalb nicht im Widerspruch mit den Lehren seiner Philosophen zu fühlen. Wie sein Vater, der freilich die Philosophen nicht zu befragen pflegte, mit der Formel „soll platt kassiert werden" als der ultima ratio des Staatsdienerrechts operierte, so that auch er und fand nicht das geringste Bedenken dabei, „da ja die Befugnis, ihre Bediente wegzujagen, selbst Particuliers unbenommen und außer aller Conte-

---

[4]) Vergl. Rehm, Annalen 1884, S. 595.

station sei"; wie es in einer Kabinetsorder an den Großkanzler Fürst vom Jahre 1773 heißt.[5]) Und wenn es sich in diesem Fall auch freilich nur um einen Hofmarschall handelte, so hatte der König doch nicht den leisesten Zweifel, daß, was den Hofbedienten recht sei, allen Militär- und Civilbedienten ohne Ausnahme billig wäre. Das gilt in vollstem Umfange sogar von den richterlichen Beamten, obgleich eine gewisse Unabhängigkeit der gerichtlichen Funktionen ideell bereits anerkannt war, soweit das im absoluten Staat überhaupt möglich ist; und obwohl der König das Prinzip sich selbst zur Richtschnur genommen hatte, in die Thätigkeit der Gerichte, wenigstens auf dem Gebiet des Privatrechts, nicht durch Machtsprüche der Kabinetsjustiz einzugreifen. Keineswegs aber hielt er es für einen unzulässigen Machtspruch, einen säumigen oder angeblich ungerechten Richter „ohne erst eine weitläufige Untersuchung anzustellen, sofort zu kassiren und nach der Festung zu schicken, um ein Exempel zu statuieren". Der Prozeß des Müllers Arnold ist ja das lehrreichste Beispiel für das Staatsdienerrecht des aufgeklärten Despotismus, selbst bezüglich der Richter; wie er auch zeigt, daß diese Staatsform der übertünchten Höflichkeit der Gesundheitsrücksichten für Ministerentlassungen nicht bedurfte, indem bei dieser Gelegenheit der Großkanzler von Fürst seine nicht erbetene Demission durch die mündliche allerhöchste Kabinetsorder erhielt: „Marsch! Seine Stelle ist schon vergeben!"[6])

Allerdings erzeugte das Verhältnis von Herr und Diener eine Ermäßigung aus sich selbst heraus; so einseitig auch die rechtliche Abhängigkeit des Dieners vom Herrn war, so ergab sich doch auch hier eine gewisse Gegenseitigkeit der thatsächlichen Abhängigkeit. Gerade der absolute Polizeistaat mit seiner ungeheuerlichen Vielregiererei bedurfte je länger desto mehr nicht nur eines immer zahlreicheren, sondern auch eines wohlgeschulten Beamtentums. Das Amt ward zum Lebensberuf, und der Beruf erheischte eine gewisse Sicherung der Lebensstellung. So lag in der That der Antrieb zur Ausbildung eines Dienstrechts in der Berufsmäßigkeit des

---

[5]) Stölzel: Brandenburg-Preußens Rechtsverwaltung und Rechtsverfassung. Bd. II. S. 265.

[6]) Stölzel, a. a. O. S. 272 fg.

Dienertums.[7]) Einige Unterstützung fand hierbei das Beamtentum an der Jurisdiktion der Reichsgerichte, so wenig auch an eine Ausdehnung ihrer Rechtsstellung auf die landesfürstlichen Beamten zu denken war. Denn an einer gewissen Unabhängigkeit der Reichsgerichte gegenüber dem Kaiser hatten gerade die Landesfürsten als Reichsstände ein lebhaftes Interesse, das ihre überragende Macht wohl zur Geltung zu bringen wußte, wie es für die Mitglieder des Reichskammergerichts schon durch die Kammergerichtsordnungen des sechzehnten Jahrhunderts geschehen war, für die des Reichshofrats durch Wahlkapitulationen des achtzehnten Jahrhunderts geschah. Daß irgend welchen Landesbeamten billig sein könnte, was diesen Reichsbeamten recht war, davon war so wenig die Rede, wie daß etwa die Landesherren ihren Landständen ähnliche Rechte einräumten, wie sie selbst als Reichsstände dem Kaiser gegenüber behaupteten. Immerhin und trotz der geringen Wirksamkeit der reichsgerichtlichen Judikatur für die größeren Territorien kam dieselbe in der letzten Reichszeit unzweifelhaft dem landesfürstlichen Beamtentum einigermaßen zu Hilfe.

Indessen handelt es sich bei alledem nicht um eine prinzipiell verschiedene Auffassung vom Verhältnis des Beamten zum Staate, sondern lediglich um den Versuch, die Lebensnotdurft des Beamten und allenfalls noch seine persönliche Ehre vor allzu krasser Willkür und Laune einigermaßen zu schützen, also um gewisse Verbesserungen des fürstlichen Gesinderechts. Immer bleibt ein rein privatrechtlicher Vertrag zwischen der Individualperson des Herrn und des Dieners die Grundlage des Rechtsverhältnisses, mag man diesen Vertrag als precarium, als locatio conductio operarum oder sonstwie konstruieren; die einzige praktisch erhebliche Frage ist stets die nach dem Umfange der Kündbarkeit oder Unkündbarkeit dieses Kontraktverhältnisses.[8])

Wohl kündigt sich der herannahende große Umschwung aller staatlichen Verhältnisse auch in der Literatur über diese Frage an und zwar zuerst in einem Votum, das bezeichnenderweise in Schlözers Staatsanzeigen von 1785 erschien.[9]) Es ist ein Wind-

---

[7]) Vgl. Stein: Verwaltungslehre, I. S. 58 fg. Rehm, Annalen. 1884. S. 600.

[8]) Vgl. das Einzelne bei Rehm, Annalen. 1884.

[9]) Rehm, a. a. O. S. 604—607.

stoß aus Westen, der Gedanken aus dem contrat social Jean Jacques herüberweht. Da erscheint die rechtliche Gleichstellung des Beamten mit dem fürstlichen domestique als „sehr niederträchtig"; nicht Diener des Regenten, des „simple officier du souverain", sondern Staatsdiener soll der Beamte sein. Aber das Resultat dieses vielversprechenden Anlaufs ist die kleinbürgerliche Idee, daß der Fürst dem Beamten sein erlerntes Metier nicht ohne Grund nehmen dürfe, woraus sich ein privatrechtliches jus quaesitum auf das Amt ergiebt; und da dies denn doch nicht rein durchführbar ist, so mag unter Umständen der Fürst den Beamten „aus der activitas officii, aus dem wirklichen Dienste entlassen, wenn er ihn an Ehre und Einkommen schadlos halte". Und zu demselben Resultat gelangt auch der Herr Hofgerichtspräsident Seuffert, der kühn sein im Jahre 1793 erschienenes Buch mit einem Motto aus der jüngsten Konventsrede Robespierres schmückt. Zwar erscheint bei ihm neben dem Anstellungsvertrage die allgemeine Verpflichtung zum Staatsdienst in schärferer Betonung; aber um die einseitige willkürliche Entlassung auszuschließen, weiß auch er nur ein wohlerworbenes Recht auf das Amt zu konstruieren; und diese privatrechtliche Konstruktion beantwortet stets im besten Falle nur die Magenfrage mit etwas Ehrenzukost. „Wenn dem Diener Ehre und Gehalt ungekränkt belassen, aber von ihm fernerhin keine Dienste gefordert werden, liege mehr der Begriff einer Befreiung von Diensten, als der Begriff einer Entlassung vor, mithin sei diese Befreiung von aktiver Dienstleistung unter Aufrechthaltung des Rechts auf Titel und Besoldung rechtlich statthaft".[10])

Daß Theorie und Praxis des absoluten Staates über diesen Punkt in der Entwicklung des Amtsrechtes auch in ihrer letzten Erscheinungsform nicht hinaus können, das beweist die Lehre Gönners und die bayerische Hauptlandespragmatik von 1805, welche die positiv rechtliche Verwirklichung jener Lehre darstellt.[11])

„Staatsdienste gehören zum öffentlichen Recht und müssen nach der Natur des Staates aus sich selbst ohne Einmischung privatrechtlicher Normen beurtheilt werden."

---

[10]) Rehm, a. a. O. S. 614—622.

[11]) Nic. Thad. Gönner: „Der Staatsdienst aus dem Gesichtspunkt des Rechts und der Nationalökonomie betrachtet". 1808. Rehm, a. a. O., S. 629 fg. O. Mayer, im Archiv f. öffentl. Recht, Bd. III. S. 26 f.

Darin spricht sich der gewaltige Fortschritt der Grundanschauungen aus, den das staatliche Denken den ungeheuren Ereignissen des letzten Jahrzehnts verdankte. Die konsequente und rückhaltlose Verwerfung jeder civilistischen Vertragstheorie für die Begründung des Beamtenverhältnisses ist die nächste und bedeutungsvollste Folge jener fortgeschrittenen Grundanschauung; ja schon finden sich vereinzelte Anklänge an eine organische Staatsauffassung. Jedoch immer noch ist es der absolute Obrigkeitsstaat, der hier vor uns steht; daher wird die aus der Angehörigkeit fließende Qualifikation zum öffentlichen Dienst ein Zwangshoheitsrecht der souverainen Staatsgewalt, eine Dienstpflicht der Unterthanen. Noch immer tritt der Beamte nicht in ein unmittelbares Verhältnis zum Gemeinwesen, vielmehr bleibt er Diener des Fürsten, nur nicht auf Grund eines privatrechtlichen Dienstvertrages, sondern einer öffentlich-rechtlichen Dienstpflicht.

„Zu dem Begriffe eines Staatsamtes gelangt man wohl nicht sicherer, als wenn man vom Regenten im Staate ausgehet. Dieser bildet den Mittelpunkt, die Seele des ganzen Staates, in welchem sich gleich dem Kreislaufe des Blutes im menschlichen Körper alle Kräfte konzentrieren, und von welchem aus sie wieder auf alle Punkte des Staates nach dem jedesmaligen Bedürfnisse zurückströmen“. . . . . „Ein Staatsamt bestehet demnach in dem Auftrag des Regenten, in seinem Namen die zur Staatsverwaltung innerhalb einer bestimmten Sphäre nothwendigen Handlungen vorzunehmen“. . . . „Es ist unrichtig, wenn manche den Regenten als den ersten Staatsbeamten betrachten; denn er ist der Staat selbst, der Mittelpunkt, von welchem alle Staatsämter ausgehen.“ [12])

So sah es mit dem „ersten Diener des Staates“ aus in einer Theorie und Praxis, die in der rechtlichen Sicherstellung der Staatsdiener erheblich über die Praxis Friedrichs des Großen und das preußische Landrecht hinausging. Diese Sicherstellung beschränkte sich denn eben auch auf die finanzielle Seite, wofür Gönner seiner Theorie eine eigenartige finanzwissenschaftliche Begründung einfügte. Da der für den Staatsdienst als seinen Lebensberuf technisch vorgebildete Beamte „eben dadurch die Möglichkeit eines andern dauernden Nahrungsstandes verliert, so wird mit dem Staatsdienst selbst ein dauernder, unwiderruflicher Nahrungsstand verknüpft. . . . So erscheint die Besoldung als Rente eines Industriekapitals.“ Und

[12]) Gönner, a. a. O. S. 30, 31, 32.

es entspricht völlig dem Gedankenkreise des Polizeistaates, wenn die Verleihung dieser Rente durch die Anstellung auf eine Linie mit der Verleihung gewerblicher Konzessionen gestellt wird; es ist „die Konzession des gelehrten Meisterrechts". Das unwiderrufliche Recht dabei hängt am Nahrungsstande, nicht am Amt.

Denn der Beamte hat, „wenn wir Staatsdienste als öffentliche Lasten betrachten, gar kein Recht auf das Staatsamt; er hat nur die Verbindlichkeit, dem Staat an dem vom Regenten ihm angewiesenen Platze zu dienen. . ."[13])

„Nur auf die Besoldung, nicht auf die Beibehaltung des Staatsamts haben Staatsdiener ein Recht. . . . Zum Dienst ist er nur verbunden, zur Besoldung berechtigt; und wenn ihm der Regent die Besoldung läßt, aber ihn von Diensten dispensiert, so ist es doch klar, daß der Staatsdiener dadurch gewinnt. . . . . Aus welchem Grund soll ein Staatsdiener befugt sein, seine Dienste dem Staate wider Willen aufzudringen"?[14])

Demgemäß unterscheidet die bayrische Hauptlandespragmatik über die Dienstverhältnisse der Staatsdiener von 1805[15]) Dienerstand und Standesgehalt einerseits von der Funktion und dem Dienstgehalt des Dieners andrerseits. Während der Art. 10 dem Standesgehalt „die unverletzliche Natur der Perpetuität" giebt, erklärt Art. 11: „Die Funktion des Dieners und der Dienstgehalt sind prekärer Natur. Sie können ohne Rekurs an den Richter entweder für immer oder für eine gewisse Zeit benommen werden." Gewiß war dies ein Fortschritt der Praxis, wie Gönners Lehre ein Fortschritt der Theorie war. Der Beamte erhielt nach einer gewissen Dienstzeit nicht mehr im günstigsten Falle ein Gnadenbrot von der Laune des Herrn, sondern einen Rechtsanspruch auf einen bestimmten Bruchteil seines letzten Gehalts als Pension. Dieses System war das nicht immer erreichte Vorbild der späteren Pensionsordnungen, und unzweifelhaft das Höchste, was der absolute Staat seinen Dienern gewähren konnte. Ueber die thatsächlich rein privatrechtliche Natur dieses Pensionsanspruches darf man sich jedoch durch Gönners scharf publizistische Konstruktion desselben nicht hinwegtäuschen lassen. Ja, diese privatrechtliche Natur war nach Lage der Dinge das praktisch Wertvollste daran; auf ihr beruhte die „Perpetuität", beruhte in Wahrheit der Rechtscharakter dieses Anspruches, während die wirklich

---

[13]) Rehm, a. a. O. S. 642.
[14]) Ebenda, S. 629.
[15]) Abgedruckt als Anhang der cit. Schrift von Gönner.

öffentlich-rechtliche Seite des Verhältnisses im absoluten Fürstenstaat niemals ihre „prekäre Natur" abstreifen konnte. Das ist gerade das so überaus Lehrreiche an diesem Beispiel, daß auch Gönners Theorie, die so bewußt und nachdrücklich von öffentlich-rechtlichen Grundlagen ausgeht, im praktischen Resultat lediglich auf die Schaffung eines vermögensrechtlichen Anspruches hinausläuft, ganz wie die mehr oder minder privatrechtlichen Theorien seiner Vorgänger. Im Gedankenkreise des absoluten Staates giebt es eben keine wahrhaft publizistischen Rechte; der Fürst ist und bleibt das einzige Staatsorgan, die Beamten kommen in kein Rechtsverhältnis zum Gemeinwesen selbst, sondern bleiben im Dienstverhältnis zu der Individualperson des Fürsten, das also lediglich ein individualrechtliches, kein sozial-, folglich auch kein öffentlich-rechtliches sein kann, und dessen vermögensrechtliche Ausflüsse daher bestenfalls den Schutz der Privatrechte genießen.

Bei alledem steht die Theorie Gönners und die Praxis der bayrischen Pragmatik erheblich über dem Niveau des ehemaligen preußischen Staatsdienstes. Die kühne Behauptung Rönne-Zorns, daß die Arbeit von Gönner „nichts anderes ist als eine wissenschaftliche Darstellung der Beamtengesetzgebung des allgemeinen Landrechts, welche wieder auf den Gedanken und der Gesetzgebung Friedrich Wilhelms I. beruht"[16]), zeugt mehr von preußischem Partikularismus als von wissenschaftlicher Genauigkeit. Denn auf Seite 15 seiner Schrift wendet sich Gönner selbst kritisch gegen das preußische Recht mit der Bemerkung:

> . . . . „Nur das allgemeine preußische Landrecht handelt von den Pflichten der Staatsdiener, aber mit einer Zurückgezogenheit, welche es nur zu deutlich erprobt, daß es der Gesetzkommission entweder an den Vorarbeiten mangelte, oder daß sie es nicht rätlich fand, die Regierung durch eine zu genaue Bestimmung des rechtlichen Verhältnisses der Staatsdiener zu hindern."

Allerdings hat auch die preußische Bureaukratie den Versuch gemacht, ihren Berufsstand durch Rechtsnormen im Gegensatz zu der mehr despotischen als aufgeklärten Praxis Friedrich Wilhelms I. und Friedrichs II. zu sichern. Das Projekt des Landrechts enthielt in der Tat in Teil I, 2 Titel 5 § 70 den Satz: „Kein Civilbedienter soll des ihm einmal anvertrauten Amtes ohne Urteil und Recht wieder entsetzt werden." Und dasselbe Prinzip sprach auch

[16]) Rönne: Staatsrecht der preußischen Monarchie, herausgeg. von Zorn, Bd. I. S. 417 u.

ein Gutachten der Gesetzkommission von 1787 aus, übrigens in scharfem Gegensatz zu der bei gleicher Gelegenheit geäußerten Meinung des Generaldirektoriums. Der eigentliche Urheber jenes Satzes war Suarez[17]). Jedoch gerade an dem Schicksal dieser Bestimmung zeigt sich handgreiflich die prekäre Natur solcher Rechtsnormen im absoluten Staate. Denn durch eine Order von 1790 kassierte Friedrich Wilhelm II. jene Norm, weil „dadurch Allerhöchst-Dieselben in freier Wahl ihrer Diener eingeschränkt werden würden". In das Landrecht selbst also fand nur die dürftige Cautel des § 98 II, 10 Aufnahme, wonach kein Vorgesetzter oder Departementschef einen Civilbedienten wider seinen Willen einseitig entsetzen oder verabschieden kann; aber die Entlaßbarkeit selbst ward nicht an Urteil und Recht gebunden, sondern nur einer höheren administrativen Instanz, dem Staatsrat oder dem König selbst, vorbehalten. Ja, ob auch nur die Richter durch die Bestimmung des § 99 l. c., wonach die Entsetzung der Justizbedienten den vorgesetzten Landeskollegien vorbehalten blieb, vor einer Behandlung wie im Prozesse des Müllers Arnold geschützt werden sollten, oder ob sich nicht vielmehr jene Bestimmung lediglich auf die Stellung der Patrimonialrichter bezog, das ist bekanntlich bis an die Schwelle des konstitutionellen Staates kontrovers geblieben[18]). Sogar nach der rein pekuniären Seite hin blieb das preußische Pensionswesen hinter dem bayrischen zurück, da noch das Pensionsreglement von 1825 die Sache wesentlich als eine Zwangsversicherungsanstalt auf Gegenseitigkeit einrichtete[19]).

Demnach läßt sich nun auch der Wert jener Anschauungen bemessen, die in der starken Rechtsstellung der Bureaukratie ein Gegengewicht gegen die Schäden des Absolutismus sehen wollen. So sagt Heffter[20]):

„In Staaten, wo im Regenten und seinen Beamten das Staatsgetriebe allein beruht, gewährt die Inamovibilität der letzteren dem Unterthanen immer eine Art von Schutz; wo aber eine monarchische Regierung in ihrer Bewegung durch Kammern oder ständische Institutionen beschränkt ist, da muß wenigstens

---

[17]) Vgl. Stölzel a. a. O. S. 301—305.

[18]) Stölzel a. a. O. S. 316 fg. 496 fg. 511 fg. 595. Perthes: Der Staatsdienst in Preußen. (1838) S. 166.

[19]) Vgl. auch Perthes a. a. O., S. 154.

[20]) Heffter: „Ueber die Rechtsverhältnisse der Staatsdiener" in den Beiträgen zum deutschen Staats- und Fürstenrecht. (1829) S. 141 f.

die Exekutivgewalt dem Regenten völlig frei bleiben, und er über seine Beamten ad nutum disponiren können .... Auf der andern Seite ist der unumschränkte Besitz der höchsten willkürlichen Gewalt mit einem unumschränkten Dispositionsrecht über die Beamten eine Brücke zum Sultanismus."

So viel verbreitet solche Ansicht auch ist, liegt in ihr nicht mehr Weisheit, als in jenem Wunsche, diesen schönen Abend mal am Tage zu sehen. Denn wo im Regenten und seinen Beamten das Staatsgetriebe allein beruht, da giebt es eben keine selbständige öffentliche Rechtsmacht in Unabhängigkeit vom Regenten; und der unumschränkte Besitz der höchsten willkürlichen Gewalt schließt das unumschränkte Dispositionsrecht über die Beamten eben ipso jure in sich; es bedarf keiner Brücke zum Sultanismus, denn man ist schon darin. Gewiß können auch beim Mangel rechtlicher Schranken und Normen sittliche Ueberzeugungen und Ueberlieferungen, der Einfluß selbst der noch unentwickelten öffentlichen Meinung, und namentlich im Kreise eines zum Berufsstande abgeschlossenen Beamtentums Geist und Tradition dieses Standes der absoluten Willkür einigen Widerstand entgegensetzen. Daran hat es auch im ancien régime Preußens wahrlich nicht gefehlt, wie sehr viele beliebte Anekdoten und einige historische Tatsachen beweisen. Aber Existenz und Bedeutung solchen Widerstandes hängen schließlich an dem Zufall persönlicher Eigenschaften oder gar Stimmungen auf Seiten des Herrn wie des Dieners. Im ganzen und auf die Dauer muß die Mediatisierung aller Beziehungen zum Staate durch die Person des Herrschers und die absolute Abhängigkeit seiner beamteten Diener von ihm mit immanenter Notwendigkeit in der Bureaukratie jenen „Mietlingsgeist der Schreiberkaste" erzeugen, und im Volke jene völlige Ertötung des Gemeingeistes bewirken, in denen der Regenerator Preußens die wesentlichen Gründe für den schmählichen Sturz des fridericianischen Staates erkannte. Es kam darauf an, die Wurzel des Uebels selbst, die alleinige staatliche Berechtigung eines Individuums zu beseitigen, die organische Natur des Gemeinwesens in der rechtlichen Normierung der Willensverhältnisse einer Mehrheit von Subjekten des öffentlichen Rechts zum Ausdruck zu bringen. Das ist der Gedanke des modernen Rechtsstaates, dessen Entwicklung in Preußen mit der Städteordnung von 1808 begann.

II.

Das städtische Amtsrecht vor und nach der Städteordnung von 1808.

Man kann nach der treffenden Formulierung Lorenz von Stein's [1]) „ohne der Geschichte und der Logik Gewalt anzutun, überhaupt von keiner Selbstverwaltung reden, so lange es noch keine Scheidung der Verwaltung überhaupt von der Verfassung giebt. In der Epoche der absoluten Monarchie giebt es daher keine Selbstverwaltung, weil die absolute Aufhebung jeder Selbständigkeit in dem Willen der persönlichen Staatsgewalt die der Verwaltung und ihrer Funktion überhaupt nicht zuläßt." Nicht nur von oben und außen her hat der absolute Staat die bürgerliche Selbstverwaltung der Städte unterdrückt, sondern von innen heraus hatte schon zuvor der Geist der Patrimonialzeit ihr Wesen vernichtet und dadurch jener Unterdrückung die Bahn bereitet. Indem unter der Einwirkung jenes Geistes der regierende Rat oder Patriziat die seinem eigentlichen Wesen fremde Rolle des Inhabers einer Patrimonialgewalt über Stadt und Bürgerschaft annahm, wie ich das an anderer Stelle ausgeführt habe [2]), trat eine Art von Atavismus, eine Rückbildung in der Entwicklung der Städte ein. Wie die patrimoniale d. h. die allodifizierte feudale Selbstverwaltung überhaupt zur Verwaltungslosigkeit entartete und so den Sieg des absoluten Fürstentums zu einer historischen Notwendigkeit machte, so geschah es auch in den Städten. In der Art jedoch, wie der fürstliche Absolutismus seinen

---

[1]) Handbuch der Verwaltungslehre. I. S. 61.

[2]) Preuß: Gemeinde, Staat. Reich. S. 364, 314. Vgl. auch Gierke, Genossenschaftsrecht. I. S. 705/6.

Sieg verfolgte, tritt ein bedeutsamer Unterschied hervor. Gegenüber der Patrimonialgewalt des Landadels begnügte er sich mit der Anerkennung seiner Oberhoheit, ließ sie aber im übrigen ziemlich unbehelligt. „Der preußische Staat hört beim Landrat auf", dieser bekannte Satz enthielt jedenfalls bis zum Erlaß der Kreis- und der Landgemeinde-Ordnung unanfechtbare Wahrheit; ob er sie seitdem verloren, bleibe hier unerörtert. Friedrich Wilhelm I. war der einzige preußische König, der wenigstens gelegentlich versuchte, die Grenzen der Staatsgewalt über diesen Punkt nach unten auszudehnen; und diese Versuche mußten um so mehr erfolglos bleiben, als schon sein Nachfolger, der philosophische Schüler der Encyklopädisten, in dieser Richtung eine gerade entgegengesetzte, reaktionäre Politik verfolgte. Dagegen erscheint der Steuerrat, das städtische Seitenstück des Landrats, keineswegs als ein letzter verlorener Posten der Staatsgewalt, vielmehr als deren tatkräftigster Pionier, dessen Wirksamkeit sich nicht auf die Ausübung staatlicher Oberhoheit beschränkte, sondern jede städtische Selbständigkeit vernichtete, die Stadt zu einem willenlosen Verwaltungsbezirk des absoluten Staates herabdrückte. Von allen politischen Erwägungen absehend, findet man den innersten Grund dieser Verschiedenheit in der immanenten Logik der organisatorischen Rechtsidee. Die adelige Patrimonialgewalt war der absoluten Fürstengewalt im Kern ihres Wesens verwandt; sie waren beide in gleicher Weise individualrechtlicher Natur, und daher die Möglichkeit einer Einfügung der einen in die andere, der Unterordnung der kleinen Herren als Mediatobrigkeiten unter den großen Herrn als souveraine Obrigkeit gegeben. Dagegen war die patrimoniale Gestalt des städtischen Regiments eine fremde, der immanenten genossenschaftlichen Natur städtischen Wesens durchaus widerstrebende Form. Die unerträglichen Mißstände, die sich aus diesem Widerstreit von Form und Wesen ergaben, ließen sich organisch nur durch eine dem Wesen entsprechende Organisationsform beseitigen; eine solche genossenschaftliche Organisationsform aber hätte der Einfügung in das völlig heterogene Wesen des individualistischen Patrimonialstaats widerstrebt; er selbst konnte sie keinesfalls schaffen, ohne sich dadurch selbst zu negiren, wie es später geschah. In der Zeit seiner Blüte also konnte der absolute Staat das patrimonial verrottete Wesen der Städte nur dadurch reformiren und sie sich einfügen, daß er sie durch eine Eisenbartkur als Gemeinwesen vernichtete.

Daß bei dieser Vernichtung des städtischen Gemeinwesens der absolute Staat sich in den wichtigsten Punkten auf die Bürgerschaften der Städte gegen ihre Magistrate stützen konnte, das zeigt, wie vollkommen schon vorher die Städte ihre genossenschaftliche Natur und wie ihre Behörden den Charakter von Organen des Gemeinwesens verloren hatten. Wenn Schmoller auf die Stellung der Städte jener Zeit das Wort des alten Moser anwendet: „Wenn Gott ein Volk wird strafen wollen, so wird er es künftig mit deutscher Freiheit heimsuchen;"[3]) so ist diese Freiheit eben die ständisch-patrimoniale Libertät, die überall das organische Bindegewebe zwischen Obrigkeit und Gesamtheit zerstörte und ihr gegenseitiges Verhältnis zu einer unbeschränkten Herrschaft eigenberechtigter Individuen über das rechtlose Objekt einer jedes Gemeinwillens beraubten Untertanenschaft gestaltete. Daß sich die Unhaltbarkeit dieses Zustandes hier in den Städten zuerst und am handgreiflichsten auf finanziellem Gebiet, in ihrer wirtschaftlichen Zerrüttung und Ueberschuldung, der ungerechten Verteilung und Verwaltung der städtischen Kontribution offenbarte, und daß das staatliche Eingreifen gerade bei diesem Punkte einsetzte, auch das ist eine logische Konsequenz jener historischen Thatsache, daß die patrimoniale Rechtsform hier in unlösbarem Widerspruch zum innern Wesen stand. Der adelige Patrimonialherr war auch privatrechtlicher Eigentümer oder doch Obereigentümer des Dominiums; hinter ihm stand kein selbständiges, ihm fremdes Vermögenssubjekt. Der regierende Rat war jedoch nicht privatrechtlicher Eigentümer des Stadtsäckels und Kämmereigutes; hinter ihm stand immer noch das ideell selbständige Vermögenssubjekt der gemeinen Stadt. Aber das organische Bindegewebe zwischen der gemeinen Stadt und dem Rat als ihrem Organ war zerrissen; letzterer verfügte also in patrimonialer Weise selbstherrlich über fremdes Gut. Die Folge war der wirtschaftliche Ruin gemeiner Stadt. Das ging nun freilich auch den Staat an; und zur Abhilfe boten sich ihm poten-

---

[3]) Schmoller: Städtewesen unter Friedrich Wilhelm I. (Zeitschrift für preußische Geschichte. Jg. 1871, S. 536; vgl. über diese Entwicklung auch die weiteren Ausführungen in Jg. 1872, 74 u. 75.) ferner: Isaacsohn, Geschichte des preußischen Beamtentums, bes. II, S. 189 fg.

tiell zwei Wege: die Reorganisation der gemeinen Stadt an Stelle der patrimonial gewordenen Ratsobrigkeit, oder die Verstaatlichung des patrimonialen Rats mitsamt der gemeinen Stadt. Daß der absolute Staat den letzten Weg wählte, seiner Natur nach wählen mußte, ist selbstverständlich. Man hat wohl gerühmt, was der absolute Staat für das Recht der Bürgerschaft gegen den Rat getan; von Friedrich Wilhelm I. sagt Schmoller: „Die Vertretung der Bürgerschaft in den Städten hat er in einer Weise geordnet, daß man schon gesagt hat, er habe damit die Städteordnung von 1808 vorbereitet.“ [4]) Indessen kann dies doch nur in dem Sinne gelten, daß ein Extrem das entgegengesetzte vorbereitet. Wohl haben die rathäuslichen Reglements überall die Selbstherrlichkeit des Rates gebrochen; aber nirgends zu Gunsten bürgerlicher Selbsttätigkeit, sondern stets nur zu Gunsten der Allmacht des königlichen Beamtentums. Gerade hier setzt sich doch der Geist der Stein'schen Reform in schärfsten und bewußtesten Gegensatz zu dem Geiste des ancien régime und bricht prinzipiell mit dem vom großen Kurfürsten begonnenen, von Friedrich Wilhelm I. und Friedrich II. vollendeten System. Freilich giebt es im Flusse der historischen Entwicklung keine völlig unvermittelten Umwälzungen, kein absolut und zusammenhanglos Neues; und es ist sicherlich ein großes Verdienst einer heutigen historischen Schule, diese früher meist ignorirten Zusammenhänge und verborgenen Fäden zwischen dem Neuen und dem Alten ans Licht gezogen zu haben. Aber diese Richtung, deren markanteste Aeußerung wohl Taines kritische Geschichte der großen Revolution ist, und deren bedeutende Vertreter auch die Auffassung der inneren preußischen Geschichte nachhaltig beeinflussen, verfällt durch die Uebertreibung ihrer an sich berechtigten Korrektur der vulgären Anschauung in den entgegengesetzten, viel ärgeren Fehler. Denn die überragende und primäre Bedeutung liegt doch immer in dem Gegensatz des Neuen zu dem Alten, während jene verbindenden Unterströmungen nur als sekundäre und ermäßigende Momente in Betracht kommen. Schließlich wird der vulgäre Irrtum, der in jeder historischen Phase ein absolut Neues, einen radikalen Bruch mit der Vergangenheit sieht, der realen

---

[4]) Schmoller: Die innere Verwaltung des preußischen Staates unter Friedrich Wilhelm I. (Preuß. Jahrb. XXVI, S. 7.)

Wirkung der Dinge vielleicht näher kommen, als die gelehrte Kritik, die scharfsinnig in Ludwig XIV. den Vorläufer Robespierres oder in Friedrich Wilhelm I. den Herold des Freiherrn vom Stein aufweist und folgerichtig den Leidenschaften der Umwälzungskämpfe mit der vornehm kühlen Frage gegenübersteht: wozu der Lärm?

Wie schon am Beginn jener Periode der berechtigte Unwille der Bürgerschaften über die schlechte und eigennützige Finanz- und Steuerwirtschaft der Räte mit Erfolg benutzt wurde, jedoch nicht etwa zur Organisation einer entscheidenden Mitwirkung der Bürgerschaft, vielmehr zur Einführung der landesherrlichen Accise und der Allmacht des commissarius loci, so dienten auch die kümmerlichen Befugnisse, die das generale Reglement von 1717 sowie die verschiedenen einzelnen rathäuslichen Reglements der Bürgerschaft und ihren Repräsentanten einräumten, lediglich zur Handhabe für das Eingreifen der Staatsbehörden. Wenn z. B. den Verordneten der Bürgerschaft eine gewisse Mitwirkung bei der Kontrolle des städtischen Etats und der Rechnungsabnahme zustand, was der häufigste und wichtigste Anwendungsfall ihrer Tätigkeit war, so war diese Mitwirkung doch niemals eine wirklich beschließende oder entscheidende; sondern es waren unmaßgebliche Bedenken und Monita, die lediglich dem königlichen Steuerrat und durch ihn der vorgesetzten Kriegs- und Domänenkammer das Material für ihre allein maßgeblichen Entscheidungen liefern sollten. In der Thal wäre es ja auch die ärgste Sünde wider den Geist des absoluten Staates gewesen, den Untertanen oder gewählten Repräsentanten auch nur die geringste Entscheidung in öffentlichen Angelegenheiten, sei es auch des engsten Kreises, einzuräumen. Das mußte in schärfster Ausschließlichkeit Sache der Obrigkeit bleiben; Obrigkeit und Untertan aber waren Gegensätze. Nun bestanden freilich noch unter der Obrigkeit des Königs, die er mit Hilfe seiner Bedienten ausübte, die patrimonialen Mediatobrigkeiten in Land und Stadt. Aus den vorher erörterten Gründen ließ man jene bestehen, während man diese nach Möglichkeit ihres patrimonialen Charakters zu entkleiden suchte. Das im wesentlichen auch erreichte Ziel der ganzen rathäuslichen Reformen war, die ständisch-patrimonialen Magistrate in rathäusliche Bediente zu verwandeln, d. h. in fürstliche Diener, die im Rathause angesetzt waren, wie die übrigen in den Schreibstuben der Kammern und sonstigen Behörden. Das hatte freilich einige Schwierigkeit, weil diese rathäuslichen Bedienten doch eben am Orte ihrer Thätigkeit zu Hause, mit Stadt und Bürgerschaft immerhin natürlich verwachsen waren; den Untertanen also nicht gleich den eigentlichen Berufsbeamten nur als fremde Diener des königlichen Herrn gegenüberstanden. Und wenn man auch nach Möglichkeit Fremde, besonders die für solche Zwecke mit Recht so beliebten Invaliden, in die rathäuslichen Bedienungen hineinschob, völlig ließ sich der sociale Zusammenhang zwischen Rat und Bürgerschaft doch nicht aufheben. Solche socialen Organismen haben ein erstaunlich zähes Leben, und Jahrhunderte lang haben Patrimonialität und Absolutismus daran arbeiten müssen, der ursprünglichen Gebietskörperschaft das organische Leben auszutreiben und sie in ein lebloses, willensunfähiges Verwaltungsobjekt zu verwandeln. Hier errang der absolute Staat seinen letzten Sieg; hier erlitt er seine erste Niederlage.

Wie das absolute System überhaupt in der Häufung von Kontrollen sich nie genug thun konnte, so bedurfte es deren besonders, um nachhaltig in die enge Verflechtung und Versippung städtischen Wesens einzudringen. Ausschließlich diesem Zwecke diente die spärliche Beteiligung des bürgerlichen Elements, die jedoch stets mit ängstlichstem Mißtrauen zugemessen ward. Denn so eifrig man auch bemüht war, die städtischen Räte ihrer patrimonialen Selbstherrlichkeit zu entkleiden, so wahrte man doch noch weit eifersüchtiger ihren rein obrigkeitlichen Charakter, die streng anstaltliche Natur der Gemeinde, in die man auch um jenes ersten Zieles willen keineswegs etwa neubelebte genossenschaftliche Elemente wieder eindringen ließ. Eine untergeordnete Staatsbehörde, nicht ein Organ der Bürgerschaft sollte der Magistrat werden; und patrimoniale Rudimente in der Stellung des Rats erschienen noch immer als das kleinere Uebel gegenüber der Anerkennung eines Gemeinwillens der Unterthanen. So ließ man denn dem Magistrat vielfach den entscheidenden Einfluß auf die Bestellung selbst jener so dürftig ausgestatteten Verordneten der Bürgerschaft[5]), anstatt umgekehrt der Bürgerschaft einen Einfluß auf die Besetzung der Magistratsstellen zu geben. Hier verblieb es vielmehr bei der generatio aequivoca

---

[5]) Vgl. E. Meier: „Die Reform der Verwaltungsorganisation" etc. S. 82 fg.

durch Kooptation, lediglich von oben her beschränkt durch ein Prüfungs- und Bestätigungsrecht, das vielfach in einfache Ernennung überging. Das natürliche Mittel zur Ueberwindung der Patrimonialität, die rechtliche Organisation von unten herauf, war dem absoluten Staat eben versagt, weil niemand über seinen eigenen Schatten springen kann; er ersetzte es nach seiner Art durch Häufung von Kontrollen über Kontrollen, durch eine jede Selbstständigkeit ertödtende Bevormundung. Die vom Kämmerer aufgestellten städtischen Etats unterliegen einer siebenfachen Kontrolle: durch den Kämmereikontrolleur, Bürgermeister und Rat, Bürgerschaftsdeputierte, durch den königlichen Steuerrat, die Kriegs- und Domänenkammer, das General-Direktorium, den König.

„Erst was diese siebenfache Feuerprobe bestanden, hat Gesetzeskraft. Dies aber muß auch unverbrüchlich und bis auf das geringste Detail hin innegehalten werden. Wehe dem Bürgermeister und Rat oder Kämmerer, der eigenmächtig sich davon abzuweichen gestattet. Außer dem Verlust der Kaution wird er mit seinem gesamten übrigen Vermögen für etwa daraus entstehenden Schaden verantwortlich gemacht und dazu aus seinem Amte entfernt.“[6]
„Die Geschäftsverteilung unter den Magistratsmitgliedern steht für die größeren Städte der Kammer oder dem General-Direktorium, für die kleineren dem Steuerrat zu ..... Letzterer führte die auf die städtischen Beamten ausgedehnten Konduitenlisten; von seinem Berichte hängen die Aenderungen im städtischen Etat und den städtischen Besoldungen ab.“[7]

Es gab ungefähr keinen Verwaltungsakt, zu dem der Magistrat nicht der Genehmigung oft mehrerer Instanzen bedurfte; und überdies lag die Initiative zu Allem in den Händen des königlichen Steuerrats, dem die Instruktion von 1766 sogar die Obsorge für die Vermehrung der städtischen Bevölkerung aufbürdete. Köstlich spiegelt diesen Zustand das rathäusliche Reglement der königlichen Residenz Berlin von 1747 wieder, wo es in Tit. III § 1 von des Stadtpräsidenten und der Burgermeister Amtsverrichtung heißt:

„.... und versehen Sr. Kgl. Maj. sich zu denenselben allergnädigst, daß sie sich sämmtl. rathhäuslichen Bedienten zum Vorbilde und Exempel vorstellen, ... die kgl. höchste Jura und Interesse in und bei denen hiesige Residenzien mit behörigem Fleiß und Sorgfalt beachten werden; zu welchem

---

[6]) Isaacsohn a. a. O. Bd. III. S. 90. 91.
[7]) Schmoller, Zeitschrift für preußische Geschichte 1874 S. 552.

Ende sie denn von denen beim Rathause vorkommenden Sachen von Erheblichkeit fleißig und insonderheit, wann etwas, so dem königlichen und der Stadt Interesse zuwider, sich ereignen sollte, — unverzüglich an die Chur-Märckische Cammer zu berichten und darüber Instruction und Resolution einzuholen haben."

Das war in der Tat die vollendete Verstaatlichung der Stadt. „Die Städte wurden nicht mehr als politische Korporationen, sondern als Staatsanstalten oder Verwaltungsbezirke, ihre Beamten als Staatsbeamten betrachtet".[8]) Und das gilt nicht nur von den Mitgliedern der Magistrate selbst, sondern ebenso von den rathäuslichen Unterbedienten, mochten sie vom Magistrat angesetzt oder von obenher ernannt werden, wie z. B. die Besetzung aller Posten mit Militäranwärtern unter Friedrich Wilhelm I. von dem Generaladjutanten ausging.[9]) „Aus dieser Zeit stammt, wenn nicht der Name, so doch der Begriff des mittelbaren Staatsbeamten";[10]) ein Begriff, der durch § 69 Th. II Tit. 10 A. L. R. bis auf den heutigen Tag fortwirkt.

Das Landrecht will in den beiden ersten Abschnitten des Tit. 8 Th. II nichts anderes geben, als die Kodifikation dieses bestehenden Zustandes in der Form des subsidiären gemeinen Rechts. „Mehr noch als bei den privatrechtlichen ist bei den öffentlich-rechtlichen Materien, wie eine genaue Einsicht in die Vorarbeiten ergeben hat, die Absicht dahin gerichtet gewesen, nicht sowohl neues Recht zu schaffen, als vielmehr nur das bestehende zum klaren Ausdruck zu bringen".[11]) Und soweit das Landrecht etwa wirklich Verbesserungen des an manchen Orten bestehenden Rechtszustandes enthielt, verschloß es sich selbst eben wegen seiner subsidiarischen Geltung den Weg zur Wirksamkeit.[12]) Wie so häufig hilft sich auch hier das Landrecht über die Dissonanz zwischen den neuen Anschauungen der staatsphilosophischen Aufklärung und den alten Zuständen des patrimonial-absolutistischen Staates durch ein Kompromiß hinweg, indem es der Aufklärung im Prinzip, dem alten Wesen durch die Tat huldigt.

---

[8]) Twesten: Der preußische Beamtenstaat. (Preuß. Jahrb. XVIII. S. 31.)
[9]) Isaacsohn: a. a. O. III. S. 184 fg.
[10]) Bornhak: Geschichte des preuß. Verwaltungsrechts, II. S. 286.
[11]) E. Meier, a. a. O. S. 71. n.
[12]) Vgl. Rönne u. Simon: Gemeindeverfassung des preuß. Staates (1843) I. S. 24.

Dafür bieten die §§ 121 und 122 dieses Titels ein treffliches Beispiel. Jener proklamiert das naturrechtliche Prinzip, daß im Zweifel der Gemeinde das Wahlrecht ihrer Obrigkeit zustehe; der folgende Paragraph aber setzt dieses revolutionäre Prinzip mit der Erhaltung des alten Zustandes in schönsten Einklang durch die einfache Bestimmung: wo die Gemeinde das Wahlrecht hat, wird selbiges der Regel nach durch den Magistrat ausgeübt. So sind denn die Stadtgemeinden des A. L. R. keine selbständigen Organismen, keine eigenberechtigten Subjekte des öffentlichen Rechts, sondern lediglich privilegierte privatrechtliche Korporationen, im übrigen willens- und handlungsunfähige Verwaltungsbezirke des absoluten Staates; ihre Beamten sind nicht ihre Organe, denn es fehlt ja an der Voraussetzung solcher Organstellung, der Existenz eines eigenen Organismus; sie sind vielmehr ebenso Staatsbediente, d. h. Fürstendiener, wie die unmittelbaren Bedienten. Das Ostpreußische Provinzialdepartement war daher vollständig im Rechte, wenn es bei der Beratung der Städteordnung im Oktober 1808 die schließlich auch durchgedrungene Ansicht vertrat, daß eine Kombination zwischen den Texten der Städteordnung und des Landrechts wegen der völligen Verschiedenheit ihrer Grundprinzipien unmöglich, hier vielmehr eine kassatorische Generalklausel am Platze sei.[13])

„In die aus besoldeten Beamten bestehenden Landeskollegia drängt sich leicht und gewöhnlich ein Miethlingsgeist ein, ein Leben in Formen und Dienstmechanism, eine Unkunde des Bezirks, den man verwaltet, eine Gleichgültigkeit, oft eine lächerliche Abneigung gegen denselben, eine Furcht vor Veränderungen und Neuerungen, die die Arbeit vermehren, womit die besseren Mitglieder überladen sind, und der die geringhaltigeren sich entziehen . . Es ist würklich ungereimt, zu sehen, daß der Besitzer eines Grundeigenthums oder anderen Eigenthums von mehreren Tonnen Goldes eines Einflusses auf die Angelegenheiten seiner Provinz beraubt ist, die ein fremder, des Landes unkundiger, durch nichts mit ihm in Verbindung stehender Beamter ohnbenutzt besitzt. Man tödtet also, indem man den Eigenthümer von aller Theilnahme an der Verwaltung entfernt, den Gemeingeist und den Geist der Monarchie, man nährt den Unwillen gegen die Regierung, man vervielfältigt die Beamtenstellen und vertheuert die Kosten der Verwaltung . . . . Die Städte besitzen zwar Wahl-Magistrate, die besoldet permanent und mit dem Wahlrecht versehen sind, sie haben aber alle den Nachtheil der besoldeten Kollegien,

[13]) Vgl. E. Meier, a. a. O. S. 300. 301; ferner: M. Lehmann, Der Ursprung der St. O. v. 1808. (Preuß. Jahrb. Bd. 93, S. 490, 493.)

und an ihre Stelle würden von der mit Häusern und Eigenthum angesessenen Bürgerschaft gewählte Magistrate, alle sechs Jahr erneuert ohne Gehalt errichtet; nur der Rendant erhielte eine Besoldung und bliebe für die Lebenszeit. Die gewählten Magistratspersonen erhielten ihre Bestätigung vom Staat, der in den großen .... Städten zu besoldeten Stadtdirektoren aus drei von der Bürgerschaft präsentirten Subjekten wählte .... Die vorgeschlagene Abänderung in der Magistratsverfassung erleichtert die Kämmereien beträchtlich. .... Ersparung an Verwaltungskosten ist aber der weniger bedeutende Gewinn, der erhalten wird durch die vorgeschlagene Theilnahme der Eigenthümer ...., sondern weit wichtiger ist die Belebung des Gemeingeistes und Bürgersinns, die Benutzung der schlafenden oder falsch geleiteten Kräfte, und der zerstreut liegenden Kenntnisse, der Einklang zwischen dem Geist der Nation, ihren Ansichten und Bedürfnissen, und denen der Staatsbehörden, die Wiederbelebung der Gefühle für Vaterland, Selbständigkeit und Nationalehre. Der Formenkram und Dienstmechanism in den Kollegien wird durch Aufnahme von Menschen aus dem Gewirre des praktischen Lebens zertrümmert, und an seine Stelle tritt ein lebendiger fest strebender schaffender Geist, und ein aus der Fülle der Natur genommener Reichthum von Ansichten und Gefühlen."

Diese Stellen aus der Nassauer Denkschrift des Freiherrn vom Stein vom Juni 1807[14]) sind in der That die Keimzellen der Städteordnung.[15]) Aus ihnen erhellt mit besonderer Klarheit, wie es sich dabei nicht um eine technische Maßregel administrativer Organisation handelte, sondern um den bewußten Bruch mit dem absoluten Fürsten- und Polizeistaate. Es galt, wie Stein eben damals in seinem berühmten Schreiben an Hardenberg sagte, „die Fesseln zu brechen, wodurch die Bureaukratie den Aufschwung der menschlichen Thätigkeit hindert; man muß diesen Geist der Habsucht, des schmutzigen Vortheils zerstören, diese Anhänglichkeit an den Mechanismus, welchem diese Regierungsform unterworfen ist. Die Nation muß daran gewöhnt werden, ihre eigenen Geschäfte zu verwalten und aus diesem Zustande der Kindheit herauszutreten, worin eine immer unruhige, immer dienstfertige Regierung die Menschen halten mögte." [16])

Es ist auch bezeichnend, daß Stein jener Stelle, wo er von der Ertötung des Gemeingeistes und des Geistes der Monarchie spricht, im Konzept einen Hinweis auf Montesquieus Esprit des lois liv. 8,

---

[14]) Pertz: Leben Steins I. S. 425, 426, 428, 432.
[15]) Lehmann, a. a. O. S. 507.
[16]) Pertz, a. a. O. S. 415.

Kap. 6 und 7 beigefügt hat, wo es als Verderbnis der Monarchie bezeichnet wird: .... „lorsq'au lieu de se borner à une inspection générale seule digne du souverain, les princes veulent gouverner tout immédiatement par eux mèmes“ ..... „lorsque les premières dignités sont les marques de la première servitude; lorsqu'on ôte aux Grands le respect des peuples et qu'on les rend de vils instruments du pouvoir arbitraire.“

Welche Ausgestaltung nun auch und welche Abänderungen im einzelnen jener erste schöpferische Gedanke in den weiteren Stadien erfuhr, bis er in der Städteordnung vom 19. November 1808, dem Grundstein des modernen Staates in Preußen und Deutschland, die endgiltige Form und Gesetzeskraft erhielt; die leitende Idee selbst blieb unwandelbar bestehen. Für unsere Untersuchung ist es von entscheidendster Bedeutung, daß diese leitende Idee ihren Ausgang nimmt von der klaren Erkenntnis der völligen Unzulänglichkeit des bis dahin allein existierenden Staatsdienertums, das, wie gezeigt, noch immer ein kaum verhülltes fürstliches Dienertum war. Es ist der denkbar höchste Ruhmestitel für dieses Beamtentum, daß es die Erkenntnis seiner eigenen Unzulänglichkeit und zugleich die Idee der Regeneration aus sich selbst erzeugte, freilich unter dem Eindruck der gewaltigen äußeren Ereignisse und auch dann nur im Geiste seiner erleuchtetsten Glieder, Steins und seiner wenigen kongenialen Genossen. Hatte doch übrigens Stein des Uebels Kern, das absolute Dienertum des Beamten, schmerzlichst selbst erfahren müssen. Die gemeinsame Wurzel der zusammenhängenden Schäden, des mangelnden Gemeingeistes im Volke wie des Abhängigkeitsgefühls, jenes Mietlingsgeistes der Bureaukratie, war ja eben die Mediatisierung aller Beziehungen zum Staate durch die Person des Herrschers. Durch die alleinige staatliche Berechtigung eines Individuums war die organische Natur des Gemeinwesens verkümmert; ihre Wiederbelebung konnte nur durch rechtliche Organisation von unten herauf, durch eine Neugestaltung des vom Anstaltsstaat erdrückten genossenschaftlichen Elements geschehen. Daher mußte die organische Ueberwindung des absoluten Staates mit der Wiederherstellung der Gemeinden als eigener Organismen, als Gesamtpersonen des öffentlichen Rechts, im Gegensatz zum Verwaltungsbezirk des absoluten Staates, beginnen. Aus einer Menge zusammen wohnender, durch eine von ihnen völlig geschiedene, theils rudimentär patrimoniale, teils absolut staatliche

Obrigkeit regierter Untertanen wird wiederum eine durch die publizistische Rechtseinheit des Gebietes körperschaftlich zusammengefaßte Genossenschaft, die sich durch ihre Organe selbst regiert in organischer Eingliederung in den Staat. Daß und warum dieser Prozeß znnächst nur bei den Stadtgemeinden einsetzen konnte, ist oben schon angedeutet [17]).

Der VI. Tit. der St. O. von 1808 „Von den Stadtverordneten", insonderheit die §§ 108 und 110, führt in der Tat die Grundlage alles modernen Verfassungslebens, das rein publizistische Repräsentativsystem in Preußen ein. Das ist der Bruch zugleich mit dem absoluten Staate und den Rudimenten mittelalterlicher Zunft- und patrimonialer Verfassung nebst ihren wesentlich privatrechtlich gestalteten Vollmachtsverhältnissen.

„Das Gesetz und ihre Wahl sind ihre Vollmacht, ihre Ueberzeugung und ihre Ansicht vom gemeinen Besten der Stadt ihre Instruktion, ihr Gewissen aber die Behörde, der sie deshalb Rechenschaft zu geben haben. Sie sind im vollsten Sinne Vertreter der ganzen Bürgerschaft, mithin so wenig Vertreter des einzelnen Bezirks, der sie gewählt hat, noch einer Korporation, Zunft rc., zu der sie zufällig gehören."

Etwas wortreich nach dem Geschmack der Zeit, in dem sich noch die patriarchalische Redseligkeit des obrigkeitlichen Eudämonismus mit der Didaktik der Aufklärung und dem programmatischen Reformeifer mischt, dessen das Herz voll war, spricht diese doch monumentale Gesetzesstelle den in allen modernen Verfassungen wiederkehrenden Leitgedanken für die Bildung der Repräsentativorgane klar und deutlich aus. Und wenn neuerdings auf den geistigen Zusammenhang dieser Stelle mit dem Art. 34, Sekt. I des französischen Gesetzes vom 22. Dezember 1789 hingewiesen worden ist, welches das gleiche Prinzip für die représentants de la nation aufstellt [18]), so ist das nur ein Beweis mehr für die eigentlich unverkennbare und doch gelegentlich gern verkannte Tatsache, daß es sich hier um etwas völlig Anderes als um eine technische Verbesserung der landrechtlichen Städteverfassung handelte, nämlich um die erste Verwirklichung der neuen Staatsidee im alten Preußen. Es ist die Auffassung der

---

[17]) Vgl. auch Preuß: Gemeinde, Staat, Reich. S. 313/314.
[18]) Lehmann, a. a. O., S. 499.

politischen Gemeinwesen als genossenschaftlicher Organismen, die sich als solche ihre Organe aus sich heraus bilden.

Die primäre Rechtsform für die genossenschaftliche Organbildung von unten herauf ist die Wahl. Die Gesamtheit der vollberechtigten Genossen wird zum Wahlorgan für die Bestellung der Repräsentativorgane; diese wiederum zum Wahlorgan für die Bestellung der leitenden Organe. Auch diese stufenweise organische Gliederung findet in der St. O. ganz präzisen Ausdruck:

§ 47. Der Magistrat des Orts ist der Vorsteher der Stadt, dessen Befehlen die Stadtgemeinde unterworfen ist. Seine Mitglieder und die Subjekte zu den öffentlichen Stadtämtern wählt und präsentirt die Bürgerschaft.

§ 48. Die Bürgerschaft selbst wird in allen Angelegenheiten des Gemeinwesens durch Stadtverordnete vertreten. Sie ist befugt, dieselben aus ihrer Mitte zu wählen.

An die Stelle der patrimonialen Selbsterzeugung der Obrigkeit, beschränkt lediglich durch die Abhängigkeit von oben, tritt die organische Bildung von unten herauf durch die Rechtsform der Wahl, die Wiederherstellung des organischen Bindegewebes zwischen dem Gemeinwesen und seiner Obrigkeit als zwischen einem Organismus und seinen Organen. Da jedoch die Gemeinde nicht ausschließlich ein selbständiger Organismus, sondern zugleich Gliedperson des Staates ist, so rechtfertigt sich ein gewisser Einfluß des letzteren auf die Organbildung seines Gliedorganismus; dieser erscheint in zwei Formen der Bestätigung für die Magistratsmitglieder im allgemeinen und die Oberbürgermeister der großen Städte im besonderen in der St. O. §§ 152—154. Ob die rechtliche Gestaltung dieser Einwirkung, wie sie in modifizierter, doch nicht verbesserter Form noch in der heute giltigen St. O. besteht, der einwandsfreie Ausdruck jenes Rechtsverhältnisses organischer Eingliederung ist, oder ob sie nicht vielmehr noch die Eierschalen des absoluten Obrigkeitsstaates an sich trägt, bleibe hier zunächst unerörtert; ich komme im zweiten Teile darauf zurück. Jedenfalls ist die Existenz einer solchen Einwirkung an sich kein Widerspruch zu dem entwickelten Prinzip kommunaler Organbildung.

Dem gleichen Prinzip entspringt das Postulat, daß die Obrigkeit aus der Mitte der Bürgerschaft selbst hervorgehen soll; während der absolute Anstaltsstaat, wie erwähnt, ein Interesse daran hatte,

Fremde in die städtischen Räte hinein zu bringen. So heißt es auch in dem Immediatbericht vom 1. (wohl richtiger 9.) November 1808, mit dem Schrötter und Stein den Entwurf der St. O. dem König unterbreiteten, nach der scharfen Kritik der landrechtlichen Bestimmungen:

„Die Mängel der städtischen Verfassung wurden aber dadurch vollendet, daß in den letzten Jahrzehnten die Magistratsstellen mit Invaliden besetzt werden mußten, und auf diese in der Regel die Wahl beschränkt war . . .[19])

Dagegen bestimmt die St. O. § 141:

„Das Magistratskollegium soll überall nur aus Mitgliedern der Bürgerschaft bestehen, die das Vertrauen derselben genießen."

Unmittelbar aus diesem Gesichtspunkte ergiebt sich nun auch die bedeutungsvolle, in dieser Art völlig neue Rolle, die das unbesoldete Ehrenamt in der neuen Organisation spielt; wie denn die St. O. l. c sogleich fortfährt:

„Jeder mit Gemeinsinn erfüllte Bürger wird, auch ohne Vortheile für seine Person dabei zu beabsichtigen, dieses ehrenvolle Amt gern übernehmen. Zur Verminderung der Administrationskosten können daher nur diejenigen Magistratsmitglieder für ihre Amtsführung entschädigt werden, welche ihre Zeit derselben ganz zu widmen haben."

Daß in Wahrheit die Verminderung der Administrationskosten hierbei keineswegs der leitende Gesichtspunkt war, ergab sich schon aus den vorhin mitgetheilten Stellen der Nassauer Denkschrift. Und in fast wörtlicher Wiederholung kehrt der wirklich leitende Gedanke wieder in Steins programmatischem Bericht an den König über die oberste Leitung der Geschäfte d. d. Memel den 23. Nov. 1807, wo als ein Hauptgesichtspunkt bei dem ganzen Organisationsplan bezeichnet wird: „die Nachteile zu vermeiden, welche entstehen, wenn die Administration lediglich in die Hände besoldeter Diener kommt und die Nation von aller Teilnahme ausgeschlossen wird" [20]). Es folgt dann wörtlich die Stelle von dem Mietlingsgeist und der Gleichgiltigkeit der besoldeten Berufsbeamten gegen den Bezirk, aus der Nassauer Denkschrift. Und wenn Stein dann in seinem Schreiben an Schrötter vom 27. Juni 1808 über die Organisation der Unter-

---

[19]) Pertz, II. S. 684.
[20]) Ebenda S. 646.

behörden jenen ersucht, für die künftige Organisation der Magistrate und der Kommunalverwaltnngen einen Plan zu entwerfen, der zu dem Ganzen paßt, wodurch an sich schon „die Hauptgrundsätze und daß so wenig als möglich dabei auf besoldete Diener zu rechnen ist, bestimmt" würden[21]), so zeigt dies klar, daß die starke Betonung des unbesoldeten Ehrenamts lediglich die Anwendung eines Grundgedankens der gesamten Reorganisation auf die städtische Verfassung bedeutet.

Dieses unbesoldete Ehrenamt stand gleicherweise im Gegensatz zu der Patrimonalität wie zu dem fürstlichen Dienertum der Aemter. Von jener schied es sich durch die in der Wahl organisierte Abhängigkeit von unten, vom Gemeinwillen der Bürgerschaft, der als solcher in der Wahl zuerst wieder einen rechtlichen Ausdruck fand; vom Berufsbeamtentum schied es sich außerdem noch durch seine völlige wirtschaftliche und soziale Unabhängigkeit nach oben hin. Der für den absoluten Staat charakteristische Gegensatz von Obrigkeit und Untertan war in diesen Ehrenämtern, deren Träger Beamte waren, ohne daß sie aufhörten, Bürger zu sein, aufgehoben. Das war aber nur möglich, weil sie dieses Beamtentum nicht zu Dienern eines fremden Individualwillens, sondern zu Organen des Gemeinwillens der Gesamtperson machte, welcher sie selbst als Gliedpersonen angehörten. Damit tritt aber zugleich der öffentlich-rechtliche Charakter des Amtsrechts zum erstenmal in völliger Reinheit hervor. Die Ansprüche auf Gehalt oder Pension, auf den „Nahrungsstand", deren juristische Konstruktion schließlich das einzige Resultat aller bisherigen Theorien des Amtsrechts, selbst der vermeintlich streng publizistischen gewesen, kamen hier überhaupt nicht in Betracht; damit schieden alle privatrechtlichen Momente aus, und das Amtsrecht dieser Ehrenbeamten konnte nur in dem rein publizistischen Anspruch der durch die Wahl qualifizierten Gliedpersonen auf die Organstellung und ihre vom Gesetze umschriebenen Funktionen bestehen. Da sich das Institut des unbesoldeten Ehrenamts nicht auf die Mitglieder des Magistrats beschränkt, sondern auch auf Aemter ausdehnt, die als Unterbehörden des Magistrats fungieren, wie die Mitglieder der Verwaltungsdeputationen und die Bezirksvorsteher, so

---

21) Ebenda S. 674.

erscheint das Verhältnis dienstlicher Ueber- und Unterordnung auch in diesem Aemtersystem. Aber es zeigt doch einen rechtlich wesentlich anderen Charakter als das Subordinationsverhältnis innerhalb des fürstlichen Staatsdienertums. Denn das letztere beruht ganz und gar auf der Abhängigkeit der gesamten Beamtenschaft von der Individualperson des Fürsten, in dessen Lohn und Brot sie auf Grund des Dienstvertrages steht; der einzige eigenberechtigte Vorgesetzte ist der fürstliche Dienstherr; die oberen Behörden sind Vorgesetzte der unteren nur kraft Auftrags und in Vertretung des Dienstherrn. Dagegen ist der Magistrat wohl die vorgesetzte Behörde der Verwaltungsdeputationen und Bezirksvorsteher, aber nicht ihr Dienstherr und auch nicht dessen Vertreter. Denn einen Dienstherrn, in dessen Lohn und Brot sie ständen, haben sie ja überhaupt nicht; und wenn man die Gemeinde als Dienstherrn bezeichnen wollte, so würde man gerade das Charakteristische des Verhältnisses von Herr und Diener abstreifen müssen, die Unterordnung eines Willens unter einen ihm f r e m d e n Willen. Steht doch der Wille des Gemeinwesens seinem Beamten nicht als ein fremder äußerlich gegenüber, vielmehr nimmt der Beamte als Gliedperson an der Bildung des Gemeinwillens, als Organperson an seiner rechtlich wirksamen Aeußerung teil[22]). Genau in dem gleichen Verhältnis zum Gemeinwesen steht aber auch die vorgesetzte Behörde, der Magistrat. Das Band zwischen den über- und untergeordneten Aemtern ist hier also nicht die gemeinsame Abhängigkeit von einem fremden Individualwillen, sonder die gemeinsame Organstellung in demselben Organismus. Vorgesetzte und Untergebene sind in begrifflich gleicher Weise Glieder und Organe dieses Organismus, und sie differenzíren sich nur nach der verschiedenen Bedeutung ihrer Organwillen für die rechtliche Aeußerung des Gemeinwillens. Damit ist im Prinzip die Unmittelbarkeit des Verhältnisses der Beamten zum Gemeinwesen hergestellt, die Mediatisierung durch die Individualperson eines Dienstherrn aufgehoben. Eben damit fällt nun auch die Nötigung fort, nach einer Rechtsform für die Einigung der einander fremden Individualwillen des Herrn und des Dieners zu suchen

---

[22]) Vgl. meine Abhandlung: Ueber Organpersönlichkeit in Schmoller's Jahrb. 1902, Heft 2, S. 103 flg.

und sie in der juristischen Konstruktion des Dienstvertrages zu finden. Vielmehr kann nun das Rechtsverhältnis zwischen der Gesamtperson und ihren Organpersonen unmittelbar aus dem Gesetze, der rechtlichen Organisation der Gesamtperson fließen.

Wohl hatten schon diejenigen älteren Theorien, welche den Versuch zu einer publizistischen Konstruktion des Amtsverhältnisses machten, wie die von Seuffert und Gönner, im Prinzip eine allgemeine Staatsdienstpflicht aufgestellt. Aber sie konnten im Banne des absoluten Fürstenstaates aus diesem Prinzip keine praktischen Konsequenzen ziehen, da dies zu der Unerträglichkeit einer Art von allgemeinem Zwangsgesindedienst der Unterthanen geführt hätte. Auch mußte die natürliche Tendenz des absoluten Staates, seine Diener aus ihrem sozialen nnd bürgerlichen Milieu möglichst loszulösen, einer Einrichtung widerstreben, die den Bürger als solchen auf Grund und im Rahmen seiner bürgerlichen und sozialen Stellung zum Amtsdienst heranzog. Eben dies war aber der Grundgedanke der St. O. Indem sie das Amt als Organ der Gemeinde zu einer Steigerung des Status der Angehörigkeit, die Organperson zu einer besonders qualifizierten Gliedperson, nicht mehr zum Diener eines fremden Herrn machte, konnte sie das Prinzip der allgemeinen Dienstpflicht der Gliedperson gegenüber der Gesamtperson ernstlich durch die unter Strafsanktion gestellte Pflicht der Bürger zur Uebernahme städtischer Aemter verwirklichen. § 27 statuiert die allgemeine Bürgerpflicht zur Uebernahme von öffentlichen Aemtern und Aufträgen zum besten des Gemeinwesens der Stadt; und § 191 wiederholt:

„Jeder Bürger ist schuldig, öffentliche Stadtämter zu übernehmen und solche, womit kein Diensteinkommen verbunden ist, unentgeltlich zu verrichten."

Die §§ 198—200 enthalten die gesetzlichen Exkusationsgründe; die §§ 201 und 202 die Strafsanktion, welche ganz folgerichtig in der Minderung der organschaftlichen Rechte und der Mehrung der materiellen gliedschaftlichen Pflichten besteht, und deren Festsetzung dem Repräsentativorgan der Gemeinde, der Stadtverordnetenversammlung zusteht. Daß sich übrigens die in § 191 cit. ausgesprochene Pflicht überhaupt nur auf unbesoldete Aemter bezieht, ergiebt sich nicht ohne weiteres aus dem Wortlaut, wurde jedoch schon durch ein Ministerialreskript vom 8. Nov. 1809 aus der wesentlichen Verschiedenheit des Geschäftsumfanges der besoldeten gegenüber den unbesoldeten Stellen abgeleitet, und ging so als authentische Interpretation in die Zusammenstellung der Deklarationen zur St. O. vom Juli 1832 über.[23])

Wenn auch die Grenzen für die Anstellung besoldeter Magistratsmitglieder schließlich nicht ganz so eng gezogen wurden, wie es Stein ursprünglich wünschte, der nicht einsah, „warum der Bürgermeister kein Gewerbe treiben soll, und warum ein großer Kaufmann oder Fabrikant nicht sollte Bürgermeister werden können;“ [24]) so ist doch auch nach der St. O. das unbesoldete Ehrenamt die Regel, das besoldete Berufsamt die Ausnahme. Daß sich aus dieser Ausnahme ein neuer Zweig des Berufsbeamtentums, eine eigenartige kommunale Bureaukratie entwickelt hat, das entsprach gewiß nicht den Ideen Steins, erklärt sich jedoch aus dem gewaltigen Wachstum der Städte im 19. Jahrhundert. Die St. O. nennt in ihrem § 10 alle Städte mit mehr als 10000 Einwohnern große Städte, die von 3500 bis 10000 mittlere; und selbst bei dieser bescheidenen Klassifizierung gab es damals in der Provinz Preußen, auf welche sich ja ursprünglich die Städteordnung beschränken wollte, nur zwei große und acht kleine Städte.[25]) Wenn sich nun auch mit der Ausdehnung der St. O. auf die ganze Monarchie, sodann mit dem Wachstum der Städte die Notwendigkeit ergab, daß eine immer größere Zahl von Magistratsmitgliedern ihre Zeit der Amtsführung ganz zu widmen hatten und deshalb dafür entschädigt werden mußten (St. O. § 141), so war und ist die Rechtsstellung dieser besoldeten Mitglieder gegenüber dem städtischen Gemeinwesen begrifflich keine andere als die der unbesoldeten; auch sie sind Organe der Gesamtperson, deren Repräsentativorgan sie durch Wahl bestellt. Und wenn die erwähnte Deklaration für diese Stellen keine Pflicht zur Annahme des Amtes anerkennt, so gründet sich dies darauf, daß hier der Lebensberuf des Einzelnen in Frage kommt, den der Gesetzgeber füglich der individuellen Selbstbestimmung nicht entziehen mag; weshalb die Freiwilligkeit zu einer Voraussetzung der Organbestellung wird.

---

[23]) Rönne u. Simon a. a. O. S. 587.

[24]) Bemerkungen zum Frey'schen Entwurf ad 65. Pertz II S. 681. Vgl. auch E. Meier, a. a. O. S. 330.

[25]) Vgl. Lehmann, a. a. O. S. 501.

Jedoch ebensowenig wie bei der Bestellung des unbesoldeten, handelt es sich bei der des besoldeten Magistratsmitgliedes um die Einigung zweier einander fremd und äußerlich gegenüberstehender Individualwillen. Und wie die besoldeten zu den unbesoldeten Magistratsmitgliedern, so verhalten sich die besoldeten unteren Beamten der Stadt zu den unteren unbesoldeten Ehrenämtern. Allerdings kehrt sich bei der Bestellung dieser Kategorien das Verhältnis der beiden obersten städtischen Behörden um; während die Ehrenbeamten von den Stadtverordneten gewählt, vom Magistrat nur bestätigt werden (St. O. § 163/175), hat für die besoldeten unteren Beamten der Magistrat das Wahlrecht, die Stadtverordnetenversammlung lediglich ein Einspruchsrecht (St. O. § 157). Wenn demnach hier Anstellungsbehörde und vorgesetzte Behörde zusammenfallen, so ist doch andererseits gerade für diese Beamten und nur für sie von der St. O. das Prinzip der Lebenslänglichkeit des Amtes aufgestellt.

Die Frage der Amtsdauer gehörte zu den wichtigsten und schwierigsten Problemen der Neuordnung. Die Lebenslänglichkeit der magistratualen Kooptation, die patrimoniale Ausartung der alten Ratserneuerung, hatte trotz aller obrigkeitlichen Bevormundung und trotz des Damoklesschwertes der platten Kassation zu den schlimmsten Mißständen geführt. War es nun der Grundgedanke der Reform überhaupt, die Abhängigkeit von oben zu ersetzen durch die Kontrolle der Bürgerschaft und ihrer Repräsentanten, so bot sich als wirksamstes Mittel dieser Kontrolle die Einführung einer relativ kurzen Amtsdauer, nach deren Ablauf der Gewählte sich der Wiederwahl, also einer Zensur der Wähler über die Art seiner Amtsführung zu unterziehen hatte. Das bot für die unbesoldeten Ehrenämter, die ja im Sinne der Städteordnung die Regel waren, keine erhebliche Schwierigkeit; da galt es nur, das Extrem einer allzu kurzen Amtsdauer zu vermeiden, die das Einarbeiten und jede Kontinuität der Verwaltung verhindert hätte. Im übrigen durfte man bei Leuten, deren Lebensstellung und Lebensunterhalt nicht auf dem Amte beruhte, die gleiche Unabhängigkeit nach unten wie nach oben voraussetzen, so weit solche Voraussetzungen überhaupt zutreffend sein können. Der von Stein ursprünglich allgemein ins Auge gefaßte dreijährige Wahltermin ward schließlich nur für die Stadtverordneten eingeführt (St. O. § 86), für die übrigen unbesoldeten Ehrenbeamten regelmäßig auf 6 Jahre ausgedehnt (St. O. §§ 146 163), und für eine gewisse Kontinuität bei den Kollegialbehörden durch das Prinzip der Partialerneuerung Sorge getragen.

Dagegen zeigte sich die ganze Schwierigkeit des Problems bei den besoldeten Beamten, deren materielle Existenz und soziale Stellung wesentlich auf dem Amte beruht; und hier machten sich die Gegensätze der Grundanschauungen bei den Vorberatungen der St. O. geltend. Auf der einen Seite hatte man eine aus bitterer Erfahrung gewonnene Abneigung gegen jede Lebenslänglichkeit der Amtsstellung. „Man setze jeden besoldeten Offizianten auf einjährige Aufkündigung und lasse die Bürger bei der alle drei Jahre zu erneuernden Repräsentantenwahl auch darüber stimmen, ob einem oder dem anderen Offizianten der Dienst aufgekündigt werden soll"; das war die Meinung des Geh. Rats Morgenbesser[26]). Auf der anderen Seite jedoch erkannte man die Gefahr, daß an die Stelle der Abhängigkeit von oben die von unten, an die Stelle des Servilismus die demagogische Liebedienerei träte, wenn die ganze Existenz des Beamten stets zu willkürlicher Disposition wechselnder Mehrheiten in den Wahlkollegien stände. Auf diesen Punkt bezog sich eine der wichtigsten und letzten Meinungsverschiedenheiten zwischen den beiden mit der Vorbereitung der St. O. befaßten Behörden, indem das Generaldepartement die vom preußischen Provinzialdepartement nachdrücklich empfohlene Lebenslänglichkeit der besoldeten Magistratsmitglieder prinzipiell verwarf. Die letztgenannte Behörde hatte zur Begründung ihrer Ansicht darauf hingewiesen, daß die besoldeten Magistratsmitglieder doch Berufsbeamte seien, deren Vermögen in der Regel auf ihre Bildung verwandt sei;

„sie werden völlig brotlos, wenn die Bürgerschaft sie nach Ablauf der zu bestimmenden Dienstjahre nicht wiederwählt; denn der Anspruch auf das Mitleiden der Stadtgemeinde ist in Absicht des Erfolgs unzuverlässig, und wird bei einem Manne von Charakter keinen hohen Werth haben können... Durch die auf bestimmte Zeit zu beschränkende Ansetzung dieser Magistratsmitglieder wird aber überhaupt der Magistrat in ein so abhängiges Verhältniß in Beziehung auf die Bürgerschaft gesetzt, daß er frei zu wirken außer Stande ist. Die Besorgniß, durch den Verlust seiner Stelle brotlos zu werden, muß einen mächtigen Einfluß auf die Handlungsweise haben und würde sicher in diesem Fall ein kriechendes Wesen und stete Kabale erzeugen".

---

[26]) Meier a. a. O. S. 331/332.

Hier nun griff Stein selbst vermittelnd ein, indem er durch die kurze Bemerkung den Weg wies: „Für den Fall des Abgangs müßte man Pensionen bestimmen, dann würde das leichtsinnige Verwerfen vermieden und das lästige Behalten gleichfalls". In diesem Sinne ward in der entscheidenden Sitzung der Generalkonferenz vom 19. Oktober 1808 beschlossen, daß

„es bei der Wahl auf 12 Jahre zu belassen, und nur damit sich desto eher tüchtige Männer dazu finden, sie nicht zu sehr von der Laune der Wählenden abhängig werden und diese nicht zu leichtsinnig Veränderungen vornehmen, eine angemessene Pensionirung im Fall ein solches Mitglied nicht wiedergewählt werde, zu bestimmen" [27])

Demgemäß setzte § 146 St. O. fest, daß von allen Magistratsmitgliedern nur die Syndici und die gelehrten Stadträte nebst dem Stadtrat für das Baufach auf 12 Jahre, alle übrigen nur auf 6 Jahre zu bestellen seien; und § 159 bestimmte für die auf 12 Jahre gewählten Magistratsmitglieder — „damit diese Stellen, welche nur zur Erleichterung einer Veränderung nicht auf Lebenszeit besetzt werden, von Männern, die die erforderlichen Eigenschaften dazu besitzen, mit Bereitwilligkeit angenommen werden mögen" — gewisse Minimalpensionen für den Fall, daß sie nach 12 oder 24 Jahren nicht wiedergewählt würden, indem zugleich die Bewilligung einer höheren Pension, namentlich nach Ablauf eines dritten Wahltermins ausdrücklich der Bürgerschaft überlassen blieb. Da übrigens der § 146 unter den auf 12 Jahre zu wählenden Magistratsmitgliedern weder Bürgermeister noch Kämmerer nennt, so gab diesen Beamten auch der § 159 keine Pensionsberechtigung. Für den Kämmerer mochte das entbehrlich scheinen, da er nach § 148 ein bemittelter Mann sein mußte; die Bürgermeister erhielten die Pensionsberechtigung erst durch Gesetz vom 11. Mai 1839 nach einer eigenen, später verallgemeinerten Skala [28]), auf welche Entwicklung ich im dritten Theil zurückkomme.

Die Festsetzung des Gehalts aller besoldeten städtischen Beamten überläßt § 158 den Stadtverordneten, indem er ihnen besonders anheimgiebt, sich mit den auf 12 Jahre gewählten Magistratsmitgliedern „über die Besoldung zu vereinigen, da diese Männer bei der Ungewißheit ihrer Lage natürlich eine höhere Besoldung fordern

---

[27]) Meier, S. 333/334. Lehmann, S. 493/4.
[28]) Rönne u. Simon a. a. O. S. 474.

werden, die aber auch bei treffender Wahl durch angestrengtere Dienstleistung wieder ersetzt werden wird." Hier ist also für das Gehalt, aber auch nur für dieses, auf die Rechtsform des Vertrages hingewiesen.

Bezüglich der besoldeten städtischen Unterbeamten hat jene radikale Ansicht, nach der alle Offizianten auf möglichst kurze Kündigungsfristen anzusetzen wären, in den weiteren Stadien keinen Einfluß mehr geübt, so daß § 157 St. O. hier unbedenklich das Prinzip der Lebenslänglichkeit der Anstellung aussprach, da die geringere Machtstellung dieser Aemter und die ständige Dienstaufsicht der vorgesetzten Behörde hier die wesentlichsten der bei den Magistratsstellen obwaltenden Bedenken beseitigte. Allerdings führte schon eine Kabinetsorder von 1828 und in Folge derselben die Zusammenstellung vom Juli 1832 hier insofern eine Durchbrechung des Prinzips ein, als die Annahme der bloß zu mechanischen Dienstleistungen bestimmten Unterbeamten auch auf Kündigung zugelassen wurde [29]), eine Quelle mannigfachster späterer Streitfragen des städtischen Beamtenrechts. Eine Pensionsberechtigung der lebenslänglich angestellten Unterbeamten ergab sich aus der St. O. an sich nicht; und ein Versuch der Regierung, den § 159 hierauf auszudehnen, war zweifellos contra legem, da jener Paragraph die Pensionsberechtigung ausdrücklich nur als Ersatz für die mangelnde Lebenslänglichkeit der Anstellung gewährt. Erst die Kabinetsorder vom 28. Dezember 1837 hat dann diesen Beamten bei eintretender Dienstunfähigkeit ein Anrecht auf Pension gewährt [30]).

Von den Rechten auf Gehalt und Pension hebt sich scharf das Recht auf das Amt selbst, auf die Organstellung ab. Der absolute Fürstenstaat konnte ein solches Recht, wie oben dargelegt worden, prinzipiell nicht anerkennen; denn für den Diener kann dem Herrn gegenüber der Dienst nur Pflicht sein, ein Recht kann er höchstens auf eine Gegenleistung, eine Entschädigung für seine Dienste haben. Da der Geist der Städteordnung in prinzipiellem Gegensatz zum Geist des absoluten Staates steht, so muß aus ihm mit logischer Notwendigkeit auch ein entgegengesetztes Prinzip für das Amtsrecht folgen. Die durch die Wahl zur Organperson er=

---

[29]) Ebda. S. 456/7.
[30]) Ebda. S. 476.

hobene Gliedperson hat nicht nur Pflichten gegenüber der Gesamtperson, sondern auch die aus dem Status der Organschaft, aus der rechtlichen Organisation der Gesamtperson fließenden Rechte [31]). Gewiß tritt auch diese Seite des Verhältnisses, wie seine Natur überhaupt, bei den unbesoldeten Ehrenämtern am klarsten in die Erscheinung; denn hier giebt es keinerlei Gegenleistungen für die geleisteten Dienste als die Ehre; die Ehre kann aber füglich nicht in der bloßen Pflicht, sondern nur in dem damit zugleich gegebenen Rechte auf die Amtsfunktionen bestehen. Dagegen wird bei den besoldeten Berufsbeamten durch die Ansprüche auf pekuniäre Gegenleistungen das Verhältnis leicht verdunkelt. Dennoch ist das Rechtsverhältniß der Beamten zum Gemeinwesen als der Organe zu ihrem Organismus nach dem Geiste der St. O. hier wie überhaupt bei den besoldeten Beamten prinzipiell kein anderes als bei den unbesoldeten, nur daß für jene die aus der Berufsmäßigkeit sich ergebenden pekuniären Ansprüche noch hinzutreten. In der Tat zieht denn auch die St. O. die hier aus ihrem Geiste als logisch notwendig abgeleitete Konsequenz für das Amtsrecht, wenn dies vielleicht auch bei der Neuheit der Sache nicht mit völlig bewußter theoretischer Klarheit geschieht. Immerhin kommt in dem § 205 unzweifelhaft das Prinzip zum Ausdruck, daß die auf bestimmte Wahlzeit oder auf Lebenszeit erfolgte Uebertragung eines städtischen Amtes dem Beamten ein Recht auf die Organstellung verleiht, das ihm während der gesetzlich bestimmten Zeit nur aus gesetzlich bestimmten Gründen aberkannt werden kann. Daß der Wert dieses Rechtssatzes durch die ominöse Klausel „in der Regel" beeinträchtigt wird, ist wohl auf die schlechte Gewohnheit des Polizeistaates und den verwirrenden Einfluß des Landrechts zurückzuführen, denen man sich doch nicht mit einem Schlage völlig zu entziehen vermochte. Im Uebrigen wird als erster Aberkennungsgrund ganz folgerichtig der Fall hingestellt, wenn der Beamte wegen Vergehen oder schlechter Aufführung vom Stimmrecht ausgeschlossen werden muß. Denn das Stimmrecht ist das elementarste Recht des organschaftlichen Status; wer dieses Recht der Mitwirkung bei der Bestellung der übrigen Organe in Gemäßheit des Gesetzes verwirkt, kann füglich nicht als höher qualifizirtes Organ fungiren.

---

[31]) Siehe Einleitung und oben n. 22.

Das volle Bürgerrecht, der „Status der aktiven Civität" ist im Sinne dieser rechtlichen Organisation die Voraussetzung für die Bekleidung städtischer Aemter. Dieser Tendenz entsprechen auch durchaus die im § 207 aufgezählten Gründe für eine Suspension von öffentlichen Stadtämtern: Konkurs, Kuratel, Kriminaluntersuchung.

Als ferneren Grund für die Entziehung eines Stadtamtes vor Ablauf der Wahlperiode führt nun aber § 205 noch den Fall an, wenn „Ursachen obwalten, weshalb Staatsdiener ihrer Posten entsetzt werden können". Diese Bestimmung bedeutet jedoch nicht, wie es beim ersten Blick scheinen könnte, einen Rückfall in die Amtsrechtlosigkeit des absoluten Staates, eine Wiederaufhebung des ganzen so überaus bedeutungsvollen organisatorischen Fortschritts, den der Geist der St. O. gebracht hatte. Denn so wenig die St. O. überhaupt als eine isolierte Maßregel gedacht war, noch als solche auch nur verstanden werden kann, vielmehr nur als Grundstein und Anfang der Umwandlung des alten Polizeistaates in den modernen Rechtsstaat, ebensowenig dachten die Väter der St. O. bei jener Bestimmung an die Rechtsstellung oder vielmehr publizistische Rechtlosigkeit des alten fürstlichen Bediententums, sondern an die Stellung, die sie selbst zur gleichen Zeit dem Beamtentum als Organ des modernen Rechtsstaates zu geben begannen. Betont doch sogar Perthes [32]), wie die Reformzeit mit jenem Prinzipe des fürstlichen Dienertums gebrochen habe, wonach die Staatsdiener nur tote Werkzeuge in der Hand des Fürsten gewesen, welche ohne eigene Einsicht, ohne eigenen Willen den Befehl desselben ausführten; während nach den Verordnungen von 1808 die Staatsdiener selbständig und selbsttätig mit voller Verantwortlichkeit die Geschäfte besorgen sollen. In der That beginnt mit der Verordnung wegen verbesserter Einrichtung der Provinzial-Polizei- und Finanzbehörden nebst der Geschäftsinstruktion für die Regierungen vom 26. Dezember 1808, deren § 44 den Regierungen einschärft, „das Dienstverhältnis gegen ihre Untergebenen nicht zu einem Mietskontrakt und öffentliche Beamte nicht zu Mietlingen herabzuwürdigen", der allmälige Aufbau eines neuen Amtsrechtes auch für die unmittelbaren Staatsbeamten in Preußen, das ihren Charakter als staatliche Organe, nicht als fürstliche Bediente einiger-

[32]) Perthes: Der Staatsdienst in Preußen. (1838) S. 30.

maßen zu rechtlichem Ausdruck zu bringen sucht. Unter den zahlreichen Verordnungen, die sich mit der Ausbildung dieses Rechtes befassen, ragt die Kabinetsorder vom 21. Februar 1823 hervor, auf welche ausdrücklich auch für das Verfahren bei Entlassung von Kommunalbeamten verwiesen wurde [33]). Diese Order zeigt deutlich das Bestreben, soweit es nach der damaligen Lage der Dinge möglich war, allen Beamten eine gesicherte Rechtsstellung zu geben und für die unfreiwillige Entlassung eine Art von formellem Rechtsweg zu konstituieren; es ist unverkennbar das Embryo der späteren Disziplinargesetze.

Indem also die Kommunalbeamten hinsichtlich ihrer Entlaßbarkeit den Staatsbeamten gleichgestellt werden, beginnt gleichzeitig für diese eine Rechtsentwicklung, deren Wurzel in dem Gedanken eines unmittelbaren Rechtsverhältnisses, einer unmittelbaren Organstellung des Beamten zum Gemeinwesen liegt; also recht eigentlich in dem Geiste, der zuerst in der St. O. zu vollendetem rechtlich-organisatorischem Ausdruck kam. Denn der Staat selbst blieb ja allerdings noch volle vier Jahrzehnte in jenem Uebergangszustande stecken, der sich dadurch charakterisiert, daß einerseits der prinzipielle Bruch mit dem alten Absolutismus, den die große Reformära vollzogen, trotz aller Reaktion nicht mehr rückgängig zu machen war, daß aber andrerseits die Vollendung des verfassungsmäßigen Rechtsstaates, für den die Reformära die Fundamente gelegt hatte, hintenan gehalten wurde. Daß der Staat im großen ist, als was die St. O. die Stadtgemeinde im kleinen rechtlich anerkannt hatte, ein willens- und handlungsfähiges organisches Gemeinwesen, nicht das willenlos unterthänige Objekt fürstlicher Herrschaft, das war das unverlierbare Ergebnis der Reform, obgleich diese ein Torso geblieben war und erst die Bewegung von 1848 jenen Gedanken auch für den Staat zu rechtlich organisatorischem Ausdruck brachte. Ebendeshalb zeigt denn auch das Staatswesen in jener Uebergangszeit von 1808—1848 trotz der beibehaltenen Form des Absolutismus einen wesentlich anderen Charakter, als das ancien régime; und es ist wahrlich kein Zufall, daß diese Wesensverschiedenheit sich am klarsten manifestiert in der Stellung und Wirksamkeit des Beamtentums dieser

[33]) Wortlaut bei Rönne u. Simon, S. 593.

Epoche im Gegensatz zu dem fürstlichen Dienertum der alten Zeit. Es war die klassische Aera der preußischen Bureaukratie, die mit der Wirksamkeit der Verfasser der St. O., der Ueberwinder des Mietlingsgeistes der Schreiberkaste, anhob.

Was schließlich die Bestimmung in § 206 betrifft, wonach die Enthebung von öffentlichen Stadtämtern außer den Magistrats-, Bezirksvorsteher-, Stadtverordneten- und Stellvertreterstellen auch auf einen Mehrheitsbeschluß der Stadtverordneten-Versammlung geschehen muß, so ist sie unklar formuliert und hat keine erhebliche praktische Bedeutung erlangt. Diese Bestimmung enthält wohl die Ausnahme, welche der § 205 mit der Klausel „in der Regel" vorbehalten hatte; jedoch hat die ständige Verwaltungspraxis mit Recht diese Ausnahme auf diejenigen Stellen beschränkt, die durch Wahl der Stadtverordneten besetzt werden; und da von diesen der § 206 selbst wiederum die wichtigsten ausnimmt, so blieben für seine Anwendung wesentlich nur die internen Vertrauensstellungen innerhalb der Stadtverordneten-Versammlung selbst, wie das Amt des Stadtverordneten-Vorstehers und Protokollführers, daneben höchstens noch die Stellen der von der Stadtverordneten-Versammlung gewählten Mitglieder der Deputationen und Kommissionen übrig.[34])

Die ganze Idee einer rechtlichen Sicherung der Unabhängigkeit des Beamten in seiner Amtsstellung selbst, abgesehen von deren etwaigen pekuniären Emolumenten, hat zur unbedingten Voraussetzung die Anerkennung des Beamten als unmittelbares Organ eines Gemeinwesens. Denn so lange die Funktionen des Beamten lediglich als individuelle Dienstleistungen zur Unterstützung eines allein publizistisch berechtigten Dienstherrn erscheinen, kann wohl von einer rechtlichen Sicherung der individual- also privatrechtlichen Ansprüche des Dieners die Rede sein, jedoch weder von einem subjektiven öffentlichen Recht einer Gliedperson auf Organstellung noch von einer selbständigen Kompetenz des Beamten als Organperson. Jene Voraussetzung ward von der St. O. durch die Reorganisation des städtischen Gemeinwesens geschaffen, damit zugleich auch die Voraussetzung eines öffentlichen Rechts überhaupt, nämlich eine Mehrheit von publizistischen Rechtssubjekten: Gliedpersonen, Organpersonen, die

---

[34]) Rönne und Simon, S. 598—600.

Gesamtpersonen der städtischen Selbstverwaltungskörper, die höhere Gesamtperson des Staates, der jene eingegliedert sind. In Sonderheit hat die Thatsache, daß über der kommunalen Körperschaft noch die höhere Gesamtperson des Staates steht, die kraft ihres Aufsichtsrechts das Verhältnis des kommunalen Organismus zu seinen Organen beeinflussen kann, erheblich zu einer schärferen Herausarbeitung der Rechtsgarantien des Kommunaldienstes beigetragen. So kommt bis auf den heutigen Tag das wahre Wesen des modernen Amtsrechts in dem Recht der Kommunalbeamten zu entschiedenerem und klarerem Ausdruck als in dem der unmittelbaren Staatsbeamten, da die staatliche Gesetzgebung begreiflicherweise sich weit leichter entschließt, die Willkür der Gemeinden gegenüber ihren Beamten durch Rechtsnormen einzuschränken als die des Staates gegenüber den seinigen. In mancher Hinsicht sollte nach heutigen Rechtsanschauungen allgemeines Beamtenrecht sein, was de lege lata nur Kommunalbeamtenrecht ist.

III.

Die Unmittelbarkeit der Organe gegenüber dem Organismus.

Daß der Begriff des öffentlichen Amts als Organ eines politischen Gemeinwesens ein einheitlicher sein muß bei den verschiedenen Arten politischer Gemeinwesen, ist unbestritten und unbestreitbar. Keineswegs sind deshalb etwa die Kommunalbeamten mit den Staatsbeamten zusammen zu werfen, auch nicht im Sinne der mittelbaren Staatsdiener des preußischen Landrechts. Vielmehr liegt jenem Satze nur die Erkenntnis zu Grunde, daß das öffentliche Amt ein höherer Gattungsbegriff ist, dem sich die Aemter der Gebietskörperschaften verschiedener Ordnung: Reich, Staat, Kommunalverbände, Gemeinden als Artbegriffe unterordnen. Allerdings aber ist die Voraussetzung für diese Auffassung, daß man diese verschiedenen Arten von Gebietskörperschaften selbst als Erscheinungsformen derselben Gattung sozialer Organismen begreift, also die organische Staatsanschauung; während in der Gedankenwelt des absoluten Staates für jenen Grundbegriff des modernen Amtsrechts kein Raum ist. Jene Gedankenwelt des Absolutismus ist aber nicht mit dem Absolutismus selbst zu Grabe gegangen, sondern treibt vielfach, wie in der staatsrechtlichen Theorie überhaupt, so auch in der Theorie des Amtsrechts noch heute ihr Wesen. Charakteristisch für diese Richtung ist der in den verschiedensten Variationen als Ausgangspunkt ihrer ganzen Konstruktion des Amtsrechts immer wiederkehrende tiefsinnige Grundgedanke, daß der Monarch nun einmal leider nicht alle öffentlichen Geschäfte allein erledigen könne, und sich deshalb Gehilfen und Werkzeuge zulegen müsse, die Beamten. Das entspricht in der That ebenso sehr der Anschauungsweise des fürstlichen Patrimonialstaats und seinem Bediententum, wie es dem modernen Rechtsstaat und seinem organischen Amtsrecht widerspricht.

Schon bei Perthes, der allerdings noch im absoluten Staate, aber doch ein Menschenalter nach der Reformära und der St. O. schrieb, macht sich dieser Widerspruch geltend. Zwar betonte er selbst, wie oben schon erwähnt wurde, die prinzipielle Wandlung, die die Reformzeit in der Stellung des Beamtentums hervorgebracht hatte; und trotzdem geht er von dem Dogma aus, daß der Wille des Königs allein entscheidend in allen öffentlichen Verhältnissen sein soll, und knüpft seine Theorie vorbehaltlos an die im Landrecht niedergelegte Rechtsordnung des aufgeklärten Despotismus an, wofür er wohl das hohe Lob Zorns erntet, daß seine Schrift „heute noch das Brevier jedes preußischen Beamten sein sollte." [1]) Um jenen Widerspruch zu lösen, greift Perthes auf die Natur des Dienstes im Privatrecht zurück und hält dem Beamten als Vorbild den Bedienten vor, der so handelt, „wie der Herr gehandelt haben würde, wenn er des Dieners Kenntnis oder Geschick gehabt hätte; er handelt im Sinne seines Herrn, er ergänzt dessen Persönlichkeit. . . . . In einem ähnlichen Verhältnisse wie der Diener zu seinem Herrn steht in Beziehung auf die Unterordnung des eigenen Willens der Staatsdiener zum Souverain." Daran ändere auch die moderne Selbständigkeit des Beamten nichts; denn „er soll nicht handeln, wie er handeln würde, wenn er Souverain wäre, sondern wie der Souverain handeln würde, wenn derselbe sich an des Staatsdieners Stelle befände". [2]) Schon hier zeigt sich sofort wieder der unausrottbar individualistische Charakter dieser Anschauung, der auch Perthes, trotzdem er gleich Gönner eine rein publizistische Amtstheorie konstruieren möchte, doch wider Willen ins Privatrecht hinabgleiten läßt; die absolutistische Staatsanschauung bietet eben für keine andere Amtstheorie Raum als für die des individualistischen fürstlichen BedientLentums. Und ebenso ist es in der immanenten Logik begründet, daß alle diese Theorien im Rahmen ihres Amtsbegriffs mit den Gemeindeorganen nichts anzufangen wissen. So meint denn auch Perthes von seinem Standpunkt aus ganz konsequent, daß allein der König die öffentlichen Aemter und Beamten zu be-

[1]) Zorn-Rönne, Staatsrecht der preuß. Monarchie. Bd. I. S. 417.
[2]) Perthes, Staatsdienst, S. 31—33.

stimmen habe, weil andernfalls die zur Errichtung von Aemtern und zur Bestellung von Beamten berechtigte oder verpflichtete Person eine Macht neben der des Königs in öffentlichen Verhältnissen erhalten würde, wovon die Folge Zwiespalt und Auflösung sein müßte.[3]) Nur existierte freilich damals schon seit 30 Jahren in den mündig erklärten Städten eine solche Macht, und die Auflösung des Staates war so wenig eine Folge ihrer Existenz, daß diese vielmehr im Gegentheil als Heilmittel gegen die von Absolutismus und Patrimonialität verschuldete Auflösung des Staates ins Leben gerufen war.

Vielleicht würde auch diese Theorie heute verschollen sein und nur in die Dogmengeschichte, nicht mehr in die Dogmatik des heutigen Staatsrechts gehören, wenn sich ihr nicht ein Mann sehr eng angeschlossen hätte, auf dessen großen Einfluß manche Fortschritte und viele Rückständigkeiten in der heutigen deutschen Staatsrechtswissenschaft zurückzuführen sind: v. Gerber.

Treffend formuliert Gerber die hier entscheidende Frage dahin, ob dem öffentlichen Beamten begrifflich die Eigenschaft eines unmittelbaren Staatsorgans zukomme, oder lediglich die eines Dieners und Gehilfen des Monarchen als solchen?[4]) Das ist in der Tat die entscheidende Frage, deren verschiedene Beantwortung das moderne Amtsrecht von der Amtsrechtlosigkeit des absoluten Fürstenstaates scheidet. Als „elementare Organe" erkennt Gerber in der konstitutionellen Monarchie nur den Monarchen und die Landstände an, wobei die letzteren eine immerhin etwas sekundäre Rolle spielen; ihre Stellung im System Gerbers und der herrschenden deutschen Staatsrechtstheorie überhaupt erinnert einigermaßen an einen späteren Anbau an ein altes Haus, der zum Grundriß des Ganzen nicht recht passen will; doch ist das hier nicht näher zu verfolgen. Jedenfalls ist der Monarch „das Hauptorgan des Staates", an das die Beamten sich als Diener und Gehilfen anzulehnen haben. Völlig im Sinne der guten alten Zeit gründet Gerber die ganze Existenz eines Beamtentums auf die Tatsache, daß der Monarch eben nicht alle Arbeit allein tun kann.[5]) Seltsamerweise wird sich jedoch Gerber

---

[3]) Ebenda S. 53.
[4]) Gerber, Grundzüge des deutschen Staatsrechts, S. 112 fg., S. 232 fg.
[5]) a. a. O., S. 110.

des Widerspruches gar nicht bewußt, in den er mit dieser seiner Grundanschauung gerät, wenn er die Regulierung der rechtlichen Stellung der Beamten, „welche sie dem Einflusse willkürlicher Bestimmung entzieht, als eine für das ganze Staatsleben wichtige Angelegenheit" bezeichnet.[6]) Denn wenn die Beamten in Wirklichkeit nur unselbständige Diener und Gehilfen des Monarchen sein sollen, so ist eine rechtliche Sicherung ihrer Stellung dem Herrn gegenüber der vollendete Widersinn. Wenn die Existenz des Beamtentums lediglich auf der tatsächlichen Unmöglichkeit für den Fürsten, alle staatliche Arbeit allein zu thun, beruht, so erheischt die folgerichtige Durchführung dieses Gedankens die bedingungslose Abhängigkeit des Gehilfen vom Herrn, damit jener möglichst in Wahrheit sein müsse, was er nach dieser Idee allein sein soll: die physische Ergänzung des physisch unzulänglichen, rechtlich aber allein maßgebenden fürstlichen Individualwillens. Kurz, die absolute publizistische Rechtlosigkeit des Beamten ist das unabweisliche Postulat, das sich aus jener Grundanschauung ergiebt, und das der absolute Fürstenstaat verwirklichte, der in der innerlichen Einheit seines Wesens weit besser wußte, was er wollte, als diese alt-neuen Theorien. Wenn nun aber die Rechtsentwicklung des letzten Jahrhunderts, wie Gerber anerkennt, auf eine rechtliche Sicherung des Beamten in seiner Amtsstellung gegen Willkür in größerem oder geringerem Umfange hinausläuft, so kann dem vernünftiger Weise nur der Gedanke zu Grunde liegen, daß der Monarch nicht nur physisch nicht alle staatliche Arbeit allein thun **kann**, sondern sie auch von Rechts wegen nicht allein thun **darf**; daß in gewissen amtlichen Handlungen ein von dem seinigen verschiedener Organwillen zu rechtlichem Ausdruck kommen soll; daß also der monarchischen Kompetenz andere, ihr zwar eventuell untergeordnete, aber auch in dieser Unterordnung selbständige Amtskompetenzen gegenüberstehen. Das heißt aber nichts anderes, als daß auch in dem Organwillen der Beamten je nach ihrer Kompetenz der Staatswille sich unmittelbar äußert, daß also die Beamten unmittelbare Staatsorgane sind. Nur wenn der Organwille des Beamten im Rahmen der gesetzlichen Bestimmungen eine Manifestation des Gemeinwillens selbst ist, hat

---

[6]) a. a. O., S. 113.

es einen denkbaren Sinn, seine Rechtsstellung und Kompetenz auch gegenüber dem Monarchen zu sichern; nicht aber, wenn der Beamte lediglich die physische Ergänzung des Monarchenwillens ist.

So ist es ein Selbstwiderspruch, wenn Gerber die privatrechtliche Konstruktion der älteren Jurisprudenz verwirft, welche die Stellung des Staatsdieners der Willkür des Dienstherrn fast völlig preisgegeben habe; und zugleich ist es eine Selbsttäuschung, wenn er den privatrechtlichen Bann abgestreift zu haben wähnt. Geradezu verblüffend tritt auch hier wieder der privatrechtliche Atavismus hervor, indem Gerber es fertig bringt, alle Rechtsgarantien gegen willkürliche Amtsentlassung und Pensionierung auf fiskalische Interessen zurückzuführen. Wenn die Gesetze dem Monarchen in dieser Hinsicht Rechtsschranken setzen, „so geschieht dies nicht, um dem Staatsdiener ein unangreifbares Recht auf das Amt zu geben, sondern um einer Ueberlastung des Pensionsfiskus vorzubeugen.“ ...... Partikulargesetze knüpfen das Recht des Monarchen zur Zwangspensionierung „im Interesse des Fiskus regelmäßig an bestimmte Voraussetzungen“.[7])!! Danach ist es jedenfalls völlig unerklärlich, weshalb nicht mindestens sämtliche unbesoldeten Ehrenbeamten ad nutum amovibel sind, da sie ja den Pensionsfond, diesen vermeintlichen Schöpfer des ganzen modernen Amtsrechts, nicht belasten würden. Aber freilich läßt Gerber überhaupt den Ehrenbeamten, der ihm ganz und gar nicht in's System paßt, ziemlich zusammenhanglos in einer Anmerkung draußen stehen; und vollends den unbequemen Gemeindebeamten verweist er mit einer Handbewegung hinaus zu den Kirchen- und Hofbedienten.[8]) Indessen giebt es doch immer noch eine Klasse von unzweifelhaften Staatsbeamten, auf die jener Dienerbegriff am handgreiflichsten nicht paßt, und die deshalb all' diesen Theorien sehr lästig sind, nämlich die Richter. In Wahrheit ist freilich ihre Stellung von der vieler anderen Beamtenkategorien nur quantitativ, durch erhöhten Rechtsschutz, nicht qualitativ, durch seine Ausschließlichkeit, unterschieden. Aber immerhin tritt die Selbständigkeit ihrer Kompetenz gegenüber dem Monarchen viel schärfer hervor als bei Verwaltungsbeamten. Jene ganze Bewegung, die die Kabinetsjustiz durch die Rechtspflege unabhängiger Gerichte

---

[7]) a. a. O., S. 119 n. S. 124.
[8]) a. a. O., S. 111 n. 2, S. 114 n. 10.

verdrängt hat, bleibt unverständlich, wenn der richterliche Beamte lediglich der unselbständige Diener des Monarchen sein soll. Gerade hier springt es in die Augen, daß im modernen Rechtsstaate die Existenz des Beamtentums nicht darauf beruht, daß der Monarch die betreffenden Funktionen tatsächlich nicht ausüben kann, sondern vielmehr darauf, daß er sie von Rechts wegen nicht ausüben darf. Dieses Verhältnis läßt sich aber rechtlich gar nicht anders konstruieren, als indem man anerkennt, daß sich in dem Organwillen dieser Beamten der Staatswille unmittelbar manifestiert. Alle Versuche, das moderne Richteramt als Ausfluß der oberstrichterlichen Gewalt des Monarchen zu konstruieren, müssen mit dem Fluche unfruchtbarer Scholastik geschlagen sein, weil die Grundidee der ganzen modernen Rechtsentwicklung in dieser Hinsicht gerade die denkbar schärfste Negation jener monarchischen Richtergewalt ist. Gerber zieht sich dem gegenüber hinter die Behauptung zurück, daß doch auch hier die Einwirkung des Monarchen in der „allgemeinen Autorisation zum staatlichen Handeln" gewahrt sei.[9]) Das königliche Ernennungsrecht ist eben der Notanker dieser Theorie. Aber abgesehen davon, daß Schöffen und Geschworene richterliche Funktionen ohne königliche Ernennung ausüben, daß sogar in Verwaltungsgerichten gewählte Beamte sitzen; so müßte konsequenter Weise derjenige, der aus der königlichen Ernennung zu einem Amte folgert, daß der König rechtlich der Inhaber der betreffenden amtlichen Funktion sei, auch aus der Besetzung eines Amtes durch Wahl ableiten, daß rechtlich die Wählerschaft Inhaberin der betreffenden amtlichen Funktion sei. An die Stelle rechtlicher Organisationsformen der Staatspersönlichkeit träte damit ein Mixtum compositum von Fürsten- und Volks-Souverainität; und das preist Gerber als die Quintessenz staatsrechtlicher Systematik. Zugleich ergiebt sich aus diesem Gedankengange, daß die Rechtsstellung der Richter nur die schärfste Ausprägung und höchste Steigerung der Beamtenstellung im Rechtsstaat ist; und daß deshalb jede Theorie, die das moderne Amtsrecht überhaupt auf falsche begriffliche Grundlagen stellt, gerade durch die Stellung der Richter am klarsten ad absurdum geführt wird, ohne daß sie doch diese Kategorie gleich den Gemeindebeamten einfach bei Seite schieben

---

[9]) a. a. O., S. 234.

kann. Zu wie gequälten Konstruktionen hier ein Schriftsteller gedrängt wird, der trotz der vortrefflichsten Einsicht vom Wesen des modernen Staates und von seinem begrifflichen Gegensatz zum sogenannten monarchischen Prinzip doch den alten Sauerteig nicht völlig auszuscheiden vermag, das zeigt der verzweifelte Versuch Jellineks, die Fülle fürstlicher Staatsgewalt mit der richterlichen Unabhängigkeit logisch zu versöhnen durch die erstaunliche Formel:

„Die prinzipiell allseitige Kompetenz des Monarchen ist hier derart eingeschränkt, daß er auf dem Gebiet der Rechtsprechung den rechtlich relevanten Staatswillen verfassungsmäßig gar nicht äußern kann. Daher wird in seinem Namen Recht gesprochen, aber nicht auf seine Anweisung. Juristisch ist das Verhältnis des rechtsprechenden Richters zum Monarchen dasselbe, wie das des Regenten zum verhinderten Monarchen. . . .“ [10])

Also eine prinzipiell allseitige Kompetenz, die sich aber auf wichtigsten Gebieten prinzipiell nicht äußern darf; und die Majestät des Monarchen schönstens dadurch gewahrt, daß für große Zweige der Staatstätigkeit ein für allemal seine körperliche oder geistige Unfähigkeit fingiert wird, worauf doch die Notwendigkeit der Regentschaft beruht!!

Die neo-absolutistische Staatslehre Seydels und seiner Schule steht selbstverständlich völlig auf dem Boden der Dienertheorie. Mit gewohnter Klugheit verdeckt der Meister selbst einigermaßen die schwächsten Seiten seiner Lehre durch eine scharfe Betonung der Scheidung von Justiz, auch in Sachen des öffentlichen Rechts, und Verwaltung, sowie durch eine lebhafte Polemik gegen die allzu zeitwidrige Lehre Stahls [11]). Mit naiver Unbefangenheit dagegen baut Rehm in seiner dogmenhistorisch so lehrreichen Monographie über die rechtliche Natur des Staatsdienstes seine eigene Theorie des Amtsrechts rückhaltlos auf das Dogma des Meisters, daß im monarchischen Staate der Individualwille des Herrschers der Staatswille ist, der Monarch das Subjekt der Staatsgewalt, ihr Objekt der Staat, Land und Leute; „denn man nennt dieselben Staat, wenn sie beherrscht werden“! Von den verschiedenen Funktionen des Herrschers sei die Erzeugung des Staatswillens d. h. die Gesetzgebung, die ja nach der bekannten Theorie, in welcher sich die staatsrechtlichen Antipoden

---

[10]) Jellinek, System der subj. öffl. Rechte. S. 151 n. 1.
[11]) Seydel, Grundzüge einer allgemeinen Staatslehre, S. 77 fg. 90 fg.

Seydel und Laband zusammenfinden, allein in der Sanktion bestehen soll, von der Art, daß sie nicht notwendig die geistigen und körperlichen Kräfte des Herrschers übersteige; darum erscheine das Gesetzgebungsrecht als ausschließlich vom Staatsoberhaupt selbst geübt! Dagegen erfordere die Ausführung des Staatswillens d. h. die Verwaltung eine Fülle von Arbeit, der der Monarch allein nicht gewachsen sei; denn auch er kann leider „zu gleicher Zeit nicht an verschiedenen Orten gegenwärtig sein. Weil es so der natürlichen Beschaffenheit des Regenten zufolge ihm schon thatsächlich unmöglich ist, allein die Staatsaufgaben zu vollführen, so entsteht für ihn ein dauerndes, naturnotwendiges Bedürfnis, die Hilfe anderer Menschen zur Durchführung der Staatszwecke in Anspruch zu nehmen."

Zu dieser altbewährten tatsächlichen Unzulänglichkeit kommt nun freilich im modernen Staate noch eine höchst fatale rechtliche Unzuständigkeit, die unbequeme Rechtspflege. Von ihr hat sich „der Herrscher des modernen Staates" in beispielloser Selbstaufopferung endgiltig selbst ausgeschlossen, weshalb Rehm kurz und bündig erklärt: „Als sekundäre Veranlassung des Staatsdienstes wird dieser Umstand weiterhin nicht betont werden". Damit ist denn freilich das schlimmste Hindernis für die absolutistisch-individualistische Konstruktion des Amtsrechts beseitigt, wonach der Beamte die Geschäfte führt, „weil es Geschäfte des Herrschers sind, nicht aus eigenem Recht, sondern im Namen und Auftrag des Regenten . . . Der Staatsdiener dient dem Herrscher, also besteht eine Beziehung zwischen zwei Personen"[12]), selbstverständlich Individualpersonen. Demgemäß kennt Rehm als Subjekte des Staatsdienstes nur „immer das Staatsoberhaupt als den gebietenden und den Staatsdiener als den gehorchenden Teil"; der Herrscher ist der alleinige Inhaber des Rechts, Staatsdiener anzustellen; „er ist es im Prinzip immer, dem die aus dem Staatsdienste entstehenden Rechte des Befehlens zukommen und die vermögensrechtlichen Pflichten gegen den Diener obliegen; . . . denn Fiskus ist die herkömmliche Bezeichnung für den Herrscher, wenn er als Privatrechtssubjekt auftritt"[13]). Schärfer kann sich der unausrottbar privatrechtliche Charakter jeder individualistischen Herrschertheorie wohl nicht offenbaren; ihm entspricht es auch durchaus, daß Rehm

---

[12]) Rehm in Hirth's Annalen, 1885. S. 78/81.
[13]) Ebenda, S. 111, 112.

jede amtliche Kompetenz zurückführt auf die in der Amtsverleihung liegende „Vollmacht“ für den Beamten, „seinen Willen mit derselben rechtlichen Wirkung zu erklären, als würde das Staatsoberhaupt selbst seinen Willen erklärt haben“[14]).

Also nicht als organischer Teil des rechtlich organisierten Gemeinwillens erscheint der Wille des Beamten innerhalb seiner amtlichen Kompetenz, sondern als bevollmächtigter Stellvertreter einer herrschenden Individualperson, womit ein wichtigster Fortschritt staatsrechtlicher Erkenntnis, den Gierke zu einem gesicherten Besitz gemacht haben sollte[15]), wieder aufgehoben wird. Diejenige Kategorie der Staatsbeamten, deren Rechtsstellung seine Theorie ohne weiteres ad absurdum führt, die Richter, hat Rehm, wie wir sahen, von vorn herein bei Seite geschoben. Wie fügen sich aber nun die Gemeindebeamten in diese Konstruktion des öffentlichen Amtsrechts? Natürlich gar nicht. Rehm meint, nur dadurch unterscheide sich die rechtliche Stellung des Staatsdienstes von der des Kommunaldienstes, daß der Zweck der Staatsämter die Verfolgung von nationalen Interessen, der Zweck der Gemeindeämter die Befriedigung örtlicher Interessen sei[16]). Es ist die Rosin'sche Formel für den begrifflichen Unterschied von Staat und Gemeinde; auf sie und ihre Grundlage, die Zweck- und Interessentheorie, ist hier nicht einzugehen[15]). Aber wo bleibt denn nun an dieser kritischen Stelle der Ausgangspunkt und das Rückgrat dieser ganzen Konstruktion des Amtsrechts, die Person des Herrschers, des einzigen publizistischen Subjekts, dem Land und Leute ja nur als Objekte gegenüberstehen? Sind auch die Gemeindebeamten lediglich die bevollmächtigten Stellvertreter und Diener des Monarchen, nicht Organe eines sowohl von seinem individuellen Willen wie von dem staatlichen Gemeinwillen verschiedenen kommunalen Gemeinwillens, so entfällt jeder Unterschied zwischen dem alten zentralistischen Polizeistaat und der modernen Selbstverwaltung, wie ja freilich diese Lehre auch den Unterschied zwischen dem absoluten und dem Verfassungsstaat bis zur Unkenntlichkeit verwischt. Weder das Jahr 1808 noch

---

14) a. a. O. S. 164.

15) Vgl. Einleitung und meine dort citierte Abhandlung: Ueber Organpersönlichkeit.

16) Rehm a. a. O. S. 158.

das Jahr 1848 hat dann irgend eine prinzipielle Bedeutung für die staatsrechtliche Entwicklung Preußens; Stein und seine Genossen erscheinen als reine Toren, die da wähnten, einen Systemwechsel staatlicher Organisation vorzunehmen, während sie in Wahrheit nur eine etwas andere Art für die Auswahl fürstlicher Bedienter einführten. Oder sollte der Staat, d. h. nach dieser Theorie der Fürst, gar keine rechtlichen Beziehungen zu jener Organisation für die „Befriedigung örtlicher Interessen" haben, da er ja nach der immanenten Konsequenz dieser Lehre immer nur alles oder nichts sein kann? Dann bliebe nur übrig, die Gemeindebeamten als Diener des kommunalen Demos aufzufassen, der ihnen durch die Wahl die Vollmacht erteilt, ihren Willen mit derselben rechtlichen Wirkung zu erklären, als würde der Demos selbst seinen Willen erklärt haben! Das wäre der absolute Fürstenstaat oben und die reine Demokratie unten. Entweder völlige Negierung aller organischen Differenzierungen, die die Eigenart der modernen Staatsentwicklung bezeichnen, oder völlige Zerreißung der organischen Einheit aller staatlichen Gestaltung, — das ist die Alternative, vor die sich jede solche anorganische Staatstheorie gestellt sieht, weil sie ihrer Natur nach das wahre Rechtsverhältnis, die organische Eingliederung engerer Gemeinwesen in höhere soziale Organismen nicht zu erfassen vermag.

Wie nach unten gegenüber den reorganisierten Selbstverwaltungskörpern, so erweist sich die Unhaltbarkeit der im absoluten Territorialstaat wurzelnden Theorien auch nach oben gegenüber dem neuen Reiche. Alle die seltsamen Mühsale, unter denen die heutige deutsche Staatsrechtswissenschaft sich bei der juristischen Konstruktion der Staatsform des Reiches abquält, die einem unbefangenen Urteil schier unbegreiflichen Schwierigkeiten, die sich der so nahe liegenden Anerkennung des deutschen Kaisertums als Monarchie entgegenstellen, sie wurzeln ja samt und sonders in dem mit Unfruchtbarkeit geschlagenen Bemühen, die abgelebte Dogmatik des absoluten Territorialstaatsrechts auf diesen nach seinem Werden und Sein durchaus modernen Staat zu übertragen; sie wurzeln darin, daß das Schlagwort einer politischen Partei, das sogenannte monarchische Prinzip, zu einem staatsrechtlichen Dogma verkehrt wurde, als welches es eine verderbliche Irrlehre werden mußte. Während dieses Prinzip das Verfassungsrecht der Einzelstaaten, in deren historischer Entwicklung es scheinbare, juristisch freilich wertlose Anhaltspunkte findet, vielfach verwirrt und verfälscht, weiß es sich mit dem Verfassungsrecht des Reiches, wo selbst jene trügerischen Anhaltspunkte fehlen, nicht anders abzufinden, als daß es ihm in scholastischer Verleugnung der realen Erscheinung den monarchischen Charakter überhaupt abspricht. Hieraus erklären sich viele und wohl die wesentlichsten Schwächen, die Labands herrschendem System des Reichsstaatsrechts anhaften; wie im allgemeinen, so auch speziell bei der Konstruktion des Amtsrechts.

Auch Laband bezeichnet alle Inhaber von Reichsämtern als Gehilfen des Kaisers, „da sie Geschäfte besorgen, welche ideell dem Kaiser obliegen"[17]. Jene naive Ableitung freilich der Existenz des ganzen Beamtentums aus der physischen Unzulänglichkeit des herrschenden Individuums wird man bei Laband nicht finden. Vielmehr betont er, daß die Ergänzung des Kaisers durch die Reichsbehörden nicht eine rein tatsächliche, sondern eine rechtliche ist, daß der Kaiser „die Geschäfte nicht anders als durch die vermittelnde Thätigkeit der Behörden führen kann und darf"; daß auch die Kompetenz dieser Behörden „ein Teil der staatlichen Rechtsordnung ist, welche der Kaiser einseitig nicht ändern kann"; daß endlich die Leitung der amtlichen Tätigkeit meist gesetzlich normiert, und auch im übrigen jedenfalls nicht von dem Individualwillen des Kaisers abhängig ist. Dennoch will Laband einen wesentlichen Unterschied darin finden, daß den Behörden kein subjektives Recht auf die Führung der Reichsgeschäfte zustehe, sondern nur dem Kaiser. Die Frage, ob die Kompetenzen der Organe unter den Begriff des subjektiven Rechts fallen, ist an anderer Stelle (vgl. die Citate oben n. 15; ferner Kap. IV) erörtert. Ihre Beantwortung kann aber nur die gleiche sein für die Kompetenzen des Kaisers wie für die der Behörden. Wenn Laband sich für die besondere Berechtigung des Kaisers auf den Art. 17 R.-V. beruft, so müßte er dieselbe Berechtigung jedenfalls dem Reichskanzler zugestehen, dessen Kompetenz zur verantwortlichen Gegenzeichnung aller kaiserlichen Regierungsakte ja durch denselben Artikel ausgesprochen wird. Ueberhaupt ist es doch lediglich Sache der legislativen Technik und von sekundärer Bedeutung, ob die Kompetenzen einer Behörde in der Verfassungsurkunde selbst oder auf Grund derselben durch Gesetze oder endlich

[17]) Laband I. S. 326.

auf Grund gesetzlicher Ermächtigung durch Verordnung festgestellt werden. Ein begrifflicher Unterschied in der Organstellung der Behörden läßt sich darauf keinesfalls begründen.

Wenn Laband meint: „Dem Bundesrate und dem Reichstage gegenüber erscheint der Inbegriff aller Befugnisse, welche sämtlichen Reichsbehörden zustehen, als ein Anteil des Kaisers an dem Verfassungsleben des Reiches"; so wendet er damit speziell auf das Reich einen Satz an, den er an anderer Stelle allgemein dahin formuliert: „In der konstitutionellen Monarchie ist pouvoir administrativ der Machtbereich des Landesherrn, der frei ist von der Mitwirkung der Volksvertretung und unbeschränkt durch die Gesetzesauslegung der Gerichte"[18]). Das ist die Stellung des Monarchen als höchsten Chefs der Verwaltung; jedoch kann man aus dieser Stellung keineswegs eine Mediatisierung auch nur der Verwaltungsämter gegenüber dem Gemeinwesen durch die Person des Monarchen folgern. Für das Reich muß das schließlich Laband selbst zugeben: „Die Amtsgewalt der Reichsbehörden ist nicht kaiserliche Gewalt, sondern Reichsgewalt. . . . Daher sind die Reichsbehörden nicht schlechthin kaiserliche Behörden[19])." Für ihn spricht sich freilich darin ein Gegensatz des Reiches zur Monarchie aus, in welcher der Monarch der alleinige Träger der Staatsgewalt, landesherrliche Gewalt und Staatsgewalt identisch sei. Das ist aber in Wahrheit nicht das Charakteristikum der Monarchie überhaupt, sondern des absoluten Fürstenstaates, während das Reich auch in dieser Beziehung den von keinerlei absolutistischen Rudimenten verdunkelten Charakter des modernen Verfassungsstaats aufweist.

Wenn nun auch die Anerkennung der Aemter als Organe ihres Gemeinwesens heute als die zur Herrschaft gelangte Meinung bezeichnet werden kann, so drängt sich doch immer wieder die alte Unterscheidung in wenig modifizierter Form ein, indem man den unmittelbaren Organen mittelbare gegenüberstellt, welche ihre Befugnisse von jenen ableiten[20]). Wie hier die neue Erkenntnis mit der alten Gewohnheit ringt, das zeigen wiederum am klarsten die Widersprüche,

---

[18]) a. a. O. S. 643.
[19]) a. a. O. S. 327/8.
[20]) cf. z. B. G. Meyer, Staatsrecht. S. 223; dort in n. 2 weitere Litteraturangaben.

in die sich Jellinek verwickelt. Durchaus zutreffend sagt er einmal, daß der Begriff des Staatsamtes im weitesten Sinne mit dem des Staatsorgans schlechthin zusammenfalle, und daß nur die herkömmliche Terminologie jenes Wort selten in diesem weiten Umfange gebrauche[21]). Und ebenso treffend führt er ein andermal die Scheidung zwischen unmittelbaren und mittelbaren Organen lediglich auf die Art ihrer Bestellung zurück; „eine Scheidung, die nur die Organstellung der Individuen, nicht die Organschaft selbst trifft. Denn alle Staatswillensakte sind unmittelbare"[22]). Dann aber heißt es wieder: „Der Beamte leitet seine Organstellung niemals unmittelbar aus der Verfassung, sondern stets aus einem ihm gewordenen Auftrag des Dienstherrn ab"[23]); und daß sich dies keineswegs auf die Art der Organbestellung beziehen soll, ergiebt sich aus den neuerdings von Jellinek gemachten weiteren Ausführungen, wonach die Unmittelbarkeit der Organe darin besteht, daß sie, „wie immer sie auch bestellt werden", niemandem „kraft ihrer Organqualität verpflichtet sind, als unmittelbar dem Staate selbst". Dagegen seien die mittelbaren Organe stets einem unmittelbaren untergeordnet und verantwortlich; ihre Tätigkeit für den Verband ist stets eine abgeleitete; es sind „Individuen, die ein unmittelbares Organ sich zur Erfüllung seiner Verbandstätigkeit zugesellt"[24]). Damit bekommt denn allerdings nur eine alte Sache einen neuen Namen; der alte Dienstherr heißt jetzt unmittelbares, der alte Bediente mittelbares Organ.

In Wahrheit kann sich der Gegensatz von Unmittelbarkeit und Mittelbarkeit in diesem Sinne nur auf die Art beziehen, wie nach der Verfassung eines Gemeinwesens Gliedpersonen zu Organpersonen bestellt werden. Für die Rechte der Organperson als solcher, d. h. für das Wesen ihrer Kompetenz ist es, wie eben gesagt, unerheblich, ob sie durch die Verfassung selbst oder auf Grund derselben festgestellt ist. Dagegen ist es für das Recht der Gliedperson auf Organstellung allerdings von Bedeutung, ob ihr dieses Recht unmittelbar aus der Verfassung oder mittelbar durch den Willensakt

---

21) Jellinek, System, S. 168.
22) a. a. O. S. 212.
23) a. a. O. S. 147.
24) Jellinek, Recht des mod. Staates, S. 498. 509/10.

eines anderen Organs zusteht. Unmittelbare Organe sind also solche, zu denen eine Gliedperson unmittelbar durch die Verfassung des Gemeinwesens, ohne Dazwischentreten eines anderen Organs berufen wird. Abgesehen von dem nur ganz ausnahmsweise in Uebergangszuständen einmal möglichen Notbehelf, den Namen der betreffenden Gliedperson in die Verfassung selbst aufzunehmen, wofür die französische Konsularverfassung von 1799 ein Beispiel bietet, kann die Verfassung für ihre unmittelbare Organbestellung nur an gegebene natürliche Tatsachen, an Geburt, Vererbung, Angehörigkeit, Alter und Geschlecht anknüpfen. Demgemäß sind unmittelbar durch die Verfassung berufene Organe regelmäßig nur Monarchen, Wähler und eventuell erbliche Parlamentsmitglieder. Dagegen sind die beiden begrifflich gleichwertigen Mittel für die mittelbare Organbestellung durch Willensakte anderer Organe: die Wahl und die Ernennung, mit ihren Bindegliedern: Bestätigungs- und Vorschlagsrecht. Daher sind Bundesrat und Reichstag im Reiche, die Wahlkammern in den Einzelstaaten, Magistrat und Stadtverordnete in den Gemeinden nicht unmittelbare, sondern mittelbare Organe ihres Gemeinwesens. Aber nur über die Art der Bestellung und über nichts anderes giebt die Bezeichnung der Unmittelbarkeit oder Mittelbarkeit Auskunft; in Sonderheit leitet keineswegs das mittelbare, bestellte Organ seine Kompetenz von dem Bestellenden ab; vielmehr wurzeln sämtliche Kompetenzen ohne Unterschied in der rechtlichen Organisation des Gemeinwesens. So wenig der Wählende seine Rechte auf den Gewählten überträgt, so wenig der Ernennende auf den Ernannten. „Nemo plus juris transferre potest quam ipse habet.“ Der Monarch, der nicht richten, der eventuell auch keine Polizeiverordnung erlassen kann, kann durch die Ernennung des Richters oder des Polizeiverwalters ebenso wenig eine Gewalt übertragen, die er nicht hat, wie der Wähler, der kein Recht der Zustimmung zu Gesetzen oder Gemeindebeschlüssen hat, dieses Recht durch die Wahl auf den Abgeordneten oder Stadtverordneten übertragen kann.

Wie die Mittelbarkeit der Bestellung durch Wahl oder Ernennung, so begründet auch die Unterordnung oder Verantwortlichkeit eines Organs gegenüber einem anderen keine Mittelbarkeit oder Ableitung der Kompetenzen selbst. Der Beamte leitet seine Kompetenzen nicht von seinem Vorgesetzten ab, so wenig wie von dem, der ihn ernannt oder gewählt hat; sondern einzig und allein aus der Organisation des Gemeinwesens. Die Minister sind zweifellos dem Monarchen untergeordnet und verantwortlich; aber es ist eine unvollziehbare Vorstellung, daß sie ihre Kompetenz zur Gegenzeichnung seiner Regierungsakte, von welcher die staatsrechtliche Giltigkeit derselben abhängt, von ihm ableiten sollten. An diesem springenden Punkte des konstitutionellen Wesens tritt nur am klarsten und unzweideutigsten sein allgemeines Grundprinzip hervor, die Unmittelbarkeit aller Organwillen des Gemeinwesens, unbeschadet ihrer organisatorischen Ueber- und Unterordnung. Sieht man aber von der falschen Idee einer Ableitung der Verbandstätigkeit der unteren Organe von den oberen ab, so läuft Jellineks Unterscheidung wesentlich auf dasselbe hinaus, wie die von ihm bekämpfte Scheidung Gierkes, der als unmittelbare Organe diejenigen bezeichnet, die keinem anderen Organ untergeben und verantwortlich sind[25]). Daß eine solche Scheidung zwischen höchsten, unverantwortlichen Organen einerseits und Organen, die anderen Organen untergeordnet und verantwortlich sind, andererseits einem terminologischen Brauch und wohl auch Bedürfnis entspricht, ist zuzugeben; jedoch sind dafür die Ausdrücke Unmittelbarkeit und Mittelbarkeit als irreführend durchaus zu verwerfen.

Unter den Organen jedes Gemeinwesens ragen diejenigen hervor, die durch die organisatorische Rechtsordnung dazu berufen sind, den höchsten, die ganze Tätigkeit des Gemeinwesens normierenden Willen rechtsverbindlich zu äußern und nach außen hin darzustellen. Da sie demnach den Gemeinwillen in seiner rechtlichen Erscheinungsform an oberster Stelle repräsentieren, bezeichnet man sie füglich als Repräsentativorgane oder Repräsentanten. Zu ihnen gehören die Staatsoberhäupter und die gesetzgebenden Faktoren jedes Gemeinwesens. Aus ihrer Stellung und Funktion als höchste Manifestanten des Gemeinwillens in Rechtsform ergiebt sich ihre Ueberordnung über alle anderen Organe und ihre Koordination untereinander; demgemäß auch ihre prinzipielle Unverantwortlichkeit für ihre Funktionen. Die Unabhängigkeit von jedem anderen Organ und die Unverantwortlichkeit teilen mit ihnen die Wählerschaften, nur daß

---

[25]) Gierke in Schmollers Jrb. VII. S. 1142.

deren Funktion auf eine einzige Art der rechtlichen Aeußerung des Gemeinwillens, die Bestellung anderer Organe durch Wahl, beschränkt ist, während sie selbst unmittelbar durch die Verfassung zu Organen bestellt sind. Demnach kann man innerhalb des gemeinsamen Begriffes der Organe zwei Klassen unterscheiden: Repräsentanten und Aemter; und der letztere Begriff umfaßt dann nur diejenigen Organe, welche, durch Ernennung oder Wahl bestellt, in Unterordnung unter höhere Organe die Funktionen des Gemeinwesens innerhalb eines bestimmten Kompetenzkreises ausüben. Dabei ist jedoch stets festzuhalten, daß diese ganze Scheidung lediglich eine terminologische, keine begriffswesentliche ist; und daß daher kein ernsthaftes wissenschaftliches Bedenken verbietet, auch von dem Amte des Fürsten oder des Parlamentsmitgliedes zu sprechen; denn das Entscheidende ist die Gemeinsamkeit der Organstellung, die unterscheidenden Momente sind sekundärer und relativer Natur.

So ist denn auch die Schwierigkeit, welche sich der Subsumierung der städtischen Magistrate unter eine der beiden Arten von Organen entgegenstellt, mehr eine terminologische als begriffliche. Unzweifelhaft sind Magistrat und Stadtverordnete die Repräsentativorgane der Stadtgemeinde; aber auf der anderen Seite läßt sich die Stellung eines Magistratsmitgliedes nicht wohl aus der Liste der Gemeindeämter streichen, ohne den wirklichen Verhältnissen Gewalt anzuthun. Jene Theorie freilich, welche die Aemter als mittelbare Organe in einen essentiellen Gegensatz zu den unmittelbareu Organen bringt, von denen jene ihre Befugnisse ableiten sollen, muß hier in peinliche Verlegenheit geraten; denn sie sieht sich vor ein Entweder—Oder gestellt. In dieser Verlegenheit zieht sie dann gern das Verhältnis der Gemeinde zum Staate heran; als Gemeindeorgane seien die Magistratsmitglieder unmittelbare Organe oder Repräsentanten, als mittelbare Staatsbeamte jedoch bekleideten sie Aemter, deren Befugnisse vom Staat abgeleitet würden. Das ist prinzipiell falsch; denn das Verhältnis der Organe zu ihrem Gemeinwesen muß aus sich selbst heraus, nicht aus dem Verhältnis der Eingliederung des Gemeinwesens in einen höheren Organismus begriffen werden. Als Gemeindeämter, nicht als mittelbare Staatsämter sind die Magistratsstellen zu konstruieren. Deshalb kann auch die eventuelle Unterordnung der Gemeindeorgane unter Staatsorgane hierfür nicht in Betracht kommen, obgleich allerdings das Kriterium für die Unterscheidung von Repräsentanten und Aemtern die Unabhängigkeit oder die Unterordnung gegenüber anderen Organen ist; nur muß man sich dabei eben im Rahmen der Gemeindeorganisation selbst halten. Danach bietet die Sache aber in der That keine wesentliche Schwierigkeit. Das Magistratskollegium in seiner Gesamtheit ist reines Repräsentativorgan der Gemeinde wie die Stadtverordnetenversammlung; die einzelnen Magistratsmitglieder aber als Dezernenten u. s. w. bekleiden Aemter in Unterordnung und Verantwortlichkeit gegenüber den Repräsentativorganen, wie ja auch die Stadtverordneten als Mitglieder von Verwaltungsdeputationen Gemeindeämter bekleiden.[26])

Ebenfalls eine überwiegend terminologische Streitfrage ist es, ob nach Ausscheidung der reinen Repräsentanten die zu Amtsfunktionen berufenen Organpersonen sämtlich als Beamte zu bezeichnen sind oder nicht. Für den gemeinen Sprachgebrauch erscheint zunächst jeder mit einem Amt Bekleidete, jeder Beamte als Beamter; dagegen lehnt es die juristische Terminologie vielfach ab, diesem Sprachgebrauch zu folgen. Nicht das Amt soll für den Begriff des Beamten ausschlaggebend sein, weil einerseits nicht jeder Verwalter eines öffentlichen Amts Beamter sei, und es andererseits Beamte gäbe, welche kein Amt verwalten[27]). In der ersten Hinsicht sind es namentlich die Laienrichter, Schöffen und Geschworene, welche die terminologische Schwierigkeit verursachen, da ihre Funktionen ebenso zweifellos amtliche sind, wie es zweifellos nicht üblich ist, die dieses Amt versehenden Organpersonen als Beamte zu bezeichnen. Man hat deshalb vielfach in die Definition des Beamtenbegriffs das Moment der Dauer des Amtsverhältnisses aufgenommen; nicht die Berufung zu einzelnen amtlichen Funktionen, sondern nur die zu dauernden oder beständigen Dienstleistungen gäbe die Beamteneigenschaft.[28]) Von der andern Seite wird die Dauer als Essentiale des Beamten-

[26]) Vgl. Gierke, Art. „Gemeindebeamte" in Holtzendorffs Rechtslexikon II. S. 54. Unglücklich ist die Terminologie von Leidig, „Preuß. Stadtrecht" S. 140, der „städtische" und „Gemeindebeamte" unterscheidet, je nachdem die Magistratsmitglieder eingeschlossen sein sollen oder nicht; ähnlich aber auch oft die Gesetzessprache.

[27]) Laband, a. a. O. S. 384.

[28]) cf. z. B. G. Meyer a. a. O. S. 449/50.

begriffs unter Hinweis auf das Schwankende dieses Moments und auf die Thatsache, daß auch unzweifelhafte Beamte ihr Amt nur vorübergehend bekleiden, bestritten.[29]) Indessen liegt jener ersten Meinung doch ein richtiger Gedanke zu Grunde, der mit dem Hinweis auf die kurze Dauer des Amtes nur ungenau ausgedrückt wird, wie O. Mayer treffend bemerkt: Schöffen und Geschworene „versehen ein Amt, aber sie sind nicht mit dem Amte versehen, nicht beamtet. Das Amt hängt nicht an ihrer Person, ist nicht zu einer persönlichen Fähigkeit und Eigenschaft geworden, sondern gehört ihnen nur, so lange sie bei Gericht sind".[30])

In der That gehen alle hier in Betracht kommenden Nuancen zurück auf den relativ verschiedenen Raum, den die Organfunktionen in der individuellen Lebenssphäre der zur Organperson berufenen Gliedperson einnehmen. Dieser Raum ist bei den eben erwähnten, nur gelegentlich und vorübergehend zu einzelnen Organfunktionen berufenen Personen so gering, daß auch der übliche Sprachgebrauch ihn bei der Bezeichnung der Person überhaupt nicht berücksichtigt und sie nicht als Beamten bezeichnet. Dieser Raum ist ein erheblich größerer in der individuellen Sphäre derjenigen Gliedpersonen, die auf eine gewisse Zeitdauer als Organpersonen für einen bestimmten Kompetenzkreis amtlicher Funktionen berufen sind, ohne daß jedoch diese Stellung ihre individuelle Sphäre dermaßen ausfüllte, daß sie die Basis ihrer bürgerlichen und wirtschaftlichen Existenz bildete; vielmehr ist umgekehrt ihre bürgerliche Stellung als Gliedperson die Basis ihrer amtlichen Stellung als Organperson, woraus sich namentlich der Mangel einer Besoldung als Naturale ergiebt; das sind die Ehrenbeamten. Wiederum einen erheblich breiteren Raum nehmen die Organfunktionen in der individuellen Lebenssphäre derjenigen Gliedpersonen ein, welche die Thätigkeit als Organperson zum Mittelpunkte ihres Berufs und damit zur Basis ihrer bürgerlichen Existenz gemacht haben, woraus sich die regelmäßige Gewährung einer Besoldung als Naturale ergiebt; das sind die Berufsbeamten. Ueber den Rahmen der Aemter in dem oben umschriebenen engeren terminologischen Sinne hinausgehend zu den Repräsentanten, kann

---

[29]) Laband, l. c. S. 387/8.
[30]) O. Mayer, Deutsches Verwaltungsrecht Bd. II. S. 205 n. 2.

man diese Steigerung in höchster Potenz bei der monarchischen Stellung finden, die durch ihre Erblichkeit die individuelle Sphäre des Lebensberufes noch überschreitet, so daß hier die Gliedpersönlichkeit vor der Organperson beinahe verschwindet.

Wenn Gierke nur in den kommunalen Berufsbeamten eigentliche Gemeindebeamte sehen will, während die im Ehrenamt oder Nebenamt zu kommunalen Organfunktionen berufenen Personen nur einzelne Rechte und Pflichten des Beamtenverhältnisses hätten, so „daß zwar die Person als solche nicht die Qualität eines Gemeindebeamten annimmt, daß aber das Rechtsverhältnis zwischen dem Amtsträger und der Gemeinde sich als partielles Beamtenverhältnis darstellt"[31]), so müssen diese Bezeichnungen von eigentlichen und uneigentlichen, ganzen und partiellen Beamten als leicht mißverständlich Bedenken erregen. Wohl deutet Gierke das Richtige an, indem er die Verschiedenheiten der beiden Beamtenkategorien in die individuelle Sphäre der betreffenden Gliedpersonen, ihre Gleichheit in die Organsphäre des Verhältnisses zu ihrem Gemeinwesen verlegt. Eben deshalb ist aber die Gleichheit beider Kategorien für die organische Anschauung des Amtsrechts das Primäre und Begriffswesentliche, die Verschiedenheit das Sekundäre und relativ Unwesentliche. Letztere besteht, wie eben gezeigt worden, nur in der quantitativen Differenz des größeren oder geringeren Raumes, den die Tätigkeit als Organperson in der individuellen Lebenssphäre der Gliedperson ausfüllt; festzuhalten bleibt aber als wesentlich, daß innerhalb jenes Raumes selbst die Organstellung des Beamten zu seinem Organismus völlig die gleiche ist, gleichviel ob er im Berufs-, Ehren- oder Nebenamt thätig wird.

Diese Gedankenreihe führt denn auch zur einfachen Lösung jener zweiten Schwierigkeit, die sich der Identifizierung des Begriffs „Beamter" mit dem Inhaber eines Amtes entgegenzustellen scheint. Es giebt Personen, die die Beamteneigenschaft besitzen, ohne zur Zeit ein bestimmtes Amt zu bekleiden; das sind die Beamten im Vorbereitungsdienst, die zur Disposition stehenden und in beschränktem Umfange auch noch die pensionierten Beamten. Daraus entnimmt eine weit verbreitete, heute nahezu herrschende Lehre den Anlaß, den

---

31) Gierke l. c. S. 50; cf. auch Laband, S. 390 n. 2.

Beamtenbegriff von dem Amtsverhältnis völlig loszulösen und auf ein sogenanntes Dienstverhältnis zu stellen, „die scharfe begriffliche Scheidung zwischen der Amtsführung und dem Dienstverhältnis“ zum Angelpunkt der ganzen Konstruktion des Amtsrechts zu machen.[32]) Und da diese Distinktion offenbar nur auf die Berufsbeamten, nicht auf die Ehrenbeamten anwendbar ist, so zerreißt man unbedenklich den einheitlichen Rechtsbegriff in zwei nach Entstehen und Bestehen heterogene Rechtsverhältnisse. Indessen ist es doch eine seltsam scholastische und unfruchtbare Distinktionssucht, das Amt als unwesentlich für den Beamtenbegriff nur um deswillen anzusehen, weil das in der Bekleidung eines Amtes wurzelnde persönliche Rechtsverhältnis unter gewissen Umständen dieser Bekleidung selbst schon kurze Zeit vorhergehen oder sie einige Zeit überdauern kann. Daß doch auch hier die Wahrnehmung der amtlichen Funktionen der Mittelpunkt und das Wesentliche des ganzen Verhältnisses ist, springt in die Augen und ist durch kein Kunststück juristischer Konstruktion zu verdunkeln. Man könnte ebenso gut aus den Rechten des nasciturus und der hereditas jacens die Unerheblichkeit der lebendigen Existenz für den Begriff der Person folgern. Und gerade der Umstand, daß jene Erscheinungen sich nur beim Berufsbeamten, nicht beim Ehrenbeamten finden, weist darauf hin, daß dieselben lediglich Ausflüsse der Berufsmäßigkeit, nicht der Beamteneigenschaft sind; daß sie also nur zu erklären sind aus der Bedeutung, welche die amtliche Tätigkeit für die individuelle Lebenssphäre des Beamten hat, nicht aus seinem Organverhältnis zum Gemeinwesen. Weil die bürgerliche Existenz, der Lebensberuf des Ehrenbeamten nicht auf der amtlichen Tätigkeit beruht, sondern umgekehrt ihre Grundlage bildet, entsteht und vergeht seine Beamteneigenschaft mit der Berufung zu einem bestimmten Amte. Weil die bürgerliche Existenz, der Lebensberuf des Berufsbeamten auf der amtlichen Tätigkeit beruht, diese die Basis seiner bürgerlichen Existenz ist, kann unter Umständen seine Beamteneigenschaft vor der Berufung zu einem bestimmten Amt entstehen und nach deren Endigung fortbestehen; die Basis ist eben breiter als das, was sich auf ihr erhebt. Stets bleibt die Berufsmäßigkeit die wirkende Ursache für eine etwaige Differenz

[32]) Laband l. c. S. 394; Rehm, Annal. 1885. S. 160; Jellinek, Syst. S. 170 fg.; auch G. Meyer a. a. O. S. 452 u. A. m.

zwischen der Amtsbekleidung und der Beamteneigenschaft. Nur wo eine berufsmäßige praktische Vorbereitung für das betreffende Amt erforderlich ist, giebt es Beamte im Vorbereitungsdienst; nur für Aemter, deren Art seiner berufsmäßigen Eignung entspricht, steht der Beamte zur Disposition;[33]) nur weil sich auf den Lebensberuf regelmäßig auch die wirtschaftliche Existenz gründet, erhält der Berufsbeamte Gehalt und Pension. Das Rechtsverhältnis selbst jedoch, in welchem der Beamte als Organperson zu seinem Gemeinwesen steht, ist in seinem Wesen das eine und gleiche beim Berufsbeamten wie beim Ehrenbeamten, sowohl was sein Entstehen wie was sein Bestehen und seine Endigung betrifft.

In Wahrheit hat denn auch jene Theorie, die das einheitliche Wesen des Amtsrechts in zwei heterogene Teile, Amtsverhältnis und Dienstverhältnis zerreißen will, ihren eigentlichen und tieferen Grund nicht in dem gelegentlichen Vorkommen von Beamten, die zeitweilig kein bestimmtes Amt bekleiden; vielmehr darin, daß die alte, aber in wechselnden Formen immer wieder auftauchende individualistische und anorganische Konstruktion des Staatsdienerrechts mit der nach ihrem innersten Wesen sozialrechtlichen und organischen Erscheinung des Gemeindeamts, dessen reinster Ausdruck eben das Ehrenamt ist, nichts anzufangen weiß. Da sich diese Erscheinung weder in den Rahmen jener Dienertheorie einzwängen, noch auch völlig ignorieren läßt, so konstruiert man zwei selbständige Rechtsverhältnisse, die schon durch die Art ihrer Begründung einander fremd gegenüberstehen. In der Theorie von der rechtlichen Begründung des Beamtenverhältnisses kommt das Wesen jener Lehre am deutlichsten zum Ausdruck.

[33]) cf. auch O. Mayer, Verwaltgsr. II. S. 201, und bes. im Archiv, III. S. 66.

IV.

Der Begründungsakt des Amtsverhältnisses.

Die individualistische und anorganische Anschauung, für die das Beamtenverhältnis das eines Gehilfen und Dieners zum Herrn ist, muß für die Begründung dieses Verhältnisses konsequenter Weise die allgemeine Rechtsform der Einigung zweier einander fremder Willen, den Vertrag, bevorzugen. Einst, im Stande staatsrechtlicher Unschuld begnügte man sich arglos mit der Annahme eines zivilistischen Vertrages in irgend einer Form des römischen oder gemeinen Rechts. Als dann das fortschreitende Bewußtsein staatlichen Wesens dieser Harmlosigkeit entwuchs, trat die Lehre von der Begründung des Amtsverhältnisses durch einseitigen Hoheitsakt auf, die in der Litteratur über diese Frage von Gönner bis Gerber vorherrscht. Da jedoch diese Lehre in der individualistischen Anschauung der Herrschaftsverhältnisse stecken blieb, so konnte sie nur schwer die natürliche und nächstliegende individualistische Begründungsform, den Vertrag, entbehren. Wohl wies sie schon ihr publizistischer Ausgangspunkt auf den richtigen Weg hin, die Grundlage des Amtsverhältnisses in der Angehörigkeit der Gliedpersonen zu suchen; aber in Folge ihres individualistischen Charakters vermochte sie diesen Gedanken nur in die Form einer allgemeinen Zwangsdienstpflicht der Untertanen zu bringen, eine Form, die für die juristische Konstruktion der tatsächlichen Verhältnisse in ihrer Gesamtheit doch nicht ausreichte. Eine Reaktion gegen diese schwächste Seite jener Theorie konnte nicht ausbleiben; und nach dem inneren Wesen der anorganischen Staatslehre ist es nur natürlich, daß sie dabei schier unwillkürlich in die Vertragstheorie zurückfiel. Die einfache Wiederaufnahme des alten privatrechtlichen Dienstvertrages konnte man freilich dem Geiste einer neuen Zeit nicht wohl zumuten; indessen half man sich auch hier wie in vielen ähnlichen Fällen damit, daß man dem alten Ding ein neues Epitheton ornans anhängte, den alten Dienstvertrag nunmehr als öffentlich-rechtlichen Staatsdienstvertrag bezeichnete. Diese Namensgebung erinnert wirklich, wie O. Mayer treffend bemerkt, „an die Geschichte von jenem Pfäfflein, welches am Fasttage ein Huhn verspeisen wollte und zu ihm sprach: baptizo te piscem“ [1]).

Am natürlichsten fügt sich diese Wiederaufnahme der Begründungstheorie des alten Staatsdienertums selbstverständlich in den Rahmen jener Staatslehre, die selbst die kaum verhüllte Wiederaufnahme der alten absolutistischen Staatsanschauung ist. Der Eintritt in die Beamtenstellung, lehrt Seydel, geschieht durch den Vertrag auf Amtsübernahme zwischen dem Herrscher und dem Beamten; er „begründet für den Herrscher das Recht zu verlangen, daß der andere Vertragsteil ihm seine Dienste zur Ausübung staatlicher Funktionen zur Verfügung stelle, für den Beamten dagegen das Recht, gewisse materielle Leistungen zu fordern (Gehalt, Pension)“. Das unterscheidet sich auch nicht um Haaresbreite von dem privatrechtlichen Dienstvertrag der alten Publizistik; und doch soll dieser Vertrag jetzt öffentlich-rechtlicher Natur sein „nach der Rechtsquelle, aus welcher er seine Wirksamkeit ableitet, und nach seinem Zwecke“ [2]). Die Rechtsquelle ist ja aber nach Seydel'scher Lehre immer und überall der Herrscherwille, also ist er es auch für die Rechtswirksamkeit jedes privatrechtlichen Vertrages. Und wenn wieder einmal der Zweck das entscheidende Kriterium sein soll, so wäre der Ankauf eines Hauses für öffentliche Verwaltungszwecke oder das Engagement eines Privatsekretärs für politische Arbeiten ein öffentlich-rechtlicher Vertrag. Und auch hier kehren die Ansichten des Meisters in der Monographie von Rehm wieder. „Es ist die Willenseinigung zweier von einander unabhängiger Rechtssubjekte, gerichtet auf die Begründung eines Rechtsverhältnisses und mit der Kraft ausgestattet, dieses Verhältnis wirklich zu erzeugen; also liegt ein Vertrag im Rechtssinne vor.“ In Wahrheit trifft ungefähr kein einziges dieser Momente zu; Gesamtperson und Gliedperson sind eben nicht zwei von einander unabhängige Rechtssubjekte; und die Willens-

1) O. Mayer im Archiv III. S. 60.
2) Seydel, Grundzüge, S. 59/62.

einigung zweier unabhängiger Subjekte ist nicht mit der Kraft ausgestattet, das Organverhältnis wirklich zu erzeugen, sondern das vermag nur der organisatorisches Recht schaffende Wille des Gemeinwesens. Aber freilich liegt die Sache ganz anders für eine Anschauung, der das Amt ein Dienstverhältnis zwischen der Individualperson des Herrschers und der des Beamten ist. „Der eine Kontrahent ist im Prinzip immer dieselbe Persönlichkeit, der Herrscher; denn überall, wo er in concreto nicht als Vertragsteil erscheint, schließt eine andere Person den Vertrag nur in Stellvertretung ab" [3]). Also die Wahlkollegien, die nicht nur die Beamten kommunaler Selbstverwaltung, sondern auch Mitglieder staatlicher Behörden bestellen, kontrahieren als Stellvertreter des Monarchen mit diesen Beamten; warum unter diesen Umständen z. B. die preußischen Bezirksausschüsse aus Leuten, die der Monarch selbst, und solchen, die der Provinzialausschuß als sein Stellvertreter engagiert, zusammengesetzt werden, bleibt unerfindlich. Die öffentlich-rechtliche Natur seines Vertrages konstruiert Rehm rein auf Grund der Zweck- und Interessentheorie: überwiegend im öffentlichen Interesse seien die Pflichten des Staatsdieners und von seinen Rechten die auf Rang und Titel gegeben; sie bilden also das öffentlich-rechtliche Element dieses gemischten Vertragsverhältnisses; dagegen seien die vermögensrechtlichen Ansprüche des Dieners das privatrechtliche Element [4]). In dieser Scheidung liegt immerhin etwas Richtiges, wenngleich die Zweck- und Interessentheorie auch hier nicht zu einer befriedigenden Begriffskonstruktion führen kann.

Die erhebliche Bedeutung, welche die Wiederaufnahme der Vertragstheorie im heutigen deutschen Staatsrecht erlangt hat, verdankt sie wesentlich dem Umstand, daß sich Laband ihr angeschlossen hat.

„Das Dienstverhältnis des Staatsbeamten beruht auf einem Vertrage, durch welchen, ganz ähnlich wie bei der alten Kommendation, der Beamte sich dem Staate hingiebt, eine besondere Dienstpflicht und Treue übernimmt, eine besondere Ergebenheit und einen besonderen Gehorsam angelobt, und durch welchen der Staat dieses Versprechen sowie das ihm angebotene besondere Gewaltverhältnis annimmt und dem Beamten dafür Schutz und gewöhnlich auch Lebensunterhalt zusichert" [5]).

---

3) Rehm, Ann. 1885. S. 124, 131.
4) a. a. O. S. 110.
5) Laband I. S. 394, cf. auch S. 386/7.

Obwohl also Laband nicht so unverblümt wie die Seydel'sche Schule die Individualperson des Herrschers als den einen Kontrahenten hervortreten läßt, woran ihn schon die Eigenart des Reichsstaatsrechts hindert, so ist doch seine Konstruktion dieses Rechtsverhältnisses, wie seine ganze Auffassung der Staatspersönlichkeit im innersten Wesen individualistisch [6]). Darauf deutet schon der ominöse Vergleich mit der lehnrechtlichen Kommendation. Dieser Vergleich stellt sich in der neueren Litteratur fast überall ein, wo die organische Anschauung der Staatspersönlichkeit durch die anorganisch-individualistische verdrängt wird; so bei Schmitthenner [7]), auf den sich Laband gern beruft, im Augenblick, da er seiner trefflichen organischen Grundanschauung untreu wird und zur Vertragslehre entgleist; so bei Gerber, obgleich er die Vertragstheorie verwirft, an der Stelle, wo er das Amtsverhältnis von seiner natürlichen Grundlage, dem Angehörigkeitsverhältnis, in Folge seiner individualistischen Auffassung der Gesamtperson losreißt [8]); so endlich auch bei Rehm [9]). Gerade in dem individualistischen Charakter des Lehnswesens aber kommt die dem Mittelalter eigene Gemengelage von öffentlichem und Privatrecht zu schärfstem Ausdruck im Gegensatz zum organischen Charakter des modernen Staatswesens, der die strenge Scheidung von öffentlichem und Privatrecht erheischt. Allerdings erkennt nun Laband die privatrechtliche Natur der lehnrechtlichen Kommendation durchaus an, und will seinen öffentlich-rechtlichen Staatsdienstvertrag davon begrifflich scheiden; aber wie? Hier bereitet uns der Meister juristischer Konstruktion eine seltsame Ueberraschung. Er, der so entschieden die Verwendung der Zweck- und Interessentheorie für die juristische Begriffskonstuktion abweist [10]), flüchtet hier mit einem Salto mortale in ihren Schutz. Von den Verträgen des Privatrechts „unterscheidet sich der Eintritt in den Staatsdienst durch Bestimmung und Zweck der versprochenen Dienste . . . Durch diese Zweckbestimmung der angelobten Dienste gehört der Staatsbeamtenvertrag dem öffentlichen Recht an; wegen ihr ist er der Beurteilung nach staatsrechtlichen Gesichtspunkten unter-

[6]) Vgl. Preuß: Gemeinde, Staat, Reich S. 160 fg. und „Ueber Organpersönlichkeit" in Schmoller Jb. Bd. 26, S. 103 fg.

[7]) Schmitthenner, Grundlinien des allgem. oder idealen Staatsrechts (1845) S. 509.

[8]) Gerber, Grundzüge S. 116 n. 1.

[9]) Ann. 1885 S. 156.

[10]) Laband I S. 61 fg.

worfen, und sie allein unterscheidet das Rechtsverhältnis der Staatsbeamten von dem der . . Beamten . . der Privatpersonen"[11]).

Wenn selbst die Virtuosität eines Laband kein anderes Mittel findet, den öffentlich-rechtlichen von dem privatrechtlichen Dienstvertrag begrifflich zu scheiden, als die von ihm selbst prinzipiell verworfene Zwecktheorie, so darf man getrost annehmen, daß die Konstruktion in dieser Richtung mit ihrem Latein zu Ende ist. Stärker fast als durch direkte Argumente wird durch diesen Indizienbeweis der immanenten Logik die unausrottbar individualistische Natur des Vertragsbegriffs dargethan. Es ist nicht anders; „das Vakuum, welches das Zurückschieben der einseitig bindenden Kraft des Staatswillens läßt, füllt sich ganz von selbst wieder aus durch die Regel des Civilrechts"[12]).

Wie die Vertragstheorie ihre Auferstehung überhaupt der Reaktion gegen die Lehre der Absolutisten von einer allgemeinen Zwangsdienstpflicht der Untertanen verdankt, so bildet fortdauernd die aus der Freiheit der Berufswahl folgende Freiwilligkeit des Eintritts in das Berufsbeamtentum ihr Lieblingsargument. Nun folgt aber aus dieser Freiheit und Freiwilligkeit zunächst weiter nichts, als daß mangels besonderer gesetzlicher Bestimmungen das Beamtenverhältnis nicht wider den Willen des Beamten begründet werden kann. Daß jedoch Willensübereinstimmung noch keinen Vertrag bedeutet, das ist so einleuchtend, daß es sogar von entschiedenen Anhängern dieser Lehre zugegeben werden muß[13]). Schon der alte Gönner bezeichnet es als einen „folgenreichen Irrtum der Rechtslehrer, . . . wenn sie glauben, daß Einverständnis zweier Subjekte über Rechte und Verbindlichkeiten mache das ganze Wesen eines Vertrages aus"; und er illustriert dies im Milieu seiner Zeit also:

„Wer vom Regenten auf sein Ansuchen die Erlaubnis erhält, eine Reise ins Ausland zu machen, wem eine gebetene Heuratserlaubnis erteilt wird, wer die Volljährigkeitserklärung oder eine Dispensation von Ehehindernissen oder ein Moratorium vom Regenten erlangt, der hätte mit dem Regenten einen Vertrag abgeschlossen; denn ‚das Suchen und Gewähren deutet ganz natürlich auf eine wechselseitige Einwilligung zweier frei handelnder Subjekte'"[14]).

---

[11]) l. c. S. 395.
[12]) O. Mayer, Archiv III, S. 48.
[13]) Jellinek, Syst. S. 207.
[14]) Gönner a. a. O. S. 84, 92.

Auch das heutige Recht bietet Beispiele in Hülle und Fülle, daß die notwendige Einwilligung der betroffenen Gliedperson nicht die Einseitigkeit des Aktes der Gesamtperson ausschließt; zu ihnen gehört auch die von den Anhängern der Vertragstheorie so gern zu Hilfe gerufene Naturalisation[15]). Am Ende müßte man sonst aus der gesetzlichen Notwendigkeit der Einwilligung des Verletzten zur Strafverfolgung bei Antragsdelikten einen Vertrag zwischen ihm und dem Staat über die Strafverfolgung konstruieren.

Höchst merkwürdiger Weise führt nun aber Laband für seine Ansicht die Gleichartigkeit die Anstellung im Staatsdienst mit der Anstellung im Kommunaldienst ins Feld; jene könne nicht auf einen staatlichen Hoheitsakt zurückgeführt werden, wenn man nicht dieser den Boden entziehen wolle, da die Gemeinden doch zu staatlichen Hoheitsakten nicht fähig seien[16]). Will man die Organbildung durchaus mit dem etwas abgestandenen Namen des Hoheitsaktes belegen, so sind die Gemeinden allerdings nicht zu dem Hoheitsakt staatlicher Organbildung, wohl aber zu dem kommunaler Organbildung fähig; und sie bestellen durch ihren einseitigen Akt ja keine Staats-, sondern Gemeindebeamte. Freilich hat sich Laband den Weg zu dieser Auffassung durch seine Theorie vom Herrschaftsrecht als Staatsmonopol verschlossen. Nun zeitigt aber seine Konstruktion das wunderliche Resultat, daß sie, um die Einheit zwischen staatlichem und kommunalem Berufsbeamtentum herzustellen, die Einheit des Gemeindebeamtentums mitten auseinander reißt. Denn der kommunale Berufsbeamte hat danach sein Amt auf Grund des Dienstvertrages; der kommunale Ehrenbeamte dagegen auf Grund einer in der Untertänigkeit wurzelnden Dienstpflicht; und da es nach Laband eine Untertänigkeit nur gegenüber dem Staat giebt, führt der kommunale Ehrenbeamte sein Amt auf Grund der Staatsuntertänigkeit. Die beiden Arten der Entstehung des Amtsverhältnisses behandelt Laband als diametrale Gegensätze; die eine „erfolgt unfreiwillig, d. h. ohne Notwendigkeit der Zustimmung, die andere freiwillig, d. h. auf Grund eines Konsenses"[17]). Also: der besoldete und der unbesoldete Stadtrat, die die gleichen Organfunktionen in dem gleichen Organismus

[15]) O. Mayer, l. c. S. 45/47.
[16]) Laband l. c. S. 401 n. 2.
[17]) Ebenda, S. 393.

erfüllen, stehen in einem verschiedenen Rechtsverhältnis zu verschiedenen Gesamtpersonen; nämlich jener in einem öffentlich-rechtlichen Dienstvertragsverhältnis zur Gemeinde, dieser in einem Dienstpflichtverhältniß zum Staate! Daß eine Konstruktion, welche zu einem solchen Resultate führt, nicht auf dem rechten Wege sein kann, leuchtet ohne weiteres ein, wenn anders es die Aufgabe jeder juristischen Konstruktion ist, die realen Tatsachen durch Zurückführung auf einheitliche Rechtsgedanken geistig zu erfassen. Und auch hier bewährt wieder das kommunale Amtswesen seine Eignung als Probierstein, um die verschiedenen Amtstheorien auf ihren organischen Feingehalt zu untersuchen und die Unhaltbarkeit der individualistischen Anschauung zu erhärten. Die unbefangene Betrachtung gerade der kommunalen Amtsorganisation stellt über jeden Zweifel klar, daß das Moment der Freiwilligkeit nicht geeignet ist, den Ausgangspunkt zur Zerreißung des einheitlichen Beamtenbegriffs in die beiden fundamental verschiedenen Kategorien der Diener und der Beamten zu bilden; daß dieses Moment vielmehr ein Naturale der Berufsmäßigkeit ist, und deshalb gleich den anderen am Schlusse des vorigen Kapitels erörterten Momenten derselben Art seine Erklärung findet durch die Verschiedenheit des Raumes, den die amtlichen Funktionen in der individuellen Lebenssphäre des Beamten einnehmen, aber nicht in einer Verschiedenheit des Rechtsverhältnisses zwischen dem Beamten und seinem Gemeinwesen.

Wie man mit der Vertragstheorie unvermeidlich auf eine schiefe Ebene bei der juristischen Konstruktion der Organverhältnisse gerät, das zeigt sich deutlich, indem Jellinek außer dem Staatsdienst und der als sein Seitenstück regelmäßig angeführten Naturalisation als vertragsmäßig begründete Organverhältnisse noch aufführt: „Mitgliedschaft an einer Kammer, Präsidentschaft einer Republik, Einsetzung einer neuen Dynastie“ [18]). Von dem Standpunkt aus, der Jellinek und Laband gemeinsam ist, sind diese Folgerungen logisch unabweisbar; und doch ist man mit ihnen auf dem besten Wege, das organische Bindegewebe der politischen Gemeinwesen in ein System individualistischer Vertragsverhältnisse aufzulösen und damit gerade in den Kardinalfehler des Naturrechts, das sonst von der Laband-

---

[18]) Jellinek, Syst. S. 199.

schen Schule übermäßig hart beurteilt wird, zurückzufallen. Schon die Auffassung der Naturalisation als Vertrag, die stets in untrennbarer Gemeinschaft mit der Lehre vom Staatsdienstvertrage auftritt, führt geraden Wegs auf das naturrechtliche Fundamentaldogma vom staatsgründenden Vertrage, von dem es nur ein Spezialfall ist. Mit dem bisherigen Fremden wird „das pactum receptionis geschlossen, welches nichts anderes ist als eine Einzelvornahme des großen pactum subjectionis, das die alte Untertanenschaft unter dieser Staatsgewalt schon vereinigt hat“ [19]). Diesem meist unbedenklich angenommenen Spezialfall fügt Jellinek an der oben citierten Stelle ganz folgerichtig andere gleicher Art hinzu. Eine gesetzliche Dienstpflicht ist ja auch in diesen Fällen regelmäßig nicht vorhanden, und deshalb nach jener Ansicht „der Vertrag der einzig mögliche Weg, derartige Subjektion rechtlich zu begründen. Das folgt einfach aus der Anerkennung des status libertatis durch den Staat, auf dessen Boden Staat und Individuum ganz unabhängig voneinander und daher als einander gleichartig dastehen“ [20]).

Wenn das letztere richtig wäre, dann wäre allerdings der Einwand der Ungleichartigkeit von Staat und Individuum, auf den sich die Gegner der Vertragstheorie regelmäßig stützen, durchaus verfehlt; aber auch nur dann. In Wahrheit stehen wir hier wiederum an dem kritischen Punkte, wo sich die organische von der individualistischen Auffassung der Gemeinwesen scheidet.

Gleichartig können sich Gesamtperson und Individualperson einzig und allein auf demjenigen Rechtsgebiete gegenüberstehen, für welches ihr Wesensunterschied nicht in Betracht kommt. Man müßte sich scheuen, diese triviale Selbstverständlichkeit auch nur auszusprechen, wenn sie nicht von den bedeutendsten Publizisten in dem schier unausrottbaren individualistischen Gedankenbann fort und fort ignoriert würde. Jener Wesensunterschied besteht nun in nichts anderem, als daß die Gesamtperson aus Gliedpersonen zusammengesetzt ist, die Individualperson nicht. Als gleichartig kann beide daher nur ein Recht behandeln, das prinzipiell von allen Verschiedenheiten in der Struktur, der inneren Gliederung seiner Rechtssubjekte absieht. Das tut aber einzig und allein das individualistische Privatrecht, das Vermögensrecht. Deshalb werden allein auf dem Gebiete des Vermögensrechts Gesamt- und

---

19) Mayer, l. c. S. 46.
20) Jellinek, l. c.

Einzelperson als gleichartig behandelt; deshalb ist das Vermögensrecht die einzig mögliche Heimat der persona ficta, der theoretischen Formel für diese praktische Gleichsetzung. Wenn nun die Gleichartigkeit der Kontrahenten allgemein als unbedingte Voraussetzung des Vertragsbegriffs anerkannt ist, so folgt, daß Verträge zwischen Gesamtpersonen jeder Art und Individualpersonen nur im Vermögensrecht begrifflich denkbar sind.

Zur Widerlegung dieser Behauptung pflegt man die familienrechtlichen Verträge, namentlich Ehe und Adoption, anzurufen; was jedoch auf einem Denkfehler beruht. Der korporative Charakter des Familienrechts ist bis auf einige Rudimente verkümmert, und in demselben Maße, wie das Individualrecht vom diesem Rechtsgebiet Besitz ergriffen hat, sind die vermögensrechtlichen Elemente in den Vordergrund getreten. Wo immer die Familie ihren korporativen Charakter bewahrt hat, sind Ehe und Adoption keine Verträge, sondern einseitige Aufnahmeakte, nicht einmal immer eines Einwilligenden. Nach Verkümmerung der korporativen Natur der Familie nehmen jene Rechtsakte den Vertragscharakter an, indem gleichzeitig auch die vermögensrechtliche Seite ihres Inhalts das Uebergewicht erhält; aber auch so weit ihr Inhalt kein vermögensrechtlicher ist, sind es nunmehr doch Rechtsgeschäfte zwischen Individualpersonen, also gleichartigen Subjekten. Unsere Behauptung geht ja nicht dahin, daß es nur vermögensrechtliche Verträge gäbe; vielmehr dahin, daß es *zwischen Gesamtperson und Individualperson* nur vermögensrechtliche Verträge giebt. Das schließt Verträge anderen Inhalts zwischen Individualpersonen einerseits, zwischen Gesamtpersonen andererseits selbstverständlich nicht aus. Zu den letzteren gehören vor allem die völkerrechtlichen Verträge, da ja das Völkerrecht prinzipiell von allen Verschiedenheiten der inneren Struktur der Staaten absieht und sie als durchaus gleichartige Subjekte behandelt. Dahin gehören aber auch etwaige verwaltungsrechtliche Verträge zwischen verschiedenen politischen Gemeinwesen, so weit sie nicht unter den Begriff der Vereinbarung oder des Gesamtaktes fallen [21]. Solche Verträge sind begrifflich sehr wohl möglich, zunächst zwischen gleichartigen Gemeinwesen, also etwa verschiedenen Gliedstaaten oder kommunalen Selbstverwaltungskörpern, dann aber auch zwischen höheren Gemeinwesen und den ihnen eingegliederten, sofern nur für

[21]) Cf. O. Mayer, Verwaltgsr. II. S. 430 fg., Jellinek, Syst. S. 194 fg.

das betreffende Rechtsverhältnis die Eingliederung selbst nicht von Belang ist; in letzterem Falle wird allerdings regelmäßig wieder die vermögensrechtliche Seite in den Vordergrund treten. Das Entscheidende ist also überall für die Möglichkeit eines Vertrages, daß die kontrahierenden Personen entweder wirklich ihrer inneren Struktur nach gleichartig sind, oder daß wenigstens ihre Ungleichartigkeit für das Rechtsgebiet, welchem der Inhalt des Vertrages angehört, nicht von Bedeutung ist.

Völlig ausgeschlossen ist nun nach alledem die Möglichkeit eines Vertrages zwischen Gesamtperson und Gliedperson auf dem Gebiete der Angehörigkeits- und Organschaftsverhältnisse, die es ja gerade nur mit der Struktur und der inneren Gliederung der Gesamtperson zu tun haben, für die also die Ungleichartigkeit von Gesamt- und Individualperson das ausschlaggebende Moment ist.

Man kann sich die für den Vertragsbegriff notwendige Gleichartigkeit der Personen auch in der Weise verdeutlichen, daß stets die gedankliche Möglichkeit gegeben sein muß, die Parteirollen der Kontrahenten zu vertauschen. Es ist stets begrifflich möglich, sich den Käufer auch als Verkäufer, den Gläubiger als Schuldner u. s. w. zu denken; aber so wenig bei der Naturalisation wie bei der Beamtenernennung ist eine solche Vertauschung der Parteirollen eine vollziehbare Vorstellung. Eine Einzelperson sich als Gliedperson eingliedern, eine Gliedperson sich zur Organperson bestellen, das kann selbstverständlich nur eine Gesamtperson; diese Verhältnisse wurzeln in der Ueberordnung des Gemeinwillens über den Einzelwillen, sind also der begriffliche Gegensatz zu der Koordination der Willen, welche die Voraussetzung des Vertragsrechts ist. Alle Recht setzenden Akte sind hier einseitige Akte des höheren Gemeinwillens; auch wo er der freien Entschließung des Einzelwillens Raum giebt, beruht doch diese Freiwilligkeit selbst auf dem einseitigen Willen des Gemeinwesens; dies Rechtsverhältnis ist also das diametrale Gegenteil eines Vertragsverhältnisses. Es ist eine falsche Auffassung des Vorganges, wenn man meint, die Naturalisation dehne durch Willensübereinkunft die Gewalt des Staates über einen ihm bisher nicht Unterworfenen aus. Vielmehr gerät jede Person in dem Augenblick, da sie das Gebiet einer Gebietskörperschaft betritt, tatsächlich in deren Gewalt; gewisse Rechtswirkungen treten ja auch damit ipso facto ein. Wenn dann die Gebietskörperschaft die Verleihung ihres Angehörigkeitsstatus noch an gewisse weitere Voraussetzungen knüpft, zu denen auch der durch einen Antrag oder sonstwie ausgedrückte freie Wille des Betreffenden gehören mag, so ändert dies doch nichts an der Einseitigkeit des Verleihungsaktes.

Genau derselbe Vorgang wiederholt sich, wenn die Gebietskörperschaft ihrer Gliedperson den qualifizierten Status der Organpersönlichkeit verleiht. Auch hier wird kein völlig neues Gewaltverhältnis begründet, sondern das bestehende der Angehörigkeit nach gewissen Richtungen hin zugleich gesteigert und determiniert. Und wieder ist der Vorgang begrifflich der gleiche, ob die Gebietskörperschaft eine Gliedperson durch Verleihung des Wahlrechts zum Wähler oder durch Verleihung eines Amtes, sei es in Form der Ernennung, sei es in Form der Wahl zum Beamten bestellt; und ob die Organfunktionen, zu denen die Gliedperson berufen wird, ihre individuelle Lebenssphäre wesentlich ausfüllen als Berufsamt oder sie nur zum Teil erfüllen als Ehrenamt. Lediglich einseitig aufgestellte Modalitäten des einseitigen Bestellungsaktes sind es, wenn die Ausübung der Organfunktionen nur als Recht oder zugleich als Pflicht auferlegt, wenn ihre Uebernahme in den freien Willen der Gliedperson gestellt oder ihr als Pflicht der Angehörigkeit auferlegt wird.

Indem man diese Verhältnisse als Gewaltverhältnisse bezeichnet, drückt man in der Tat nur ihre spezifisch öffentlich-rechtliche Natur aus[22]). Abgesehen vom Familienrecht, dessen rudimentäre Gewaltverhältnisse die verkümmerten Reste der einstigen korporativen und publizistischen Bedeutung der Familie sind, kennt das moderne Recht keine anderen Gewaltverhältnisse als die organischen der Gebietskörperschaften, wie denn das heutige öffentliche Recht im engeren Sinne es wesentlich nur mit der Organisation der Gebietskörperschaften zu tun hat. Der Gegensatz des modernen Staates zum Feudalstaat und zu dessen allodifizierter Form, dem Patrimonialstaat, wurzelt recht eigentlich in der Ueberwindung der individualistischen Unterthänigkeits- und Gewaltverhältnisse jener Formen durch das einzige moderne Gewaltverhältnis der organischen Eingliederung

[22]) Mayer, Archiv, S. 52 fg.

in die politischen Gemeinwesen, die Gebietskörperschaften[23]). Sie sind die einzigen Gesamtpersonen, die ihre Gliedpersonen nicht in einer bestimmten einzelnen Beziehung, sondern in ihrer Totalität ergreifen, d. h. die über sie Gewalt haben. Deshalb ist aber auch ihre Gewalt nur aus ihrem organisatorischen Lebensprinzip heraus zu begreifen; und dieses Lebensprinzip ist die durch eine objektive Rechtseinheit, das Gebiet, determinierte Herrschaft eines organischen Gemeinwillens. Die Beziehung zum Gebiet ist die primäre Ursache aller heutigen politischen Gewaltverhältnisse; auf sie gründet sich prinzipiell der rechtlich besonders qualifizierte Status der Angehörigkeit; auf diese wiederum der rechtlich weiter qualifizierte Status der Organschaft überhaupt, der Beamtenstellung im besondern. So wenig dies prinzipielle Verhältnis dadurch alteriert wird, daß unter Umständen positive Rechtssätze die Angehörigkeit auch über die unmittelbare Beziehung zu dem Gebiet hinaus wirksam erhalten, ebensowenig durch eine etwa ausnahmsweise ohne Angehörigkeit übertragene Organstellung. Und wie im ersten Falle eine gesetzliche Regelung, die den Kern der Angehörigkeit, die Beziehung zum Gebiet, allzu sehr aus den Augen läßt, ihre theoretische Unrichtigkeit durch praktische Ungeheuerlichkeiten büßen muß, so wird eine Gesetzgebung, die die Beamtenstellung von der Angehörigkeit loslöst, indem sie die Angehörigkeit weder zur Voraussetzung noch zur notwendigen Folge der Amtsübertragung macht, nur in unbedeutenden Ausnahmefällen möglich und erträglich sein.

Gegebene Tatsachen also, nicht Vertragswillkür sind die Grundlage der organischen Gewaltverhältnisse. Indem Schmitthenner die von ihm sonst richtig erfaßten organischen Subjektionsverhältnisse auch durch Vertrag entstehen ließ, verleugnete er unbewußt seine eigene organische Grundanschauung und verfiel der individualistischen Irrlehre, als deren Symptom sogleich die Analogie mit dem Lehnsvertrag auftaucht. Und indem umgekehrt Gerber infolge seiner individualistischen Auffassung der Gesamtperson das organische Band zwischen Amtsstellung und Angehörigkeit löst, bereitet er wider Willen der Vertragstheorie den Boden; übrigens erscheint auch hier die

[23]) Laband I. S. 63 im wesentlichen übereinstimmend, bis auf sein staatliches Herrschaftsmonopol, von dessen Haltbarkeit seine wiederholte Darlegung mich so wenig hat überzeugen können, wie ihn leider meine Polemik in „Gem., Staat, Reich" von seiner Unhaltbarkeit.

Analogie vom Lehnsherrn und Vasallen als äußeres Symptom des inneren Leidens [24]). Die organische Theorie und die vom einseitigen Akt der Organbestellung auf der einen Seite, die individualistische Theorie und die vom Staatsdienervertrage auf der anderen Seite sind logische Korrelate. Wer, wie Gerber, als das berechtigte Subjekt beim Amtsverhältnis „nicht den Staat, sondern unmittelbar die Person des Monarchen" ansieht, der denkt seinen eigenen Gedanken nicht zu Ende, wenn er die Vertragstheorie verwirft; daher ist die Seydel-Laband'sche Lehre die konsequentere Durchführung der Gerber'schen.

Allerdings will Laband aus seinem Staatsdienstvertrage ebenfalls ein Gewaltverhältnis hervorgehen lassen; er betont mit aller Schärfe den Gegensatz dieses Verhältnisses zu den Kontraktsverhältnissen des Obligationenrechts. Aber wie die immer wiederholte Anwendung des Epitheton ornans öffentlich-rechtlich an der individualistischen Natur der Rechtsform des Vertrages nichts zu ändern vermag, so vermag auch die immer wiederholte Behauptung dem individualistischen Vertrage nicht die Wunderkraft zu verleihen, das heterogene Wesen eines organischen Gewaltverhältnisses aus sich heraus zu erzeugen. Das beweist am klarsten Labands Konstruktion der Disziplinargewalt, die er völlig auf die durch Dienstvertrag begründete Dienstherrlichkeit stellt. Er handelt unter dem Zwange immanenter Logik, wenn er dieses Disziplinarrecht ebenso von dem durchaus publizistischen Strafrecht loslöst, wie seine ganze Richtung das Amtsrecht von der Angehörigkeit losgelöst hat, und wenn er seine individualistisch begründete Disziplinargewalt mit dem individualistischen Privatrecht in Verbindung bringt. Die Disziplinarstrafe „steht an Stelle der Kontraktsklage auf Leistung" [25]). Diese anorganische Konstruktion wird wiederum sofort schon ad absurdum geführt durch die unausrottbar organische Natur des Ehrenamts; eine Disziplinargewalt über Ehrenbeamte kann es nach Labands Theorie gar nicht geben; und es giebt sie doch.

Der konstruktive Scharfsinn Jellineks übersieht diese schwache Seite der Labandschen Konstruktion nicht; da er aber die Grundanschauung Labands teilt, so muß er in der doktrinären Zerreißung

---

24) Gerber, Grundzüge, S. 46 n. 2.. S. 116 n. 1.
25) Laband I. S. 441 fg.

des Zusammengehörigen notgedrungen noch einen Schritt weiter gehen. Schon Laband hatte hingewiesen auf die Disziplinargewalt, die im Mittelalter gegen Lehnsmannen und Ministerialen, bis in die neuere Zeit gegen Leibeigene und Dienstboten bestand, und die noch bestehe im Recht der Eltern und Lehrherren, des Schiffsführers, sowie in Heer und Marine. Hierbei sind nun offenbar die heterogensten Dinge zusammengewürfelt. Auf einer Stufe der Staats- und Rechtsentwicklung, die noch individualistische Herrschaftsverhältnisse anerkannte, gab es selbstverständlich als Ausfluß derselben auch eine Disziplinargewalt von Individuen als solchen über andere Individuen. Dahin gehören die Belege aus der Feudal- und Patrimonialzeit und deren Rudimente, wie gewisse veraltete Auswüchse des Gesinderechts, deren Natur die Zusammenstellung mit der Leibeigenschaft ganz treffend bezeichnet. Besteht nun das Wesen der modernen Staatsgestaltung in der Beseitigung der individualistischen Herrschaftsverhältnisse, an deren Stelle durchweg die organisch korporative Herrschaft von Gesamtpersonen über ihre Gliedpersonen getreten ist, so gilt selbstverständlich das gleiche von der Disziplinargewalt, die stets nur als ein spezialisierter Anwendungsfall der Herrschaftsgewalt begreiflich ist. Eine gewisse Zwitterstellung nehmen auch in dieser Beziehung die familienrechtlichen Verhältnisse ein, weil der Rechtscharakter der Familie überhaupt, wie schon oben berührt, zwischen den Resten korporativer Gestaltung und den Folgen der individualistischen Auflösung schwankt; und eine natürliche Verwandtschaft damit zeigen diejenigen Rechtsverhältnisse, die in gewissem Maße auf dem Eintritt in die Familie oder Hausgemeinschaft beruhen. Im übrigen scheiden sich mit prinzipieller Klarheit einerseits die Gewaltverhältnisse, deren Kern stets die Herrschaft der Gebietskörperschaften innerhalb ihres Gebiets, und deren spezialisierte Erscheinungsform bezüglich der Organpersonen eine mehr oder minder entwickelte Disziplinargewalt ist, von den Kontraktverhältnissen zwischen Individualpersonen, die überhaupt keine Gewalt, folglich auch keine Disziplinargewalt zu erzeugen vermögen. Zu dem diametral entgegengesetzten Resultat muß nun aber Jellinek in konsequenter Durchführung des Dienstvertragsgedankens kommen. Er muß nämlich die Disziplinargewalt von ihrer natürlichen Quelle, der Herrschaftsgewalt, völlig und prinzipiell loslösen und sie unter verzweifelter Verleugnung ihres eminent publizistischen Charakters mit privatrechtlichen Kontraktverhältnissen in ein unklares Gemenge bringen[26]).

Das ist wiederum ein interessanter Beweis dafür, daß in diesen Verhältnissen der Vertrag trotz aller Betonung eines öffentlich rechtlichen Beiworts seine individualistische Natur nicht abstreifen kann, und jeden, der sich mit ihm einläßt, unrettbar ins Privatrecht hinabstößt. So sehr Jellinek im übrigen von moderner Staatsanschauung erfüllt ist, hier verfällt er völlig der veralteten Bediententheorie, und zwar um so gründlicher, je konsequenter er die ihm mit Laband gemeinsamen Grundanschauungen durchführt. Die Disziplinargewalt des Staates über seine Beamten ist ihm begrifflich nichts anderes als das Recht des Dienstherrn gegenüber dem Bedienten, des Arbeitgebers gegenüber dem Arbeiter; denn die Disziplinargewalt habe mit der Herrschaftsgewalt begrifflich nichts zu thun; und nur deshalb können schließlich auch Kommunalverbände ein Disziplinarrecht besitzen! Also nicht wegen der inneren Wesensverwandtschaft der Gebietskörperschaften ist ihr Rechtsverhältnis zu ihren Organpersonen ein begrifflich gleiches, sondern weil das Verhältnis von Herrn und Diener in dieser Hinsicht überhaupt keinen begrifflichen Unterschied aufweist, gleichviel ob es sich um öffentliche Beamte oder um Privatbediente handelt! Und es giebt danach zwei ganz heterogene Gewaltverhältnisse: die Disziplinargewalt, die durch Vertrag, und zwar nicht bloß durch den sogenannten öffentlich-rechtlichen, sondern auch durch beliebige privatrechtliche Verträge zwischen Individualpersonen begründet werden kann; und die Herrschaftsgewalt, die ein absolut ausschließliches Staatsmonopol ist! Von diesem seinem Monopol macht aber merkwürdigerweise der Staat gerade gegenüber seinen Organpersonen keinen Gebrauch, eine Selbstverleugnung, die ihm Jellinek zumuten muß, weil er sonst das analoge Verhältnis der anderen Gebietskörperschaften, der Gemeinden zu ihren Organpersonen in seiner Theorie vom staatlichen Herrschaftsmonopol nicht unterbringen kann. Die Gewaltsamkeit dieser Konstruktion rächt sich nun aber sofort dadurch, daß selbst jeder Schein eines begrifflichen Unterschiedes zwischen dem vornehmen öffentlich-rechtlichen und dem ganz gewöhnlichen privatrechtlichen Dienstvertrage verschwindet; denn dieser

---

26) Jellinek, Syst. S. 203 fg.

erhält plötzlich gleich jenem die Kraft, Gewaltverhältnisse zu begründen. Und doch betont Jellinek selbst zutreffend, wie es auch Laband getan, den fundamentalen Gegensatz der aus Gewalt- und der aus Kontraktverhältnissen entspringenden Rechte; dort Befehl und Zwang, hier Forderung und Klage. Ja, die weiteren Ausführungen Jellineks zeigen ganz deutlich, daß die Rechtsverhältnisse, die er als Disziplinargewalt einer Individualperson auf Grund eines Dienstvertrages konstruieren will, in Wahrheit das sind, was sie allein sein können: obligatorische Forderungsrechte, die eventuell eine Klage auf Erfüllung oder wegen Vertragbruchs begründen. Daß das Verhältnis der Gebietskörperschaften zu ihren Organpersonen ein begrifflich völlig anderes, nämlich ein Gewaltverhältnis ist, springt in die Augen. Hier treten Befehl und Zwang an die Stelle von Forderung und Klage. Der Versuch Labands, dieses Verhältnis aus einem spezifisch öffentlich-rechtlichen Vertrage abzuleiten, ist gescheitert; anstatt aber daraus die Folgerung zu ziehen, daß sich solche Gewaltverhältnisse überhaupt nicht aus einem Vertrage, sondern nur aus der organischen Eingliederung in die Gebietskörperschaften, d. h. aus deren Herrschaftsgewalt ableiten lassen, versteigt sich Jellinek zu dem seltsamen Dogma: „Disziplinargewalt ist nie Herrschergewalt, denn Ausstoßung ist das höchste Disziplinarmittel[27]).

Das ist für Jellinek die erlösende Formel zur Unterscheidung seiner einfachen Gewaltverhältnisse von der ausschließlich staatlichen Herrschaftsgewalt.

„In dieser Verstrickung des Unterthans durch den Staatswillen, in der Möglichkeit dieser nur durch die Staatsgewalt selbst lösbaren Verpflichtung zur Erfüllung zeigt sich das Imperium in seiner ganzen Majestät. Jeder Gewalt kann ich mich entziehen, nur der Herrschergewalt nicht."

Wenn Jellinek diesen Gedanken zur Grenzziehung zwischen den organischen Gewaltverhältnissen und den individualistischen Kontraktsverhältnissen verwenden würde, so käme er zu einem gedeihlichen Resultat; nur müßte dann freilich die Beschränkung auf den Staat und seine Untertanen fortfallen, und an ihre Stelle die Gebietskörperschaft und ihre Gliedpersonen treten. Wie jedoch Jellinek diesen Gedanken verwendet, zieht er die Grenzlinie an völlig falscher Stelle.

---

[27]) Ebda. S. 206.

Gewiß, allen Kontraktsverhältnissen kann sich der Verpflichtete durch Bruch des Vertrages entziehen; es wird damit lediglich ein neues Forderungsrecht des Berechtigten begründet; eben deshalb entsteht aus all jenen Kontraktsverhältnissen zwischen Individualpersonen niemals ein Gewaltverhältnis. Vereinzelte Anomalien, z. B. im Gesinderecht, haben, wie oben schon erwähnt, durchaus rudimentären Charakter. Deshalb kann hier auch in Wahrheit niemals von einer Ausstoßung gesprochen werden, wie es Jellinek thut; denn Ausstoßung setzt eine höhere organische Einheit voraus, aus der man ausgestoßen wird, wovon bei einem Kontraktsverhältnis zwischen zwei Individuen eben nicht die Rede sein kann. Dagegen weist das Rechtsverhältnis der Organpersonen wie der Gliedpersonen zu ihrem Gemeinwesen alle charakteristischen Züge des Gewaltverhältnisses auf. Seinen Amtsfunktionen kann sich der Staats- wie der Gemeindebeamte niemals einseitig entziehen; das wäre kein Vertragsbruch, aus dem sich Forderungsrechte des Dienstberechtigten ergeben, sondern ein Vergehen oder Verbrechen, auf welches die Zwangs- oder Strafgewalt des Gemeinwesens reagiert. Denn wie man sich auch zu dem unten noch zu berührenden Dogma von der Freiheit des Amtsverzichts stellen mag, unzweifelhaft ist es doch in jedem Falle, daß die Verpflichtung des Beamten nur durch den Willen seines Gemeinwesens lösbar ist. Hier kann man denn auch von Ausstoßung sprechen, weil für die Glied- wie für die Organpersonen jene höhere organische Einheit gegeben ist. Aber, meint Jellinek, es giebt doch keinen Erfüllungszwang für die Amtspflicht, und eben dadurch unterscheide sich die Disziplinargewalt von der Herrschaftsgewalt. Ja, einen Erfüllungszwang für die Amtspflicht giebt es genau ebenso weit und genau aus demselben Grunde nicht, wie für die Bürgerpflicht überhaupt. Denn bekanntermaßen ist ein direkter Zwang zu einem Tun überhaupt ein Unding; zum Dulden oder Unterlassen kann der Beamte wie der Bürger unmittelbar gezwungen werden, zum Handeln der eine wie der andere nur mittelbar durch psychologischen Zwang, namentlich also durch Strafandrohungen. Die schärfste Strafandrohung bleibt aber in beiden Fällen die der Ausstoßung, wobei nur der Unterschied waltet, daß die einfache Ausstoßung aus dem Organverhältnis, die Amtsentsetzung, noch gebräuchlich ist; die einfache Ausstoßung aus dem Gliedverhältnis, nämlich Verbannung oder

Aechtung, heut zu Tage nicht mehr Brauch ist, und man sich daher hier auf die Ausstoßung durch Beförderung vom Leben zum Tode beschränkt sieht. Aber wie der Staat den Beamten wohl auf die Amtsstube schleppen lassen, aber nicht unmittelbar zur Erfüllung seiner Amtsfunktion zwingen könnte, so kann er auch den dienstpflichtigen Bürger z. B. wohl in die Kaserne schleppen, aber zur Verrichtung des militärischen Dienstes selbst nicht unmittelbar zwingen. So zeigt sich eben auf der ganzen Linie die begriffliche Gleichheit des Gewaltverhältnisses gegenüber der Organ- wie der Gliedperson; die Disziplinargewalt ist lediglich eine gesteigerte spezielle Anwendungsform der Herrschaftsgewalt der Gebietskörperschaften. (Vgl. auch unten Kap. X.)

„In der That entsteht daher das Rechtsverhältnis des Gemeindebeamten nicht durch die Uebereinstimmung zweier Willenserklärungen, sondern durch den einheitlichen Willensakt der Gemeinde, welche auf Grund ihrer korporativen Lebensordnung eine unausgefüllte Stelle in ihrem Lebensorganismus besetzt, sich ein lebendiges Glied unter Zuweisung der entsprechenden Pflichten und Rechte einfügt" [28]). Was Gierke hier von den Gemeindebeamten sagt, gilt aber von der rechtlichen Begründung des Amtsverhältnisses überhaupt; denn das Wesen des Amtsrechts, das Rechtsverhältnis der Organperson zu ihrem Organismus, ist prinzipiell das eine und gleiche für die Beamten aller Gebietskörperschaften. Die Verschiedenheiten in den Rechten der Berufsbeamten und der Ehrenbeamten sind sekundärer Art; sie beziehen sich nicht auf das Organverhältnis, sondern auf das Verhältnis, in welchem die Organfunktionen zu der sonstigen Thätigkeit innerhalb der individuellen Lebenssphäre der Gliedpersonen stehen. Zu einzelnen Organfunktionen sowie zu Aemtern, deren Wahrnehmung die individuelle Lebenssphäre nicht wesentlich ausfüllt, wird die Gliedperson von ihrem Gemeinwesen ohne weiteres herangezogen; und es ist lediglich eine Zweckmäßigkeitsfrage der Gesetzgebungspolitik, ob dies durch bloße Zuerteilung der Organkompetenz oder durch Auferlegung einer Rechtspflicht zu Organfunktionen geschieht. Zu welchen widersinnigen Resultaten das Bestreben führen muß, auf die Freiwilligkeit oder Unfreiwilligkeit eine begriffliche Unterscheidung der Organstellung zu gründen, zeigt u. a. ein Beispiel bei Rehm,

---

[28]) Gierke im Rechtslex. II. S. 53.

wonach die Handelsrichter in Hamburg und Bremen keine Staatsdiener in dem speziellen Sinne des Wortes, den diese Theorie damit verbindet, sein sollen, weil dort ein gesetzlicher Zwang zur Uebernahme dieses Amtes besteht; während die Handelsrichter der anderen deutschen Staaten gleich den Berufsbeamten Staatsdiener sein sollen, weil sie das Amt freiwillig übernehmen[29])!! Demgegenüber ist es gewiß richtig, daß „der Annahmezwang für das Ehrenamt eine ganz unerhebliche Zuthat" ist[30]). Aber falsch ist es wiederum, einen begrifflichen Gegensatz zwischen den Ehrenämtern mit Annahmezwang und den auf öffentlicher Dienstpflicht beruhenden Amtsfunktionen z. B. der Schöffen und Geschworenen zu konstruieren[31]). Denn in beiden Fällen „spricht das Gesetz eine Rechtspflicht zur Annahme aus und gewährt zur Herbeiführung derselben Zwangsmittel. Es setzt Nachteile auf die Weigerung, sofern diese nicht auf besondere von ihm anerkannte Ablehnungsgründe gestützt ist"; und mehr kann das Gesetz eben überhaupt nicht thun, um einen Menschen zu einer Handlung zu zwingen. Man mag den Schöffen oder Geschworenen zwangsweise an die Gerichtsstelle, den gewählten Ehrenbeamten zwangsweise auf das Rathaus führen; amtliche Tätigkeit kann man von ihm nicht erzwingen, wenn er sie nicht schließlich freiwillig leistet. Die einzige Möglichkeit einer Differenzierung besteht eben lediglich in der eventuellen gesetzlichen Rechtspflicht zur Uebernahme der Organfunktionen und der gesetzlichen Androhung mehr oder minder großer Nachteile für den Fall der Weigerung. Die Uebernahme der Funktionen selbst jedoch erfolgt stets freiwillig: coactus voluit.

So reduziert sich denn der Gegensatz von Freiwilligkeit und Unfreiwilligkeit des Amtseintritts, den man zum Angelpunkt des ganzen Beamtenrechts emporgeschraubt hat, auf die sehr sekundäre Thatsache, daß für einige Ehrenämter eine Rechtspflicht zur Annahme von manchen Gesetzgebungen ausgesprochen ist, für Berufsämter dagegen regelmäßig nicht. Letzteres folgt aus dem Prinzip der freien Berufswahl, welches seinerseits ebensowohl auf der modernen Rechtsanschauung von individueller Freiheit, der die Bestimmung des wesentlichen Inhalts der individuellen Lebenssphäre zu überlassen

[29]) Rehm Ann. 1885. S. 175/6.
[30]) O. Mayer, Verwsr. II. S. 211 n. 10.
[31]) Ebda. § 43. S. 202 fg. Löning, Verwsr. S. 138.

ist, beruht, wie auf der tatsächlichen Unmöglichkeit oder doch jedenfalls Unersprießlichkeit, dem Menschen einen Beruf wider seinen Willen aufzudrängen. Aus der Berufsmäßigkeit und nur aus dieser erklärt sich auch, wie schon oben dargelegt wurde, die Möglichkeit, daß sich beim Berufsbeamten die Eigenschaft als Organperson und die Ausübung bestimmter Organfunktionen zeitlich nicht immer und unbedingt decken. Organbestellung ist das Wesen des Vorganges bei der Ernennung oder Wahl des Berufsbeamten wie des Ehrenbeamten; aber die Voraussetzungen und die Folgen der Berufsmäßigkeit können die Eigenschaft als Organperson früher entstehen und länger bestehen lassen als die Ausübung bestimmter Organfunktionen, was beim Ehrenbeamten mit der Berufsmäßigkeit selbst fortfällt. Aber prinzipiell einseitiger Akt des Gemeinwesens bleibt die Organbestellung in jedem Falle und in jedem Stadium, die Berufung zur Organperson nicht weniger als die Uebertragung eines bestimmten Amtes. So weit das Prinzip der freien Berufswahl nicht hindernd im Wege steht, ist die Möglichkeit gegeben, eine Rechtspflicht zur Amtsübernahme auch für Berufsbeamte gesetzlich zu begründen; darauf beruht die Versetzbarkeit der Beamten innerhalb der gesetzlichen Schranken, die sich ihrerseits wieder zum Teil aus der Berufsmäßigkeit erklären. Hier ermöglicht dann sogar die Berufsmäßigkeit eine weitergehende Rechtspflicht als bei Ehrenbeamten, denen eine mit einer Ortsveränderung verbundene Versetzung eben wegen der mangelnden Berufsmäßigkeit ihrer Amtsführung nicht auferlegt werden kann. Daß im übrigen, soweit eine Ortsveränderung nicht in Frage kommt, eine Rechtspflicht zum Wechsel des Ehrenamts, also eine Versetzbarkeit von Ehrenbeamten sehr wohl gesetzlich ausgesprochen werden kann, ist selbstverständlich und wird z. B. durch § 195 fg. der St. O. von 1808 positiv bestätigt.

Daß es sich bei der Beamtenernennung in jedem Falle um den streng einseitigen Akt der Organbestellung handelt, zeigt sich auch in der streng einseitigen äußeren Form der Begründung des Beamtenverhältnisses; sie erfolgt regelmäßig einfach durch Zustellung der Anstellungsurkunde oder Bestallung. Dieser Form die Bedeutung eines Vertragsabschlusses beizulegen, ist allerdings kein geringes Kunststück der Vertragstheorie. Sie bringt es dadurch fertig, daß sie „durch die Aushändigung der Anstellungsurkunde, d. h. durch die vorbehaltlose Annahme derselben seitens des Beamten" [32]) die Willenserklärung des anderen Kontrahenten und damit den Abschluß des Vertrages geschehen läßt, wobei denn wieder die obligate Erinnerung an die feudale Investitur und deren Surrogate auftaucht. Demgegenüber ist mit vollem Recht der Charakter dieser Zustellung als einfache Insinuation einer Verwaltungsverfügung betont worden; die Beamtenernennung wird eben gleich irgend einem anderen einseitigen Verwaltungsakte dem, den es angeht, bekannt gegeben. Daher kann diese wie jede andere Zustellung wirksam auch an einen Hausgenossen erfolgen, was dann nicht nur eine stillschweigende, sondern eine völlig unbewußte Annahme der Dienstvertragsofferte seitens des Beamten darstellen würde. Andererseits beseitigt die etwaige Zurückweisung der Bestallungsurkunde keineswegs ipso jure die Wirkungen des Bestellungsaktes; vielmehr bedarf es dazu wiederum eines Verwaltungsaktes von seiten des Gemeinwesens, nämlich der Aufhebung der Ernennungsverfügung [33]). Gewiß ist überall da, wo keine Rechtspflicht des Ernannten oder Gewählten zur Uebernahme des Amtes besteht, seine freie Einwilligung eine der Voraussetzungen für die Rechtsgiltigkeit des bestellenden Verwaltungsaktes; jedoch fällt derselbe mangels jener Einwilligung nicht einfach dahin, gleich einer nicht akzeptierten Vertragsofferte; vielmehr muß er von zuständigen Organen des Gemeinwesens als rechtsungiltig erst wieder aufgehoben werden. Juristisch liegt die Sache nicht anders, als wenn im Falle eines Antragsdeliktes eine Anklage ohne Antrag eines Berechtigten erhoben worden ist; es ist dann nicht einfach nihil actum, sondern das Verfahren muß wegen eines rechtlichen Mangels eingestellt werden.

Genau dasselbe Rechtsverhältnis zeigt sich bei der Endigung des Amtsverhältnisses auf Wunsch des Beamten, die von den Anhängern der Vertragstheorie für ihre Ansicht ins Feld geführt wird, während sie in Wahrheit durchaus gegen sie spricht. Nur Jellinek trennt sich hier von ihnen, wie ihn überhaupt der unlösbare Widerspruch zwischen der individualistischen Vertragstheorie und seinen widerwillig organischen Anschauungen veranlaßt, den Vertrag möglichst unschädlich zu machen. Ganz richtig sagt er: „Indem der Staatsangehörige oder Beamte seine Entlassung fordert, handelt er

[32]) Laband, I., S. 404.

[33]) Uebereinstimmend: O. Mayer, Archiv, S. 61 fg., Vwr. II., S. 221.

nicht anders, als jeder, der einen Anspruch auf behördliche Aktion hat" [34]). Aus dem Wesen eines Vertragsverhältnisses würde für beide Kontrahenten ein Kündigungsrecht folgen, sei es unter ausdrücklich stipulierten Bedingungen, sei es nach allgemeinen Rechtsgrundsätzen [35]). Davon ist beim wirklichen Beamtenverhältnis auf keiner Seite die Rede. Selbst wo die Gesetze diesen Ausdruck gebrauchen, ist es ein aus alter Gewohnheit beibehaltener, für das heutige Recht absolut falscher Ausdruck. Denn die wirkliche Kündigung ist die aus dem Wesen des Vertrags fließende und jedem Vertragsverhältnis ausnahmslos innewohnende Auflösungsart desselben; jedenfalls für die heutige Rechtsanschauung giebt es keine unkündbaren Verträge. Was man dagegen Kündigung des Amtsverhältnisses nennt, ist eine nur unter bestimmten Voraussetzungen ausdrücklich vom Gesetze zugelassene Form der einseitigen Aufhebung eines einseitig begründeten Rechtsverhältnisses. Die Entlassung des Beamten ist ein einseitiger Akt des Gemeinwesens, wie es seine Ernennung oder Wahl ist. Wie diese, so ist auch jene an eine Reihe von gesetzlichen Voraussetzungen gebunden; zu denselben gehört bei den Aemtern, zu deren Uebernahme eine gesetzliche Rechtspflicht nicht besteht, der Wille der Organperson. Wie dessen Mangel einen Rechtsgrund für die Ungiltigkeit und deshalb notwendige Aufhebung des Ernennungsaktes abgiebt, so eventuell dessen Zurücknahme einen Rechtsgrund für die notwendige Vornahme des Entlassungsaktes. In beiden Fällen aber ist der ausgesprochene Wille der Gliedperson, nicht Beamter zu werden, oder aufzuhören, Beamter zu sein, nichts anderes als ein Antrag auf Rückgängigmachung der Ernennung oder auf Entlassung; die rechtswirksame Entscheidung erfolgt allein durch die zuständigen Organe des Gemeinwesens. Eine Kündigung ist das ebensowenig wie etwa die Zurücknahme des Strafantrags seitens des Antragsberechtigten. Die von den Anhängern der Vertragstheorie [36]) gern zitierten §§ 94, 97, II, 10 A. L. R. stützen durchaus die hier vertretene Ansicht; sie zeigen sogar, daß das Gesetz eine Rechtspflicht zur Beibehaltung des Amtes statuiert, wo eine solche zur Uebernahme desselben nicht existiert. Denn das Landrecht

[34]) Jellinek, Syst., S. 202.
[35]) Mayer, Vwr. II., S. 228 fg.
[36]) z. B. Rehm, Ann. 1885, S. 203.

versagt die Entlassung u. a., wenn daraus ein erheblicher Nachteil für das gemeine Beste zu besorgen ist, während es eine analoge Pflicht zur Uebernahme eines Amtes nicht ausspricht. Im übrigen wird mangels ausdrücklicher Gesetzesbestimmungen der Antrag des Beamten ein Rechtsgrund für seine Entlassung regelmäßig in den Fällen sein, in denen seine freie Einwilligung eine Voraussetzuug für die Rechtsgiltigkeit seiner Ernennung bildet. Danach ist denn auch das Reichsbeamtengesetz zu interpretieren, ohne daß man einerseits ein Gewohnheitsrecht zu konstruieren[37]) oder andererseits das Rücktrittsrecht des Beamten, das freilich stets nur ein Antragsrecht ist, ganz zu negieren braucht[38]).

Mit der Annahme oder Verwerfung der Vertragstheorie hängt aufs innigste die Konstruktion der subjektiven Rechte des Beamten zusammen. Die verschiedenen Einkleidungen der Vertragstheorie haben ihr nicht über den Bann des alten Schemas vom Bedientenvertrage hinweghelfen können, wonach die Dienstleistung lediglich eine Pflicht des Dieners und ein Recht des Herrn, Lohn und Kost dagegen, hier die Ehrenzukost von Rang und Titel, ein Recht des Dieners und eine Pflicht des Herrn ist. Indem diese Theorie also jedes Recht des Beamten auf die Amtsfunktionen negieren muß, gelangt sie notwendig zu einer völligen Zerreißung des Amtsverhältnisses nach einer inneren und einer äußeren Seite, die sich am unbefangensten und natürlichsten in der Herrschertheorie der Seydelschen Schule offenbart. Dem Herrscher gegenüber ist der Beamte in seinen Amtsfunktionen der lediglich verpflichtete Diener, den „Untertanen" gegenüber der Stellvertreter des allein berechtigten Herrschers; dort Dienstvertrag, hier Vollmacht![39]). Jedoch in etwas verhüllterer Form entgeht auch die Lehre Labands und seiner Anhänger diesem Dilemma nicht; es sei völlig unrichtig, „daß der Beamte ein Recht auf das Amt oder auf die mit dem Amt verbundene Gewalt und auf die Ausübung obrigkeitlicher Befugnisse habe"[40]); wie könnten freilich auch solche Rechte durch einen Vertrag begründet werden? Und mit geradezu verblüffender Offenheit zeigt sich der

---

37) Laband, I., S. 478; Rehm, S. 203. G. Meyer, l. c. S. 468 u. A. m.
38) Löning, Vwr., S. 134.
39) cf. Seydel, Grundzüge, S. 60.
40) Laband, l. c. S. 450.

Zusammenhang mit dem alten Bedientenvertrage in der seltsamen Aeußerung Jellineks: „Daß der Dienst als solcher niemals ein Recht sondern stets nur eine Pflicht der Dienstleistenden ist, gehört zu den juristischen Tatsachen, die durch alle Dienstverhältnisse hindurchgehen. Schon bei der einfachen Dienstmiete hat der Dienstnehmer nie ein Recht auf bestimmte Dienste“ [41]).

In der That, vom individualistischen Ausgangspunkte aus kann man niemals zu der Konstruktion eines Rechts der dienenden Person auf Leistung der Dienste für ein fremdes Individuum gelangen. Dabei muß derjenige stehen bleiben, der das Organverhältnis des Beamten zu seinem Gemeinwesen von der natürlichen Grundlage der Herrschaft der Gebietskörperschaften über ihre Gliedpersonen loslöst und mit dem auf einem Dienstmiete- oder Arbeitsvertrage beruhenden Verhältnisse des Arbeitgebers zum Arbeitnehmer, des Herrn zum Bedienten in eine Klasse angeblicher einfacher Gewaltverhältnisse zusammenwirft. Ein Recht des Bedienten, Stiefel zu putzen oder Pferde zu striegeln, wird sich allerdings nicht konstruieren lassen; aber es heißt doch dem wahren Wesen der Dinge Gewalt anthun, wenn man den Beruf des Beamten, innerhalb einer bestimmten Kompetenzsphäre Organ des Gemeinwillens zu sein, mit jenen Bedientenpflichten, welche lediglich die bedungene Gegenleistung für den Lohn sind, auf eine Stufe stellt. Die Anhänger dieser Theorie sehen sich denn auch genötigt, diesen Fehler durch möglichst sonore Betonung einer besonderen ethischen Seite des Beamtenverhältnisses auszugleichen, die jedoch außerhalb der Rechtssphäre liege. Da war denn doch der selige Hegel auf dem richtigeren Wege, wenn ihm die organischen Gliederungsverhältnisse des öffentlichen Rechts an und für sich als das verwirklichte sittliche Reich erschienen. Jene Theorie aber muß infolge ihres individualistischen, also dem organischen öffentlichen Recht durchaus heterogenen Charakters stets das Zusammengehörige auseinanderreißen. Gegenüber dem Gemeinwesen, hinter dessen durchsichtigem Schleier sich hier der alte „Herr“ höchst mangelhaft nur verbirgt, hat der Beamte lediglich Dienstpflichten, zu deren Begründung, wo eine allgemeine Untertanendienstpflicht nicht ausreicht, der Dienstvertrag konstruiert wird.

[41]) Jellinek, Syst., S. 203.

Jedoch den Gliedpersonen, die ihrerseits den alten „Untertanen“ noch zum Verwechseln ähnlich sehen, tritt doch jedenfalls der Beamte als berechtigtes Subjekt gegenüber; was fängt man damit an? Die unbefangene Offenheit der alten wie der von Seydel renovierten Patrimonialtheorie, welcher der Beamte recht und schlecht der durch Vollmacht des Herrn mit seiner Stellvertretung beauftragte Diener ist, bleibt für das moderne Staatsrecht doch allzu unverdaulich. Dessen innerste Natur drängt unwiderstehlich auf die organische Auffassung hin; die Bezeichnung des Beamten als Organ des Gemeinwesens drängt sich auch dem Widerstrebenden auf; weil man aber trotzdem die individualistischen Fesseln noch mitschleppt, entspricht der Begriff nicht dem Worte. Um Organ zu werden, soll die Gliedperson mit ihrer Gesamtperson einen Vertrag schließen, zu welchem Zweck man die beiden ungleichen Arten von Personen in ärgstem Widerspruch zu ihrem Wesen als gleichartig fingieren muß. Die zum Organ gewordene Gliedperson aber soll in dieser Eigenschaft plötzlich aufhören, Person zu sein, und innerhalb ihrer Kompetenz Rechte des Gemeinwesens als ein unpersönliches Etwas ausüben! Und doch bilden in Wahrheit die so künstlich auseinandergerissenen Seiten des Amtsverhältnisses eine organische Einheit. Der einseitige Akt der Organbestellung legt der zur Organperson berufenen Gliedperson uno actu die Amtspflichten auf und verleiht ihr die kompetenzmäßigen Rechte in der organischen Gliederung des Gemeinwesens, also ebensowohl gegenüber der Gesamtheit, dem Gemeinwesen selbst, als gegenüber den Gliedpersonen. Die Amtspflichten sind durchweg nach Jellineks eigenem Ausdrucke „berechtigende Pflichten“. Die rechtlich umschriebene Kompetenz des Amtes begründet für die dazu berufene Organperson ein subjektives Recht, innerhalb der Grenzen dieser Kompetenzsphäre, so lange sie nicht durch organisatorische Rechtsetzung verändert werden, als Organ des Gemeinwesens zu fungieren, als solches sowohl von dem Gemeinwesen als auch von den Gliedpersonen, den Amtseingesessenen, anerkannt zu werden. Daß die herrschende Meinung vor der verzweifelten Alternative steht, entweder die Kompetenzen des Amtes für jura quaesita des Beamten zu erklären, was staatsrechtlich unmöglich ist, oder dem Beamten jedes Recht auf das Amt und damit jedes publizistische Recht überhaupt abzusprechen, was eine Negierung der ganzen modernen Entwicklung des Amtsrechts bedeutet, — das ist die logische Folge des anorganischen, also antipublizistischen Charakters dieser herrschenden Meinung. Wie die organische Anschauung sehr wohl die amtlichen Befugnisse als Rechte des Gemeinwesens und doch zugleich auch als Rechte seiner Organperson, des Beamten, konstruieren kann und muß, das habe ich in der Abhandlung „Ueber Organpersönlichkeit" (vgl. Einleitung) dargelegt und gegen die bekannten Einwendungen verteidigt.

Jellinek meint: „Es läßt sich kein rechtlich anerkennbares Interesse nachweisen, das das beamtete Subjekt an der Ausübung des konkreten Amtes als solchem haben könnte" [42]. Nun ist mit der Interessentheorie für die juristische Begriffskonstruktion hier ebenso wenig anzufangen wie überall sonst; deshalb lege ich auch keinen Wert darauf, daß man dieses Wachs nach Belieben auch in die entgegengesetzte Form kneten kann. Ob im konkreten Einzelfall die rechtliche Sicherung der amtlichen Stellung mehr im öffentlichen Interesse oder mehr im persönlichen Interesse des Beamten liegt, ist sicherlich quaestio facti. Aber auch wenn man die Motive des Gesetzgebers zu ergründen unternimmt, gelangt man zu keiner begrifflichen Scheidung. Gewiß sind „die Unabsetzbarkeit und Unversetzbarkeit der Richter im Interesse der Unabhängigkeit der Rechtspflege von ungehörigen Einflüssen der Regierung statuiert"; aber der Gesetzgeber sichert dies Interesse ja eben dadurch, daß er das persönliche Interesse des Richters an der Beibehaltung seines Amtes in Unabhängigkeit von dem Willen der Regierung sichert; und wenn der Richter kein persönliches Interesse an der Beibehaltung dieses Amtes hat, sondern vielleicht an der Erlangung eines anderen, besseren, so würde dieser Rechtsschutz versagen. Charakteristisch jedoch für die unvertilgbar individualistische Natur dieser ganzen Richtung ist es, daß sogar Jellinek sich im Grunde keine anderen subjektiven Rechte des Beamten vorstellen kann, als vermögensrechtliche. Bei dem System der Käuflichkeit der Aemter will er ein Recht auf das Amt anerkennen; heute aber sei „nicht ein Recht auf das Amt, sondern auf die Aufrechterhaltung des Dienstverhältnisses der Inhalt des Rechtsanspruches des Staatsdieners"; denn „nicht Beamter, wohl

[42]) Ebda., S. 170.

aber Staatsdiener zu sein, ist ein individuelles Interesse von höchster Bedeutung". Die Rechte des Staatsdieners aber, wie ihn diese Lehre vom Beamten unterscheidet, sind wesentlich vermögensrechtlicher Natur, Ansprüche auf Gehalt, Wartegeld, Pension. Das ist ganz die Auffassung der alten Bediententheorie.

Dieselbe individualistische und deshalb am Vermögensrecht haftende Anschauung, nur von der anderen Seite, der des Staates aus gesehen, ist es, wenn Laband in Uebereinstimmung mit der oben zurückgewiesenen Ansicht Gerbers alle Rechtsschranken für die Amtsentsetzung nicht auf rechtliche, sondern namentlich auf finanzielle Gründe zurückführen will[43]). Nur weil die pekuniären Ansprüche des Beamten als vertragsmäßige und daher einseitig nicht entziehbare Rechte nach privatrechtlichem Schema erscheinen, und weil deshalb Amtsentlassungen nach Belieben den Staat unangenehm viel Geld an Wartegeldern und Pensionen kosten würden, — nur deshalb hat die moderne Rechtsentwicklung den Beamten gegen willkürliche Entfernung aus seinem Amte in immer weiterem Umfange durch rechtliche Normen und Formen des Verfahrens geschützt! Da muß man wahrlich an das „e vinculis sermocinari" denken, das Francis Bacon den juristischen Positivisten vorwarf. Demgegenüber hat Otto Mayer in vortrefflicher Weise ausgeführt, daß diese ganze Gegenüberstellung der pekuniären Rechte des Beamten gegen seine angebliche Rechtlosigkeit bezüglich der Amtsführung darauf beruht, „daß man nicht im Auge behält, was überhaupt Rechte der Einzelnen auf dem Gebiete des öffentlichen Rechts bedeuten"; also, wie wir sagen, auf einer Verkennung der organischen Natur dieser Verhältnisse. Rechte des Beamten bestehen ebensowohl auf das Amt nach Maßgabe der gesetzlichen Bestimmungen wie auf das Gehalt, mögen auch nach Lage der Dinge prozessual diese Rechte besser geschützt sein als jene; wie es ja überhaupt ein Charakteristikum unseres ganzen Rechtsschutzsystems ist, daß es in demselben Maße schwächer und unzuverlässiger wird, je mehr die zu schützenden Rechtsverhältnisse sich von dem gewohnten Typus des Vermögensrechts entfernen. Aber bei alledem: „das Recht auf das Amt ist gerade eines der allereigentümlichsten Stücke des ‚Staatsdienstvertrages'; der Dienst-

---

[43]) Laband, l. c., S. 471.

herr nach Civilrecht kann frei verzichten auf die Dienste des Gedungenen, wenn er nur mit seinen Gegenleistungen fortfährt; die Regierung kann das nicht. Wenn dieses bedeutsame Stück des Rechtsverhältnisses, in welchem die Machtstellung des deutschen Beamtentums ihren schärfsten Ausdruck findet, meist gar nicht zur Geltung kommt, so ist daran vor allem Schuld die Lehre vom (wahren) Staatsdienstvertrage" [44]).

Auch hier wieder prägt sich die wahre Natur des modernen Amtsrechts am reinsten und klarsten bei den Ehrenämtern aus, weil bei ihnen die Verdunkelung durch die pekuniären Ansprüche fortfällt. Die ganze Stellung des Ehrenbeamten bleibt unerklärlich, wenn man sein Recht auf die Ausübung der Organfunktionen nach Maßgabe der gesetzlichen Bestimmungen wegnimmt. Ihm gesteht denn auch Jellinek „einen Anspruch auf Organstellung" zu; wenn er ihm trotzdem ein Recht auf das Amt abspricht, so ist das nach seiner eigenen Definition des Anspruches auf Organschaft schlechthin unverständlich. Denn diese geht dahin, daß sie bedeute „Anerkennung der betreffenden Personen als staatlicher Organe und Zulassung derselben zu den gesetzlich normierten Funktionen" [45]). Eben dies aber und nichts anderes ist ja der wahre Inhalt des Rechtes auf das Amt; und zwar ist es im Wesen das eine und gleiche für alle Organpersonen der Gebietskörperschaften. Gewiß hat auch die gesetzlich qualifizierte Gliedperson keinen Rechtsanspruch darauf, Organ zu werden, sofern sich derselbe nicht unmittelbar aus der Verfassung ergiebt; sie erwirbt denselben aber durch den Akt ihrer Bestellung zur Organperson, sei dieser nun Wahl oder Ernennung. Gewiß hat die Organperson nicht ein Recht auf die Kompetenzen ihres Amtes im Sinne eines privatrechtlichen jus quaesitum; der Wille des Gemeinwesens kann jederzeit die Kompetenzgrenzen seiner Organe im Wege Rechtens abändern; aber so lange diese Kompetenzen bestehen, hat die Organperson ein Recht auf deren Wahrnehmung; und zwar wiederum so lange, als sie Organperson ist. Wohl kann ihr diese Eigenschaft durch den Willen des Gemeinwesens entzogen werden; jedoch nur in den vom Gesetze normierten Fällen, unter den gesetzlichen Voraus-

[44]) Mayer im Archiv III. S. 83—85; im Resultat übereinstimmend: Gierke in Schmollers Jb. VII. S. 45 fg. u. im Rechtslex. II. S. 55.

[45]) Jellinek, l. c. S. 174 bezw. 136.

setzungen und Bedingungen. Diese sind verschiedenartig abgestuft vom unabsetzbaren und unversetzbaren Richter bis zu dem ad nutum amoviblen politischen Beamten; aber im Rahmen dieser gesetzlichen Normen hat jede Organperson ein Recht auf Organstellung.

Neben diesem Rechte auf die Organfunktionen des Amtes innerhalb der gesetzlichen Schranken, die allen Organpersonen und in Sonderheit allen Beamten gemeinsam sind, verbleiben nun noch für einen Teil der Beamten, die besoldeten Berufsbeamten, die pekuniären Rechte auf Gehalt, Wartegeld, Pension und Reliktenversorgung. Die Meinung Bornhaks[46]), welcher diesen Ansprüchen den Charakter von Rechten überhaupt versagt und die Gehaltszahlung für einen Gnadenakt des gutmütigen Staates erklärt, hat immerhin das Verdienst, durch Uebertreibung zu zeigen, wohin man mit der Leugnung der Rechtsnatur der aus der Organstellung entspringenden Ansprüche gelangen kann. Denn wenn man den Anspruch des Beamten, nicht anders als unter den gesetzlich fixierten Voraussetzungen, Bedingungen und Formen aus seinem Amte entfernt zn werden, nicht als Recht des Beamten anerkennen will, dann ist es in der Tat kein sonderlich gewagter Schritt mehr, auch den pekuniären Ansprüchen, die doch im wesentlichen unter analogen gesetzlichen Normen stehen, ebenfalls die Rechtseigenschaft zu versagen. Denn daß die positive Gesetzgebung dem Beamten für diese Ansprüche vielfach den gerichtlichen Schutz gewährt, das kann ja offenbar für die begriffliche Erkenntnis nicht entscheidend sein; für sie ergiebt sich das Postulat des gerichtlichen Schutzes aus der Rechtsnatur des Anspruches, nicht umgekehrt die Rechtsnatur des Anspruches aus der mehr oder minder zufälligen Existenz eines gerichtlichen Schutzes.

Im übrigen werden die pekuniären Ansprüche des Beamten in der wissenschaftlichen Litteratur allgemein als Rechte anerkannt; und der Streit dreht sich nur darum, ob sie öffentlich-rechtlicher oder privatrechtlicher Natur sind. Auch hier ist es wiederum selbstverständlich nicht begrifflich entscheidend, ob nach dieser oder jener positiven Gesetzgebung für jene Ansprüche die Civilgerichte oder die Verwaltungsgerichte oder überhaupt keine Gerichte zuständig sind; vielmehr hat die wissenschaftliche Kritik wie überall die prinzipielle

---

[46]) Preuß. Staatsr. II. S. 72.

Berechtigung der einen oder anderen Auffassung des Gesetzgebers nachzuprüfen. Eben deshalb kann man aber diese Frage nicht mit Laband als einen praktisch belanglosen Schulstreit über die Definition des Gegensatzes von öffentlichem Recht und Privatrecht ansehen[47]); vielmehr ist die richtige wissenschaftliche Erkenntnis auch hier zum mindesten de lege ferenda von großer praktischer Bedeutung. Allerdings wird die Stellungnahme in dieser Frage wesentlich bedingt durch die allgemeine Auffassung vom Wesen des öffentlichen Rechts im Gegensatz zum Privatrecht, oder vielmehr, wie man diesen Gegensatz bei einer voraussetzungslosen Untersuchung richtiger formulirt, von Individual- und Sozialrecht[48]). Dabei zeigt sich, daß, wie das moderne Amtsrecht überhaupt, so auch diese spezielle Seite desselben nur auf Grund der organischen Anschauung in befriedigender und schlüssiger Weise konstruiert werden kann.

Labands Charakterisierung des Gehalts als einer dem Berufsbeamten gewährten Rente zu standesgemäßer Alimentierung[49]), hat in der Litteratur lebhaften Anklang gefunden; und das mit Recht. Die Eigenheiten des Gehaltsanspruchs fügen sich in der Tat am zwanglosesten unter diesen Begriff; vor allem schon sein Ursprung aus der Berufsmäßigkeit. Nicht als Gegenleistung für die Amtsleistungen des Beamten kann das Gehalt begriffen werden, denn sonst wäre sein Fehlen beim Ehrenbeamten unbegreiflich; vielmehr nur als Gegenleistung für die berufsmäßige Widmung der ganzen Lebenstätigkeit, die eben nur beim Berufsbeamten gegeben ist. Dem entspricht gewiß der Begriff einer Alimentationsrente am besten. Dem entspricht es, daß sich die Höhe dieser Rente differenziert nicht sowohl nach der Verschiedenheit der einzelnen amtlichen Dienstleistungen, als nach der ganzen sozialen Stellung, die sein Lebensberuf dem Beamten anweist; daß der Rentenbezug nicht nur kürzere Unterbrechungen der wirklichen Dienstleistung überdauert, sondern auch in der Form des Wartegeldes deren vorläufiges, in der Form der Pension deren definitives Aufhören, ja, in der Form der Reliktenrente sogar das Leben des Beamten selbst. Auch unwesentlichere

---

47) Laband I. S. 468.

48) Gierke, Genossenschaftstheorie S. 158 fg. Preuß, Gemeinde &c. S. 181 u. a. O.

49) Laband l. c. S. 455.

Eigenschaften wie die Pränumerandozahlung, die beschränkte Pfändbarkeit und Uebertragbarkeit des Gehaltsanspruchs lassen sich vortrefflich auf den Charakter der Alimentationsrente zurückführen. Aber das Eine, worauf Laband entscheidendes Gewicht legt, die publizistische Natur dieses Rechtsanspruchs, ergiebt sich aus dem Charakter als Alimentationsrente ganz und gar nicht. Im Gegenteil liegt es viel näher, diese ebenso wie die sonstigen Alimentationsansprüche als civilistische Vermögensrechte anzusehen. Selbstverständlich wird damit nicht etwa der Ursprung des Anspruches auf ein Kontrakts- oder sonstiges obligatorisches Verhältnis des Privatrechts zurückgeführt; andere, unzweifelhaft privatrechtliche Alimentenansprüche entspringen ja auch nicht aus Privatrechtsgeschäften, sondern aus natürlichen Tatsachen; und daß öffentlich-rechtliche Akte privatrechtliche Wirkungen erzeugen können, ist unbestreitbar. Ob man also den Ursprung des Amtsverhältnisses auf „öffentlich-rechtlichen Vertrag“ oder auf den einseitigen Akt der Organbestellung gründet, in keinem Falle hindert dieser öffentlich-rechtliche Ursprung an der Annahme einer privatrechtlichen Natur des Gehaltsanspruches. Freilich hat die Vertragstheorie ein viel dringenderes Interesse daran, die pekuniären Ansprüche des Beamten als öffentlich-rechtliche anerkannt zu sehen; denn die unzweifelhaft publizistischen Rechte des Beamten auf das Amt leugnet sie, und wenn nun die pekuniären Rechte zivilistischer Natur sind, so bleibt an öffentlichen Rechten aus dem berühmten öffentlich-rechtlichen Vertrage eigentlich nichts übrig, wenn man sich nicht an einen Strohhalm, das bedeutungslose Beiwerk des Rechts auf Rang und Titel, klammern will. Für unsere Auffassung fällt diese Nötigung selbstverständlich fort.

Daß der öffentlich-rechtliche Ursprung allein nicht genügt, um einen vermögensrechtlichen Anspruch zu einem öffentlich-rechtlichen zu machen, erkennt auch Jellinek an, wobei er noch die treffenden Beispiele der aus Konzessionen, Patenten und ähnlichen Verwaltungsakten entspringenden Privatrechte beibringt[50]). Um also den Gehaltsanspruch zu einem öffentlich-rechtlichen zu machen, bedarf es noch eines zweiten Moments, das freilich nur zu finden ist für den, der an die Zweck- und Interessentheorie glaubt. Sie ist auch hier der

[50]) Jellinek, Syst. S. 62.

Trost in Tränen. Der Gehaltsanspruch des Beamten ist publizistisch gleich dem Anspruche des Monarchen auf Zahlung der Civilliste, der Abgeordneten auf Diäten, weil „an ihrer Gewährung das Gemeininteresse überwiegend beteiligt ist“ [51]). Daß auch hier die Interessentheorie sich nur deshalb als Allheilmittel bewährt, weil sie der Willkür unbegrenzten Spielraum läßt, habe ich in der oben (S. 102) erwähnten Abhandlung an dem Beispiel der Civilliste gezeigt. Wenn bei dieser nach Jellineks eigenen Ausführungen [52]) nur die Tatsache einer Dotation an sich im Gemeininteresse, die Höhe derselben aber im Individualinteresse begründet ist, so wird es bei den Beamtengehältern nicht anders sein. Danach wäre öffentlich-rechtlich lediglich der Anspruch des Berufsbeamten, überhaupt Gehalt zu bekommen; dagegen der Anspruch auf diese bestimmte Rente wäre privatrechtlicher Art. Das heißt aber schließlich auch nichts anderes, als daß aus einem öffentlich-rechtlichen Verhältnis ein Privatrechtsanspruch entspringt. „Die im staatlichen Interesse gelegene standesmäßige Sustenierung des Beamten ist der leitende Gesichtspunkt bei Festsetzung seiner Gehalts- und Pensionsansprüche“, sagt Jellinek und scheint damit beim Beamtengehalt im Gegensatz zur Krondotation auch dem seiner Höhe nach konkret bestimmten Anspruch den publizistischen Charakter wahren zu wollen. Das ist in sich widersprechend. Uebrigens besteht das Interesse des Gemeinwesens nur darin, Berufsbeamte zu haben; daß der Beruf seinen Mann ernähre, ist in erster Linie ein Individualinteresse des Mannes und nur mittelbar ein Gemeininteresse. Schließlich muß man auch noch zur Rettung des publizistischen Charakters dieses Alimentierungsanspruches eine mystische Novation bei seinem Uebergang in die Reliktenrente annehmen; denn diese ist unzweifelhaft privatrechtlicher Natur als „Anspruch von Erben eines Beamten aus dem Dienstverhältnisse, da öffentliches Recht nicht Gegenstand des Erbrechtes ist“ [53]).

In der Tat fehlt es an jedem Anlaß und an jedem Mittel, die vermögensrechtlichen Ansprüche des Beamten als öffentlich-rechtliche zu konstruieren; sie sind, „obwohl sie ihre Wurzel in einem publizistischen Verhältnis haben, als eigene und selbständige Rechte

---

[51]) Ebenda S. 59 fg., S. 172 fg.
[52]) a. a. O. S. 145.
[53]) a. a. O. S. 61.

anerkannt, welche einen Bestandteil der Individualsphäre des Beamten bilden"[54]); d. h. sie sind Privatrechte. Wesentlich für ihre Existenz ist nicht das Organverhältnis des Beamten zum Gemeinwesen an und für sich, denn dies ist das gleiche wie bei den unbesoldeten Ehrenbeamten; entscheidend ist vielmehr die überwiegende Bedeutung der Organtätigkeit innerhalb der individuellen Lebenssphäre des Berufsbeamten, durch die er sich eben vom Ehrenbeamten unterscheidet. Alle Rechte auf das Amt, d. h. auf die Organstellung sind ganz ausschließlich Rechte der Eingliederung der Organperson in den Organismus der Gesamtperson; sie sind als solche undenkbar zwischen Individualpersonen; sie sind also absolut sozial-, öffentlich-rechtlicher Art und prinzipiell allen Organpersonen gemeinsam. Die pekuniären Rechte entstehen zwar gleichfalls durch den publizistischen Akt der Organbestellung; aber nur dann und in soweit, als die dadurch bedingte Organtätigkeit die individuelle Lebenssphäre des Beamten als Lebensberuf ausfüllt; also nicht für alle, sondern nur für die Berufsbeamten. Das so geschaffene Rechtsverhältnis der Alimentierung ist als solches, abgesehen von der Art seiner Entstehung, auch zwischen Individualpersonen sehr wohl denkbar und tatsächlich vorkommend; es ist also individual-, privatrechtlicher Art.

Ganz zutreffend wird auf die Enteignung als Seitenstück dieses Rechtsverhältnisses hingewiesen. Die Enteignung selbst ist ein einseitiger, absolut publizistischer Akt, der durchaus auf der organischen Eingliederung der Gliedperson mitsamt ihrem Eigentum in die Gebietskörperschaft beruht; der Ersatzanspruch des Expropiierten dagegen ist ein privatrechtlicher, der sich von anderen Entschädigungsansprüchen nur durch seine öffentlich-rechtliche Entstehung unterscheidet, nach seinem Bestande jedoch auch zwischen Individuen möglich ist, also dem Gebiet des Individualrechts angehört. Das gilt am letzten Ende in der Tat von allen rein vermögensrechtlichen Verhältnissen. Als bloße Vermögenssubjekte erscheinen alle Personen als wesentlich gleichartig; die Verschiedenheit der Gliederungsverhältnisse, auf welcher der Gegensatz von Gesamtperson und Einzelperson beruht, tritt hier als unerheblich in den Hintergrund, woraus sich die Thatsache

---

[54]) Gierke im Rechtslex. II. S. 54; Genossenschaftstheorie S. 195; cf. auch G. Meyer, Staatsrecht S. 454.

erklärt, daß das Vermögensrecht die wahre Heimat der persona ficta, des fingierten Individuums ist. Trotz des Widerspruches von Wach und Laband, von Sarwey, Jellinek und Otto Mayer scheint mir Sohms Einteilung des Rechts in privates Vermögensrecht und publizistisches Gewaltrecht immer noch der Wahrheit am nächsten zu kommen, wenn man dabei die Relativität und historische Wandelbarkeit dieses ganzen Gegensatzes und die Existenz mannigfacher Mischformen und rudimentärer Bildungen im Auge behält. Die größte Schwierigkeit bietet dieser Konstruktion das Steuerwesen; doch ist auch diese durchaus nicht unüberwindlich, sofern man nur stets die publizistische Entstehung von dem privatrechtlichen Bestande des Anspruchs sorgfältig scheidet. Im einzelnen kann dies hier natürlich nicht ausgeführt werden.

Ist nun der Gehaltsanspruch des Beamten privatrechtlicher Natur, und stehen sich auf diesem Gebiete des Vermögensrechts Gemeinwesen und Beamter als wesentlich gleichartige Personen gegenüber, so wird damit wiederum die für das Organverhältnis als solches begrifflich ausgeschlossene Möglichkeit eines Vertrages zwischen Gemeinwesen und Beamten über die vermögensrechtlichen Verhältnisse eröffnet. Hier liegt das bedenkliche Mißverständnis einer scheinbaren Annäherung an die Theorie vom Staatsdienstvertrage nahe und ist doch sorgfältig zu vermeiden. Diejenigen Anhänger jener Theorie, die, wie Rehm, die Gehaltsansprüche des Beamten als privatrechtlich anerkennen, gelangen zu der Bezeichnung ihres Staatsdienstvertrages sowie des ganzen daraus hervorgehenden Amtsverhältnisses als eines „öffentlich-privatrechtlich gemischten" Verhältnisses[55]). Davon kann für unseren Standpunkt keine Rede sein. Das Amtsverhältnis als das Rechtsverhältniß einer Organperson zu ihrer Gesamtperson ist ein absolut und ausschließlich publizistisches, seinem Wesen nach das gleiche für alle Organpersonen. Auch für die Berufsbeamten entsteht das Amtsverhältnis und mit ihm eventuell der Anspruch auf Alimentationsrente ausschließlich durch einseitigen publizistischen Akt des Gemeinwesens. Nur die sekundäre Möglichkeit ist begrifflich gegeben, daß über diesen an sich bereits bestehenden vermögensrechtlichen Anspruch vertragsmäßige Vereinbarungen zwischen dem Gemeinwesen und dem

[55]) Rehm, Ann. 1885. pass.

Beamten geschlossen werden, soweit die betreffenden gesetzlichen oder sonstigen rechtlichen Normen dafür Spielraum lassen. Diese Verträge sind dann aber rein privatrechtlicher Natur; sie haben so wenig eine publizistische Seite, wie der Anstellungsakt eine zivilistische. Sie sind begrifflich möglich, weil sie lediglich vermögensrechtlichen Inhalts sind; begrifflich schön im Sinne einer juristischen Aesthetik sind sie nicht, weil sie mit einem organrechtlichen, ihnen also heterogenen Verhältnis in allzu enger Verbindung stehen. In Wirklichkeit zeigt sich denn auch in demselben Maße, wie die bewußte Erkenntnis der organischen Natur des modernen Amtsrechts unaufhaltsam fortschreitet, eine immer engere Beschränkung des Spielraums, den die Gesetzgebung solchen privatrechtlichen Verträgen über die Gehaltsfrage frei läßt. Einst die allgemeine Regel, sind sie heute schon zu ziemlich seltenen Ausnahmen geworden; und an diesem innerlich notwendigen Gange der Entwicklung wird auch durch gelegentliche legislatorische Rückfälle nichts geändert, wie dies im Anschluß an die neueste Ordnung des städtischen Amtsrechts später zu erörtern sein wird.

Ohne Zweifel wirkt hier auch die heutige sozialpolitische Erkenntnis mit, daß die auf dem Gebiete des Vermögensrechts allerdings gegebene formalrechtliche Gleichheit der Persönlichkeiten doch nichts an der materiellen Ungleichheit von Kontrahenten ändert, die an sozialer und wirtschaftlicher Macht so verschieden sind wie die politischen Gemeinwesen und die Gliedperson; daß daher die gesetzliche Einschränkung der freien Vertragschließung auch hier dem sozial schwächeren Teil zu gute kommt. Dieser Gedanke verbindet sich dann, die Entwicklung nach gleicher Richtung fördernd, mit der Grundtendenz des modernen Amtsrechts, die persönliche Unabhängigkeit des Beamten von der Willkür der Vorgesetzten zu erhöhen im Gegensatz zu der Abhängigkeit des alten Bediententums. Dieser Tendenz verdankt z. B. das für Staats- wie Gemeindebeamte sich immer allgemeiner durchsetzende System der gesetzlich geordneten Dienstalterszulagen seine Entstehung. Wo solche Gehaltszulagen durch Besoldungsgesetze oder Statute festgelegt sind, da erwirbt der Beamte durch den Akt der Anstellung den Gehaltsanspruch eben in der durch jene Gesetze festgelegten, also dem Betrage nach steigenden Form; eine Vorenthaltung dieser Zulagen wäre nur zulässig, wenn sie als Disziplinarmittel gesetzlich vorgesehen ist. Wo dagegen solche

Zulagen nicht rechtsverbindlich geordnet sind, da bedarf es für die Entstehung des erhöhten Gehaltsanspruches in jedem Einzelfall eines begründenden Verwaltungsaktes. Jene gesetzliche Festlegung des ganzen Gehaltsystems schließt aber zugleich vertragsmäßige Abmachungen darüber prinzipiell aus, soweit solche Modifikationen vom Gesetze nicht ausdrücklich zugelassen werden.

Anderen als vermögensrechtlichen Inhalt kann der Vertrag zwischen Gemeinwesen und Beamten prinzipiell nicht haben, sofern es sich um ein wahres Amts-, also Organverhältnis handelt. Das gilt auch von dem pactum de constituendo, das sogar Gierke[56]), wie mir scheint inkonsequenter Weise annimmt; denn außer etwaigen vermögensrechtlichen könnte ein solches pactum keinerlei Rechtswirkungen für die Kontrahenten erzeugen, da es ja zur Konstatierung der Freiwilligkeit des Amtseintritts keines Vertrages bedarf, und im übrigen alle Rechtswirkungen lediglich durch den einseitigen Anstellungsakt erzeugt werden. Nicht anders ist es mit den beliebten pacta adjecta; ihr Inhalt kann nur ein vermögensrechtlicher, sie selbst können nur privatrechtlicher Natur sein. Wenn Rehm seine entgegengesetzte Meinung durch das Beispiel stützen will, es könne „ein aus dem Ausland berufener Gelehrter zur Bedingung seines Eintritts machen, daß er nicht an eine andere Stelle versetzt werde“[57]), so zeigt sich die innere Unsicherheit schon in der unmotivierten Beschränkung auf den Ausländer und den Gelehrten. Der zum Beamten gewordene Ausländer ist prinzipiell nicht mehr Ausländer[58]); und der Gelehrte steht prinzipiell nicht anders als ein sonstiger Beamter. Eine solche Vertragsklausel hätte aber gar keine Rechtswirkung; sind die Inhaber der betreffenden Stelle im übrigen nach dem geltenden Amtsrecht versetzbar, so ist und bleibt es auch der aus dem Auslande berufene Gelehrte. Man mag in jener Klausel ein Versprechen der augenblicklichen Anstellungsbehörde sehen, von dem Versetzungsrecht keinen Gebrauch machen zu wollen; aber dieses Versprechen kann das Gemeinwesen nicht binden, das publizistische Versetzungsrecht nicht aufheben. Einer trotzdem erfolgenden Versetzung muß sich der Betreffende fügen oder seinen Abschied nehmen;

56) l. c. S. 53.
57) a. a. O. S. 127.
58) Vgl. O. Mayer, Archiv III. S. 68 n. 101.

letzteres kann aber auch jeder andere Beamte ohne jene Verabredung. Ganz anders liegt die Sache bei vermögensrechtlichen Vertragsbestimmungen; das sich aus ihnen ergebende Recht wird allerdings auch erst durch den einseitigen Akt der Anstellung wirksam, dann aber auch als individuelles, als Privatrecht. Hier bindet die innerhalb ihrer Zuständigkeit abgegebene Erklärung der Behörde das Gemeinwesen, und es ist begrifflich durchaus korrekt, wenn in diesem Falle bei Verletzung der vertragsmäßigen Abmachung dem Beamten der Civilrechtsweg eröffnet ist.

* * *

Das sind die wichtigsten prinzipiellen Grundlagen des heutigen Amtsrechts, wie sie den städtischen mit den Staats- und Reichsbeamten gemeinsam sind; es ist das Grundprinzip des modernen Amtsrechts, das sich im Gegensatz zum absoluten Staat unter dem Einfluß der modernen organischen Staatsidee entwickelt hat; und dieses moderne organische Amtsrecht hat seinen ersten, in sich geschlossenen, positiv rechtlichen Ausdruck bei uns in der preußischen Städte-Ordnung gefunden. Ebendeshalb treten die charakteristischen Züge dieses Amtsrechts bei weitem schärfer hervor, wenn man zu demselben von der städtischen Organisation her, als auf dem üblichen Wege des staatlichen Behördensystems gelangt.

Damit ist die Aufgabe dieses ersten Teils erledigt; der zweite hat die Beziehungen dieses städtischen Amtsrechts zum Staate, der dritte seine internen Normen zu entwickeln.

Zweiter Teil.

Die städtischen Selbstverwaltungsorgane und der Staat.

V.

Der Begriff des mittelbaren Staatsbeamten und die Selbstverwaltung.

Noch heute zeigt der Bestand des öffentlichen Rechts in Preußen deutliche Spuren der Thatsache, daß die Epochen der zielbewußten Reform großen Stils in der preußischen Verfassungsgeschichte stets nur als relativ kurze Episoden erscheinen, die vor der Erreichung ihres Zieles entgegengesetzten Richtungen Platz machen mußten. Ein juristisches Symptom dafür ist es, daß das öffentliche Recht des allgemeinen Landrechts, die Kodifikation des absoluten Polizeistaates, fragmentarisch noch in den heutigen Rechtsstaat hineinragt, der doch auf wesentlich verschiedenen Fundamentalprinzipien ruht. In der großen Reformzeit, da in Preußen der Bruch mit dem Polizeistaat begann, war man sich dieses Gegensatzes zum Geiste des Landrechts durchaus bewußt; man erwartete damals eine baldige Revision jenes Gesetzbuchs als notwendige Folge der tiefgreifenden prinzipiellen Wandlungen, welche der öffentliche Rechtszustand des Landes durch die Reformgesetzgebung erfuhr. Im Hinblick darauf ließ es auch die St.O. von 1808 bei der allgemeinen kassatorischen Klausel ihrer Präambel bewenden, wonach diese neue Ordnung erging „mit Aufhebung der derselben zuwiderlaufenden, jetzt über die Gegenstände ihres Inhalts bestehenden Gesetze und Vorschriften, namentlich der auf solche Bezug habenden Stellen des A.L.R." Im Gegensatz zu diesem klar ausgesprochenen Willen des Gesetzgebers zeigte sich später und zeigt sich vielfach noch heute die „Praxis" beflissen, die Grundgesetze kommunaler Selbstverwaltung mit Hilfe des Landrechts im Geiste des absoluten Polizeistaates rückwärts zu interpretieren.

Der Anachronismus dieses Hineinragens publizistischer Landrechtsfragmente in den heutigen, völlig heterogenen Rechtszustand ist von Übel auch da, wo es sich nicht um positive Anordnungen, sondern um Terminologien handelt, deren Beibehaltung allzu leicht die Tatsache verschleiert, daß der Ausdruck heute einen begrifflich durchaus veränderten Inhalt umschließt. In geradezu typischer Weise zeigt sich dies an dem für unser städtisches Amtsrecht so bedeutungsvollen Begriff des mittelbaren Staatsbeamten. **Unablässig** wird in der Litteratur und der Judikatur über das städtische Amtsrecht der § 69 A.L.R. II 10 zitiert, wonach die Zivilbedienten entweder in unmittelbaren Diensten des Staats oder gewisser, demselben untergeordneter Kollegien, Korporationen und Gemeinen stehen. Daß das Verhältnis des städtischen Beamten zum Staate im Sinne des Landrechts ein völlig anderes, geradezu entgegengesetztes war, als es dies seit der St.O. ist, wurde schon oben dargelegt (vgl. Kap. II). So wird denn auch heute im allgemeinen anerkannt, daß die Bezeichnung der Gemeindebeamten als mittelbare Staatsbeamte jedenfalls nicht mehr im Sinne des Landrechts zu verstehen sei [1]). Auch das Oberverwaltungsgericht hat in einem Erkenntnis vom 7. Dezember 1889 [2]) es als unbestritten bezeichnet, „daß die in § 69 a. a. O. zum Ausdruck gelangte Theorie von den mittelbaren Staatsbeamten auf den damals herrschenden staatsrechtlichen Anschauungen beruht, wonach die Gemeinden schlechthin . . . als Staatsanstalten beurteilt worden sind. . .“ Trotzdem ist jener Begriff immer noch die Quelle mannigfacher schiefer Vorstellungen vom Wesen des städtischen Amtsrechts. **Man** verkennt zu leicht den Gegensatz der damaligen anstaltlichen zu der heutigen korporativen Grundanschauung, ein Gegensatz, der weit mehr als man sich gewöhnlich dessen bewußt ist, alle publizistischen Rechtsverhältnisse beeinflußt. Man kann diesen Gegensatz cum grano salis dahin formulieren, daß die anstaltliche Betrachtungsweise von oben nach unten, die korporative dagegen von unten nach oben fortschreitet. Die landrechtliche Unterscheidung von unmittelbaren und

---

[1]) vgl. z. B. Leidig: Preußisches Stadtrecht. (1891) S. 148. Blodig: Die Selbstverwaltung als Rechtsbegriff. (1894) S. 43. S. 176 fg. — Staatslexikon der Görresgesellschaft, herausgegeben von Bruder. Bd. II. S. 1109. — Vor allem Gierke: Die Genossenschaftstheorie und die deutsche Rechtsprechung. (1887) S. 159 fg.; s. dort auch die kritischen Erörterungen über die Judikatur des Reichsgerichts in dieser Frage.

[2]) Erkenntnis des O.V.G. Bd. XIX. S. 422 fg.

mittelbaren Bedienten beruhte wie das ganze Dienerrecht des absoluten Staates allein auf dem Verhältnis des Dieners zum Herrn; dem unmittelbar königlichen Bedienten stehen die Diener der mannigfachen Mediatobrigkeiten gegenüber, die sich zwischen sie und den obersten Dienstherrn aller als untergeordnete Dienstherren mediatisierend einschieben, und deren rudimentärer Fortbestand der Preis war, um den der Absolutismus seinen Frieden mit dem Feudalismus geschlossen hatte. Die Mittelbarkeit der heutigen Kommunalbeamten gegenüber dem Staate hat eine prinzipiell durchaus heterogene Bedeutung. Man darf doch die Tatsache nicht übersehen, daß der Geist der großen Reformaera, die den Grundstein der ganzen modernen deutschen Selbstverwaltung gelegt hat, zugleich prinzipiell die Beseitigung jener feudalen Rudimente der Mediatobrigkeiten anstrebte, wenngleich er dieses Ziel nicht völlig erreicht hat. Schon diese historische Tatsache giebt einen deutlichen Fingerzeig, daß die heutige, mit der ersten St.O. anhebende Differenzierung der kommunalen von den staatlichen Aemtern auf einem ganz entgegengesetzten Grundprinzip ruht gegenüber der landrechtlichen Unterscheidung von unmittelbaren und mittelbaren Zivilbedienten.

Den Weg zu dieser Erkenntnis verschließen sich freilich von vornherein die Anhänger der oben im III. Kap. kritisierten Theorie, die auch in den modernen Beamten nur unselbständige Gehilfen des Monarchen oder lediglich mittelbare Staatsorgane sehen will, wie denn diese Theorie überhaupt als eine kaum verhüllte Wiederaufnahme der alten Bediententheorie erscheint. Demgegenüber haben wir als das tragende Grundprinzip des modernen Amtsrechts die begriffliche Unmittelbarkeit der amtlichen Organstellung erkannt. Die Aemter sind unmittelbare Organe ihres Gemeinwesens; aber eben auch nur ihres Organismus; und sofern dieser selbst einem höheren Organismus eingegliedert ist, treten seine Organe in ein mittelbares Rechtsverhältnis auch zu jenem höheren Organismus. Da die Gemeinde dem Staate eingegliedert ist, so besteht also ein solches mittelbares Rechtsverhältnis zwischen den Gemeindeorganen und dem Staate; und in diesem Sinne mag die Bezeichnung der Gemeindebeamten als mittelbare Staatsbeamte auch heute noch gelten, tolerari potest. Das alte Wort erhält aber dadurch eine wesentlich veränderte Bedeutung. Das Primäre und Entscheidende für ihre ganze

Stellung liegt nicht darin, daß sie Staatsbeamte wären, von einer Mediatobrigkeit ernannte Staatsdiener; sondern es liegt einzig und allein in ihrer Eigenschaft als Gemeindeorgane; sie sind auch nicht nebenbei oder in zweiter Linie staatliche Beamte, sondern lediglich unmittelbare Gemeindebeamte, und nur weil die Gemeinde ein organisches Glied des Staates ist, entstehen mittelbare Beziehungen zwischen ihren Organen und dem Staate. Die Funktionen, die sie ausüben, sind samt und sonders Funktionen ihres Organismus, der Gemeinde, nicht des Staates, der im Prinzip nur durch die Vermittlung des kommunalen Organismus die kommunalen Organe in Tätigkeit setzen kann. Die heutige Mittelbarkeit der Kommunalbeamten beruht also durchaus auf dem Verhältnis der Organe zu ihrem Organismus, einem Verhältnis, das der anstaltlichen Auffassung des Landrechts völlig fremd war.

Daß an diesem Punkte die Theorie des kommunalen Amtsrechts auf das innigste mit der Theorie der Selbstverwaltung überhaupt zusammenhängt, liegt auf der Hand, ebenso aber auch die Unmöglichkeit, an dieser Stelle jenes Problem und seine reiche Litteratur eingehend zu erörtern[3]). Nur eine summarische Präzision meines Standpunktes, so weit sie zur Klarlegung der begrifflichen Wurzel für die Konstruktion des städtischen Amtsrechts unentbehrlich ist, muß hier Platz finden.

Man führt die Kontroversen über den Begriff der Selbstverwaltung jetzt gern darauf zurück, daß in diesem Worte zwei Seelen wohnen, eine politische und eine juristische, und man glaubt demgemäß, die eine von der anderen trennen zu müssen, um zu einem befriedigenden Resultat zu kommen; sei es, daß man dann nur die eine für eine wahre Seele, die andere für ein Phantom erklärt[4]); sei es, daß man beiden nebeneinander, aber eben getrennt voneinander Existenzberechtigung zuerkennt. In diesem letzteren Sinne hat

[3]) Eine kurze und gute Uebersicht der hauptsächlichen Lehrmeinungen siehe bei Blodig: Die Selbstverwaltung 2c. S. 10 fg. S. 34 fg.

[4]) Vgl. Hatschek: Die Selbstverwaltung in politischer und juristischer Bedeutung. (Bd. II Hft. 1 der staats- und völkerrechtlichen Abhandlungen, herausgeg. von Jellinek und Meyer) und dazu meinen Artikel: Zur Methode juristischer Begriffskonstruktion. (Schmollers Jahrbuch Bd. XXIV). (1900) S. 359 fg. — Jellinek: Recht des modernen Staates. S. 579 fg.

namentlich Rosins[5]) Unterscheidung zwischen bürgerlicher und körperschaftlicher Selbstverwaltung großen Anklang gefunden. Die bürgerliche Selbstverwaltung entspricht dem ursprünglich von Gneist formulierten Begriffe des Selfgovernment als einer durch unbesoldete Ehrenbeamte geführten Staatsverwaltung. Das Wesentliche ist hier also die Heranziehung der Regierten zur Regierung, der Bürger zur Staatstätigkeit; der politische Gedanke der Teilnahme des Volkes am Staatsleben kommt hierin zum Ausdruck, es ist die Selbstverwaltung im politischen Sinne. Die körperschaftliche Selbstverwaltung entspricht dem namentlich in der deutschen Wissenschaft überwiegenden Begriff einer Verwaltung durch korporative, in Sonderheit kommunale Verbände. Das Wesentliche ist also die rechtliche Anerkennung der dem Staate eingegliederten engeren Gebietskörperschaften als eigene Rechtssubjekte, als Personen des öffentlichen Rechts; der rechtlich organisatorische Gedanke von Gesamtpersonen über Gesamtpersonen kommt darin zum Ausdruck, es ist die Selbstverwaltung im juristischen Sinne. So hat man die Teile in seiner Hand, fehlt leider nur das verbindende Band.

Ganz richtig bezeichnet es Jellinek[6]), gegen Löning[7]) polemisierend, als Wesen aller staatsrechtlichen Konstruktion, den rechtlichen Kern gegebener politischer Verhältnisse begreifen zu wollen. Trotzdem begnügt auch er sich damit, einen politischen und einen juristischen Begriff der Selbstverwaltung einfach nebeneinander zu stellen, während es doch nach seiner eigenen Lehre die Aufgabe der staatsrechtlichen Konstruktion wäre, den rechtlichen Kern des politischen Verhältnisses der Selbstverwaltung zu begreifen. Nicht nur der Ursprung „fast" aller staatsrechtlichen Begriffe ist ein politischer gewesen, wie Jellinek meint; vielmehr birgt jeder staatsrechtliche Begriff in der Rechtsform einen politischen Inhalt, wie jeder privatrechtliche einen ökonomischen.

Der Kern der Gneist'schen Lehre, daß das Selfgovernment der mächtige Unterbau ist, der als Krönung die englische Parlaments-

[5]) Souveränität, Staat, Gemeinde, Selbstverwaltung in Hirth's Annal. Bd. IV. S. 305 fg. Vgl. auch G. Meyer: Deutsches Staatsrecht. (5. Aufl.) S. 310 fg.

[6]) System der subjektiven öffentl. Rechte. S. 277; und nunmehr im gleichen Sinne auch Recht d. mod. Staates. S. 580.

[7]) Lehrbuch des deutsch. Verwaltungsrechts. S. 34 fg.

verfassung trägt, ist die wissenschaftlich vertiefte und mit reichem historischem Material ausgestattete Wiederaufnahme des Grundgedankens der Stein'schen Reform. Dieser Grundgedanke zeitigte jenen in seiner Art einzigen Versuch, ausgehend von einer auf dem Prinzip der Selbstverwaltung beruhenden Reorganisation der Verwaltung, zu einer auf konstitutionellen Einrichtungen beruhenden Reorganisation der Verfassung zu gelangen. Belebung des Gemeingeistes durch die Teilnahme des Volkes am öffentlichen Leben, der Regierten an der Regierung, das ist sicherlich das politische Leitmotiv dieses ganzen Gedankenkreises. Die organisatorische Rechtsform für diesen politischen Inhalt ist auf dem Gebiete des Verfassungsrechts der Konstitutionalismus, auf dem des Verwaltungsrechts die Selbstverwaltung. Und wie inhaltlich die politische Idee eine einheitliche ist: Selbstbestimmung des mündigen Volkes im Gegensatz zur Bevormundung einer willenlosen Untertanenschaft durch eine absolute Obrigkeit, so ist formell die organisatorische Rechtsidee ebenfalls eine einheitliche: genossenschaftliche Organisation von unten herauf im Gegensatz zur anstaltlichen Organisation von oben herab. An die Stelle des einig einzigen Herrschaftssubjekts in der absoluten Staatsform setzt die genossenschaftliche Verfassungsform eine Mehrheit von Organen, deren organische Einheit den Staatswillen bildet. An die Stelle der einig einzigen Staatsanstalt des absoluten Polizeistaats setzt die genossenschaftliche Verwaltungsorganisation eine Mehrheit von beschränkt autonomen kommunalen Gebietskörperschaften, deren organische Einheit die staatliche Gebietskörperschaft bildet. Das sind die communitates regni des englischen Selfgovernment genau ebenso wie die Kommunalkörperschaften der modernen, mit der St.O. von 1808 einsetzenden deutschen Selbstverwaltung. Der begriffliche Gegensatz, den man zwischen diesen beiden Erscheinungsformen desselben organisatorischen Rechtsprinzips konstruieren will, existiert nicht; wohl aber macht sich auch hier der allgemeine charakteristische Unterschied zwischen der englischen und der kontinentalen Entwicklung des öffentlichen Rechtszustandes geltend: allmähliche, den Zeitgenossen selbst meist unbewußte Evolution in England; akute, mit Bewußtsein auf ein bestimmtes Ziel gerichtete Revolution oder Reform auf dem Kontinent. Für jeden kontinentalen Staat kann man das Datum nennen, an welchem er aus der absoluten in die konstitutionelle Staatsform überging, und demgemäß vollzogen die Gesetzgeber diesen Uebergang mit vollem Bewußtsein. Die englische Verfassung trägt kein Datum, und England war ein konstitutioneller Staat, lange bevor seine Gesetzgeber sich dieses Begriffes bewußt waren. Blackstone's konstitutionelle Theorie verrät die Schule Montesquieu's; und doch wird niemand behaupten, daß es konstitutionelles Wesen erst seitdem in England gäbe. Aber mit der beliebten Behauptung, daß es Selbstverwaltungskörper in England eigentlich erst seit dem Munizipalgesetz von 1835 gäbe, hat es genau dieselbe Bewandtnis. Die kontinentale, in Sonderheit die preußische und deutsche Gesetzgebung hat die Reorganisation der Verwaltung im bewußten Gegensatz zum absoluten Anstaltsstaat unter prinzipieller Anerkennung der Gemeinden als Selbstverwaltungskörper vollzogen; in England waren die communitates als Selbstverwaltungskörper Träger des Selfgovernment, lange bevor die dortige Gesetzgebung sich dieses Begriffes bewußt geworden war. Auf die Erweckung dieses Bewußtseins hat unzweifelhaft im Verfassungs- wie im Verwaltungsrecht die kontinentale Theorie und Praxis Einfluß geübt, in Folge dessen auch auf die weitere Ausgestaltung; nicht aber hat sie etwa jene organisatorischen Rechtsformen erst erzeugt*).

Die Anhänger eines von dem juristischen getrennten politischen Begriffs der Selbstverwaltung, der „bürgerlichen" im Gegensatz zur „körperschaftlichen" Selbstverwaltung im Sinne Rosins, legen mit Gneist den für das ganze Institut entscheidenden Wert auf die Unabhängigkeit der Selbstverwaltungsbeamten gegenüber der Abhängigkeit der Staatsbeamten von der jeweiligen Regierung. Und gewiß ist dies ein wichtigstes Moment jenes politischen Leitgedankens, der sich in der Selbstverwaltung wie im Parlamentarismus seine bedeutsamsten organisatorischen Rechtsformen gestaltet hat. Die parlamentarische Verfassung ist die organisatorische Rechtsform für die Mitwirkung eines vom Monarchen unabhängigen Organs des Gemeinwillens bei der Gesetzgebung. Die Selbstverwaltung ist die organisatorische Rechtsform für die Mitwirkung von Organen, die von den obersten Regierungsorganen unabhängig sind, bei der Verwaltung. Jenes vom Monarchen unabhängige Gesetzgebungsorgan wird von der Rechtsordnung dadurch gebildet, daß sie neben dem Monarchen

*) Vgl. die Citate oben n. 4.

auch die Wählerschaft als unmittelbar bestelltes Organ des Gemeinwillens anerkennt mit der Fähigkeit, gleich dem Monarchen mittelbare Organe des Gemeinwillens zu bestellen. Wie vermag nun aber die Rechtsordnung, von den obersten Verwaltungsorganen unabhängige Verwaltungsorgane zu bilden? Die Regierung ist doch für das Verwaltungsgebiet das höchste Organ des staatlichen Gemeinwillens, dem als solchem die übrigen Organe desselben für dieselbe Sphäre subordiniert sein müssen. Jene Aufgabe ist also für die organisatorische Rechtsordnung nur dadurch zu lösen, daß sie außer dem staatlichen noch andere Gemeinwillen als publizistische Personen anerkennt, und deren Organe, die also nicht unmittelbar Staatsorgane und demgemäß den staatlichen Verwaltungsorganen, der Regierung, nicht unmittelbar subordiniert sind, bei der öffentlichen Verwaltung mitwirken läßt. Organisatorische Differenzierung ist eben in beiden Fällen das technische Mittel, wodurch das formengestaltende Recht die politische Idee einer Selbsttätigkeit des mündigen Volkes in Verfassung und Verwaltung plastisch realisiert; Differenzierung der obersten Staatsorgane dort, Differenzierung der politischen Organismen hier. Nur dadurch, daß die engeren Gebietskörperschaften als relativ selbständige politische Organismen und Träger eines vom staatlichen differenzierten kommunalen Gemeinwillens anerkannt werden, ist die organisatorische Möglichkeit einer relativen Unabhängigkeit der Selbstverwaltungsorgane von den staatlichen Verwaltungsorganen gegeben. Die Existenz von Selbstverwaltungs*körpern* ist also die begriffliche Voraussetzung jeder Selbstverwaltung, deren Wesen eben in der Mediatisierung der Selbstverwaltungsorgane durch den Selbstverwaltungskörper gegenüber dem Staate besteht. Aus der Erkenntnis dieses Grundprinzips der Selbstverwaltung ergibt sich sogleich die richtige Stellung zu der vielfach üblichen Identifizierung von Selbstverwaltung und staatlicher Dezentralisation. Mit letzterem Ausdruck kann man allerdings auch eine Verwaltungsorganisation bezeichnen, die den unteren und mittleren Instanzen der staatlichen Amtshierarchie eine möglichst weite, in mancher Beziehung endgiltige Kompetenz beilegt; eine Einrichtung, die prinzipiell nichts mit Selbstverwaltung zu thun hat, wenn sie auch thatsächlich vielfach im Zusammenhang mit ihr erscheinen wird. Man hat neuerdings namentlich in der französischen Litteratur versucht, diese Einrichtung auch terminologisch von der Dezentralisation im Sinne der Selbstverwaltung zu unterscheiden; jedoch kann der dafür gewählte Ausdruck der Dekonzentration[8]) nicht für einen besonders glücklichen Griff gelten. Wie man aber die Dinge auch nennen mag, wesentlich ist der charakteristische Unterschied, daß bei jener rein verwaltungstechnischen Dezentralisation oder Dekonzentration auch die mit erweiterter Kompetenz ausgestatteten Verwaltungsorgane unmittelbare Staatsorgane und damit doch den höheren Staatsorganen unbedingt untergeordnet bleiben, der Staatswille das alleinige und unmittelbare Zentrum ihrer Funktionen ist; während die Dezentralisation im Sinne der Selbstverwaltung zwischen deren Organe und den Staatswillen den im Selbstverwaltungskörper organisierten kommunalen Gemeinwillen als relativ selbständiges Zentrum der Selbstverwaltungsfunktionen einschiebt.

Diejenigen Autoren, welche den Begriff des Selbstverwaltungskörpers als Ausgangspunkt für den Selbstverwaltungsbegriff verwerfen oder doch dieser korporativen eine von ihr begrifflich verschiedene bürgerliche Selbstverwaltung gegenüberstellen, kommen doch um die Notwendigkeit nicht herum, nach irgend welchen Rechtsformen zu suchen, in denen sich der politische Gedanke einer Beteiligung der Regierten an der Regierung, der Unabhängigkeit der Selbstverwaltungsorgane von der Regierung formell realisiert. Weil sie jedoch den organisatorischen Rechtsgedanken der Differenzierung in dem eben entwickelten Sinne entweder überhaupt verwerfen oder der besonderen korporativen Selbstverwaltung allein vorbehalten, müssen sie zu seltsam widerspruchsvollen Resultaten gelangen. Wenn der begriffliche Unterschied der Selbstverwaltungs- von den Staatsorganen nicht eben darin besteht, daß jene zunächst und unmittelbar nur Organe des Selbstverwaltungskörpers, diese Organe des Staates sind, worin sonst soll er bestehen? Die Einen, die unentwegt bei der ursprünglichen, aber doch entwicklungsfähigen Lehre Gneists stehen bleiben, finden jenen Unterschied in dem Gegensatz des unbesoldeten Ehrenamts zum besoldeten Berufsamt, wobei der Ton bald mehr auf die Besoldung, bald mehr auf die Berufsmäßigkeit gelegt wird. Danach sind die ernannten Handelsrichter bei den Königlichen Landgerichten Selbst-

[8]) Lébon: Staatsrecht d. franzöf. Republik in Marquardsen's Handbuch IV, 1; vgl. auch Blodig a. a. O. S. 12; Jellinek: Recht d. mod. Staats S. 581 fg.

verwaltungsbeamte, nicht dagegen die gewählten besoldeten und berufsmäßigen Bürgermeister und Magistratsmitglieder der Stadt-, die Landesdirektoren und Landesräte der Provinzialgemeinden. Daß damit die Konstruktion der deutschen Selbstverwaltung in die Brüche geht, leuchtet ohne weiteres ein. Die Anderen, welche diesen deutschen Verhältnissen mehr Rechnung tragen wollen als dem von Gneist seiner Konstruktion zu Grunde gelegten älteren englischen Selfgovernment, finden jenen Unterschied in der Bestellung der Selbstverwaltungsbeamten durch Wahl im Gegensatz zur Ernennung der Staatsbeamten. Danach hätte dann allerdings Altengland mit seinen ernannten Friedensrichtern keine Selbstverwaltung gekannt; aber auch die neuere deutsche Einrichtung unmittelbarer Staatsbehörden, die aus ernannten und gewählten Mitgliedern zusammengesetzt sind, entzieht sich danach einer einheitlichen juristischen Erfassung. In der staatlichen Ernennung unbesoldeter Ehrenbeamter liegt das Wesen der Selbstverwaltung, lehrt die eine, in der Wahl der Beamten, besoldeter oder unbesoldeter, Berufs- oder Ehrenbeamten liegt ihr Wesen, lehrt die andere Theorie. Und schon diese Gegenüberstellung, sowie die Tatsache, daß sich jede der beiden entgegengesetzten Meinungen zur Widerlegung der anderen auf wirklich bestehende Institute berufen kann, führt zu der Erkenntnis, daß das Wesen der Selbstverwaltung weder in dem einen noch in dem anderen Symptom bestehen kann; daß vielmehr beide nur verschiedene Erscheinungsformen eines dahinterstehenden, allein wesentlichen Organisationsprinzips sein können. Dieses organisatorische Rechtsprinzip ist eben die Differenzierung der politischen Organismen. Dies ist das verbindende Band zwischen all den verschiedenen Erscheinungsformen von Selfgovernment und Selbstverwaltung, wie das organisatorische Rechtsprinzip einer Differenzierung der obersten Staatsorgane das verbindende Band zwischen all den verschiedenen Erscheinungsformen konstitutioneller und parlamentarischer Verfassung ist.

Daß das Selbstverwaltungsorgan zunächst und unmittelbar einem engeren politischen Gemeinwesen, dem Selbstverwaltungs**körper**, angehöre und nur mittelbar dem Staate, weil diesem der Selbstverwaltungskörper selbst eingegliedert ist, das also ist es, worauf alles ankommt. Wie auf diesem ganzen Gebiet, handelt es sich auch hier um ein rechtlich organisatorisches Gliederungsverhältnis. Als

Mittel zur Durchführung jenes organisatorischen Rechtsprinzips im einzelnen sind verschiedene Rechtsinstitute möglich, woraus sich die verschiedenen Erscheinungsformen nach Maßgabe der verschiedenen positiven Rechtsordnungen erklären. Das ältere englische Selfgovernment realisiert jenes Rechtsprinzip durch die Vorschrift, daß das Selbstverwaltungsorgan seinem engeren politischen Organismus, der county, angehören muß, und zwar in qualifizierter Weise durch Ansässigkeit mit Grundbesitz von bestimmtem Umfange; und daß diese Angehörigkeit auch durch die Amtsstellung nicht alteriert wird, indem diese auf die Form des unbesoldeten Ehrenamts beschränkt ist, welches nicht wie das Berufsamt den Beamten aus dem wirtschaftlichen und sozialen Milieu seiner bürgerlichen Stellung loslöst und dadurch das Band der Angehörigkeit lockert. Die königliche Ernennung ist demgegenüber das sekundäre Element, durch welches sich die Einwirkung der höheren Gebietskörperschaft, des Staates, auf die Organbestellung des ihm eingegliederten Selbstverwaltungskörpers äußert. Daß entgegen dem äußeren Scheine in Wahrheit nicht die Ernennung, sondern die Beschränkung der Ernennung auf einen Angehörigen des engeren Gemeinwesens das begrifflich allein Entscheidende ist, dafür giebt es einen logischen und einen historischen Beweis. Logisch nämlich kann man jene Beschränkung der Ernennung durch die Angehörigkeit zum engeren Gemeinwesen nicht wegdenken, ohne zugleich jede Möglichkeit einer Scheidung zwischen dem Organ des Selfgovernment und dem unmittelbaren Staatsbeamten völlig aufzuheben; das Wesen des Selfgovernment kann also nur in jener Beschränkung, d. h. in der Angehörigkeit des Selbstverwaltungsorgans an den Selbstverwaltungskörper liegen. Und die historische Entwicklung beweist dasselbe, indem sie die königliche Ernennung zu einem reinen Formalakt, einer Art bloßer Einregistrierung auf Antrag eines jeden rechtlich qualifizierten Angehörigen der Grafschaft verflüchtigte. Als einziges konstitutives Moment ist also nur das eine, aber eben das begrifflich Wesentliche übrig geblieben: die rechtlich qualifizierte Angehörigkeit des Selbstverwaltungsorgans an den Selbstverwaltungskörper.

Der neueren organisatorischen Technik gegenüber erscheint nun freilich die dem älteren englischen Selfgovernment eigene Form der Organbestellung als recht ungefüge und antiquiert; sie wird daher regelmäßig durch entwickeltere Formen der Organbildung aus dem

Organismus selbst heraus ersetzt. Diese Organbestellung ist ja nun überhaupt entweder eine unmittelbare auf Grund der Verfassung des Gemeinwesens, oder eine mittelbare durch den Bestellungsakt seitens eines anderen Organs. Für die engeren politischen Gemeinwesen kommen als unmittelbar durch ihre Verfassung bestellte Organe regelmäßig nur die Wählerschaften in Betracht (vgl. oben Kap. III). Die mittelbare Organbestellung geschieht durch Wahl oder Ernennung seitens eines anderen Organs. Dabei ist ein irgendwie erheblicher Unterschied zwischen Wahl und Ernennung so wenig vorhanden, daß nicht einmal die terminologische Scheidung eine feste ist. Man mag die durch Mehrheitsbeschluß eines Kollegiums erfolgende Organbestellung als Wahl, im Gegensatz zu der durch eine Einzelperson erfolgenden Ernennung bezeichnen; oder man mag von Ernennung dann sprechen, wenn das bestellende Organ dem bestellten in der Amtshierarchie übergeordnet ist, sonst dagegen von Wahl. Von Wichtigkeit ist also nicht die Form der Wahl oder der Ernennung, sondern die Bestellung durch ein Organ des Selbstverwaltungskörpers. Bei dieser Art der Bestellung kann sehr wohl die Beschränkung auf Ansässige und auf das unbesoldete Ehrenamt fortfallen; denn die Bestellung durch ein Organ des Selbstverwaltungskörpers bringt auch den besoldeten Berufsbeamten in organische Verbindung mit dem engeren politischen Gemeinwesen; er wird durch jenen Akt Glied- und Organperson desselben. Die gegenüber dem älteren Selfgovernment fortgeschrittene organisatorische Technik der Organbestellung ermöglicht es eben, im Rahmen der Selbstverwaltungsorganisation auch dem Bedarf nach berufsmäßiger Amtsführung Rechnung zu tragen.

Diese Bestellung der Selbstverwaltungsorgane durch Organe des Selbstverwaltungskörpers schließt eine sekundäre Einwirkung höherer Gebietskörperschaften, in letzter Linie des Staates auf Grund der Eingliederung der engeren in die weiteren Gemeinwesen nicht aus. Die bei uns übliche Form dieser Einwirkung ist die staatliche Bestätigung gewisser von den Selbstverwaltungskörpern bestellter Selbstverwaltungsorgane. Die Bestätigung aber nimmt dem Kommunalbeamten so wenig die Eigenschaft als Organ des Selbstverwaltungskörpers, wie die Genehmigung einem Ortsstatut den Charakter als Willensakt der Gemeinde nimmt. Nur eine andere Erscheinungsform desselben Rechtsprinzips, das der Bestellung durch kommunale Wahl und staatliche Bestätigung zu Grunde liegt, ist auch die Organbestellung durch kommunales Vorschlagsrecht und staatliche Ernennung, sofern es sich dabei nicht bloß um einen für den Staat unverbindlichen Vorschlag handelt, sondern der Staat wenigstens definitiv nur einen vom Selbstverwaltungskörper Vorgeschlagenen ernennen kann. Es ist dies dann lediglich eine verstärkte Form des Bestätigungsrechts, durch die der Staat noch nicht zum Vormund der Gemeinde wird [9]). Wenn jedoch der Staat an den Vorschlag des Selbstverwaltungskörpers nicht gebunden und auch bei seiner Ernennung nicht auf einen Angehörigen des Selbstverwaltungskörpers nach Art des älteren Selfgovernment beschränkt ist, so kann nicht mehr von der Bestellung eines Selbstverwaltungsorgans die Rede sein; die betreffende Stelle ist dann ein reines und unmittelbares Staatsamt.

Nach alledem also ist weder das unbesoldete Ehrenamt noch die Bestellung durch Wahl das ausschlaggebende Kriterium für den Selbstverwaltungsbegriff; vielmehr sind beide Erscheinungen, elektiv oder kumulativ, Symptome oder verstärkende Momente für das Wesen der Sache: die Mediatisierung des Selbstverwaltungsorgans durch den Selbstverwaltungskörper.

Die moderne Verwaltungsorganisation kennt nun neben jener Einwirkung des Staates auf die Organbildung der Selbstverwaltungskörper auch umgekehrt eine Einwirkung der Selbstverwaltungskörper auf die staatliche Organbildung. So sind die vom Provinzialausschuß gewählten Mitglieder des Bezirksausschusses und Provinzialrats durchaus unmittelbare Staatsorgane gleich den ernannten Mitgliedern derselben Behörden; keineswegs macht sie ihre Bestellung durch Wahl zu Selbstverwaltungsorganen. Allerdings besteht ein Zusammenhang mit der Selbstverwaltung insofern, als diese Staatsorgane durch Organe von Selbstverwaltungskörpern bestellt werden. Dabei fungieren die Selbstverwaltungskörper, hier also die Provinzialgemeinde selbst als staatliche Kreationsorgane. Wohl beruht die Einfügung dieser Elemente in die staatliche Amtsorganisation auf dem gleichen politischen Gedanken der Teilnahme der Regierten an der Regierung und der Unabhängigkeit vom Staatszentrum, welcher

---

9) Anderer Meinung Gierke in Holzendorffs Rechtslexikon, Bd. II, S. 52.

der rechtlichen Differenzierung der Selbstverwaltungskörper als Träger eines eigenen Gemeinwillens gegenüber dem Staatswillen zu Grunde liegt. Und eben deshalb lehnt sich die formalrechtliche Realisierung dieses Gedankens an die organisatorische Differenzierung der Gemeinwesen, die Selbstverwaltung, an. Handelt es sich hier überall um die genossenschaftliche Organisation von unten herauf im Gegensatz zu der anstaltlichen Organisation von oben herab, so giebt es für dieselbe keine andere Grundlage als die korporative Gestaltung der unteren, engeren Organismen, der Selbstverwaltungskörper. Kurz, es giebt keine „bürgerliche" oder „politische" Selbstverwaltung im Gegensatz zu einer korporativen oder juristischen; vielmehr ist die korporative Organisation der engeren Gemeinwesen, der Selbstverwaltungskörper, die organisatorische Rechtsform, in welcher sich der politische Gedanke bürgerlicher Freiheit und Selbstthätigkeit auf dem Gebiete der Verwaltung realisiert.

Die für den Begriff der Selbstverwaltung charakteristische Tatsache, daß das Selbstverwaltungsorgan dem Staate gegenüber durch den Selbstverwaltungskörper mediatisiert wird, daß es nur diesem primär und unmittelbar angehört, manifestiert sich nicht bloß in den verschiedenen Rechtsformen der Bestellung, sondern auch in der rechtlichen Natur der Funktionen. Im Prinzip sind die Funktionen des Selbstverwaltungsorgans primär und unmittelbar Funktionen des Selbstverwaltungskörpers, und nur mittelbar staatliche Funktionen, in soweit der Selbstverwaltungskörper eben selbst ein organisches Glied der staatlichen Gebietskörperschaft ist. Gerade diese Seite der Frage ist nun allerdings nicht gründlich zu erörtern, ohne die ganze vielumstrittene Lehre von der Selbstverwaltung aufzurollen, während es sich hier nur um die Herausheburg der für die Stellung der Selbstverwaltungsbeamten entscheidenden Momente handelt.

Die Gneist'sche Lehre, welche das entscheidende Moment der Mediatisierung der Selbstverwaltungsorgane bei Seite schob und dafür das sekundäre Moment des unbesoldeten Ehrenamtes in den Vordergrund stellte, mußte konsequenter Weise in den Funktionen des Selfgovernment durchaus unmittelbar staatliche Funktionen sehen. Was aus dieser zwar noch unentwickelten und einseitigen, aber immerhin in sich geschlossenen Anschauung wird, wenn man sie ohne tieferes Eindringen in das Wesen der Sache mit dem Ausgangspunkt vom

Selbstverwaltungskörper kombiniert, welcher der deutschen Anschauung doch immer näher liegt, — das zeigt das erstaunliche Diktum von Gareis, wonach „die Selbstverwaltung immer Verwaltung fremder Angelegenheiten" sein soll[10]). Also canis a non canendo. Wenn wirklich Wortsinn und begrifflicher Sinn dermaßen wie die Faust auf das Auge zu einander paßten, dann müßte es der Jurist aufgeben, seine Gedanken in unser geliebtes Deutsch zu übertragen. Dieser fremden Selbstverwaltung stellt Gareis „die privatrechtliche Disposition über das eigene Vermögen" als „Eigenverwaltung" gegenüber. Schließlich ist das also nur eine andere, und zwar verschlechterte Ausdrucksweise für die alte und veraltete Lehre, welche den eigenen Wirkungskreis der Selbstverwaltungskörper mit ihrer wirtschaftlichen Verwaltung identifizierte, und ihr alle sonstigen Funktionen der Selbstverwaltungskörper als obrigkeitliche Verwaltung im übertragenen Wirkungskreise gegenüberstellte. Diese Lehre ist heute im wesentlichen überwunden durch die Erkenntnis, daß so wenig der Staat wie der Selbstverwaltungskörper der wirtschaftlichen Verwaltung entraten kann; daß sie aber beim Selbstverwaltungskörper wie beim Staat großenteils nur ein Mittel im Dienste der obrigkeitlichen Verwaltung darstellt, während sie umgekehrt vielfach in den Formen dieser obrigkeitlichen Verwaltung geführt wird, so daß sich eine reinliche Scheidung zwischen beiden begrifflich überhaupt nicht durchführen läßt. Mag immerhin im engeren Kreise des Selbstverwaltungskörpers die wirtschaftliche Verwaltung einen verhältnismäßig breiteren Raum einnehmen als im weiteren Kreise des Staates, so begründet dies lediglich eine graduelle Verschiedenheit, keinen begrifflichen Gegensatz; Selbstverwaltung ist so wenig ohne obrigkeitliche, wie Staatsverwaltung ohne wirtschaftliche Verwaltung denkbar.

Bei alledem besteht eine gewisse innere Verwandtschaft zwischen dieser alten und der heute wohl als herrschend zu bezeichnenden Lehre von dem Herrschaftsmonopol des Staates, wie sie namentlich von Laband und Jellinek vertreten wird. Eigene Herrschaftsrechte könne begrifflich nur ein Staat haben; „die Gemeinde hat keine Unterthanen, sie ist bei Ausübung ihrer Rechte ebenso machtlos wie der Gläubiger

---

10) Gareis: Allg. Staatsrecht in Marquardsens Handbuch I, 1. S. 87.

seinem Schuldner gegenüber“ [11]). Herrschaftsrechte, die ein Selbstverwaltungskörper ausübe, seien stets ihm übertragene staatliche, also ihm fremde Rechte. Was Labands Begründung dieser Meinung durch die alleinige Zwangsmacht des Staates betrifft, so kann ich mich hier nur auf meine frühere Polemik dagegen [12]) berufen. Charakteristisch und bedeutungsvoll für die vorliegende Untersuchung ist es aber vor allem, wie sich auch hier sofort wieder die anorganisch individualistische Auffassung geltend macht. Wie der Gläubiger dem Schuldner, d. h. wie ein Individuum dem anderen soll der Selbstverwaltungskörper bei Ausübung seiner Rechte seinen Gliedpersonen gegenüberstehen; „die Gemeindebeamten fungieren als mittelbare Staatsbeamte“, wenn sie Herrschaftsrechte ausüben; und daß dies ganz im Sinne des individualistischen Obrigkeitsstaates und des Landrechts gemeint ist, beweist der Schlußpassus: „Herrscher ist nicht der Bürgermeister, sondern der König. Das offenbart sich in dem allgemeinen politischen Empfinden und ist eine Wahrheit, die man fühlt, auch wenn man über die logische Formulierung derselben streiten mag“ [13]).

Laband, der statt der logischen Formulierung das politische Gefühl und Empfinden anruft, das ist eine so außerordentliche Erscheinung, daß ich sehr stolz darauf bin, sie durch meine Polemik ausgelöst zu haben; aber sie hat doch mehr einen Seltenheitswert, als daß sie für die Stärke der Argumentation spräche; vielmehr ist sie in dieser Beziehung wohl ebenso als ein Notsignal der Konstruktion anzusehen, wie die oben erwähnte plötzliche Anrufung der Zwecktheorie. Für die organische Anschauung kann es sich selbstverständlich bei diesen Fragen nicht um einen seltsamen Rangstreit zwischen König und Bürgermeister handeln, die beide für sie nicht Herrscher im individualistischen Sinne sind, sondern Organpersonen eines höheren und eines niederen Organismus. Und lediglich auf die Gliederungsverhältnisse dieser verschiedenen Organismen, auf die Art der Eingliederung der kommunalen in die staatliche Gebietskörperschaft kommt es hier an.

Gerade die spezifisch moderne Art dieser Gliederungsverhältnisse verkennt in seinem Recht des modernen Staates auch Jellinek. Und

---

11) Laband (3. Aufl.) Bd. I, S. 64; vgl. auch ebenda S. 93 fg.

12) Preuß: Gemeinde, Staat, Reich als Gebietskörperschaften. (1889) S. 174 fg.

13) Laband a. a. O. S. 65 n.

jenes uns nun wohl bekannte Gleichnis, das mit erstaunlicher Regelmäßigkeit als äußerliches Symptom einer innerlich individualistischen Auffassung erscheint, stellt sich auch hier ein, denn Jellinek lehrt: „So wie der Landesherr oder Bischof durch Belehnung mit den Regalien, die Stadt durch Verleihung des Gerichtsbannes in den Besitz von Hoheitsrechten kam, deren Ursprung aus der Staatsgewalt dadurch sichtbar in die Erscheinung trat, so findet auch heute in der Zuerkennung von Selbstverwaltungsrechten eine Belehnung mit Imperium statt." [14]) Danach erscheint also die heutige organisch publizistische Gestaltung als eine Neubelebung der alten privatrechtlich individualistischen, als Feudalismus redivivus. Aber die Aufsaugung dieses zur Patrimonialität entarteten Feudalismus war doch eben der welthistorische und wenigstens zum großen Teile auch erfüllte Beruf des absoluten Staates, wie auch Jellinek selbst wiederholt betont [15]). Und die Ueberwindung des Absolutismus durch das in der Selbstverwaltung wie im Konstitutionalismus sich manifestierende organisatorische Rechtsprinzip der Differenzierung wäre nicht der bedeutsamste Fortschritt, sondern ein unbegreiflicher Rückschritt staatlicher Entwicklung, wenn sie wirklich in der Neubelebung des Feudalismus bestehen sollte. In Wahrheit jedoch hat diese Neugestaltung an die Stelle der anstaltlichen Organisation von oben nach unten, die das letzte Wort des mit der besiegten, aber nicht völlig beseitigten Patrimonialität versöhnten Absolutismus gewesen, die genossenschaftlich korporative Organisation von unten nach oben gesetzt. Gewiß „ist die Gemeinde durch den Staat zur aktiven Körperschaft des öffentlichen Rechts erhoben worden" [16]); wenn jedoch Jellinek fortfährt: „das ist sie aber nicht kraft ihrer eigenen unwandelbaren Natur, das ist sie kraft der Natur des modernen Staates", so konstruiert er sich damit ad hoc eine falsche Antithese. Denn darin eben äußert sich hier die Natur des modernen Staates, daß er, selbst als korporativer Organismus, als Gebietskörperschaft erkannt und rechtlich anerkannt, die homogene Natur der ihm eingegliederten Gebietskörperschaften als korporativer Organismen erkennt und rechtlich anerkennt. Sagt doch an anderer Stelle Jellinek selbst: „Diese Gebietskörperschaften ruhen auf einer vom Staate nicht geschaffenen sozialen Basis. . . . Sie haben sich daher vielfach unabhängig vom

---

[14]) Recht d. mod. Staates. S. 589.
[15]) System d. subj. öffentl. Rechte. S. 274.
[16]) Ebenda. S. 275.

Staate gebildet, sie haben den Wechsel der Staaten überdauert, und in diesem Sinne ist es richtig, wenn behauptet wird, die Gemeinde sei älter als der Staat"[17]). Diese ihre immanente Natur hatte der absolute Staat verkannt, verleugnet und unterdrückt, genau so, wie die genossenschaftlich korporative Natur der Volksgemeinschaft; beides hat der moderne Staat in Verwaltung und Verfassung erkannt und in der rechtlichen Organisation zum Ausdruck gebracht, aber er hat es wahrlich nicht aus dem Nichts geschaffen.

Das letzte und scheinbar stärkste Argument für die Meinung, daß die obrigkeitlichen Rechte der Selbstverwaltungskörper nur ihnen zur Ausübung delegierte staatliche Rechte seien, bietet die Tatsache, daß jedenfalls nach unserm positiven Recht ihre Rechte und Kompetenzen durch Staatsgesetz normiert werden und durch Staatsgesetz verändert werden können. Nun trifft es sich aber überaus glücklich, daß man sich zur Widerlegung dieses Arguments auf die beiden Hauptvertreter jener Meinung berufen kann. Jellinek und Laband nämlich ziehen aus der erwähnten Tatsache die erwähnte Konsequenz nur für die Gemeinden; sobald man aber aus der gleichen Tatsache die gleiche Konsequenz einerseits für die Individuen, andrerseits für die Einzelstaaten des Deutschen Reiches ziehen will, da widerlegt sie Jellinek und widerlegt sie Laband mit ganz vortrefflichen Gründen.

Unzweifelhaft nämlich werden die Privatrechte jedes Einzelnen nicht minder durch Staatsgesetze normiert und können durch Staatsgesetz verändert werden wie die Herrschaftsrechte der Gemeinden; folgt also daraus für die letzteren ihre ausschließlich staatliche Natur, ihre bloße Delegation zur Ausübung an die Gemeinden, so ist jedes private Eigentum und sonstige Recht, die ganze individuelle Rechtssubjektivität jedes Menschen vom Staate abgeleitet, ihm nur zur Ausübung delegiertes, in Wahrheit staatliches Recht, das jederzeit und unbedingt zur Disposition des Staates steht. Schaudervoll, meint Jellinek, „so wären wir alle Staatssklaven, die ein Stück Rechtsfähigkeit als Precarium von Seiten des Staates genießen. Das war in der Thatdie Ansicht der Absolutisten, die daher auch vom Eigentum behaupteten, daß es dem Einzelnen nur so weit und so lange zukomme, als es der Staat ihm zuteile. . . . Allein die bloße abstrakte Möglichkeit, ein Hoheitsrecht zu besitzen, hat nicht die geringste Wirkung auf die dem Staate eingeordneten Persönlich-

[17]) Recht d. mod. Staates. S. 590 fg.

keiten, seien dies nun Individuen oder Verbände. Sie haben ihre eigenen Rechte, die sie nicht auf Kündigung, nicht als Gnade des souveränen Staates, nicht als dessen Delegierte besitzen, sondern sie haben ihre Rechte kraft ihrer Anerkennung als Rechtsträger, als Personen, welche Qualität ihnen zu entziehen, gänzlich außerhalb des realen Machtbereichs des Staates liegt[18]." Ganz vortrefflich; genau das ist es, was wir genau aus den gleichen Gründen für die Herrschaftsrechte der Selbstverwaltungskörper behaupten.

Unzweifelhaft werden die Herrschaftsrechte der deutschen Einzelstaaten nicht minder durch Reichsgesetze normiert und können durch Reichsgesetz verändert werden, wie die Herrschaftsrechte der Gemeinden durch Staatsgesetz; sind also deshalb die letzteren den Gemeinden vom Staate nur zur Ausübung delegiert und eigentlich Rechte des Staates, so sind auch den Einzelstaaten ihre Rechte sämtlich vom Reiche delegiert und eigentlich Rechte des Reichs. Ganz falsch, sagt Laband; das gilt ja von allen Rechten, auch von sämtlichen Berechtigungen des Privatrechts, daß sie nämlich nur bestehen, so lange eine höhere staatliche Macht sie duldet . . . Aber dessenungeachtet wäre es eine verkehrte Anschauung, alle dinglichen und Forderungsrechte der Individuen als vom Staate abgeleitete, von ihm übertragene Rechte zu bezeichnen; der Staat ist nicht positiv Ursprung und Quelle, Schöpfer und Träger dieser Rechte, sondern sein Wille ist nur ein negatives Erfordernis, indem Rechte, welche der Staat nicht duldet, nicht entstehen oder fortbestehen können. Ganz in derselben Weise können die obrigkeitlichen Hoheitsrechte der Einzelstaaten allerdings nicht . . . fortbestehen, soweit das Reich ihre . . . Forterxistenz nicht ferner duldet; aber dessenungeachtet wurzeln diese Rechte der Einzelstaaten nicht im Willen des Reiches und sind nicht aus der Machtfülle des Reiches abgeleitet, sondern sie haben ihren positiven Grund in der historischen Thatsache, daß die Einzelstaaten älter sind als das Reich"[19]) Das sind die Stadtgemeinden meistens auch gegenüber den Staaten. Was den Individuen gegenüber dem Staate, den Einzelstaaten gegenüber dem Reiche recht ist, wird also wohl den Gemeinden gegenüber dem Staate billig sein.

Wenn demnach auch durch die Tatsache, daß die kommunalen Rechte vom Staatsgesetze umschrieben werden, diese Rechte nicht den Charakter als eigene Rechte der Selbstverwaltungskörper verlieren und zu einer bloßen Delegation der Ausübung staatlicher Rechte werden, so folgt daraus doch nicht die Beseitigung der üb-

---

18) Ebenda. S. 439 fg.
19) Laband, Bd. I S. 96.

lichen Unterscheidung zwischen dem eigenen und dem übertragenen Wirkungskreis der Selbstverwaltungskörper. Diese Unterscheidung ist weder zu ersetzen durch die Scheidung von fakultativen und obligatorischen Aufgaben der Selbstverwaltungskörper[20]), obgleich auch diese Scheidung nach anderer Richtung hin ihre Bedeutung hat, noch fällt sie zusammen mit dem vermeintlichen Unterschied von obrigkeitlicher und wirtschaftlicher Verwaltung, von Verwaltung mit und ohne Imperium, weil sich eine solche Scheidung überhaupt nicht durchführen läßt, beides sich vielmehr untrennbar durchdringt[21]). In Wahrheit geht jene Scheidung eines eigenen von einem übertragenen Wirkungskreise zurück auf die Duplizität, die im Begriffe des Selbstverwaltungskörpers als eines Gliedorganismus liegt. Denn dieser enthält in sich die beiden Eigenschaften, ein eigener Organismus und organisches Glied eines höheren Organismus zu sein. Es ist ganz richtig, daß derselbe Gedankengang, der von naturrechtlichen Grundanschauungen aus zur Abgrenzung einer eigenen, für den Staat prinzipiell unantastbaren Freiheitssphäre des Individuums zu gelangen suchte, auch zur Absteckung eines eigenen, für den Staat unantastbaren Wirkungskreises der kommunalen Selbstverwaltungskörper führte und seinen Ausdruck in den Gesetzen der Konstituante wie in den Grundrechten der Paulskirche fand[22]). Wesentlich für den Unterschied der heutigen von der damals herrschenden Anschauung sind nun nicht die etwaigen Meinungsverschiedenheiten über den größeren oder geringeren Umfang jenes eigenen Wirkungskreises, sondern die verschiedene Würdigung der Bedeutung, welche der positiven Gesetzgebung des konkreten Staates für die Bestimmung jenes Umfanges zukommt. Die sorgfältige Scheidung auch der gerechtfertigten Postulate de lege ferenda vom Rechte de lege lata ist ja überhaupt einer der praktisch wichtigsten Fortschritte gegenüber der naturrechtlichen Anschauung. Nicht also das, was nach subjektiver Auffassung sich aus dem natürlichen Wesen der Gemeinde als Inhalt ihrer eigenen Lebensfunktionen im Unterschied von den staatlichen ergiebt, wird heute als unwandelbare und allgemein giltige Grenze zwischen dem eigenen und dem übertragenen Wirkungskreise der

[20]) Löning: Deutsches Verwaltungsrecht. S. 181.
[21]) Vgl. auch Jellinek: System. S. 280.
[22]) Vgl. Jellinek: Recht des mod. Staates. S. 591. System. S. 264 fg.

Selbstverwaltungskörper angesehen werden, sondern man wird diese Grenzlinie de lege lata in den Kompetenzbestimmungen der positiven Rechtsordnung jedes konkreten Staates aufsuchen, und die nach den gegebenen tatsächlichen Verhältnissen etwa notwendig erscheinenden Verbesserungen dieser Grenzlinie als Postulate de lege ferenda von der Gesetzgebung des konkreten Staates fordern. Welche Schwierigkeiten jeder solchen Kompetenzabgrenzung gerade aus dem homogenen Wesen von Staat und Gemeinde erwachsen, Schwierigkeiten, die sich durch eine Todteilung der Funktionen zwischen beiden Gebietskörperschaften niemals überwinden lassen werden, das ist in diesem Zusammenhange nicht zu erörtern; ebensowenig daß und warum die preußische Gesetzgebung auf diesem Gebiet ungefähr alles zu wünschen übrig läßt. Hier ist lediglich zu untersuchen, ob die Scheidung eines eigenen und eines übertragenen Wirkungskreises der Gemeinden von Bedeutung für die Rechtsstellung der Gemeinde*organe* gegenüber dem Staate ist. Und das ist zu verneinen.

Jener Auffassung freilich, die prinzipiell in jeder obrigkeitlichen Funktion die Ausübung eines der Substanz nach allein dem Staate zustehenden Herrschaftsrechts erblickt, liegt es nahe, in den Beamten, welche die der Gemeinde angeblich vom Staate nur zur Ausübung übertragenen obrigkeitlichen Funktionen tatsächlich ausüben, eben deshalb eigentlich staatliche Organe zu sehen, die nur insofern sich von anderen unterscheiden, als sie nicht unmittelbar vom Staate bestellt werden. Das ist der alte absolutistische Begriff des mittelbaren Staatsbeamten. Dieser Begriff fällt jedoch mit jener oben widerlegten Anschauung selbst dahin. Denn wie man im übrigen auch die Grenze zwischen dem eigenen und übertragenen Wirkungskreis der Gemeinden ziehen mag, immer und in jedem Falle ist der gesamte Wirkungskreis, auch der übertragene, eben Wirkungskreis der Gemeinde selbst, und in jedem Falle fungiert der Gemeindebeamte als Organ der Gemeinde, nicht des Staates. Jene Unterscheidung mag also einen Unterschied für das Verhältnis der *Gemeinde* zum Staate, nicht aber für das des Gemeinde*organs* zum Staate begründen. Die Rechte der Gemeinden im eigenen Wirkungskreise sind subjektive Rechte im engeren Sinne, d. h. Rechte der Gemeinde als Gliedperson; die Rechte des übertragenen Wirkungskreises sind

Kompetenzen, d. h. Rechte der Gemeinde als Organperson[23]). Wie überhaupt die Berufung einer Gliedperson zur Organstellung entweder unmittelbar durch die Verfassung oder mittelbar durch besonderen Bestellungsakt auf Grund der Verfassung erfolgen kann, so kann auch die Gemeinde als Gliedperson ein Recht auf staatliche Organstellung unmittelbar durch die Verfassung oder mittelbar durch staatlichen Bestellungsakt erwerben. Immer aber ist es die Gemeinde selbst, die dadurch zur staatlichen Organperson wird; die kommunalen Organpersonen stehen bei der Ausübung von Funktionen des übertragenen Wirkungskreises in absolut keinem anderen Rechtsverhältnis zum Staate als bei den Funktionen des eigenen Wirkungskreises. Die prinzipielle Mediatisierung der Selbstverwaltungsorgane durch den Selbstverwaltungskörper erstreckt sich auf die gesamte Rechtssphäre desselben, auf seine Kompetenzen, d. h. den übertragenen Wirkungskreis ebenso wie auf seine subjektiven Rechte im engeren Sinne, d. h. den eigenen Wirkungskreis. Treffend sagt Hänel[24]):

„Wesentlich bleibt es, daß die innere, die ihm eigene Verfassung des Selbstverwaltungskörpers es ist, die entscheidet, durch welche Organe und in welchen Formen der Beratung und Beschlußfassung die übertragenen Rechte ausgeübt werden. Wenn dem Staate die Berechtigung zusteht, ja, wenn ihm die gesetzliche Pflicht obliegt, sich des Personals, welches die Organisation des Selbstverwaltungskörpers bietet, zur Ausübung seiner Verwaltungsbefugnisse zu bedienen, aber unabhängig von den Vorschriften der korporativen Verfassung über die Ordnung, die Kompetenzen, die Beratungs- und Beschlußformen der korporativen Organe, so kommen alsdann nicht der korporative Verband als solcher, . . . sondern nur seine einzelnen Elemente in rechtlichen Betracht."

Allerdings kennt das positive Recht der deutschen Einzelstaaten und in Sonderheit Preußens auch die Einrichtung, daß gewisse staatliche Funktionen nicht den Gemeinden als solchen, sondern bestimmten kommunalen Organpersonen unmittelbar aufgetragen werden. Indem man diese Einrichtung vielfach noch heute mit dem übertragenen Wirkungskreis verwechselt[25]), trägt sie zur Verwirrung des Selbstverwaltungsbegriffs in der Theorie und leider auch in der Praxis erheblich bei; an ihre Adresse richten sich, und zwar mit Recht,

[23]) Vgl. meine Abhandl.: Ueber Organpersönlichkeit, in Schmoller's Jahrb. Jg. XXVI. Hft. 2 (1902) S. 139. — s. auch oben Einleitung.

[24]) Deusches Staatsrecht. Bd. I. S. 137.

[25]) So z. B. Blodig a. a. O. S. 18. 38. 218.

eigentlich die Angriffe, welche namentlich die ältere Litteratur fälschlich gegen den übertragenen Wirkungskreis überhaupt erhebt. In Wahrheit handelt es sich hierbei gar nicht um den übertragenen Wirkungskreis der Gemeinde, weil es sich um eine Wirksamkeit der Gemeinde selbst überhaupt nicht handelt, vielmehr Gemeindebeamte hier unmittelbar in den Dienst des Staates gestellt werden[26]). Das aber ist keine Erscheinungsform der Selbstverwaltung, sondern eine Durchbrechung ihres tragenden Prinzips, ihre partielle Wiederaufhebung durch ein Rudiment des absoluten Anstaltsstaates. So weit diese Einrichtung in Betracht kommt, sind die von ihr betroffenen Gemeindebeamten nicht mehr Selbstverwaltungsorgane, sondern wieder mittelbare Staatsdiener im landrechtlichen Sinne, deren Mittelbarkeit lediglich darin besteht, daß sie nicht unmittelbar und allein vom Staate bestellt werden, während ihre Funktionen unmittelbare Staatsfunktionen sind. Berechtigten Protest gegen diese Einrichtung erhebt schon Brater[27]): „Die Gemeindebehörde soll nicht Organ der Staatsgewalt sein, sondern einzig Organ der Gemeindegewalt. . . . Wenn ein Beamter zwei Herren dienen soll, deren einer dem anderen untergeordnet und doch wieder in seinem Bereich selbständig, deren Gebietsgrenze nicht selten streitig ist, deren Interesse oft scheinbar kollidiert, so fällt es ihm schwer, den beiden Herren recht zu dienen. . . . . Der Gemeindevorstand, der als Diener des Staates behandelt wird, taugt nicht mehr zum Haupt der Gemeinde."

Vor allem werden zwei begrifflich heterogene Arten von Befugnissen durch jene Einrichtung miteinander vermischt: die staatliche Oberaufsicht über die kommunale Selbstverwaltung und die Ueberordnung der vorgesetzten Behörde über die untergebene. Beides sind absolut verschiedene, ja in gewissem Sinne geradezu entgegengesetzte Dinge. Die Subordination innerhalb eines Behördensystems beruht darauf, daß seine Glieder sämtlich Organe eines und desselben Organismus sind und der diesen Organismus beseelende Gemeinwille kraft einer durch die rechtliche Organisation aufgestellten praesumtio juris et de jure in den Willensäußerungen der übergeordneten Behörden zu reinerem und wirksamerem Ausdruck gelangt als in denen

---

26) Uebereinstimmend Gierke im Rechtslexikon, S. 51. — Vgl. auch O. Mayer: Deutsches Verwaltungsrecht. Bd. II. S. 425.

27) Artikel „Gemeinde" in Bluntschli und Brater: Deutsches Staatswörterbuch. Bd. IV. S. 144.

der unteren. Die Aufsicht des Staates über die Gemeinden dagegen beruht darauf, daß ein engerer Organismus einem weiteren eingegliedert ist und folglich der in jenem organisierte Gemeinwille Schranken seiner Wirksamkeit an der Organisation des höheren Gemeinwillens findet nach Maßgabe der Rechtsnormen für die Eingliederung. Im ersten Falle ist also als rechtswirksamer Ausdruck eines Gemeinwillens der Wille einer Organperson dem einer anderen übergeordnet; im anderen Falle ist ein Gemeinwille einem anderen Gemeinwillen übergeordnet. Daher hat die Subordination innerhalb desselben Behördensystems die Bedeutung, daß die vorgesetzte Behörde der untergebenen den Inhalt ihres Organwillens vorschreiben kann. Eine Subordination in diesem Sinne kann aber nur zwischen den Organen eines und desselben Organismus existieren; deshalb sind die Organe des Selbstverwaltungskörpers als solche den Staatsorganen als solchen nicht subordiniert. Wohl unterstehen sie der Aufsicht, die durch Organe höherer Gebietskörperschaften, seien dies nun Selbstverwaltungskörper höherer Ordnung, sei es der Staat selbst, ausgeübt wird. Aber der Inhalt ihres Organwillens wird lediglich durch die korporative Verfassung des Selbstverwaltungskörpers, nicht durch Vorschriften der Aufsichtsbehörde bestimmt; auch die erfolgreiche Beanstandung ihrer Willensakte seitens der Aufsichtsbehörde nimmt denselben nicht die Eigenschaft einer Aeußerung des kommunalen Gemeinwillens; vielmehr kann sie nur diesem die rechtswirksame Realisierung entziehen, und auch dies nur nach Maßgabe der Kompetenzgrenzen zwischen Selbstverwaltungskörper und Staat. Das war ja recht eigentlich das Charakteristikum des absoluten Anstaltsstaates in dieser Beziehung, daß die Gemeindebeamten lediglich subalterne Staatsbediente waren; und gerade damit hat die große Reform eben durch die Zwischenschiebung der städtischen Selbstverwaltungskörper gebrochen (vgl. oben Kap. II). Dieses überwundene Prinzip wird nun aber teilweise wieder hergestellt, wenn Selbstverwaltungsorgane auch nur für einen Teil ihrer Funktionen in den unmittelbaren Staatsdienst gestellt werden.

Schon die erste St. O. hat dieses Rudiment des alten Polizeistaates in die neue Ordnung herübergenommen, freilich nur in einer einzigen Anwendung, nämlich gerade bezüglich der Polizei. Wenn auch unter den damaligen Verhältnissen erklärlich, so war es doch der folgenschwerste Fehler der St.O. von 1808, daß sie sich nicht entschließen konnte, die Ortspolizei den Städten als solchen zu belassen. Und dieser Fehler rächte sich sofort dadurch, daß er in das sonst so trefflich gefügte Bollwerk der jungen Selbstverwaltung eine arge Bresche legte. Das ist der böse § 166: „Dem Staate bleibt vorbehalten, in den Städten eigene Polizeibehörden anzuordnen oder die Ausübung der Polizei dem Magistrat zu übertragen, der sie sodann vermöge Auftrags ausübt. So wie die besonderen Polizeibehörden, welche in den Städten angeordnet werden, unter den oberen Polizeibehörden stehen, so steht auch der Magistrat, welcher die Polizei vermöge Auftrags erhält, unter diesen höheren Behörden rücksichtlich alles dessen, was auf die Polizeiübung Bezug hat. Die Magisträte werden in dieser Hinsicht als Behörden des Staates betrachtet . . . . ."! Hier zeigt sich also sofort als logische Folge der Uebertragung einer prinzipiell als staatlich bezeichneten Funktion unmittelbar an ein Gemeindeorgan statt an die Gemeinde selbst die in den Charakter dieses Gemeindeorgans hineingetragene Zwieschlechtigkeit: die Gemeindebehörde wird in einer bestimmten Beziehung als Staatsbehörde betrachtet — und demgemäß behandelt, nämlich den höheren Staatsbehörden schlechtweg subordiniert. Diese Zwieschlechtigkeit hat dann die revidierte Städteordnung von 1831 für den Magistrat generalisiert durch ihren § 84: „Jeder Stadt soll als deren Obrigkeit ein Magistrat vorgesetzt sein, welcher in einer doppelten Beziehung steht: a) als Verwalter der Gemeindeangelegenheiten; b) als Organ der Staatsgewalt. . . ." Und während der § 109 bezüglich der Ortspolizei die Bestimmung der älteren St.O. aufnimmt, nur mit der weiteren Komplikation, daß nicht nur der Magistrat selbst, sondern auch ein einzelnes Mitglied desselben zum staatlichen Polizeiverwalter bestellt werden kann, legt der § 105 generell dem Magistrat als Staatsbehörde die Pflicht auf: „nicht nur darauf zu sehen, daß überall die bestehenden Landesgesetze und Vorschriften gehörig beobachtet werden, soweit für diesen Zweck nicht besondere Behörden bestellt sind, sondern auch die Aufträge, welche ihm in Landesangelegenheiten von den Staatsbehörden im Umkreise der Stadt gemacht werden, zu übernehmen und sorgfältig auszuführen. Er steht in dieser Hinsicht ganz unabhängig von der Stadtgemeinde, ist bloß den betreffenden Staatsbehörden untergeordnet, und die Stadtverordnetenversammlung ist gleich allen übrigen Einwohnern ihm Folge zu leisten schuldig." Die in dieser Hinsicht dem Magistrat angewiesene Stellung läßt sich in der Tat nicht besser charakterisieren, als es ein Reskript von 1833 tut, wonach der Magistrat als Organ der Staatsgewalt zum Landrat „überhaupt in dem nämlichen dienstlichen Verhältnis stehe, wie die Bürgermeister vor Einführung der St. O." [28]). Diese Einrichtung bedeutet eben nichts anderes als eine partielle Wiederaufhebung der Selbstverwaltung. Die St. O. von 1853 endlich hält zwar die beiden Seelen in der Brust des Magistrats nicht so scharf auseinander wie die von 1831; aber ein zwieschlechtiges Wesen bleibt auch nach ihrem § 56 der Magistrat „als Ortsobrigkeit und Gemeindeverwaltungsbehörde". An sich wäre ja gegen die „Ortsobrigkeit" nichts einzuwenden, sofern damit das oberste Verwaltungsorgan des Selbstverwaltungskörpers bezeichnet werden sollte; in Wahrheit steckt jedoch das Staatsorgan darin, wie sich aus der Ziffer 1 des zitierten Paragraphen ergiebt. Daß der Magistrat an seinem Teile die Gesetze und Verordnungen auszuführen hat, ist selbstverständlich, da diese staatlichen Willensakte ipso jure für die Selbstverwaltungskörper verbindlich sind. Anders steht es mit den „Verfügungen der ihm vorgesetzten Behörden"; denn Verfügungen der Staatsbehörden sind an sich für Selbstverwaltungsorgane nur verbindlich, soweit sie ihren Rechtsgrund in der gesetzlichen Aufsicht des Staates über den Selbstverwaltungskörper nachzuweisen vermögen. In ihrer allgemeinen Form beruht jene Bestimmung auf der prinzipwidrigen Vermischung von Aufsicht und Subordination. Immerhin ist es ein Fortschritt, daß die jetzt giltige St. O. nicht mehr gleich der von 1831 die Losreißung des Kommunalorgans vom Kommunalkörper ausdrücklich betont. Freilich wird dann noch durch den § 62 der Bürgermeister besonders in den unmittelbaren Staatsdienst gestellt, vor allem für die Funktionen der Ortspolizei, bezüglich der die §§ 1 und 2 des Gesetzes vom 11. März 1850 im wesentlichen den seit 1808 bestehenden Zustand aufrecht erhalten haben. Während auf diesem polizeilichen Gebiet die Durchbrechung des Selbstverwaltungsprinzips leider von Anbeginn Gesetzesrecht war und ist, hat man auch auf anderen Gebieten, namentlich auf dem überaus wichtigen der Schulverwaltung zum Teil praeter legem, zum Teil sogar contra legem dieselbe prinzipwidrige Zwieschlechtig-

[28]) Von Rönne und Simon: die Gemeindeverfassung des preuß. Staates. I. (1843) S. 664 u.

keit in die Rechtsstellung der Selbstverwaltungsorgane hineingetragen [29]).

Die Vermengung von Aufsicht und Subordination, die sich aus der Doppelstellung derselben Organperson als Gemeinde- und zugleich als Staatsorgan ergiebt, ist wie aus den erörterten theoretischen, so nicht minder aus praktischen Gründen durchaus verwerflich. In dieser Hinsicht liegt der Vergleich mit der Trennung von Justiz und Verwaltung nahe, wie Brater bemerkt: „Man hat die Nachteile erkannt, die aus der Vereinigung disparater Staatsgeschäfte in einer Hand hervorgehen und hat die Rechtspflege von der Verwaltung subjektiv getrennt. Noch einleuchtender ist die Notwendigkeit einer subjektiven Trennung von Staats- und Gemeindeverwaltung" [30]). In der Tat, wie es eine psychologische Ungeheuerlichkeit ist, zu erwarten, daß sich ein und derselbe Mensch für die Bearbeitung gewisser Angelegenheiten mit dem Geiste richterlicher Unabhängigkeit erfüllen soll, während er im übrigen als Verwaltungsbeamter nach Zweckmäßigkeitserwägungen und den Weisungen Vorgesetzter handelt, so gilt dasselbe von einer Einrichtung, die von der gleichen Behörde fordert, daß sie bei gewissen Verwaltungsakten den Befehlen vorgesetzter Staatsbehörden schlechtweg gehorcht, bei anderen die Kompetenzgrenzen zwischen Staat und Gemeinde nach pflichtmäßig freiem Ermessen und rechtlicher Ueberzeugung wahrt. Diese praktische Unzuträglichkeit ist eben auch hier wieder die logische Folge der Verleugnung des richtigen Prinzips. Zu welchen konstruktiven Verrenkungen aber der in sich unmögliche Versuch führt, das Prinzipwidrige prinzipiell zu konstruieren, das zeigt sich bei Blodig [31]), der in diesem Falle die Gemeindeorgane, auch wenn sie als solche Berufsbeamte sind, als „staatliche Ehrenbeamte" fungieren läßt! Aus dem wahren Prinzip der Selbstverwaltung ergiebt sich de lege ferenda das Postulat einer unbedingten Beseitigung dieser Einrichtung, die Selbstverwaltungsorgane unmittelbar zu subordinierten Staatsorganen macht. De lege lata muß sie, soweit sie auf Grund positiver Gesetzesbestimmung besteht, als Ausnahme vom Prinzip anerkannt, aber auch

[29]) Vgl. unten Kapit. VIII; sowie meinen Artikel: Die staatliche Bestätigung der Mitglieder städtischer Schuldeputationen nach preußischem Recht. Arch. f. öffentl. Recht. Bd. XV (1900) S. 202—225.

[30]) Bluntschli und Brater a. a. O. S. 144.

[31]) Die Selbstverwaltung 2c. S. 18.

als solche streng restriktiv interpretiert werden. Nur auf Grund also eines gesetzlichen Spezialtitels kann dieses anormale Rechtsverhältnis existieren; vor allem aber ist jede Verwechslung desselben mit der Rechtsstellung der Gemeindeorgane im übertragenen Wirkungskreise der Gemeinde von der Hand zu weisen. Denn von einer Tätigkeit des Selbstverwaltungskörpers und damit von Selbstverwaltung kann füglich nur die Rede sein, wenn eben die Gemeinde selbst zur Tätigkeit berufen ist, gleichviel, ob nach der Auffassung der betreffenden positiven Gesetzgebung diese Tätigkeit sich ipso jure aus dem Wesen der Gemeinde ergiebt oder ihr durch besonderen Staatsakt übertragen wird. Das Entscheidende ist allein, daß die Uebertragung eben an die Gemeinde selbst geschieht; nur dies ist mit dem Begriff der Selbstverwaltung vereinbar; und eben darum ist die Rechtsstellung der Selbstverwaltungsorgane im sogenannten übertragenen Wirkungskreise keine andere als im sogenannten eigenen. Dagegen schaltet jene Anomalie einer unmittelbaren Uebertragung staatlicher Funktionen an Selbstverwaltungsorgane den Selbstverwaltungskörper aus, und vernichtet eben damit den Begriff der Selbstverwaltung wie des Selbstverwaltungsorgans.

Nun soll es freilich nach einer namentlich bei theoretisierenden Praktikern sehr beliebten Meinung ein unfruchtbares Unterfangen der Wissenschaft sein, dem souveränen Gesetzgeber prinzipwidrige Anomalien und falsche Begriffe nachzuweisen; vielmehr müsse umgekehrt die wissenschaftliche Begriffskonstruktion das positive Recht und sogar den „in der Gesetzessprache herrschenden Sprachgebrauch zur Grundlage nehmen". Daß die heutige Jurisprudenz das positive Recht nicht aus den Augen lassen darf und kann, ist selbstverständlich und auch in diesen Erörterungen wohl beachtet. Aber daß die Wissenschaft ihre Begriffe, Prinzipien und Terminologien als jus strictum der Gesetzgebung zu entnehmen habe, das ist eine Zumutung, die nicht nur die Kompetenzgrenzen zwischen beiden heillos verwirrt, sondern die praktisch schon einfach daran scheitert, daß es der Gesetzgebung allzu häufig an einer einheitlichen Terminologie, noch öfter an festen Prinzipien und meistens an klar erkannten Begriffen fehlt; ganz abgesehen davon, daß die letzte Konsequenz eine Schwarzburg-Sondershausen'sche und Rudolstädt'sche Jurisprudenz wäre. Wohin speziell in unserer Frage diese streng positivistische Methode führt, dafür bietet der Konstruktionsversuch von Neukamp[32]) ein lehrreiches Beispiel.

Dieser Schriftsteller geht von der richtigen Grundidee aus, daß das Moment einer gewissen Unabhängigkeit von den obersten Staatsorganen den Kernpunkt der Selbstverwaltung bildet; und ebenso richtig begnügt er sich nicht mit der Nebeneinanderstellung eines politischen und eines juristischen Selbstverwaltungsbegriffs. Jedoch als strenger Positivist kann er sich auch nicht auf den festen Boden stellen, den die rechtliche Organisationsform der Selbstverwaltungskörper darbietet, weil nämlich einmal unsere famose Gesetzessprache gelegentlich reine Staatsbehörden als Organe der Selbstverwaltung bezeichnet, und weil ferner die eben kritisierte prinzipwidrige Anomalie unseres positiven Rechts gelegentlich auch Organe von Selbstverwaltungskörpern als abhängige Staatsorgane mißbraucht. Indem er diese Prinziplosigkeit des Gesetzgebers zu einem positivistischen Prinzip ausgestalten will, verliert seine Konstruktion trotz ihres richtigen Ausgangspunktes völlig den Boden unter den Füßen. Nicht die rechtliche Organisationsform, sondern die innere Natur der Verwaltungsakte soll für den Begriff entscheidend sein; und er definiert demnach „Selbstverwaltung als die von der Ministerverwaltung rechtlich unabhängige, nur den Gesetzen des Landes unterworfene und deshalb von Weisungen einer vorgesetzten Behörde unabhängige Verwaltung[33]). Der richtige Kern leuchtet aus dieser Definition klar hervor; was sie sagt, ist richtig, nur fehlt leider ein wichtiges Moment, nämlich die Bezeichnung der Organisationsform, durch welche in diesem Falle das Recht jene Unabhängigkeit verwirklicht. Und sogar diese Form deutet Neukamp unmittelbar vorher an: „Einsetzung von Organen, welche rechtlich von der Zentralinstanz unabhängig sind und deshalb nicht nach deren Weisungen und in deren Auftrage, sondern auf Grund eigener Entschließung .... und nur den Gesetzen des Landes gemäß zu verfahren haben, ohne an Instruktionen einer vorgesetzten Behörde gebunden zu sein.“ Vortrefflich, fehlt nur noch das Tüpfelchen auf dem I; weshalb nämlich sind *diese* Verwaltungsorgane von den obersten Organen der *Staats*-Verwaltung unabhängig? Nun, weil sie eben nicht Organe des Staats, sondern

---

[32]) Der Begriff der Selbstverwaltung im Rechtssinne; Arch. f. öffentl Recht. Bd. IV. (1889) S. 377—437 und S. 525—553.

[33]) a. a. O. S. 538.

eines von ihm differenzierten Organismus, des Selbstverwaltungskörpers sind. Aber das geht für den Positivisten nicht; denn in irgend einem Gesetz wird etwa der preußische Bezirksausschuß, der zweifellos nicht Organ eines Selbstverwaltungskörpers ist, als Selbstverwaltungsbehörde bezeichnet; und andererseits sind kraft positiven Rechts Bürgermeister und Magistrat, die zweifellos Organe eines Selbstverwaltungskörpers sind, für gewisse Funktionen den Staatsbehörden, also der Ministerverwaltung subordiniert. Demgemäß muß die positivistische Konstruktion von dem organisatorischen Rechtsprinzip völlig absehen und sich allein auf die Tatsache der Unabhängigkeit von der Ministerialinstanz stützen. Unabhängig in diesem Sinne sind aber alle kollegialen Beschlußbehörden, besonders auch die Verwaltungsgerichte. Und so kommt man schließlich zu dem erstaunlichen Resultat, daß Bürgermeister und Magistrate (trotz der kollegialen Form?) keine Organe der Selbstverwaltung sind, wohl aber neben dem Bezirksausschuß und Provinzialrat vor allem auch das Königliche Oberverwaltungsgericht!![34])

Dies ist wirklich ein überaus instruktives Beispiel sowohl für die Unmöglichkeit einer rein positivistischen Begriffskonstruktion wie für die unbedingte Notwendigkeit, bei der juristischen Konstruktion die organisatorische Rechtsidee der Differenzierung, wie sie am Eingang dieses Kapitels entwickelt wurde, fest im Auge zu behalten. Gewiß sind die Verwaltungsgerichte unabhängige Behörden, aber nicht weil sie Selbstverwaltungs-, sondern weil sie richterliche Behörden sind, weil ihre Funktion nicht in Verwaltung, sondern in Rechtsprechung besteht. Das Prinzip der richterlichen Unabhängigkeit aber im modernen Rechtsstaate wurzelt in der Idee der Gewaltenteilung, der trias politica, d. h. in dem organisatorischen Rechtsprinzip einer Differenzierung der S t a a t s organe nach den drei Grundfunktionen der Gesetzgebung, Verwaltung und Rechtsprechung. Die Unabhängigkeit der Verwaltungsgerichte unterscheidet sich also in nichts von der Unabhängigkeit aller anderen Gerichte; sie ist nicht unabhängige Verwaltung, sondern unabhängige Rechtsprechung. Das Oberwaltungsgericht in Sonderheit unterscheidet sich rechtlich in gar nichts von irgend einem anderen obersten Gerichtshof.

[34]) a. a. O. S. 395; 550/51.

Wenn dann freilich das preußische Verwaltungsgericht zweiter Instanz, der Bezirksausschuß neben den richterlichen auch verwaltende Funktionen hat, so ist dies ein von der Gesetzgebung aus vermeintlichen Zweckmäßigkeitserwägungen beliebter Rückschritt hinter die Trennung der Justiz von der Verwaltung; und beim Kreisausschuß endlich kombiniert sich diese Prinzipwidrigkeit noch mit der weiteren, daß er nicht nur Gericht und Staatsverwaltungs-, sondern zugleich auch noch Selbstverwaltungsorgan ist. Keinesfalls aber entsteht durch die Häufung von Prinzipwidrigkeiten etwa ein neues einheitliches Prinzip.

Gewiß liegt in der kollegialen Verfassung einer Behörde das Moment einer gewissen größeren tatsächlichen Unabhängigkeit gegenüber den Vorgesetzten als in der Stellung des Einzelbeamten; wie denn diese kollegiale Form ursprünglich der Gerichtsverfassung angehört, von der sie die Verwaltungsorganisation bei ihrer Trennung teilweise mit herübergenommen hat. Jedoch um deswillen die Verwaltung durch eine Kollegialbehörde mit Neukamp[35]) als Selbstverwaltung zu bezeichnen, ist ein Widersinn, der sich schon durch den bloßen Hinweis auf die preußischen Regierungen, namentlich in ihrer älteren Gestalt, ja auf die alten Kriegs- und Domänenkammern erledigt. Gerade der fundamentale begriffliche Gegensatz zwischen dem Selbstverwaltungskörper, der als Gesamtperson, als eigene Organisation eines besonderen Gemeinwillens, d. h. als sozialer Organismus seine Organe gegenüber der staatlichen Organisation prinzipiell mediatisiert, und dem Kollegialorgan, das nicht die Organisation eines besonderen Gemeinwillens darstellt, das also keine Gesamtperson ist und folglich seine Mitglieder in keiner Weise dem Gemeinwesen gegenüber mediatisiert[36]), stellt die juristische Eigenart jener Unabhängigkeit der Selbstverwaltungsorgane in helles Licht. Gewiß hat die neuere preußische Gesetzgebung die relative Unabhängigkeit der Kollegialbehörden für die Behörden des sogenannten Beschlußverfahrens aus einer rein thatsächlichen teilweise zu einer rechtlichen erhoben. Aber abgesehen von den doch sehr erheblichen Einschränkungen dieser Unabhängigkeit, die namentlich mit der Rechtsstellung der

---

[35]) a. a. O. S. 437.

[36]) Vgl. meine in Note 23 zitierte Abhandl.: Ueber Organpersönlichkeit; sowie unten Kapit. VIII u. X.

Vorsitzenden zusammenhängen, bedeutet dieselbe doch lediglich eine Annäherung an die eigenartige richterliche Unabhängigkeit, nicht an die der Selbstverwaltung; sie beruht auf der Annäherung des Beschlußverfahrens an das Verwaltungsstreitverfahren, welches seinerseits reine Rechtsprechung ist.

Was endlich die teilweise Besetzung dieser Behörden mit gewählten Ehrenbeamten betrifft, so ist schon oben nachgewiesen, daß weder das Ehrenamt, noch die Bestellung durch Wahl, noch die Kombination beider zum Begriff der Selbstverwaltung führen kann. Die gewählten Mitglieder jener Behörden sind ebenso reine und unmittelbare Staatsorgane wie die ernannten. Gewiß wird jenes Moment tatsächlicher Unabhängigkeit, das schon in der kollegialen Verfassung der Behörde liegt, sehr erheblich verstärkt, wenn das Kollegium großen Teils aus gewählten und unbesoldeten Ehrenbeamten besteht. Jedoch mit der Selbstverwaltung hängt diese Einrichtung nur insofern zusammen, als Organe von Selbstverwaltungs*körpern* zur Bestellung dieser Staatsorgane berufen sind (s. oben S. 129). Hierin zeigt sich, wie jener politische Gedanke, aus dem man fälschlich einen besonderen politischen oder bürgerlichen Selbstverwaltungsbegriff bilden will, seine rechtlich organisatorische Verwirklichung in Anlehnung an das organisatorische Rechtsprinzip einer Differenzierung der Gebietskörperschaften, diesen einzig möglichen Selbstverwaltungsbegriff, findet. Diese Organisationsform aber verleiht jene Unabhängigkeit, die man vielfach als ein Spezificum der Ehrenbeamten ansieht[37]), allen Selbstverwaltungsorganen, auch den Berufsbeamten, indem sie sie eben dem Staate gegenüber mediatisiert. Gerade in dieser Mediatisierung, der Mittelbarkeit der Selbstverwaltungsorgane liegt heute das juristisch wesentliche Moment ihrer Rechtsstellung gegenüber dem Staate. Wenn demnach auch heute noch ihre Bezeichnung als mittelbare Staatsbeamte üblich ist, so hat sie doch in Wahrheit eine der ursprünglichen landrechtlichen gerade entgegengesetzte Bedeutung. Damals lag der Schwerpunkt auf der Betonung ihrer Eigenschaft als Staatsdiener, die nur nicht unmittelbar vom König, sondern von einer Mediatobrigkeit ernannt wurden. Heute liegt der Schwerpunkt auf der Betonung ihrer lediglich mittelbaren Beziehungen zum

---

[37]) So Jellinek: System, S. 173; Recht d. mod. Staats. S. 586.

Staate; sie sind primär überhaupt nicht Staatsorgane, sondern Gemeindeorgane und stehen zum Staate nur mittelbar dadurch in einem Rechtsverhältnis, daß die Gemeinde als Selbstverwaltungskörper dem Staate organisch eingegliedert ist, wobei von jener Anomalie der unmittelbaren Uebertragung von Staatsfunktionen an Gemeindeorgane für die Erkenntnis des Prinzips abzusehen ist. Und demgemäß ist das gemeingiltige Rechtsverhältnis von Staats- und Gemeindebehörden nicht das der Subordination untergebener Beamter gegenüber Vorgesetzten, sondern das der Staatsaufsicht über die Verwaltung der Selbstverwaltungskörper.

VI.

Staatliche Organisationsgewalt und kommunale Autonomie.

Aus den Erörterungen des vorigen Abschnitts erhellt, daß „eine allgemeine Unterordnung der Kommunalbeamten unter die Staatsbehörden", wie G. Meyer[1]) die vulgäre Meinung der Praxis formuliert, jedenfalls im Sinne der hierarchischen Subordination nicht existiert; eine solche vielmehr mit der begrifflichen Aufhebung der Selbstverwaltung überhaupt gleichbedeutend sein würde. So weit sich jene Meinung auf die Ausübung der Disziplinargewalt über Gemeindebeamte durch Staatsbehörden beruft, wird darauf später einzugehen sein. Meyer stützt aber seine Meinung ferner auf die Behauptung, daß das Verhältnis der Kommunalbeamten zum Staate durchaus anders gestaltet sei als das der Staatsbeamten zum Reiche. Diese Auffassung verkennt, daß die allerdings vorhandenen Verschiedenheiten lediglich sekundärer und quantitativer Natur sind, während für die prinzipielle Erfassung die qualitative Gleichartigkeit der beiden Verhältnisse das Entscheidende ist. Darin ist durchaus Laband beizutreten, daß man „einen sehr großen Teil der Behörden und Beamten der Einzelstaaten in demselben Sinne als mittelbare Reichsbehörden und Reichsbeamte bezeichnen kann, wie man die Behörden und Beamten der Gemeinden, der Kreise oder anderer Selbstverwaltungskörper innerhalb der Einzelstaaten mittelbare Staatsbehörden und Staatsbeamten nennt"[2]). Und zwar hat diese Bezeichnung hier genau dieselbe Bedeutung, wie sie im vorigen Abschnitt für die Selbstver-

[1]) Deutsches Staatsrecht (5. Aufl.) S. 457.
[2]) Laband: Das Staatsrecht des Deutschen Reichs (4. Aufl.) Bd. I S. 337.

waltungsorgane festgestellt worden ist; der Ton liegt durchaus auf der Eigenschaft der Mittelbarkeit. Ja, die Analogie geht noch weiter, sie erstreckt sich sogar auf die im vorigen Abschnitt erörterte Anomalie. Wie es nämlich Gemeindebeamte giebt, die wenigstens für gewisse Funktionen unmittelbar in den Staatsdienst gestellt und insoweit zu subordinierten Staatsbehörden gemacht sind, so giebt es auch ausnahmsweise mittelbare Reichsbeamte in jenem anderen, älteren Sinne, deren Mittelbarkeit nur darin besteht, daß sie von der Einzelstaatsregierung gewissermaßen als einer rudimentären Mediatobrigkeit bestellt werden, während sie im übrigen unmittelbar als subordinierte Reichsbehörden fungieren[3]. Hier wie dort tritt diese Einrichtung völlig aus dem Rahmen der Selbstverwaltungsorganisation heraus, ist ihr begrifflicher Gegensatz; wie es sich dabei hier um eigene und unmittelbare Reichsverwaltung handelt, so dort um eigene und unmittelbare Staatsverwaltung. Innerhalb des Rahmens der Selbstverwaltungsorganisation jedoch ist wiederum das Rechtsverhältnis der kommunalen Organe zum Staate prinzipiell dem der gliedstaatlichen zum Reiche analog.

Nach der herrschenden Lehre Labands erscheinen die Gliedstaaten als Selbstverwaltungskörper auf denjenigen Gebieten, welche die Reichsverfassung zwar der Kompetenz des Reiches in Gesetzgebung und Oberaufsicht unterstellt, welche jedoch nicht zu Funktionen der eigenen und unmittelbaren Reichsverwaltung geworden sind. Man kann diese Sphäre in Parallele stellen mit dem sogenannten übertragenen Wirkungskreise der Gemeinden; hier ist in der Tat das Verhältnis der Einzelstaaten zum Reiche genau das gleiche wie das der Gemeinden zum Staate; Staatsorgane führen die Verwaltung nach den Gesetzen und unter der Aufsicht des Reiches, Gemeindeorgane führen sie nach den Gesetzen und unter der Aufsicht des Staates.

Neben dieser Sphäre steht nun aber die der einzelstaatlichen Autonomie, welcher an sich der sogenannte eigene Wirkungskreis der Gemeinde entsprechen würde. Hier soll jedoch nach der herrschenden Meinung das Verhältnis des Staates zum Reiche ein begrifflich anderes als das der Gemeinden zum Staate sein; auf der spezifischen Verschiedenheit dieser beiden Rechtsverhältnisse soll im letzten Grunde

[3]) Ebenda. S. 416/17.

der begriffliche Unterschied zwischen einen Gliedstaat und einem Kommunalkörper, und damit zwischen Bundesstaat und Einheitsstaat bestehen[4]). Auf dieses Problem selbst einzugehen und zu untersuchen, ob nicht auch dieser Unterschied lediglich ein Unterschied des Grades, kein Unterschied der Art sei, dafür ist hier nicht der Ort; nur soweit die Frage für die rechtliche Stellung der Gemeinde*organe* von Bedeutung ist, kommt sie hier in Betracht.

Gerade in dieser Beziehung nun wird eine begrifflich entscheidende Bedeutung dem Umstande beigemessen, daß die Organisationsgewalt zur einzelstaatlichen Autonomie, nicht aber zu der der kommunalen Selbstverwaltungskörper gehöre. Die Organisation also der Einzelstaaten wie die Rechtsstellung ihrer Organe beruhe auf einzelstaatlichen Gesetzen, d. h. auf eigenen Willensakten dieser Organismen; dagegen beruhe die Organisation wie das Amtsrecht der Gemeinden nicht auf kommunaler Autonomie, sondern ebenfalls auf Staatsgesetzen, d. h. nicht auf eigenen, sondern auf Willensakten des übergeordneten Gemeinwesens. Daraus folge die begriffliche Verschiedenheit des Rechtsverhältnisses zwischen dem Staatsbeamten und dem Reich einerseits, dem Gemeindebeamten und dem Staat andererseits. Jellinek[5]) lehrt geradezu:

„Eigene Organisation und die mit ihr verknüpfte Machtverteilung ist das erste Merkmal, um den Staat vom nichtstaatlichen Verbande zu trennen. Wo immer daher ein Gemeinwesen seine Verfassung von einer anderen Macht erhält, so daß sie nicht auf seinem Willem, sondern dauernd auf dem Gesetze dieser Macht ruht, da ist kein Staat, sondern nur das Glied eines Staates vorhanden. Daher sind die deutschen Gliedstaaten Staaten, denn sie können sich durch ihre eigenen, ausschließlich auf ihrem Willen beruhenden Verfassungen organisieren, die ihre Gesetze, nicht die des Reiches sind. . . . Wo hingegen ein Herrschergewalt übender Verband seine Organisation von einem über ihm stehenden Staate als dessen Gesetz empfangen hat, da ist kein Staat vorhanden. So vor allem bei den Kommunen, deren Verfassung stets auf Staatsgesetzen ruht, die höchstens in untergeordneten Dingen eine begrenzte Organisationsbefugnis zugestehn."

Für die kritische Würdigung dieser Lehre ist zunächst festzuhalten, daß die eigene Organisationsbefugnis der Gliedstaaten genau ebenso auf Reichsgesetz, nämlich auf der reichsverfassungsmäßigen Kompetenz-

[4]) Laband a. a. O. S. 99. Jellinek: Recht des mod. Staates, S. 706.
[5]) Recht d. mod. Staates. S. 447.

verteilung beruht, wie die „begrenzte Organisationsbefugnis“ der Gemeinden auf Staatsgesetz. Daß durch solche gesetzliche Umschreibung seitens eines höheren Gemeinwesens diese Befugnis nicht den Charakter eigener Rechte verlieren könne, weil sonst nicht nur die Gemeinden, sondern ebenso die Gliedstaaten, nicht minder aber auch jede Privatrechtsperson der eigenen Rechte entbehren und nur das höchste Gemeinwesen solche besitzen würde, das ist schon oben nachgewiesen. Die Organisationsbefugnis der Gemeinden also, soweit sie sie, sei es auch kraft Staatsgesetzes, besitzen, ist ebenso ihr eigenes Recht wie die der Gliedstaaten das ihrige. Ferner aber ist es ebenso unrichtig, daß die Organisationsbefugnis der Gemeinden prinzipiell eine ganz untergeordnete, die der Gliedstaaten dagegen eine ausschließliche sein müsse. Daß tatsächlich die nordamerikanische wie die schweizerische Bundesverfassung Normativbestimmungen für die Verfassungen der Einzelstaaten und Kantone enthalten, erwähnt Jellinek selbst; erklärt es jedoch ohne weitere Begründung für unerheblich. Jedenfalls würden demnach auch reichsgesetzliche Normativbestimmungen über die einzelstaatliche Verfassung und Organisation die Gliedstaaten als solche nicht beseitigen. Und auf der anderen Seite läßt sich doch gewiß nicht prinzipiell die Möglichkeit leugnen, daß sich auch der Staat auf die gesetzliche Fixierung von Normativbestimmungen für die Verfassung und Organisation der Gemeinden beschränkt und alles übrige der ortsstatutarischen Autonomie überläßt. Der angeblich begriffliche Gegensatz löst sich also auf in eine Stufenfolge rein gradueller Unterschiede je nach den Verschiedenheiten der positiven Gesetzgebung, die schließlich die beiden Verhältnisse genau gleichmäßig ordnen kann, ohne dadurch irgend ein Prinzip aufzugeben.

Endlich ist aber auch nach dem positiven Recht in Deutschland zwar ein erheblicher gradueller Unterschied vorhanden; aber daß auch hier kein begrifflicher Gegensatz existiert, wird dadurch bewiesen, daß weder die gliedstaatliche Organisationsbefugnis eine so ausschließliche, noch die kommunale eine so untergeordnete ist, wie Jellinek behauptet. In jener Beziehung führt Laband selbst zwei Beispiele von Eingriffen des Reichs in die einzelstaatliche Autonomie bezüglich der Landesverfassung an, nämlich die Veränderung des preußischen Wahlgesetzes vom 30. Mai 1849 § 9 bezüglich der Militärwahlbezirke durch den

§ 49 des Reichsmilitärgesetzes vom 2. Mai 1874; ferner: „den Ausschluß des Herzogs von Cumberland von der Tronfolge in Braunschweig“ [6]), der nach der Jellinek'schen Theorie ganz unerklärlich bliebe. Man kann diesen beiden Beispielen auch noch das Reichsgesetz vom 3. Juli 1869 hinzufügen, welches bezüglich der religiösen Gleichberechtigung nicht nur für das Verfassungsrecht, sondern speziell auch für das Amtsrecht der Gliedstaaten eine zwingende Normativbestimmung enthält. Uebrigens würde schon die Thatsache, daß die gerichtliche Organisation wie das richterliche Amtsrecht der Gliedstaaten in allem Wesentlichen durch Reichsrecht normiert ist, genügen, jenen Unterschied als einen quantitativen und graduellen, nicht qualitativen und begrifflichen darzutun. Aber darüber hinaus greifen dieselben Reichsgesetze auch in die Verwaltungsorganisation und das Amtsrecht der gliedstaatlichen Verwaltungsbeamten ein, z. B. durch ihre Bestimmungen über Vorentscheidung und Konflikt, indem sie der Landesgesetzgebung auch auf dem ihr noch frei gelassenen Raum zwingende Normativvorschriften materieller und formeller Natur geben. Von einer prinzipiell ausschließlichen Befugnis der Gliedstaaten, ihre Verfassung und Verwaltung, ihre Organisation und ihr Amtsrecht allein durch eigenen Willen, ohne Einwirkung der höheren Gebietskörperschaft des Reiches zu ordnen, kann also auch nach positivem deutschem Staatsrecht keine Rede sein.

Auf der anderen Seite ist die Organisationsbefugnis der Kommunen, in Sonderheit der Städte nach preußischem Recht weder gar so eng begrenzt, noch auf ganz untergeordnete Dinge beschränkt. Das Recht, ihre staatsgesetzliche Verfassung durch autonome Satzungen zu ergänzen, steht den Stadtgemeinden generell zu; darüber hinaus verweisen sämtliche preußischen Städteordnungen noch ausdrücklich auf die Ergänzung oder selbst Modifikation ihrer Bestimmungen durch Ortsstatut bei Gegenständen, die weder an Zahl noch an Bedeutung für die städtische Organisation untergeordnet oder geringfügig sind. Das Gleiche gilt von den Staatsgesetzen über das städtische Amtsrecht im besonderen, namentlich von dem jüngsten Kommunalbeamtengesetz vom 30. Juli 1899. Welche Bedeutung dieser autonomen Organisationsbefugnis beigemessen wurde, das

---

6) Laband a. a. O., S. 101 n.

erhellt z. B. aus § 1 der revidierten St. O. von 1831, der lautet: „Die Verfassung der Städte beruht auf gegenwärtiger Ordnung und auf besonderen Statuten für die einzelnen Städte"; § 2 legt jeder Stadt die Pflicht zum Erlaß eines ergänzenden Ortsstatuts auf; und § 3 giebt sogar ausnahmsweise das Recht zu autonomer „Abweichung von diesem Gesetz, sofern dergleichen nach der Eigentümlichkeit einzelner Städte nötig befunden werden". Vielleicht noch schärfer war die Autonomie in dem Regierungsentwurf zu § 11 der jetzt geltenden St. O. von 1853 betont, der begann: „Jede Stadt ist befugt, ihre besondere Verfassung in einem Statut zu verzeichnen, welches alsdann die Grundlage dieser besonderen Verfassung bildet". Und wenn in der endgiltigen Fassung dieser Eingang etwas abgeschwächt erscheint, so war dafür nach Ausweis der Materialien lediglich die Erwägung maßgebend, nicht die Mißdeutung aufkommen zu lassen, als wolle das Gesetz immer eine vollständige Kodifikation der besonderen Verfassung jeder Stadt durch Ortsstatut obligatorisch machen. Dagegen wurde in den Verhandlungen allgemein die Bedeutung des § 11 als eine der wichtigsten Dispositionen betont; er gewähre den Städten „durch Einräumen der Autonomie die Möglichkeit, ihre Eigentümlichkeit zu erhalten und auszubilden. Die St. O. soll nur der allgemeine Rahmen sein, nicht die Verfassung und Verwaltung der Städte im einzelnen darstellen"[7]. Ja, der Wortlaut dieses § 11, speziell seiner Ziffer 2 in der östlichen wie in der westfälischen St. O. begründet sogar die Rechtsmeinung, daß hier (allerdings im Widerspruch zur Absicht des Gesetzgebers) der städtischen Autonomie die Befugnis zur Abänderung des Staatsgesetzes, auch so weit ihr diese nicht ausdrücklich im Gesetz eingeräumt ist, zusteht, wonach tatsächlich „in diesen Provinzen die gesamte staatliche Gesetzgebung über die Verfassung und Verwaltung der Städte nur subsidiär" Geltung hat[8]). Nach alledem wird man auf Grund des positiven preußischen Rechts keinesfalls mit Jellinek sagen können, daß den Städten höchstens in untergeordneten Dingen eine begrenzte Organisationsbefugnis zustehe.

Freilich bedarf noch ein wichtiger Punkt der Erörterung, auf den sich die Gegner der hier vertretenen Anschauung berufen können.

[7]) Stenogr. Berichte der II. Kammer. 1852/53. S. 883 fg. — Vgl. auch E. A. Hübner: Die St. O. vom 30. Mai 1853 ꝛc. nebst Motiven, Ergänzungen und Erläuterungen (1854) S. 86.

[8]) Leidig: Preußisches Stadtrecht. S. 188; Schön: Das Recht der Kommunalverbände in Preußen. S. 66.

Während die Akte der gliedstaatlichen Autonomie, die Landesgesetze keiner Bestätigung seitens des Reiches bedürfen, unterliegen die Akte der kommunalen Autonomie, die Ortsstatute nach positivem Recht regelmäßig der staatlichen Genehmigung. Und dieser Unterschied ist sicherlich auch hier für die Frage der Organisationsgewalt von erheblicher Bedeutung. Indessen ist zunächst zu beachten, daß das der Genehmigung bedürfende Ortsstatut keineswegs die einzig mögliche Form für eine selbständige Organisation durch städtischen Willensakt ist; vielmehr kann überall da, wo die Gesetze nicht die Form des Ortsstatuts vorschreiben, eine besondere städtische Organisation, die Errichtung von Instituten und Ämtern in ausgedehntester Weise durch einfachen Gemeindebeschluß, der also nicht der Genehmigung, sondern nur der Beanstandung aus Rechtsgründen unterliegt, geschehen [9]). Aber abgesehen hiervon, ist es begrifflich von entscheidender Bedeutung, daß auch das einer staatlichen Genehmigung bedürfende Ortsstatut dadurch nicht den Charakter autonomer Satzung verliert; es bleibt nichtsdestoweniger ein kommunaler Willensakt, und wird nicht etwa durch die hinzutretende Genehmigung zu einem Akt staatlicher Rechtsetzung [10]). Demgemäß hat die bestätigende Staatsbehörde in keiner Weise die Befugnis, den Inhalt des Ortsstatuts irgendwie abzuändern, sondern ist rechtlich durchaus auf Ja oder Nein beschränkt. Wenn in der Praxis wohl gelegentlich eine Genehmigung mit bestimmten Modifikationen vorkommt, so ist dies einer der leider durchaus nicht seltenen Atavismen aus der schlechten alten Zeit des absoluten Polizeistaats und völlig rechtswidrig; juristisch bedeutet eine solche amendierende Genehmigung lediglich die für Staat wie Gemeinde gleichermaßen rechtsunverbindliche Mitteilung, daß ein anderes, von der Gemeinde etwa zu beschließendes Statut genehmigt werden würde. Gewiß steht es nicht immer in dem freien Willen der Gemeinde, ob sie von ihrer Autonomie Gebrauch machen will oder nicht; neben fakultativen giebt es obligatorische Ortsstatute wie überhaupt, so in Sonderheit bezüglich der Organisation. Aber die Rechtspflicht zum Erlaß organisatorischer Statuten kann der Gemeinde nur durch Gesetz auferlegt werden, genau so wie den Gliedstaaten

---

[9]) Vgl. Oertel: Die St. O. vom 30. Mai 1853 (3. Aufl. 1900) S. 165/67.

[10]) Vgl. Gierke: Genossenschaftstheorie. S. 721; Rosin: Recht d. öffentl. Genossenschaft. S. 116.

durch Reichsgesetz die Rechtspflicht zum Erlaß organisatorischer Landesgesetze auferlegt werden kann und wird. Wie trotzdem diese Landesgesetze gliedstaatliche Willensakte bleiben, so bleiben jene Statuten Willensakte der städtischen Autonomie.

Die Organisation und folglich auch das Amtsrecht jeder Gemeinde beruht also ganz wie beim Gliedstaat auf ihrer eigenen Verfassung; „denn in Ansehung des einzelnen Verbandes erscheint der gesamte Normenkomplex, welcher sein Lebensgesetz bildet, als ein einheitliches Verfassungsrecht, welches einerseits durchweg objektives Recht, andererseits durchweg besondere Ordnung gerade dieses Gemeinlebens ist" [11]). Ob dieses besondere Verfassungsrecht in größerem oder geringerem Umfange durch eigene Autonomie oder durch die Gesetzgebung eines umfassenden höheren Gemeinwesens normiert ist, das kann stets nur einen graduellen quantitativen, nie einen qualitativen begrifflichen Unterschied begründen. Frei von der rechtsetzenden Einwirkung eines höheren Organismus ist eben nur die höchste, keinem anderen Gemeinwesen eingegliederte Organisation, die freilich je nach ihrer Verfassung wieder durch die Willen der ihr eingegliederten Persönlichkeiten bestimmt werden kann. Jedenfalls aber unterliegt jede einer höheren Gebietskörperschaft eingegliederte Gebietskörperschaft auch hinsichtlich ihrer Organisation der Normierung durch den höheren Gesetzgeber, der Gliedstaat gegenüber dem Reiche ebenso wie die Gemeinde gegenüber dem Staate. Und in jedem Fall wird durch diese rechtliche Normierung seitens eines höheren Gesetzgebers an der ausschließlichen Unmittelbarkeit des Rechtsverhältnisses zwischen dem eingegliederten Organismus und seinen Organen nichts geändert. Denn die Gesetzgebungsgewalt des Reiches gegenüber den Staaten, wie die des Staates gegenüber den Gemeinden „führt nicht", um wieder mit Gierke[12]) zu reden, „seine Willensmacht in die übrigen sozialen Organismen ein, sondern bestellt ihn zum obersten Funktionär der das Leben der Gemeinheiten auch im Innern ergreifenden und bindenden Macht des Rechtes". Kurz also: die Tatsache, daß für die rechtliche Gestaltung des städtischen Amtsrechts die staatliche Gesetzgebung gegenüber der städtischen Autonomie von größerem Einfluß ist, als es die Reichsgesetzgebung gegenüber der gliedstaatlichen Auto-

---

11) Gierke a. a. O. S. 673.
12) Ebenda, S. 649. cf. auch S. 642.

nomie für die rechtliche Gestaltung des einzelstaatlichen Amtsrechts ist, begründet keinen begrifflichen Gegensatz zwischen der Rechtsstellung des Gemeindebeamten zum Staate und der des Staatsbeamten zum Reiche.

Genau das gleiche gilt übrigens auch von der Tatsache, daß zur Entscheidung von Rechtsstreitigkeiten auf Grund des städtischen Amtsrechts die Gerichte, also Staatsorgane berufen sind. So weit es sich dabei um vermögensrechtliche Ansprüche handelt, die nach unseren obigen Ausführungen privatrechtlicher Natur sind, ist lediglich die allgemeine Zuständigkeitsordnung maßgebend, wonach die Kompetenz der staatlichen Gerichte nicht auf einer Rechtsbeziehung zwischen dem Gemeindebeamten und dem Staat, sondern auf der Kompetenzverteilung zwischen Reich und Gliedstaat gemäß der Gerichtsverfassung beruht. In letzter Instanz ist danach ja für die Ansprüche der Gemeinde- wie der Staats- und Reichsbeamten ein gerichtliches Organ des Reiches zuständig. Soweit es sich jedoch um publizistische Streitigkeiten aus dem Amtsrecht handelt, und dafür ein Schutz durch Rechtsprechung, sei es auch der besonderen Verwaltungsgerichte, überhaupt bereits entwickelt ist, beruht auch hier die Zuständigkeit gliedstaatlicher Organe lediglich auf der reichsverfassungsmäßigen Kompetenzverteilung zwischen Reich und Einzelstaaten, wobei die vorläufig nur erst embryonische Existenz einer publizistischen Judikatur in Betracht kommt. In jedem Falle aber verwirklicht der Staat auch hier „wiederum nicht eine in das engere Gemeinleben hineinreichende Willensmacht, sondern die dasselbe durchdringende Macht des Rechtes" [13]). Wie weit dieser Gesichtspunkt auch für die begriffliche Konstruktion der Disziplinarverhältnisse der städtischen Beamten entscheidend ist, wird später bei deren Erörterung darzulegen sein.

Trotz alledem besteht nun freilich ein Unterschied in der Art wie die Selbstverwaltung der Gliedstaaten dem Reiche und wie die der Gemeinden dem Staate eingegliedert ist; und dieser Unterschied kommt dann in einer Reihe positiv rechtlicher Bestimmungen für das städtische Amtsrecht zur Geltung. Sedes materiae dafür ist das Aufsichtsrecht, oder genauer bestimmt die konkrete Ausgestaltung des Aufsichtsrechts. Denn an sich ist die Existenz eines Aufsichtsrechtes für den höheren Organismus über den ihm eingegliederten engeren

---

[13]) Gierke, a. a. O. S. 650.

Organismus die selbstverständliche rechtlich organisatorische Konsequenz eben des Eingliederungsverhältnisses. So steht dann im Prinzip ein Aufsichtsrecht als unabweisliche Folge jeder Eingliederung einer Gebietskörperschaft in eine höhere Gebietskörperschaft ebenso dem Reiche über die gesamte Lebenstätigkeit der Gliedstaaten und ihrer Organe zu [14]), wie dem Staate über die Lebenstätigkeit seiner Gemeinden und ihrer Organe. Wenn nun die positiv rechtliche Ausgestaltung dieses Aufsichtsrechts in den beiden Anwendungsformen erhebliche Verschiedenheiten aufweist, so wird eine unbefangene Betrachtung der Dinge in diesen Verschiedenheiten nicht sowohl Ausflüsse eines begrifflichen Gegensatzes erkennen, als vielmehr Niederschläge der historischen Entwicklung, Nachwirkungen der tatsächlich verschiedenartigen Entstehung jener beiden Rechtsverhältnisse.

Das neue deutsche Reich ist als moderner Rechtsstaat mit einer geschriebenen Verfassungsurkunde entstanden zu einer Zeit, da auch die deutschen Einzelstaaten mit einer Ausnahme sämtlich diese Form staatlicher Entwicklung aufwiesen. Und es hat sich das Reich als Gesamtstaat gebildet über Gliedstaaten, die bis dahin wenigstens formell sich staatlicher Selbständigkeit erfreuten. Daraus erklärt sich einmal die genaue positiv rechtliche Abgrenzung der Reichs- und Gliedstaatskompetenz, ferner das Bestreben, den Gliedstaaten auf dem ihrer Autonomie verbliebenen Gebiete den Schein möglichster Selbständigkeit zu bewahren.

Die Selbstverwaltung in Preußen ist unmittelbar aus dem absoluten Polizeistaat hervorgegangen; sie gab bei ihrer Entstehung den Städten eine geschriebene Verfassung im Sinne des modernen Rechtsstaats, lange bevor der Staat selbst zu einer solchen gelangte. Und diese staatliche Gesetzgebung brachte in den vom absoluten Staate zu bloßen staatlichen Verwaltungsbezirken herabgedrückten städtischen Gemeinwesen die Selbständigkeit publizistischer Rechtssubjektivität erst wieder zu rechtlicher Anerkennung. Daraus erklärt sich einmal die Unterlassung einer genauen positiv rechtlichen Abgrenzung der Staats- und Gemeindekompetenz, ferner der nach dem ersten kühnen Anlauf wieder eintretende Rückfall in den Geist des noch nicht völlig überwundenen Polizeistaates, dem das Bestreben

[14]) Laband (4. Aufl.) Bd. I. S. 102. Bd. II. S. 192 fg.

entspringt, die Selbständigkeit der Städte auf dem ihrer Autonomie überlassenen Gebiete wieder nach Möglichkeit einzuschränken.

Daß für die historisch politische Betrachtung in dem einen Falle die Rechte der höheren Gebietskörperschaft, des Reichs, als Einräumungen von Seiten der niederen Gebietskörperschaften, der Einzelstaaten, erscheinen; dagegen im anderen Falle die Befugnisse der niederen Gebietskörperschaften, der Städte, als Gewährungen seitens der höheren Gebietskörperschaft des Staates, das begründet gewiß keinen Gegensatz für die begrifflich juristische Konstruktion des einmal bestehenden Rechtsverhältnisses. Aber es erklärt allerdings die Verschiedenheiten in der positiv rechtlichen Ausgestaltung, die sich sonst bei der Gleichartigkeit des begrifflichen Rechtsverhältnisses nicht erklären lassen. Eine solche positiv rechtliche Verschiedenheit ist es nun, daß die Aufsicht des Reichs über den eigenen Wirkungskreis der Gliedstaaten eine lediglich negative ist, dahingehend, daß die Gliedstaaten diese ihre Kompetenz nicht überschreiten; während die Aufsicht des Staats über den eigenen Wirkungskreis der Gemeinden auch eine positive ist, dahingehend, daß die Gemeinden ihre eigenen Lebensaufgaben auch tatsächlich erfüllen. Und diese Verschiedenheit beruht auf den beiden erwähnten Tatsachen, einmal, daß der eigene Wirkungskreis der Gliedstaaten positiv rechtlich genau umschrieben ist, der der Gemeinden nicht; ferner auf jener Schonung des Selbständigkeitsgefühls, zu der sich das Reich gegenüber dem Staate, nicht aber der Staat gegenüber den Gemeinden aus historisch politischen Gründen veranlaßt sah. Alle die Gründe, die sonst für jene positive Aufsicht des Staates über den eigenen Wirkungskreis der Gemeinden angeführt zu werden pflegen, besonders das wesentliche Interesse des Staates an der Erfüllung der kommunalen Lebensfunktionen, treffen in gleicher Weise auch für das Verhältnis des Reichs zum eigenen Wirkungskreise der Gliedstaaten zu; sie gehen eben sämtlich zurück auf den sehr wahren Satz, daß für die Gesundheit des organischen Ganzen die Gesundheit seiner organischen Teile wesentlich ist; dies aber gilt gleichmäßig für alle organischen Gliederungsverhältnisse.

Prinzipiell völlig gleich dagegen auch nach der positiven Seite hin erscheint das Aufsichtsrecht der höheren Gebietskörperschaft in dem sogenannten übertragenen Wirkungskreise der ihr eingegliederten Gebietskörperschaften. Unzweifelhaft beschränkt sich hier das Aufsichtsrecht des Reiches nicht auf die Verhinderung von Kompetenzüberschreitungen der Gliedstaaten, sondern erstreckt sich auch auf die Erfüllung der ihnen obliegenden Selbstverwaltungsfunktionen, ganz so wie das Aufsichtsrecht des Staates über die Gemeinden. Trotzdem zeigt die konkrete Ausgestaltung dieses prinzipiell gleichartigen Aufsichtsrechts in seinen beiden Anwendungsfällen gewisse Verschiedenheiten, die wiederum nur in jenen historisch politischen Verhältnissen wurzeln. Gleich ist in beiden Fällen das rechtliche Fundament der Ueberordnung des weiteren Gemeinwillens über den engeren. Art. 2 der Reichsverfassung setzt Reichsgesetz und Landesgesetz in das gleiche prinzipielle Verhältnis zu einander, wie es zwischen Staatsgesetz und Ortsstatut besteht. Und Art. 17 der Reichsverfassung statuiert im Prinzip das Aufsichtsrecht der Reichsregierung über die gliedstaatliche Selbstverwaltung, wie es für die Staatsregierung gegenüber der kommunalen Selbstverwaltung besteht. Die prinzipiellen Grundlagen sind also die gleichen; die Differenz erscheint in der Ausgestaltung der verfassungs- und gesetzmäßigen Mittel zur Durchführung des prinzipiell gleichen Aufsichtsrechts. Allerdings ist die elementare Befugnis, die die selbstverständliche Voraussetzung jeder wirksamen Beaufsichtigung bildet, die unbeschränkte Kenntnisnahme aller Selbstverwaltungsakte dem Reich gegenüber den Gliedstaaten ebenso gegeben wie dem Staat gegenüber den Gemeinden; es verbindet sich damit auch eo ipso ein generelles Beanstandungsrecht;[15]) und endlich ist darüber hinaus für einige spezielle Fälle sogar ein präventives Genehmigungsrecht entwickelt.[16]) Aber alle diese einzelnen Mittel und das ganze Aufsichtsrecht des Reichs überhaupt erhält wirksame Kraft allein durch die ultima ratio der Reichsexekution nach Artikel 19 der Verfassung. Damit ist denn der Reichsaufsicht über die Selbstverwaltung der Gliedstaaten ein Mittel gegeben, wie es schärfer keinem Staate über seine Gemeinden zustehen kann.[17]) Die Eigentümlichkeit dieser Bestimmung liegt in ihrer primitiven Undifferenziertheit. Ob der Gliedstaat durch seine Gesetzgebung oder seine Verwaltung das Reichsrecht verletzt

---

[15]) Vgl. Hänel: Deutsches Staatsrecht. Bd. I. S. 311 fg.

[16]) Ebenda. S. 319.

[17]) Die abweichende Meinung O. Mayers in seinem Deutsch. Verwaltungsrecht. Bd. II, S. 466 beruht auf seiner eigenartigen Bundesstaatstheorie, die zwar im einzelnen manche treffende Gesichtspunkte bietet, im ganzen aber doch verfehlt ist.

hat, oder ob er die Anweisungen der Reichsaufsichtsbehörden bezüglich der Zweckmäßigkeit seiner Selbstverwaltungsakte unbeachtet gelassen hat, in jedem Falle hat er seine verfassungsmäßigen Bundespflichten nicht erfüllt und kann der Reichsexekution unterliegen. Auch giebt es im Falle zweifelhaften oder doch streitigen Rechts keinerlei gerichtliches Verfahren als Voraussetzung solcher Zwangsvollstreckung; und diese selbst kann weiter gehen, als der Staatszwang gegen eine Gemeinde etwa nach den Bestimmungen der Städteordnungen. Denn während diese die eventuelle Sequestration und kommissarische Verwaltung bestimmter einzelner Organstellungen vorsehen, kann die Reichsexekution „bis zur Sequestration des betreffenden Landes und seiner Regierungsgewalt ausgedehnt werden". Diese Klausel ist zwar aus der norddeutschen Bundesverfassung nicht in die Reichsverfassung herübergenommen worden, aber sie ist deshalb nicht beseitigt, sondern nur nicht ausdrücklich ausgesprochen, und zwar aus „internationaler Konvenienz".[18]) Dies Wort deutet auf die Erklärung der ganzen seltsamen Erscheinung hin; sie knüpft an eine bestehende und gewohnte Einrichtung an; und so scharf sie auch in dem äußersten und deshalb natürlich überaus seltenen Fall ihrer Anwendung zu wirken vermag, so wird sich das Selbstgefühl der Gliedstaaten durch das Bestehen dieser höchst entfernten Möglichkeit weniger gereizt fühlen als durch die Existenz einer milderen und differenzierteren, jedoch ständig wirkenden Kontrolle. Und der Schutz einer wirklichen Rechtsprechung mochte in demselben Gedankengange um so mehr entbehrlich scheinen, als die entscheidende Beschlußfassung auf diesem ganzen Gebiet dem Bundesrat als einer Art von judicium parium der Gliedstaatsregierungen zusteht.

Es ist klar, daß alle diese Momente auf die konkrete Ausgestaltung der Staatsaufsicht über die kommunale Selbstverwaltung unanwendbar sind, und daß sie daher die Differenz zwischen dieser und der Ausgestaltung der Reichsaufsicht erklären; aber es ist ebenso klar, daß eben deshalb diese Differenz keine prinzipielle und begriffliche ist.

Nach alledem kann auch das Erfordernis staatlicher Genehmigung wie für alle, so hier in Sonderheit für organisatorische Ortsstatute

[18]) Erklärung Delbrück's im Reichstag, Stenogr. Berichte der zweit. a. o. Session 1870, S. 70.

keine prinzipielle Bedeutung bezüglich der Rechtsstellung der kommunalen Organe besitzen. Daß auch diese Genehmigung ein Mittel der Aufsicht ist, kann trotz gelegentlichen Widerspruchs[19]) nicht verkannt werden; aber es ist freilich dasjenige Aufsichtsmittel, welches in den heutigen Rechtsstaat noch immer rudimentäre Eigenschaften vom Polizeistaat her hineinträgt. Diesem entspricht die Genehmigung als präventives Mittel der Aufsicht, während in den Rahmen des Rechtsstaats sich die Beanstandung als repressives Mittel sachgemäß einfügt. Und während die Beanstandung von der neueren Gesetzgebung (Zuständigkeitsgesetz § 15 und 29) auch insofern der polizeistaatlichen Rudimente entkleidet ist, als sie sich nur noch auf Rechtsgründe stützen kann, giebt die Genehmigung noch Raum für die Zweckmäßigkeitserwägungen der höheren Weisheit einer aufsichtführenden Obrigkeit. Dieser Bestimmung liegt in der Tat ein vom Polizeistaat überkommenes Mißtrauen gegen die freie Bethätigung unabhängiger Organe in öffentlichen Dingen zu Grunde, welches sich recht eigentlich gegen das Grundprinzip aller Selbstverwaltung überhaupt richtet. Denn „darüber, was innerhalb der Gesetze für die einzelne Stadt zweckmäßig und notwendig ist, werden die mit den lokalen Verhältnissen vertrauten Gemeindebehörden am zuverlässigsten urteilen können".[20]) Gerade das ist ja auch die ratio legis, wenn speziell die staatlichen Organisationsgesetze für die städtische Verfassung und Verwaltung ihrer Ergänzung oder sogar Modifikation durch Ortsstatute, also durch den spezifisch städtischen Gemeinwillen Raum lassen. Daß diese Akte städtischer Autonomie sich dem Rechte des höheren Gemeinwesens einfügen müssen, ist eine selbstverständliche Konsequenz der Eingliederung, deren Erfüllung zu kontrollieren die elementare Funktion der Staatsaufsicht ist. Aber insoweit wirkt auch die Genehmigung nicht anders als die Beanstandung, nur daß sie der Aufsichtsbehörde die Erfüllung ihrer Funktionen technisch erleichtert. So wenig nämlich die Erteilung der Genehmigung wirklich vorhandene Rechtsmängel des Ortsstatuts zu heilen vermag, ebenso wenig macht die aus Rechtsgründen versagte Genehmigung an sich

[19]) Rosin: Recht der öffentl. Genossenschaft. S. 116; vergl. dagegen Gierke: Genossenschaftstheorie. S. 654 und O. Mayer: Deutsch. Verwaltungsrecht. Bd. II, S. 414.

[20]) Oertel a. a. O. S. 169, n. 5.

das rechtmäßige Ortsstatut rechtsungültig; sie könnte vielmehr gleich der Beanstandung nur den Anlaß geben, daß das bestehende Recht auf den streitigen Einzelfall durch einen Akt der Rechtsprechung seitens der Verwaltungsgerichte angewendet werde. Die eigenartige Natur der Genehmigung beginnt also erst da, wo sie diesen Rahmen überschreitet. Jedoch darüber hinaus ist es von höchster Bedeutung, sorgfältig zu scheiden zwischen der Erstreckung der Staatsaufsicht auf Zweckmäßigkeitsfragen überhaupt und dem Gebiete des „freien Ermessens" der Aufsichtsbehörde im heutigen Sinne.

Wohl mag die Nachprüfung kommunaler Willensakte durch die Aufsichtsbehörde unter Gesichtspunkten der Zweckmäßigkeit eine Einschränkung der freien Selbstverwaltung sein; immerhin ist die Grenzziehung nach dieser Richtung doch eine Frage der Gesetzgebungspolitik und damit in materieller Hinsicht eine Quantitätsfrage. Dagegen ergiebt sich in formeller Beziehung aus dem Prinzip des Rechtsstaats das unbedingte Postulat, daß der Staat, wo immer er diese Grenze ziehen mag, doch auch hier „die Bahnen und Grenzen seiner Wirksamkeit wie die freie Sphäre seiner" Gemeinden „in der Weise des Rechts genau bestimme und abgrenze".[21]) Daß auch die Zuständigkeit für die Prüfung von Zweckmäßigkeitsfragen der genauen Normierung in den Formen und der Weise des Rechts durchaus zugänglich ist, kann nicht zweifelhaft sein; Beispiele in Fülle bietet dafür besonders die Gewerbeordnung. Von der reinen Rechtskontrolle unterscheidet sich diese Zuständigkeit dadurch, daß hier die sachliche Prüfung der Verwaltungsbehörde den Rechtsformen ihren konkreten Inhalt giebt; durch die Existenz der beschränkenden Rechtsform aber unterscheidet sie sich von dem Gebiet des freien Ermessens. Wie durch die gesetzliche Begründung solcher Zuständigkeiten das Prinzip der Gewerbefreiheit im Rechtsstaat zwar beschränkt, aber nicht beseitigt wird, während das freie Ermessen der Polizei die Gewerbefreiheit mit samt dem Rechtsstaat negiert, ebenso bedeutet die gesetzliche Zuständigkeit der Aufsichtsbehörden zur Nachprüfung rechtlich umschriebener Zweckmäßigkeitsfragen nur eine Beschränkung der Selbstverwaltung, während an der Grenze des freien Ermessens der

---

[21]) Nach der bekannten Definition Stahl's: Rechtsphilosophie. Bd. II, S. 137.

Aufsichtsbehörde nicht nur die Selbstverwaltung, sondern auch der Rechtsstaat aufhört. Denn wenn überhaupt ein Begriff bei dem Worte Rechtsstaat sein soll, so muß man hier unbedingt den Satz Gierkes anerkennen: die Aufsicht „kann im Sinne des Rechtsstaats nur auf der Basis und in den Grenzen fester Rechtsnormen gehandhabt werden, welche die Gesetzgebung zu schaffen und die Rechtsprechung zu schirmen hat".[22])

Das erste dieser beiden Postulate ist nun im heutigen preußischen Recht insoweit erfüllt, als die Aufsichtsbefugnisse selbst auf gesetzlichem Titel beruhen. So hier zunächst das staatliche Genehmigungsrecht für Ortsstatute. Aber wo dieses Genehmigungsrecht über den Rahmen der reinen Rechtskontrolle hinausgeht und damit seine eigenartige Natur beginnt, da beginnt leider auch das Gebiet des freien Ermessens; für die Nachprüfung von Zweckmäßigkeitsfragen von Aufsichtswegen bestehen keinerlei rechtliche Normen. Damit ist denn aber auch für dieses Gebiet die Erfüllung des zweiten Postulats, der Schutz durch die Rechtsprechung, unmöglich gemacht; für dieses ganze Gebiet ist also tatsächlich der Rechtsstaat suspendiert und der totgesagte Polizeistaat leider noch am Leben. Man streitet darüber, ob prinzipiell und unbedingt die Zulassung des freien Ermessens die Möglichkeit jeder Nachprüfung der betreffenden Akte durch die Rechtsprechung ausschließt, oder ob dieselbe auch dann noch eine Tätigkeit der „unparteiischen Maßbestimmung" — nach dem Ausdruck Gneists[23]) — entfalten kann. Unzweifelhaft weist das positive Recht zahlreiche Fälle einer solchen unparteiischen Maßbestimmung in die Zuständigkeit der Zivil- wie der Verwaltungsgerichte.[24]) Aber regelmäßig findet doch die Rechtsprechung in diesen Fällen einen Anhaltspunkt in näher umschreibenden Normen des Gesetzes, und ebenso unzweifelhaft fehlt es für das freie Ermessen der Aufsichtsbehörde bei der Genehmigung von Ortsstatuten nach unserem positiven Recht an jedem solchen gesetzlichen Anhaltspunkt und damit tatsächlich an jeder richterlichen Kontrolle.

---

[22]) Genossenschaftstheorie. S. 652.

[23]) Der Rechtsstaat und die Verwaltungsgerichte in Deutschland. (2. Aufl. 1879) S. 272. — Vgl. dagegen Rosin: Recht der öffentlichen Genossenschaft. S. 107 fg. S. 116.

[24]) Vgl. O. Mayer a. a. O. S. 168; und über den Begriff des freien Ermessens sowie seine Litteratur cf. ebenda S. 165 fg.

Auch hier ist es wieder der dem Rechtsstaat wie der Selbstverwaltung heterogene Geist des Landrechts und seiner Pseudopublizistik, der mit unheilvollem und verwirrendem Spuk umgeht. Allerdings ist heute der Umfang der staatlichen Aufsicht erheblich beschränkt im Vergleich mit ihrer Omnipotenz gegenüber den Korporationen und Gemeinen des Landrechts; aber so weit sie mit ihrem freien Ermessen noch besteht, bestimmt man bewußt oder unbewußt ihren Inhalt im Sinne des § 191 A. L. R. II, 6, wonach der Staat befugt ist, zur Abschaffung der Mißbräuche und Wiederherstellung der guten Ordnung zweckmäßige Mittel vorzukehren.[25]) Das aber ist recht eigentlich die fine fleur des absoluten Polizeistaates, dem die Gemeinden nicht als eigene Persönlichkeiten des öffentlichen Rechts, sondern lediglich als Objekte seiner obrigkeitlichen Tätigkeit gegenüberstanden. Weil aber nach dem Prinzipe der Selbstverwaltung die Gemeinden publizistische Rechtssubjekte sind, handelt es sich überall bei der staatlichen Aufsicht über sie um die Abgrenzung der Willensmacht von Personen: des Staates einerseits, der Gemeinde andererseits, d. h. um wirkliche Rechtsverhältnisse. Und nach dem Prinzip des Rechtsstaats erfordert jeder Eingriff des Staates in die Rechtssphäre der ihm eingegliederten Personen eine besondere gesetzliche Ermächtigung sowie die Möglichkeit, die Grenzen der Rechtssphäre im streitigen Einzelfall durch eine wirkliche Rechtsprechung festzustellen. Jeder nicht gesetzlich umschriebene und folglich nicht vom Recht, sondern tatsächlich allein vom freien Ermessen einer Verwaltungsbehörde determinierte Eingriff in die Rechtssphäre einer dem Staate eingegliederten Einzel- oder Gesamtperson ist in juristischem Sinne Willkür, mag im übrigen die strengste Gewissenhaftigkeit in der Ausübung dieses freien Ermessens noch so sehr zu amtlicher Pflicht gemacht sein. Die Willkür des freien Ermessens war das Lebensprinzip des Polizeistaates, der die subjektive Gewissenhaftigkeit zu sichern suchte durch eine Häufung von Kontrollinstanzen, die ihrerseits aber wiederum nach subjektivem freiem Ermessen handelten. Nicht diese subjektive Gewissenhaftigkeit der Willkür, sondern die objektive Rechtsnorm ist das Bindegewebe des modernen Rechtsstaats, von dessen Unversehrtheit sein Gedeihen und schließlich seine Existenz abhängt.

---

[25]) Vgl. auch Mayer a. a. O. S. 417 n. und Gierke: Genossenschaftstheorie. S. 653.

Daher ist denn auch die Art der Zusammensetzung der Behörde, welcher die Willkür des freien Ermessens zusteht, juristisch von sekundärer Bedeutung. Das entscheidende Charakteristikum der Rechtsprechung als Garantie des Rechtsstaates liegt zunächst nicht in der Freiheit, sondern vielmehr in der Gebundenheit der Gerichte; aber eben in ihrer Gebundenheit ausschließlich an die materielle und formelle Rechtsnorm; und lediglich in der Sicherung dieser ausschließlichen Abhängigkeit vom Recht liegt die Bedeutung aller Garantien richterlicher Unabhängigkeit. Wenn also § 16 Z. G. die Beschlußfassung über die Bestätigung von Ortsstatuten dem Bezirksausschuß überträgt, so mag die kollegiale Form wie die Mitwirkung gewählter Ehrenbeamten bei dieser Behörde bedeutsame tatsächliche und politische Vorzüge bieten, juristisch ist das an keine gesetzliche Determination gebundene freie Ermessen des Bezirksausschusses ganz ebenso Willkür, wie es früher das der Regierung war, und das des Oberpräsidenten für Berliner Ortsstatute noch ist. Daran würde auch die vielbeliebte Bezeichnung des Bezirksausschusses als Organ der Selbstverwaltung nichts ändern, selbst wenn sie richtig wäre. Daß sie dies nicht ist, wurde oben erörtert. Aber wäre auch der Bezirksausschuß Selbstverwaltungsorgan, so doch jedenfalls das eines anderen, höheren Selbstverwaltungskörpers als der Stadtgemeinde, um deren autonomen Willensakt es sich handelt; und damit ist der Eingriff einer Person in die Rechtssphäre einer anderen gegeben, der sich juristisch eben dann als Willkür charakterisiert, wenn er nicht nach fester rechtlicher Determinierung, sondern nach freiem Ermessen erfolgt.

Den springenden Punkt für den Unterschied zwischen dem willkürlich freien und dem rechtlich determinierten Ermessen stellt folgende Vergleichung klar. Die §§ 15 und 29 Z. G. schreiben für die Beanstandung von Beschlüssen der Gemeindebehörden ausdrücklich die Angabe der Gründe vor. Hier handelt es sich um eine reine Rechtsaufsicht gegen etwaige Kompetenzüberschreitungen oder sonstige Gesetzesverletzungen seitens des Selbstverwaltungskörpers oder seiner Organe. Daraus ergiebt sich die Notwendigkeit einer rechtlichen Begründung von selbst, und diese bietet zugleich das Fundament für eine eventuelle Nachprüfung durch die Rechtsprechung. Aber auch in Fällen, wo es sich nicht wie hier um reine Rechtsfragen, sondern um die

Prüfung von Zweckmäßigkeitsfragen durch die Verwaltung handelt, zeigt sich dasselbe Bild, sofern nur diese Zweckmäßigkeitserwägungen rechtlich determiniert sind. So bei zahlreichen Gewerbekonzessionen auf Grund der Gewerbeordnung, bei den Baugenehmigungen auf Grund der Bauordnungen u. dgl. m. Überall ist die Angabe der Gründe für die Versagung der Genehmigung oder Konzession nicht nur ausdrücklich vorgeschrieben, sondern sie ergiebt sich mit zwingender Notwendigkeit daraus, daß zwar Zweckmäßigkeitserwägungen zu dieser Versagung führen können, daß aber diese Zweckmäßigkeitsfragen wie z. B. die Bedürfnisfrage bei Schankkonzessionen, die verschiedenen Sicherheitsfragen bei Bauten u. s. w. rechtlich umschrieben, determiniert sind. Diese determinierende Rechtsform giebt also der Verwaltungsbehörde für ihr Ermessen den Spezialtitel, auf den sie sich bei einem tatsächlichen Eingriff in die persönliche Rechtssphäre zu berufen hat. Für die Versagung der Bestätigung von Ortsstatuten ist dagegen nirgends die Angabe von Gründen vorgeschrieben, und sie kann es gemäß der Willkür des freien Ermessens nicht sein; denn einer solchen Vorschrift würde eventuell die Angabe genügen: weil es uns nicht gefällt. Tatsächlich werden allerdings auch in diesem Falle regelmäßig Gründe angegeben; jedoch bezeichnender Weise hat diese Begründung einen juristisch völlig anderen Charakter. Sie ist nicht das rechtliche Fundament für den Eingriff in die Rechtssphäre der kommunalen Autonomie, sondern lediglich ein administrativer Vorschlag zur Aufstellung eines anderen Statuts; demgemäß auch für beide Teile völlig unverbindlich. Es ist lediglich eine Konsequenz des juristischen Charakters dieser Begründung, daß für eine Nachprüfung derselben durch die Rechtsprechung tatsächlich kein Raum ist. Eben dies freie Ermessen bei Eingriffen in die persönliche Rechtssphäre ist das recht eigentliche Wesen des Polizeistaats und die prinzipielle Negation des Rechtsstaats. Also wohlverstanden, nicht die gesetzliche Ausdehnung der Aufsicht auch auf Zweckmäßigkeitsfragen, sondern der völlige Mangel jeder rechtlichen Determinierung dieser Aufsicht, jeder speziellen Rechtsnorm für die Versagung einer von Aufsichtswegen nötigen Genehmigung widerspricht der Selbstverwaltung im Geiste des Rechtsstaates.

VII.

Das staatliche Bestätigungsrecht.

Wie sich das Aufsichtsrecht des Staates als der höheren Gebietskörperschaft gegenüber dem autonomen Organisationsrecht der Gemeinde in der Abhängigkeit der Ortsstatute von staatlicher Genehmigung äußert, so ist auch das staatliche Bestätigungsrecht für bestimmte Kategorien von Gemeindebeamten ein Ausfluß des staatlichen Aufsichtsrechts. In beiden Fällen handelt es sich um einen Eingriff des Staates in die Rechtssphäre einer ihm eingegliederten Person; gleich der autonomen Satzung ist auch die Organbestellung an sich ein Akt des kommunalen Gemeinwillens. Daher ist im Prinzip mit der Anerkennung der Gemeinden als publizistischer Rechtssubjekte, als Selbstverwaltungskörper wie ihre Autonomie so auch ihr Recht zu eigner Organbestellung gegeben; nicht dieses Recht, sondern vielmehr seine Beschränkung durch das staatliche Aufsichtsrecht bedarf eines besonderen positiven Rechtssatzes, bedarf im Rechtsstaat eines gesetzlichen Spezialtitels. Demgemäß finden denn auch die im vorigen Kapitel aus diesem grundlegenden Rechtsprinzip für das staatliche Genehmigungsrecht de lege ferenda gezogenen Konsequenzen auf das staatliche Bestätigungsrecht durchaus analoge Anwendung.

Ein Umstand jedoch hat von Anbeginn an verwirrend auf diese Materie eingewirkt; das ist der Begriff des mittelbaren Staatsbeamten, wie ich ihn oben im V. Kapitel kritisch erörtert habe. Denn das hier an die Spitze gestellte Rechtsprinzip kann selbstverständlich nur für reine Selbstverwaltungsorgane Geltung beanspruchen, da sein Fundament eben das Wesen der Selbstverwaltung bildet. So weit also auf die Rechtsstellung der Gemeindebeamten jener der modernen Selbstverwaltung heterogene landrechtliche Begriff des mittelbaren Staatsdieners von Einfluß war und ist, kommt darin eben auch ein heterogener organisatorischer Gedanke zum Ausdruck. Während es nach der wahren Idee der Selbstverwaltung prinzipiell Funktionen des Selbstverwaltungskörpers sind, für welche das Selbstverwaltungsorgan bestellt wird, und eine Beziehung zum Staate nur dadurch besteht, daß eben der Selbstverwaltungskörper dem Staate eingegliedert ist, handelt es sich nach jener alten Auffassung um Staatsfunktionen, also um die Bestellung eines Staatsbeamten, und die Mittelbarkeit besteht lediglich darin, daß diese Bestellung nicht unmittelbar durch die staatliche Obrigkeit erfolgt. Aber eben weil es sich um die Bestellung eines Staatsbeamten handelt, erscheint danach eine irgendwie geartete Mitwirkung, mindestens ein Einspruchsrecht des Staates auch bei dieser mittelbaren Bestellung als selbstverständlich. So weit noch heute kraft positiven Rechts gewissen Gemeindebeamten staatliche Funktionen unmittelbar, also unter Ausschaltung der Gemeinde als Selbstverwaltungskörper, übertragen sind, wirkt auch bei der Bestätigung dieser Beamten noch ein der Selbstverwaltung geradezu entgegengesetztes Prinzip mit; d i e s e Bestätigung wurzelt nicht sowohl im staatlichen Aufsichtsrecht über die kommunale Selbstverwaltung, als in dem Gedanken einer Mitwirkung des Staates bei einer mittelbaren Bestellung seiner eigenen Organe. Wie diese Durchbrechung der organisatorischen Rechtsidee der Selbstverwaltung den Begriff des übertragenen Wirkungskreises vielfach verwirrt hat, so auch hier das Wesen des staatlichen Bestätigungsrechts im Sinne der Selbstverwaltung. Abgesehen von den besonderen Polizeibeamten und von der Organisation der Schulverwaltung (s. unten Kap. VIII), zeigt sich dies namentlich bezüglich der Stellung von Bürgermeister und Magistrat.

Als Ausfluß des staatlichen Aufsichtsrechts hat schon § 2 der St. O. von 1808 die Erteilung der Genehmigung zu den Wahlen der Magistratsmitglieder charakterisiert. Die §§ 153 und 152 unterscheiden dann in der Weise, daß für die Stelle des Oberbürgermeisters in den großen Städten drei Kandidaten von den Stadtverordneten präsentiert werden, wovon einer durch landesherrliche Bestätigung ernannt wird, während für alle sonstigen Magistratsstellen die Bestätigung des von den Stadtverordneten Gewählten der

Provinzialbehörde zusteht. Die St. O. knüpft damit möglichst an den bis dahin bestehenden Zustand bezüglich der Ernennung des Stadtpräsidenten, der Approbation und Konfirmation der Bürgermeister und Ratsmitglieder an (vgl. z. B. das Rathäusliche Reglement für Berlin vom 1. Febr. 1747 Tit. 1 §§ 2 und 4), nur daß an die Stelle der Kooptation durch den Rat die Wahl durch die Stadtverordnetenversammlung als Repräsentativorgan der Gemeinde getreten ist. Diese letztere unmittelbar aus dem Geiste der großen Reform fließende Neuerung war an sich so bedeutend und für die immer noch einflußreichen Anhänger des Alten schon so bedenklich, daß der möglichst enge Anschluß an die gewohnten Formen des Bestätigungswesens sehr erklärlich ist. Dazu kommt die durch § 166 schon hier eingeführte Doppelstellung des Magistrats bezüglich der Polizeiverwaltung (s. oben S. 141 fg.). Und was endlich den Vorbehalt der königlichen Bestätigung für die Oberbürgermeister betrifft, so hat dabei offenbar die Rücksicht auf die Rangstellung dieser Beamten gegenüber der staatlichen Beamtenhierarchie eine gewisse Rolle gespielt, wie schon eine ähnliche Erwägung für das ancien régime aus § 8 des eben zitierten Rathäuslichen Reglements erhellt, und worauf die Bestimmung eines gleich nach Einführung der St. O. ergangenen Reskripts vom 27. März 1809 hindeutet, die dem Oberbürgermeister ein besonderes königliches Patent zubilligt.[1])

Einer der hauptsächlichsten Leitgedanken für die Revision von 1831 war die Verstärkung des staatlichen Aufsichtsrechts, wobei auch das Bestätigungswesen nicht unberührt blieb; und wenn auch die Absicht, die revidierte St. O. an die Stelle der ursprünglichen treten zu lassen, aus einer immerhin noch nachwirkenden Scheu vor einer offenkundigen Antastung des bedeutsamsten Werkes der Regenerationsära aufgegeben wurde, so bemühte man sich doch, auch die fortgeltende St. O. von 1808 nach Möglichkeit durch Deklarationen und Ministerialreskripte dem in der revidierten St. O. von 1831 herrschenden Geiste anzupassen, wobei man sich gelegentlich zur Begründung einfach auf die betreffenden Bestimmungen der jüngeren Ordnung berief. Diese übernahm zwar in ihren §§ 94 und 93 die beiden Formen der Bestätigung für die Oberbürgermeister einerseits, die Bürgermeister

---

[1]) L. v. Rönne u. H. Simon: Die Gemeindeverfassung des preuß. St. Bd. I. S. 652.

und übrigen Magistratsmitglieder andererseits aus der alten St. O. Aber einmal ist hier die Eigenschaft des Magistrats als Staatsbehörde in den §§ 84 und 105 viel schärfer betont und weiter ausgedehnt (s. oben S. 141); und damit tritt auch für die Bestätigung der Magistratsmitglieder das Moment ihrer Eigenschaft als mittelbare Staatsbeamte in dem vorhin erörterten Sinne mehr in den Vordergrund. Sodann kommen hier drei Einzelfragen in Betracht, welche die revidierte St. O. zu Gunsten einer verstärkten Staatsaufsicht entschied, während man für die alte St. O. das gleiche Resultat durch eine mehr oder minder gewaltsame Interpretation zu erreichen suchte.

Schon früher hatte man versucht für den Fall, daß in der Stadtverordnetenversammlung zwei Kandidaten die gleiche Stimmenzahl erhielten, der Bestätigungsbehörde das Recht der Auswahl zwischen beiden zu überlassen, wofür es in der alten St. O. an jeglichem gesetzlichen Anhalt fehlte. Nunmehr bestimmte die revidierte St. O. in ihrem § 90, der die Einzelheiten des Wahlverfahrens regelt: „wird durch wiederholte Versuche eine absolute Mehrheit nicht erreicht, so wählt unter den beiden letzten Kandidaten die Regierung". Und das genügt, um in die Zusammenstellung der Deklarationen zur alten St. O. vom Juli 1832 den Satz aufzunehmen: „Wenn zwei Kandidaten mit gleichen Stimmen präsentiert werden, so steht der Regierung die Auswahl zu".[2])

Die revidierte St. O. berechtigt ferner in ihrem § 93 die Regierung ausdrücklich, „sich von der Fähigkeit und Würdigkeit der Kandidaten durch Prüfung oder auf andere angemessene Art zu überzeugen". Eine Reihe von Ministerialreskripten sucht demgemäß auch im Geltungsgebiet der alten St. O., die keine solche Bestimmung enthielt, der Regierung wenigstens das Recht zur Anordnung einer probeweisen Verwaltung der Stelle durch den Gewählten behufs Prüfung seiner Qualifikation zu vindicieren, während allerdings die Unzulässigkeit einer bloß interimistischen Bestätigung anerkannt werden muß.[3])

Die wichtigste Frage bezieht sich endlich auf den Fall eines dauernden Dissenses zwischen dem Wahlkollegium und der Bestäti-

---

[2]) l. c. S. 432.
[3]) l. c. S. 433, 435.

tigungsbehörde. In dieser Beziehung sagte § 154 der ersten St.O. lediglich: „Werden unqualifizierte Subjekte gewählt und präsentiert, so muß nach versagter Bestätigung die Wahl und bezw. die Präsentation wiederholt werden". Danach fand also eine Besetzung der Stelle bis zur endlichen Einigung von Wahlkollegium und Bestätigungsbehörde nicht statt. Allerdings versuchte schon im Jahre 1811 ein Ministerialreskript für den Fall, daß eine Stadtverordnetenversammlung auf der Bestätigung solcher unqualifizierten Subjekte trotz erfolgter Ablehnung bestehen und eine neue Wahl verweigern sollte, eine Suspension des Wahlrechts und seine Devolution auf die Regierung zu konstruieren. Indessen gestand ein Reskript von 1823 die gesetzliche Unhaltbarkeit dieser Konstruktion zu, meinte jedoch: „wenn bei entstehenden Vakanzen deren Dauer durch Wahl unqualifizierter Subjekte verlängert werde, und die Regierung es der öffentlichen Ordnung wegen für unzulässig finde, die Vakanz länger dauern zu lassen, so sei kein Bedenken dagegen, die Stelle einstweilen kommissarisch verwalten zu lassen, und nach der ihr im § 167 St.O. erteilten Erlaubnis die notwendigen Kosten selbst gegen den Willen der Stadtverordneten aus den bereitesten Mitteln zu entnehmen". Hier erscheint also zum ersten Mal das Recht der Aufsichtsbehörde zur Bestellung eines Kommissars, und zwar zunächst in höchst fragwürdiger Gestalt. Denn einen gesetzlichen Boden in der St.O. hat das Reskript von 1823 mit seiner kommissarischen Bestellung genau so wenig unter den Füßen wie sein von ihm preisgegebener Vorgänger von 1811 mit der Devolution des Ernennungsrechts. Interessant und bezeichnend ist namentlich die Berufung auf § 167; denn dieser handelt von der Verpflichtung der Stadtgemeinde, die Kosten für die Erhaltung des Polizeipersonals und der nach Disposition der Polizeibehörde erforderlichen Anstalten aufzubringen, hat also mit der vorliegenden Frage gar nichts zu tun, so weit nicht etwa die Funktion des Magistrats als mittelbar staatlicher Polizeibehörde verwirrend sich geltend macht. Im übrigen klafft eben auch hier wieder der Gegensatz von Rechts- und Polizeistaat auf: was man gesetzlich nicht begründen kann, sieht man als polizeilich an. Nun ergriff aber die revidierte St.O. zur Lösung des Problems die Klinke der Gesetzgebung und bestimmte in al. 2 § 93:

„Wird durch unangemessene Vorschläge oder durch andere Umstände die Besetzung einer Stelle verzögert, so ist die Regierung berechtigt, solche einstweilen auf Kosten der Stadt kommissarisch verwalten zu lassen."

Und ganz wie im vorigen Fall wird nunmehr auch für das Geltungsbereich der alten St. O. einfach unter Berufung auf diese Stelle in der Zusammenstellung von 1832 dekretiert:

„Wenn beharrlich unqualifizierte Subjekte präsentiert werden, so ist die Regierung berechtigt, die Stelle auf Kosten der Stadt kommissarisch verwalten zu lassen".[4]

Daß es recht eigentlich der Geist des Polizeistaates ist, der in alledem wider den Geist der Selbstverwaltung reagiert, das spricht sich mit erfreulicher Deutlichkeit in einem interessanten Immediatbericht aus, den der Minister v. Rochow — nomen et omen — am 7. Dezember 1842 über seine Bestätigungsprinzipien an Friedrich Wilhelm IV. erstattete. Da heißt es u. a.:

„Da in den Städten mit wenigen Ausnahmen nur die Magisträte die Organe sind, welcher sich die Staatsgewalt zur Erreichung der allgemeinen Staatszwecke in den einzelnen Orten bedient, so ist ihnen die Erhaltung der öffentlichen Sicherheit, Ordnung und Ruhe, die Sorge für Kirche und Schule, zum Teil selbst das Steuereinkommen des Staats und überhaupt die Einführung der Gesetze ins unmittelbare Leben des Volks anvertraut. Bei dieser höchst wichtigen Stellung des Magistrats selbst der kleinsten Stadt ist diesen Behörden eine bedeutende Einwirkung auf die Gesinnung der Gemeinde gesichert. Von einer einzigen Wahl hängt es oft ab, ob auf Jahre hinaus Eintracht oder Zwietracht, Ordnung oder Unordnung, Sittlichkeit oder Lüderlichkeit in dem öffentlichen Leben der Stadt vorherrschen soll. Ist auch der Bürgermeister die wichtigste und einflußreichste Person, so nimmt doch jedes einzelne Magistratsmitglied an diesem Einflusse mehr oder weniger Teil . . Die Ausübung jenes politischen Rechts ist oft für die redlichste und umsichtigste Stadtverordnetenversammlung sehr schwierig. Wenn selbst die Staatsregierung, obwohl sie in einem weiten Kreise zu wählen und sich vor definitiver Anstellung durch Prüfungen und Proben mancher Art von der Tüchtigkeit des Kandidaten zu überzeugen vermag, dennoch Mißgriffe bei Stellenbesetzungen nicht gänzlich vermeiden kann, so müssen die Stadtverordneten selbstredend noch weit öfter dergleichen begehen. . ."

Folgt dann eine ergreifende Schilderung der Irrungen und Wirrungen des Wahlkampfes, um die Moral dieser Betrachtungen dahin zu ziehen:

---

[4]) l. c. S. 435 6.

„Gegen widerwärtige Erscheinungen dieser Art, die allerdings nur sehr vereinzelt vorkommen, liegt das alleinige Korrektiv in dem Bestätigungsrechte der Regierungen. Sie haben nach dem Gesetze dieses Recht in gleicher Unabhängigkeit auszuüben, wie die Stadtverordneten ihr Wahlrecht." Deshalb könne der Minister, wenn er einen Kandidaten der Unrechtlichkeit in seinem Sinne zeihen müsse, ihn „auch nicht für einen geachteten Mann ansehen, selbst wenn die Stadtverordneten ihn mit der überwiegendsten Stimmenmehrheit gewählt hätten, da die dissentierende Minderheit, als unabhängig von den oben erwähnten Einflüssen, vielleicht eben die Meinung des besseren Teils der Bürgerschaft ausgesprochen hat".[5])

Die eigentliche Grundlage dieser Betrachtungen bildet die Anschauung von der Unmündigkeit der Gemeinden, ihrer Unfähigkeit zu selbständiger Handhabung ihrer Rechte, also die absolute Negation der Selbstverwaltungsidee, welche mit der Anerkennung der Gemeindemündigkeit steht und fällt. Immer wieder drängt sich der Gedanke von der ewigen Minderjährigkeit der Gemeinwesen und der entsprechenden Kuratel über sie hervor; damit steht es denn freilich in unlöslichem Widerspruch, daß die St. O. diesen unmündigen Kindern gewissermaßen die Bestellung ihrer eigenen Vormünder durch die Wahl der Organe in die Hand gegeben hat; um so intensiver muß sich daher die staatliche Obervormundschaft ihrer annehmen. Den Staat selbst aber kann diese Auffassung füglich nicht als ein den Gemeinden homogenes, nur höheres und sie umfassendes Gemeinwesen erkennen, sondern lediglich als das Objekt, über dem die Weisheit des persönlichen Herrschers und seiner beauftragten Diener und Gehilfen waltet. Es ist stets dasselbe Schauspiel. Wie man es immer wieder versuchte und versucht, die St. O. mit Hilfe des Landrechts, also ihres begrifflichen Gegensatzes, zu interpretieren, so wird die Aufsicht über die Selbstverwaltung, die auf der genossenschaftlichen Rechtsidee der von unten nach oben aufsteigenden Organisation beruht, fort und fort gehandhabt im Sinne des polizeilichen Anstaltsstaats, dem allein das Regieren von oben nach unten entspricht. Für diesen Staatsgeist ist das Mißtrauen gegen jede Aeußerung eines organischen Gemeinwillens in der Tat immanent und deshalb unüberwindlich; besonders muß jeder Wahlakt, die Organbestellung also von unten nach oben, für ihn unbedingt

---

5) l. c. S. 434 5.

die Vermutung der Schlechtigkeit gegen sich haben, wenn auch der Beweis lediglich erbracht werden kann durch Tatsachen, „die allerdings nur sehr vereinzelt vorkommen". Daher muß diesem Geiste denn auch die Vorstellung einer Uebertragung von Funktionen an die Gemeinden als solche im innersten widerstreben; absolutistisch d. h. individualistisch durch und durch, weiß er sich nur an Individuen, an die Gemeindebeamten als mittelbare Staatsbediente im landrechtlichen Sinne zu halten. Das ganze Bestätigungsrecht rückt damit völlig unter den Gesichtspunkt staatlicher Mitwirkung bei der Bestellung von mittelbaren Staatsbeamten, ja unter den noch engeren Gesichtspunkt eines Einflusses der vorgesetzten Behörde auf die Ernennung ihrer Untergebenen. Daß damit das Wesen des Bestätigungsrechts als eines Ausflusses der Aufsicht ebenso verfälscht wird, wie das Wesen des Aufsichtsrechts überhaupt durch die Vorstellung einer Kuratel über Minderjährige, das liegt auf der Hand. Leider aber hat diese dem Wesen des Rechtsstaats wie der Selbstverwaltung gleich heterogene Anschauung den Minister v. Rochow und die vormärzlichen Zeiten überlebt; noch bei den parlamentarischen Beratungen über den § 13 des Zuständigkeitsgesetzes von 1883 kehren die Grundgedanken des Rochow'schen Immediatberichts fast wortgetreu wieder; vom „Geiste" der „Praxis" gar nicht zu reden.

Die Bewegung von 1848 wollte auch auf diesem Gebiete mit den Rudimenten des Polizeistaates aufräumen, mußte sich aber freilich hier wie überhaupt bei dem Troste bescheiden: magnum voluisse sat est. Die Grundrechte des deutschen Volkes gedachten auch der Gemeinden. Der vom Verfassungsausschuß der Paulskirche vorgelegte Entwurf wollte in seinem Art. IX eine freilich nur aus zwei Paragraphen bestehende magna carta der deutschen Selbstverwaltung geben, die mit den Worten begann:

„Jede deutsche Gemeinde hat als Grundrechte ihrer Verfassung: a) die Wahl ihrer Vorsteher und Vertreter ..." wobei das Minoritätsgutachten des Ausschusses den Zusatz beantragte: „mit Ausschluß des Bestätigungsrechts der Staatsbehörde".[6]) Das Plenum der deutschen Nationalversammlung lehnte dann in beiden Lesungen diesen Zusatz ab, um

---

[6]) Droysen: Die Verhandlungen des Verfassungsausschusses der deutschen Nationalversammlung. I. S. 377. 383. 386.

für die Einzelheiten dieses Gebiets der Landesgesetzgebung freie Hand zu lassen[7]). Der von der Verfassungskommission der preußischen Nationalversammlung am 26. Juli 1848 vorgelegte Verfassungsentwurf versuchte sich gleichfalls und zwar auch in einem Tit. IX, an einer kurz gefaßten Charte preußischer Selbstverwaltung; Art. 102 ließ unter Ziff. 2 die Vorsteher der Gemeinden „von den Gemeindemitgliedern erwählt“ werden, ohne das Bestätigungsrecht zu erwähnen; jedoch deutet der Zusatz: „Die Organisation der Exkutivgewalt des Staates wird hierdurch nicht berührt“ auf die Absicht einer Auseinandersetzung zwischen Staats- und Selbstverwaltungsorganisation hin. Im Plenum der preußischen Nationalversammlung ist die Verfassungsberatung bekanntlich nicht so weit gediehen.

Selten erwähnt und doch von einem gewissen, wenn auch nur mittelbar praktischen Interesse ist dagegen der Entwurf einer Gemeindeordnung, welcher dieser Nationalversammlung am 15. August 1848 von dem Ministerium Auerswald vorgelegt wurde. Derselbe ist zwar zunächst liegen geblieben, aber er darf immerhin eine rechtshistorische Bedeutung als Keimzelle der Gemeindeordnung von 1850 und insoweit auch der St. O. von 1853 beanspruchen; diese späteren Gesetze erscheinen nämlich als verschiedene Stadien der Rückwärtsrevidierung jenes ursprünglichen Entwurfs, der daher die Leitgedanken noch reiner und unbefangener zum Ausdruck bringt. Die Motive zu diesem Entwurf beginnen mit der Erklärung, derselbe habe „das Gute und Bewährte aus den St. O. von 1808 und 1831, aus der rheinischen Gemeindeordnung von 1845, aus der westfälischen Landgemeindeordnung von 1842 und aus den verschiedenen anderen ländlichen und städtischen Gemeindeverfassungen der östlichen Provinzen möglichst vollständig aufzunehmen und zu vereinigen gesucht, um sich überall an das Bestehende anzuschließen . . . Wo die verschiedenen Gemeindeverfassungen mit einander nicht in Einklang zu bringen waren, ist den Prinzipien der St. O. von 1808, weil sie die freisinnigsten sind und in den meisten und größten Städten des Staates Geltung haben, der Vorzug gegeben worden . . . Die allgemeinste Grundlage des Entwurfs ist das Prinzip der Selbständigkeit und Selbstverwaltung der Gemeinden, welche wohl kaum in irgend einer anderen Gesetzgebung eine so unbedingte Anerkennung gefunden hat“[8]). Dieser Entwurf beschränkt das staatliche

[7]) Stenogr. Ber. über die Verhandlungen der deutschen konstituierenden Nationalversammlung; herausgeg. v. Wigard. VII. S. 5158/67. VIII. S. 5606 18.
[8]) Verhandlungen der konstituierenden Versammlung für Preußen 1848, Bd. III, S. 1914.

Bestätigungsrecht auf die Bürgermeister und Beigeordneten, beseitigt es also für alle übrigen gewählten Mitglieder des Gemeindevorstandes. Nun unterscheidet er aber zwischen den Gemeinden, in denen eine besondere staatliche Polizeibehörde besteht, und denen, wo die Polizeiverwaltung der Gemeindebehörde überlassen ist. Im ersten Falle werden für die Stelle des Bürgermeisters drei Kandidaten gewählt, von denen der König einen ernennt. Sonst unterliegen die gewählten Bürgermeister und Beigeordneten der Bestätigung, in Gemeinden von weniger als 10000 Einwohnern durch den Bezirkspräsidenten, in größeren Gemeinden durch den König. „Die Bestätigung kann nur nach Anhörung des Bezirksausschusses versagt werden. Wird die Bestätigung versagt, so schreitet der Gemeinderat zu einer neuen Wahl; wird auch diese Wahl nach Anhörung des Bezirksausschusses nicht bestätigt, so steht der Staatsregierung die unbeschränkte Ernennung zu" (§§ 28 und 30 des Entwurfs). Dazu bemerken die Motive:

„Die Staatsregierung hat ein großes Interesse an einer guten Gemeindeverwaltung überhaupt und an einer guten Polizeiverwaltung insbesondere. Sie kann sich, indem sie die Beaufsichtigung der eigentlichen Kommunalverwaltung einem Ausschusse der gewählten, völlig unabhängigen Bezirksvertretung überläßt, nicht füglich mit einer geringeren Garantie, als dem Vorbehalte der Bestätigung eines einzigen Mitgliedes, nämlich des Vorsitzenden des Vorstandes, begnügen. Dafür, daß das Recht, die Bestätigung zu versagen, nicht ohne die sorgfältigste Ueberlegung der Verhältnisse ausgeübt werde, ist indessen den Gemeinden wiederum eine Bürgschaft dadurch gegeben, daß die Versagung nur nach Anhörung jenes Ausschusses erfolgen darf. Damit aber das Bestätigungsrecht nicht völlig illusorisch werde, war es nötig, der Regierung nach zweimaliger Nichtbestätigung die Befugnis zur freien Ernennung des Bürgermeisters beizulegen. Man muß hierbei bedenken, daß die Bürgermeister nicht auf ihr Amt als Gemeindebehörde beschränkt sein können, sondern notwendig auch mancherlei Lokalgeschäfte der Staatsverwaltung übernehmen müssen, und daß es nicht allein im allgemeinen finanziellen Interesse der Gesamtheit, sondern auch in dem besonderen Interesse der Gemeinden liegt, für diese Geschäfte keine besonderen Beamten ernannt, sondern dieselben in die Hände des Gemeindevorstehers gelegt zu sehen. Für den Fall, daß eine solche Trennung dennoch in Bezug auf die Polizeiverwaltung eintritt, ist es für zulässig erachtet worden, an die Stelle der Bestätigung die Ernennung des Bürgermeisters aus drei von der Gemeindevertretung zu wählenden Kandidaten zu setzen [9])."

---

[9]) a. a. O., S. 1919/20.

Diese Bestimmungen und Motive eines in der vorliegenden Form niemals in Wirksamkeit getretenen Gesetzentwurfs habe ich in einiger Ausführlichkeit hier mitgeteilt, weil darin all die verschiedenen Experimente der ganzen folgenden Gesetzgebung auf diesem Gebiete im Umriß angelegt zu sein scheinen, und zwar zu einer Zeit, da man das staatliche und kommunale Leben auf neue Fundamente stellen zu können wähnte.

Dem ganzen Bestätigungsrecht, in dem man eine Reminiszenz an den Polizeistaat sah, war die Strömung der Zeit nicht günstig; seiner völligen Beseitigung standen jedoch diejenigen Funktionen der Bürgermeister entgegen, die nach der zwar schon stark angegriffenen, doch noch immer herrschenden Auffassung prinzipiell staatliche, dem Bürgermeister also als mittelbarem Staatsbeamten übertragen waren. Das galt nach dem spezifisch preußischen Dogma namentlich von der Polizeiverwaltung, während sich im übrigen die Ausscheidung dieser Funktionen stets einigermaßen ins Nebelhafte verliert. Demgemäß erscheint der beibehaltene Rest des Bestätigungsrechts nicht sowohl als Bestandteil der staatlichen Aufsicht, sondern vielmehr als Mitwirkung des Staates bei der Bestellung mittelbarer Staatsbeamter. Die Mitwirkung des gewählten Bezirksausschusses, dem für die Ausübung der eigentlichen Aufsicht eine bedeutende Rolle zugedacht ist, wird bei der Bestätigung zu einem schmückenden Beiwerk reduziert, da er nur anzuhören ist, ohne daß seine Aeußerung dem freien Ermessen der Krone bezw. des Bezirkspräsidenten wirkliche Schranken zöge. Eben deshalb kann diese Anhörung des Bezirksausschusses unbedenklich auch für die Versagung der Bestätigung seitens der Krone vorgeschrieben werden. Im übrigen tritt die ausschlaggebende Bedeutung der Polizeiverwaltung für das Bestätigungswesen scharf hervor. Wo der Bürgermeister nicht Polizeiverwalter ist, knüpft man zwar an die Form der Bestellung für die Oberbürgermeister nach der alten St. O. durch Präsentierung von drei Kandidaten an; aber das Moment der Wahl ist dabei erheblich verstärkt, das der Ernennung entsprechend abgeschwächt dadurch, daß die Krone auf eine Auswahl aus den drei einmal Präsentierten beschränkt, eine Zurückweisung aller drei und die Forderung einer neuen Präsentation offenbar ausgeschlossen sein soll. Umgekehrt ist dagegen da, wo der Bürgermeister Polizeiverwalter ist, der Einfluß der Staatsregierung auf die Bestellung erheblich dadurch verstärkt, daß nach zweimaliger Nichtbestätigung das Ernennungsrecht selbst kurzweg auf die Regierung übergeht. Bei einer solchen Ordnung der Dinge konnte denn das Interimistikum einer kommissarischen Besetzung der Stelle, welches die St.O. von 1831 ausdrücklich vorsah, und das man in die St.O. von 1808 nachträglich hineininterpretierte, gänzlich wegfallen; denn im ersten Falle war durch einen einzigen Wahlakt, im zweiten durch höchstens zwei Wahlakte die Angelegenheit definitiv erledigt.

In die am 5. Dezember 1848 oktroyierte preußische Verfassung war der Selbstverwaltungsartikel der „Charte Waldeck“ als Art. 104 wesentlich unverändert übergegangen. Die Revisionskammern hatten also Gelegenheit zur Ausübung ihres edlen Berufs, die aus königlicher Machtvollkommenheit oktroyierte Verfassung von den ihr anhaftenden demokratischen Schlacken zu reinigen, auch in der Frage des Bestätigungsrechts. Noch in dem Kommissionsbericht, der am 5. Oktober 1849 in der zweiten Kammer zur Verhandlung kam, und den der Abgeordnete Camphausen als Berichterstatter vertrat, wurden alle Klauseln verworfen, die das freie Wahlrecht der Gemeinden irgend wie, namentlich durch ausdrückliche Statuierung einer staatlichen Bestätigung einschränken sollten [10]. Dagegen machten sich aber schon in der Plenarberatung am genannten Tage erhebliche Bedenken geltend. Dieselben wurden hauptsächlich dadurch angeregt, daß bereits der Entwurf einer neuen Gemeindeordnung der ersten Kammer vorlag, in welchem nicht nur ein staatliches Bestätigungsrecht, sondern unter Umständen sogar eine Devolution des Ernennungsrechts wiederum in Anspruch genommen war. Eine solche Bestimmung schien aber unvereinbar mit der Proklamierung des unbeschränkt freien Wahlrechts der Gemeinden in der Verfassungsurkunde; und da die Mehrheit jener Bestimmung der künftigen Gemeindeordnung keines Falls präjudizieren wollte, so ward von verschiedenen Seiten die Modifikation des Verfassungsgrundsatzes verlangt. Die Regierung begeisterte sich auch hier durchaus nicht für die Aufrechterhaltung der von ihr oktroyierten Verfassungsbestimmungen. Der Minister des Innern v. Manteuffel zeigte sich überaus entgegenkommend; er meinte:

---

10) Sten. Ber. der Revisionskammern. 1849. Bd. II S. 544.

„Als die Verfassung vom 5. Dezember erlassen wurde, galt es, dem Lande ein Pfand des Vertrauens zu geben; es war außerdem notwendig, dieses Pfand baldigst der Nation zu überliefern. Diese beiden Rücksichten haben es notwendig gemacht, daß manches in die Verfassung gekommen ist, was nicht unbedingt darin notwendig ist.“ Durch den Vorwurf, daß es der Regierung mit dieser Verfassung nicht Ernst gewesen sei, tue man freilich ihrer unschuldigen Ehrlichkeit bitteres Unrecht; aber immerhin glaube auch er, „daß es notwendig ist, diejenigen bindenden und hemmenden Bestimmungen, die nicht so unabweisbar in die Verfassung gehören, aus dieser zu entfernen. Man wird darin — so hoffe ich — nicht ein Zurückgehen von den gegebenen Verheißungen finden, wenigstens ist die Regierung sich einer solchen Absicht keineswegs bewußt“.[11]) Nebenbei bemerkt, zeigte sich bei diesen Verhandlungen ein seltsamer Rollentausch zwischen den Vertretern der östlichen Provinzen und denen des Rheinlandes, eine Erscheinung, die der Abgeordnete v. Auerswald in seiner bemerkenswerten Rede hervorhob: „Es hat zu jeder Zeit mein psychologisches Nachdenken erregt, daß unsere Kollegen vom Rhein mit ihrem starken Rechtsbewußtsein, mit ihrem hohen Rechtssinn — ich bitte des nachfolgenden Ausdrucks wegen um Nachsicht — eine wahrhafte Schwärmerei für alle bureaukratischen Einrichtungen verbinden. Ich glaube, daß wir vielfach Gelegenheit gehabt haben, dies zu bemerken, und daß uns aus den alten Provinzen, denen man so oft ein starres Beamtentum vorwirft, jene Hinneigung im höchsten Grade frappant gewesen ist. Ich habe mich noch nie von ihrer Nützlichkeit überzeugen können.“[12]) Schließlich fand in der zweiten Kammer ein Zusatz Annahme, wonach die Wahl der Gemeindevorsteher der Bestätigung der Staatsregierung in den Fällen bedürfen soll, welche die Gemeindeordnung bestimmen würde.

Dies ging aber der ersten Kammer nicht weit genug rückwärts; sie wollte das Wahlrecht der Gemeinden überhaupt aus der Verfassung streichen, und dafür den dürftigen Satz hineinstellen: „Ueber die Beteiligung der Gemeinden bei der Anstellung der Gemeindevorsteher wird das Gesetz das Nähere bestimmen“. Mit Recht sah die Revisionskommission der zweiten Kammer hierin die Gefährdung eines der wichtigsten Fundamente der Selbstverwaltung, woran auch durch die Tatsache nichts geändert werde, daß bis dahin in der Rheinprovinz und Westfalen die staatliche Ernennung der Gemeindevorsteher geltendes Recht war. In der Kommission überwog vielmehr

---

[11]) l. c. S. 554.
[12]) Ebenda.

die Ansicht, „daß ein gedeihliches und fruchtbares Gemeindeleben ohne Wahl der Gemeindevorsteher durch die Gemeinden selbst gar nicht zu hoffen sei. Nur im Falle der Wahl sei zu erwarten, daß sich die Gebildeteren und Begüterteren, durch das Vertrauen der Wähler getragen zur Annahme der Vorsteherschaft . . . bestimmt finden würden. . . Die Berufung auf das Beispiel Westfalens und der Rheinprovinz beweise nichts, weil man sich dort in der fraglichen Beziehung keineswegs befriedigt finde und am wenigsten damit einverstanden sei, den Gemeindevorsteher, welcher mit vielerlei öffentlichen Geschäften betraut sei, weniger als zur Gemeinde gehörig denn als bloßen Staatsbeamten betrachten zu müssen." Die Kommission schlug also zunächst Beibehaltung des früheren Beschlusses der zweiten Kammer vor.[13]) In der Plenarverhandlung vom 14. Dezember 1849 kam dann aber ein Vermittlungsantrag Camphausen zur Annahme, den umstrittenen Passus folgendermaßen zu fassen: „Ueber die Beteiligung des Staates bei der Anstellung der Gemeindevorsteher und über die Ausübung des den Gemeinden zustehenden Wahlrechts wird die Gemeindeordnung das Nähere bestimmen." Diese Fassung schien gegenüber der der ersten Kammer den Vorzug zu bieten, daß das Prinzip der Wahl durch die Gemeinden anerkannt und nur eine Beteiligung des Staates bei der Bestellung, nicht umgekehrt nur eine eventuelle Beteiligung der Gemeinden bei der staatlichen Ernennung offen gelassen wurde.[14]) Dieser Fassung trat nunmehr auch die erste Kammer bei,[15]) und so ging die Bestimmung in dieser Form in den Art. 105 der Verfassungsurkunde vom 31. Januar 1850 über, der dann freilich selbst wieder der fortgesetzten Rückwärtsrevidierung zum Opfer fiel und durch Gesetz vom 24. Mai 1853 ganz und gar aufgehoben wurde. Der Versuch einer verfassungsmäßigen Sicherung kommunaler Selbständigkeit ist also schließlich auch in seiner abgeschwächtesten Form gescheitert.

Schon unter dem 2. August 1849 hatte die Regierung den Entwurf einer Gemeindeordnung, die für Stadt- und Landgemeinden der ganzen Monarchie gelten sollte, vorgelegt. Die parlamentarische Behandlung dieses Entwurfs geschah seitens derselben Kammern und in so nahem zeitlichen Zusammenhange mit der Revision der Verfassung, daß die stellenweise hervortretende Neigung, auch diesen Entwurf rückwärts zu revidieren, psychologisch begreiflich wird. So

---

[13]) l. c. S. 1704.
[14]) l. c. S. 1738 9.
[15]) a. a. O. S. 2037.

wurde zum § 28 des Entwurfs (§ 29 des Gesetzes), der das Prinzip der Wahl des Gemeindevorstandes durch den Gemeinderat ausspricht, in der Kommission der ersten Kammer der Antrag gestellt, die Bürgermeister der größeren Gemeinden von der Regierung ernennen zu lassen; allerdings aber erfolgte mit Rücksicht auf die große Unzufriedenheit, die eine solche capitis deminutio in den Städteordnungs-Provinzen erregen würde, die Ablehnung.[16]) Im übrigen unterschied sich hinsichtlich der Bestätigungsfrage dieser neue von dem vorhin erörterten, ein Jahr früher vorgelegten Entwurf wesentlich nur dadurch, daß die Bestellung von Bürgermeistern durch Ernennung aus drei präsentierten Kandidaten ganz wegfiel, so daß also der § 30 dieses Entwurfs (§ 31 des Gesetzes) ganz wie der frühere gleichnamige Paragraph das Bestätigungsrecht auf die gewählten Bürgermeister und Beigeordneten beschränkte; es in den Gemeinden von mehr als 10000 Einwohnern dem Könige, in den übrigen dem Regierungspräsidenten zuerteilte; in jedem Falle die Anhörung des Bezirksrates, der nach der gleichzeitig vorgelegten Kreis-, Bezirks- und Provinzialordnung an die Stelle des früher beabsichtigten Bezirksausschusses treten sollte, vorschrieb; und endlich für den Fall zweimaliger Nichtbestätigung „dem Könige bezw. dem Regierungspräsidenten die Ernennung auf die Dauer der Wahlperiode" devolvierte. Die Motive rechtfertigen die Beibehaltung der Bestätigung für die Bürgermeister damit, daß andernfalls „der Staat, um sich vor der Gefahr des Zerfallens in Gemeinderepubliken zu schützen, notwendig besondere Kommissarien oder Kontrolleure für die einzelnen Gemeinden bestellen" müßte. Dem sei es bei weitem vorzuziehen, „die Geschäfte der Gemeindeverwaltung und der örtlichen Staatsverwaltung in dieselben Hände zu legen". Hier werden denn auch diese ominösen Geschäfte der staatlichen Verwaltung einmal spezialisiert; und was erscheint da, immer abgesehen von der Ortspolizei? „Die Verrichtungen eines Hilfsbeamten der gerichtlichen Polizei, die Staatsanwaltschaft bei den Polizeigerichten", also ebenfalls noch polizeiliche Funktionen; und endlich als einzige nicht polizeiliche: „Die Führung der Personenstandsregister". In § 58 des Gesetzes, der die speziellen Funktionen des Bürgermeisters aufzählt, hat man dann zur Verhüllung dieser Dürftigkeit unter Ziff. 5 noch eine Generalklausel auf-

[16]) Rönne: Die Gemeindeordnung v. 11. März 1850. S. 131.

genommen. In Wahrheit hängt also der ganze Beweis von der Unentbehrlichkeit der staatlichen Bestätigung einzig und allein an dem Dogma von der unveräußerlich staatlichen Natur der Ortspolizei; denn etwa lediglich auf die Führung der Personenstandsregister bezogen, müßte der Satz der Motive einen unfreiwillig komischen Eindruck machen: „Die Beurteilung darüber, ob der gewählte Bürgermeister diesen Geschäften gewachsen sei, ist eine Pflicht, deren sich die Staatsregierung nicht würde entschlagen können."

„Dies vorausgeschickt, bleibt noch die Frage übrig, wer am Ende nachgeben müsse, wenn der unerwünschte Fall einträte, daß ein Gemeinderat fortwährend bei einer Wahl verharrte, welche der Staatsregierung unzulässig erschiene. Da das Privatinteresse, selbst wenn es unbestritten begründet ist, bei einem Konflikte mit dem Staatsinteresse diesem weichen muß, so war auch die obige Frage um so mehr zu Gunsten der Staatsregierung zu entscheiden, als man nicht leicht wird annehmen können, daß es außer dem von dem Gemeinderate erwählten Kandidaten nicht noch irgend einen anderen geben sollte, welcher den beiderseitigen Interessen zu genügen vermöchte. Dies zur Rechtfertigung der für den Fall einer zweimaligen Nichtbestätigung vorbehaltenen Ernennung." Sonderlich überzeugend und tiefgehend ist diese Rechtfertigung freilich nicht, ebensowenig wie die darauf folgende Erklärung, daß es für diesen Fall mit der bisherigen kommissarischen Bestellung nicht mehr gehen werde.[17])

Die in beiden Kammern gemachten Versuche, das Bestätigungsrecht wieder auf alle Mitglieder des Vorstandes auszudehnen, wurden abgewiesen; ebenso aber auch andererseits die Versuche, das freie Ermessen bei der Bestätigung der Bürgermeister irgendwie einzuschränken, sei es dadurch, daß man die Anhörung in die Zustimmung des Bezirksrats veränderе, sei es, daß man die Angabe der Gründe für die Nichtbestätigung vorschriebe. Mit der Devolution des Ernennungsrechts waren die Kammern einverstanden, da das Recht der Gemeinden zur Wahl ihrer Vorsteher hinreichend gesichert sei, wenn von dieser Befugnis erst nach zweimaliger Nichtbestätigung der erfolgten Wahl Gebrauch gemacht wird. Daß damit tatsächlich die Ernennung der Gemeindevorsteher in das Belieben der Regierung gestellt wurde, die ja jederzeit ohne Angabe der Gründe zweimal die Bestätigung versagen konnte, übersah man geflissentlich.

---

[17]) Rönne a. a. O. S. 135.

Wohl aber beschäftigte sich die Kommission der ersten Kammer mit der Frage, ob die wiederholte Wahl eines Nichtbestätigten zulässig sein solle. Dies wurde bejaht, „weil möglicherweise die Gründe, welche die Verwerfung der Wahl herbeiführten, inzwischen beseitigt sind, und weil es für die Regierung gleichgiltig ist, ob die Bestätigung desselben Kandidaten zweimal versagt wird oder ob die zweimalige Nichtbestätigung verschiedene Kandidaten trifft, wenn für beide Fälle dieselben Folgen eintreten". [18]) Dagegen fand ein Zusatz Annahme, der die Verweigerung der Wahl einer zweimaligen Nichtbestätigung gleichstellte; und endlich wurde der Zeitraum, für welchen der Regierung das Ernennungsrecht devolviert wurde, auf höchstens sechs Jahre bestimmt. So erhielt der § 31 der Gemeindeordnung vom 11. März 1850 seine endgiltige Gestalt.

Wie diese Gemeindeordnung in ihrer Entstehung mit dem Art. 105 der Verfassung eng verbunden gewesen war, so teilte sie auch sein Geschick der raschen Vernichtung nach einem ephemeren Dasein. Gerade die drei Momente, auf denen die Eigenart dieser Gemeindeordnung beruht, mußten ihr Schicksal beim Siege der Reaktion entscheiden: ihr organischer Zusammenhang mit der Kreis-, Bezirks- und Provinzialordnung, die ihrerseits sich der Todsünde einer Beseitigung des kreis- und provinzialständischen Feudalismus schuldig machte; ihre prinzipielle Einheitlichkeit für den ganzen Staat, sowie für Stadt- und Landgemeinden. Waren ihr diese drei Giftzähne ausgebrochen, so mochte sie immerhin mit einigen „Verbesserungen" fortbestehen; und es war auch ursprünglich die Absicht der Regierung, sie in diesem verstümmelten Zustande als St. O. für die sechs östlichen Provinzen beizubehalten. Indessen erwies sich bei näherem Zusehen die Verstümmelung doch als zu tiefgehend, um eine Neuredaktion entbehrlich zu machen; diese legte die Regierung in einem Entwurf vom 29. November 1852 den Kammern vor, und so entstand die noch jetzt giltige St. O. für die östlichen Provinzen vom 30. Mai 1853.

In der Bestätigungsfrage schloß sich der § 33 des Regierungsentwurfs dem eben erörterten § 31 der Gemeindeordnung bis auf diejenigen Modifikationen an, welche der veränderten politischen Tendenz und ihrer rückwärtsrevidierten Gesetzgebung entsprangen.

[18]) Ebenda S. 136.

Wie früher der Beibehaltung des Bestätigungsrechts, so war jetzt seiner Beschränkung der herrschende Geist entgegen; und so ward denn wieder für sämtliche Mitglieder der Magistrate die Regierungsbestätigung in Anspruch genommen und dem Regierungspräsidenten zugewiesen, während für die Bürgermeister und Beigeordneten in Städten von mehr als 10000 Einwohnern die königliche Bestätigung beibehalten wurde. Da ein Bezirksrat nicht mehr existierte, konnte auch seine Anhörung nicht mehr vorgeschrieben werden; um jedoch die harmlose Scheingarantie eines anzuhörenden Kollegiums als schmückendes Beiwerk nicht ganz zu entbehren, schrieb der Entwurf die Anhörung des Regierungsplenums, und zwar nicht nur für die Versagung, sondern auch für die Erteilung der Bestätigung vor. Die Devolution des Ernennungsrechts behielt der Regierungsentwurf natürlich bei, fügte aber den beiden bisherigen Fällen derselben noch den dritten hinzu, wenn die Stadtverordneten den nach der ersten Wahl nicht Bestätigten wieder erwählen sollten. Der Entwurf entschied also diese schon bei der Gemeindeordnung angeregte Frage in entgegengesetztem Sinne.

Gegen die Ausdehnung der Bestätigung auf sämtliche Magistratsmitglieder zeigte sich nur ein schwacher Widerstand in der zweiten Kammer; die Vorstellungen des obrigkeitlichen Anstaltstaats, wonach alle Weihe und Würde obrigkeitlicher Autorität nur von oben her abgeleitet werden könne, überwogen so stark, daß man in der staatlichen Bestätigung auch der Schöffen eine unentbehrliche Voraussetzung ihres amtlichen Ansehens zu finden wähnte [19]). Dagegen änderte die zweite Kammer in zwei Punkten den Regierungsentwurf ab. Einmal nämlich übertrug sie das Bestätigungsrecht von dem Regierungspräsidenten auf das Regierungskollegium, das damit aus einer bloß gutachtenden zur entscheidenden Behörde wurde, weil man zur Unabhängigkeit und vorurteilslosen Prüfung des Kollegiums mehr Vertrauen als zu der des Einzelbeamten hatte. Ferner und vor allem aber wurde die Devolution des Ernennungsrechtes völlig beseitigt und durch die Wiederherstellung der in der St. O. von 1831 vorgesehenen Einrichtung, Bestellung eines Kommissars zur interimistischen Verwaltung der Stelle, ersetzt. Von den Gründen, welche die Motive

---

[19]) Sten. Ber. der II. Kammer 1852/3 S. 923 fg. Vgl. auch: Hübner, Die St. O. v. 1853 (1854) S. 139, 141.

zur Gemeindeordnung für die Notwendigkeit angeführt hatten, die Devolution der Ernennung an die Stelle des Kommissoriums zu setzen, waren zwei jedenfalls in Wegfall gekommen; nämlich einmal der Umstand, daß die generelle Aufsicht über die Kommunalverwaltung von einem gewählten Bezirksrat statt von der Regierung geführt werde; und ferner, daß diese Einrichtung sich nicht nur auf eine beschränkte Anzahl von Städten, sondern auf sämtliche Gemeinden des Landes beziehen solle. Damit hielt man auch das Bedenken für erledigt, daß die Regierung nicht die geeigneten Personen finden würde für ein Kommissorium, dessen Dauer von der Willkür der Gemeinde abhängt und nach erfolgter Wahl und Bestätigung eines geeigneten Kandidaten aufhört. Demgemäß kehrte man nunmehr zu jener älteren Einrichtung zurück, die das Wahlrecht selbst unter allen Umständen den Gemeinden beläßt; während für jene drei Fälle, in denen der Entwurf eine Devolution des Ernennungsrechts an die Regierung forderte, die von der definitiven Besetzung völlig gesonderte Bestellung eines Kommissars eintritt. Eine Anregung, diese Bestellung des Kommissars in den Fällen, wo das Bestätigungsrecht der Krone zusteht, dieser vorzubehalten, ist bekanntlich bei der Abstimmung unbeachtet geblieben; die Ernennung des Kommissars vielmehr in allen Fällen der Regierung übertragen worden, was eben infolge der Trennung von Bestätigung und Kommissarbestellung auch unbedenklich erscheint. Da mit der Devolution auch ihre zeitliche Begrenzung auf höchstens sechs Jahre weggefallen war, so bedurfte es nunmehr einer Bestimmung über die Dauer des Kommissoriums, die sich übrigens aus der Natur der Sache von selbst dahin ergab, daß dasselbe so lange dauert, bis die Wahl der Stadtverordnetenversammlung, deren wiederholte Vornahme ihr jederzeit zusteht, die Bestätigung des Königs bezw. der Regierung erlangt hat.

Diesen Beschlüssen der zweiten Kammer trat die erste Kammer sowie die Regierung bei, und somit gingen sie in den § 33 der St. O. von 1853 über.

Nachdem mit der Gemeindeordnung von 1850 der Versuch einer einheitlichen kommunalen Organisation für den ganzen Staat gescheitert war, ist man trotz aller Wandlungen der Zeit bei der Methode provinzialer Gesetzgebung stehen geblieben, indem man schon gleichzeitig mit der östlichen St. O. mitten in deren Geltungsgebiet hinein eine Enklave setzte, die Städte von Neuvorpommern und Rügen, bei deren Organisation man in der Wiederherstellung alten Partikularrechts und seiner Imitation durch archaisierende Stadtrezesse geradezu schwelgte. Im übrigen bieten die provinziellen Städteordnungen Preußens eine überreiche Musterkarte von Varianten auch hinsichtlich der Bestätigungsfrage, ohne daß diesen Sonderbestimmungen irgendein begrifflich erheblicher Gesichtspunkt abzugewinnen wäre. Nahezu all die verschiedenen Experimente, die in der Entwicklungsgeschichte der östlichen St. O. irgend wann einmal aufgetaucht sind, fristen in irgend einem Provinzialgesetz ihr Dasein als geltendes Recht fort. So erscheint in der Rheinischen St. O. die aus der östlichen glücklich entfernte Devolution des Ernennungsrechts in den bekannten drei Fällen auf die Bestätigungsinstanz, während in Hannover für die Bestellung des Kommissars nur der Minister des Innern, in Berlin hierfür wie für die Bestätigung der Stadträte der Oberpräsident zuständig ist. Die in den alten Provinzen zurückgenommene Beschränkung des Bestätigungsrechts auf die Bürgermeister und Beigeordneten ist in den seit 1866 erworbenen Landesteilen meist — mit Ausnahme Hannovers — wieder aufgenommen; dagegen greift das Gemeindeverfassungsgesetz für Frankfurt a. M. bei der Bestellung des ersten Bürgermeisters auf die alte Methode der St. O. von 1808 und 1831 zurück, die königliche Ernennung aus drei präsentierten Kandidaten. Neuerdings endlich hat die Hessen-Nassauische St. O. von 1897 in ihrem § 36 noch eine kleine Variante ausgeheckt, indem sie außer den Bürgermeistern und Beigeordneten auch die besoldeten, nicht aber die unbesoldeten Magistratsmitglieder der Bestätigung unterwirft und ferner verlangt, daß der eventuell zu bestellende Kommissar in der Regel aus der Zahl der Bürger entnommen werde. An Variationen fehlt es also wahrlich nicht; aber als ergötzlich im Sinne des Rechtsstaates kann dieser Zustand trotzdem nicht bezeichnet werden.

Im Gegensatz zu dieser theoretischen Bedeutungslosigkeit der verschiedenen provinzialrechtlichen Normen bieten die Verhandlungen des Abgeordnetenhauses über den Entwurf einer St. O. vom Jahre 1876 ein ganz hervorragendes wissenschaftliches Interesse auch für die Frage des Bestätigungsrechts, die weder früher noch später parlamentarisch oder litterarisch eine so ausgiebige Erörterung ihrer prinzipiellen Seiten gefunden hat. Die Bestätigungsfrage war denn auch einer der wichtigsten Differenzpunkte, an denen dieser bisher letzte Versuch einer städtischen Organisationsgesetzgebung größeren Stils in Preußen gescheitert ist. Zugleich lehren die damaligen Vorgänge, daß die Lösung der Bestätigungsfrage im Geiste des modernen Rechtsstaates zu den unvermeidlichen Voraussetzungen einer gedeihlichen und einheitlichen Vollendung unserer Verwaltungsorganisation gehört, die ja heute wie vor einem Menschenalter beim Beginn der zu einem systemlosen Flickwerk entarteten Reformgesetzgebung denselben traurigen Anblick darbietet: halb noch Rohbau und halb schon Ruine.

Die mit der Kreisordnung von 1872 begonnene Verwaltungsreform, die Reorganisation der höheren Kommunalkörper wie der staatlichen Mittelinstanzen und die Einfügung einer Verwaltungsrechtsprechung ließen die aus geradezu entgegengesetzten Tendenzen hervorgegangene St. O. von 1853 als nicht länger haltbar erscheinen. Wenn dieselbe noch heute in einigermaßen geflicktem Zustande fortbesteht, so ist damit keineswegs die vor einem Vierteljahrhundert von der Regierung in den Motiven zu dem damaligem Entwurf ausgesprochene Behauptung widerlegt: „daß es sich als nahebei unausführbar herausstellen müßte, die unerläßliche, weitgreifende Umgestaltung in anderer Form als mittels eines völlig neuen, die gesamte städtische Verfassung einheitlich und übersichtlich regelnden Gesetzes herbeizuführen[20]). Allerdings sollte auch der Entwurf vom 8. März 1876 zunächst nur für die östlichen Provinzen außer Posen, also für die sogen. Kreisordnungsprovinzen in Kraft treten; aber seine weitere Ausdehnung war von vornherein Hand in Hand mit der Ausdehnung der Kreis- und Provinzialordnung in Aussicht genommen, und die Kommission des Abgeordnetenhauses wollte ihn sofort auf Posen, Westfalen, Rheinprovinz und Bezirk Wiesbaden ausdehnen.

Daß bei diesem Versuche einer Anpassung des Städterechts an die Normen des Rechtsstaates die Bestätigungsfrage stark in den Vordergrund treten mußte, lag in der Natur der Sache. Schon in den vorhergehenden Jahren, so bei der Beratung der Kreisordnung, der Schleswig-Holsteinschen St. O. von 1869 hatte das Abgeordnetenhaus Anläufe genommen, das freie Ermessen des Polizeistaates zu

---

[20]) Sten. Ber. des Abg.-H. 1876. Anlagebd. I. S. 650.

ersetzen durch die gesetzliche Determinierung der Gründe, aus denen die Bestätigung versagt werden könne, oder wenigstens durch die Rechtspflicht zur Angabe von Gründen. An dem Widerstand der Regierung und des Herrenhauses waren diese Versuche gescheitert. Auch jetzt brachte der § 49 des Regierungsentwurfs lediglich eine Beschränkung des Bestätigungsrechts auf Bürgermeister und Beigeordnete; hielt aber im übrigen den § 33 der bisherigen St. O. völlig aufrecht, nur daß er wieder an die Stelle der Regierung den Präsidenten setzte. Die Motive begründen die Beibehaltung der Bestätigung für den Bürgermeister und dessen Stellvertreter in der üblichen Weise durch die ihm obliegenden „Geschäfte der allgemeinen Landesverwaltung". Der Fortfall einer Bestätigung für die Stadträte wurde sogar von der äußersten Rechten des Abgeordnenhauses beifällig begrüßt; so bezeichnete der Freiherr von Manteuffel diese Bestätigung als „ein Erfordernis, welches zu nichts als zu Widerwärtigkeiten, zu Gehässigkeiten führte und schließlich die Regierung bloß dahin brachte, daß eine mißliebige Person allerdings vielleicht beseitigt wurde, während eine zweite mißliebige Person schließlich doch noch bestätigt wurde. Es ist also viel besser, solche Sachen wegzulassen"[21]. Aber auf der anderen Seite zeigte bereits die Generaldebatte, namentlich gleich die erste Rede des Abgeordneten Miquel[22], daß die Mehrheit des Abgeordnetenhauses keineswegs bei diesem geringfügigen Fortschritt stehen bleiben wollte. In der Tat übertrug denn auch schon die Kommission, von weniger wichtigen Aenderungen abgesehen, das Bestätigungsrecht von dem Regierungspräsidenten auf den Oberpräsidenten, der aber die Bestätigung nur mit Zustimmung des Provinzialrats versagen darf, gegen welchen Beschluß die Beschwerde an den Minister des Innern gegeben wird; außerdem soll eine kommissarische Verwaltung der Bürgermeisterstelle unzulässig sein, falls der Beigeordnete zur Uebernahme der Verwaltung bereit ist. Weiter gehende und prinzipiell tiefer greifende Anträge waren in der Kommission noch abgelehnt worden[23]. Sie kehrten jedoch bei der zweiten Lesung im Plenum wieder, und diese führte zur Annahme eines Amendements Uhlendorff-Virchow, welches das Bestätigungsrecht in den größeren

---

[21]) Sten. Ber. des Abg.-H. 1876. Bd. II S. 784.
[22]) a. a. O., S. 771.
[23]) Anlagebd. III., S. 1406 u. 1491.

Städten von der Krone auf den Minister des Innern übertrug, und weiter bestimmte: „Die Bestätigung darf nur versagt werden, wenn Tatsachen vorliegen, welche Bedenken gegen die technische oder sittliche Qualifikation des Gewählten begründen. Diese Tatsachen sind in dem die Bestätigung versagenden Bescheide mitzuteilen. Bei der Wiederwahl ist eine Bestätigung nicht erforderlich".[24])

Damit war in der Tat der für die Einfügung des Bestätigungsrechts in die Normen des Rechtsstaats entscheidende Punkt berührt: die gesetzliche Determinierung der Gründe, aus denen die Bestätigung versagt werden dürfe. Man mochte darüber streiten, ob sich eine solche rechtliche Determinierung nicht noch enger und präziser fassen ließ, als es durch die Vorschrift der Angabe von Tatsachen geschah, die Bedenken gegen die sittliche oder technische Qualifikation des Gewählten begründen; es konnte in dieser Hinsicht auf das Vorbild der Stüweschen St. O. für Hannover von 1851,[25]) sowie auf andere deutsche Gesetzgebungen[26]) und die vorhin erwähnten Anläufe im Preußischen Abgeordnetenhause[27]) verwiesen werden. Aber völlig falsch war es, die prinzipielle Bedeutung dieser gesetzlichen Determinierung des Bestätigungsrechts überhaupt leugnen, darin lediglich eine veränderte Formulierung des bisherigen freien Ermessens sehen zu wollen. Einmal nämlich wird schon durch die bloße Notwendigkeit, Gründe für die Nichtbestätigung anzugeben, und zwar Gründe, die sich auf Tatsachen stützen müssen, aus der Willkür des freien Ermessens ein rechtlich determiniertes, an einen gesetzlichen Tatbestand gebundenes Ermessen. Und ferner kann eine solche Gesetzesbestimmung in der Tat die Grundlage abgeben, um eine Nachprüfung der versagten Bestätigung im Streitfalle durch die Rechtsprechung herbeizuführen, den gerichtlichen Beweis antreten zu lassen, ob die Bedingungen des Gesetzes im streitigen Einzelfall vorliegen oder nicht.

Abgesehen von den prinzipiellen Gegnern jeder wahren Gemeindefreiheit, hat man damals wie seitdem immer wieder gegen diese gesetzlich determinierte Begründung, die allerdings die begriffliche Voraussetzung für den Uebergang von polizeistaatlicher Willkür zu

---

24) Ebda., S. 1704/5.
25) Abg. Windthorst, Sten. Ber. III., S. 1837.
26) Abg. Röckerath, a. a. O., S. 1831.
27) Abg. Lasker, a. a. O., S. 1906.

rechtsstaatlicher Ordnung ist, geltend gemacht, daß eine solche Begründung neue Uebelstände herbeiführen würde. Die Kommission hatte damals jene Bestimmung hauptsächlich deshalb abgelehnt, „weil man diejenige Persönlichkeit, um deren Wahl es sich handelt, doch mehr oder weniger bloßstelle, wenn überhaupt Gründe angegeben werden". Und auch im Plenum ward die Meinung vertreten: „wenn Sie verlangen, daß gegen eine öffentliche Wahl Tatsachen angeführt werden, welche geradezu die Moral oder die technische Qualifikation eines Mannes in Frage stellen, daß das eine außerordentlich bedenkliche Sache ist und der Persönlichkeit, die dadurch getroffen wird, einen Nachteil zufügt, der in keiner Weise zu verantworten ist. Die notwendige Folge . . . würde doch sein, entweder daß direkt der Staatsanwalt einzuschreiten hätte, oder daß die Karriere eines solchen Mannes überall, wo er sich auch nur einfindet, unbedingt verdorben würde"[28]). Es zeugt von einer gewissen Gutmütigkeit, aber von noch größerer Naivität, gegen eine wichtigste Institution des Rechtsstaates das Interesse ins Feld zu führen, das unter Umständen ein dunkler Ehrenmann daran haben kann, daß seine Vergangenheit nicht in die Erörterung gezogen werde. Wer eine unter Kontrolle der Oeffentlichkeit stehende Prüfung seiner Person und seines Lebens nicht vertragen kann, der gehört eben nicht in das öffentliche Leben. Schutzlos jedoch ist der beste Mann gegen die jeder Begründung enthobene Willkür des freien Ermessens und die an seine Ausübung sich knüpfenden geheimen und unverantwortlichen, also unkontrollierbaren Gerüchte. Treffend entgegnete bei den damaligen Verhandlungen der Abgeordnete Windthorst-Meppen: „daß es sich gar nicht darum handelt, irgend einen hergelaufenen Menschen zu bestätigen, sondern daß es sich darum handelt, ob die Regierung einen Mann ohne Angabe von Gründen verwerfen darf, den die Kommune, der wir doch das Vertrauen schenken müssen, daß sie ihre Interessen am besten kennt, ihres Vertrauens würdig gehalten hat. Wenn die Regierung einen solchen Mann ohne Angabe jeglichen Grundes zurückweisen und ihm dadurch ein nicht erklärtes und begründetes Mißtrauensvotum geben kann, einem Manne, den seine Mitbürger zu ihrem Vorsitzenden haben machen wollen, so ist das weit verletzender für ihn, als wenn die Regierung die tatsächlichen Gründe der Verweigerung seiner Bestätigung derart angiebt . . . Ich kenne für meine Person keine stärkere Verneinung der Selbständigkeit einer Stadt, ich kenne keinen größeren Hohn auf die Selbstverwaltung, als wenn die Regierung ohne jeglichen Grund den Mann des Vertrauens der Stadt verwerfen kann".[29])

---

[28]) a. a. O., S. 1833.
[29]) Ebda., S. 1836/37.

Selbstverständlich kann freilich die Sache mit der Angabe der Gründe seitens der Regierung nicht im Sinne des Rechtsstaates endgiltig erledigt sein; vielmehr kann dies, wie eben schon angedeutet, nur die rechtliche Grundlage für das Eingreifen des Rechtsschutzes durch eine unparteiische und unabhängige Anwendung des bestehenden Rechts auf den streitigen Einzelfall, also durch Rechtsprechung bilden. Damit erledigt sich auch, was neuestens Jebens[30]) gegen die Angabe von Gründen bei der Nichtbestätigung angeführt hat, daß nämlich damit „einem unabsehbaren Hin und Her von Für und Wider Tür und Tor geöffnet würde". Das gilt von jedem Rechtsstreit, für den unter Verleugnung seiner inneren Natur das positive Recht noch keine Entscheidung im geordneten Rechtswege ausgestaltet hat. Die aus äußeren wie inneren Gründen gleich notwendige Lösung ist auch für diesen Fall der verwaltungsgerichtliche Prozeß und Richterspruch.

Mit einer derartigen rechtlichen Ordnung ist nun allerdings das unmittelbare Eingreifen der Krone bei der Bestätigung der Bürgermeister in den größeren Städten nicht wohl verträglich. Der damalige Antrag hatte denn auch diese Konsequenz gezogen, wenn auch nicht in einer technisch einwandfreien Weise, indem er die königliche Bestätigung durch die des Ministers des Innern ersetzte; und gegen diese Ausschaltung einer unmittelbaren Einmischung der Krone ist in den damaligen Verhandlungen kein irgend bemerkenswertes Argument geltend gemacht worden. Man konnte freilich diese Veränderung damals als mehr oder minder zweckmäßig und wünschenswert, nicht als durchaus notwendig ansehen, weil zunächst ja noch keine richterliche Nachprüfung der Handhabung des Bestätigungsrechts in Betracht kam, sondern wesentlich nur eine parlamentarische, die sich in der Tat bei einer Bestätigung durch die Krone ebenso gut an den in Folge seiner Kontrasignatur verantwortlichen Minister halten konnte, wie im Falle der Handhabung des Bestätigungsrechts durch diesen. Insoweit zeigte sich hierin allerdings zugleich die tatsächliche Bedeutungslosigkeit jenes Vorbehalts für die Krone; denn die sonst und auch neuerdings im politischen Tageskampfe gelegentlich aufgestellte Behauptung, daß es sich hier um ein höchst persönliches

---

[30]) Deutsche Juristenzeitung v. 1. Nov. 1901 (VI Nr. 21) S. 467.

Recht des Königs handle, für dessen Ausübung der Minister dem Parlament nicht verantwortlich sei, ist damals von keiner Seite aufgestellt worden; und sie steht zu allen Elementen des konstitutionellen Staatsrechts in einem so ungeheuerlichen und durch keinen Schatten des Rechts begründeten Widerspruch, daß sie auch wirklich nicht erst der Widerlegung bedarf. Indessen stellte sich schon im Rahmen des Kommissionsantrages eine bedenkliche Diskrepanz heraus; die Bestätigung, die danach in den kleineren Städten dem Oberpräsidenten zustand, sollte nur mit Zustimmung des Provinzialrats versagt werden dürfen; und diese Garantie, auf welche die Anhänger des Kommissionsantrages und Gegner des Amendements Uhlendorff entscheidenden Wert legten, mußte infolge der königlichen Bestätigung bei den größeren Städten natürlich wegfallen.[31]) Das erschien als eine seltsame Entrechtung dieser größeren Städte; denn „gegen jemanden, der über alle Angriffe erhaben ist, muß, wenn irgend etwas gegen die Versagung der Bestätigung in der größeren Stadt vorgebracht werden könnte, es dieser Bestimmung gegenüber zurückgehalten werden, weil niemand da ist, der angegriffen werden kann. Das was wir wollen, ist eine Gleichstellung in der Art, daß eine wirklich angreifbare Behörde geschaffen wird, die, wenn sie die Bestätigung versagt, gezwungen werden soll, ihre Gründe anzugeben, damit eine Remedur eintreten könne".[32])

Schon dieser Gedankengang führte zu der Erkenntnis, daß in diesem Falle die formale persönliche Entschließung des Königs im höchsten Maße unangebracht ist, ebenso wohl unter dem Gesichtspunkte der staatsrechtlichen Stellung der Krone wie der Selbstverwaltung der größeren Städte. Immerhin handelte es sich bei dem Zwange, von dem hier die Rede war, nach Maßgabe des damals zunächst nur vorliegenden Antrages lediglich um die parlamentarischen Pressionsmittel gegen den verantwortlichen Minister. Sobald man jedoch die gesetzliche Ausgestaltung des Instituts im Geiste des Rechtsstaates ins Auge faßt, ergiebt sich ein wesentlich anderes Bild. Dann erscheint die Angabe der Gründe für die Nichtbestätigung sowie die Stichhaltigkeit dieser Gründe nach Maßgabe des Gesetzes als Voraussetzung für die Rechtsgiltigkeit der betreffenden Verfügung, eine Voraussetzung, deren Vorhandensein im Streitfalle nachzuprüfen Sache der publizistischen Rechtsprechung ist. Mit einer solchen

---

31) Abg. Windthorst l. c. S. 1925.
32) Sten. Ber. III S. 1834.

Ordnung der Dinge, die allein dem Wesen des Rechtsstaats entspricht, ist denn freilich das Erfordernis einer königlichen Bestätigung vollends unvereinbar, da man es nicht für eine staatsrechtliche Möglichkeit halten wird, der Krone die Rolle des Beklagten im Verwaltungsstreit zuzuweisen.

Einer so gestalteten rechtlichen Ordnung der für das staatliche wie das kommunale Leben gleich bedeutungsvollen Frage steht nun, abgesehen zunächst von rein politischen Machtinteressen, eine Anschauung entgegen, die im letzten Grunde auf einer Verkennung der prinzipiellen Verschiedenheit im Wesen des Bestätigungsrechts einerseits und des Ernennungsrechts andererseits beruht, wenn dies auch kaum je klar ausgesprochen oder auch nur zu deutlichem Bewußtsein gebracht worden ist. Die Bestellung der Leiter größerer Stadtverwaltungen hat in ihrer historischen Entwicklung, wie sie oben dargelegt worden, im wesentlichen drei Stadien durchlaufen: die prinzipiell freie Ernennung der Stadtpräsidenten durch den König, die königliche Ernennung der Oberbürgermeister aus drei von der Stadt präsentierten Kandidaten, die königliche Bestätigung der von den größeren Städten gewählten Bürgermeister. Diese historische Entwicklung beeinflußt mehr oder minder bewußt noch heute die Auffassung des Bestätigungsrechts trotz der großen rechtlichen Wandlungen im Wesen der Sache, ganz so wie der ursprüngliche, heute tatsächlich antiquierte Begriff des mittelbaren Staatsbeamten im Sinne des Landrechts immer noch das städtische Amtsrecht beeinflußt, was oben erörtert wurde. Beide Dinge stehen übrigens in enger Wechselbeziehung mit einander. Die königliche Bestätigung dieser obersten Gemeindebeamten rückt danach leicht unter den Gesichtspunkt einer veränderten und beschränkten Form der ursprünglichen königlichen Ernennung. Danach wäre sie nur eine analoge Anwendung des Prinzips, wonach der König die höheren Staatsbeamten selbst ernennt, und nur die Ernennung der untergeordneteren eventuell anderen Behörden delegiert. Der Vorbehalt der königlichen Bestätigung läge also auch im Interesse des Ansehens dieser Gemeindebeamten selbst, die dadurch den vom Könige ernannten Staatsbeamten gewissermaßen ebenbürtig würden. Auf der anderen Seite bietet der Begriff der Ernennung seiner Natur nach keinerlei Raum für das Erfordernis einer Angabe von Gründen, sei es nach der positiven oder nach der negativen Seite hin; und wenn möglich noch weniger für die Nachprüfung einer versagten Ernennung durch die Rechtsprechung. Denn niemand hat ein subjektives Recht darauf, zu irgend einem Amte ernannt oder gewählt zu werden; der Kreis der ernennbaren oder wählbaren Personen kann durch gesetzliche Qualifikationsbedingungen beschränkt sein; aber innerhalb dieses Kreises steht dem Rechte des ernennenden oder wählenden Organs keinerlei Recht auf Ernennung oder Wahl gegenüber. Es handelt sich bei Ernennung und Wahl stets um durchaus einseitige Rechtsakte, nicht um den Eingriff eines Rechtssubjekts in die Rechtssphäre eines anderen; deshalb und nur deshalb entspricht dem Wesen der Ernennung wie der Wahl das freie Ermessen, das hier nicht als Willkür erscheint.

Nur eine Anschauung, welche bewußt oder unbewußt diese der Ernennung und Wahl eigentümlichen Momente auf die Bestätigung überträgt, kann sich der Forderung nach rechtsstaatlicher Ordnung des Bestätigungswesens prinzipiell ablehnend gegenüberstellen. In Wahrheit handelt es sich jedoch bei der Bestätigung um ein völlig anderes Rechtsinstitut als bei der Ernennung und Wahl. Nach der Organisation des modernen Staates und seiner Selbstverwaltung wurzelt die Bestätigung durchaus in dem Rechtsverhältnis zweier Rechtssubjekte, zweier Gesamtpersonen und Gebietskörperschaften zu einander; dieses Rechtsverhältnis ist das Aufsichtsrecht der höheren Gebietskörperschaft des Staates gegenüber der ihm eingegliederten engeren Gebietskörperschaft, dem kommunalen Selbstverwaltungskörper. Primär bestellt jeder Organismus sich selbst seine Organe, wie der Staat die Staatsorgane, so die Gemeinde die Gemeindeorgane; das ist das Gebiet der Ernennung oder Wahl, und damit des freien Ermessens. Wie die gesamte Lebenstätigkeit der engeren Gemeinwesen unter der rechtlich organisatorischen Einwirkung des staatlichen Organismus in Gestalt des staatlichen Aufsichtsrechts steht, so auch ihre Tätigkeit der Organbestellung in Gestalt des staatlichen Bestätigungsrechts. Aber wie der Begriff der Aufsicht den spezifischen Gegensatz zu dem der eigenen Tätigkeit bildet, wie von einer Aufsicht im juristischen Sinne überhaupt nur unter der Voraussetzung einer rechtlich anerkannten Selbstverwaltung die Rede sein kann, so bildet der Begriff der Bestätigung den spezifischen Gegensatz zur eigenen Ernennung oder Wahl der Organe, so kann von einer Bestätigung im juristischen Sinne nur unter der Voraussetzung die Rede sein, daß die Bestellung der Gemeindeorgane als eigener Willensakt der Gemeinden im Gegensatz zur staatlichen Ernennung rechtlich anerkannt ist. Trotz aller historischen Zusammenhänge und Uebergänge also darf die juristische Konstruktion in der Bestätigung unter keinen Umständen eine modifizierte oder abgeschwächte Form der Ernennung sehen wollen, vielmehr stets ihren begrifflichen Gegensatz. Im Unterschiede von der strengen Einseitigkeit des Ernennungs- und Wahlaktes stehen sich hier immer zwei Berechtigungen, die der Bestellung und die der Bestätigung, gegenüber; die Abgrenzung der beiden Willenssphären gegeneinander ist Aufgabe der Rechtsordnung. Wie der größere oder geringere Umfang des Aufsichtsrechts überhaupt eine Frage der Gesetzgebungspolitik ist, die vom positiven Recht zeitlich und örtlich verschieden beantwortet wird, so gilt dasselbe von der speziellen Anwendung des Aufsichtsrechts auf die Organbestellung, d. h. eben von der Bestätigung. Ob dieselbe notwendig oder entbehrlich ist, ob sie ersteres nur für die obersten Gemeindeorgane oder auch noch für andere sein mag, ob ihr lediglich eine Prüfung der Rechtmäßigkeit der von der Gemeinde vollzogenen Wahl oder aber auch eine Prüfung ihrer Zweckmäßigkeit seitens der Aufsichtsinstanz zu Grunde zu legen ist, — das alles sind sehr wichtige, doch aber spezifisch politische Fragen, die nur unter politischen Gesichtspunkten beantwortet werden können. Wie immer jedoch diese Fragen beantwortet werden mögen, es giebt ein Postulat, das nicht politischer Natur ist, sondern mit immanenter Logik aus der Grundidee des Rechtsstaats als solchem entspringt, dessen Erfüllung also entscheidend die Frage beantwortet, ob der Rechtsstaat auf diesem Gebiete eine Wahrheit ist oder nicht. Das ist die Beseitigung des freien Ermessens bei der Bestätigung durch die gesetzliche Determinierung. Denn da nach dem Prinzipe der Selbstverwaltung die Gemeinden publizistische Rechtssubjekte sind, steht wie bei der Aufsicht im allgemeinen, so bei der Bestätigung im besonderen die Abgrenzung der Willenssphären von Personen in Frage. Grundprinzip des Rechtsstaats ist es aber, daß jeder Eingriff des Staates in die Rechtssphäre der ihm eingegliederten Personen rechtlich determiniert sei, womit die Möglichkeit gegeben ist, die Grenzen der Rechtssphären im streitigen Einzelfall durch die Rechtsprechung nachzuprüfen. Was im vorigen Kapitel bezüglich der Genehmigung organisatorischer Ortsstatuten ausgeführt wurde, ist hier lediglich zu wiederholen: Jeder nicht gesetzlich umschriebene und folglich nicht vom Recht, sondern tatsächlich allein vom freien Ermessen einer Verwaltungsbehörde determinierte Eingriff in die Rechtssphäre einer Einzel- oder Gesamtperson ist im juristischen Sinne Willkür, mag im übrigen die strengste Gewissenhaftigkeit in der Ausübung dieses freien Ermessens noch so sehr zu amtlicher Pflicht gemacht sein; an der Grenze des freien Ermessens der Aufsichtsbehörde hört nicht nur die Selbstverwaltung, sondern auch der Rechtsstaat auf.

Falls das positive Recht eine Versagung der Bestätigung nur wegen der Verletzung von Rechtsnormen bei der Organbestellung zuläßt, ist jene Voraussetzung des Rechtsstaates ohne weiteres gegeben. Aber auch wenn sich nach positivem Recht die Prüfung der Bestätigungsbehörde auf die Zweckmäßigkeit der getroffenen Wahl erstrecken kann, ist damit die Erfüllung jenes Postulats wohl vereinbar; nur bedarf dann diese Prüfung der Zweckmäßigkeit einer genauen Normierung in den Formen und nach der Weise des Rechts. Die Prüfung der Bestätigungsbehörde giebt dann freilich den Rechtsformen ihren konkreten Inhalt; aber durch die Existenz der beschränkenden Rechtsform unterscheidet sie sich von der Willkür des freien Ermessens. Beispiele für eine solche rechtliche Ordnung bieten auch hier wieder die Beschränkungen der individuellen Freiheit durch Gewerbe- und Bauordnungen (vergl. oben S. 168). Unerläßliches Erfordernis aber ist, daß das Gesetz die Zweckmäßigkeitserwägungen ausdrücklich formuliert, auf Grund deren die Bestätigung versagt werden darf. Und der springende Punkt für den Unterschied zwischen einem solchen rechtlich determinierten und dem willkürlich freien Ermessen ist auch hier wieder die rechtliche Notwendigkeit und Bedeutung einer A n g a b e d e r G r ü n d e. Wo die Gründe für eine Versagung der Bestätigung gesetzlich fixiert sind, gleichviel ob als solche lediglich Erwägungen der Rechtmäßigkeit oder gesetzlich determinierte Erwägungen der Zweckmäßigkeit anerkannt sind, überall da ergiebt sich die Notwendigkeit einer rechtlichen Begründung für die Versagung der Bestätigung von selbst, womit dann zugleich das Fundament für eine eventuelle Nachprüfung der Rechtsbeständigkeit dieser Begründung im Streitfalle durch die Rechtsprechung gegeben ist. Wo dagegen die Willkür des freien Ermessens herrscht, da ist auch eine eventuelle Angabe von Gründen rechtlich unerheblich; denn hinter allen möglichen Gründen steht immer noch der Generalgrund des freien Ermessens: weil der Mann uns nicht gefällt. Eben dies ist aber wiederum recht eigentlich die fine fleur des absoluten Polizeistaates und die absolute Negation des Rechtsstaats. Denn wie von der Aufsicht überhaupt, so gilt doch auch von der Bestätigung im besonderen das oben zitierte Wort Gierkes[33]): sie „kann im Sinne des Rechtsstaates nur auf der Basis und in den Grenzen fester Rechtsnormen gehandhabt werden, welche die Gesetzgebung zu schaffen und die Rechtsprechung zu schirmen hat".

Bei dieser Betrachtung der Sache im Geiste der rechtsstaatlichen Ordnung ergiebt sich nun klar und unzweideutig die Unhaltbarkeit einer Bestätigung durch die Krone selbst. Alle für diese Einrichtung etwa geltend zu machenden Argumente beruhten, wie nunmehr dargetan sein dürfte, auf der unzulänglichen Auseinanderhaltung von Ernennungs- und Bestätigungsrecht; sie fallen mit der klaren Erkenntnis des spezifischen Gegensatzes beider sämtlich dahin. Die Wertung und das Ansehen der amtlichen Stellung eines Organs mag vielleicht von dem Ansehen des bestellenden Organs beeinflußt werden, keineswegs aber von der Stellung des Organs, das die entgegenstehende und beschränkende Befugnis einer Aufsicht über diese Bestellung ausübt; und alle Parallelen mit den Rangverhältnissen der staatlichen Amtshierarchie können umsomehr unberücksichtigt bleiben, als eine nahezu hundertjährige Erfahrung die Möglichkeit einer reichen und gedeihlichen Entwicklung des städtischen Amtsorganismus ohne jede Einreihung in die staatliche Rangstufenleiter beweist. Vor allem aber muß die Erwägung entscheidend sein, daß es sich im Bestätigungswesen nach dem Grundprinzip des Rechtsstaats nicht um das freie Ermessen eines höchsten und unverantwortlichen Organs handelt, sondern um die naturgemäß nur unter mannigfachen Kämpfen wahrzunehmende Wacht an der Grenze zweier relativ selbständiger Rechtssphären, eine Grenze, die durch positive Rechtsnormen abgesteckt, deren Innehaltung im streitigen Einzelfall durch eine unabhängige Rechtsprechung kontrolliert sein muß. Für

---

[33]) Gierke: Genossenschaftstheorie. S. 652.

diese Funktion kann es von jedem Standpunkte aus und im Interesse aller Beteiligten geradezu kein ungeeigneteres Organ geben, als das höchste, unverantwortliche, prinzipiell über den Streit der Gegensätze erhabene Organ des Staates. Fließt aus dem Wesen des Rechtsstaats die unbedingte Forderung, daß das Bestätigungsrecht nicht nur gesetzlich determiniert sei, sondern daß auch infolgedessen die Rechtspflicht zu einer spezifizierten Begründung für die Versagung der Bestätigung sowie die Nachprüfung dieser Begründung im Streitfall durch die Rechtsprechung gesetzlich ausgesprochen werde, so ist damit die Stellung der Krone als Bestätigungsinstanz füglich unvereinbar. Ja mehr als das; auch so lange wie das positive Recht jene Postulate rechtsstaatlicher Ordnung noch nicht verwirklicht hat, liegt gerade in der Stellung der Krone als Bestätigungsinstanz das schwerste Hemmnis für eine, sei es auch nur allmähliche Annäherung an die Formen des Rechtsstaats; diese aber ist ein Ziel, das heute dem Streite der politischen Parteien und ihren einseitigen Machtinteressen nachgerade entrückt sein sollte.

Wenn die Verwaltungsreform der siebziger Jahre die ihr zu Grunde liegenden Prinzipien in einem einheitlichen Organisationssystem großen Stils zur Durchführung gebracht hätte, so würde eine derartige rechtsstaatliche Gestaltung des Bestätigungsrechts eine der wichtigsten Aufgaben jener neuen St.O. gewesen sein, die ja eben berufen war, das Städterecht in den Rahmen einer fortgeschritteneren Organisation des Rechtsstaats einzufügen. Aber der alte Fluch lastete auf dieser wie auf jeder preußischen Reformära; nach hoffnungsreichen, großgedachten Anfängen schnelle Stagnation, kleinliche Selbstgenügsamkeit bei stillosem Stück- und Flickwerk, gar bald unverhüllter Rückschritt. Eine solche Reform großen Stils konnte freilich nur das gemeinsame Werk einer weitblickenden Regierung, die ihre gesamte Lebenstätigkeit aus innerlicher Ueberzeugung in den Dienst dieses großen Zieles stellte, und einer von ihr wahrhaft geführten, mit ihr durch eine innerlich homogene Staatsanschauung verbundenen Parlamentsmehrheit sein. Von diesen Voraussetzungen traf nun allerdings auch nicht eine zu. Den Entwürfen der Regierung fehlte jede Größe und Einheitlichkeit der Grundgedanken, und das Parlament stand ihr teils zögernd und mißtrauisch gegenüber, teils suchte es seinerseits die mißtrauische und zögernde

Regierung vorwärts zu schieben. Parlamentarische Amendements konnten Einzelheiten verbessern, aber nicht die mangelnde Einheitlichkeit der Konzeption ersetzen, mußten vielmehr meist das Flick- und Stückwerk noch vermehren.

So enthielt denn auch der Antrag Uhlendorff zwar überaus bedeutungsvolle Anregungen zu einer rechtsstaatlichen Fortbildung des Bestätigungswesens; indem er jedoch die Kontrolle über die Innehaltung der zu schaffenden Rechtsnormen lediglich in die parlamentarische Verantwortlichkeit des Ministers verlegte, machte er die ganze Frage nur noch mehr zu einer Streitfrage politischer Machtinteressen, anstatt sie auf das neutrale Gebiet einer geordneten Rechtspflege hinüberzuführen. In der zweiten Lesung mit einer Mehrheit von 13 Stimmen angenommen, wurde er infolge des entschiedenen Widerspruchs der Regierung in der dritten Lesung mit einer Mehrheit von 10 Stimmen unter Wiederherstellung der oben mitgeteilten Ausschußanträge fallen gelassen. Diesen wurde jedoch wenigstens die Bestimmung hinzugefügt, daß bei der Wiederwahl eine Bestätigung nicht erforderlich sein solle; denn auch die Gegner des Antrages Uhlendorff waren der Ueberzeugung: „ein Bürgermeister, welcher einmal bestätigt ist und auf dem Disziplinarwege nicht weggebracht werden kann, ist würdig Bürgermeister zu bleiben, es bedarf in keinem Sinne mehr einer neuen Bestätigung und Prüfung seiner Qualifikation."[34] Hatte aber die Mehrheit des Abgeordnetenhauses mit diesem Entgegenkommen in der Bestätigungsfrage ein wesentliches Hindernis der neuen St.O. aus dem Wege zu räumen gehofft, so hatte sie ihre Rechnung ohne den advocatus diaboli bei allen Reformen im konstitutionellen Preußen gemacht. Das Herrenhaus ging nämlich nicht nur hinter die Beschlüsse dritter Lesung, sondern sogar hinter den Regierungsentwurf zurück und wollte es in der Bestätigungsfrage einfach bei dem bestehenden Zustande belassen. Diese Bestätigungsmethode aber erklärte man wiederum im Abgeodnetenhause für eine solche, „daß die Bürgermeister der preußischen Städte wohl recht gute Staatsdiener, aber sicherlich keine unabhängigen Kommunalbeamten sind. . . . . . So lange dieses absolute Bestätigungsrecht der Regierung dauert, ist . . . an die Selbständigkeit und Unabhängigkeit der Städte obsolut nicht zu denken".[35] Bei diesem unüber-

[34]) Abg. Lasker. Sten. Ber. III. S. 1927.
[35]) Abg. Windthorst, a. a. O. S. 2126/7.

drückbaren Gegensatz der gesetzgebenden Faktoren, der sich in ähnlicher Weise auch auf andere wichtige Punkte erstreckte, mußte die St.O. scheitern. Und der vor 25 Jahren als unbedingte Notwendigkeit anerkannte Versuch, durch ein Reformgesetz im ganzen das altpreußische Städterecht der neueren Verwaltungsorganisation einzufügen, ist seitdem nicht wiederholt worden.

Trotzdem konnte die fortschreitende Verwaltungsgesetzgebung eine Modifikation wenigstens mancher Einzelbestimmungen der St. O. zum Zwecke der Anpassung an die neue Organisation unmöglich umgehen; und es war nur natürlich, daß dabei wiederum die Bestätigungsfrage eine erhebliche Rolle spielte. So scheiterte einzig und allein an dieser Frage in der Session 1880/81 der Entwurf eines Zuständigkeitsgesetzes; und beinahe wären auch die beiden Gesetze, welche die Grundlage der heutigen preußischen Verwaltungsorganisation bilden, das Landesverwaltungs- und das Zuständigkeitsgesetz von 1883, an dieser Frage gescheitert. Dies ward aber schließlich abgewendet durch ein unter Vermittlung der Regierung zustande gekommenes Kompromiß über das Amendement Brüel; und das Resultat dieses Kompromisses ist der heutige § 13 des Zuständigkeitsgesetzes. Es ist ein Kompromiß von jener schlimmsten und unfruchtbarsten Art, bei welcher die Verfechter eines Prinzips der offenen Anerkennung ihrer Niederlage den trügerischen Schein einer Errungenschaft vorziehen, der für die Dauer weit schädlicher wirkt als jene. Im Sinne des Rechtsstaats ist der § 13 Z. G. keine Verbesserung, sondern, soweit er überhaupt etwas ändert, eher noch eine Verschlechterung des § 33 der östlichen St. O.

Auf das Bestätigungsrecht der Krone für die Bürgermeister und Beigeordneten der größeren Städte bezieht sich dieser Paragraph überhaupt nicht, sondern nur auf das bisher dem Regierungskollegium zustehende Bestätigungsrecht. Dies überträgt er wieder auf den Präsidenten, der aber die Bestätigung nur unter Zustimmung des Bezirksausschusses versagen darf. Hierin könnte man insofern eine kleine Verbesserung sehen, als an die Stelle des lediglich aus Berufsbeamten bestehenden Kollegiums eine zum Teil aus gewählten Ehrenbeamten zusammengesetzte Beschlußbehörde tritt. Aber die ganze Einrichtung wird sofort völlig illusorisch durch den Zusatz, der den eigentlichen Kern des Kompromisses bildete: „Lehnt der Bezirksausschuß die Zustimmung ab, so kann dieselbe auf den Antrag des Regierungspräsidenten durch den Minister des Innern ergänzt werden". Das heißt nichts anderes, als daß die scheinbare Zustimmung des Bezirksausschusses in Wahrheit eine unverbindliche Anhörung ist, die wirkliche Entscheidung einzig und allein bei dem Regierungspräsidenten und dem Minister liegt. Ja, die ministerielle Willkür hatte sogar früher gegenüber einem Kollegialbeschluß der Regierung wohl immerhin einen schwereren Stand, als jetzt gegenüber dem teilweise gewählten Bezirksausschuß, den man allenfalls als unzulänglichen Wahrer des „Staatsinteresses" hinstellen mag. Wenn dann auf der anderen Seite der letzte Absatz bestimmt, daß der Minister auf Antrag einer der Gemeindebehörden auch die vom Präsidenten und Bezirksausschuß versagte Bestätigung erteilen kann, so mag nur ein sehr naives Gemüt hierin ein Gegengewicht gegen die vorangehende Bestimmung erkennen; denn abgesehen von der vermutlich rein papiernen Existenz dieser Bestimmung, ist Willkür deshalb nicht weniger Willkür, weil sie nicht nur versagen, sondern auch gewähren kann. Unter diesen Umständen ist gerade hier die systematische capitis deminutio der hauptstädtischen Selbstverwaltung von geringerer Bedeutung, wonach für Berlin das dekorative Beiwerk einer Mitwirkung des Bezirksausschusses ganz wegfällt, Oberpräsident und Minister auch formell allein entscheiden.

Im übrigen würde die Zuständigkeit des Bezirksausschusses, auch wenn sie maßgeblicher wäre, als sie es tatsächlich ist, nicht die Bedeutung einer Rechtsgarantie haben, da ja auch seine Entschließungen nach völlig freiem Ermessen erfolgen, auch für ihn die Versagungsgründe durch keine objektive Rechtsnorm determiniert sind, und demgemäß auch er nicht zur Angabe der Gründe als des gesetzlichen Spezialtitels seiner Entschließung verpflichtet sein kann. Mag man daher vom politischen Standpunkte aus in der Zusammensetzung des Bezirksausschusses eine relative Gewähr für eine minder einseitige Handhabung des freien Ermessens sehen, so ändert dies doch nichts an dem Mangel einer objektiven Rechtsnorm, die eben das wahre Bindegewebe des modernen Rechtsstaates ist; unter diesem Gesichtspunkte aber erscheint jeder Eingriff in die Rechtssphäre einer Person, der nicht nach fester rechtlicher Determinierung, sondern nach freiem Ermessen erfolgt, juristisch als Willkür.

An der juristischen Natur des Bestätigungswesens ist also durch die neuere Verwaltungsgesetzgebung prinzipiell nichts geändert worden; ihr schöpferischer Grundgedanke einer organisatorischen Ausgestaltung des Rechtsstaates hat de lege lata dieses wie manches andere wichtige Gebiet noch nicht ergriffen. Wohl ist die Bestellung der städtischen Selbstverwaltungsorgane begrifflich ein eigener Willensakt des Selbstverwaltungskörpers; aber zu seiner rechtlichen Perfektion bedarf dieser Bestellungsakt in den vom Gesetze vorgesehenen Fällen der aus dem staatlichen Aufsichtsrecht fließenden Bestätigung. Die zur Ausübung dieses staatlichen Bestätigungsrechts berufenen Organe bestimmt ebenfalls das Gesetz, womit eine Delegation jenes Rechts an untergeordnete Organe gesetzlich ausgeschlossen ist. Das gilt auch von dem gesetzlich der Krone vorbehaltenen Bestätigungsrecht; denn diese Organkompetenzen sind ebensowohl publizistische Pflichten wie Rechte; durch irgend einen Verstoß wider diese Pflicht begeht auch die Krone genau so Unrecht im juristischen Sinne, wie es ein Regierungspräsident im gleichen Falle täte, woran der Mangel irgend welcher Mittel des Rechtszwanges gegenüber der Krone begrifflich nichts ändert. Gewiß können daraus in Verbindung mit der gerade hier besonders gesteigerten Möglichkeit von Konflikten mit den Selbstverwaltungskörpern, wie etwa durch wiederholte Wahlen Nichtbestätigter und dergl. mannigfache Unzuträglichkeiten entstehen. Das ist die natürliche Folge der schon erwähnten Tatsache, daß es sich bei dem Bestätigungsrecht um die Wacht an der Grenze zweier relativ selbständiger Rechtssphären handelt, eine Funktion, die sicherlich auch schon im Rahmen des geltenden Rechts für die staatsrechtliche Stellung der Krone höchst unangemessen erscheint. Es ist eines der bedeutungsvollen Argumente de lege ferenda für eine andere rechtliche Ordnung des Bestätigungswesens; juristisch unmöglich aber ist die Verwertung dieses Arguments für eine einschränkende Interpretation des kommunalen Wahlrechts. Es handelt sich dabei um die aus der historischen Entwicklung bekannten drei Fälle der wiederholten Nichtbestätigung, der Wiederwahl eines Nichtbestätigten und der Verweigerung einer Neuwahl. Abgesehen vom § 32 der rheinischen St. O., der für diese Fälle die Devolution des Bestellungsrechts auf den König bezw. den Regierungspräsidenten und zwar für eine Dauer von höchstens 12 Jahren beibehalten hat, kennen die übrigen geltenden St. O., kennt in Sonderheit auch die östliche absolut keine Beschränkung des kommunalen Wahlrechts für diese Fälle und demgemäß auch absolut keine Ausnahme von der Rechtspflicht der Krone bezw. des Regierungspräsidenten, nach jedem städtischen Wahlakt sich ihrer Funktion als Bestätigungsorgan zu unterziehen. An die Stelle einer Devolution des Bestellungsrechts auf die Bestätigungsinstanz ist die Befugnis zur Einsetzung eines Kommissars in jenen drei Fällen getreten. Nach ihrer historischen Entstehung wie nach ihrer juristischen Natur ist diese Befugnis von dem Bestellungsrecht selbst völlig verschieden und unabhängig; sie ist von ihm verschieden nach ihrem Subjekt und nach ihrem Inhalt. Ihr Subjekt ist nirgends die Krone, sondern regelmäßig der Regierungspräsident (in Hannover der Minister des Innern, in Berlin natürlich der Oberpräsident); ihr Inhalt ist überhaupt nicht die Bestellung eines Selbstverwaltungsorgans, sondern, wie schon aus der Bezeichnung Staatskommissar erhellt, die Beauftragung eines Staatsorgans mit Wahrnehmung der sequestrierten kommunalen Organfunktionen. Der Kommissar ist in dieser seiner Eigenschaft durchaus unmittelbarer Staatsbeamter, auch wenn etwa ein Gemeindebeamter oder, wie es § 36 der Hessen-Nassauischen St. O. als Regel vorschreibt, ein Bürger der Stadt mit diesem Staatsauftrag betraut wird. Der Bestellungsakt des kommunalen Organs, seine Wahl und Bestätigung, gehen völlig unabhängig daneben her.

Daß eine Bestätigung weder interimistisch noch bedingungsweise noch auf kürzere als die gesetzliche Amtszeit erteilt werden darf, ist zweifellos und unbestritten. Dagegen hat die zur Ausführung der St. O. erlassene, in manchen Punkten rechtlich höchst mangelhafte Ministerialinstruktion vom 20. Juni 1853 in Nr. IX nach älteren Vorgängen (vgl. oben S. 172) der Aufsichtsbehörde die Befugnis zur Examinierung des Kandidaten zugeschrieben, eine Ansicht, die durchaus dem Geiste des Polizeistaates entsprungen ist und nicht den geringsten Anhalt im Gesetze findet. Nicht dem Gewählten liegt die Beweislast für seine Qualifikation ob, da für sie nach geschehener Wahl des Bestellungsorgans die Rechtsvermutung spricht; vielmehr liegt es der Aufsichtsbehörde ob, sich Beweise für die eventuelle Unzulänglichkeit des Gewählten zu beschaffen. Es ist freilich eine Folge der im Bestätigungswesen de lege lata noch fortbestehenden polizeistaatlichen Rudimente, daß das einzige Forum für Prozeß und Beweis das gewissenhafte freie Ermessen der Bestätigungsinstanz ist.

Hier muß de lege ferenda nach den früheren Ausführungen die organisatorische Entwicklung im Geiste des Rechtsstaates einsetzen. Das Recht ist die Abgrenzung der Willenssphären der Personen; gerade im Bestätigungsrecht berühren sich die Rechtssphären der staatlichen und kommunalen Gesamtperson unmittelbar; gerade hier bedarf es der Determinierung der Gründe, aus denen die Bestätigung versagt werden darf, durch objektive Rechtsnormen, und der Rechtskontrolle über die Anwendung dieser Normen im streitigen Einzelfall durch eine unabhängige Rechtsprechung im Wege des Verwaltungsstreitverfahrens. Dann kann auf das täuschende Blendwerk einer scheinbaren Mitbestimmung des Bezirksausschusses im Beschlußverfahren verzichtet werden. Als Bestandteil des Aufsichtsrechts wäre das Bestätigungsrecht durchweg der Aufsichtsbehörde, nach geltendem Recht also regelmäßig dem Regierungspräsidenten zu übertragen, der bei der Versagung der Bestätigung die gesetzlich determinierten Gründe derselben anzugeben hätte, womit die Grundlage für eine Nachprüfung derselben auf Klage der Stadtgemeinde durch die Verwaltungsgerichte gegeben wäre. Daß damit die unmittelbare Hineinziehung der Krone in diese Streitfrage wegfällt, ist nach dem früher Dargelegten unter allen Umständen und in jedem Sinne ein weiterer erheblichster Vorzug einer solchen rechtsstaatlichen Ordnung. Diese selbst ist ein aus dem innersten Wesen des modernen Staates fließendes rechtliches, kein aus dem Tageskampfe geborenes Postulat einer einseitigen politischen Parteirichtung.

VIII.

Der Begriff des Gemeindebeamten im Gegensatz zum Staatsbeamten. — Das allgemeine Prinzip. — Die Polizei- und Schulverwaltung im besonderen.

Als Merkmale für die Unterscheidung der Kategorien gebietskörperschaftlicher Beamter in Reichs-, Staats- und Kommunalbeamte werden wesentlich zwei Momente verwertet; teils der Charakter der Anstellungsbehörde, teils die zur Zahlung des Gehalts verpflichtete Kasse. Dem letzteren Punkte wird in der Litteratur zwar nur vereinzelt entscheidende Bedeutung beigelegt,[1]) dagegen erfreut er sich in der Praxis wegen seiner scheinbaren Einfachheit und Unzweideutigkeit großer Zustimmung. So unterscheidet man neuerdings bekanntlich nicht nur elsaß-lothringische Landesbeamte, sondern auch solche der Schutzgebiete von den Reichsbeamten, je nachdem sie ihr Gehalt aus den besonderen Fonds des Reichslandes oder der Schutzgebiete statt unmittelbar aus der Reichskasse beziehen. Abgesehen davon, daß dieses Kriterium gegenüber allen unbesoldeten Beamten völlig versagt und sich schon dadurch als ein rein äußerliches, nicht aus dem inneren Wesen des Amtsrechtes fließendes charakterisiert, stützt es sich lediglich auf die vermögensrechtlichen d. h., also auf die publizistisch unwesentlichen Elemente des Amtsverhältnisses. Wohl wird diesem Punkte eine gewisse symptomatische Bedeutung insofern immerhin zukommen, als regelmäßig jedem Gemeinwesen die Alimentierung *seiner* Organpersonen, und *nur* der seinigen obliegen wird; indessen bleibt dies stets ein sekundäres Moment, dem gegenüber den primären, publi-

[1]) So von Löning: Lehrbuch d. Verwaltungsrechts. S. 117, n. 2.

zistischen Gesichtspunkten keine entscheidende Kraft innewohnt.[2]) So könnten beispielsweise im Falle einer Reichsexekution die mit der Leitung der sequestrierten Landesverwaltung betrauten Reichsbeamten ihr Gehalt aus der Kasse des exequierten Gliedstaates beziehen, ohne deshalb Staatsbeamte zu werden. Und genau das gleiche gilt von dem der Praxis geläufigeren Falle, der im vorigen Kapitel erörtert wurde, der Ernennung eines Staatskommissars zur interimistischen Verwaltung einer Magistratsstelle; die Stadt muß ihn bezahlen, ohne daß er deshalb Gemeindebeamter würde.

Die herrschende Anschauung in der Theorie ist, „daß für die Frage, ob ein Beamter Reichs-, Staats- oder Kommunalbeamter ist, die Person des Anstellenden entscheidet";[3]) oder nach der Formulierung Labands:[4]) „Die Verschiedenheit des Dienstherrn, die natürlich auch die Verschiedenheit des einen Kontrahenten der Anstellungsverträge in sich schließt, ist das entscheidende Kriterium." An diese individualrechtlichen Vorstellungen des Dienstherrn und des Mitkontrahenten beim Dienstvertrage kann unsere von einer anderen begrifflichen Grundlage ausgehende Theorie natürlich nicht anknüpfen; an ihre Stelle tritt vielmehr als stets festzuhaltender Ausgangspunkt der Grundbegriff des Organverhältnisses, der auch hier wieder mit logischer Geschlossenheit die von inneren Widersprüchen freieste konstruktive Erfassung der realen rechtlichen Tatbestände verbindet. Danach erhält auch das von der herrschenden Meinung als allein entscheidend hervorgehobene Kriterium erst seine angemessene Stelle als wichtiges symptomatisches Moment, als naturale, nicht aber als essentiale des Rechtsverhältnisses. Es trifft nicht das Wesen der Sache selbst, das vielmehr erst dahinter steht; womit sich dann auch die positiv rechtlichen Ausnahmen von der Regel in den Rahmen der Konstruktion einfügen.

Die Zugehörigkeit des Beamten zu einer Gebietskörperschaft ergiebt sich aus der Zugehörigkeit der Organperson zu ihrem Organismus; sie gehört demjenigen Gemeinwesen an, dem ihre Organfunktionen angehören. Das Entscheidende ist also die Kompetenz; denn die spezielle Kompetenz einer jeden Organperson ist ein organischer Bestandteil der generellen Kompetenz ihrer Gesamtperson; jede

---

[2]) Übereinstimmend G. Meyer: Staatsrecht. S. 456. Laband: (4. Aufl.) Bd. I, S. 417/8. Bd. II, S. 293.

[3]) G. Meyer a. a. O. S. 455, n. 1.

[4]) Staatsrecht (4. Aufl.) S. 415.

einzelne amtliche Zuständigkeit ist zugleich ein publizistisches Recht des zuständigen Beamten und des zuständigen Gemeinwesens, dessen Organ der Beamte ist.[5]) Die Frage, ob ein Beamter Reichs-, Staats- oder Kommunalbeamter ist, beantwortet sich also prinzipiell lediglich danach, ob die ihm zustehenden Organfunktionen zur Kompetenzsphäre des Reichs, des Einzelstaats oder der Gemeinde gehören. Daß auch der sogenannte übertragene Wirkungskreis der Gemeinde wie des Gliedstaats einen integrierenden Bestandteil ihrer Kompetenzsphäre bildet, und daß es deshalb für die Rechtsstellung des Beamten unerheblich ist, ob seine Funktionen im sogenannten eigenen oder im sogenannten übertragenen Wirkungskreise seines Gemeinwesens wurzeln, ist früher dargelegt worden. In dieses klare und unzweideutige Rechtsverhältnis wird Unklarheit und Zweideutigkeit nur durch die schon als prinzipwidrige Anomalie nachgewiesene Einrichtung hineingetragen, daß Funktionen der höheren Gebietskörperschaft nicht der niederen Gebietskörperschaft als solcher, sondern unmittelbar ihren Organpersonen übertragen und diese insoweit allerdings zu Beamten der höheren Gebietskörperschaft werden.

Aus der Zugehörigkeit der Organperson zu ihrem Organismus folgt als naturale dieses Verhältnisses ihre Bestellung durch einen Willensakt derselben Gesamtperson, sei es unmittelbar durch ihre Verfassung, sei es mittelbar durch Wahl oder Ernennung seitens eines anderen Organs. Das Primäre ist also die Zugehörigkeit der betreffenden Organfunktionen zu der Kompetenzsphäre der betreffenden Gebietskörperschaft; daraus ergibt sich als natürliche Konsequenz die Bestellung durch diese Gebietskörperschaft; die Ernennung oder Anstellung durch eine andere Organperson ist nur eine der möglichen Bestellungsformen, und „die Person des Anstellenden" steht daher für das begriffliche Wesen der Sache einigermaßen im Hintergrunde. Das naturale der Bestellung durch die betreffende Gebietskörperschaft selbst läßt nun positivrechtliche Modifikationen zu, die samt und sonders auf dem Eingliederungsverhältnis der Gebietskörperschaften ineinander beruhen. Und zwar kann sich dies sowohl in einer Einwirkung der höheren Gebietskörperschaft auf die Organbestellung der ihr eingegliederten äußern, so in den eben erörterten verschiedenen Rechts-

[5]) Vgl. meine Abhandl.: Über Organpersönlichkeit, in Schmollers Jahrb. Jg. XXVI. (1902) Hft. 2. S. 103 fg.

formen des Bestätigungswesens, als auch umgekehrt in einer Einwirkung der eingegliederten Gemeinwesen auf die Organbestellung der höheren. Ein freilich etwas absonderliches Beispiel für diese letztere Erscheinungsform hat neuerdings die Reichsgesetzgebung in Gestalt des bayerischen Senats beim Reichsmilitärgericht geschaffen, ein Beispiel, das die Labandsche Theorie in peinliche Verlegenheit bringen muß und denn auch von ihr mehr als Anomalie hinweggedeutet als juristisch konstruiert wird.[6]) Denn einerseits verweist die Lehre vom „Anstellungsvertrag" und „Dienstherrn" die Mitglieder jenes Senats unweigerlich in die Kategorie der bayerischen Staatsbeamten, andererseits ist doch das Reichsmilitärgericht in allen seinen Teilen unzweifelhaft ein Reichsorgan, sind seine sämtlichen Mitglieder, also auch die bayerischen, Reichsbeamte. Das Entscheidende ist stets die Kompetenzzugehörigkeit. Die Organfunktionen aller Mitglieder des Reichsmilitärgerichts wurzeln in der Reichskompetenz; deshalb sind diese Mitglieder unbedingt Reichsbeamte. Dafür entscheidet sich auch Laband; aber um seinen Anstellungsvertrag mit dem Dienstherrn zu retten, läßt er in diesem Falle den König von Bayern als Organ des Reichs in einer sonst dem Kaiser zustehenden Funktion handeln. Da ist dann eigentlich die von Laband als starke Übertreibung zurückgewiesene Ansicht von Rehm nur konsequenter, der seinen Landesherrn bei dieser Gelegenheit gleich zum Mitregenten und Mitkaiser im Reiche avancieren läßt. Der König von Bayern ist natürlich nicht Reichsorgan, sondern stets nur Organ des Staates Bayern, auch indem er die Mitglieder des bayerischen Senats ernennt; denn diese Bestellung gehört kraft Reichsrechts zur bayerischen Staatskompetenz. Der Staat Bayern selbst aber hat allerdings diese Kompetenz als Organ des Reiches, der höheren Gebietskörperschaft, die in diesem Falle die Organfunktion der Organbestellung der ihr eingegliederten, gliedstaatlichen Gebietskörperschaft übertragen hat. Damit verliert diese Einrichtung den Schein eines Unikums und reiht sich den bekannten Beispielen aus der preußischen Verwaltungsorganisation an (vgl. oben S. 129). Es ist juristisch genau dieselbe Erscheinung, wenn Mitglieder des Bezirksausschusses und des Provinzialrats vom Provinzialausschuß als dem Organ der Provinzial-

[6]) Laband a. a. O. S. 415 u.

gemeinde bestellt werden. Diese Mitglieder sind Staatsbeamte; denn die Organfunktionen des Bezirksausschusses wie des Provinzialrats wurzeln durchaus in der Staatskompetenz; die Bestellung dieser Mitglieder aber gehört zur Kompetenz des provinziellen Selbstverwaltungskörpers, und zwar im übertragenen Wirkungskreise; er fungiert dabei als staatliches Bestellungsorgan.

Dieser Gedankengang führt jedoch zur Erkenntnis eines erheblichen Wesensunterschiedes, je nachdem der Einfluß der eingegliederten Gebietskörperschaft auf die Organbestellung der höheren oder umgekehrt dieser auf jene in Betracht kommt. Der engere Organismus nämlich kann sehr wohl als Organ des weiteren, nicht aber umgekehrt der weitere als Organ des engeren fungieren. Daraus ergibt sich eine begriffliche Schranke für die Einwirkung auf das Bestellungsrecht von oben nach unten, die in dem umgekehrten Verhältnis der Einwirkung von unten nach oben nicht gegeben ist. Das Eingliederungsverhältnis der kommunalen Selbstverwaltungskörper in den Staat bietet Raum für eine mannigfache Kombinierung von Gemeinde- und Staatswillen bei Bestellung der Gemeindeorgane. Das zeigt sich bei den verschiedenen im vorigen Kapitel erörterten Formen des Bestätigungsrechts; dort ist dargelegt worden, welche Ordnung in dieser Hinsicht dem wahren Verhältnis von Staat und Gemeinde im Sinne des Rechtsstaats entspricht. Aber auch durch die de lege lata bestehende Handhabung des Bestätigungsrechts nach freiem Ermessen wird immerhin die Tatsache nicht aufgehoben, daß auch diese Gemeindeorgane rechtlich von der Gemeinde bestellt werden. Das gilt auch noch, wenn schon in abgeschwächter Form, von der staatlichen Ernennung auf Vorschlag der Gemeinde, vorausgesetzt, daß der Staat an den Vorschlag rechtlich gebunden ist, keinen Nichtvorgeschlagenen ernennen kann. Dagegen ist ein unmaßgeblicher Vorschlag rechtlich unerheblich, er ändert nichts an der rein staatlichen Ernennung. Und da entsteht nun die Frage, ob bei solcher rein staatlichen Ernennung noch von einem Gemeindeorgan bezw. Gemeindebeamten die Rede sein kann? Daß man diesen Fall unmöglich nach Analogie der eben erörterten so zu konstruieren vermag, daß hier der Staat als Bestellungsorgan der Gemeinde, wie dort die Gemeinde als Bestellungsorgan des Staates fungiert, liegt auf der Hand. Was zunächst die eventuelle Ernennung eines Staatskommissars betrifft, so beantwortet sich hier die Frage, wie schon oben gesagt, dahin, daß dieser Kommissar nicht Gemeinde-, sondern Staatsbeamter ist; damit stimmt auch die Beurteilung unter dem Gesichtspunkt der Kompetenzzugehörigkeit überein; denn die Organfunktionen des Kommissars wurzeln in der Kompetenz des Staates, unter den gegebenen Voraussetzungen die betreffende kommunale Stelle zu sequestrieren, ihre Funktionen an sich zu ziehen. Der Grund des staatlichen Sequesters ist ja gerade der Mangel eines rite bestellten Kommunalorgans für die betreffende Stelle, wie auch die Dauer des Sequesters von der Dauer dieses Mangels bedingt wird. Mit der Aufhebung des Sequesters tritt wieder die kommunale Kompetenz in Kraft und demgemäß an die Stelle des Staatsbeamten der Gemeindebeamte.

Einen juristisch wesentlich anderen Charakter zeigt die Devolution des Ernennungsrechts. Hier werden nicht die betreffenden Organfunktionen vom Staate sequestriert, sondern das kommunale Bestellungsrecht im gegebenen Falle. Die Organfunktionen des etwa nach § 32 der Rheinischen St.-O. vom Staate auf 12 Jahre ernannten Bürgermeisters wurzeln zweifellos in der Kompetenz der Stadtgemeinde; nach dem Prinzip der Kompetenzzugehörigkeit ist dieser Bürgermeister ebenso Gemeindeorgan wie der von der Stadt gewählte; es liegt also hier der Fall vor, daß einem Gemeinwesen ein Organ bestellt wird ohne jede Mitwirkung seines eigenen Gemeinwillens. Nicht als kommunales Bestellungsorgan handelt selbstverständlich der Staat bei solcher Ernennung, vielmehr als Vormund der Stadtgemeinde. Das heißt nichts anderes, als daß sich diese Devolution des Ernennungsrechts juristisch als eine partielle Entmündigung des Selbstverwaltungskörpers charakterisiert. In der Tat ist die Möglichkeit einer unter bestimmten gesetzlichen Bedingungen zu vollziehenden Entmündigung nur die logische Konsequenz der als Regel anerkannten Mündigkeit, der realen Willens- und Handlungsfähigkeit der Gesamtpersonen überhaupt, der Gemeinden im besonderen; es fehlt auch schon längst nicht an positiv rechtlichen Ausbildungen eines solchen Instituts außerordentlicher Kuratel oder Entmündigung von juristischen Personen und Gemeinden.[7]) Ein Spezialfall der

---

[7]) S. Gierke: Genossenschaftstheorie, S. 647/48.

Entmündigung also in Beziehung auf das Bestellungsrecht ist diese Devolution.

Damit haben wir zugleich bereits den Maßstab für die Beurteilung einer positiv rechtlichen Gestaltung, welche die Bestellung der Kommunalorgane nicht für einen besonderen Ausnahmefall und unter bestimmten rechtlichen Voraussetzungen, sondern generell und in allen Fällen der Einwirkung des kommunalen Gemeinwillens entzieht und der reinen staatlichen Ernennung überläßt. Treffend sagt Gierke[8]: „Ist durch Gesetz oder Verfassung der Staat zu einseitiger Willensaktion innerhalb des regelrechten Lebensganges einer juristischen Person berufen, so ist er derselben insoweit nicht mehr bloß übergeordnet, sondern zugleich eingesenkt. Damit ist also dem Verbandsorganismus ein staatsanstaltliches Element eingestiftet, welches den Körperschaftsbegriff im Sinne des Anstaltsbegriffes modifiziert." Wenn also das positive Recht die Ernennung aller oder der obersten Gemeindebeamten durch staatliche Ernennung ohne jede Mitwirkung des Gemeindewillens vorschreibt, so ist die Gemeinde insoweit entmündigt und wieder zur staatlichen Anstalt geworden, da der bestimmende Wille ihr nicht immanent, sondern von oben und außen her eingegeben ist. Eben damit ist dann aber ein entscheidender Schritt hinter die Grenze des Begriffs Selbstverwaltung zurück getan; denn gerade durch die Anerkennung ihrer Mündigkeit und ihres Charakters als publizistische Körperschaft unterscheidet sich die Gemeinde der Selbstverwaltung von den unmündigen kommunalen Staatsanstalten des ancien régime. Allerdings ist früher erörtert worden, daß die staatliche Ernennung von Selbstverwaltungsbeamten mit dem Begriff der Selbstverwaltung nicht durchaus unvereinbar sei (vgl. oben S. 127); jedoch handelte es sich dabei um eine Eigenart des englischen Selfgovernment, bei dem einerseits die königliche Ernennung wesentlich nur formaler Natur, andererseits die organische Verbindung des Selbstverwaltungsbeamten mit dem Selbstverwaltungskörper in anderer Weise hergestellt war. Wo es an einer solchen organischen Verbindung völlig fehlt, der Staat bei der Ernennung der betreffenden Beamten in keiner Weise an das kommunale Gemeinwesen gebunden ist, da sind diese Beamten zwar auch noch Gemeindebeamte, insofern ihre Amtsfunktionen in der Gemeindekompetenz wurzeln; aber sie sind keine Selbstverwaltungsorgane, keine

---

[8]) Ebenda S. 671.

körperschaftlichen, sondern Anstaltsbeamte, da die Gemeinde insoweit entmündigt, zur Staatsanstalt degradiert ist. Dasselbe gilt auch für den Fall der Berufung eines Staatsbeamten zu kommunalen neben seinen staatlichen Amtsfunktionen. So ist z. B. der Landrat primär Staatsbeamter, daneben Beamter der Kreisgemeinde; aber dieser Kommunalkörper ist partiell, so weit eben die Bestellung dieses seines obersten Beamten in Betracht kommt, entmündigt, Staatsanstalt geworden oder es vielmehr geblieben.[9])

Nach alledem ergibt sich also die Eigenschaft eines Beamten als Staats- oder Gemeindebeamter prinzipiell aus der Zugehörigkeit seiner Organfunktionen zur Staats- oder Gemeindekompetenz; und ferner als naturale dieses organischen Zugehörigkeitsverhältnisses die Regeln, daß jeder Gebietskörperschaft die Bestellung ihrer Organe zusteht, wobei einerseits engere Gebietskörperschaften als Bestellungsorgane der höheren fungieren, andererseits die höhere Gebietskörperschaft einen mehr oder minder starken Einfluß auf die Organbestellung der ihr eingegliederten ausüben kann; und daß demgemäß jede Gebietskörperschaft die Kosten für die Alimentierung ihrer besoldeten Organpersonen zu tragen hat. Ausnahmen von diesen Regeln bedürfen eines positiv rechtlichen Spezialtitels, dessen Vorhandensein aber das Zugehörigkeitsverhältnis selbst nicht aufhebt, weil sich eine solche Ausnahmebestimmung eben nur auf ein naturale, nicht auf das essentiale jenes Rechtsverhältnisses bezieht; d. h. konkret ausgedrückt: ausnahmsweise kann auf Grund eines gesetzlichen Spezialtitels ein Gemeindebeamter vom Staate bestellt oder ein Staatsbeamter von der Gemeinde besoldet werden, ohne daß jener dadurch zum Staats- oder dieser zum Gemeindebeamten würde.

Einer besonderen Betrachtung bedürfen jedoch die Fälle, in denen dieses klare Rechtsverhältnis durch die Übertragung von prinzipiell staatlichen Organfunktionen unmittelbar auf Gemeindebeamte statt auf die Gemeinde selbst, kompliziert und verwirrt wird. Zunächst erscheint dies als ein Seitenstück zu dem eben erörterten Fall, wo ein Staatsbeamter zugleich auch als Gemeindebeamter fungiert wie der Landrat. Ist dies eine partielle Entmündigung des betreffenden Selbstverwaltungskörpers, so ist auch jenes bereits oben

---

[9]) Vgl. auch O. Mayer, Bd. II, S. 408/10.

(S. 139) als eine Durchbrechung des Selbstverwaltungsprinzips, als ein Rückfall in das Wesen des mittelbaren Staatsdienertums im landrechtlichen Sinne nachgewiesen. Aber damit nicht genug; der von jeder gedanklichen Einheit eines Prinzips emanzipierte souveräne Positivismus bleibt nicht stehen bei der Produktion zwieschlechtiger Wesen, die Staats- und Gemeindebeamte zugleich sein und also das Unmögliche möglich machen sollen, zween Herren zu dienen; sondern er schafft des weiteren Gemeindebeamte, die ausschließlich zu Funktionen der Staatskompetenz berufen sein sollen, um endlich zu einer ganz besonderen Art von Rätselwesen zu gelangen, die weder unmittelbare Staatsbeamte noch Gemeindebeamte, vielmehr mittelbare Staatsbeamte schlechthin, also in einem über jede Möglichkeit gedanklicher Erfassung erhabenen Sinne sein sollen. Selten zeigt sich so deutlich wie hier die Unfruchtbarkeit und Haltlosigkeit des juristischen und namentlich des publizistischen Positivismus im Souveränitätsdünkel gesetzgeberischer Allmacht!

Die hier wesentlich in Betracht kommenden Gebiete sind die Polizei- und die Schulverwaltung. Zunächst also die Polizei.

Schon oben wurde dargelegt (vgl. S. 141 fg.), wie es die gleich mit der ersten St. O. einsetzende Trennung der Polizei- von der übrigen Kommunalverwaltung gewesen ist, die das Hineintragen jener Zwieschlechtigkeit in die Rechtsstellung des Magistrats als Kommunal- und als Staatsorgan zur Folge hatte; wie diese Zwieschlechtigkeit durch die revidierte St. O. von 1831 noch verstärkt wurde, während sie in der jetzt geltenden St. O. für den Magistrat einigermaßen zurücktritt, um sich freilich desto intensiver an die Stellung des Bürgermeisters zu heften. Und das VII. Kapitel hat dann gezeigt, daß die Notwendigkeit eines staatlichen Bestätigungsrechts bald für alle Magistratsmitglieder, bald wenigstens für den Bürgermeister und dessen Vertreter immer wieder wesentlich und vor allem mit deren polizeilichen Funktionen begründet wurde. Was uns sonst noch an vermeintlich unmittelbar staatlichen Funktionen dieser Gemeindebeamten begegnet, das verschwindet neben der Polizei zu ziemlicher Bedeutungslosigkeit. Allerdings hat man sich durch diese immer wiederholte Begründung durchaus nicht behindert gefühlt, das Bestätigungsrecht in gleichem Umfange und in noch intensiverer Form auch für solche Städte beizubehalten, in denen die Polizeiverwaltung nicht jenen

Gemeindebeamten, sondern unmittelbaren Staatsbehörden übertragen ist.

Die Väter der St. O. von 1808 haben die hohe Bedeutung des hier vorliegenden Problems in keiner Weise verkannt, ihm vielmehr eine ausgiebige und an prinzipiellen Meinungsgegensätzen reiche Erörterung gewidmet.[10] Man übersah schon damals weder die Unmöglichkeit einer wahren begrifflichen Scheidung zwischen Orts- und Landespolizei noch den innigen, in ersprießlicher Weise nicht zu lösenden Zusammenhang zwischen den polizeilichen und den sonstigen kommunalen Funktionen. Stein selbst war auch in dieser Frage ein entschiedenerer und konsequenterer Verfechter der Selbstverwaltung als die meisten seiner Mitarbeiter. Als Theodor v. Schön eine Bemerkung Staegemanns, daß eine wohlorganisierte Stadtgemeinde ihre Polizei selbst verwalten müsse, dahin glossiert hatte, das heiße, ein Volk müsse sich selbst regieren, fügte Stein die überaus charakteristische Randbemerkung hinzu: „Warum nicht, wenn es dazu fähig ist?".[11] Daß die schließliche Entscheidung doch im Prinzip die Polizei der städtischen Kompetenz entzog und allein dem Staate vorbehielt, und daß ein Mann von der politischen Gesinnung Schöns am entschiedensten für dies Prinzip wirkte, das erklärt sich vor allem aus einem Gesichtspunkte, der noch bis zu den letzten Verhandlungen über diese Frage gelegentlich hervorgetreten ist, nämlich aus einer Parallelisierung städtischer Polizeiverwaltung mit der Patrimonialpolizei auf dem Lande. In den Zuständen des ancien régime war ja in der Tat der städtische Rat als Patrimonialobrigkeit ein Seitenstück zu der Patrimonialobrigkeit des Erb- und Gerichtsherrn in den adligen Dominien. Ging die große Reform nun auf die Beseitigung dieser patrimonialen Rudimente durch eine modern staatliche Verwaltungsorganisation aus, die sich in der Formel ausdrückte: „Nur der König sei Herr", und sah man ferner in der Polizei die Quintessenz obrigkeitlicher Verwaltung, so mochte allerdings auf den ersten Blick die prinzipielle Verstaatlichung der örtlichen Polizeiverwaltung in Stadt und Land als eine unabweisliche

---

[10]) Näheres darüber bei E. Meier: Reform der Verwaltungsorganisation unter Stein und Hardenberg. S. 307 fg., und Max Lehmann: Der Ursprung der St. O. von 1808 (Preuß. Jahrb. Bd. 93, H. 3, 1898). S. 480 fg.

[11]) Lehmann a. a. O. S. 482.

Konsequenz erscheinen. Die geschichtliche Entwicklung hat dann mit feinster Ironie den Trugschluß dieser Doktrin ad absurdum geführt. Da die Reorganisation der Lokalverwaltung bei den Städten begann, so nahm man, getreu einem falsch verstandenen Prinzip, den Städten die Polizei ab; da aber die Reorganisation der ländlichen Lokalverwaltung im Keime stecken blieb, so bestand die wahre und wirkliche Patrimonialpolizei der Gutsobrigkeit stillvergnügt noch über zwei Menschenalter fort. Je ohnmächtiger sich hier der Staat gegenüber der rudimentären Patrimonialität erwies, desto eifersüchtiger hütete die Bureaukratie jenes der städtischen Selbstverwaltung entrissene Gebiet, wobei sie die eifrige Unterstützung der ländlichen Patrimonialherren fand. Als dann endlich die Kreisordnung von 1872 die ländliche Patrimonialpolizei wenigstens prinzipiell und formell aufgehoben hatte, ward diese Tatsache wiederum als Argument verwertet, um den Bestrebungen zur Ausdehnung der städtischen Selbstverwaltung auf die Polizei den Vorwurf der Prinzipwidrigkeit entgegenzuhalten.

Diesem ganzen Gedankengange liegt der Trugschluß zu Grunde, daß die kommunale Selbstverwaltung der Patrimonialität homogen und dem modernen Staate heterogen sei, während das Verhältnis in Wahrheit gerade das umgekehrte ist. Der elementare, aus dem innersten Wesen fließende Gegensatz zwischen der städtischen Gesamtperson und der individualistischen Feudalität und Patrimonialität wurde schon früher betont (s. oben S. 30 fg.); es wurde gezeigt, wie sich die patrimoniale Form, die der Gutsherrlichkeit durchaus adäquat war, nur gleich einer fremden verhüllenden Schicht über das ihr innerlichst entgegengesetzte, immanent körperschaftliche Wesen der Stadt gelegt hatte; und wie die Herstellung kommunaler Selbstverwaltung keineswegs einen Rückfall in ständisch patrimoniale Autarkie, sondern vielmehr, als schärfster Gegensatz dazu, die Wiedergeburt der städtischen Gebietskörperschaft darstellt, die einst das Prototyp des modernen Staates gewesen und jetzt ein organisches Glied in seiner höheren, reicher differenzierten Entwicklungsform wurde. Von dem, was das Wesen der Patrimonialität ausmacht, der unlöslichen Verquickung privatrechtlicher und publizistischer Elemente, dem darauf beruhenden, überwiegend individualrechtlichen Charakter, und demgemäß ihrer Inkommensurabilität mit dem modernen Staate weist der städtische Selbstverwaltungskörper das diametrale Gegenteil auf. Die moderne Gemeinde ist eben dem modernen Staate wesensgleich; er ist Fleisch von ihrem Fleische und Geist von ihrem Geiste. Und wenn die Verstaatlichung wie jeder Funktion so auch der Polizei gegenüber der Patrimonialität einen Fortschritt moderner politischer Entwicklung bedeutet, so bedeutet dieselbe gegenüber der modernen kommunalen Selbstverwaltung einen ebenso großen Rückschritt in der Richtung des ärmeren, unentwickelteren, weil noch weniger differenzierten Absolutismus. Daß jenem Trugschluß sogar die Männer der Reform von 1808 unterlagen, hat die traurigsten Folgen für die preußische Rechtsentwicklung in diesem Punkte während des ganzen Jahrhunderts gezeitigt.

Die immanente Logik der Dinge unterliegt freilich solchen Trugschlüssen nicht gleich der Logik der Menschen; und wie sich während dieses ganzen Jahrhunderts das positive Recht abgemüht hat, das organisch Untrennbare zu trennen, so zeigte sich von vornherein, daß sich die aus einem mißverstandenen Prinzip gezogenen Konsequenzen doch nicht rein durchführen ließen. Mochte man noch so doktrinär das Dogma von dem absoluten Polizeimonopol des Staates verkünden, die tatsächliche Trennung der städtischen Polizei von der übrigen städtischen Verwaltung war doch nur in wenigen Ausnahmefällen, und selbst dann keineswegs rein und vollständig, niemals aber als regelmäßige Organisationsform möglich. Da mußte denn die Nothelferin jeder entgleisten Doktrin, die Fiktion, heran. Für den normalen Fall, daß sich eine staatliche Polizeiorganisation von der kommunalen Verwaltungsorganisation nicht real trennen ließ, fingierte man diese Trennung, indem man die kommunale Organisation als eine zugleich staatliche behandelte. So schuf § 166 der ersten St. O. die magistratuale Zweiseelentheorie; das ist die Stelle, wo auch Vater Stein einmal geschlafen hat. Unnötig zu sagen, daß die folgende Gesetzgebung und Verwaltungspraxis keinen der großen und schöpferischen Gedanken unserer kommunalen magna carta so eifrig und fruchtbar fortgebildet hat wie diesen ihren größten Irrtum.

Die revidierte St. O. von 1831 hat einmal die unorganische und widernatürliche Losreißung des Magistrats als Staatsbehörde vom kommunalen Organismus in doktrinärer Konsequenzmacherei schärfer betont (vgl. oben S. 141); ferner aber bezüglich der Polizei im besonderen das System der Auseinanderreißung des Zusammengehörigen noch weiter entwickelt durch ihren § 109:

„Insofern Wir es nicht für nötig erachten, besondere Polizeibehörden zu bestellen, ist der Magistrat, und insbesondere der Bürgermeister oder Oberbürgermeister oder dasjenige andere Magistratsmitglied, welches damit etwa speziell beauftragt werden möchte, verbunden, auch die Polizeiverwaltung in dem Stadtbezirke zu übernehmen. Er handelt dabei aber bloß im Auftrage der vorgesetzten Regierung, unabhängig von seinem Verhältnisse als Gemeindevorsteher . . .“

Damit wird also in weiterer Konsequenz des falschen Prinzips vom staatlichen Polizeimonopol nicht nur wie bisher der Magistrat vom kommunalen Organismus, sondern noch darüber hinaus der Vorsitzende oder ein Mitglied des Magistrats von seinem Kollegium losgerissen und zu ihm in eine heterogene, jedenfalls latent gegensätzliche Stellung gebracht. Es entspricht völlig dem Geiste dieser Bestimmung, wenn ein Ministerialreskript von 1839 das mit der Polizeiverwaltung beauftragte Magistratsmitglied anweist, sich an den Landrat zu wenden, wenn es sich durch die kollegialische Mitwirkung in der Erreichung seiner Zwecke gehindert sieht. „Der Landrat wird alsdann belehrend und zurechtweisend Abhülfe herbeizuführen suchen. Sollte ihm dies nicht gelingen, so bleibt es seine Sache, der Regierung von den Mängeln Anzeige zu machen, damit von derselben remedierende Anordnungen getroffen werden“.[12]) Hier zeigt sich bereits die Projektion jener künstlichen Zerreißung von örtlicher Polizei und Kommunalverwaltung in die höhere Instanz; während der Magistrat unter der Kommunalaufsicht der Regierung steht, ist das mit der Polizeiverwaltung betraute Magistratsmitglied der Untergebene des Landrats. Zugleich erkennt man deutlich, wie mit dieser Ordnung der Dinge den Gegnern städtischer Selbständigkeit eine bequeme Handhabe geboten war, um einen Keil in die Selbstverwaltungsorganisation hineinzutreiben; wie diese Polizeiverwaltung den archimedischen Punkt abgeben konnte, um die ganze Selbstverwaltung aus den Angeln zu heben. Leugnen läßt sich allerdings nicht, daß es nur die Folge schärferer Konsequenz ist, wenn die Schädlichkeit des falschen Prinzips hier schärfer und praktisch wirksamer hervortritt, als im § 166 der

[12]) Rönne und Simon: Gemeindeverf. d. preuß. Staates. I. S. 668.

alten St. O. Indem dieser nämlich zum regelmäßigen Organ der prinzipiell staatlichen Polizeiverwaltung das oberste Organ der kommunalen Verwaltung selbst und als solches bestellt, hebt er die theoretische Scheidung durch die praktische Verbindung großenteils wieder auf. Es lag schließlich in der Natur der Dinge, daß der Magistrat seine polizeilichen Funktionen nicht anders als seine kommunalen handhabte; und daß der Einfluß der Stadtverordneten, dem der Magistrat in seiner Gesamtheit unterlag, im gewöhnlichen Lauf der Geschäfte sich wenigstens mittelbar auch auf die Polizeiverwaltung erstreckte; das Prinzip des § 166 verblaßte daher in der Praxis zu einer bloßen salvatio animae. Wer jenes Prinzip für falsch hält, wird natürlich in dieser seiner praktischen Unschädlichmachung einen Vorzug erblicken. Aber auf der anderen Seite handelten seine Anhänger allerdings konsequent, indem sie seine praktische Durchführung dadurch verschärften, daß sie nach Möglichkeit den staatlichen Polizeiverwalter von der übrigen Magistratsverwaltung loslösten. Wir werden gleich sehen, wie man einerseits auf dieser Bahn fortschritt, und wie andererseits der letzte bedeutendere Versuch eines Ausbaues der städtischen Selbstverwaltung gerade hier wieder einsetzte. Neben dem prinzipiellen Problem ward durch diese Bestimmung der revidierten St. O. noch die technisch organisatorische Streitfrage aufgeworfen, ob für die örtliche Polizeiverwaltung die kollegiale Form, wie sie durch die bisherige Berufung des Magistrats gegeben war, oder die Bureauverfassung durch Bestellung des Bürgermeisters oder eines Magistratsmitgliedes als Einzelbeamten den Vorzug verdiene.

Die unter dem Einflusse der Bewegung von 1848 stehende Gesetzgebung ging natürlich auch hier auf die Beseitigung der polizeistaatlichen Reste und die Erweiterung der kommunalen Selbständigkeit. Von da ab durchläuft diese Frage ganz ähnliche Phasen wie die im vorigen Kapitel erörterte Bestätigungsfrage, mit der sie in eine innige Verbindung tritt, wie denn der schicksalsreiche Art. 104 der oktroyierten preußischen Verfassung vom 5. Dezember 1848 über beide Fragen Bestimmungen traf. Ganz wie bei der Bestätigungsfrage bringt auch bei dem Polizeiproblem die oktroyierte Verfassung noch den reformfreudigen Geist des „tollen Jahres“ zum Ausdruck, dessen Tollheit ja auch in dem Wahne bestand, daß man bei preußischen Reformen einmal ganze Arbeit machen könnte. Art. 104 bestimmte unter Ziff. 3 kurz und gut: „Den Gemeinden insbesondere steht die selbständige Verwaltung ihrer Gemeindeangelegenheiten zu mit Einschluß der Ortspolizei. Den Zeitpunkt und die Bedingungen des Übergangs der Polizeiverwaltung an die Gemeinden wird das Gesetz bestimmen". Nur für die Städte von mehr als 30000 Einwohnern war die Möglichkeit der Errichtung einer besonderen staatlichen Polizei vorbehalten. Selbstverständlich ward auch diese Bestimmung dann durch die parlamentarische Rückwärtsrevidierung geläutert. Schon die zweite Kammer strich in löblichem Eifer das Prinzip, welches die Ortspolizei in die Gemeindeangelegenheiten einschließt, und begnügte sich mit dem Versprechen, daß das Gesetz die Bedingungen des Überganges der Ortspolizeiverwaltung an die Gemeinden wie den Umfang der ersteren bestimmen werde. Das war offenbar bereits eine erhebliche Abschwächung der oktroyierten Verfassung; aber immerhin sollte doch auch danach den Gemeinden die Ortspolizei, wenn auch vielleicht nicht im ganzen Umfange, übertragen werden. Dies ging der ersten Kammer natürlich noch viel zu weit, und sie ersetzte diesen Passus durch den absolut nichtssagenden Satz: „Über die Beteiligung der Gemeinden bei Verwaltung der Ortspolizei bestimmt das Gesetz." Damit war in der Tat der bedeutungsvolle Grundsatz der oktroyierten Verfassung nicht mehr bloß abgeschwächt, sondern völlig ausgetilgt. Denn dem künftigen Gesetzgeber war es überlassen, nicht nur wie, sondern auch ob er überhaupt die Gemeinden an der Ortspolizei beteiligen wollte; umgekehrt aber lag in dem Worte „Beteiligung" die Negation jener Anschauung, welche in der Ortspolizei eine eigene Angelegenheit der Gemeinden sah. Jene Bestimmung ist im Art. 105 der Verfassungsurkunde vom 31. Januar 1850 Gesetz geworden, mit diesem Artikel freilich nach drei Jahren wieder verschwunden.

Vorher jedoch ward der Vorbehalt der Verfassung sogar gleichzeitig durch zwei Gesetze erfüllt, nämlich durch die Gemeindeordnung und durch das Gesetz über die Polizeiverwaltung vom 11. März 1850. Die Gemeindeordnung übertrug im § 58 die Handhabung der Ortspolizei, so weit sie nicht besonderen Behörden übertragen ist, dem Bürgermeister „nach näherer Bestimmung der Gesetze". Damit war die von der ersten St. O. allein vorgesehene, von der revidierten St. O. wenigstens noch wahlweise zugelassene Betrauung des Magistrats mit der Ortspolizei ein für allemal ausgeschlossen und nur der Bürgermeister als Einzelbeamter, unabhängig vom Magistrat, dafür zugelassen. Bei den Kammerverhandlungen darüber ward zur Begründung mit aller Harmlosigkeit die Überlegenheit der bureaumäßigen über die kollegiale Form für die polizeilichen Geschäfte in den Vordergrund gestellt. [13])

Das Gesetz über die Polizeiverwaltung aber, der Drillingsbruder der Gemeindeordnung und der Kreis- ꝛc. Ordnung, bestimmt in § 1: „Die örtliche Polizeiverwaltung wird von den nach den Vorschriften der Gemeindeordnung dazu bestimmten Beamten im Namen des Königs geführt — vorbehaltlich der im § 2 des gegenwärtigen Gesetzes vorgesehenen Ausnahme." Diese Ausnahme umfaßt alle die überaus zahlreichen Fälle, in denen die örtliche Polizeiverwaltung durch Beschluß des Ministers des Innern besonderen Staatsbeamten übertragen werden kann, wobei man natürlich weit über den entsprechenden Vorbehalt der oktroyierten Verfassung hinausging. Doch interessiert uns hier nicht diese Seite der Sache, sondern die Rechtsstellung der mit der Polizeiverwaltung befaßten Gemeindebeamten. In dieser Beziehung enthält nun der zitierte § 1 eine Klausel, die in der Gemeindeordnung fehlt, mit der jedoch das vormärzliche Prinzip des staatlichen Polizeimonopols ausdrücklich wieder aufgenommen wird. Denn nicht als Gemeindeorgan führt der Bürgermeister die örtliche Polizeiverwaltung, sondern im Namen des Königs, also insoweit als Staatsbeamter. Demgemäß tritt auch für dieses Gebiet an die Stelle der Aufsicht des Staates über die Gemeindeverwaltung die Subordination der unteren unter die höheren Beamten, wie alinea 2 des zitierten § 1 ausdrücklich bestimmt: „Die Ortspolizeibeamten sind verpflichtet, die ihnen von der vorgesetzten Staatsbehörde in Polizeiangelegenheiten erteilten Anweisungen zur Ausführung zu bringen." Ganz folgerichtig vertrat denn auch in den Verhandlungen der ersten Kammer über das Polizeigesetz der Regierungskommissar die Auffassung, daß damit den betreffenden Kommunalbeamten die Eigenschaft königlicher Beamten insoweit, freilich auch nur insoweit, als sie Polizeibeamte sind, beigelegt werde. [14]) Das ist lediglich die Wiederaufnahme der uns hinlänglich

---

[13]) Vgl. Rönne: Die Gemeindeordnung vom 11. März 1850 ꝛc. nebst praktischem Kommentar (1850) S. 198 fg.

[14]) Stenog. Ber. der erst. Kamm. 1849/50. S. 2319.

bekannten Zweiseelentheorie des Magistrats, hier für den Bürgermeister im besonderen. Nun bestimmt aber § 4 des Polizeigesetzes in seinem letzten Absatz: „Die Ernennung aller Polizeibeamten, deren Anstellung den Gemeindebehörden zusteht, bedarf der Bestätigung der Staatsregierung.“ Ohne jeden Widerspruch wird diese Bestimmung dahin aufgefaßt, daß das Anstellungsrecht der Gemeinden bezüglich dieser Beamten, nämlich der mit polizeilichen Funktionen betrauten Subaltern- und Unterbeamten, zwar ausnahmsweise durch die für sonstige Beamten derselben Kategorie nicht erforderliche staatliche Bestätigung beschränkt ist; daß aber diese Beamten nichtsdestoweniger Gemeindebeamte sind. Damit hätten wir eine Klasse von Beamten, deren Amtsfunktionen zwar prinzipiell in der Staatskompetenz wurzeln, die also Organe des Staats sind und danach Staatsbeamte sein müßten; die aber wegen ihrer Anstellung durch die Gemeinden Gemeindebeamte sein sollen!

Diese Ordnung der Dinge ist noch heute geltendes Recht; denn es stehen sowohl die betreffenden Paragraphen des Polizeiverwaltungsgesetzes noch in Kraft, wie auch die entsprechende Bestimmung aus § 58 der Gemeindeordnung in den § 62 der heute geltenden östlichen St. O. übergegangen ist. In den Verhandlungen über diesen Paragraphen betonte die Regierung nachdrücklich, welchen entscheidenden Wert sie gerade auf die Verwendung von Gemeindebeamten im städtischen Polizeidienste lege, und zwar auch in dem Falle, wo die oberste Leitung in die Hand eines königlichen Beamten gelegt würde. Der Minister des Innern erklärte die Ansicht der Regierung dahin: „Das Konsequenteste wäre allerdings prinzipiell, daß sie sämtliche Polizeibeamte ernennt und ihnen alle Polizeifunktionen überträgt. . . . Allein es lehrt die Erfahrung, daß in vielen Fällen es nicht zweckmäßig, nicht wünschenswert für die Polizeiverwaltung einer Stadt ist, sämtliche Beamte durch die Staatsregierung ernennen zu müssen, sondern daß es viel angemessener ist, einen oder mehrere Beamte mit der oberen Leitung zu betrauen; ja daß es vielmehr im *Interesse einer guten Polizeiverwaltung liegt, dieselbe durch die Kommunalverwaltung wahrnehmen zu lassen*“.[15] Die naheliegende Konsequenz dieser höchst vernünftigen Ansicht hätte dazu führen müssen, die örtliche Polizeiverwaltung in der Regel den Städten als solchen zu übertragen, mochte sich die Regierung immerhin für besondere Fälle die Errichtung unmittelbar staatlicher Po-

[15]) Stenogr. Ber. d. erst. Kammer 1852 53, S. 208.

lizeidirektionen vorbehalten. Aber das Dogma vom staatlichen Polizeimonopol, dem zu Folge auch die als unentbehrlich für die Polizeiverwaltung anerkannten Gemeindebeamten nur kraft besonderen unmittelbaren Staatsauftrages handeln sollten, war nun einmal zu einem noli me tangere preußischen Staatsrechts geworden. Diesem scholastischen Dogma zu Liebe tat man unbedenklich der organischen Natur jenes Rechtsverhältnisses Gewalt an. In Abweichung von der Gemeindeordnung, aber in Anknüpfung an die revidierte St. O. ward nur die Möglichkeit vorgesehen, den Bürgermeister von einem Teil der ihm besonders vorbehaltenen Geschäfte, namentlich also der polizeilichen Funktionen zu entlasten, durch die Bestimmung, daß die Stadt mit Genehmigung der Regierung (jetzt nach § 7 Z. G. des Regierungspräsidenten) diese Geschäfte auch einem anderen Magistratsmitglied übertragen kann. Ein solcher besonderer Polizeidirigent steht natürlich dem Bürgermeister mitsamt dem Magistratskollegium in der gleichen anorganischen, die ganze kommunale Verwaltungsorganisation durchbrechenden Isolierung gegenüber.[16]) Dagegen kommt wiederum dem Magistrat als solchem wie die Anstellung aller Gemeindebeamten, so auch die der unteren Polizeibeamten, allerdings unter Vorbehalt staatlicher Bestätigung zu; und zwar gleichviel, ob an der Spitze der örtlichen Polizeiverwaltung der Bürgermeister, ein anderes Magistratsmitglied oder ein königlicher Beamter steht, sofern nicht in letzterem Falle der Staat auch die Bestellung der unteren Beamten an sich gezogen hat.[17]) So führt der Widerstreit zwischen dem starrsinnig festgehaltenen polizeistaatlichen Dogma und der natürlichen Lebenskraft städtischer Selbstverwaltung zu einem praktisch ebenso unfruchtbaren wie theoretisch widersinnigen organisatorischen Chaos.

Der schon betonte innere Zusammenhang zwischen der Polizei- und der Bestätigungsfrage zeigt sich auch bei dem im vorigen Kapitel eingehend gewürdigten Schicksal des bisher letzten Versuchs einer Reform im Jahre 1876. Nach dem Vorgange der schleswig-holsteinischen St. O. ließ der Regierungsentwurf in seinem § 110 das Erfordernis staatlicher Bestätigung für die unteren Exekutivbeamten

---

[16]) Vergl. das Minist.-Reskr. v. 11. März 1887; Oertel, S. 471/72.

[17]) Minist. Reskr. vom 26. März 1852; Hübner a. a. O. S. 240 und 204.

der städtischen Polizeiverwaltung fallen, hielt jedoch im übrigen den bestehenden Rechtszustand aufrecht.[18]) Die Kommission des Abgeordnetenhauses ging erheblich darüber hinaus, indem sie den ganzen achten Titel „Von den Rechten und Pflichten der Gemeindebehörden in Beziehung auf die Verwaltung der örtlichen Polizei und der allgemeinen Landesangelegenheiten“ einer vollständigen Umarbeitung und Abänderung in den wesentlichsten Punkten unterzog.[19]) Die Kommission strich zunächst die staatliche Bestätigung auch noch für die polizeilichen Subalternbeamten der Städte. Sie änderte ferner, hierin ihrerseits der schleswig-holsteinschen St. O. folgend, den § 2 des Polizeiverwaltungsgesetzes von 1850 dahin ab, daß die Errichtung einer besonderen königlichen Polizeiverwaltung nur für Städte mit mehr als 25000 Einwohnern und für Festungen, jedoch auch hier nur mit Beschränkung auf die Sicherheitspolizei zulässig sein solle, während alle übrigen Zweige polizeilicher Tätigkeit unbedingt und in allen Städten den Gemeinden verblieben. Für den Fall einer solchen Teilung der polizeilichen Zuständigkeit zwischen Staat und Stadt sollten deren Grenzen vom Minister des Innern durch Regulativ festgestellt werden, über dessen Gesetzmäßigkeit im Streitfalle die Entscheidung des Oberverwaltungsgerichts herbeizuführen war. Die Befugnis des Regierungspräsidenten, Vorschriften über die Zahl und Beschaffenheit der städtischen Polizeimannschaft zu erlassen, ward auf die Städte bis zu höchstens 25000 Einwohnern beschränkt und auch hier unter die Kontrolle des Provinzialrats und die Rechtsprechung des Oberverwaltungsgerichts gestellt; für die größeren Städte wurde jede derartige Einwirkung der Regierung beseitigt mit Rücksicht darauf, daß hier ja die Sicherheitspolizei überhaupt der Stadt abgenommen werden könne. Die prinzipiell wichtigsten Änderungen aber waren die, welche sich auf die Stellung des Bürgermeisters bezw. des Magistrats zur städtischen Polizeiverwaltung bezogen.

Die Ausführungen, welche in dieser Hinsicht der Berichterstatter der Kommission bei der zweiten Lesung in seinem Schlußwort machte, bedürfen einer kritischen Sichtung. Derselbe sagte: „Die Kommission ist sich vollständig bewußt gewesen, mit demjenigen Grundsatze gewissermaßen

---

18) Siehe d. Motive d. Reg.-Entwurfs, Drucksachen d. Abg.-H. 1876, Anlagebd. I, S. 661/2.

19) Vgl. d. Kommiss.-Ber. ebenda Anlagebd. III, S. 1497 fg., S. 1422 fg.

zu brechen, welcher durch das Gesetz vom 11. März 1850 und die St. O. von 1853 in Preußen dahin eingeführt ist, daß dem Bürgermeister allein die Polizeigewalt übertragen ist. Sie ist aber nicht abgewichen von den Grundsätzen des Gesetzes vom 11. März 1850, welches ja nach § 107 auch diesem Titel zu Grunde liegt, insofern als danach die Polizei im Namen des Königs ausgeübt wird. Die Kommission ist zurückgekehrt zu den alten Sätzen des preußischen Verfassungsrechts. Die älteste preußische St. O., die wir haben, die St. O. vom Jahre 1808, sagt ausdrücklich, daß die Polizei dem Magistrate übertragen werde, der sie dann vermöge Auftrags übt. Der Magistrat, heißt es, welcher die Polizei vermöge Auftrags erhält, steht unter dem Befehl der höheren Behörden in dem, was auf die Polizeiausübung Bezug hat. Das ist der Grundsatz, auf dem sich die Vorschläge der Kommission aufbauen. Die Kommission hat auch ihrerseits, indem sie den Magistrat berief, die Polizei auszuüben, ihn unter die Staatsaufsichtsbehörde gestellt, das ergibt der nächste Abschnitt, Tit. IX der Vorlage".[20])

Die letzte Bezugnahme beweist, daß der Berichterstatter sich über den bedeutungsvollen Gegensatz von Subordination und Aufsicht nicht völlig klar geworden ist. Die von ihm angeführten älteren gesetzlichen Bestimmungen brachten prinzipiell den Magistrat als Ortspolizeibehörde in ein Subordinationsverhältnis zu den höheren staatlichen Polizeibehörden; sie schieden damit die polizeiliche von der übrigen kommunalen Verwaltung, welch' letztere nicht unter der höheren Leitung, sondern lediglich unter der Aufsicht staatlicher Behörden steht. Dagegen handelt der Tit. IX des Entwurfs eben „von der Aufsicht des Staates über die Verwaltung der städtischen Gemeindeangelegenheiten"; ja indem die Kommission aus der Überschrift dieses Titels den im Regierungsentwurf enthaltenen Zusatz „und der örtlichen Polizei" wegstrich, verfolgte sie offenbar die Tendenz, jene prinzipielle Scheidung der polizeilichen von den sonstigen kommunalen Funktionen zu beseitigen.

Andererseits ist es freilich richtig, daß die Kommissionsbeschlüsse auch nirgends den Grundsatz proklamieren: die Verwaltung der Ortspolizei ist Sache der Stadtgemeinde als solcher. Vielmehr könnte eine rein äußerliche Betrachtung der Veränderung, welche die Kommission an dem § 108 des Regierungsentwurfs vorgenommen, allerdings zu der Meinung verleiten, daß es sich lediglich um den Ersatz des Bürgermeisters als Leiters der Ortspolizei durch den Magistrat,

---

[20]) Stenogr. Ber. d. Abg.-H. 1876. Bd. III, S. 1863.

also um die Wiederherstellung der kollegialen an Stelle der bureaumäßigen Organisationsform und somit wirklich nur um eine Rückkehr zu den Grundsätzen der ersten St. O. handle. Ja, die Kommissionsbeschlüsse enthielten noch darüber hinaus insofern eine Konzession an den jetzt bestehenden Zustand, als sie in ihrem § 108b gewisse polizeiliche Funktionen dem Bürgermeister als Einzelbeamten vorbehielten. So spielte denn auch in den Verhandlungen die größere Vorzüglichkeit des Bureau- oder des Kollegialsystems für die örtliche Polizeiverwaltung eine erhebliche Rolle. Bei alledem kann dennoch eine nicht an der Oberfläche haftende Betrachtung unmöglich verkennen, daß die Beseitigung des Dogmas vom staatlichen Polizeimonopol zwar nicht das ausdrücklich verkündete Resultat, aber doch die immanente Tendenz der Kommissionsbeschlüsse war. Dem entspricht die ganze Gestaltung, die der Tit. VIII nach den Kommissionsbeschlüssen der städtischen Polizeiverwaltung gab. „Der Magistrat beschließt insbesondere innerhalb der Grenzen des Haushaltetats über die Organisation des städtischen Polizeidienstes und über die erforderlichen ortspolizeilichen Einrichtungen" (§ 108a). Der § 108d stellt dem Gemeindebeschluß die Einrichtung besonderer städtischer Polizeidirektionen außerhalb des Magistrats anheim; die Bestellung der dafür erforderlichen oberen Gemeindebeamten soll durch Magistrat und Stadtverordnete in gemeinschaftlicher Sitzung unter Bestätigung der Aufsichtsbehörde geschehen. Ja, für Städte von mehr als 50000 Einwohnern sieht der § 108e die Einrichtung von Deputationen durch Ortsstatut für die Polizeiverwaltung wie für sonstige städtische Verwaltungszweige durch Gemeindebeschluß (nach § 87) vor, in welchem Falle die Deputation an die Stelle des Magistrats, ihr Vorsitzender an die Stelle des Bürgermeisters für die polizeilichen Funktionen treten kann, und zwar ohne daß es noch einer besonderen staatlichen Bestätigung für diese Gemeindeorgane bedarf.

Die Gesamtheit dieser Bestimmungen in Verbindung mit der schon erwähnten Beschränkung des staatlichen Eingreifens in die Polizeiverwaltung der größeren Städte stellt es über jeden Zweifel klar, daß die Annahme der Kommissionsbeschlüsse in ihrer praktischen Bedeutung einen Bruch mit jenem Grundsatz des bisherigen preußischen Staatsrechts enthielt, den der Minister des Innern Graf Eulenburg ganz richtig dahin formulierte, „daß die Polizeigewalt eine Staatsgewalt sei, und daß die Polizei ausgeübt werde vom Staate selbst oder in direktem Auftrage des Staates".[21]) Hatte schon die betreffende Bestimmung der ersten St. O. in dieser Hinsicht, wie oben ausgeführt wurde, eine mehr theoretisch als praktisch bedeutsame Rolle für die Scheidung der polizeilichen von den sonstigen kommunalen Funktionen gespielt, und war diese Scheidung erst infolge der Sonderstellung des Bürgermeisters schärfer akzentuiert worden, so war die Annahme wohl berechtigt, daß jetzt umgekehrt die Wiedereinsetzung des Magistrats in die polizeilichen Funktionen und die übrigen organisatorischen Bestimmungen, die die Polizeiverwaltung tatsächlich in innigen Zusammenhang mit der gesamten Kommunalverwaltung brachten, genügen würden, um jene unnatürliche Scheidung in Wirklichkeit zu beseitigen, auch ohne daß das Prinzip: die Ortspolizei gehört zur Kompetenz der Stadtgemeinde, formell ausgesprochen wurde. In diesem Sinne mochte allerdings der Abgeordnete Miquel es als eine Doktorfrage beiseite schieben, ob die Polizeigewalt „emaniere aus der Staatsgewalt und übertragen sei auf die Städte, oder mag man die Sache so ansehen, daß an und für sich den Städten historisch nach der deutschen Entwicklung das Recht auf Polizeigewalt beigewohnt habe... Wir machen hier eben ein Gesetz; wir sind berechtigt, diese Befugnisse, wenn sie auch immanente Befugnisse des Staates sind, auf die Gemeinde zu übertragen".[22]) Mit aller Schärfe und durchaus zutreffend wird hier der Kern der Sache herausgehoben. Ob die Polizei zum eigenen oder zum übertragenen Wirkungskreise der Stadt gehöre, kann als eine rein theoretische Frage dahingestellt bleiben; jedenfalls sollte im Sinne der Kommissionsbeschlüsse der Stadtgemeinde als solcher, nicht wie bisher den einzelnen Beamten unmittelbar die Polizeiverwaltung übertragen werden. Das ist in der Tat der springende Punkt des ganzen Problems. Mit durchdringendem Scharfblick und auf reiche praktische Erfahrung gestützt, zeigt Miquel in derselben Rede, wie das herrschende preußische System angesichts der absoluten Unmöglichkeit, die Polizei- von der Kommunalverwaltung real zu scheiden, in Wirklichkeit dazu führt, unter der Firma der Polizei die kommunale Selbstverwaltung zu untergraben. Und er beleuchtet dies vortrefflich durch folgendes Beispiel:

„Stellen wir uns vor, — ich rede von einem praktisch vorgekommenen Fall — ein Regierungspräsident fährt durch eine Stadt, findet die Straße

---

[21]) Stenogr. Ber. d. Abg.-H. 1876. Bd. III, S. 1857.
[22]) Ebenda S. 1858.

nicht hell genug beleuchtet, dekretiert an den Bürgermeister: das ist für die öffentliche Sicherheit gefährlich, eine solche Beleuchtung genügt nicht, die Stadt muß die Straße mit Gas erleuchten, nur dadurch wird die nötige Sicherheit hergestellt, und ich verfüge dies kraft der mir obliegenden Aufsichtsrechte an Dich, Bürgermeister, der Du allein die Polizei handhabst. Dann ist die Stadt verpflichtet dies auszuführen. Wo bleibt da eine selbständige Kommunalverwaltung, wo ist da überhaupt noch eine Grenze zwischen Aufsichtsrecht und Selbständigkeit vorhanden?"[23])

Gegenüber diesen präzisen, den Nagel auf den Kopf treffenden Darlegungen wirkt es überaus befremdend, wenn in der dritten Lesung der Abgeordnete Lasker, der bei dieser Gelegenheit überhaupt die Schwächen seiner politischen Persönlichkeit ohne ihre Vorzüge hervortreten ließ, die ganze Differenz zwischen dem Regierungsentwurf und den Kommissionsbeschlüssen als auf einen bloßen Unterschied der Fassung hinauslaufend darstellte, ja sogar diese Auffassung dem Abgeordneten Miquel zuschrieb, der doch mit möglichster Deutlichkeit das Gegenteil betont hatte.[24]) Die in der zweiten Lesung angenommenen Kommissionsanträge wurden bei der dritten Lesung durch einen mit der Regierung vereinbarten Kompromißantrag bedroht; zu ihrer Verteidigung griff der Abgeordnete Windthorst auf jene „Doktorfrage" zurück in folgender immerhin bemerkenswerter Ausführung:

„Das war die Bedeutung der Freiheit und der Selbständigkeit der Städte, daß der Magistrat die obrigkeitliche Gewalt hatte nach allen Richtungen, auch in Beziehung auf die Polizei. Es konnte keine Staatsgewalt irgend einen Bürger fassen als durch das Medium des Magistrats, der von den Bürgern selbst gewollten Behörde. Darin lag die Kraft, das Wesen und die Bedeutung der Städte. Mit dieser Kraft haben sie uns in schwerer Zeit die Freiheit bewahrt! Jetzt soll der Bürgermeister allein hingestellt werden als der Träger der Polizei und zwar wesentlich mit Rücksicht auf den Standpunkt, der annimmt, die Polizei sei absolut Sache des Staats und der Bürgermeister könne dieselbe nur als Organ, als Beauftragter des Staats ausüben. Das ist das, was von dem Herrn Minister in den Vordergrund geschoben ist. Das ist aber eine petitio principii! Ich leugne dies Prinzip. Die Städte haben nach meiner Meinung die Polizei kraft eigenen Rechts." (Zurufe: In Preußen nicht!) „M. H. ich weiß wohl, Sie sind in Preußen längst entwöhnt von der Freiheit, wir in Hannover sind das bis jetzt noch nicht — und nur eine Aufsicht des

---

[23]) Stenogr. Ber. d. Abg.-H. 1876. Bd. III, S. 1859.
[24]) Ebenda S. 1906.

Staats kann in Beziehung auf die Ausübung der Polizei eintreten. So fordert es die historische Entwicklung. Es ist danach das Recht der Polizeiverwaltung den Städten nicht erst verliehen von der Staatsgewalt; es ist dies Recht ein ursprüngliches eigenes Recht der Städte und unterliegt nur der Aufsicht des Staates und allerdings auch der Gesetzgebung, die aber weise und gerecht geübt werden müssen".[25])

Mit einer einzigen Stimme Mehrheit wurde nach dieser Rede der Kompromißantrag abgelehnt und die Kommissionsbeschlüsse auch in dritter Lesung aufrecht erhalten. Es war das freilich nur ein Nagel mehr zum Sarge der neuen St. O., indem das Herrenhaus auch hier alle Verbesserungen des bestehenden Zustandes radikal beseitigte; und diese Differenz gehörte neben derjenigen in der Bestätigungsfrage zu den wichtigsten Punkten, an denen jener bisher letzte Versuch einer Reform der St. O. gescheitert ist. Nach wie vor sind also in dieser Beziehung die früher erörterten Bestimmungen geltendes Recht, nur daß an die Stelle der Regierung in § 62 der St. O. wie in § 4 des Polizeiverwaltungsgesetzes der Regierungspräsident gemäß § 7 Z. G. getreten ist. Das System des Polizeiverwaltungsgesetzes ist durch die Verordnung vom 20. September 1867 auf die neuen Landesteile ausgedehnt worden; und auch die übrigen Städte-Ordnungen enthalten keine erheblicheren Abweichungen, als die schon erwähnten der schleswig-holsteinischen, mit alleiniger Ausnahme Hannovers, wo in der Tat das richtige Prinzip, die ortspolizeilichen wie auch sonstige staatliche Funktionen, so weit dafür keine unmittelbaren Staatsbehörden bestehen, den Stadtgemeinden selbst zu übertragen, noch am ehesten zur Geltung kommt.[26])

Die städtischen Polizeibeamten nach dem herrschenden preußischen System sind also de lege lata noch heute m i t t e l b a r e S t a a t s b e a m t e im alten Sinne (vgl. oben Kap. V). Wie der absolute Polizeistaat überhaupt keine der seinigen gegenüber selbständige Kompetenz engerer Gemeinwesen kannte, und wie demgemäß die Mittelbarkeit seiner mittelbaren Staatsdiener lediglich auf deren Ernennung durch eine Mediatobrigkeit beruhte, während ihre Amtskompetenz nur in der allumfassenden Kompetenz des omnipotenten Staates wurzeln konnte,

[25]) Stenogr. Ber. d. Abg.-H. 1876. Bd. III, S. 1932/33.

[26]) Hannöv. St. O. §§ 78 bezw. 71. Vgl. auch Leidig a. a. O. S. 446. 451.

so betrachtet das positive preußische Recht dies Verhältnis auf dem Gebiete der Polizeiverwaltung noch heute. Inzwischen hat jedoch die Entwicklung der Selbstverwaltung den Begriff des Gemeindebeamten als Selbstverwaltungsorgan ausgestaltet. Wenn man auch diese Gemeindebeamten noch als mittelbare Staatsbeamte bezeichnet, so geschieht dies doch in einem völlig anderen, jenem früheren geradezu entgegengesetzten Sinne; denn diese Mittelbarkeit beruht darauf, daß ihre amtliche Kompetenz nicht unmittelbar in der staatlichen, sondern vielmehr in der Kompetenz des kommunalen Selbstverwaltungskörpers wurzelt, wobei die Ernennung durch den Selbstverwaltungskörper als naturale erscheint (vgl. oben S. 209). Indem nun der herrschende Sprachgebrauch in Theorie und Praxis, in Gesetzgebung und Judikatur jene mittelbaren Staatsbeamten im alten Sinne schlechtweg als Gemeindebeamte bezeichnet, entsteht eine völlige Begriffsverwirrung. In Wahrheit ist der Bürgermeister oder das an seine Stelle tretende Magistratsmitglied zwar im übrigen Gemeindebeamter, aber als Polizeiverwalter ein von der Gemeinde bestellter Staatsbeamter; und die ausschließlich zu polizeilichen Funktionen berufenen sonstigen Beamten sind in Wirklichkeit keine Gemeindebeamte, sondern von der Gemeinde ernannte Staatsbeamte. Nur so lassen sich alle die positiven Einzelbestimmungen des preußischen Rechts auf einen einheitlichen Gesichtspunkt zurückführen. Daß dies regelmäßig nicht geschieht, erklärt sich einmal aus der üblichen Verkennung der beiden völlig heterogenen Bedeutungen, die in der Bezeichnung „mittelbarer Staatsbeamter“ liegen; sowie ferner aus den beiden herrschenden Theorien, deren eine die Zugehörigkeit des Beamten zu einem Gemeinwesen „nach der Person des Anstellenden“ bestimmt, woneben dann die im I. Teil, Kap. IV kritisierte Lehre vom Anstellungsvertrage das übrige tut.

Zu welchen in sich widerspruchsvollen Resultaten die herrschende Meinung auch in der oberstrichterlichen Judikatur gelangt, das zeigt u. a. der bekannte Nachtwächterstreit, den derselbe Senat des Reichsgerichts in zwei kurz aufeinander folgenden Entscheidungen für zwei Städte mit königlicher Polizeiverwaltung (Breslau und Berlin) dahin entschieden hat, daß jene Beamten mit genau den gleichen Funktionen dort Gemeindebeamte, hier Staatsbeamte seien, wobei sich beide Urteile auf die Theorie Labands und Rehms vom Staatsdienstvertrage berufen. Auch dem höchsten deutschen Gericht entgeht die juristische Bedeutung des Unterschiedes zwischen der Übertragung der polizeilichen Funktionen an die Stadtgemeinde und ihrer Übertragung unmittelbar an Beamte; denn das Urteil in der Breslauer Sache behauptet ganz harmlos:

„Die Verwaltung der örtlichen Sicherheitspolizei ist durch § 1 des Gesetzes vom 11. März 1850 grundsätzlich den Stadtgemeinden eingeräumt, und es ist durch § 2 nur ausnahmsweise dem Staate das Recht vorbehalten, in einzelnen Gemeinden diese Polizeiverwaltung staatlichen Beamten zu übertragen." Da der Staat in Breslau bis zur Durchführung des Polizeikostengesetzes von 1892 diesbezüglich des Nachtwachwesens nicht getan habe, so sei dasselbe eine Gemeindeangelegenheit bis dahin gewesen und der Geschäftskreis der Nachtwächter ein Gemeindeamt![27]) Dagegen seien die Berliner Nachtwächter unmittelbare Staatsbeamte, weil sie ihren Anstellungsvertrag mit dem königlichen Polizeipräsidium abgeschlossen haben, wonach es unerheblich sei, daß bei dem Magistrat Personalakten über die Wächter geführt, ihm ihre Anstellung vom Polizeipräsidenten angezeigt, ihnen der Titel städtischer Wächter beigelegt sei, daß ihre Bekleidung und Besoldung aus der Stadthauptkasse bestritten, daß sie bei der Anstellung von einem städtischen Arzt untersucht, ihre Gehälter und Pensionen nur auf Anweisung des Magistrats ausgezahlt würden.[28])

Dem gegenüber hat das Oberverwaltungsgericht wiederholt, so z. B. in dem Erkenntnis vom 26. November 1890[29]) ausgesprochen, daß die Handhabung dieser Polizeiverwaltung „ein durch positive Gesetzesnorm dem Kommunalbeamten übertragenes Geschäft der allgemeinen Landes-, jedoch nicht ein solches der Kommunalverwaltung, keine Gemeindeangelegenheit" sei; zugleich freilich auch die Komplikationen betont, die „aus dieser rechtlichen Trennung der tatsächlich sich eng berührenden Polizei- und Kommunalangelegenheiten" folgen. Diese Komplikationen steigern sich auf finanziellem Gebiet infolge der kommunalen Leistungspflichten und des entsprechenden Etatsrechts der Stadtverordneten, und sie projizieren sich in die zweite Instanz durch die entsprechende Scheidung von oberen Polizei- und kommunalen Aufsichtsbehörden. Eine lange Reihe oberverwaltungsgerichtlicher Erkenntnisse müht sich vergebens ab, aus diesem Chaos eine feste rechtliche Ordnung herauszugestalten.[30])

---

[27]) Entscheid. d. Reichsgerichts in Zivilsach. Bd. 37. S. 241 fg.
[28]) Ebenda S. 312 fg.
[29]) Erk. d. O. V. G. Bd. XX, S. 65 fg.
[30]) Man vergleiche z. B. die bei v. Kamptz und Genzmer: Die Rechtsprechung des O. V. G. in systematischer Darstellung. Bd. I. S. 859, und Er-

Die aus diesem Zustand auch für die staatliche Verwaltung fließenden Unzuträglichkeiten scheint man nur um deswillen ruhig hinzunehmen, weil hauptsächlich allerdings darunter die städtische Selbstverwaltung leidet, die jedem Eingriff beinahe schutzlos preisgegeben ist, der sich mit dem Namen der Polizei zu decken weiß. Absoluter Polizeistaat und Selbstverwaltungsorganisation stehen hier eben noch ohne organische Ausgleichung nebeneinander; Symptom und Konsequenz dieses Zustandes ist es, daß der polizeistaatliche Begriff des mittelbaren Staatsbeamten hier in die Selbstverwaltungsorganisation und ihr Gemeindebeamtentum hineinragt, ein Gegensatz, dessen theoretische Unvereinbarkeit man vielfach übersieht oder doch nicht genügend würdigt, wofür er sich praktisch durch die Verwirrung dieses ganzen Gebiets rächt.

Und doch bedürfte es zur Hebung dieses Grundübels nicht einmal der völligen Beseitigung des mit abergläubischer Zähigkeit gehegten preußischen Dogmas von der staatlichen Polizeikompetenz; der Verzicht auf die scholastische Formel, wonach die Übertragung polizeilicher Funktionen nur auf die Beamten unmittelbar, nicht auf den Selbstverwaltungskörper als solchen geschieht, würde den ärgsten Mißständen abhelfen. Damit wäre der Vorbehalt staatlicher Bestätigung für alle oder doch für die leitenden städtischen Polizeibeamten immer noch vereinbar, wenn auch freilich de lege ferenda nach den im vorigen Kapitel für das Bestätigungsrecht überhaupt entwickelten rechtsstaatlichen Normen. Auch die Möglichkeit der ausnahmsweisen Errichtung unmittelbar staatlicher Polizeiverwaltungen würde dadurch an sich nicht berührt; denn deren Beamte sind weder Gemeindebeamte noch mittelbare Staatsbeamte im alten Sinne, sondern ausschließlich unmittelbare Staatsorgane, was ja die Heranziehung der Stadtgemeinden zu den Kosten begrifflich nicht ausschließt. Allerdings würde die Sicherung der Selbstverwaltung in diesen Ausnahmefällen eine feste Kompetenzbegrenzung der staatlichen Polizeiverwaltung erheischen, wofür ihre Beschränkung auf die Sicherheitspolizei nach dem Vorgange der schleswig-holsteinischen Städteordnung und der Kommissionsbeschlüsse von 1876 der gegebene Weg ist. Gewiß fehlt

---

gänzungsbd. S. 605 zu dem Gesetz über die Polizeiverwaltung von 1850 aufgezählten Erkenntnisse.

auch dem Begriffe der Sicherheitspolizei noch viel an der wünschenswerten Festigkeit und der zweifellosen Bestimmtheit seiner Grenzen. Jedoch wird dieser Einwand auf sein richtiges Maß zurückgeführt durch die Erwägung, daß die Scheidung der sogenannten Administrativpolizei von den entsprechenden Zweigen der Verwaltung, worauf ja das jetzige System beruht, eine krasse und bare Unmöglichkeit ist; daß die Aussonderung gewisser integrierender Funktionen dieser Verwaltungen unter der Firma Polizei nur eine gefällige Formel für die tatsächlich schrankenlose Willkür darbietet. Demgegenüber läßt sich der Begriff der Sicherheitspolizei immerhin mit einer verhältnismäßig größeren Genauigkeit von der negativen Seite her bestimmen, insofern als diese Funktionen eben nicht integrierende Bestandteile bestimmter Verwaltungszweige bilden. Im übrigen bleiben gewiß auch hier mannigfache Zweifel offen, für deren Lösung im Sinne des Rechtsstaats die Kommissionsbeschlüsse von 1876 im großen und ganzen den richtigen Weg gewiesen haben;[31]) hieran wird jede künftige Reform auf diesem Gebiete anknüpfen müssen.

Die in § 62 der St. O. dem Bürgermeister als unmittelbar staatliche Funktionen noch vorbehaltenen eines Hilfsbeamten der gerichtlichen Polizei und eines (Polizei-)Amtsanwalts bedürfen nach dem Vorhergehenden keiner besonderen prinzipiellen Erörterung. Die Führung der Personenstandsregister, welche Nr. 2 des Paragraphen als einzig greifbares Moment aus der Generalklausel aller örtlichen Geschäfte der Kreis-, Bezirks-, Provinzial- und allgemeinen Staatsverwaltung heraushebt, hat durch das Reichsgesetz vom 6. Februar 1875 eine weitere Ausgestaltung erfahren. Die Bestimmungen in § 4 dieses Gesetzes lassen die Auffassung zu, daß „in den Standesamtsbezirken, welche den Bezirk einer Gemeinde nicht überschreiten", die Übertragung der standesamtlichen Funktionen auf die Gemeinde als solche stattfinden kann. Unter dieser Voraussetzung entspräche die Bezeichnung der vom Gemeindevorstand ernannten besonderen Standesbeamten als Gemeindebeamte dem wahren Sinne dieses Wortes, nicht dem alten Sinne des mittelbaren Staatsbeamten. Dem steht die Bestätigung dieser Beamten durch die höhere Verwaltungsbehörde nicht entgegen, ebenso wenig auch die Widerruflich-

---

[31]) Vgl. d. Kommiss.-Ber., Abg.-H. 1876, Anlagebd. III, S. 1499.

keit dieser Bestätigung nach § 5 d. Ges.[32]) Auch mit der grundlegenden Bestimmung des § 1, wonach die Beurkundung des Personenstandes „ausschließlich durch die vom Staate bestellten Standesbeamten" erfolgt, ist die Übertragung dieser Funktion an den kommunalen Selbstverwaltungskörper sehr wohl vereinbar; denn nach dem Geiste dieser ganzen Gesetzgebung handelt es sich dabei nicht um die Kompetenzabgrenzung zwischen Staat und Selbstverwaltung, sondern um die zwischen dem Staate nebst der politischen Gemeinde auf der einen und der Kirche nebst der kirchlichen Gemeinde auf der anderen Seite. Die Staatskompetenz schließt also nach der Ausdrucksweise dieser Gesetzgebung die kommunale Kompetenz an sich nirgends aus.

* * *

Weist die Organisation der Polizeiverwaltung in Preußen gegenüber der kommunalen Selbstverwaltung noch erheblichste Rudimente des Polizeistaates auf, so erscheint doch dieses Gebiet fast als Eldorado des Rechtsstaates, sobald man es mit dem vergleicht, was man in Preußen mit einer konventionellen Lüge als „Schulrecht" bezeichnet. In Wahrheit gibt es in Preußen kein Schulrecht; aber was schlimmer ist, an seiner Stelle herrscht ein Chaos von Wust und Moder abgelebter Institutionen, deren formelle Fortexistenz behauptet wird, obgleich sie zu allen realen Verhältnissen des heutigen Lebens in dem unversöhnlichen Gegensatze des Toten zum Lebendigen stehen; und in diesem Chaos tummelt sich ein Schwarm von Ministerialreskripten und sonstigen Verwaltungsverfügungen, die einander vielfach durchkreuzen und widersprechen, die oft von problematischer Rechtmäßigkeit, manchmal von zweifelloser Rechtswidrigkeit sind. Gewiß ist die unmittelbare Ursache dieses anarchischen Zustandes der Mangel des ebenso unentbehrlichen wie unmöglichen Unterrichtsgesetzes in Preußen, womit die dauernde Suspendierung der einschlägigen Verfassungsartikel 21—25 zusammenhängt. Wegen dieser Suspendierung selbst kann man sich übrigens trösten; denn würden diese Artikel heute in Kraft gesetzt, so bliebe doch in den wesentlichen

[32]) Anderer Meinung: Oertel: S. 500; vgl. auch Ebner: Die Rechtsverhältnisse der städt. Gemeindebeamten in Preußen, im Verwaltungsarchiv, Bd. VIII, S. 295.

Punkten alles beim alten; sie beweisen nichts als die absolute Unfähigkeit des in ihnen waltenden Geistes zur Schaffung einer lebenskräftigen organischen Rechtsordnung im Schulwesen. Die völlige Unfruchtbarkeit aller im ganzen Laufe des 19. Jahrhunderts immer wieder gemachten Versuche eines preußischen Unterrichtsgesetzes geht ihrerseits zurück auf die unter den gegebenen Verhältnissen in Wahrheit unlösbare konfessionelle Frage; doch die haust in ihrer eigenen Hölle.

Indessen der Mangel jeder gesetzlichen Grundlage an sich ist nur die eine, die negative Seite der bestehenden Rechtsunordnung; darüber hinaus ergeben sich auch positive Rechtsverletzungen und Grenzverrückungen da, wo dieses Gebiet schrankenloser Verwaltungswillkür mit gesetzlich geordneten Gebieten des Staatslebens zusammmenstößt. Dies ist namentlich und vor allem gegenüber der Selbstverwaltung der Fall. Ferner ist infolge des Mangels jeder gesetzlichen Ordnung auch die moderne Rechtskontrolle der Verwaltung durch die Verwaltungsgerichtsbarkeit von diesem Gebiet im allgemeinen ausgeschlossen; nur wesentlich nach der finanziellen Seite hin, wo ja auch etliche Notgesetze vorhanden sind, wird die Verwaltungsrechtsprechung wirksam; und wenn sie bei dieser Gelegenheit zur Entscheidung von Inzidentpunkten aus dem eigentlichen „Schulrecht" genötigt ist, so gerät sie damit auf ein fremdestes Gebiet und zeitigt infolgedessen höchst seltsame und problematische Rechtsbegriffe, deren einer uns nachher beschäftigen wird.

Für die Theorie des Amtsrechts ist namentlich von der hier zu Grunde gelegten Anschauung aus die Frage von entscheidender Bedeutung, ob die Amtsfunktionen der auf dem Schulgebiet tätigen Organpersonen in einer ausschließlich staatlichen Kompetenz oder ob sie auch in einer kommunalen Kompetenz, sei es des sogenannten eigenen, sei es des sogenannten übertragenen Wirkungskreises wurzeln. Die herrschende Praxis beantwortet nun diese Frage unbedingt im ersten Sinne; sie proklamiert das Prinzip eines staatlichen Schulmonopols für das gesamte „öffentliche" Schulwesen in Preußen als Analogon des staatlichen Polizeimonopols, und will eine Mitwirkung kommunaler Organe wie bei der Polizei- so auch bei der Schulverwaltung nur kraft besonderen unmittelbaren Staatsauftrags gelten lassen. In Wahrheit ist jedoch die Rechtslage auf diesen beiden

Gebieten eine durchaus verschiedene. Der Ausschluß der Polizei von der kommunalen Kompetenz, ihre grundsätzliche Vindikation für den Staat ist allerdings positives Recht in Preußen. Im vorhergehenden ist der Widerspruch dieses Prinzips zur Idee der Selbstverwaltung, ist die Verwirrung nachgewiesen, die dadurch in die Organisation hineingetragen wird, daß hier ein polizeistaatliches Rudiment inmitten der heutigen heterogenen Gestaltung stehen geblieben ist; es ist die immanente Notwendigkeit einer organischen Fortentwicklung, der Übertragung der Polizei an die Gemeinden selbst de lege ferenda dargetan. Jedoch die Existenz jenes Zustandes de lege lata ist unbestreitbar; er beruht auf positiven Gesetzesbestimmungen. Ganz anders auf dem Schulgebiet. Hier fehlt es an jedem Rechtstitel für das von der Verwaltungspraxis ebenso beharrlich wie beweislos verkündete Dogma, daß die Schulverwaltung ein prinzipiell der Kommunalverwaltung fremdes Gebiet sei. Dieser ganze Gegensatz der Schulverwaltung zur Kommunalverwaltung ist ein Produkt der krassesten Ministerwillkür, der kein Schatten noch Schimmer des Rechts zur Seite steht; er beruht auf keinem Gesetz, auf keiner mit Gesetzeskraft ausgerüsteten königlichen Verordnung; sondern allein und ausschließlich auf Ministerialreskripten, die dem Geiste des Grundgesetzes städtischer Selbstverwaltung durchaus widersprechen.

Vier Gesetze sind es, die überhaupt hier in Betracht kommen können und gelegentlich angerufen worden sind, ohne daß sich der herrschende Ministerialabsolutismus mit Fug auf eines von ihnen stützen könnte: das preußische Landrecht, die St. O. von 1808, die Verfassung, das Schulaufsichtsgesetz von 1872.

Der II. Teil des A. L. R., die abschließende Kodifikation des absoluten Polizeistaats, bietet seinen posthumen Verehrern noch heute die reichste Rüstkammer ihrer „juristischen" Argumente. So auch hier der viel zitierte § 1 II. 12: „Schulen und Universitäten sind Veranstaltungen des Staates . . . ." Gar mancher Positivist glaubt mit wenig Witz und viel Behagen, die ganze Frage durch diesen Fundamentalsatz erledigt zu haben. Freilich wird der Wert dieses Satzes für jene Argumentation schon ein recht problematischer durch den § 2: „Dergleichen Anstalten sollen nur mit Vorwissen und Genehmigung des Staates errichtet werden." Also können sie doch auch von einem Anderen als dem Staat errichtet werden; denn zu dem, was er selbst tut, braucht sein Vorwissen und seine Genehmigung doch nicht besonders betont zu werden; also gibt es schon hiernach Schulen, welche trotz des berühmten Fundamentalsatzes eben keine Veranstaltungen des Staates sind. Daran ändert auch der § 9 nichts, wonach alle öffentlichen Schul- und Erziehungsanstalten unter der Aufsicht des Staates stehen; im Gegenteil kommt diese Bestimmung gerade gegenüber den nicht staatlichen Anstalten zu rechtlicher Bedeutung. Und wenn endlich von den „gemeinen Schulen", also der heutigen Volksschule, der § 12 sagt: „Gemeine Schulen, die dem ersten Unterrichte der Jugend gewidmet sind, stehen unter der Direktion der Gerichtsobrigkeit eines jeden Orts, welche dabei die Geistlichkeit der Gemeinde, zu welcher die Schule gehört, zuziehen muß", so sollte das auch den radikalsten Positivisten an der Anwendbarkeit dieser landrechtlichen Sätze auf die heutigen Verhältnisse irre machen. Denn wer ist heute diese „Gerichtsobrigkeit"? Das läßt sich nicht einmal für das platte Land, trotz seiner immer noch rückständigen kommunalen Organisation, vollends nicht für die Städte beantworten. Wer hier kurzerhand den Magistrat einsetzt, der ignoriert eben einfach den begrifflichen Gegensatz zwischen dem Magistrat des ancien régime als patrimonialer Mediatobrigkeit und dem heutigen Magistrat als Organ der Selbstverwaltung; er ignoriert die St.O. mitsamt der ganzen auf dieser beruhenden Entwicklung. Diese völlige Ignorierung der Tatsache, daß es in Preußen eine Reformgesetzgebung und ein Jahr 1808 gegeben hat, ist überhaupt die unerläßliche Voraussetzung für die Möglichkeit, auf diesem Gebiet mit den landrechtlichen Bestimmungen zu operieren. Das aus dem Landrecht sich ergebende Bild des Rechtszustandes trifft namentlich auf die Städte auch nicht in einem einzigen Punkte mehr zu. Der landrechtliche Grundbegriff der Schulsozietät wäre auch auf dem platten Lande schon längst völlig verschwunden, wenn nicht zwei Rückständigkeiten diese dritte fortvegetieren ließen: die Aufrechthaltung der selbständigen Gutsbezirke und die Rückfälle in den Konfessionalismus, die vielfach sogar hinter den aufgeklärten Geist des Landrechts zurückgehen. Jedenfalls aber ist für die Städte das Kommunalprinzip weitaus das herrschende,[33]) die Schulsozietät die Ausnahme.

---

[33]) Oertel a. a. O. S. 455.

„So erscheint“, wie Leidig[34]) mit wehmütiger Resignation sagt, „die Sorge um die Schulen praktisch als einer der wichtigsten Zweige städtischer Verwaltung, nur daß der Stadt auf das innere Leben der Schule keine gesetzlich gewährleistete Einwirkung zuerkannt ist.“

Vor allem aber kann auf die Rechtsfrage, ob das Schulwesen von der Kompetenz der kommunalen Selbstverwaltungskörper prinzipiell ausgeschlossen sei, die Antwort im preußischen Landrecht unmöglich gefunden, ja füglich nicht einmal gesucht werden, aus dem sehr einfachen Grunde, weil das Landrecht überhaupt keine kommunalen Selbstverwaltungskörper kannte; diese vielmehr erst durch die St.O. von 1808 geschaffen wurden.[35]) Hier gilt in eminentem Maße das, was oben über die sinnverwirrende und widersinnige Methode, das Grundgesetz der modernen Selbstverwaltung mit Hilfe seines diametralen Gegensatzes, der Kodifikation des absoluten Polizeistaates, interpretieren zu wollen, gesagt wurde. Die landrechtlichen Gemeindekorporationen sind keine publizistischen Selbstverwaltungskörper, sie haben keine vom Staate und dem Staate gegenüber anerkannte selbständige Kompetenz innerhalb des öffentlichen Rechts; und folglich kann auch keine einzige Bestimmung des Landrechts irgendwie zur Grenzabsteckung zwischen der Kompetenz des heutigen Staates und der heutigen Selbstverwaltungskörper verwertet werden. Ein einziges Gemeinwesen von einer gewissen selbständigen Bedeutung fand der absolute Staat sich noch gegenüber: die Kirche; und das Prinzip der Staatsschule, dem das Landrecht allerdings zuneigt, negiert keineswegs die Kommunalschule, von der im heutigen Sinne überhanpt noch keine Rede sein konnte; sondern vielmehr allein das Prinzip der Kirchenschule.

Die öffentlich-rechtliche Differenzierung von staatlicher und kommunaler Kompetenz setzt erst mit der rechtlichen Anerkennung des Selbstverwaltungsprinzips, also mit der St. O. von 1808 ein. Die Aufzählung oder Umschreibung der zur Kompetenz städtischer Selbstverwaltung gehörigen Angelegenheiten hat jedoch auch dieses Gesetz nicht versucht; vielmehr im allgemeinen die Grenzziehung der Natur

---

[34]) Preuß. Stadtrecht, S. 465.

[35]) Vgl. hierzu und zu dem Folgenden überhaupt meinen Artikel: Die staatl. Bestätigung der Mitglieder städt. Schuldeputationen, Arch. f. öffentl. Recht Bd. XV (1900) S. 202 fg.

der Sache überlassen. Nur eine einzige negative Bestimmung enthält die St. O. in dieser Hinsicht: den bekannten Vorbehalt der Polizei für den Staat. Außerdem war eine gleiche Disposition über die Gerichtsbarkeit beschlossene Sache, worüber aber nicht die St. O. selbst, sondern ein besonderes Reskript vom 16. April 1809 verfügte.[36]) Nun enthält der § 179 der St. O. allerdings eine Anzahl von Materien, die „zur Geschäftsverwaltung in Deputationen und Kommissionen geeignet" seien. Diese Vorschrift für die städtische Geschäftsorganisation ist selbstverständlich kein erschöpfender Katalog kommunaler Kompetenzen; aber immerhin ergibt sich daraus doch, daß der Gesetzgeber der Stadt für diese Materien jedenfalls eine Kompetenz zuschreibt. Und da finden sich unter b) „Schulsachen". Es folgt dann eine Unterscheidung zwischen inneren und äußeren Angelegenheiten der Schule, indem für jene die Organisation einer Behörde noch besonderen Bestimmungen vorbehalten wird, während die äußeren Angelegenheiten von einem Magistratsmitglied und etlichen Bürgern als Schulvorstehern besorgt werden sollen. Diese unscheinbare Stelle der ersten St. O. bietet der herrschendeu Meinung den einzigen, freilich auch nur scheinbaren gesetzlichen Anhaltspunkt für die ministerielle Reglementierung dieses Gebiets. Man hat nämlich dieser Stelle die Bedeutung untergelegt, daß dadurch die städtische Kompetenz auf die Externa des Schulwesens beschränkt, die Interna dagegen der staatlichen Zuständigkeit vorbehalten würden, und also der Kommunalverwaltung als ein besonderes, ihr fremdes Gebiet gegenüberständen. Im weiteren Laufe der Dinge ward dann die negative Seite dieser Anschauung, die Inkompetenz der Stadt für die inneren Angelegenheiten natürlich viel intensiver und eifriger gepflegt und durch die überlegene Macht der Staatsbehörden zur Geltung gebracht, als die positive, die kommunale Zuständigkeit in externis. Indessen kann sich jene ganze Anschauung in Wahrheit weder auf den Wortlaut noch auf den Geist der St. O. § 179 b stützen. Die Schulsachen schlechthin werden hier als Angelegenheiten bezeichnet, die zur Geschäftsverwaltung in städtischen Deputationen und Kommissionen geeignet sind, also doch als Angelegenheiten, die zur Tätigkeitssphäre der Stadtgemeinde als solcher gehören. Wenn

---

[36]) Vgl. Ernst Meier a. a. O. S. 312.

dann die Organisation der Behörde für die inneren Angelegenheiten noch besonderen Bestimmungen vorbehalten wird, so weist der Wortlaut wie der Zusammenhang darauf hin, daß es sich dabei um eine nähere Bestimmung der technischen Mitglieder für die betreffende städtische Deputation handelte. Solche Designierung technischer Mitglieder für die städtischen Deputationen finden sich in mehreren folgenden Abschnitten desselben Paragraphen; so für die Armendirektion, für verschiedene Sicherungsanstalten, für die Sanitätsanstalten. Daß diese näheren Bestimmungen für die Schulverwaltung noch vorbehalten werden, erklärt sich einfach aus dem damals bereits als notwenig erkannten und zu baldiger Verwirklichung in Aussicht genommenen Erlaß eines allgemeinen Schulgesetzes, wie denn noch die Regierungsinstruktion von 1817 in ihrem § 18 auf den bevorstehenden Entwurf einer allgemeinen Schulordnung hinweist. Nicht den geringsten Anhalt aber bietet jene Stelle für die Behauptung, daß sie die inneren Schulangelegenheiten prinzipiell der städtischen Kompetenz habe entziehen wollen; wir werden nachher sehen, daß sogar die Instruktion von 1811, die Grundlage des heutigen Zustandes, davon noch nichts weiß.

Jene Instruktion wie die ganze folgende Entwicklung zeigt übrigens auch die praktische Unmöglichkeit, die Organisation des Schulwesens auf Grund einer Kompetenzscheidung nach inneren und äußeren Angelegenheiten durchzuführen. Wohl mag eine solche Arbeitsteilung innerhalb derselben Organisation möglich und nützlich sein, nicht aber die Gegenüberstellung zweier relativ selbständiger Organisationen mit einer so geteilten Kompetenz. Der ganze Gedanke dieser Scheidung der Kompetenz für die Externa von der für die Interna weist auf den Zusammenhang der Schule mit der Kirche zurück; er ist staats-kirchenrechtlichen Ursprungs. Und von eben daher hat sich im gleichen Gedankengange in das Rechtsverhältnis des Staates oder der Gemeinde zur Schule ein Begriff eingeschlichen, mit dem man glücklich noch hinter das vielgeliebte Landrecht zurückgefallen ist, der von der Verwaltung contra legem gebildete Trugbegriff des „Schulpatronats“. Durch dieses Geschöpf ihrer Willkür suchte sich die Verwaltungspraxis von Anfang an aus der Verlegenheit zu helfen, die ihr aus dem Obsoletwerden des landrechtlichen Begriffs der Gerichtsobrigkeit erwächst. Um das antiquierte Recht des absoluten Polizeistaates auf die völlig anderen Verhältnisse des Rechtsstaats und der Selbstverwaltung anzuwenden, muß man jenem alten Recht selbst Gewalt antun und einen von ihm schon abgestreiften, noch veralteteren Begriff wieder einschwärzen. Nicht nur de lege ferenda, sondern selbst de lege lata hat nach preußischem Recht der Begriff des Schulpatronats keine Existenzberechtigung, wie jetzt auch die Judikatur anerkennt;[37]) die Rolle aber, die dieser Begriff trotzdem noch heute in unserem „Schulrecht" spielt, beleuchtet grell den hier herrschenden Rechtszustand.

Die in den Artikeln 23, 24 und 25 der Verfassung enthaltenen Andeutungen sind ja an sich für das positive Recht gleichgiltig, da sie durch den Artikel 112 bis zu dem St. Nimmermehrstage, an welchem das preußische Unterrichtsgesetz erlassen werden wird, suspendiert sind. Allerdings ward bei der Beratung dieser Artikel in den Revisionskammern das sofortige Erscheinen dieses Unterrichtsgesetzes noch zuversichtlicher angekündigt, als es schon 40 Jahre früher erwartet worden war. Am 20. November 1849 gab der Kultusminister v. Ladenberg in der zweiten Kammer „die Versicherung, daß es die Aufgabe der Verwaltung sein wird, das Erscheinen des Unterrichtsgesetzes, zu dem sämtliche Materialien bereits vorhanden sind, sobald die Verfassungsurkunde durch die Revision festgestellt sein wird, möglichst zu beeilen . . ."[38]) Mit dieser Versicherung förderte der Minister die Annahme des Antrages, auf dem der jetzige Artikel 112 beruht; der Antragsteller aber war ein Mann, der außer jener Suspendierung an der preußischen Schule noch viel Liebes und Gutes getan hat, der „Vater der Regulative", Herr Stiehl.

Im übrigen erkennt die Verfassung nach dem damals schon beliebten Schema die Zuständigkeit der Gemeinde für die Leitung der äußeren Angelegenheiten der Volksschule an, während sie sich über die inneren Angelegenheiten, abgesehen von dem Prinzip der staatlichen Aufsicht, völlig ausschweigt. Ein Antrag, der bei der Leitung und Beaufsichtigung der inneren Angelegenheiten den Gemeinden eine Mitwirkung zusichern wollte,[39]) kam nicht zur Annahme. In ganz ähnlicher Weise wie bezüglich der Ortspolizei nahmen auch

---

[37]) Kamptz: Rechtsprechung d. O. V. G. Bd. II. S. 654.
[38]) Stenogr. Bericht d. zweiten Kammer 1849/50. S. 1261.
[39]) Ebenda S. 1203.

bezüglich der Lehreranstellung die Revisionskammern eine Umdrehung des von der oktroyierten Verfassung aufgestellten Prinzips vor. Jene hatte die Wahl der Lehrer, welche ihre sittliche und technische Befähigung den betreffenden Staatsbehörden gegenüber zuvor nachgewiesen haben müssen, der Gemeinde zuerkannt (Artikel 21, Verf. v. 5. Dez. 1848); und die ministerielle Denkschrift dazu hatte ausgeführt: „das Wahlrecht müsse in die Hände derer gelegt werden, die das unmittelbarste Interesse an einer guten Wahl haben“ ... „den Gemeinden könne das Wahlrecht hauptsächlich um deswillen nicht versagt werden, weil durch die Verfassungsurkunde die Schule im eigentlichsten Sinne in ihren Lasten und in ihrer Pflege zu einem Eigentume und einem Gegenstande der Liebe und Fürsorge der Gemeinde gemacht werde“.[40]) Eine eventuelle staatliche Bestätigung wäre auch mit diesem Grundsatz immerhin vereinbar gewesen. Trotz jener sehr einleuchtenden ministeriellen Begründung, deren Standpunkt auch in den Kammerverhandlungen von verschiedenen Seiten betont und von der Regierung nicht prinzipiell abgewiesen wurde, fand schließlich auch hier die Umdrehung dahin statt, daß der Staat unter gesetzlich geordneter Beteiligung der Gemeinden die Lehrer anzustellen habe. Übrigens ward ganz wie bei der Bestätigungs- und der Polizeifrage alles weitere der bevorstehenden Spezialgesetzgebung, hier also dem Unterrichtsgesetz vorbehalten. Auch der Minister erklärte wiederholt, „daß den Gemeinden ihr Recht gewahrt werden muß, weil sie bei der Wahl der Lehrer nicht bloß das größte Interesse für ihre Zukunft haben, sondern ein solches Recht auch auf dem Grund ihrer Leistungen für die Schule in Anspruch zu nehmen befugt sind“ ... „daß nichts so wichtig und wesentlich sei, als selbst verfassungsmäßig es festzustellen, in welcher innigen Verbindung die Gemeinde zu ihrer Schule stehe“.[41]) Diesen Gesichtspunkten solle das künftige Unterrichtsgesetz vollauf Rechnung tragen. Schon bei diesen ersten parlamentarischen Verhandlungen der Schulfrage in Preußen überfluteten freilich die konfessionellen Erwägungen alles übrige erheblich. Von irgend welcher prinzipiellen Auseinandersetzung der staatlichen und kommunalen Kompetenz auf dem Schulgebiete kann auch nach diesen Verfassungsbestimmungen, selbst abgesehen von der ihnen mangelnden Gesetzeskraft, gar keine Rede sein. Denn das hier ebenso wie früher und später stark betonte Prinzip der staatlichen Aufsicht über das

---

[40]) Stenogr. Bericht d. ersten Kammer 1849/50. S. 1071.
[41]) Ebenda S. 1074, 1079.

gesamte Unterrichtswesen präjudiziert selbstverständlich einer kommunalen Kompetenz zur unmittelbaren Schulverwaltung in keiner Weise; im Gegenteil hat die staatliche Schulaufsicht zur begrifflichen Voraussetzung, daß eben nicht die gesamte Schulverwaltung eigene und unmittelbare Staatsverwaltung ist. Mit der Zuständigkeit der Selbstverwaltungskörper kollidiert dieses Prinzip um so weniger, als ja deren gesamte Lebenstätigkeit unter staatlicher Aufsicht steht. Zudem hält der Artikel 25 der Verf. bezüglich der Leistungspflicht für Errichtung, Unterhaltung und Erweiterung der öffentlichen Volksschule in erster Linie jenes innige Verhältnis zur Gemeinde fest, auf Grund dessen die eben zitierten amtlichen Äußerungen der Regierung mit vollem Recht diese Schule als ein Eigentum der Gemeinde bezeichneten. Dieses Prinzip ist auch durch alle neueren Gesetze über die finanziellen Leistungen für Schulzwecke bis auf den heutigen Tag nicht alteriert worden. Auf die Bestimmung in Artikel 23 d. Verf., die den öffentlichen Lehrern die Rechte und Pflichten der Staatsdiener beilegt, ist noch nachher zurückzukommen.

Bleibt endlich noch das Schulaufsichtsgesetz vom 11. März 1872. Die rechtliche Bedeutung dieses Gesetzes besteht eigentlich nur darin, daß es die alinea 1 des Art. 23 d. Verf., das Prinzip der Staatsaufsicht über das gesamte Unterrichts- und Erziehungswesen, von der Suspendierungsklausel ausnimmt und in positiv rechtliche Geltung setzt. Daß dieses Prinzip unsere Frage überhaupt nicht berührt, wurde eben dargelegt. Wollte man aber dem Satze in § 1, wonach alle mit der Schulaufsicht betrauten Behörden und Beamten im Auftrage des Staates handeln, eine Bedeutung für das Amtsrecht der städtischen Schulbehörden beilegen, so würde dies nicht nur der offenbaren ratio legis, die sich unzweifelhaft auf das Verhältnis des Staates zur Kirche und kirchlichen Gemeinde, nicht auf sein Verhältnis zur politischen Gemeinde richtet, widersprechen; man müßte vielmehr geradezu die ausdrückliche Bestimmung seines § 3 ignorieren: „Unberührt durch dieses Gesetz bleibt die den Gemeinden und deren Organen zustehende Teilnahme an der Schulaufsicht". Für die Beurteilung unserer Frage scheidet also auch dieses Gesetz vollständig aus.

Der Überblick über die gesamte einschlägige Gesetzgebung hat also als einzigen Anhaltspunkt den § 179 zu b) der St. O. von 1808 ergeben. Aber auch diese Bestimmung ist nicht mehr geltendes Recht, da die erste St. O. durch die Gemeindeordnung von 1850 beseitigt wurde, und da weder diese noch die St. O. von 1853 oder die sonstigen späteren Städte-Ordnungen Dispositionen über diesen Punkt enthalten. Trotzdem kommt jener Stelle der ersten St. O. insofern eine fortwirkende rechtliche Bedeutung zu, als sie beweist, daß bei der Schaffung der städtischen Selbstverwaltung in Preußen das Schulwesen nicht gleich der Ortspolizei von der städtischen Kompetenz ausgeschlossen worden ist, vielmehr nicht nur stillschweigend wie viele andere Materien, sondern ausdrücklich in die Tätigkeit der neuen Selbstverwaltungsorganisation einbezogen wurde. Und da durch keine spätere Gesetzesbestimmung den Städten diese Kompetenz entzogen worden ist, so besteht sie de jure auch heute unverändert fort, ohne daß eine rechtliche Unterscheidung derselben von den übrigen Gebieten der Kommunalverwaltung gesetzlich begründet wäre, selbstverständlich unbeschadet der staatlichen Oberaufsicht, die für dieses Gebiet wie für alle übrigen gilt.

Gerade bei dem § 179 der ersten St. O. hat nun aber die ministerielle Reglementierungspolitik eingesetzt, um nicht nur praeter legem einen „Rechtszustand" nach ihrem Belieben zu schaffen, sondern auch im weiteren Fortgang contra legem die Kompetenzgrenzen zu verrücken und so auch hier ein Verfahren auszubilden, das Gneist in seiner Schrift über die Unzulässigkeit der konfessionellen Schule nach preußischen Landesgesetzen als die „dem preußischen Staat eigentümliche . . . Umkehrung der Gesetze durch die Verwaltung" bezeichnet.[42])

In Ausführung des Vorbehaltes in § 179 b erließ das damalige Departement für Kultus und öffentlichen Unterricht im Ministerium des Innern die Instruktion vom 26. Juni 1811, welche die Grundlage der weiteren Ausgestaltung bis heute abgegeben hat. Dieser Instruktion kann man ihren rechtsverderblichen Charakter nicht ohne weiteres ansehen; sie enthält nur einen einzigen Rechtsverstoß, während sie sich im übrigen und prinzipiell durchaus auf den richtigen Standpunkt stellt; gerade jener eine Verstoß aber hat später fortzeugend ein ganzes System böser Rechtswidrigkeit geboren.

---

[42]) Gneist: Die konfessionelle Schule (1869) S. 40.

Die Instruktion faßt die Bedeutung des § 179 b St. O. zunächst genau ebenso auf, wie ich ihn oben interpretiert habe. Von der Scheidung zwischen einer staatlichen Kompetenz für die inneren und einer städtischen für die äußeren Schulangelegenheiten ist gar keine Rede; vielmehr sagt der § 9 ausdrücklich: „Die Behörden für die inneren und für die äußeren Angelegenheiten des Schulwesens der Städte im allgemeinen sollen nicht abgesondert von einander bestehen, sondern es soll die städtische Schuldeputation, um das Ganze unter eine einfache und harmonische Leitung zu bringen, nur eine einzige Behörde sowohl für die inneren als für die äußeren Angelegenheiten des Schulwesens ihrer Stadt bilden." Diese einheitliche Behörde wird also ausdrücklich als eine städtische Behörde anerkannt und auch sonst in den §§ 7 und 8 „den übrigen städtischen Deputationen" gleich behandelt. Aber — und das ist die radix malorum — in § 2 werden die aus Magistrat und Stadtverordnetenversammlung gewählten Mitglieder einer Bestätigung durch die Regierung unterworfen, welche auch für die Stellen der sachverständigen Bürgerdeputierten aus je drei präsentierten Kandidaten einen ausheben und bestätigen soll. Das war eine Abweichung von den durch die St.O. § 175, 177 gesetzlich festgelegten Normen für die Bestellung der städtischen Verwaltungsdeputationen. Allerdings hatte der § 179 b besondere Bestimmungen für die Organisation der Behörde zur Besorgung der inneren Schulangelegenheiten vorbehalten; und allerdings konnte jener Vorbehalt durch Ministerialreskript ausgeführt werden, etwa durch die Designierung technischer Mitglieder für die Schuldeputation, wie solche in anderen Nummern desselben Paragraphen für andere Deputationen designiert werden. Aber die Grenze ihrer Dispositionsbefugnis fand jede bloße Ministerialverordnung in den gesetzlichen Normen der St.O. für die Wahl der Deputationsmitglieder durch Magistrat und Stadtverordnete. Zu deren rechtmäßiger Abänderung hätte es unbedingt eines Gesetzes bedurft; eine Ministerialverordnung war zweifellos unfähig, wie es die von 1811 nach ihren eigenen Worten tun wollte, eine städtische Deputation zu schaffen, für deren Bestellung andere Normen als die gesetzlichen der St. O. maßgebend sein sollten; und dies um so mehr, als sich deren Wirksamkeit auch auf die äußeren Schulangelegenheiten erstrecken sollte, für welche § 179 b ja selbst schon organisatorische Einzelbestimmungen gegeben hatte. Deshalb ist denn auch die Rechtsgiltigkeit jener Bestätigungsklausel von Anfang an bestritten worden. Schon ein Zirkularreskript der Minister des Kultus und des Innern von 1823 kann einen Zweifel darüber, „ob nicht durch diese Verfügung den durch die St.O. begründeten Rechten der Stadtverordneten Eintrag geschehen sei", nicht ganz von der Hand weisen, wenn es ihn auch möglichst zu beschwichtigen sucht;[43]) und aus den Berliner Akten habe ich feststellen können, daß hier schon im Jahre 1828 Magistrat und Stadtverordnete einem Syndikatsgutachten beitraten, wonach, obwohl § 179 b St. O. „die Organisation der Behörde für die inneren Schulangelegenheiten ausdrücklich vorbehalte, dennoch die diesfälligen Anordnungen nur im Sinne und Umfange der §§ 1 und 2 St. O. gefaßt werden könnten".[44])

Dieses usurpierte Bestätigungsrecht der Regierung für die Mitglieder städtischer Schuldeputationen scheint sich in der Praxis keineswegs überall und dauernd durchgesetzt zu haben, worauf seine wiederholte Auffrischung in den gleich zu erörternden Ministerialreskripten schließen läßt. Für Berlin im besonderen wurde die Instruktion von 1811 durch eine Verordnung vom Jahre 1829 aufgehoben, somit auch die rechtsungiltige Bestätigungsklausel jener Instruktion, und eine „nach den Grundsätzen der St.O. von 1808 gebildete, rein städtische Schuldeputation" eingesetzt. Wie wenig die Verwaltung auf diesem Gebiete von des Rechtsgedankens Blässe angekränkelt ist, dafür ist es bezeichnend, daß trotz des unzweifelhaften Wortlautes der für Berlin maßgebenden Verordnung von 1829 die Regierung auf Grund der gleich zu erörternden Ministerialreskripte dreimal den Versuch unternommen hat, jenes usurpierte Bestätigungsrecht der Instruktion von 1811 auch für Berlin durchzusetzen, Versuche, die zunächst zweimal in je dreijährigen Aktenkämpfen 1854—1857 und 1864—1867 von der Stadt zurückgewiesen wurden, bis endlich der dritte Versuch im Jahre 1898 einen wenigstens teilweisen Erfolg hatte.[45]) In der landläufigen Litteratur des Städterechts begegnet man regelmäßig der Behauptung, daß die Instruktion von 1811 wenigstens eine partikulare gesetzliche Anerkennung für die Provinzen Ost- und Westpreußen durch die Schulordnung vom

---

[43]) Rönne und Simon, S. 530.
[44]) Vgl. meine in n. 35 zitierte Abhandlung S. 211. 213.
[45]) Ebenda S. 215 fg.

11. Dezember 1845 erhalten habe.[46]) Abgesehen von der lediglich provinzialgesetzlichen Bedeutung dieser Schulordnung, wird auch durch sie der rechtliche Mangel jener Instruktion keineswegs nachträglich geheilt. Der § 36 l. c. lautet nämlich: „Hinsichtlich der Aufsicht über die Elementarschulen in den Städten bleibt es bis auf weiteres bei den Bestimmungen der St. O. und der Instruktion vom 26. Juni 1811.“ Diese Bestimmung geht von der Annahme aus, daß die Instruktion auf dem Boden jenes Gesetzes stehe; das ist eine Annahme, aber keine dispositive Bestimmung des Gesetzgebers; und wenn diese Annahme irrig ist, was ich oben bewiesen zu haben glaube, so wird durch diese einfache Nebeneinanderstellung der Instruktion keineswegs eine das Gesetz, die St. O. abändernde Kraft beigelegt.

Zur Ausführung der St. O. von 1853 erging am 20. Juni eine Instruktion des Ministers des Innern, in welcher es unter No. XIII. 2 heißt: „Für die Kirchen- und Schuldeputationen, welche sich ihrem Ressortverhältnisse gemäß nicht bloß auf dem Gebiete der eigentlichen Gemeindeverwaltung bewegen, bilden die neben den älteren Städteordnungen ergangenen besonderen Bestimmungen fernerhin die leitenden Normen. . . .“ Damit sollte nicht nur die Instruktion von 1811 neben der neuen St. O. aufrecht erhalten werden, sondern es ward auch der Ansatz zu ihrer nachträglichen theoretischen Begründung gegeben. Daß die Ministerialinstruktion von 1853 ebensowenig wie die von 1811 das Gesetz abändern kann, ist selbstverständlich. Konnte die Instruktion von 1811 neben der alten St. O. rechtlich nicht bestehen, so kann sie es auch neben der neuen nicht, trotz der Instruktion von 1853. Aber die hier erst schüchtern angedeutete Theorie von dem prinzipiellen Gegensatze der Schulverwaltung zur „eigentlichen“ Gemeindeverwaltung hat mit der Kraft eines großen Gedankens Epoche gemacht. Zunächst schärfte ein Zirkularerlaß des Kultusministers Raumer vom 17. Februar 1854 den Regierungen ein, das ihnen auf Grund der Verordnung von 1811 zustehende Bestätigungsrecht, das „schon früher nicht überall ausgeübt worden ist“, fortan „mit Entschiedenheit zu dem Zweck in Anwendung zu bringen, damit aus den städtischen Schuldeputationen zur Ausübung der wichtigen, diesen übertragenen Funktionen ungeeignete Elemente ferngehalten werden“.[47]) Ihre volle Ausbildung aber erhielt

[46]) Oertel, S. 445; Leidig S. 474.
[47]) Grotefend: Erlasse. Bd. I, S. 241.

diese Dogmatik erst durch einen Bescheid des Ministers v. Mühler vom 21. Dezember 1864, der den prinzipiellen Gegensatz der städtischen Schuldeputation zu allen übrigen städtischen Verwaltungsdeputationen theoretisch formulierte. Er knüpft an den eben erwähnten Passus der Ministerialinstruktion von 1853 an, wonach sich die Tätigkeit der städtischen Schuldeputation nicht bloß auf dem Gebiet der eigentlichen Gemeindeverwaltung bewege, sondern sich auch erstrecke „auf wesentliche Teile des Schulaufsichtsrechts, bei dessen Ausübung mitzuwirken eine nach dem § 59 St.O. gebildete städtische Verwaltungsdeputation nicht verlangen könnte. Muß dies aber zugegeben werden" — mit dieser allerliebsten petitio principii wird der Übergang zu dem neuen Dogma bewerkstelligt — „und stellen sich demnach die städtischen Schuldeputationen in einer der Hauptrichtungen ihrer Wirksamkeit als Organe der staatlichen Schulaufsichtsbehörde dar, so ergibt sich die vollständige Begründung für den Anspruch dieser Behörde, bei der Konstituierung der städtischen Schuldeputation durch Bestätigung der Mitglieder derselben mitzuwirken. Es folgt daraus aber auch ferner, daß dieses Bestätigungsrecht als ein Ausfluß des Aufsichtsrechts des Staates über die Schulen, nicht aber über die städtischen Kommunalangelegenheiten anzusehen ist, und somit durch die Ausübung dieses Bestätigungsrechts das Selbstverwaltungsrecht der Stadtgemeinden in dem durch die St. O. festgesetzten Umfang nicht beeinträchtigt wird". Wolle man dies vermeiden, so könne das nur dadurch geschehen, „daß die Schuldeputationen derjenigen Funktionen entkleidet würden, um derentwillen die Bestätigung ihrer Mitglieder für erforderlich zu erachten ist, und daß demnach ihre Wirksamkeit lediglich auf Wahrnehmung der äußeren Angelegenheiten von Anstalten ausschließlich städtischen Patronats beschränkt würde. Durch eine solche Herabdrückung der städtischen Schuldeputationen auf das Gebiet einfacher Verwaltungsdeputationen würde aber in der Organisation der Aufsicht über das städtische Schulwesen eine Lücke entstehen, deren Ausfüllung nur auf dem Wege der Gesetzgebung erfolgen könnte". Die Bedenken gegen die Rechtsgiltigkeit der Instruktion von 1811 werden damit zurückgewiesen, daß diese Instruktion „eine besondere, in sich geschlossene, mit der Kommunalverwaltung zwar zusammenhängende, ihrem Zwecke nach aber der Unterrichtsverwaltung angehörige Institution geschaffen" habe.[48])

Diese Deduktion und namentlich die zuletzt zitierte Formel ist seitdem nicht nur in mannigfachen Ministerialreskripten wiederholt worden, sondern auch in die Kommentare und gangbaren Handbücher des Städte- wie des Schulrechts als lautere Wahrheit über-

[48]) Grotefend: Erlasse. Bd. I, S. 242.

gegangen, so daß sie die Kraft eines Axioms gewonnen hat. Unter Wiederholung jener Formeln und Wiedereinschärfung des Bestätigungsrechts hat denn auch das Ministerialreskript von 1898 bestimmt, daß der Wahl von Personen, welche der sozialdemokratischen Partei angehören oder sich als Anhänger und Förderer derselben betätigen, zu Mitgliedern städtischer Schuldeputationen von Aufsichtswegen die Bestätigung zu versagen sei. [49])

Die ministerielle Praxis versucht sich hier also auf dem ihr sonst recht fern liegenden Gebiete der juristischen Begriffskonstruktion, indem sie einen begrifflichen Gegensatz von Unterrichts- und Kommunalverwaltung konstruiert, um dann das Bestätigungsrecht für die Mitglieder städtischer Schuldeputationen nicht lediglich auf den höchst problematischen Rechtstitel jener positiven Bestimmung in der Instruktion von 1811 zu stützen, sondern es als eine begriffliche Konsequenz jenes angeblich prinzipiellen Gegensatzes erscheinen zu lassen. Die Stadt sei lediglich für die äußeren, allein der Staat für die inneren Angelegenheiten des Schulwesens kompetent; und da nun die städtischen Schuldeputationen sowohl für äußere wie für innere Schulangelegenheiten zuständig seien, so wurzelten ihre Amtsbefugnisse teils in der staatlichen, teils in der städtischen Kompetenz; sie seien also zwar keine reinen Staatsorgane, aber auch im Gegensatz zu allen übrigen städtischen Verwaltungsdeputationen keine reinen Kommunalorgane, vielmehr gemischte, staatlich-kommunale Behörden. Und damit soll dann bewiesen sein, daß die Bildung dieser staatlich-kommunalen Behörde dem Ministerialreskript, der Verwaltungsverordnung anheimgegeben sei. Diese ministerielle Begriffskonstruktion beherrscht selbstverständlich die gesamte Praxis, wird aber auch nahezu von der ganzen Litteratur gläubig nachgebetet; und doch ist sie nicht nur einfach, sondern doppelt falsch. Sie zieht nämlich aus einer falschen Prämisse eine falsche Konsequenz. Daß ihrer Voraussetzung, jener prinzipiellen Scheidung von staatlicher und kommunaler Kompetenz auf dem Schulgebiete jede gesetzliche und rechtliche Grundlage fehlt, wurde schon oben nachgewiesen. Aber selbst wenn diese Voraussetzung richtig wäre, wäre die hier daraus gezogene Konsequenz dennoch falsch. Denn wenn jene Kompetenzteilung zu Recht bestände,

---

[49]) Zentralbl. f. d. Unterrichtsverwaltung. 1898. S. 721.

so würde daraus allein die rechtliche Existenz einer staatlichen Behörde für die inneren, einer städtischen für die äußeren Schulangelegenheiten folgen. Eine Veränderung dieses Rechtszustandes dadurch, daß an die Stelle beider ein gemeinschaftliches, staatlich-kommunales Organ tritt, sowie die rechtswirksame Bildung eines solchen Organs könnte dann nach elementarsten Rechtsgrundsätzen nur im Wege der formellen Rechtssetzung, d. h. durch Gesetz sanktioniert werden. Ob eine solche Kombination im Einzelfall durch Vereinbarung zwischen dem Staat und der einzelnen Stadtgemeinde zulässig wäre, kann zweifelhaft sein; unzweifelhaft aber ist die absolute Unzulässigkeit einer solchen generellen Kombination durch bloße Verwaltungsverordung an Stelle des Gesetzes. Die Behauptung von dem prinzipiell besonderen, staatlich-kommunal gemischten Charakter der städtischen Schuldeputation ist also bare Willkür ohne irgend ein rechtliches Fundament; auf sie kann daher das staatliche Bestätigungsrecht für deren Mitglieder noch weniger gestützt werden, als auf die positive, aber rechtsungiltige Klausel der Instruktion von 1811.

In Wahrheit sind die städtischen Schulen eben keine Veranstaltungen des Staates, sondern der Stadtgemeinde; und zwar ist die Veranstaltung von Schulen, die der Erfüllung der allgemeinen Schulpflicht dienen, also von Volksschulen, eine obligatorische, die Veranstaltung anderer Schulen eine fakultative Aufgabe der städtischen Selbstverwaltung. Damit ist ihre Kompetenz auf dem Schulgebiet zur Verwaltung ihrer Anstalten gegeben; ja diese Aufgabe und damit die entsprechende Kompetenz bildet — etwa neben dem Armenwesen — eine der allerelementarsten Aufgaben und Kompetenzen städtischer Selbstverwaltung überhaupt. An diesem Rechtsverhältnis wird durch etwaige Staatszuschüsse zur Unterhaltung jener Anstalten nichts geändert; sie hören dadurch ebensowenig auf, städtische Anstalten zu sein, wie die königlichen Polizeidirektionen trotz der städtischen Zuschüsse auf Grund des Polizeikostengesetzes von 1892 nicht aufhören, Staatsanstalten zu sein. Ferner steht diese städtische Schulkompetenz durchaus nicht im Widerspruch mit dem unzweifelhaften staatlichen Aufsichtsrecht über dieses Gebiet; im Gegenteil ist sie seine Voraussetzung; denn von einer Aufsicht des Staates im juristisch technischen Sinne kann nur da die Rede sein, wo die unmittelbare Verwaltung selbst nicht zur Kompetenz des Staates, sondern eines anderen Gemeinwesens gehört. Daß die kommunale Schulverwaltung der Staatsaufsicht untersteht, scheidet sie nicht von allen anderen städtischen Verwaltungszweigen, sondern ist ihnen allen gemeinsam. Wenn diese Aufsicht hier eine intensivere ist als auf anderen Gebieten, so ist dies einmal ein Unterschied des Grades und nicht der Art; ob diese tatsächlich intensivere Aufsichtsübung, so weit sie nicht auf den besonderen Gesetzen bezüglich der Schulunterhaltungspflicht, der Lehrerbesoldung und -Pensionierung rc. beruht, überall rechtlich begründet ist, das ist eine wohl aufzuwerfende, aber hier nicht zu erörternde Kompetenzfrage; die Rechtsstellung der städtischen Organe wird dadurch an sich in keiner Weise berührt.

Jedoch setzt auch hier wieder jene eben kritisierte ministerielle Konstruktion mit der Behauptung ein: darin läge gerade der spezifische Unterschied der Schuldeputation von allen übrigen städtischen Verwaltungen, daß hier die Staatsaufsicht nicht von besonderen Staatsorganen außerhalb jener Deputation geführt werde, sondern der Deputation selbst übertragen sei; diese Aufsicht bleibe staatliche Funktion, sei also nicht der Gemeinde, sonder unmittelbar der Schuldeputation übertragen, die eben insoweit Staatsorgan sei, daher das Bestätigungsrecht, u. s. w. nach bekannter Melodie. Was hier behauptet wird, ist aber wiederum einerseits tatsächlich nicht wahr, andererseits in dieser Weise rechtlich nicht möglich. Es ist nicht wahr, daß den städtischen Schuldeputationen die staatliche Schulaufsicht auch nur zu irgend einem nennenswerten Teile übertragen sei; denn wozu würden dann noch die prinzipiell rein staatlichen Lokal- und Kreisschulinspektionen in den Städten existieren? Das ist nämlich der köstlich bittere Humor bei der Sache: wegen ihrer angeblichen Befugnisse auf dem angeblich rein staatlichen Gebiet der sogenannten inneren Schulangelegenheiten wird dieser Deputation ihr kommunaler Charakter abgesprochen, werden ihre Mitglieder einer staatlichen Bestätigung unterworfen; und nachdem dies in fraudem legis durchgesetzt ist, hat in allen inneren Schulangelegenheiten die Deputation in Wirklichkeit nichts, der vom Staate ernannte, lediglich staatlichen Behörden untergeordnete Schulinspektor alles zu sagen. In lehrhafter Weise entwickelt ein Ministerialerlaß vom 19. Dezember 1894 die „bei der Eigenart der Organisation des Schulwesens in Preußen" der Schuldeputation zugewiesene „vermittelnde und ausgleichende Stellung in der Befriedigung der vielseitigen Interessen des Unterrichtswesens". In ihrer Doppelstellung sei sie „zugleich zu einer beaufsichtigenden und verwaltenden Wirksamkeit berufen. Nach beiden Richtungen aber ist sie in ihren Maßnahmen beschränkt, in allen äußeren Angelegenheiten an die Mitwirkung des Magistrats gebunden, soll sie in den inneren Hand in Hand mit dem Kreisschulinspektor gehen. Bei Meinungsverschiedenheiten kann sie an die Regierung gehen".[50]) Der Begriff des fünften Rades am Wagen wird hier in geradezu klassischer Weise definiert. Die Doppelkompetenz der Deputation für die inneren und äußeren Angelegenheiten ist also so zu verstehen, daß sie weder für diese noch für jene eigentlich zuständig ist; sondern für die äußeren der Magistrat, für die inneren der Schulinspektor, zwischen denen für eine selbständige und fruchtbare Wirksamkeit der Deputation kein Raum ist. In der Tat hat sich eine solche Wirksamkeit auch nur ausnahmsweise da entwickeln können, wo die Macht der tatsächlichen Verhältnisse den Rahmen der offiziellen Scholastik gesprengt hat. Im übrigen hat ja die Regierung selbst ein Bedürfnis zur Wiederbelebung der durch ihr eigenes System ertöteten kommunalen Anteilnahme am Schulwesen durch Maßregeln der Dezentralisation in den Ministerialerlassen von 1897 und 1898 implizite anerkannt;[51]) aber selbstverständlich kuriert sie mit kleinen Mittelchen an den Symptomen herum, während der Grund des Übels in der ganzen dem Geiste wie dem Rechte der Selbstverwaltung heterogenen Konstruktion liegt.

Wenn auch nur innerhalb des bestehenden Systems jene Behauptung von den Aufsichtsbefugnissen der Schuldeputationen eine Wahrheit sein und einen greifbaren Inhalt haben sollte, dann müßte mindestens die jetzt den Lokalschulinspektoren zustehende Aufsichtsfunktion in den kleineren Städten, die jetzt den Kreisschulinspektoren zustehende Aufsichtsbefugnis in den Stadtkreisen den Schuldeputationen als solchen übertragen werden; im ersten Falle unter der höheren Aufsicht des Kreisschulinspektors, im andern unter der der Regierung. Gerade im Gegenteil jedoch stellt ein Ministerialerlaß vom 2. Januar 1890 den Grundsatz auf, daß die Kreisschulinspektion nur Einzelbeamten, nicht Kollegialbehörden, also eben nicht den Schuldeputationen übertragen werden dürfe; ein Grundsatz, von

---

[50]) Kretzschmar: Handbuch des preuß. Schulrechts. (1899.) S. 62.

[51]) Zentralbl. f. d. Unterrichtsverwaltung. (1897.) S. 268. 1898, S. 271.

dem tatsächlich wieder in einigen Fällen Ausnahmen gemacht worden sind.[52])

Aber selbst wenn eine solche Übertragung staatlicher Aufsichtsbefugnisse auf ein städtisches Organ stattfände, so würde sich daraus rechtlich weder eine Pflicht der Stadtgemeinden, ihr Organ dafür herzugeben, noch vollends eine Einwirkung der Regierung auf die Bestellung dieses Organs im Gegensatz zu den organisatorischen Normen der St. O. ableiten lassen. Eine Pflicht des Selbstverwaltungskörpers, eines seiner Organe für unmittelbare Staatsaufträge zur Verfügung zu stellen, kann nur durch Gesetz begründet werden, wie dies z. B. bezüglich des Bürgermeisters durch § 1 des Polizeiverwaltungsgesetzes von 1850 und § 62 St. O. geschehen ist. Bei dem Mangel einer solchen gesetzlichen Bestimmung für die Unterrichtsverwaltung bedarf es zur Übertragung jener Funktion unmittelbar auf ein städtisches Organ statt auf die Stadtgemeinde selbst der freien Einwilligung der letzteren. Aber selbst unter dieser Voraussetzung ergibt sich noch immer nicht die rechtliche Möglichkeit, im Verordnungswege Normen für die Bestellung jenes Organs, insonderheit eine staatliche Bestätigung für seine Mitglieder in Abweichung von den gesetzlichen Bestimmungen der St. O. festzusetzen. Abgesehen von dem Wege der Gesetzgebung, wäre der einzig rechtmäßige modus procedendi der, daß die Regierung die Übertragung staatlicher Funktionen an eine städtische Deputation von der Bedingung abhängig machte, daß diese Deputation durch Ortsstatut gemäß § 59 al. 3 St. O. eine bestimmte Zusammensetzung erhält. Auf diese rechtlich allein zulässige Art ist natürlich bisher prinzipiell gerade nicht verfahren worden.

Von welchem Ausgangspunkte aus man also auch diese Frage angreifen möge, so ergibt sich doch immer als Resultat der juristischen Kritik, daß der stets behauptete prinzipielle Unterschied der Schuldeputation von allen anderen städtischen Verwaltungsdeputationen im Rechte nicht begründet ist; daß vielmehr rechtlich die städtischen Schuldeputationen reine Selstverwaltungsorgane sind, die wie alle übrigen allein den Normen des § 59 St. O. unterliegen; und daß insonderheit ein staatliches Bestätigungsrecht für ihre Mitglieder rechtlich nicht existiert, weil es weder aus allgemeinen Grundsätzen

---

[52]) Vgl. Kretzschmar, a. a. O., S. 58, 60.

abzuleiten, noch auf die positive Bestimmung der Instruktion von 1811 zu stützen ist, da dieser Bestätigungsklausel als einer Abweichung von den gesetzlichen Normen jede rechtlich bindende Kraft fehlt.

Jene Doppelstellung als zugleich staatliches und kommunales Organ, die als Prinzip für die Schuldeputationen mit Unrecht behauptet wird, findet sich als Ausnahme tatsächlich in den wenigen Fällen, wo die staatliche Schulinspektion der städtischen Schuldeputation als solcher übertragen ist. Häufiger findet sich diese Kombination bei der Stellung des Einzelbeamten, des Schulinspektors. Namentlich in größeren städtischen Verhältnissen macht sich die Verschrobenheit des herrschenden Systems allzu lästig fühlbar, um nicht Versuche zu einer natürlicheren Gestaltung nahezulegen. Da man aber das System selbst hartnäckig festhält, kommt man über unzulängliche Palliativmittelchen nicht hinaus. Ein solches ist die Kombinierung der Ämter des städtischen Dezernenten für Schulsachen und des staatlichen Schulinspektors. In größeren Städten, namentlich also in den Stadtkreisen, erzeugt die tatsächliche Wichtigkeit des Schulwesens innerhalb der Kommunalverwaltung das Bedürfnis zur Bestellung von schultechnischen Gemeindebeamten, sei es von Stadtschulräten als Mitgliedern des Magistrats, sei es von Stadtschulinspektoren außerhalb desselben. Aber so notwendig diese Ämter sind, so wenig bietet ihnen das gegenwärtige System der Organisation einen angemessenen Raum zu gedeihlicher Entwicklung; die staatliche Schulinspektion nimmt ihnen die Lebensluft weg. An den Grundfehler, das System selbst, darf man nicht rühren; so verfällt man auf den Notbehelf einer Personalunion von staatlicher und städtischer Schulinspektion. Diese ist in zwiefacher Weise zu bewerkstelligen: entweder überträgt die Stadt ihr technisches Schuldezernat als Nebenamt dem königlichen Schulinspektor, oder der Staat ernennt den städtischen Schulrat oder Schulinspektor zum staatlichen Kreisschulinspektor im Nebenamt.

Die Regierung hält den ersten Weg natürlich für den vorzüglicheren; sie hat diese Übertragung städtischer Funktionen an den staatlichen Beamten in liebenswürdigem Entgegenkommen für „unbedenklich" erklärt.[53]) Um so bedenklicher freilich wird dieser Weg aus

[53]) Oertel. S. 449.

guten Gründen den Städten erscheinen. Denn indem sie die Bestellung des Beamten für diese wichtigen kommunalen Organfunktionen dem Staat überlassen, vollziehen sie eine teilweise Selbstentmündigung. Freilich kommen sie auch auf dem anderen Wege nicht sehr viel besser fort. Hier mäßigt der Staat die Liebenswürdigkeit seines Entgegenkommens recht erheblich. Ob „der zu wählende Beamte sich nach Ansicht der Schulaufsichtsbehörde auch für den Schulaufsichtsdienst eignet", darüber „haben sich die städtischen Körperschaften vor der Wahl Gewißheit zu verschaffen". Diese Beschränkung des städtischen Bestellungsrechts geht über den bloßen Bestätigungsvorbehalt noch erheblich hinaus. Überdies erfolgt die Erteilung der staatlichen missio prinzipiell nur auf Widerruf, weshalb die Städte sich für diese Eventualität eine andere Verwendung des Beamten vorbehalten müssen.[54]) Wenn die Regierung sich zur Rechtfertigung dieser lästigen Klausel auf § 2 des Schulaufsichtsgesetzes von 1872 beruft, so widerspricht dies dem Geiste und dem Wortlaut des Gesetzes. Wie dasselbe überhaupt nur die Auseinandersetzung von Staat und Kirche auf dem Schulgebiet beabsichtigt, so bezieht sich seine Bestimmung wegen der nebenamtlichen Schulinspektion auch nur auf die damit betrauten Geistlichen; überdies läßt ja noch ausdrücklich der § 3 das Verhältnis zur politischen Gemeinde, um die es sich hier allein handelt, unberührt.

Im übrigen ähnelt die zwieschlechtige Rechtsstellung dieser Beamten als Gemeinde- und Staatsorgane der vorhin erörterten der kommunalen Polizeibeamten; sie unterscheidet sich unvorteilhaft von ihr dadurch, daß sie nicht auf Gesetz, sondern auf Verwaltungswillkür beruht, daß demgemäß die staatlichen Organfunktionen jederzeit willkürlich entzogen werden können, und daß endlich die Grenze zwischen den staatlichen und den kommunalen Funktionen dieser Beamten noch unauffindbarer ist, als die zwischen Kommunalverwaltung und Polizei. In der Tat kann in zahlreichen Fällen kein Verstand der Verständigen ergründen, ob jetzt der betreffende Beamte als königlicher Kreis- oder als kommunaler Stadtschulinspektor handelt; da aber je nachdem sein Rechtsverhältnis zur Schuldeputation und zum Magistrat einerseits, zur Regierung andererseits ein völlig heterogenes ist, so

---

[54]) Zentralbl. f. d. Unterr.-Verwalt. 1898. S. 723.

ergibt sich daraus eine beispiellose Rechtsunsicherheit und Verwaltungswillkür. Noch seltsamer wird die Sache in den größten Städten, wo den Stadtschulinspektoren ein Stadtschulrat vorgesetzt ist, die Staatsaufsicht aber nicht dem Vorgesetzten, sondern den Untergebenen übertragen ist, die also ihrem städtischen Vorgesetzten zugleich als Organe des aufsichtführenden Staates gegenüber stehen. Das ist dann die verwirklichte contradictio in adjecto einer organisierten Anarchie. Und doch ist die hier mögliche Abhilfe durch Übertragung der staatlichen Aufsicht an den Stadtschulrat noch schlimmer als das Übel selbst, weil dadurch die Zwiespältigkeit und der latent stets vorhandene Konfliktsstoff dem Magistrat selbst infiziert wird; ein Magistratsmitglied, das daneben zugleich ad nutum amovibler Staatsbeamter ist, dem durch willkürliche Entziehung des Staatsauftrages jederzeit seine Stellung bis zur Unmöglichkeit erschwert werden kann, wird kaum je ein gedeihliches Verhältnis zu Magistrat und Stadtverordneten dauernd behaupten können. Das innerlich wahre Organisationsprinzip erheischt hier wie überall den Bruch mit dem innerlich falschen System der Übertragung staatlicher Funktionen unmittelbar auf Gemeindeorgane statt auf den Selbstverwaltungskörper als solchen.

Die merkwürdigste Blüte endlich des gegenwärtigen Systems ist die herrschende Meinung über das Rechtsverhältnis der Gemeindelehrer zu Staat und Stadt. Sind diese Lehrer Staats- oder Gemeindebeamte? Jedes der drei Momente, welches nach den überhaupt jemals aufgestellten Ansichten bestimmend für die Zugehörigkeit eines Beamten zu einem Gemeinwesen sein könnte, muß hier zu dem gleichen Resultat führen, daß die Gemeindelehrer Gemeindebeamte sind. Aber die herrschende Meinung verneint dies. Also erklärt sie sie für unmittelbare Staatsbeamte? Nein, sondern für mittelbare Staatsbeamte, die aber auch keines engeren Gemeinwesens unmittelbare Organe sind!

Nach der im Anfang dieses Kapitels dargelegten Lehre ist der Beamte Organ desjenigen Gemeinwesens, in dessen Kompetenz seine Amtsfunktionen wurzeln. Der Gemeindelehrer fungiert an einer von der Stadt errichteten und unterhaltenen Schule; zur Errichtung und Unterhaltung dieser Anstalt ist die Stadt entweder verpflichtet oder berechtigt, jedenfalls also kompetent. Die Amtsfunktion des

Lehrers wurzelt also in der städtischen Kompetenz; er ist Gemeindebeamter.

Nach der herrschenden Lehre gehört der Beamte demjenigen Gemeinwesen an, das ihn anstellt. Die städtischen Lehrer werden von der Stadt angestellt, wenngleich ihre Vokation der staatlichen Genehmigung bedarf, wie ja auch die Bestellung anderer Gemeindeorgane der staatlichen Bestätigung unterliegt. Auch unter diesem Gesichtspunkt also sind die städtischen Lehrer Gemeindebeamte. Auf die hier anknüpfenden Einwendungen komme ich gleich zurück. Aber wenn man fälschlich als anstellendes Subjekt die Staatsbehörde ansieht, so müßte man dann doch konsequenterweise die Lehrer für unmittelbare Staatsbeamte erklären, was aber die herrschende Meinung auch nicht will.

Die dritte und letzte mögliche Lehre endlich spricht die Beamten demjenigen Gemeinwesen zu, aus dessen Kasse sie ihr Gehalt empfangen. Die städtischen Lehrer empfangen ihr Gehalt aus der Stadtkasse, woran etwaige staatliche Zuschüsse rechtlich ebenso wenig etwas ändern wie die städtischen Zuschüsse daran, daß die königlichen Polizeibeamten ihr Gehalt aus der Staatskasse erhalten. Also auch unter diesem letzten möglichen Gesichtspunkte sind die städtischen Lehrer Gemeindebeamte. Und dennoch?!

Kann sich die herrschende Meinung etwa auf einen positiven Rechtssatz stützen? Allerdings sagt Art. 23 d. Vf.: „Die öffentlichen Lehrer haben die Rechte und Pflichten der Staatsdiener." Indessen zunächst ist doch Art. 23 eben nicht geltendes Recht, sondern durch Art. 112 suspendiert; und zu den dort aufrecht erhaltenen „jetzt geltenden gesetzlichen Bestimmungen" gehört diese Bestimmung sicherlich nicht; vielmehr hatte sie die Bedeutung eines Novums, wie sich zum Überfluß aus den Verhandlungen der Revisionskammern darüber mit aller Deutlichkeit ergibt. Jedoch selbst wenn Art. 23 geltendes Recht wäre, so würde sein Wortlaut wie sein Sinn die Eigenschaft der Lehrer als Gemeindebeamte nicht ausschließen. Denn er sagt nicht: sie sind Staatsbeamte, sondern: sie haben die Rechte und Pflichten derselben. Dieser Satz gilt aber in dem hier damit verbundenen Sinne im großen und ganzen heute für die Gemeindebeamten überhaupt. Bei der Revision der Verfassung war jener

Satz von der ersten Kammer gestrichen worden;[55]) er wurde von der zweiten Kammer wiederhergestellt, nachdem der Kultusminister Ladenberg als „das eigentlich Praktische in der Sache" hauptsächlich das „Pensionswesen der Lehrer und ihrer Witwen und die Unterstützung der Waisen" dargestellt hatte.[56]) Daneben kam wesentlich nur für die Landlehrer als „kleine Genugtuung" eine Besserung ihrer Stellung im Verhältnis zur Kirche und Gutsherrschaft in Betracht. Im übrigen sollte dem Rechtsverhältnis der Lehrer zur politischen Gemeinde in keiner Weise präjudiziert werden. Andernfalls käme man ja auch unweigerlich dazu, aus jener Bestimmung die Erklärung der Lehrer zu unmittelbaren Staatsbeamten herauszulesen, was jedoch regelmäßig abgelehnt wird.

Die herrschende Meinung stützt sich wesentlich auf die Judikatur, die ihren Ausgang nimmt von einem Erkenntnis des Kompetenzgerichtshofs vom 23. Juni 1858, wonach Elementarlehrer an einer städtischen Schule nicht zu den besoldeten Gemeindebeamten im Sinne des § 65 St. O. zu rechnen seien.[57]) Wenn sich diese Entscheidung auf § 18 der Regierungsinstruktion vom 23. Oktober 1817 beruft, so ergibt sich daraus in dieser Beziehung lediglich das Bestätigungs- und Aufsichtsrecht der Regierung, welches für die Beamteneigenschaft der Lehrer nicht von entscheidender Bedeutung ist. Wenn man sich jetzt ferner auf Art. III der Pensionsnovelle vom 31. März 1882 beruft, so zeigt diese in Verbindung mit dem § 6 des Pensionsgesetzes vom 27. März 1872 nur, daß der Gesetzgeber die Gemeindelehrer nicht zu den unmittelbaren Staatsbeamten zählt, woraus e contrario ihre Eigenschaft als Gemeindebeamte zu folgern wäre. Trotzdem hat die Judikatur diese Folgerung fortgesetzt abgelehnt. Das Oberverwaltungsgericht hat in einem Erkenntnis vom 18. Februar 1887 ausgesprochen, daß die Lehrer an städtischen Schulen nicht zu den Gemeindebeamten gehören, weil ihre Anstellung nicht dem § 56, 6 St. O. folge, und weil die §§ 17 und 30 St. O. die Lehrer in einen Gegensatz zu den Gemeindebeamten brächten.[58]) Diese Auffassung

---

[55]) Vgl. d. Kommiss.-Ber., stenogr. Ber. d. erst. Kammer 1849/50, S. 81; ferner ebenda S. 1050 fg., 1076 fg.

[56]) Stenogr. Ber. d. zweit. Kammer 1849/50. S. 1230.

[57]) Siehe Parey: Rechtsgrundsätze des preuß. Gerichtshofes zur Entscheid. d. Kompetenzkonflikte (1889) S. 110.

[58]) Erk. d. O. V. G. Bd. XIV, S. 75.

hat es wiederholt;[59]) und auch das Reichsgericht hat sich dem in einem Erkenntnis vom 30. April 1896 angeschlossen, obwohl es ebenda die Lehrer unter die mittelbaren Staatsbeamten verweist und gleichzeitig die Stadt als passiv legitimiert für die Gehaltsklagen der Lehrer erklärt.[60])

Der Versuch des Oberverwaltungsgerichts und des Reichsgerichts, jene angebliche, aber allen überhaupt möglichen Prinzipien des Amtsrechts völlig widersprechende Rechtsstellung der Lehrer aus den zitierten Paragraphen der St. O. abzuleiten, erweist sich bei eindringender Kritik als ein Versuch mit untauglichen Mitteln. Damit fällt aber die herrschende Meinung selbst, da irgend eine andere gesetzliche Begründung derselben nicht einmal versucht worden ist.

Allerdings nennt der § 17 St. O. bei den nicht zu Stadtverordneten wählbaren Kategorien unter Ziff. 2 alle besoldeten Gemeindebeamten und dann noch unter Ziff. 3 Geistliche, Kirchendiener und Elementarlehrer. Diese letzte Bestimmung fehlte, wie in der Gemeindeordnung von 1850, so auch in dem Regierungsentwurf zur jetzigen St. O. Die Elementarlehrer brachte die Kommission der ersten Kammer hinein, wobei der Kommissionsbericht ausführt, es sei erörtert worden, „inwiefern Lehrer, die an den von den Gemeinden unterhaltenen Schulen angestellt seien, zu den von der Mitgliedschaft bei der Gemeindevertretung ausgeschlossenen Gemeindebeamten zu zählen seien, und es ist angenommen worden, daß dies allerdings der Fall sei". Indessen hielt man es mit Rücksicht auf den Art. 23 d. Vf., bei dessen Annahme in den Revisionskammern die definitive Regelung der Lehrerstellung ja für das bald erwartete Unterrichtsgesetz offen gelassen worden war, jedenfalls für zweckmäßig, die Elementarlehrer „vorweg speziell von der Wählbarkeit in die Gemeindevertretung auszunehmen".[61])

Dem ist dann das Plenum der ersten Kammer und auch, unter Hinzufügung der Geistlichen und Kirchendiener, die zweite Kammer beigetreten, und so die heutige Fassung des Gesetzes entstanden. Aus dieser Entstehungsgeschichte ergibt sich zur Evidenz, daß der Gesetzgeber der Frage, ob die Gemeindelehrer Gemeindebeamte seien, eben nicht präjudizieren wollte, sondern sie nur vorsichtshalber besonders

---

[59]) Kamptz a. a. O. Bd. II. S. 654. Ergänz.-B. S. 180.

[60]) Entscheid. d. Reichsgerichts in Zivilsach. Bd. 37, S. 299 fg. Ebenso leicht macht sich die Sache: Ebner im Verwaltungsarchiv, Bd. VIII, S. 321/22.

[61]) Sten. Bericht d. erst. Kammer 1852/53. S. 173 fg.; vgl. auch Hübner a. a. O. S. 107.

namhaft machte für den Fall, daß die künftige Gesetzgebung sie entgegen der Ansicht der ersten Kammer nicht zu den Gemeindebeamten rechnen würde. Eine solche Gesetzesbestimmung ist niemals ergangen; lediglich die Verwaltungspraxis und die an das erwähnte Urteil des Kompetenzgerichtshofs anknüpfende Judikatur hat der Nennung jener beiden Kategorien nebeneinander die Bedeutung einer, vom Gesetzgeber in Wahrheit gar nicht beabsichtigten prinzipiellen Begriffsbestimmung untergeschoben. Die herrschende Meinung hat also jenen Gegensatz erst in § 17 hinein interpretiert, um ihn dann wieder aus ihm herauszulesen.

Vollends unmöglich ist die Verwertung des § 30 St. O. zur Begründung der herrschenden Meinung. Von der Mitgliedschaft im Gemeindevorstand hatte schon § 28 der Gemeindeordnung ganz allgemein alle Lehrer an öffentlichen Schulen ausgeschlossen; und diese Bestimmung hat der Regierungsentwurf wie die St. O. selbst unverändert übernommen. Da hier weder zwischen Elementar- und höheren Schulen noch zwischen denen, die von der Stadt oder vom Staat oder von einer sonstigen öffentlichen Korporation unterhalten werden, irgendwie unterschieden wird, so lag selbstverständlich für den Gesetzgeber nicht der geringste Anlaß zur Entscheidung der Frage vor, ob innerhalb dieser umfassenderen Kategorie ein Teil, nämlich die an städtischen Schulen angestellten Lehrer, schon infolge ihrer Eigenschaft als Gemeindebeamte von der Mitgliedschaft des Magistrats ausgeschlossen seien. Eben deshalb kann man aber auch für die Beantwortung dieser Frage aus Wortlaut und Sinn des § 30 gar nichts ableiten.

So bleibt endlich nur noch die Behauptung übrig, die städtischen Lehrer seien deshalb keine Gemeindebeamten, weil ihre Anstellung nicht wie die der Gemeindebeamten nach § 56, 6 St. O. geschehe. Ja, wie denn sonst? Nach dem zitierten Paragraphen hat der Magistrat die Gemeindebeamten anzustellen, nachdem die Stadtverordneten darüber vernommen worden; ganz ebenso erfolgt die Anstellung der Lehrer an städtischen Schulen. Bei den der Schuldeputation unterstehenden Anstalten hat der Magistrat vorher das Gutachten dieser Deputation zu hören; das gilt aber analog von allen unter einer besonderen Deputation stehenden Verwaltungszweigen; und die Vorschrift in § 21 der Instruktion von 1811 hat keine wesentlich andere Bedeutung als die in § 26 e der Magistratsinstruktion von 1835 bezüglich aller Deputationen enthaltene. Auch hierdurch charakterisiert sich die Schuldeputation als eine gleich allen übrigen dem Magistrat untergeordnete städtische Verwaltungsdeputation, während es der ihr fälschlich beigelegten Sonderstellung entsprechen würde, wenn sie für die Anstellung der Lehrer selbst kompetent wäre.

Allerdings wird für die Anstellung der städtischen Lehrer die staatliche Bestätigung erfordert. Ob der dafür maßgebende § 18 der Regierungsinstruktion vom 23. Oktober 1817 zu den von Art. 112 d. Vf. bis zum Erlaß des Unterrichtsgesetzes aufrecht erhaltenen „gesetzlichen Bestimmungen hinsichtlich des Schul- und Unterrichtswesens" zu rechnen ist, könnte zweifelhaft sein; kann aber zugestanden werden, ohne daß dieser staatlichen Bestätigung eine andere rechtliche Bedeutung als der für andere städtische Beamte gesetzlich bestehenden zukommt. Ebensowenig ändert an dem Rechtsverhältnis der städtischen Lehrer zur Stadtgemeinde der durch die neueren Lehrerbesoldungs- und Pensionsgesetze begründete verstärkte Einfluß der staatlichen Aufsicht etwas begrifflich Wesentliches. Wenn ein Ministerialreskript von 1866 betont, daß die Lehrer nicht durch die bloße Vokation des Magistrats die Ermächtigung zur Wahrnehmung ihres Amtes erlangen, sondern nur durch die Zustimmung des Staates, welche in der Bestätigung der Vokation ihren Ausdruck findet,[62]) so ist das gar nichts anderes, als was ausnahmslos von jeder der staatlichen Bestätigung bedürfenden Bestellung eines städtischen Beamten gilt. Wollte man um deswillen die staatliche Aufsichtsbehörde als die eigentliche Anstellungsbehörde der Lehrer betrachten, so würden Bürgermeister und Magistratsmitglieder nicht von der Stadt, sondern vom König oder Regierungspräsidenten bestellt. Daß und weshalb auch der betreffende Satz in Art. 24 d. Vf., selbst abgesehen von seiner Suspendierung, diese Auffassung nicht begründen kann, ist oben dargelegt worden. Andernfalls müßten übrigens auch wieder sämtliche Lehrer als unmittelbare Staatsbeamte angesehen werden, was der herrschenden Meinung nicht weniger widerspricht als ihre zutreffende Charakterisierung als Gemeindebeamte.

---

[62]) Oertel, S. 467.

Selbst die Ausnahmebestimmung, welche das Gesetz vom 15. Juli 1886 für die Anstellung der Lehrer an den öffentlichen Volksschulen in Posen und Westpreußen durch den Staat trifft, wird durch den § 2 für alle erheblicheren Städte wieder beseitigt. Es ist also gemeines Recht in Preußen, daß die Anstellung der Lehrer an städtischen Schulen, unbeschadet des staatlichen Bestätigungsrechts, durch die Stadt erfolgt, was wieder nur ein Ausfluß der Tatsache ist, daß die Errichtung dieser Schulen zur städtischen Kompetenz gehört, die Amtsfunktionen der Lehrer also in der Kompetenz der Stadtgemeinde wurzeln. Keineswegs auch handelt der Magistrat bei der Anstellung der Lehrer als „Schulpatron" oder als „Gerichtsobrigkeit" im landrechtlichen Sinne; vielmehr hier wie bei der Anstellung aller anderen städtischen Beamten lediglich als Organ des kommunalen Selbstverwaltungskörpers. Das Fortschleppen jener beiden unmöglichen Begriffe, von denen der des Schulpatrons nie rechtliche Existenz gehabt hat, der der landrechtlichen Gerichtsobrigkeit mit dem Patrimonialstaat antiquiert ist, verschuldet zum guten Teil die auf diesem Gebiete herrschende Begriffsverwirrung; und diese allein kann es erklärlich, wenn auch nicht entschuldbar machen, daß die oberste Judikatur den Lehrern die unmögliche Rechtsstellung von Beamten, die weder Staats- noch Gemeindebeamte sein sollen, anweist.

Nach den hier entwickelten Gesichtspunkten ergibt sich für die Rechtsstellung gegenüber der Gemeinde auch kein wesentlicher Unterschied zwischen den Lehrern an den niederen und an den höheren Schulen der Stadt. Auch letztere sind aus denselben Gründen wie erstere Gemeindebeamte, wogegen sich, gemäß der mehrfach entwickelten prinzipiellen Auffassung, aus § 65 A. L. R. II, 12 ein durchgreifender Einwand nicht erheben läßt. Unberührt davon bleibt selbstverständlich das staatliche Bestätigungsrecht, welches hier den Provinzialschulkollegien und für die Direktoren dem Könige zusteht.

Eine klare Durchführung und positive Anerkennung dieser Rechtsgrundsätze wird freilich erst von einem organischen Schulgesetz zu erwarten sein; dieses selbst aber wird man nach den Erfahrungen von fast einem Jahrhundert nicht mehr vom preußischen Staate, sondern nur noch vom Reiche erhoffen dürfen, dessen Zuständigkeit auf diesem Gebiet auch aus allgemeineren Erwägungen als eine für die Dauer nicht abzuweisende Notwendigkeit erscheint.

IX.

Die staatliche Einwirkung auf die Errichtung, Bezeichnung und Ausstattung städtischer Ämter. — Die Militäranwärter.

Innerhalb der durch die St. O. gegebenen Normen ist die Organisation der städtischen Ämter, ihre Errichtung und Ausstattung Sache der kommunalen Autonomie. Eingriffe der Aufsichtsbehörden in die Sphäre dieser Autonomie bedürfen in jedem Falle des gesetzlichen Spezialtitels, sei dieser nun in der St. O. selbst oder in anderen Gesetzen enthalten. Seltsamerweise muß man aber ausdrücklich hervorheben, daß diese Gesetze noch heute giltig sein müssen, und daß insonderheit der § 139 der revidierten St. O. von 1831 gegenwärtig als ein geltender gesetzlicher Spezialtitel nicht anzuerkennen ist. Nach Ziff. b dieses Paragraphen ist die Aufsichtsbehörde berechtigt und verpflichtet, „dafür zu sorgen, daß die Verwaltung fortwährend in dem vorgeschriebenen Gange bleibe und angezeigte Störungen beseitigt werden". Nun mag man diese Befugnis immerhin als eine aus dem Wesen der Aufsicht fließende und daher auch dann als gegeben ansehen, wenn sie, wie in den gegenwärtig geltenden Städteordnungen, nicht ausdrücklich formuliert ist. Dies jedoch selbstverständlich nur unter der Voraussetzung, daß damit eine allgemeine Aufgabe der staatlichen Aufsicht umschrieben, ihr aber nicht besondere Befugnisse im einzelnen über die gesetzlichen Normen hinaus beigelegt werden sollen. Die Praxis freilich hat die Neigung, sich dieser bequemen und dehnbaren Formel wie eines gesetzlichen Spezialtitels für alle möglichen Eingriffe von Aufsichtswegen in die städtische Autonomie zu bedienen.[1]) Demgegenüber braucht man füglich nicht erst den Beweis anzutreten, daß jener Bestimmung eine solche Bedeutung auch im Rahmen der revidierten St.O. selbst unmöglich zukommen konnte, weil sie sonst mit der Aufhebung der St.O. und der ganzen Selbstverwaltung gleichbedeutend gewesen wäre; vielmehr genügt der einfache Hinweis darauf, daß jene Formel jedenfalls nicht mehr positives Recht ist, also auch keinen positiv rechtlichen Spezialtitel enthalten kann.

Demgemäß kann im besonderen nicht die Rede von einer Befugnis der staatlichen Aufsichtsbehörde sein, die Errichtung oder anderweite Ausstattung städtischer Ämter einfach mit Berufung darauf anzuordnen, daß eine solche Organisation notwendig sei, um die Verwaltung in dem vorgeschriebenen Gange zu halten oder angezeigte Störungen zu beseitigen.[2]) Vielmehr bedarf es dazu stets eines gesetzlichen Spezialtitels, durch den der Stadt eine derartige Verpflichtung zur Errichtung oder entsprechenden Ausstattung von Ämtern auferlegt ist. Dies ergibt sich in den Fällen, wo die betreffende Maßregel materielle Aufwendungen erheischt, was ja weitaus die Regel ist, schon ohne weiteres aus § 19 Z.G. Zur Erlangung materieller Aufwendungen wider den Willen der Stadtgemeinde hat die Aufsichtsbehörde lediglich das Mittel der Zwangsetatisierung; diese ist aber nach dem zitierten Paragraphen davon abhängig, daß es sich um eine der Stadtgemeinde — „g e s e t z l i c h obliegende" Leistung handelt, die außerdem „von der Behörde i n n e r h a l b d e r G r e n z e n i h r e r Z u s t ä n d i g k e i t festgestellt" sein muß. Ohne diese doppelte rechtliche Voraussetzung ist also auch ein Eingriff der Aufsichtsbehörde in die autonome Amtsorganisation der Stadt absolut unzulässig. Ob diese Voraussetzungen zutreffen, unterliegt im streitigen Einzelfall der Nachprüfung durch die Verwaltungsrechtsprechung, für die die „Anführung der Gründe", zu welcher der Regierungspräsident bei Verfügung der Zwangsetatisierung verpflichtet ist, die Unterlage bietet. Hier zeigt sich die im VI. und VII. Kap. betonte juristische Bedeutung einer Anführung der Gründe bei Aufsichtsakten in klarstem Lichte. Wenn möglich noch deutlicher ver-

[1]) Vgl. Oertel, S. 561. Erk. d. O. V. G., Bd. XXV, S. 49; Bd. XXVIII, S. 89.

[2]) Oertel, S. 394, 562. Leidig, S. 148.49.

langte § 78 St.O. bei dieser Gelegenheit die Anführung des Gesetzes, während es an der richterlichen Nachprüfung allerdings früher noch fehlte. Aber auch wenn ausnahmsweise mit einer organisatorischen Maßregel materielle Aufwendungen nicht verknüpft sein sollten, wenn es sich etwa um bloße Einrichtung unbesoldeter Ehrenämter ohne weitere Nebenkosten handeln würde, steht der Aufsichtsbehörde ohne Berufung auf einen gesetzlichen Spezialtitel so wenig ein Recht wie ein Mittel des Eingreifens zu.

Die gesetzlichen Normativbestimmungen der Städteordnungen bezüglich der kommunalen Amtsorganisation werden in einigen wichtigen Punkten durch das Gesetz vom 30. Juli 1899 ergänzt (vergl. unten dritter Teil). Obligatorisch ist, abgesehen von den Magistratspersonen, deren Anzahl eventuell in Abweichung von den Normalzahlen der St.O. durch Ortsstatut bestimmt werden kann, lediglich die Anstellung eines Gemeindeeinnehmers in den größeren Städten der östlichen Provinzen, sowie in Rheinland, Westfalen, Hannover und Schleswig-Holstein. Eine gesetzliche Verpflichtung der Stadtgemeinden zur Errichtung eines unbesoldeten Ehrenamts besteht bezüglich des Gemeindewaisenrats jetzt auf Grund des B. G. B. § 1849 f. sowie des preußischen Ausführungsgesetzes dazu Art. 75. Der § 4 des Polizeiverwaltungsgesetzes gibt dem Regierungspräsidenten, der hier an die Stelle der Bezirksregierung getreten ist, die Befugnis, „über die Einrichtungen, welche die örtliche Polizeiverwaltung erfordern, besondere Vorschriften zu erlassen". Zu diesen Einrichtungen gehört vornehmlich auch die polizeiliche Amtsorganisation in Städten ohne staatliche Polizeiverwaltung; hier besteht also ein gesetzlicher Spezialtitel für das Eingreifen des Staates. Bezüglich der Gemeindeforstbeamten enthalten solche Spezialtitel für die östlichen Provinzen das Gesetz vom 14. August 1876, für andere Landesteile ältere Verordnungen und neuere Gesetze.[3]) Endlich kann die gesetzliche Verpflichtung der Stadtgemeinden zur Errichtung der erforderlichen Lehrerstellen an den öffentlichen Volksschulen von der Schulaufsichtsbehörde geltend gemacht und auf Grund des

[3]) Gesetz betreffend die Anstellung u. Versorgung d. Kommunalbeamten vom 30. Juli 1899, § 23; vergl. dazu die Zusammenstellung in der Ausgabe dieses Gesetzes von Ledermann (1899) S. 104 fg.; ferner Erk. d. O. V. G., Bd. XXVII, S. 296 fg.; Kamptz, Bd. I, S. 561.

Gesetzes vom 26. Mai 1887 in einem besonders geordneten Beschlußverfahren festgestellt werden; auch hier ist damit ein gesetzlicher Spezialtitel gegeben.

Jedes Amt muß einen Namen haben; daher ist die Bestimmung der Amtsbezeichnung, des Amtstitels ein integrierender Bestandteil der organisatorischen Funktion, der Amtserrichtung. So weit also die Errichtung städtischer Ämter durch staatliche Organisationsgesetze oder auf Grund eines gesetzlichen Spezialtitels durch Verwaltungsakt der Aufsichtsbehörden geschehen kann, kann auf dem gleichen Wege der Amtstitel bezeichnet werden; soweit die Errichtung der Ämter Sache der kommunalen Autonomie ist, bleibt ihr auch die Amtsbezeichnung überlassen.

Für die Magistratstitulaturen enthielt die erste St.O. in den §§ 142—144 und 156 klare und einfache Bestimmungen; in den großen Städten: Oberbürgermeister, Bürgermeister und Stadträte; in den mittleren Bürgermeister und Ratsherren; in den kleinen Städten Bürgermeister und Ratsmänner. Alle diese Titel „sind unbedingt mit dem Amte selbst verbunden". Die Gemeindeordnung von 1850 und die ihr folgenden Städteordnungen ließen die Amtsbezeichnung Oberbürgermeister als solche fallen; das schöne und imposante Wort ging aber nicht ganz verloren, sondern lebte als ein persönlicher, durch königliche Verordnung zu verleihender Titel wieder auf, und neuerdings hat es die hessen-nassauische St.O. auch wieder als Amtsbezeichnung für bestimmte Städte dieser Provinz beibehalten. Für den Stellvertreter des Bürgermeisters stellen die Städteordnungen die Amtsbezeichnungen Beigeordneter oder zweiter Bürgermeister zu beliebiger Auswahl. Für die unbesoldeten Magistratsmitglieder haben nach dem Vorgange der Gemeindeordnung die neueren Städteordnungen mit Magistratsverfassung die gemeinsame Bezeichnung: Schöffen, der sie die Titel Stadträte, Ratsherren, Ratsmänner in Klammern beifügen, ebenso wie den besoldeten Mitgliedern die Titel Syndikus, Kämmerer, Schulrat, Baurat 2c. Hier wird nun schon die hochwichtige Sache wie alle Titelfragen in deutschen Landen einigermaßen schwierig. Wer hat zu bestimmen, welchen der drei möglichen Titel die Schöffen in jeder Stadt führen? Darin waren sich bei der Beschlußfassung über § 29 der östlichen St.O. die beiden hohen Kammern nicht recht einig. Die Kommission der zweiten Kammer hatte diese Titulaturen nach dem Vorbild der ersten St. O. gesetzlich festlegen wollen; das wurde im Plenum abgelehnt und die jetzige Fassung wiederhergestellt, weil man „der freien Entwicklung und der Sitte dieses Gebiet mehr überlassen" könne.[4]) Die erste Kammer kam zwar zu demselben negativen Resultat; aber nach den Motiven ihres Kommissionsberichts meinte sie nicht, daß es der freien Entwicklung und der Sitte, sondern „daß es am zweckmäßigsten den Regierungen, welche die zu wählenden Schöffen zu bestätigen haben, nach Maßgabe der ihnen eventuell von dem Minister des Innern zu erteilenden Instruktionen überlassen bleibt, . . . die passende Titelbezeichnung zu wählen oder darüber an sie ergehende Anträge im Wege der statutarischen Anordnung zu prüfen und zu genehmigen. Auf diese Weise kommt die Sache, ohne daß es einer besonderen gesetzlichen Anordnung bedarf, am einfachsten zur angemessenen Regelung".[5]) Das fand die Regierung auch, ja sie entfernte sich noch mehr von dem Vertrauen auf die freie Entwicklung, indem ein Ministerialerlaß vom 3. Februar 1854 auf Grund einer königlichen Kabinetsorder einfach die Beibehaltung der bisherigen Titel anordnete, jede Veränderung von einer besonderen königlichen Genehmigung abhängig machte. Erst in der Morgenröte einer neuen Zeit erklärte wieder auf Grund einer Kabinetsorder ein Zirkularerlaß des Ministers des Innern vom 15. Februar 1873, die bei Erlaß jener älteren Kabinetsorder „leitend gewesenen Motive haben im Verlaufe der Zeit ihr Gewicht verloren, und es liegen gegenwärtig keine Gründe von Bedeutung mehr dafür vor, die Annahme derjenigen Amtstitel, welche die St. O. in § 29 ausdrücklich als die gesetzlich normalen für die Magistratsmitglieder aufführt . . . für die einzelnen Städte noch weitergehenden Kautelen, als dem Erfordernisse ortsstatutarischer Regelung zu unterstellen. Bei Innehaltung dieser Vorbedingung ist einerseits wegen der nötigen übereinstimmenden Beschlußfassung des Magistrats und der Stadtverordneten dafür gesorgt, daß den Städten nicht wider ihren Willen andere als die hergebrachten Amtstitel der Magistratualen aufgedrängt werden, andererseits mittels des Erfordernisses der Regierungsgenehmigung genügend vorgesehen, daß die Städte nicht eigenmächtig höhere Magistratstitel annehmen, als welche der wirklichen Bedeutung der Stadt angemessen sind".[6]) Es kann einigermaßen zweifelhaft erscheinen, ob auch nur das Erfordernis des Ortsstatuts gesetzlich begründet ist und nicht vielmehr einfacher Gemeinde-

[4]) Sten. Ber. d. zweit. Kammer 1852/53, S. 917 fg.; Hübner a. a. O. S. 129.

[5]) Hübner l. c.

[6]) Grotefend: Erlasse, Bd. I, S. 238.

beschluß rechtlich genügt, da die Forderung eines Ortsstatuts in al. 3 des § 29 sich nur auf die Zahl der Magistratsmitglieder bezieht. Zur Bestimmung der Amtsbezeichnung für die besoldeten Magistratsmitglieder bieten jedenfalls die in Parenthese gesetzten Titel mit ihrem „ꝛc." nur einen unverbindlichen Anhalt, so daß hier die nähere Bestimmung sicherlich dem bloßen Gemeindebeschluß überlassen ist, was jetzt auch die Judikatur anerkennt.[7])

Für die städtischen Ämter außerhalb des Magistrats ist die Titelfrage wiederholt Gegenstand der Kontroverse zwischen den Selbstverwaltungskörpern und den staatlichen Aufsichtsbehörden gewesen. Da die Einrichtung dieser Ämter regelmäßig zur autonomen Kompetenz der Gemeinden gehört, so haben sie damit implicite die Befugnis, die Bezeichnung dieser Aemter zu bestimmen oder gegebenen Falles diese Bezeichnung zu verändern; aus der Bezeichnung des Amtes ergibt sich ohne weiteres der Amtstitel seines Inhabers. In der Ausübung dieses Rechtes kommunaler Autonomie wittert aber die ängstliche Eifersucht der Aufsichtsbehörden einen Eingriff in die Prärogative der Krone zur Verleihung von Titeln. Die Versuche, von Aufsichtswegen die Ausübung jenes Rechtes zu verhindern, sind vom Oberverwaltungsgericht wiederholt vereitelt worden. Im Erkenntnis vom 5. April 1880[8]) weist dasselbe die Meinung zurück, „daß die Verleihung von sogen. Amtstiteln überhaupt zu den Prärogativen der Krone gehöre" . . . „Schon nach der Natur der Sache muß in dem Rechte, über die Einrichtung eines Amtes zu bestimmen und den betreffenden Beamten anzustellen, die Befugnis mit enthalten sein, dem Angestellten eine seine Stellung ausdrückende Benennung beizulegen. Wie das neugeschaffene Amt selbst, so bedarf auch der darin angestellte Beamte einer Bezeichnung . . . Wenn deshalb den gedachten Korporationen das Recht eingeräumt ist, selbständig über die von ihnen einzurichtenden Ämter Beschluß zu fassen und eigene Beamte zu ernennen, so wäre es ein Widerspruch, anzunehmen, die Ausübung dieses Rechtes sei stillschweigend von einer Zustimmung der Staatsbehörde zu der dem Beamten beizulegenden Bezeichnung abhängig gemacht. Eine solche Einschränkung müßte ausdrücklich hinzugefügt sein; das ist aber in betreff der mittelbaren Staatsdiener allgemein nirgends geschehen". Erforderlich sei lediglich, daß die Gemeinde „einen mit den Titeln der Staatsbeamten möglichst wenig übereinstimmenden Titeln wähle". Und das Er-

---

[7]) Erk. d. O. V. G. vom 30. Okt. 1895. Preuß. Verwalt.-Bl. Bd. XVII, S. 224.

[8]) Erk. d. O. V. G. Bd. VI, S. 52 fg.; vgl. auch Ebner im Verwaltungs-Archiv Bd. IX, S. 28/29, wo jedoch die Mitwirkung der Stadtverordneten-Versammlung völlig falsch beurteilt wird.

kenntnis vom 30. Oktober 1895[9]) wiederholt ausdrücklich die Auffassung, die es „unter Feststellung des ausschließlichen Rechtes der Krone, staatliche Amts- und Ehrentitel zu verleihen, für zulässig erklärt, daß insbesondere jene zur Selbstverwaltung berufenen Korporationen den von ihnen anzustellenden Beamten ... eine Benennung beilegen, welche die Geschäfte des Beamten und seine amtliche Stellung äußerlich erkennbar macht (Titel im weiteren Sinne) — vorausgesetzt, daß diese Benennung sich genügend von einem staatlichen Amts- oder Ehrentitel unterscheidet". Die Veränderung der bisherigen Amtsbezeichnung Stadtbaumeister in Stadtbaurat erkennt das O. V. G. als Befugnis der städtischen Autonomie an, weil die Wahl dieses ansehnlicheren Amtstitels nicht in wesentlicher Rücksichtnahme auf die Person des Amtsinhabers, sondern auf die vorgeschrittene Bedeutung des Orts und damit des Amtes getroffen sei.

Trotz dieser klaren und sachgemäßen Präjudizien scheint das Gewissen der obersten Aufsichtsbehörden in dieser Kapitalfrage der Staatserhaltung sich noch nicht beruhigt zu fühlen; denn neuerdings ist wiederum die Einführung einer kommunalen Amtsbezeichnung, nämlich „Magistratsrat" in Berlin auf Grund eines besonderen Ministerialerlasses beanstandet worden.[10]) Daß die auch hier immer wieder versuchte Berufung auf Artikel 50 d. Verf. völlig unzutreffend ist, haben die beiden eben zitierten Erkenntnisse des O. V. G. ausführlich und überzeugend dargetan. Bornhak[10]) zieht bei dieser Gelegenheit auch den Artikel 47 d. Verf. heran, der nun vollends nicht paßt, da dort nur vom Staatsdienst, nicht vom Kommunaldienst die Rede ist, und bezüglich des letzteren eben das Gesetz, die St. O., etwas anderes als die königliche Ernennung verordnet. Auch die Berufung der Aufsichtsbehörde auf die Verordnung vom 27. Oktober 1810, die „die Erteilung von Titeln, welche den Ratscharakter geben", der königlichen Genehmigung vorbehalte, paßt auf den vorliegenden Fall wie die Faust aufs Auge. Denn einmal gibt der Titel Magistratsrat ebensowenig wie der in dem zitierten Erkenntnis des O. V. G. behandelte Stadtbaurat den „Rats-Charakter": die vorangehende Nr. 5 in jener Verordnung behält dem Könige die Ernennung der Räte bei allen Staatsbehörden und der mit ihnen in gleicher Kategorie stehenden Staatsbeamten vor, und daran schließt

[9]) Kamptz, Bd. I, S. 510.

[10]) Vgl. darüber die Aufsätze von Ledermann und Bornhak im Preuß. Verwalt.-Bl., Bd. XXIII, S. 259 fg., S. 265, 281.

die Nr. 6 die Verleihung des gleichen „Charakters“, also des Titels und Ranges 2c. ohne entsprechendes Amt; einen solchen verleihbaren „Charakter“ haben aber die kommunalen Räte jeder Art überhaupt nicht. Ferner aber behandelt jener ganze Abschnitt der Verordnung von 1810 lediglich das Verhältnis der Ministerialinstanz zur Krone; die zitierte Bestimmung würde also nur die Kompetenz des Ministers zur Verleihung jenes Amtstitels ohne königliche Genehmigung ausschließen, wenn sie überhaupt anwendbar wäre; mit der Frage staatlicher oder kommunaler Kompetenz hat die ganze Verordnung überhaupt nicht das Geringste zu tun. Prinzipiell ausgeschlossen ist auch die rechtliche Möglichkeit, der Stadt das bestrittene Recht unter der Voraussetzung königlicher oder ministerieller Genehmigung, sei es generell oder im Einzelfall, einzuräumen. Denn entweder handelt es sich um die Bezeichnung eines kommunalen Amtes, dessen Errichtung gesetzlich Sache der städtischen Autonomie ist, dann hat kein Staatsorgan, die Krone so wenig wie der Minister, das Recht, diese Bezeichnung zu verleihen oder zu genehmigen; oder aber es handelt sich um einen rein persönlichen Titel, so bedarf es zur Erweiterung der städtischen Kompetenz nach dieser Richtung hin einer Änderung des Gesetzes.

Die bei dieser Gelegenheit auch angeregte Frage, ob zur Beilegung einer solchen kommunalen Amtsbezeichnung der Magistrat als Anstellungsbehörde allein befugt oder ein Gemeindebeschluß dazu erforderlich sei, gehört dem inneren städtischen Amtsrecht an, also in den dritten Teil dieser Arbeit. Jedoch ergibt sich schon aus den bisherigen Erörterungen, daß der Unterschied zwischen der eigentlichen Amtsbezeichnung und dem persönlichen Titel gerade darin wurzelt, daß die Beilegung jener ein integrierender Bestandteil der Errichtung des Amtes selbst ist, während sich die Anstellung doch immer nur auf die Person des einzelnen Beamten bezieht. Nicht also ein Bestandteil der Anstellungskompetenz, sondern der Kompetenz zur Ämtererrichtung ist die Befugnis zur Bestimmung des Amtstitels, d. h. es bedarf eines Gemeindebeschlusses. Soweit sich die Beanstandung in dem Berliner Falle auf diesen Mangel stützt, ist sie berechtigt. Dem ersten der beiden zitierten O. V. G.-Erkenntnisse ist insofern eine gewisse Ungenauigkeit untergelaufen, als es in der angeführten Stelle die Einrichtung des Amtes selbst und die Anstellung des betreffenden

Beamten nebeneinander stellt, während doch das erstere allein für die Kompetenz entscheidend ist.

Bei den besoldeten Ämtern bildet ihre pekuniäre Ausstattung ebenfalls einen integrierenden Bestandteil ihrer Errichtung; so weit dies Sache der kommunalen Autonomie ist, fällt ihr auch die Normierung der Besoldung anheim, es sei denn, daß positiv rechtliche Bestimmungen einen gesetzlichen Spezialtitel für die Einwirkung der staatlichen Aufsicht schaffen. In dieser Hinsicht hat unsere Gesetzgebung eine an Wandlungen ziemlich reiche Geschichte aufzuweisen, deren äußerste Punkte zu Gunsten und zu Ungunsten der kommunalen Autonomie durch die beiden ersten Städteordnungen bezeichnet werden. Die St. O. von 1808 überließ in ihrem § 158 die Normierung des Diensteinkommens für die besoldeten Magistratsmitglieder wie für alle anderen städtischen Beamten vorbehaltlos der kommunalen Autonomie, ja gemäß der von ihr der Stadtverordnetenversammlung überhaupt eingeräumten Stellung eigentlich dem alleinigen Ermessen dieses kommunalen Repräsentativorgans. Sie begnügte sich mit der Bestimmung, daß das Gehalt jedes Beamten vor seiner Ansetzung fixiert werden müsse; im übrigen mit freundlichen Ratschlägen. Allerdings suchte sich die staatliche Aufsicht den ihr vom Gesetze selbst nicht gewährten Einfluß auf die Gehaltsnormierung schon im Geltungsbereich dieser St. O. auf verschiedenen Umwegen zu verschaffen. Als Handhaben benutzte sie einmal etwaige Meinungsverschiedenheiten zwischen Stadtverordneten und Magistrat, um unter Berufung auf § 184 St. O. die Entscheidung durch die Regierung herbeizuführen; ferner das Bestätigungsrecht bezüglich der Magistratsmitglieder, indem die Bestätigung von der Gewährung eines nach Meinung der Regierung angemessenen Gehalts abhängig gemacht wurde; und endlich die nie versagenden §§ 165 fg. wegen der polizeilichen Einrichtungen, für die der Staat allein kompetent war, und zu denen nach § 166 ja auch der Magistrat gehörte.[11])

Die revidierte St. O. von 1831 überhob die Aufsichtsbehörde so mühsamer Umwege, indem sie im schroffsten Gegensatze gegen die erste St. O. die Regierung zur eigentlich entscheidenden Instanz in allen städtischen Gehaltsfragen machte. Ihr § 98 lautet nämlich:

---

[11]) Siehe die betreff. Erlasse bei Rönne und Simon a. a. O. S. 469 fg.

„Der Normaletat aller Besoldungen wird von dem Magistrate entworfen, und von der Stadtverordnetenversammlung vorläufig festgestellt, welche verpflichtet ist, diejenigen Besoldungen zu bewilligen, die zu einer ordentlichen und zweckmäßigen Verwaltung nötig sind, worauf der Etat der Regierung zur Prüfung und Bestätigung einzureichen ist. Diese Prüfung soll auf Verhütung sowohl unzulänglicher als übermäßiger Besoldungen gerichtet sein. Sollten demnächst Gründe eintreten, entweder den Etat bleibend zu ändern oder in einzelnen Fällen davon abzuweichen, so ist der Antrag dazu der Regierung zur Genehmigung einzureichen."

In dieser Bestimmung liegt ein solcher Widerspruch gegen das Wesen der Selbstverwaltung, sie schaltet die kommunale Autonomie auf einem derselben so naheliegenden Gebiet dermaßen aus, daß einerseits Ministerialreskripte hier einmal ausnahmsweise mit einer ermäßigenden Interpretation eingreifen mußten, und daß andererseits manche städtische Verwaltungen auf unerlaubten Schleichwegen durch heimliche Vereinbarungen mit den Amtsbewerbern sich den ihnen natürlich zukommenden, aber vom Gesetze entzogenen Einfluß wieder zu verschaffen suchten.[12] Durchaus begreiflich ist es auch, daß die Städte nach Möglichkeit die Aufstellung jenes Normaletats aller Besoldungen, der lediglich als Mittel zur völligen Vernichtung ihrer freien Entschließungen auf diesem Gebiete dienen sollte, zu vermeiden suchten und großenteils auch wirklich vermieden haben. Die in manchen städtischen Verwaltungen noch heute bestehende starke Abneigung gegen die erschöpfende und übersichtliche Zusammenstellung sämtlicher städtischer Besoldungsskalen in einer großen generellen Gehaltsordnung beruht wohl mehr auf der Erinnerung daran, daß dies als Mittel unaufhörlicher Einmischung der Staatsaufsicht mißbraucht werden sollte, als auf den herkömmlich dafür geltend gemachten Gründen der Verwaltungspraxis.[13]

Die Gemeindeordnung von 1850 näherte sich in dieser Hinsicht wiederum den Grundsätzen der ersten St. O., indem ihr § 60 die Feststellung der Besoldungen für sämtliche Gemeindebeamten vor ihrer Wahl oder Ernennung dem Gemeinderate überließ, mit der einzigen Einschränkung, daß die Provinzialversammlung allgemeine Bestimmungen über diesen Gegenstand zu treffen habe.

---

[12]) Ebenda S. 655fg.
[13]) Die Oertel S. 508 reproduziert.

In anmutigem Wechsel ging der Regierungsentwurf zur jetzigen St. O. wieder auf das Bevormundungssystem von anno 1831 zurück und unterwarf einer Genehmigung durch die Regierung nicht nur den Normaletat aller Besoldungen, sondern auch die mangels eines solchen Normaletats vor der Wahl der Bürgermeister, besoldeten Magistratsmitglieder und aller übrigen besoldeten Gemeindebeamten von den Stadtverordneten zu beschließenden Gehaltsfestsetzungen. Der Entwurf berechtigt und verpflichtet die Regierung in allen Fällen zu verlangen, daß die zu einer zweckmäßigen Verwaltung angemessenen Besoldungsbeträge bewilligt werden.

Diesem Übermaß von Bevormundung trat denn doch die zweite Kammer entgegen, indem sie auf den Antrag ihrer Kommission den Regierungsentwurf durch diejenige Fassung ersetzte, die dann als § 64 in die St. O. von 1853 überging. Danach ist das Erfordernis einer Regierungsgenehmigung beseitigt sowohl für den Normaletat als auch für die ohne einen solchen Etat vor der Wahl festgesetzten Besoldungen der städtischen Beamten mit alleiniger Ausnahme der Magistratsmitglieder. Letztere unterliegen nach wie vor der Genehmigung; auf sie beschränkt sich nunmehr die Befugnis wie die Pflicht der Regierung, zu verlangen, daß die zu einer zweckmäßigen Verwaltung angemessenen Gehaltsbeträge bewilligt werden; ebenso bedarf es der Genehmigung für die etwaige Bewilligung einer festen Entschädigungssumme an einen unbesoldeten Beigeordneten als zweiten Bürgermeister. Für diesen Beschluß der zweiten Kammer war die Ansicht entscheidend, „daß die Regierung zwar ein nahes Interesse bei der Normierung der Gehälter des Bürgermeisters und der übrigen besoldeten Magistratsmitglieder habe, weil dem Magistrat wichtige obrigkeitliche Befugnisse, dem Bürgermeister für seine Person in der Regel auch die Polizeiverwaltung übertragen sei. Nicht ein Gleiches gelte dagegen von den Gehältern der sonstigen Kommunalbeamten. Diese ständen zu der Regierung in gar keiner unmittelbaren Beziehung. . . Die Städte hätten selbst das Interesse und würden darauf bedacht sein, ihren Subalternbeamten keine ungenügende Besoldung zuzuweisen, um nicht schlecht bedient zu sein. Zu hohe Besoldungen würden dagegen wohl nirgends weder den Magistratsmitgliedern noch den Unterbeamten durch die städtische Vertretung bewilligt werden und die Kontrolle der Regierung über die Gehaltsbestimmungen ziele auch eben nur auf die Vermeidung zu geringer Besoldungen ab“.[14])

---

[14]) Hübner a. a. O. S. 251.

Diesen Beschlüssen trat die erste Kammer bei, nach einer allerdings höchst merkwürdigen Erklärung des Regierungskommissars:

„Die Regierung hat kein erhebliches Bedenken gehabt, dem Beschluß der zweiten Kammer beizutreten. Ich erlaube mir indes darauf aufmerksam zu machen, daß nicht ausgeschlossen ist, daß die Regierung als Aufsichtsbehörde auch eine Mitwirkung ausübt bei Feststellung der Gehälter der anderen Gemeindebeamten außer den besoldeten Magistratsmitgliedern, namentlich mit Rücksicht auf § 78 St. O."

Der Herr verlas sodann die Bestimmung dieses Paragraphen wegen der Zwangsetatisierung, die die vorliegende Frage in keiner Weise trifft, und fuhr harmlos fort:

„Es ist dadurch der Regierung das Mittel gegeben, in Fällen, wo sie glaubt, daß das Gehalt eines Gemeindebeamten anderweitig normiert werden müsse, dem Bedürfnis entsprechend darauf hinzuwirken".[15])

Während also jene Beschlüsse nach ihrem unzweideutigen Wortlaut wie nach ihrem in den Motiven ausführlich erläuterten Sinne die übrigen Gemeindebeamten den Magistratsmitgliedern gegenüberstellen und jede Einwirkung der Regierung auf die Besoldung der ersteren expressis verbis ablehnen, akzeptiert die Regierung diese Beschlüsse in einem diametral entgegengesetzten Sinne unter Berufung auf eine absolut unpassende andere Gesetzesstelle. Selbstverständlich hat auch diese Umdrehung des Gesetzes durch die Verwaltung in die famose Ministerialinstruktion vom 20. Juni 1853 Eingang gefunden, deren Nr. X dekretiert:

„Bei den Vorschriften des § 64 . . . . . . darf nicht außer Acht gelassen werden, daß die Befugnis der Regierung, auch die Gehälter anderer städtischer Beamten zu prüfen und nötigenfalls auf einen angemessenen Betrag bringen zu lassen, durch die allgemeine Bestimmung in § 78 gesichert ist."

Für den Zustand unseres öffentlichen Rechts ist es ebenso bezeichnend wie beschämend, daß dieser ministerielle Ukas, dessen Rechtswidrigkeit auch der bescheidensten juristischen Kritik nicht wohl verborgen bleiben sollte, volle 40 Jahre hindurch als geltendes Recht respektiert werden konnte, bis endlich ein glücklicher Zufall die Sache zur Kognition des O. V. G. brachte, welches dann durch das gleich

[15]) Sten. Ber. d. ersten Kammer. 1852/53, S. 963.

zu erwähnende Erkenntnis dem Recht wie der juristischen Logik eine späte Genugtuung verschaffte.

Die durch § 64 St. O. der Regierung eingeräumte Befugnis, auf die Gehaltsfestsetzungen für die Bürgermeister und besoldeten Magistratsmitglieder von Aufsichtswegen einzuwirken, ist durch die neuere Verwaltungsgesetzgebung einigermaßen modifiziert worden. An die Stelle der Bezirksregierungen ist nämlich teils der Bezirksausschuß, teils der Regierungspräsident getreten; nur für Berlin vereinigen sich die Funktionen beider im Oberpräsidenten. Sonst ist für die Genehmigung der Magistratsgehälter, die übrigens ebenso wie ihre Festsetzung vor der Wahl zu geschehen hat, der Bezirksausschuß im Beschlußverfahren zuständig; dagegen ist der Regierungspräsident befugt, die Festsetzung der angemessenen Gehälter von Aufsichtswegen zu verlangen (§ 16 bezw. 7 Z. G.). Nach der herrschenden Meinung ergibt sich aus dieser Befugnis des Regierungspräsidenten die weitere Zuständigkeit desselben, den ihm angemessen scheinenden Besoldungsbetrag, falls die Stadtgemeinde dessen Festsetzung verweigert, seinerseits festzustellen und gemäß § 19 Z. G. zwangsweise zu etatisieren. Ganz einwandsfrei ist diese Auffassung nicht; denn wenn man es auch als eine der Stadt nach § 64 St. O. gesetzlich obliegende Leistung anerkennt, ihre Bürgermeister und besoldeten Magistratsmitglieder angemessen zu besolden, so schließt nach dem Wortlaut jenes Paragraphen die Befugnis des Regierungspräsidenten als Aufsichtsbehörde, die Erfüllung dieser Obliegenheit zu verlangen, nicht ohne weiteres die Zuständigkeit desselben in sich, die Höhe des konkreten Gehalts seinerseits zu bestimmen. Jene ausdehnende Interpretation hat hier starke Bedenken gegen sich, um so mehr, als die Einwirkung der staatlichen Aufsicht schon durch ihr Recht gegeben ist, eine Besetzung der betreffenden Stelle bis zur Genehmigung des Gehalts durch den Bezirksausschuß zu verhindern. Jedenfalls hat das Oberverwaltungsgericht, falls die Sache durch Klage der Stadtgemeinde gegen die Zwangsetatisierung zu seiner Kognition gelangt, auch die Angemessenheit der vom Regierungspräsidenten verlangten Besoldung nachzuprüfen, da sie die unbedingte Voraussetzung der gesetzlichen Leistungspflicht der Stadtgemeinde bildet. Leider hat die Judikatur dieses obersten Gerichts die Neigung, in solchen Fragen seine eigene Zuständigkeit allzu ängstlich einzuschränken und vor jeder Berührung mit Erwägungen der Zweckmäßigkeit zurückzuweichen.[16])

Das vor erfolgter Wahl festgestellte und genehmigte Gehalt der Bürgermeister und Magistratsmitglieder ist während der Dauer der Amtsperiode selbstverständlich seitens der Aufsichtsbehörde nicht mehr anzufechten; eine nachträgliche Erhöhung des Gehalts kann auf Grund des § 64 nicht gefordert werden.[17]) Auf der anderen Seite steht es der Stadtgemeinde jederzeit frei, das Gehalt ihrer Organpersonen auch während ihrer Amtsperiode zu erhöhen oder ihnen außerordentliche Remunerationen zu bewilligen, ohne daß es dazu einer Genehmigung von Aufsichtswegen bedarf. Dieser auch in der Praxis bisher regelmäßig befolgten Auffassung widerspricht nun allerdings ein Erkenntnis des O. V. G. vom 19. Mai 1899, wonach Gehaltserhöhungen der Bürgermeister und besoldeten Magistratsmitglieder während der Dienstperiode ebenso wie die vor der Wahl erfolgten Gehaltsfestsetzungen der Genehmigung bedürfen sollen.[18]) Diese falsche Meinung erklärt sich nur aus einer den unzweifelhaften Sinn der Gesetzesbestimmung völlig ignorierenden und noch außerdem ungenauen Wortinterpretation. Schon aus den oben mitgeteilten Materialien zur Entstehungsgeschichte des § 64 ergibt sich als die unzweideutige und ausdrücklich bekundete Absicht des Gesetzgebers, durch das Erfordernis der Regierungsgenehmigung lediglich die Festsetzung allzu niedriger Gehälter zu verhindern; einen allzu splendiden Bewilligungseifer traute man den Stadtverordnetenversammlungen nicht zu und glaubte also dagegen keines Sicherungsmittels zu bedürfen; „die Kontrolle der Regierung über die Gehaltsbestimmungen ziele eben nur auf die Vermeidung zu geringer Besoldungen ab". Daher wäre es prinzipiell schon ein Verstoß gegen die ratio legis, wenn etwa ein Bezirksausschuß vor der Wahl die Genehmigung der Gehaltsfestsetzung wegen ihrer allzu reichlichen Bemessung versagen wollte; nur daß sich dies freilich bei der juristischen Unerheblichkeit der Gründe im System des freien Ermessens jeder Rechtskontrolle entzieht. Da

---

16) Vgl. die Erk. d. O. V. G. Bd. XIII, S. 57; Bd. XIV, S. 107; und das Urteil vom 27. Nov. 1889, Preuß. Verwalt. Bl., Bd. XI, S. 203; Kamptz, Bd. I, S. 561.

17) Erk. d. O. V. G. vom 15. Juli 1893, Verwalt.-Bl. Bd. XIV, S. 605; Kamptz l. c.

18) Kamptz, Ergänzungsband, S. 39; Verwalt. Bl., Bd. XXI, S. 195.

aber das ganze Institut der Aufsichtsgenehmigung lediglich zur Verhinderung unzureichender Besoldungen statuiert ist, kann man es unmöglich für den Fall einer nachträglichen autonomen Erhöhung in den § 64 hinein interpretieren. Gewiß lag die Sache im Geltungsbereich der revidierten St. O. von 1831 anders, da deren § 98 die Prüfung der Regierung ausdrücklich auf Verhütung sowohl unzulänglicher als übermäßiger Besoldungen erstreckte. Jedoch die St. O. von 1831 ist doch eben in keinem Punkte und an keinem Orte mehr geltendes Recht, — eine Tatsache, die für die „Praxis" so schmerzlich zu sein scheint, daß sie sich mit ihr absolut nicht abzufinden vermag und unablässig bemüht ist, den ihr wahlverwandten Geist jenes glücklich überwundenen Gesetzes in das heutige Städterecht hinein zu interpretieren, wie man das gleiche Leid einst der St. O. von 1808 angetan hat. Wenn es aber in § 64 der jetzigen St. O. heißt, daß die Gehaltsfestsetzung für Bürgermeister und Magistratsmitglieder „in allen Fällen" der Genehmigung bedarf, so läßt der Zusammenhang nicht den geringsten Zweifel über die Bedeutung dieser Worte aufkommen; nämlich: gleichviel ob ein Normaletat aller Besoldungen aufgestellt ist oder ob dies nur für einzelne Teile der Verwaltung oder überhaupt nicht geschehen ist, in allen diesen drei Fällen unterliegen die vor der Wahl festzusetzenden Besoldungen der Bürgermeister und Magistratsmitglieder der Genehmigung. Von der nachträglichen autonomen Erhöhung ist hier überhaupt keine Rede und konnte es nach der unzweideutigen Absicht des Gesetzgebers nicht sein.[19]) Jenes Erkenntnis des Oberverwaltungsgerichts widerspricht also nicht nur dem Sinne, sondern auch dem Wortlaut des § 64 St. O.

Was die Gehälter der übrigen städtischen Beamten außerhalb des Magistrats betrifft, so hatte der Gesetzgeber, wie wir sahen, eine Einwirkung der staatlichen Aufsicht auf dieselben unzweideutig ausgeschlossen; die Regierung sie durch jene Erklärung in der ersten Kammer wie durch Nr. X der Ministerialinstruktion von 1853 in Anspruch genommen auf Grund der Bestimmung des § 78 St. O. wegen der Zwangsetatisierung. Gerade weil diese Befugnis der Staatsaufsicht im Gesetze nicht normiert war, ergab sich von vornherein die seltsame Inkongruenz, daß der Anspruch der Regierung

---

[19]) Im wesentlichen übereinstimmend Oertel S. 509/10.

hier sogar noch weiter ging als ihr auf gesetzlichem Spezialtitel ruhendes Recht hinsichtlich der Magistratsmitglieder. Denn während ihr in diesem Fall eine Einwirkung unzweifelhaft nur auf die Gehaltsfestsetzung vor der Wahl zusteht, mußte sie jenes völlig freie Eingreifen von Aufsichtswegen in die Gehaltsverhältnisse der übrigen städtischen Beamten konsequenter Weise zu jeder Zeit, also auch nach deren Anstellung und im Laufe der Amtszeit beanspruchen. Schon dies deutet auf die juristische Widersinnigkeit dieses Anspruchs hin. Ob von dieser usurpierten Befugnis für Beamte der eigentlichen Kommunalverwaltung — im Gegensatz zu polizeilichen Beamten — in der Tat häufiger Gebrauch gemacht worden, wie dies von der Regierung gelegentlich der Beratung des Kommunalbeamtengesetzes behauptet, aber von den Bürgermeistern im Herrenhause lebhaft bestritten worden ist, mag dahingestellt bleiben; bemerkenswert ist es immerhin, daß auch der Fall, welcher das für diese Frage bedeutungsvolle Urteil des O. V. G. vom 1. Mai 1894 veranlaßte, einen städtischen Forstschutzbeamten betraf.[20]) Dieses Erkenntnis verleugnet auch zunächst die der Praxis so tief eingewurzelte Liebe zur revidierten St. O. von 1831 nicht, indem es die seltsame Meinung wiederholt, daß ihr § 139 mit seiner sehr weiten Umschreibung der staatlichen Aufsichtsbefugnis noch maßgebend sei, so weit darüber nicht abweichende Spezialbestimmungen vorhanden wären. Die völlige Unzulässigkeit dieses ständigen Liebäugelns mit der abgeschafften St. O. von 1831 ist schon oben betont worden. Indessen, wie dem auch sei, jedenfalls erkennt auch das O. V. G. in dem § 64 der jetzigen St. O. „eine gerade das Aufsichtsrecht bezüglich der Gehaltsfestsetzungen regelnde Spezialbestimmung"; diese allein sei also für die vorliegende Frage maßgebend. Nach ihrem Wortlaut wie nach ihrer Entstehungsgeschichte sei es unzweifelhaft, daß sie die Einwirkung der Aufsichtsbehörde ausschließlich auf die Feststellung der Besoldungen für die Magistratsmitglieder zulasse, sie für die der übrigen Gemeindebeamten aber abweise. Daran werde weder durch jene Erklärung des Regierungskommissars in der ersten Kammer, noch durch die Nr. X der Ministerialinstruktion etwas geändert; deren Berufung auf § 78 St. O. sei rechtsirrtümlich, weil jener Paragraph „der

[20]) Erk. d. O. V. G. Bd. XXVII, S. 77 fg.; Kamptz, Bd. I, S. 557.

Regierung zwar die Ermächtigung verleiht, gesetzliche Leistungen der Stadt auf den Etat zu bringen, aber nicht ihre Befugnis, festzustellen, welche Leistungen der Stadt gesetzlich obliegen, begründet oder erweitert hat . . . .“ Nach Maßgabe des zu seiner Entscheidung stehenden Einzelfalls spricht dann das O. V. G. der Aufsichtsbehörde unmittelbar zwar nur die Befugnis ab, die Gehälter bereits angestellter Gemeindebeamten während deren Dienstzeit von Aufsichtswegen einseitig zu erhöhen; aber die Tragweite der Begründung geht unzweifelhaft darüber hinaus, indem sie die übrigens auch sonst unzweifelhafte Rechtslage feststellt, daß die geltende St. O. „ein Mitwirkungsrecht der Aufsichtsbehörde bei der Festsetzung der Besoldungen für andere städtische Beamte als Magistratsmitglieder“ ausschließt,[21]) vorbehaltlich der besonderen Bestimmungen für Polizei- und Forstbeamte sowie für Lehrer.

Die damit in ihre vermeintlichen Aufsichtsbefugnisse gelegte Bresche wieder auszufüllen und die früher widerrechtlich in Anspruch genommene Zuständigkeit gesetzlich zu begründen, unternahm die Staatsregierung bei Gelegenheit der aus einem anderen Anlaß unabweislich gewordenen teilweisen Kodifikation des Kommunalbeamtenrechts (vgl. unten Kap. XII u. XIII). Der im Februar 1899 zuerst dem Herrenhaus vorgelegte Entwurf eines Gesetzes betreffend die Anstellung und Versorgung der Kommunalbeamten enthielt in § 11 die Bestimmung: „Die Besoldungen der städtischen Beamten müssen auskömmliche sein. Die Aufsichtsbehörde kann, in der Regel aber nur vor Besetzung einer Stelle, verlangen, daß die zu einer zweckmäßigen Verwaltung angemessenen Besoldungsbeträge bewilligt werden.“ Das war in der Tat die vollständige Wiederaufnahme des alten Anspruchs aus der Ministerialinstruktion von 1853. Eine Verringerung seines Umfanges kann auch nicht, wie es die Motive darstellen, darin gesehen werden, daß jene Einwirkung regelmäßig vor Besetzung der Stelle und nur ausnahmsweise auch während der Dienstzeit des Beamten stattfinden sollte; denn es war doch in das freie Ermessen der Aufsichtsbehörde gestellt, wann die Ausnahme die Regel durchbrechen würde, jene ganze Klausel also eine Phrase. Es sollte die von der St. O. ausdrücklich und bewußt statuierte Beschränkung der staat-

---

[21]) Vgl. die Motive zum Entwurf des Kommunalbeamtengesetzes. Drucksach. d. Herrenhauses 1899, Nr. 27, S. 19.

lichen Einwirkung auf die Magistratsgehälter nicht nur beseitigt sondern der Regierung sogar ein stärkerer Einfluß auf die Gehälter der übrigen Kommunalbeamten als auf die der Magistratsmitglieder eingeräumt werden, da für letztere ein Eingriff während der Amtsdauer auch nicht ausnahmsweise zulässig ist. Zwar gelangte der § 11 nicht in dieser Form zur Annahme; aber die Forderung einfacher Ablehnung dieser neuen Beschränkung der städtischen Autonomie und ihre Erhaltung wenigstens in dem bescheidenen Rahmen der St. O. von 1853 fand keine genügende Unterstützung. Schwer mußte hier die ganze städtische Selbstverwaltung für die Sünden büßen, die einzelne Städte bei der Behandlung ihrer untergeordneteren Beamten leider unzweifelhaft begangen hatten; der Staat aber verfuhr auch hier, wie in der Regelung der Beamtenverhältnisse überhaupt, nach dem Satze: „sic nos, non nobis“. Die seltsam verklausulierte Form, in welcher der § 11 schließlich in das Kommunalbeamtengesetz vom 30. Juli 1899 übergegangen ist, trägt allerdings, wie im Herrenhause mit Recht hervorgehoben wurde, [22]) den Stempel des Kompromisses an der Stirn; aber trotz aller Verklausulierung bezeugt er nur allzu deutlich eine empfindliche und leider nicht völlig unverdiente Niederlage der städtischen Selbstverwaltung.

Die Fassung, in welcher der § 11 zur endgiltigen Annahme gelangte, ist das Werk der Herrenhauskommission. [23]) Der schöne Satz, daß die Besoldungen der städtischen Beamten auskömmliche sein müßten, wurde wegen seiner gefährlichen Dehnbarkeit gestrichen. Das Eingreifen der Aufsichtsbehörde ist beschränkt auf Fälle „eines auffälligen Mißverhältnisses zwischen dem Gehalt und den amtlichen Aufgaben der Beamtenstelle“; und die von Aufsichtswegen zu verlangenden Besoldungsbeträge müssen nicht nur zu einer zweckmäßigen Verwaltung angemessen sein, sondern auch der Leistungsfähigkeit der Stadtgemeinde entsprechen. Diesen beiden neuen Kautelen wird an sich kein sonderlicher Wert zum Schutz der kommunalen Autonomie beizumessen sein. Denn der Begriff des auffälligen Mißverhältnisses zwischen dem Gehalt und den amtlichen Aufgaben ist ein mindestens ebenso dehnbarer wie der der Auskömmlichkeit; das Entscheidende ist

---

[22]) Von Oberbürgermeister Bender. Sten. Ber. d. Herrenhauses 1899, S. 141.

[23]) Siehe den Kommissionsbericht. Drucks. H. H. 1899, Nr. 63, S. 16 fg.

auch hier, wessen Urteil für die Beantwortung der stets aufzuwerfenden Frage maßgebend sein soll. Und nicht viel anders steht es mit der Bedingung der städtischen Leistungsfähigkeit; ultra posse nemo obligatur; wo nichts ist, hat auch eine allmächtige Aufsichtsbehörde ihr Recht verloren. Soll jedoch nicht der Stadtbankrott das schließlich entscheidende Kriterium sein, so kommt auch hier alles darauf an, wer für die Entscheidung zuständig ist, ob ein Gehaltssatz der kommunalen Leistungsfähigkeit entspricht oder nicht. Überall auf diesem Gebiet liegt die wahre Rechtsgarantie vor allen Dingen in der formellen Ordnung der Zuständigkeiten.

Auch in dieser Hinsicht hat nun das Gesetz zwei Kautelen aufgenommen. „Im Falle des Widerspruchs der Stadtgemeinde erfolgt die Feststellung der Besoldungsbeträge durch Beschluß des Bezirksausschusses." Wenn also in der Würdigung jener beiden materiellen Voraussetzungen Regierungspräsident und Stadtgemeinde verschiedener Meinung sind, so muß der Zwangsetatisierung eine Entscheidung im Beschlußverfahren vor dem Bezirksausschuß und eventuell dem Provinzialrat als Beschwerdeinstanz vorangehen. Erst auf Grund eines solches Beschlusses kann die Zwangsetatisierung erfolgen, gegen die der Stadtgemeinde auch hier gemäß § 19 Z. G. die Verwaltungsklage beim Oberverwaltungsgericht zusteht. Und ferner ist überhaupt jeder weitere Eingriff von Aufsichtswegen ausgeschlossen, sobald „das Gehalt der betreffenden Stelle durch Ortsstatut festgesetzt ist". Nach Anbringung dieser Sicherungen ließ man die allerdings recht wertlose Klausel des Regierungsentwurfs fallen, wonach der Eingriff der Aufsichtsbehörde in der Regel nur vor Besetzung der Stelle erfolgen sollte; in dieser Hinsicht geht also das Aufsichtsrecht bezüglich der Gehaltsverhältnisse der sonstigen Kommunalbeamten nunmehr weiter als bezüglich derjenigen der Magistratsmitglieder.

Wenn diesen formalen Kautelen auch nicht jeder Wert abzusprechen ist, so sind sie doch in den parlamentarischen Verhandlungen, sogar von den meisten Bürgermeistern im Herrenhause ganz erstaunlich überschätzt worden. Ja, w e n n unsere Gesetzgebung das Genehmigungs- und Bestätigungswesen kommunaler Beschlüsse im Sinne des Rechtsstaates geordnet h ä t t e, wie dies oben im VI. u. VII. Kapitel entwickelt worden ist, dann könnte man in jenen Bestimmungen wirkliche Rechtsgarantien für die städtische Selbstverwaltung anerkennen. Jedoch nach der gegenwärtigen Lage der Dinge hat man auch hier auf Sand gebaut. Welch' seltsame Blüten die unseren Praktikern eigene hochmütige Gleichgiltigkeit gegen die theoretischen Grundbegriffe, in diesem Fall gegen den Begriff der Selbstverwaltung, zum Schaden der realen Gestaltung treibt, das zeigte sich hier an einem lehrreichen Beispiel. Nicht nur die Vertreter der Regierung, sondern auch die Leiter der städtischen Selbstverwaltungskörper wiederholen immerfort mit souveräner Unbefangenheit die Behauptung, daß der Bezirksausschuß, diese reine Staatsbehörde, ein Organ der Selbstverwaltung sei. Damit täuscht man sich und andere über die wahre Bedeutung dieses § 11 hinweg. Gleich im Anfang des Kommissionsberichts heißt es:

Von Eingriffen in die Selbstverwaltung könne nicht wohl die Rede sein, wo höheren Selbstverwaltungskörpern eine Mitwirkung bei Beschlüssen der unteren Selbstverwaltungsorgane eingeräumt sei.[24])

Ebenso erklärte der Berichterstatter im Plenum, daß nach den Kommissionsbeschlüssen zu § 11 „an Stelle eines kleinen Selbstverwaltungskörpers, der sich seiner Aufgabe nicht gewachsen gezeigt hat, ein höherer Verwaltungskörper das ergänzen soll, was der untere Selbstverwaltungskörper zu leisten nicht imstande ist";[25]) das wiederholen andere Oberbürgermeister und der Regierungskommissar[26]) secundum ordinem:

„Deshalb wird man nicht mehr davon reden können, daß eine Einschränkung der Selbstverwaltung vorliegt; denn auch der Bezirksausschuß ist ein Organ der Selbstverwaltung, und wenn in Ausnahmefällen eine Remedur eintritt, dann korrigiert auch nur eine Selbstverwaltungsbehörde die andere, und die Regierung steht lediglich als Agens hinter der zweiten Selbstverwaltungsbehörde, der die Korrektur übertragen wird."

Nur von einer einzigen Seite wurde dem widersprochen:

„Wenn es sich um städtische Beamte handelt, so endigt die Selbstverwaltung mit der Stadtbehörde; was darüber hinausgeht, der Bezirksausschuß 2c., gehört hierbei nicht mehr zur Selbstverwaltung der Stadt . . . Ich protestiere jedenfalls dagegen, daß in der Mitwirkung des Bezirksausschusses ein Korrektiv aus dem Gebiete der Selbstverwaltung gegeben wird."[27])

---

[24]) Ebenda, S. 3.
[25]) Sten. Ber. H. H. 1899, S. 144.
[26]) a. a. O., S. 145, 150.
[27]) Oberbürgermeister Bender, a. a. O., S. 151.

Davon kann in der Tat keine Rede sein; der Bezirksausschuß ist nicht nur kein städtisches, sondern überhaupt kein Selbstverwaltungsorgan (vgl. oben S. 129); durch ihn tritt der Stadt nicht ein höherer Selbstverwaltungskörper, vielmehr unmittelbar der Staat gegenüber. Und diese Staatsbehörde entscheidet nach völlig freiem Ermessen über die Voraussetzungen, welche das Gesetz für die Ausschaltung der städtischen Autonomie aufgestellt hat; sie allein bestimmt, was als ein auffälliges Mißverhältnis zwischen der Besoldung und den Aufgaben des Amts anzusehen, welcher Besoldungsbetrag angemessen und der kommunalen Leistungsfähigkeit entsprechend sei; und ihre maßgebliche Entscheidung ergeht als Verwaltungsbeschluß, nicht unter den Kautelen eines richterlichen Urteils.

Immerhin ist es eine tatsächliche Verbesserung, daß über die Beantwortung jener Fragen nicht das Belieben des Regierungspräsidenten allein entscheidet, daß vielmehr seine Ansichten vor ihrer zwangsweisen Durchführung der Nachprüfung jenes gemischten Kollegiums unterliegen. Aber auch diese bescheidene Sicherung ist natürlich wieder der Stadt Berlin versagt. Falls der beschränkte Untertanenverstand dieser größten Gemeinde den Anforderungen widerspricht, welche bezüglich ihrer Beamtengehälter der Oberpräsident als Aufsichtsbehörde zu stellen beliebt, so „beschließt" über diesen Widerspruch — der Oberpräsident als Beschlußbehörde, und weiter als Beschwerdeinstanz der Minister des Innern.[28]) Die gesamte städtische Autonomie Berlins hinsichtlich ihrer Beamtengehälter steht also zur unbeschränkten Disposition des Oberpräsidenten und Ministers des Innern; auch diese tragikomische Situation wird damit „begründet", daß diese größte Gemeinde nicht mehr, sondern weniger Rechte haben müsse als die kleineren; denn man sagt, daß sie voll Herrschsucht sei! (Vgl. Einleitung.)

Allerdings steht der Stadtgemeinde gegen die Zwangsetatisierung des streitigen Besoldungsbetrages, welche auf Grund der Feststellung im Beschlußverfahren erfolgt, die Klage beim O. V. G. offen. Gewiß erstreckt sich die Prüfung des Gerichts nur auf die Recht- und Gesetzmäßigkeit jener Verfügung.[29]) Es fragt sich nur, ob dazu nicht auch die Prüfung der in § 11 K. B. G. normierten gesetzlichen

---

[28]) Vgl. Ledermann a. a. O. S. 31 u. 75.
[29]) Oertel, S. 511.

Bedingungen für das Eingreifen der staatlichen Aufsicht gehört. Die in der Judikatur des O. V. G. hervortretende Neigung, seine Zuständigkeit nach dieser Seite hin recht einschränkend zu interpretieren, wurde schon oben erwähnt. Wenn der Satz, den dieses Gericht, allerdings auf Grund des § 180 der Kr. O. (gleichlautend mit § 19 Z. G.) aufgestellt hat: „Eine Nachprüfung der Entscheidungen anderer Behörden, welche dazu berufen sind, in besonders geregeltem Verfahren die Einzelnen oder Korporationen gesetzlich obliegenden Leistungen festzustellen, steht dem O. V. G. nicht zu“,[30]) auf die gegenwärtige Frage Anwendung finden sollte, so wäre der ganze Wert dieser richterlichen Nachprüfung hier ein höchst problematischer und in Wahrheit der Beschluß des Bezirksausschusses und in Berlin des Oberpräsidenten regelmäßig ohne weitere Rechtskontrolle endgiltig. Denn die Rechtsbeschwerde der Stadt wird sich regelmäßig nur darauf stützen können, daß die gesetzlichen Voraussetzungen nicht vorhanden seien, welche nach § 11 K. B. G. die staatliche Aufsichtsbehörde überhaupt nur zum Einschreiten berechtigen. Der Feststellungsbeschluß ist eben nur dann recht- und gesetzmäßig, wenn jenes auffällige Mißverhältnis wirklich vorliegt und der festgestellte Besoldungsbetrag, für eine zweckmäßige Verwaltung angemessen, zugleich der Leistungsfähigkeit der Stadt entspricht. Eben deshalb wird sich das O. V. G. von Rechts wegen der Nachprüfung dieser allein entscheidenden Punkte nicht entziehen dürfen.

Ein Mittel bietet allerdings der § 11 den Stadtgemeinden zur Verhinderung jedes weiteren Eingriffs der staatlichen Aufsicht in die Besoldungsverhältnisse ihrer Beamten, nämlich die generelle Regelung dieser Besoldung durch Ortsstatut. Bei der Beratung des Gesetzes ist in beiden Häusern des Landtags die zuversichtliche Erwartung ausgedrückt worden, daß die Städte nunmehr ganz allgemein diesen Weg betreten würden.[31]) In der Tat ist es für die städtische Autonomie ohne Zweifel vorteilhafter, durch ortsstatutarische Regelung vor dem Eingreifen der Aufsicht wenigstens in die laufende Verwaltung geschützt zu sein, als die Genehmigung des Ortsstatuts zwar zu vermeiden, aber nur auf die Gefahr hin, jederzeit solchen für die

[30]) Erk. vom 3. Febr. 1886. Bd. 13, S. 56 fg.; Kamptz, Bd. I, S. 304.
[31]) So von Oberbürgermeister Becker im Herrenhaus. Sten. Ber. S. 148; vom Abgeordn. Wintermeyer im Abg.-H. Sten. Ber. d. Abg.-H. 1899, S. 2188; vgl. auch Oertel, S. 508.

Autorität der leitenden städtischen Organe höchst abträglichen Korrekturen von Aufsichts wegen ausgesetzt zu sein. Außerdem verweist das Kommunalbeamtengesetz in so vielen wichtigen Punkten auch sonst auf eine ortsstatutarische Ausführung und Ergänzung, daß jedenfalls für alle größeren Städte die Schaffung eines umfassenden organischen Statuts über die Anstellungs-, Besoldungs-, Pensions- und Reliktenverhältnisse ihrer sämtlichen Beamtenkategorien das unabweisliche Postulat einer weitblickenden Verwaltung ist. Trotzdem besteht in vielen und gerade den größten Städten eine starke Abneigung hiergegen; man vermeidet ängstlich jede generelle Regelung; gestaltet den Inhalt der doch unvermeidlichen Ortsstatute möglichst dürftig, begnügt sich mit allerhand Flick- und Stückwerk von Fall zu Fall, so daß schließlich das Beamtenwesen dieser Städte ein unentwirrbares Chaos bildet und ein Überblick über das Ganze selbst für die leitenden Stellen unmöglich wird. Mancher wohlmeinende aber kurzsichtige Freund der Selbstverwaltung erblickt wohl hierin ein Mittel der Notwehr gegen die Eingriffe der Staatsaufsicht, indem er mit stillvergnügter Schadenfreude darauf rechnet, daß sich in solchem Wirrwarr auch der allgewaltige Herr Regierungspräsident nicht zurecht zu finden weiß. Die Erfahrung wird jedoch diese Illusion immer grausamer zerstören und je länger desto mehr beweisen, daß gerade ein solcher Zustand den Eingriffen des Staates auf Grund unseres § 11 K. B. G. erst recht Tür und Tor öffnet.

Die schon gelegentlich der Beratung über den § 64 St. O. in der zweiten Kammer geäußerten verwaltungstechnischen Bedenken gegen die Festlegung aller Besoldungen in sogenannten Normaletats, Bedenken, die auch heute noch vielfach wiederholt werden, sind doch nach den Wandlungen, die das Amtswesen seitdem erfahren hat, jetzt bedeutungslos. Man meinte damals, eine solche generelle Festsetzung „hindere die Städte an zweckmäßigen Arrangements, indem man sich bei Anstellung einzelner Beamten und Bestimmung ihrer Gehälter häufig mehr nach den Umständen und dem praktischen Bedürfnis zu richten habe. Es würden daher fortwährend Abweichungen von dem Normaletat notwendig, besonders da, wo die Ausdehnung der Kommunalverwaltung und die Zahl der erforderlichen Beamten im Wachsen bleibt, wie z. B. hier in Berlin“.[32]) Ähnliche Argumente hört man wohl auch noch heute nach fünfzig

[32]) Hübner a. a. O. S. 251.

Jahren, wo freilich die Großstädte noch ganz anders im Wachsen bleiben als dazumal. Aber die Entwicklung des Amtsrechts, die immer umfassendere gesetzliche Normierung desselben, die unaufhaltsam fortschreitende Verdrängung der sogen. Stellenetats durch das System der ein für allemal und für ganze Kategorien festgesetzten Alterszulagen haben jene früher so beliebten „zweckmäßigen Arrangements" völlig in den Hintergrund gedrängt, so daß von dieser Seite her einer allgemeinen Normierung praktisch durchgreifende Bedenken tatsächlich nicht mehr entgegenstehen. Ganz richtig hatte auch schon die zweite Kammer, wie oben dargelegt, die wahre Quelle der Abneigung gegen die zuerst von der St. O. von 1831 geforderten Normalbesoldungsetats in der von jenem Gesetze in so exorbitantem Umfange vorgesehenen Regierungsgenehmigung erkannt, und daher vor allem diese Bevormundung beseitigt. Daß demgegenüber der § 11 K. B. G. einen empfindlichen Rückschritt bedeutet, habe ich schon betont; und das einzige zur Milderung dieses Rückschritts gebotene Mittel, die ortsstatutarische Besoldungsordnung bedarf ja auch wieder der Genehmigung des Bezirksausschusses, in Berlin natürlich des absoluten Oberpräsidenten. Deshalb vor allem ziehen die Städte vielfach die Ordnung der Gehaltsverhältnisse durch einzelne, der Genehmigung nicht bedürfende Gemeindebeschlüsse trotz der damit nach § 11 verbundenen großen Gefahren für die kommunale Autonomie dem Ortsstatut vor. Freilich wäre das Ortsstatut die völlig einwandsfreie und nach jeder Richtung hin befriedigende Form zur Regelung dieser Dinge, wenn das Genehmigungsrecht für diesen Akt kommunaler Autonomie nach rechtsstaatlichen Normen geregelt wäre; wenn also einem organischen Beamtenstatut die Genehmigung nur aus gesetzlich determinierten Gründen versagt werden könnte und diese Versagung der verwaltungsgerichtlichen Nachprüfung unterläge. Bei der jetzigen Lage der Dinge ist die starke Abneigung der Städte, ihre Beamtenordnung dem völlig freien Ermessen des Bezirksausschusses oder gar des Oberpräsidenten zur Genehmigung oder Verwerfung zu unterbreiten, sehr wohl begreiflich. Jedoch kann man sich trotzdem der Erkenntnis nicht entziehen, daß nach den Machtvollkommenheiten, die der § 11 der Staatsaufsicht gibt, die vorherige Unterwerfung unter das freie Genehmigungsrecht für das Ortsstatut immer noch das kleinere Übel ist gegenüber der ständigen Gefahr der empfindlichen

Eingriffe von Fall zu Fall. Daneben spricht entscheidend für die ortsstatutarische Regelung der eminente sachliche Vorteil der Klarheit, Übersichtlichkeit und Einheitlichkeit, der nur auf diesem Wege für das städtische Beamtenwesen zu erreichen ist.

Von der Mitwirkung des Bezirksausschusses bei der Entscheidung über streitige vermögensrechtliche Ansprüche der Kommunalbeamten nach § 7 K. B. G. wird im dritten Teil im Zusammenhange dieser Verhältnisse überhaupt die Rede sein. Das Gleiche gilt von seiner Mitwirkung durch Genehmigung besonderer Vereinbarungen wegen der Pension und Reliktenversorgung bei Magistratsmitgliedern und anderen Kommunalbeamten nach § 65 St. O. und § 12 und 15 K. B. G., da diese Einrichtungen nur in jenem Zusammenhang richtig zu würdigen sind.

Erheblich weiter gehend ist auf Grund gesetzlicher Spezialtitel der Einfluß der Staatsbehörden auf die Besoldungsverhältnisse der städtischen Polizeibeamten und Lehrer. Betreffs der Polizeibeamten verweist der zweite Absatz des § 11 K. B. G. auf den § 4 des Polizeiverwaltungsgesetzes; danach gehören also die Besoldungsverhältnisse dieser Beamten zu den Einrichtungen der örtlichen Polizeiverwaltung, über welche der Regierungspräsident besondere Vorschriften erlassen kann. Hier sind daher auch noch die dürftigen Schutzwehren kommunaler Autonomie, die der erste Absatz dieses Paragraphen enthält, zu Gunsten völliger Unumschränktheit der Staatspolizei beseitigt, was allerdings als eine Konsequenz des auf diesem Gebiet noch herrschenden, im vorigen Kapitel kritisierten spezifisch preußischen Systems anzuerkennen ist. Analog gestellt sind die Gemeindeforstbeamten in Rheinland und Westfalen, da § 23 K. B. G. für sie die Bestimmungen der Verordnung vom 24. Dezember 1816 aufrecht erhält. Das gleiche tut der zitierte Paragraph bezüglich des Gesetzes vom 12. Oktober 1897 betreffend die kommunalen Forstschutzbeamten im Regierungsbezirk Wiesbaden; nach § 6 dieses Gesetzes unterliegt die Festsetzung der Besoldungen der Genehmigung des Bezirksausschusses, und der Regierungspräsident kann eventuell die ihm angemessen scheinenden Besoldungsbeträge zwangsweise etatisieren. Sonst gelten die Bestimmungen des ersten Absatzes § 11 K. B. G. auch für die kommunalen Forstbeamten.[33])

---

[33]) Vgl. Kautz und Appelius: Preuß. Kommunalbeamtenrecht (1900) S. 105, S. 110 fg., S. 44 fg.

Die Besoldungsverhältnisse der Volksschullehrer sind jetzt durch Spezialgesetze normiert, namentlich durch das Lehrerbesoldungsgesetz vom 3. März 1897 in Verbindung mit dem Gesetz betreffend die Feststellung von Anforderungen für Volksschulen vom 26. Mai 1887, das Lehrerpensionsgesetz vom 6. Juli 1885, das Gesetz betreffend die Ruhegehaltskassen vom 23. Juli 1893, sowie endlich das Lehrerreliktengesetz vom 4. Dezember 1899. Diese ganze Gesetzgebung ruht auf dem die Praxis beherrschenden prinziplosen Prinzip, wonach die Lehrer weder unmittelbare Staatsbeamte noch Gemeindebeamte sein sollen; die immanente Logik der Dinge erweist sich aber auch hier stark genug, um aus allen positiv rechtlichen Verhüllungen die Tatsache hervortreten zu lassen, daß jedenfalls die Lehrer an städtischen Schulen Gemeindebeamte sind (vgl. oben S. 257 fg.), wenn auch freilich eine besondere Klasse von Gemeindebeamten, für die auf Grund gesetzlicher Spezialtitel besondere Rechtssätze gelten. Diese Besonderheiten stützen sich nicht nur auf das Dogma von der Exemtion der Schulverwaltung gegenüber der Kommunalverwaltung, sondern vornehmlich auf die materiellere Grundlage der Staatsbeiträge zu den Schullasten. Da diese Staatsbeiträge bei 25 Lehrerstellen in einer politischen Gemeinde aufhören, so steht die Beweiskraft dieses materiellen Arguments im umgekehrten Verhältnis zur Größe der Gemeinde und sinkt gegenüber den Schulverwaltungen der Großstädte zu völliger Bedeutungslosigkeit hinab. Die Besonderheit nun des Lehrerbesoldungsrechts gegenüber dem der übrigen Kommunalbeamten ist doppelter Art. Einmal nämlich sind hier gesetzliche Normativbestimmungen gegeben, an welchen es im übrigen fehlt; Vorschriften über die Bestandteile des Gehalts aus Grundgehalt, Alterszulagen und Wohnungsgeld; ferner sind die Minimalsätze des Gehalts und der Alterszulagen sowie die zeitlichen Abstände der letzteren gesetzlich festgelegt, auch weiter ins einzelne gehende gesetzliche Normativbestimmungen aufgestellt, und zur Aufbringung von Alterszulagen und Ruhegehältern besondere Zwangsorganisationen der Gemeinden geschaffen. Andererseits sind die Befugnisse der Schulaufsichtsbehörden, die hier überall an die Stelle der Kommunalaufsichtsbehörden treten, namentlich in Hinsicht des Genehmigungsrechts in mannigfachen Einzelheiten weiter ausgedehnt. Materiell ist jedoch der Einfluß der Aufsichtsbehörde auf die konkrete Gestaltung der Gehälter kein sehr erheblich anderer als nach § 11 K. B. G.; im Streitfalle sprechen Bezirksausschuß und Provinzialrat hier wie dort das entscheidende Wort, wenn auch nicht auf Grund des § 11, sondern des Gesetzes von 1887.

* * *

Lediglich durch die bisher erörterten, auf gesetzlichen Spezialtiteln beruhenden Befugnisse der Staatsaufsicht ist die städtische Autonomie in der Errichtung, Bezeichnung und materiellen Ausstattung der städtischen Ämter beschränkt. In der Besetzung der so organisierten Amtsstellen erfährt sie, abgesehen von dem im VII. und VIII. Kapitel erörterten Bestätigungswesen, nur eine einzige, allerdings recht weitgehende Einschränkung durch das Institut der Militäranwärter. Auch diese Beschränkung beruht auf gesetzlichem Spezialtitel; das Gesetz räumt aber dem diskretionären Ermessen der Aufsichtsbehörde im Einzelfall einen ziemlich unbeschränkten Einfluß gegenüber dem kommunalen Selbstverwaltungskörper ein.

Zu dem Amtswesen der preußischen Städte haben die Militärinvaliden von jeher in nahen, freilich nicht immer für beide Teile angenehmen Beziehungen gestanden. Daß sie in der Städtepolitik Friedrich Wilhelms I. eine bedeutsame Rolle spielten, wurde schon oben (S. 36) berührt. Damals waren sie auch nicht auf untergeordnete Stellen allein angewiesen; der ehemalige Unteroffizier als Magistratsbeamter und sein ehemaliger Offizier als Steuerrat wiederum sein unmittelbarer Vorgesetzter, das war eine Projektion der militärischen Subordination in die Zivilverwaltung hinein, ganz im Sinne Friedrich Wilhelms I. Irgend welche prinzipiellen Bedenken gegen diese ebenso angenehme wie nützliche Einrichtung konnten unter dem ancien régime um so weniger aufkommen, als ihm die Kämmereikassen wesentlich nur als untergeordnete Staatskassen und die städtischen Ämter als untergeordnete Staatsämter erschienen. In dieser Hinsicht trat nun freilich mit der ersten St. O. ein fundamentaler Wandel des Prinzips ein; jetzt standen die Städte dem Staate als selbständig berechtigte Gemeinwesen gegenüber. Da die St. O. keinerlei beschränkende Bestimmungen über die Besetzung der städtischen Ämter enthielt, da insonderheit ihr § 157 dem Magistrat unter Mitwirkung der Stadtverordneten für die Bestellung der Unterbeamten völlig freie Hand ließ, so konnte man füglich die früheren Bestimmungen wegen der Militärinvaliden als antiquiert und durch das Gesetz beseitigt ansehen. Dem trat jedoch die Verordnung vom 29. Mai 1820 entgegen, welche in der Form einer authentischen Deklaration zu § 157 St. O. in Wirklichkeit eine Abänderung desselben dahin vornahm: „daß die frühere Verpflichtung der Magistrate, zu den besoldeten städtischen Unterbedientenstellen keine andere als versorgungsberechtigte Militärinvaliden zu wählen, im allgemeinen als fortbestehend angesehen werden muß. Doch kann dieselbe auf diejenigen Stellen der Magistratssubalternen, welche eine höhere oder eigentümliche Geschäftsbildung erfordern, nur insoweit bezogen werden, als versorgungsberechtigte Militärinvaliden vorhanden sind, welche diese Geschäftsbildung besitzen". Diese Deklaration, die auf den Bericht des Staatsministeriums und auf das Gutachten des Staatsrats ergangen, auch in der Gesetzsammlung publiziert war, hatte Gesetzeskraft und bildet in der Tat die Grundlage der ganzen weiteren Entwicklung in diesem Punkte, so daß sich auch der heutige Zustand nur als eine weitere Ausführung, nicht als eine wesentliche Abänderung ihres Prinzips darstellt. Zunächst ward durch zahlreiche Ministerialreskripte diese Materie weiter ausgebaut; die Deklaration selbst ward in die Zusammenstellung von 1832 aufgenommen[34]); und die revidierte St. O. von 1831 enthielt in § 96 bezüglich der städtischen Unterbeamten die Bestimmung, daß bei deren Anstellung der Magistrat die jetzt bestehenden und künftig zu erlassenden Verordnungen wegen Versorgung der Invaliden zu befolgen hat.

Dagegen hat eine solche Bestimmung weder in die Gemeindeordnung von 1850 noch in die St. O. von 1853 Eingang gefunden; die Ministerialinstruktion zur Ausführung der letzteren vom 20. Juni 1853 erklärt dies jedoch unter Nr. XII damit, daß „die über die Anstellung der Invaliden vorhandenen gesetzlichen Vorschriften, welche als solche einen integrierenden Teil der Armeeverfassung bilden, nicht aus dem Bereiche der hierüber bestehenden besonderen Gesetzgebung in das Gebiet spezieller Kommunalordnungen haben gezogen werden sollen, vielmehr unabhängig von letzteren nach wie vor in Anwendung zu bringen sind." Auch in diesem Punkte ist das rechtliche Fundament der Ministerialinstruktion ein sehr schwaches, da als solche „gesetzlichen Vorschriften" damals nur

[34]) Vgl. Rönne und Simon, S. 447 fg.

ein durch Kabinetsorder vom 22. Dezember 1837 genehmigter Staatsministerialbeschluß vorlag, dessen gesetzliche Kraft überhaupt und insonderheit gegenüber dem späteren Gesetz, der Städteordnung, höchst anfechtbar ist, während die Deklaration von 1820 als Bestandteil der St.O. von 1808 ebenso wie die Bestimmung in § 96 der St.O. von 1831 mit diesen Ordnungen beseitigt war.[35]) Indessen ist die Rechtsgiltigkeit jener Bestimmung der Ministerialinstruktion von 1853 für das heutige Recht gleichgiltig, da inzwischen diese Materie sowohl durch die Reichs- wie durch die Landesgesetzgebung geordnet worden ist.

Den reichsrechtlichen Ansatzpunkt gaben der § 77 des Militärpensionsgesetzes vom 27. Juni 1871 und die auf Grund desselben als Ausführungsverordnung dazu aufgestellten „Grundsätze" von 1882. Während sich diese Bestimmungen aber unmittelbar nur auf Reichs- und Staatsstellen bezogen, erfuhren sie durch die reichsgesetzliche Novelle vom 22. Mai 1893 Art. 12 und die als Ausführungsverordnung dazu vom Bundesrat aufgestellten „Grundsätze" von 1899 analoge Ausdehnung auf die Subaltern- und Unterbeamtenstellen der Gemeinden, kommunalen Anstalten ꝛc. Schon vorher war bezüglich der kommunalen Stellen das preußische Gesetz vom 21. Juli 1892 ergangen, das die bisherigen Reglements ꝛc. durch die bis dahin fehlende gesetzliche Grundlage ersetzte. Da der § 1 der auf Grund des Reichsgesetzes erlassenen Bundesratsverordnung die „in den einzelnen Bundesstaaten bezüglich der Versorgung der Militäranwärter im Zivildienst erlassenen weitergehenden Vorschriften" aufrecht erhält, und da das preußische Gesetz, soweit es von den Grundsätzen abweicht, in der Regel zu Gunsten der Militäranwärter weitergeht, so bildet im allgemeinen dieses Gesetz die rechtliche Grundlage, die nur in einigen Punkten ihre Erläuterung oder Ergänzung in den reichsrechtlichen Vorschriften findet. Ausgenommen von dieser reichs- und landesgesetzlichen Regelung sind die Stellen des kommunalen Forstdienstes, für welche in Preußen eine Kabinetsorder und ein Regulativ von 1864 als rechtliche Grundlage angesehen wird.[36])

[35]) Übereinstimmend Leidig a. a. O., S. 152, n. 2.

[36]) Siehe das Nähere hierüber bei Oertel, S. 399 fg.; Kautz und Appelius, S. 10 fg.

Das Recht der Stadtgemeinden zur Bestellung ihrer Subaltern- und Unterbeamten ist danach in erheblicher Weise beschränkt, indem die Mehrzahl dieser Stellen nur mit Militäranwärtern, d. h. mit Inhabern des Zivilversorgungsscheins besetzt werden dürfen, die dem preußischen Staate angehören und aus dem preußischen und den unter preußischer Verwaltung stehenden Reichsmilitärkontingenten sowie aus der kaiserlichen Marine hervorgegangen sind. Für diese Personen bildet die Anstellung im Kommunaldienst teils einen Ersatz, teils eine Ergänzung der Militärpension. Zu diesen vorbehaltenen Stellen gehören sämtliche Kanzlei- und Unterbeamtenstellen sowie mindestens die Hälfte der subalternen Bureaustellen mit Ausnahme der wissenschaftlich oder technisch besonders qualifizierten und gewisser leitender Stellen in der Kassenverwaltung (§§ 3 und 4 des preuß. Gesetzes). Sonstige Subaltern- und Unterbeamtenstellen sind „unter Berücksichtigung der Anforderungen des Dienstes und unter sinngemäßer Zugrundelegung der für die Reichs- und Staatsbehörden jeweilig geltenden Verzeichnisse" den Militäranwärtern vorbehalten (§ 5). Welche Stellen dies in concreto sind, und welche Rücksichten die Anforderungen des Dienstes erheischen, das entscheidet die staatliche Aufsichtsbehörde. Und gerade in dem überaus weiten Spielraum, den dieses Institut dem diskretionären Ermessen der staatlichen Aufsicht zu Eingriffen in das städtische Ämterwesen eröffnet, liegt seine eigentliche Bedeutung für das System des städtischen Amtsrechts. Nicht in der Heranziehung der Gemeinden zur Übernahme eines erheblichen Teiles der pekuniären Militärlasten, auch nicht in der Aufstellung einer gesetzlichen Qualifikationsbedingung für zahlreiche untere städtische Ämter liegt der Schaden, den die Autonomie der Selbstverwaltung durch dieses Institut erleidet, vielmehr in der überaus lästigen Bevormundung durch die Staatsbehörden, der es die Städte bei der Besetzung ihrer Subaltern- und Unterbeamtenstellen unterwirft. Alle Rücksichten, die das Gesetz auf das Interesse des städtischen Dienstes zu nehmen versucht, alle Ausgleichungen, die es dafür wieder im Interesse der Militäranwärter vorsieht, erhalten ihren konkreten Inhalt durch das diskretionäre Ermessen der staatlichen Aufsichtsbehörden. Sie kontrollieren die von der städtischen Anstellungsbehörde innezuhaltende Reihenfolge unter den Militäranwärtern, die sich um vorbehaltene städtische Amtsstellen beworben haben, sowie die darüber von den Stadtbehörden zu führenden Verzeichnisse[37]). Auch wenn keine Bewerbungen von Militäranwärtern vorliegen, müssen solche erledigten Stellen der zuständigen Militärbehörde behufs der Bekanntmachung mittels Einreichung einer Nachweisung bezeichnet werden, und erst 6 Wochen nach dieser Bekanntmachung kann mangels eines geeigneten Militäranwärters die Stelle anderweitig besetzt werden (§ 11 des preuß. Gesetzes). Gewiß sollen auch die Militäranwärter die für die Stelle notwendige Befähigung besitzen; aber ob dies der Fall ist, darüber entscheidet auf Beschwerde die staatliche Aufsichtsbehörde. Gewiß hat auch der Militäranwärter das für die betreffende Stelle vorgeschriebene Examen abzulegen; aber wenigstens wenn besondere Bedenken entgegenstehen, schreibt sich die Aufsichtsbehörde eine Art von Superrevision des Prüfungsergebnisses zu[38]). Die etwa notwendige vorhergehende informatorische Beschäftigung bis zur Höchstdauer von drei Monaten hat auch der Militäranwärter durchzumachen; über ihre Zulässigkeit im Einzelfall entscheidet die staatliche Aufsichtsbehörde. Eine Anstellung auf Probe ist bei Gewährung des vollen Stelleneinkommens, eine Probedienstleistung gegen Gewährung von drei Vierteln dieses Einkommens zulässig, regelmäßig jedoch nur bis zur Dauer von sechs Monaten; für den Bureau- und Kassendienst kann die Probezeit bis zu einem Jahr verlängert werden; aber nur mit Genehmigung der staatlichen Aufsichtsbehörde und noch dazu unter Zustimmung der Militärbehörde (§ 13). „Welche Subaltern- und Unterbeamtenstellen und gegebenen Falls in welcher Anzahl dieselben gemäß den vorstehenden Bestimmungen den Militäranwärtern vorzubehalten sind, hat die Kommunalaufsichtsbehörde festzustellen. Gegen diese Feststellung ist die Beschwerde zulässig“ (§ 14). Die endgiltige Entscheidung ist also unter Ausschluß jeder verwaltungsrichterlichen Nachprüfung über die rechtmäßige Anwendung der Gesetzesnormen in die Hand der staatlichen Verwaltungsbehörden gelegt, d. h. die kommunalen Selbstverwaltungskörper sind in dieser Hinsicht entmündigt. Bis zu jener Feststellung dürfen sie die betreffenden Stellen nur widerruflich besetzen.

---

[37]) Kautz und Appelius, S. 29.
[38]) Oertel, S. 409.

Wie tief diese Bestimmungen in das kommunale Ämterwesen einschneiden, indem sie es der Staatsaufsicht ermöglichen, die Disposition der Städte über ihre subalternen und unteren Ämter völlig lahm zu legen, leuchtet ein. Und dabei muß noch in Betracht gezogen werden, daß namentlich die größeren städtischen Selbstverwaltungen, innerhalb deren oft sehr wichtige und schwierige Dezernate in den Händen von nicht berufsmäßig vorgebildeten Ehrenbeamten liegen, um so notwendiger eines technisch außerordentlich gut geschulten Bureaupersonals, besonders in den höheren Stellen bedürfen. Allerdings macht ja das Gesetz in dieser Hinsicht Einräumungen, die an sich vielleicht zur Befriedigung jenes Bedürfnisses genügen würden. Aber die Auslegung des Gesetzes ist eben leider nahezu schrankenlos in das freie Ermessen der Aufsichtsbehörde gestellt, die ihrerseits wieder zu einer möglichst einschränkenden Interpretation jener Ausnahmen vielfach durch einen nicht immer abzuweisenden, mehr oder minder sanften Druck von seiten der Militärverwaltung veranlaßt wird. Freilich können sich auch für jene höher qualifizierten Stellen frühere Militäranwärter geeignet gemacht haben; aber zur Auswahl der am besten qualifizierten Personen müßte füglich die Behörde freie Hand haben, die mit diesen Beamten dauernd arbeiten soll. In dieser unabweislichen Bewegungsfreiheit sind die städtischen Behörden durch die geltenden gesetzlichen Bestimmungen in der lästigsten Weise beschränkt. Und darüber hinaus wird ein Gegensatz in das Subalternpersonal der städtischen Verwaltungen hineingetragen, der nicht nur den Städten vielfach eine sachgemäße Organisation ihres Bureaudienstes unmöglich macht, sondern den auch unter Umständen die Militäranwärter selbst, die dann als von außen aufgedrungene Elemente erscheinen, unangenehm zu empfinden haben. Sofern in der Tat diese Personen infolge ihrer militärischen Schulung teilweise ein besonders brauchbares Material für den städtischen Dienst abgeben, würde dessen Würdigung weniger beeinträchtigt werden, wenn das Gesetz dieselbe mit mehr Vertrauen der städtischen Autonomie überließe und letztere nicht ohne jede Rechtskontrolle unter die staatliche Vormundschaft stellte.

X.

Aufsicht und Subordination. — Die Zwangsmittel der Aufsicht. — Das Disziplinarrecht und die Aufsicht.

Am Schlusse dieses zweiten Teils, der sich mit dem Rechtsverhältnis der städtischen Selbstverwaltungsorgane zum Staat beschäftigt, gelangen wir zu dem an die Spitze gestellten Ausgangspunkte zurück. Dieser Ausgangspunkt und Grundgedanke des ganzen Systems ist die Mediatisierung der kommunalen Organe durch den Selbstverwaltungskörper gegenüber dem Staat, also die Mittelbarkeit der städtischen Ämter in dem der Selbstverwaltung spezifisch eigenen Sinne, und daher im Gegensatz zum alten und veralteten Begriff des mittelbaren Staatsbeamten in landrechtlichem Sinne. Von diesem leitenden Gesichtspunkt aus wurde das Rechtsverhältnis der autonomen städtischen Amtsorganisation zur staatlichen Organisationsgewalt, der selbständigen Organbestellung zum staatlichen Bestätigungsrecht, das prinzipielle Kriterium des Begriffs Gemeindebeamter gegenüber dem Begriff Staatsbeamter, wie die positiv rechtlichen Durchbrechungen dieses Prinzips, besonders bei den Ämtern der Polizei- und Schulverwaltung, endlich das Verhältnis der städtischen Autonomie zur staatlichen Aufsicht bei der Errichtung und Bezeichnung, der Ausstattung und Besetzung städtischer Ämter erörtert. Nunmehr läuft die Untersuchung gleichsam in eine Spitze aus, in die Frage nach der rechtlichen Natur des Pflichtverhältnisses der konkreten städtischen Organperson, des städtischen Beamten zum Staate; eine Frage, die wiederum nur in engstem Anschluß an den Ausgangspunkt und Grundgedanken unseres Systems prinzipiell korrekt und erschöpfend zu beantworten ist.

Die allgemein beliebte Formel, daß der städtische Beamte „zur Treue gegen die Stadt und den Staat verbunden“ [1]) sei, wie dies auch im Diensteid, freilich in umgekehrter Reihenfolge, Ausdruck findet, ist eben so vollkommen richtig wie nichtssagend. Auch mit den unzweifelhaften Pflichten jedes Beamten, seinen Dienst ordentlich zu versehen und sich innerhalb wie außerhalb desselben anständig zu benehmen, ist hier natürlich nichts anzufangen. Daß der städtische Beamte seinen städtischen Vorgesetzten ebenso Gehorsam schuldet wie der Staatsbeamte seinen staatlichen Vorgesetzten, ist nicht minder selbstverständlich. Die entscheidende Frage ist vielmehr die nach der Existenz, den Grenzen und Voraussetzungen einer Gehorsamspflicht der städtischen Beamten gegenüber den Anordnungen der höheren Staatsbehörden. Daß die gelegentlich aufgestellte Behauptnng von einer „allgemeinen Unterordnung der Kommunalbeamten unter die Staatsbehörden“ [2]) mit dem Begriff der Selbstverwaltung völlig unvereinbar ist, wurde schon früher (S. 150) erörtert; regelmäßig wird denn auch das eigentümliche Wesen dieses Verhältnisses in einer gewissen Unabhängigkeit der Selbstverwaltungsorgane von den obersten Staatsorganen erkannt (s. oben S. 145). Daß eine solche Unabhängigkeit in der Tat vorhanden sein muß, ist ebenso einleuchtend, wie daß diese Unabhängigkeit keine absolute sein kann. Es kommt also alles auf die nähere Umschreibung und Bestimmung dieser Unabhängigkeit der Gemeindeorgane gegenüber den Staatsorganen an. Den Weg zu dieser näheren Bestimmung weist die im V. Kapitel betonte prinzipielle Unterscheidung zwischen Subordination und Aufsicht. Die Gehorsamspflicht der Gemeindebeamten gegen ihre kommunalen Vorgesetzten beruht ebenso wie die der Staatsbeamten gegen ihre staatlichen Vorgesetzten auf dem Subordinationsprinzip in der Ämterorganisation; die Gehorsamspflicht von Gemeindebeamten gegenüber Staatsbehörden beruht auf dem Aufsichtsprinzip in der Organisation der Gebietskörperschaften; sie besteht also lediglich gegenüber den Aufsichtsbehörden und nur bis zur gesetzlichen Grenze der Aufsichtsbefugnis.

Daß die amtliche Subordination wie der amtliche Gehorsam wesentliche Erscheinungsformen des Gewaltverhältnisses sind, in

[1]) So z. B. Leidig, a. a. O. S. 155.
[2]) G. Meyer: Deutsch. Staatsrecht (5. Aufl.) S. 457.

welchem der Beamte steht, darüber ist man einig, gleichviel ob man die rechtliche Entstehung jenes Gewaltverhältnisses auf einen „öffentlich rechtlichen" Dienstvertrag oder auf einen einseitigen Akt des Gemeinwesens zurückführt. Immerhin beeinträchtigt die Vertragstheorie nach verschiedenen Seiten hin die klare begriffliche Erfassung der juristischen Natur des amtlichen Gewaltverhältnisses. Denn einmal kommt sie um den inneren Zwiespalt nicht herum, das Amtsverhältnis der Ehrenbeamten auf eine andere rechtliche Grundlage als das der Berufsbeamten zu stellen; und besonders im städtischen Amtsrecht steigert sich dies zu dem handgreiflichen Widerspruch, daß die Stellung der städtischen Berufsbeamten auf ihrem Dienstvertrage mit der Stadt, die der Ehrenbeamten auf ihrer Dienstpflicht gegenüber dem Staat beruhen soll (s. oben IV. Kapitel S. 82 fg.). Weiter aber läßt die unheilbar individualistische Natur der Vertragstheorie das Verhältnis zwischen den „Kontrahenten des Dienstvertrages", also zwischen dem Beamten und der vorgesetzten Anstellungsbehörde in einer das Wesen der Sache verdunkelnden Weise hervortreten. Daß der Beamte in einem unmittelbaren Gewaltverhältnis nicht sowohl zu seinem Vorgesetzten als vielmehr zu seinem Gemeinwesen steht, wird zwar nicht geleugnet oder auch wohl theoretisch ausdrücklich anerkannt; aber nachdem man sich durch solche Anerkennung eines nudum jus mit dem Prinzip abgefunden zu haben glaubt, verschwindet für die weitere Konstruktion meist das Gemeinwesen vor dem „Dienstherrn" von Fleisch und Blut, d. h. vor dem höchsten Vorgesetzten, mit dem oder mit dessen Beauftragten der Beamte den Dienstvertrag geschlossen habe.

Nach der hier vertretenen Grundanschauung wurzelt das amtliche Gewaltverhältnis in der Angehörigkeit der Einzelperson zur Gesamtperson als dem elementaren Gewaltverhältnis. Es ist eine in ihrer Extensität beschränkte, in ihrer Intensität gesteigerte Angehörigkeit einer Einzelperson zu einer Gesamtperson. Der Einzelne steht als Gliedperson in dem elementaren Gewaltverhältnis der Angehörigkeit zur Gesamtperson; die zu amtlichen Funktionen berufene Gliedperson steht als Organperson in dem gesteigerten amtlichen Gewaltverhältnis zur Gesamtperson. Die Grenze beider Sphären innerhalb desselben Individuums ist durch die Grenze zwischen gliedschaftlichen und organschaftlichen Funktionen gegeben. Überall handelt es sich hier um Willensbeziehungen, um das rechtliche Verhältnis von Einzelwillen und Gesamtwillen; alle Gewaltverhältnisse wurzeln in der Herrschaft, d. h. in der Überordnung des Gesamtwillens über die ihm eingegliederten Einzelwillen. Der Einzelwille der Gliedperson ist ein Bestandteil des Gemeinwillens, der Einzelwille der Organperson ist ein Organ des Gemeinwillens. Daraus ergibt sich, daß ebenso wie das Gewaltverhältnis der Angehörigkeit nur zwischen der Gliedperson und dem Gemeinwesen, nicht zwischen ihr und den Organen, Behörden besteht, ebenso auch das amtliche Gewaltverhältnis nur zwischen der Organperson und dem Gemeinwesen, nicht zwischen ihr und den oberen Organen, den vorgesetzten Behörden, besteht. Wie jedoch aus dem Gewaltverhältnis der Angehörigkeit eine Gehorsamspflicht der Gliedperson gegenüber den Behörden als Organen des Gemeinwillens fließt, ebenso fließt aus dem amtlichen Gewaltverhältnis eine Gehorsamspflicht der Organpersonen gegenüber den vorgesetzten Behörden als den höheren Organen des Gemeinwillens. Das ist das amtliche Subordinationsverhältnis, das durch die rechtlichen Formen der Willensorganisation der Gemeinwesen bestimmt wird.

Auf der Differenzierung dieser rechtlichen Organisation des Gemeinwillens beruht der Wesensunterschied des Verfassungsstaats wie des Selbstverwaltungsprinzips vom absoluten Staat und dem Anstaltsprinzip (s. S. 122 fg.)[3]). Diese Differenzierung ist in beiden Erscheinungsformen eine spezifisch verschiedene. Die Grundlage der organischen Differenzierung im Verfassungsstaat ist die trias politica. Kraft einer fundamentalen praesumtio juris et de jure erscheint im Rahmen dieser rechtlichen Organisation die Gesetzgebung als der höchste und vollendetste formale Ausdruck des Gemeinwillens, dem daher alle anderen Organwillen unbedingt subordiniert sind. Ebenso erscheint die Rechtsprechung als der formale Ausspruch des Gemeinwillens über die Anwendung des bestehenden Rechts auf den streitigen Einzelfall; die richterliche Unabhängigkeit beruht auf dem Prinzip, daß diese Anwendung eine logische Operation ist, die jede richterliche Organperson nur selbständig vornehmen kann; der gerichtliche Instanzenzug dagegen ruht auf der praesumtio juris et de jure, daß das

---

[3]) Vgl. auch meine oben zitierte Abhandl.: Über Organpersönlichkeit in Schmoller's Jahrb., Jg. XXVI (1902) H. 2, S. 132 fg.

höhere Gericht durch seine logische Operation den Gemeinwillen zu reinerem und vollkommnerem Ausdruck bringe, als das niedrigere Gericht. Daher kann das Urteil höherer Instanz das der unteren Instanz aufheben und sich an seine Stelle setzen; es kann aber nicht das höhere Gericht dem unteren den Inhalt seiner Rechtsfindung vorschreiben; vielmehr ist prinzipiell der Wille jedes Gerichts gleich unabhängig und selbständig, eine amtliche Subordination besteht also im Rahmen der eigentlichen Rechtsprechung nicht.

Das Behördensystem der Verwaltung zeigt in seinem Aufbau eine unverkennbare Ähnlichkeit mit dem gerichtlichen Instanzenzug, wie ja beide in historischem Zusammenhange stehen. Und auch die höhere Autorität je der vorgesetzten Verwaltungsbehörde beruht auf der fundamentalen organisatorischen Rechtsvermutung, daß ihr Organwille der reinere, unmittelbarere und deshalb stärkere Ausdruck des Gemeinwillens sei; ist doch regelmäßig das höchste Verwaltungsorgan an der Gesetzgebung, diesem formal rechtlich reinsten Ausdruck des Gemeinwillens, mehr oder minder intensiv beteiligt. Jedoch handelt es sich bei der Verwaltung nicht wie bei der Rechtsprechung um die logische Operation einer Anwendung des bestehenden Rechts auf den streitigen Einzelfall, sondern um eine freie Tätigkeit, zwar innerhalb der Rechtsschranken, aber im übrigen unter dem Gesichtspunkt der Zweckmäßigkeit. In dieser freien Tätigkeit zahlreicher Organpersonen kann der einheitliche Gemeinwille in seiner Richtung auf einheitliche Ziele nur durch eine einheitliche oberste Leitung und Bestimmung des Zweckinhalts zur Geltung kommen. Demgemäß kann die obere Verwaltungsbehörde nicht nur die Akte der unteren aufheben und ihre eigenen Akte an deren Stelle setzen; vielmehr kann sie durch Dienstbefehl den Willensinhalt der unteren Verwaltungsorgane maßgebend bestimmen. Diesem Befehlsrecht der vorgesetzten entspricht die Gehorsamspflicht der untergebenen Verwaltungsbehörde; das ist das amtliche Subordinationsverhältnis, das für die Verwaltung ebenso unentbehrlich ist wie die Unabhängigkeit für eine wahre Rechtsprechung. Nach den Grundsätzen des Rechtsstaates findet nun aber die freie Zweckmäßigkeit der Verwaltungstätigkeit ihre Schranke an Recht und Gesetz; und ebenso konsequenterweise das Befehlsrecht der vorgesetzten wie die Gehorsamspflicht der untergebenen Verwaltungsbehörden, also das ganze amtliche Subordinationsverhältnis. Ergibt sich hieraus als unabweislich ein gewisses Prüfungsrecht des subordinierten Beamten gegenüber den Anweisungen des Vorgesetzten, so kann andererseits dieses Prüfungsrecht kein unbeschränktes sein; denn sonst „würde man," wie Laband[4]) treffend ausführt, „das System der Behördenorganisation und die Unterordnung der niederen Behörden unter die oberen nicht nur zerstören, sondern geradezu auf den Kopf stellen. Die untere Behörde und der niedriger gestellte Beamte hätte das Recht und die Pflicht, die Entscheidungen und Verfügungen der oberen Behörde und des vorgesetzten Beamten einer Überprüfung zu unterziehen und es würde demnach nicht das Reichsgericht, sondern der Gerichtsvollzieher, nicht das Finanzministerium oder die Oberzolldirektion, sondern der Zolleinnehmer in Wahrheit die letzte Instanz sein".

Die juristische Konstruktion dieses Verhältnisses bereitet der herrschenden Lehre etliche Verlegenheit. Die ältere Litteratur und teilweise auch Gesetzgebung suchte sich mit der patriarchalischen Naivität zu helfen, daß sie dem Beamten gestattete, seine rechtlichen Gewissensängste „mit bescheidener Freimütigkeit"[5]) in die Seele des Vorgesetzten zu ergießen; das sollte genügen, um sowohl den Untergebenen zu entlasten, als dem wiederholten Befehl des Vorgesetzten unbedingte Gehorsamspflicht zu sichern. Die Unhaltbarkeit dieser Ausflucht ist namentlich von Laband[6]) unwiderleglich dargetan und sie erhellt auch ohne weiteres aus dem positiven Rechtssatz, der heute wenigstens für die gesamte Zivilverwaltung in Reich, Staat und Gemeinde gilt, und den das Reichsbeamtengesetz in seinem § 13 formuliert: „Jeder Reichsbeamte ist für die Gesetzmäßigkeit seiner amtlichen Handlungen verantwortlich". Wenn jedoch Laband selbst zur Umschreibung und Begrenzung des mit der Subordination verträglichen Prüfungsrechts die drei Kriterien der Kompetenz des Vorgesetzten zum Erlaß des Befehls, der Kompetenz des Untergebenen zur Vornahme der befohlenen Handlung und der vorschriftsmäßigen Form des Befehls aufstellt[7]), so ist auch dies nur ein praktischer Notbehelf, dem mangels der Ableitung aus einem einheitlichen Prinzip eine gewisse Willkürlichkeit anhaftet. Das gilt, freilich in geringerem Maße, auch von den immerhin tiefer eindringenden Aus-

---

[4]) Staatsrecht d. Deutschen Reichs (4. Aufl.) Bd. I, S. 433.
[5]) Nik. Thad. Gönner: Der Staatsdienst rc. S. 202.
[6]) Staatsrecht, Bd. I, S. 432, n. 2.
[7]) Ebenda S. 434 fg.

führungen O. Mayers[8]); denn auch seine an sich annehmbaren Resultate sind a priori gewonnen, also willkürlich, nicht logische Konsequenzen des Grundverhältnisses. Als solche kann man sie aber nur gewinnen, wenn man vom Wesen des Organverhältnisses ausgeht.

Die Subordination ist, wie oben gesagt, ein Ausfluß des amtlichen Gewaltverhältnisses, in welchem die über- und untergeordneten Organpersonen zu ihrem Organismus stehen; sie besteht also nur zwischen Organpersonen als solchen, und ferner nur zwischen Organpersonen desselben Gemeinwesens. Nur zwischen Organpersonen als solchen. Dasselbe Individuum, das als Organperson einer anderen Organperson subordiniert ist, steht als Gliedperson eben jenem andern Individuum unabhängig gegenüber; daher gibt es keine Gehorsamspflicht des Beamten für Befehle, die über die Organsphäre hinaus in die gliedschaftliche hinübergreifen, die den Inhalt seines individuellen Willens bestimmen oder ihn dem individuellen Willen des Vorgesetzten dienstbar machen würden. Es handelt sich hier stets nur um die Beziehungen verschiedener Organwillen zueinander; als solche charakterisieren sich aber die betreffenden individuellen Willenspartikel dadurch, daß sie rechtsverbindliche Teiläußerungen des Gemeinwillens sind. Dies sind sie insoweit, als die Zuständigkeit der Einzelperson in der allgemeinen Kompetenz des Gemeinwesens wurzelt. Innerhalb dieses Rahmens gilt der Organwille der höheren Behörde eben als der stärkere und rechtswirksamere Ausdruck desselben Gemeinwillens, dessen schwächerer Ausdruck der Organwille der subordinierten Behörde ist. Dem Gesetz als dem höchsten rechtlich erfaßbaren Ausdruck des Gemeinwillens sind alle Organwillen subordiniert; das Gesetz normiert die Kompetenzsphären aller Organpersonen; aber es normiert sie in der Verwaltungsorganisation eben nach dem Prinzip der Subordination, wonach ihm, als dem höchsten rechtlichen Ausdruck des Gemeinwillens, der Organwille je der höheren Behörde näher steht als der Organwille der ihr kompetenzmäßig untergeordneten. In der Tat prüft also jeder Beamte, um seiner Verantwortlichkeit für die Gesetzmäßigkeit seiner Amtshandlungen genugzutun, lediglich seine eigene Zuständigkeit, die eventuell auch durch den Befehl eines zuständigen Vorgesetzten

---

[8]) Deutsches Verwaltungsrecht, Bd. II, S. 236 fg.

begründet wird. Ein Rechtsstreit über die Grenzen der Zuständigkeit innerhalb der Organfunktionen zwischen der übergeordneten und der subordinierten Organperson ist daher begrifflich unmöglich, weil sich die beiden Organwillen als ein stärkerer und ein schwächerer Ausdruck desselben Gemeinwillens gegenüberstehen. Verweigert ein Beamter dem Befehl seines Vorgesetzten den Gehorsam, so liegt kein Streit über die Abgrenzung zweier Kompetenzsphären vor, sondern eine Frage des Disziplinarrechts. Nur wenn die Erteilung des Befehls außerhalb der Organfunktionen des Vorgesetzten lag, also überhaupt nicht die Äußerung eines Organwillens, sondern lediglich eines rechtlich unverbindlichen individuellen Willens war, hat der untergeordnete Beamte nicht die Gehorsamspflicht verletzt; war dagegen jener Befehl die Äußerung eines Organwillens, so konnte sie der Untergeordnete unter keinen Umständen als einen Eingriff in seine Kompetenzsphäre zurückweisen, ohne damit eine Verletzung seiner Amtspflicht zu begehen.

Weil also das amtliche Subordinationsverhältnis auf einer verschiedenen Qualifizierung der Organstellung mehrerer Organwillen zu demselben Gemeinwillen beruht, ist es auch nur zwischen Organpersonen eines und desselben Gemeinwesens möglich. Ein Subordinationsverhältnis von Organpersonen eines Selbstverwaltungskörpers zu staatlichen Organpersonen kann jedenfalls *unmittelbar* nicht existieren, weil es sich in diesem Verhältnis nicht um einen stärkeren und einen schwächeren Ausdruck desselben Gemeinwillens, sondern um Äußerungen zweier verschiedener Gemeinwillen handelt. Denn die rechtliche Anerkennung eines von dem staatlichen spezifisch verschiedenen und im gesetzlichen Rahmen selbständigen kommunalen Gemeinwillens ist die unbedingte begriffliche Voraussetzung aller kommunalen Selbstverwaltung. Daher endet begrifflich das Subordinationsverhältnis der Ämter zu einander an der Grenze des Behördensystems jedes Gemeinwesens; die obersten Organpersonen einer Gemeinde sind als solche in juristischem Sinne ebensowenig irgend einer anderen Organperson subordiniert wie die obersten Organpersonen des Staates oder des Reiches.

Solche Freiheit von amtlicher Subordination bezeichnet man wohl als amtliche Selbständigkeit oder Unabhängigkeit; und man stellt unter diesem Gesichtspunkte gelegentlich die Ehrenbeamten und kollegialen Beschlußbehörden der Staatsverwaltung, die Richter in der Funktion der Rechtsprechung und die Ämter der Selbstverwaltungskörper nebeneinander[9]). Im äußerlichen Resultat hat allerdings die amtsrechtliche Stellung dieser Kategorien manche Ähnlichkeiten aufzuweisen; aber die juristische Konstruktion muß diese äußere Ähnlichkeit auf drei innerlich verschiedene Wurzeln zurückführen. Die Unabhängigkeit des Ehrenbeamten wie des beschließenden Kollegiums ist zunächst eine rein tatsächliche und daher sehr relative. Der Ehrenbeamte ist von vornherein unabhängiger gestellt als der Berufsbeamte, weil er die Grundlage seiner materiellen und sozialen Stellung als Gliedperson, nicht als Organperson besitzt (s. oben S. 73); die entsprechenden Einzelbestimmungen des positiven Rechts ziehen nur Konsequenzen aus dieser gegebenen Tatsache; sie sind nötig im Sinne der Zweckmäßigkeit, sie sind aber nicht begrifflich notwendig. Der Begriff des Ehrenbeamten würde durch seine völlige Gleichstellung mit dem Berufsbeamten in Subordination und Disziplin nicht berührt; wenn sich diese Gleichstellung nur tatsächlich durchführen ließe und man stets sicher wäre, das betreffende Personal in erforderlicher Quantität und Qualität zu erhalten. Diese Erwägungen bilden denn auch die ratio der einschlägigen positiven Gesetzesbestimmungen. Ebenso steht die Kollegialbehörde tatsächlich dem Vorgesetzten unabhängiger gegenüber als der Einzelbeamte; ihr Beschluß ist ein Gesamtakt, der sich aus der Mehrheit der Organwillen ihrer Mitglieder bildet[10]). Der Organwille des Vorgesetzten kann ihn aufheben und sich an seine Stelle setzen, aber er kann tatsächlich den Bildungsprozeß jenes Gesamtaktes nicht bestimmen. Welchen Beschluß die Mehrheit fassen wird, das ist in der Tat unabhängig von dem Willen des Vorgesetzten; ob jedoch dieser Mehrheitsbeschluß demnächst Wirksamkeit habe, das kann sehr wohl von dem stärkeren Organwillen des Vorgesetzten abhängig sein, wie sich z. B. in der Stellung der Kollegialrudimente innerhalb der Bezirksregierungen zeigt. Die Subordination unter einen Vorgesetzten widerspricht also jedenfalls weder dem Begriffe des Ehrenbeamten noch dem der Kollegialbehörde. Und wenn die Kollegien des jetzigen Beschlußverfahrens kraft positiver Bestimmungen eine selbständigere Stellung

---

[9]) So O. Mayer a. a. O. S. 240.

[10]) Vgl. meine in n. 3 zitierte Abhandlung.

haben, so ist dies eine Folge davon, daß das positive Recht dieses Beschlußverfahren dem gerichtlichen einigermaßen angenähert hat.

Dagegen ist die richterliche Unabhängigkeit ebenso wie die der obersten Selbstverwaltungsorgane eine rechtsbegriffliche; der abhängige Richter wäre begrifflich kein Organ der Rechtspflege im Sinne des Rechtsstaats, wie der einer Staatsbehörde subordinierte Gemeindebeamte kein Kommunalorgan im Sinne der Selbstverwaltung wäre. Aber wenn auch die amtliche Unabhängigkeit beider Kategorien auf organisatorischen Rechtsprinzipien, und zwar auf der Differenzierung bei der rechtlichen Willensorganisation der Gemeinwesen beruht, so handelt es sich doch um ein verschiedenes Differenzierungsprinzip bei der amtlichen Unabhängigkeit des Richters und bei der des Selbstverwaltungsorgans. Jene beruht auf der Differenzierung der Organe desselben Gemeinwillens nach der Verschiedenheit der Organfunktionen unter dem Gesichtspunkt der trias politica (s. o. S. 146). Der Richter ist gleich jedem anderen Staatsbeamten Organ des staatlichen Gemeinwillens; aber seine Funktion, das Recht auf den streitigen Einzelfall anzuwenden, steht allein und unmittelbar unter der Herrschaft des Rechts; weil er in dieser seiner Funktion nur dem Gesetzeswillen unterworfen sein soll, ist er unabhängig von jedem anderen staatlichen Organwillen. Daher erlischt diese Unabhängigkeit, und die amtliche Subordination gegenüber höheren Organwillen desselben Gemeinwesens besteht auch für den Richter, so weit es sich nicht um die spezifische Funktion der Rechtspflege handelt. Dagegen beruht die amtliche Unabhängigkeit der Selbstverwaltungsorgane auf dem organisatorischen Rechtsprinzip der Differenzierung engerer Gemeinwillen gegenüber dem staatlichen Gemeinwillen, der gesetzlichen Anerkennung der Selbstverwaltungskörper als selbständiger publizistischer Rechtssubjekte. Die Differenzierung geschieht hier also gerade umgekehrt nicht nach den Funktionen, sondern nach der Verschiedenheit des dahinter stehenden Gemeinwillens. Die Funktionen der kommunalen Verwaltungsbeamten sind denen der staatlichen wesensgleich; aber beide sind nicht Organe desselben, sondern spezifisch verschiedener Gemeinwillen.

Nun steht freilich die Gemeinde dem Staate nicht frei und selbständig gegenüber, sondern sie ist ihm eingegliedert; der kommunale Gemeinwille ist ein organischer Bestandteil des staatlichen Gemeinwillens. Zwar sind die Gemeindebeamten nur kommunale, nicht staatliche Organpersonen; aber die Gemeinde selbst als Gesamtperson ist Glied- und Organperson des Staates. Darauf und nur darauf beruhen alle Rechtsbeziehungen der Gemeindebeamten als solcher zum Staate; und eben deshalb sind diese Rechtsbeziehungen stets mittelbare, d. h. vermittelt durch das Rechtsverhältnis der Gemeinde zum Staate. Daß die Gemeinde und ihre Organpersonen wie alle dem Staate eingegliederten Gesamt- und Einzelpersonen der höchsten rechtlichen Manifestation des Gemeinwillens, der Gesetzgebung unterworfen sind, bedarf ebensowenig einer weiteren Ausführung wie die Tatsache, daß sie gleich den übrigen dem Staate eingegliederten Gesamt- und Einzelpersonen der staatlichen Rechtsprechung unterliegen. Auch zu staatlichen Verwaltungsbehörden stehen die Gemeinden und folglich mittelbar auch ihre Organpersonen in rechtlichen Beziehungen; diese beruhen gleich den Rechtsbeziehungen aller Gesamt- und Einzelpersonen zu den Staatsbehörden auf gesetzlichen Normen; und obgleich der Umfang wie die Intensität dieser Beziehungen zur Staatsverwaltung bei den kommunalen Selbstverwaltungskörpern unvergleichlich größer ist als bei den Einzelpersonen und bei allen sonstigen Gesamtpersonen, so wird doch die Zuständigkeit der Staatsbehörden zur Geltendmachung dieses erhöhten Einflusses auf die Lebenstätigkeit der kommunalen Selbstverwaltungskörper nur durch besondere Rechtstitel begründet. Die Gesamtheit dieser Rechtsnormen bildet den Inhalt der Staatsaufsicht über die Selbstverwaltung. Die Grenzen des Aufsichtsrechtes sind zugleich de lege lata die Kompetenzgrenzen zwischen Staat und Gemeinde überhaupt; was jenseits jener Grenzen liegt, das kann der staatliche Gemeinwille nur in der Form der Gesetzgebung ergreifen; im übrigen ist dafür ausschließlich der kommunale Gemeinwille maßgebend. Es handelt sich hier primär also überall um das Rechtsverhältnis zweier Gemeinwillen zu einander, wodurch dann sekundär auch das Rechtsverhältnis der beiderseitigen Organwillen, der Staats- und Gemeindebehörden bestimmt wird. An die Stelle des Subordinationsverhältnisses zwischen stärkeren und schwächeren Organwillen, höheren und niederen Organpersonen, oberen und unteren Behörden desselben Gemeinwesens tritt demgemäß das Aufsichtsverhältnis zwischen den zur Wahrnehmung der Staatskompetenz berufenen Staatsorganen und den zur Wahrnehmung der Gemeindekompetenz berufenen Gemeindeorganen.

Der tiefgreifende Wesensunterschied dieser beiden Rechtsverhältnisse von Behörden zueinander, der Subordination und der Aufsicht, wird zwar theoretisch allgemein anerkannt, praktisch aber vielfach wieder verwischt, wozu auch der übliche ungenaue Sprachgebrauch der Praxis erheblich beiträgt. Diesem ist die Dienstaufsicht des Vorgesetzten über die gesamte amtliche Tätigkeit der subordinierten Beamten ein durchaus geläufiger Ausdruck; und da diese Aufsicht ein Ausfluß der Subordination ist, liegt es der von theoretischen Skrupeln niemals allzusehr angekränkelten Verwaltungspraxis nahe, nun auch umgekehrt aus der Kommunalaufsicht ein Ding herauszuholen, das dem Subordinationsverhältnis wenigstens zum Verwechseln ähnlich sieht. Im Handumdrehen wird aus der staatlichen Aufsichtsbehörde über die kommunale Verwaltung die staatliche Dienstbehörde für die Gemeindebeamten, wonach dann für die „analoge Anwendung" des bequemen und gewohnten Schemas von Vorgesetztem und Untergebenem keine erhebliche Schwierigkeit mehr besteht, nur daß das Wesen der Selbstverwaltung dabei in die Brüche geht. Und doch sind jene Dienstaufsicht und diese Kommunalaufsicht rechtlich zwei ganz verschiedene Dinge. Jene beruht unmittelbar auf dem Verhältnis der Behörden zueinander; diese auf dem Verhältnis von Staat und Gemeinde zueinander; die Dienstaufsicht des Vorgesetzten reicht so weit wie die Zuständigkeit des subordinierten Beamten, die Kommunalaufsicht der Staatsbehörde nur so weit wie die staatliche Aufsichtskompetenz gegenüber der kommunalen Autonomie. Daraus ergeben sich praktische Konsequenzen in doppelter Hinsicht.

Da das Subordinationsverhältnis darauf beruht, daß der Organwille je der höheren Organperson als der dem Gemeinwillen näherstehende und daher stärkere gilt, so ist auch der Dienstbefehl je des höheren Vorgesetzten wirksamer als der des unteren; für den subordinierten Beamten kann also die Gehorsamspflicht gegenüber dem unmittelbaren Vorgesetzten aufgehoben werden durch die stärkere Gehorsamspflicht gegenüber den höheren Vorgesetzten. Aber dieses Verhältnis beschränkt sich auf das Behördensystem eines und desselben Gemeinwesens; wenn das Verhältnis zweier Gemeinwesen, also die staatliche Aufsicht über die Kommunalverwaltung in Betracht kommt, erscheint die Aufsichtsbehörde nicht mehr als der höhere Vorgesetzte über der obersten kommunalen Behörde. Für den unteren städtischen Beamten ist die auf der Subordination beruhende Gehorsamspflicht gegenüber seinen städtischen Vorgesetzten stärker als die Autorität der staatlichen Aufsichtsbehörde; mit anderen Worten: die Gemeindebeamten als solche werden dem Staate gegenüber eben durch die Gemeinde mediatisiert; und die staatliche Aufsicht richtet sich daher nur gegen die Gemeindeorgane, die überhaupt berufen sind, die Gemeinde nach außen zu repräsentieren. Die Reihe der Vorgesetzten, zu denen sie im amtlichen Subordinationsverhältnis stehen, endet für die unteren Gemeindebeamten mit den obersten Gemeindeorganen, deren Organwillen der rechtlich stärkere Ausdruck des kommunalen Gemeinwillens ist, in dem die Organfunktionen aller Gemeindebeamten wurzeln. Gewiß ist auch jeder städtische Beamte für die Gesetzmäßigkeit seiner Amtshandlungen verantwortlich; aber er genügt dieser Verantwortlichkeit, indem er seine eigene Zuständigkeit prüft, die auch für ihn durch den Dienstbefehl seines städtischen Vorgesetzten begründet werden kann, der ihn der staatlichen Aufsichtsbehörde gegenüber deckt. Andernfalls würden ja alle jene Verkehrtheiten, die die herrschende Meinung für das Subordinationsverhältnis der Staatsbehörden untereinander mit Recht zurückweist, auf diesem Gebiete wiederaufleben; es würde dann für die meist sehr schwierigen Streitfragen über die Grenzen des staatlichen Aufsichtsrechts und der kommunalen Autonomie nicht das Oberverwaltungsgericht, sondern der städtische Unterbeamte die letzte Instanz sein.

Haben demnach die Gemeindebeamten zu Vorgesetzten im technischen Sinne nur wiederum Gemeindebeamte, so folgt weiter, daß die obersten Gemeindeorgane, die die Gemeinde nach außen und also auch gegenüber der staatlichen Aufsicht repräsentieren, überhaupt keine Vorgesetzten im Sinne der amtlichen Subordination haben. Das Rechtsverhältnis dieser obersten Kommunalorgane zur staatlichen Aufsichtsbehörde unterscheidet sich von dem Subordinationsverhältnis zwischen oberen und unteren Behörden desselben Gemeinwesens wiederum durch den Gegensatz von Mittelbarkeit und Unmittelbarkeit. Der Dienstbefehl des Vorgesetzten richtet sich unmittelbar gegen die Untergebenen; der Aufsichtsbefehl oder besser der „aufsichtsrechtliche

Festsetzungsakt" [11]) richtet sich an die Gemeinde und nur mittelbar an die Gemeindeorgane. Allerdings sind diese Akte, soweit sie rechtsgiltig sind, für die Gemeindeorgane bestimmend; „aber das Rechtssubjekt, über das sie ergehen, ist in erster Linie und unmittelbar nur die juristische Person selbst".

Sie haben daher nicht den rechtlichen Charakter des Dienstbefehls, und die Rechtspflicht der Kommunalorgane ihnen gegenüber ist nicht die Gehorsamspflicht der Subordination. Dieser Wesensunterschied konzentriert sich darin, daß die Gemeindeorgane das Recht und die Pflicht haben, die Zuständigkeit der Aufsichtsbehörde zum Erlaß des konkreten Aufsichtsaktes zu prüfen; überschreitet dieser Akt nach ihrer gewissenhaften Überzeugung die Grenzen des staatlichen Aufsichtsrechts, so ist es ihre Pflicht als Kommunalorgane, diesen Eingriff in die Autonomie des kommunalen Gemeinwillens zurückzuweisen und gegebenenfalls die gerichtliche Entscheidung, die Anwendung des bestehenden Rechts auf den streitigen Einzelfall anzurufen. Nicht um dienstlichen Ungehorsam, sondern um einen Rechtsstreit zwischen staatlicher und kommunaler Kompetenz handelt es sich hier in schärfstem Gegensatz zu der Gehorsamsverweigerung eines subordinierten Beamten. Das ist lediglich eine Konsequenz der Tatsache, daß die Subordination so weit reicht, wie die Zuständigkeit des subordinierten Beamten; daß dagegen die Zuständigkeit der Aufsichtsbehörde an der Grenze der gesetzlichen Aufsichtsbefugnisse des Staates gegenüber der kommunalen Autonomie endet. Und dies geht wiederum zurück auf die Grundtatsache, daß das Subordinationsverhältnis ein unmittelbares zwischen den Organen desselben Gemeinwesens ist, während das Aufsichtsverhältnis der Staats- über die Gemeindebehörden ein mittelbares, durch die Eingliederung des kommunalen in das staatliche Gemeinwesen bedingtes ist. Wenn beispielsweise der Minister oder Oberpräsident den subordinierten Regierungspräsidenten anweist, die Beanstandung eines Gemeindebeschlusses zu veranlassen, so muß der Regierungspräsident ohne Zweifel diesem Befehle folgen, auch wenn derselbe sich garnicht auf einen Beanstandungsgrund nach § 15 Z. G. stützt; denn er hat nicht die Zuständigkeit seines Vorgesetzten zu prüfen, seine eigene

---

[11]) O. Mayer, a. a. O., S. 413/14; vgl. auch ebenda S. 407, 418 n. 14.

aber wird durch den an sich zuständigen Dienstbefehl innerhalb des staatlichen Behördensystems begründet. Weist nun aber der Regierungspräsident den Gemeindevorstand oder Bürgermeister zur Beanstandung jenes Beschlusses an, ohne behaupten zu können, daß der Beschluß die Befugnisse der Gemeinde überschreite oder die Gesetze verletze, so haben die Gemeindeorgane das Recht und die Pflicht, die Vornahme der Beanstandung abzulehnen. Denn der Aufsichtsakt ist für die Kommunalorgane nur verbindlich, wenn er in der gesetzlichen Kompetenz der Staatsaufsicht wurzelt; andernfalls ist es ihre Amtspflicht als Kommunalorgane, den unberechtigten Eingriff in die kommunale Autonomie zurückzuweisen. Im gegebenen Falle wird aber die staatliche Kompetenz lediglich durch den gesetzlichen Spezialtitel in § 15 Z. G. begründet; der Akt der Aufsichtsbehörde muß sich also auf diesen gesetzlichen Spezialtitel stützen, um überhaupt rechtliche Wirkung zu äußern. Ob die Voraussetzungen des zitierten Paragraphen im konkreten Falle vorliegen, das zu entscheiden, wenn es von der Aufsichtsbehörde behauptet und von den Kommunalorganen bestritten wird, ist Sache der publizistischen Rechtsprechung. Aber ohne Berufung auf jene gesetzlichen Gründe, vollends etwa unter Behauptung anderer Voraussetzungen, läge überhaupt kein Aufsichtsakt vor.

Alles dies gilt selbstverständlich nur, soweit die Gemeindebeamten als wahre Selbstverwaltungsorgane fungieren, also nicht auf den Gebieten, wo sie unter Durchbrechung des Selbstverwaltungsprinzips unmittelbar in den Staatsdienst gestellt werden, wie dies nach positivem Recht in der Polizeiverwaltung, und teilweise contra legem in der Schulverwaltung der Fall ist. Insoweit tritt eben wieder die Subordination an die Stelle der Aufsicht. Die inneren Widersprüche und schweren Schäden dieser Zwieschlechtigkeit sind oben ausführlich erörtert worden; wie zur Verwirrung der ganzen Selbstverwaltung, so führt das namentlich zu der in der preußischen Praxis üblichen Verwischung des Unterschiedes zwischen Subordination und Aufsicht. Sogar die Gesetzessprache wirft gelegentlich beides durcheinander und bezeichnet die staatlichen Aufsichtsbehörden beliebig auch als vorgesetzte oder Dienstbehörden der Gemeindebeamten, was von der großen Schaar der Positivisten dann gedankenlos nachgesprochen wird.

Dazu kommt die verhängnisvolle, selten eingestandene, aber weit verbreitete Neigung der preußischen Praxis, zurückfallend in den Geist des absoluten Polizeistaates, die Staatsaufsicht über die Selbstverwaltung im Sinne des Landrechts II, 6. § 191 zu handhaben. Wenn danach gegenüber den „Gesellschaften überhaupt" der Staat befugt ist, zur Abschaffung der Mißbräuche und Wiederherstellung der guten Ordnung zweckmäßige Mittel vorzukehren, so verschwindet damit freilich die Grenze zwischen Aufsicht und Subordination; doch nicht minder auch die zwischen absoluter Staatszentralisation und autonomer Selbstverwaltung. Aber „derartige schrankenlose Ermächtigungen" liegen nicht nur „nicht im Sinne des Rechtsstaates"; sondern es ist jedenfalls den Gemeinden gegenüber auch nicht „der Form des Verfassungsstaates durch solche übernommenen Gesetze genügt" [12]). Denn, wie oben wiederholt dargelegt worden, können die Grundsätze des Landrechts auf die Rechtsverhältnisse der im Gegensatz zum Landrecht seit der ersten Städteordnung gesetzlich anerkannten Selbstverwaltungskörper überhaupt keine Anwendung finden; ihnen gegenüber stehen, wie Rosin mit Recht sagt [13]), „der staatlichen Aufsichtsbehörde zur Geltendmachung ihres Aufsichtsrechts nur diejenigen Mittel zu Gebote, welche ihr das Gesetz bewilligt"; und zwar können dafür nur solche Gesetze in Betracht kommen, welche auf dem Boden der anerkannten Selbstverwaltung der Gemeinden erwachsen sind, zeitlich also nach der St. O. von 1808 ergangen sind.

Auf diesen Standpunkt hat sich auch das Oberverwaltungsgericht gestellt, indem es ausführt, daß einem obersten Gemeindeorgane „die Selbständigkeit seiner Entschließungen auch durch die Aufsichtsbehörde nicht weiter beschränkt werden darf, als die Gesetze dies vorsehen, z. B. durch Versagung der Bestätigung, durch Beanstandung von Gemeindebeschlüssen, durch die Zwangsetatisierung" [14]). Dem entspricht es auch, wenn dasselbe Erkenntnis als rechtliche Schranke für eine disziplinarische Strafandrohung von Aufsichtswegen die Befugnis des Gemeindeorgans anerkennt, „über Gemeindeangelegenheiten nach selbständiger freier Überzeugung zu befinden; unter Strafandrohung kann daher verlangt werden, daß über eine Gemeindeangelegenheit überhaupt formell Beschluß gefaßt wird, nicht aber auch, welcher materielle Inhalt dem zu fassenden Beschluß zu geben sein möchte. Eine Androhung dieser Art würde . . . den Gemeinderatsmitgliedern die Pflichtwidrigkeit zumuten, über die Gemeindeangelegenheiten nicht nach ihrem eigenen pflichtmäßigen Ermessen, sondern nach dem ihrer vorgesetzten Dienstbehörde

---

12) O. Mayer, a. a. O., S. 412, n. 3.
13) Recht d. öffentl. Genossenschaft, S. 109.
14) Erk. vom 20. Mai 1891, Bd. XXI, S. 424; Kamptz, Bd. IV, S. 1080.

zu beschließen. Die Zuwiderhandlung gegen eine solche Anweisung stellt sich daher an sich nicht als strafbarer Ungehorsam dar"[15]).

Durch solche Ausführungen weist die oberste Judikatur das schrankenlose polizeistaatliche Aufsichtsrecht im Sinne jener landrechtlichen Bestimmung gegenüber der heutigen Selbstverwaltung treffend zurück. Zugleich kommt darin der begriffliche Gegensatz von Aufsicht und Subordination zu angemessenem Ausdruck; denn nur die Aufsicht, nicht die Subordination bedarf zu ihrer Geltendmachung der Berufung auf einen gesetzlichen Spezialtitel; und während es recht eigentlich das Wesen des Subordinationsverhältnisses ist, daß die vorgesetzte Behörde der untergebenen den Inhalt ihres Organwillens vorschreiben, ihr denselben „einsenken" kann, wird gerade diese Befugnis der Aufsichtsbehörde gegenüber dem Selbstverwaltungsorgan mit Recht abgesprochen. Wenn das O. V. G. auf das den Gemeinden allgemein zukommende Recht zur eigenen Besorgung ihrer Angelegenheiten und auf die entsprechende Befugnis der Gemeindeorgane, über Gemeindeangelegenheiten nach selbständiger freier Überzeugung zu befinden, verweist, so ist dies nur ein anderer, der Praxis geläufigerer Ausdruck des hier entwickelten Gedankens von der rechtlich organisatorischen Differenzierung eines kommunalen gegenüber dem staatlichen Gemeinwillen. Jene vom Oberverwaltungsgericht anerkannte relative Selbständigkeit der Gemeindeorgane in Gemeindeangelegenheiten gegenüber der staatlichen Aufsichtsbehörde beruht eben im letzten Grunde darauf, daß sich im Aufsichtsverhältnis staatliche und kommunale Organpersonen gegenüberstehen, für deren Rechtsverhältnis zueinander die Kompetenzgrenze zwischen Staat und Gemeinde maßgebend ist, wobei vom Subordinationsverhältnisse, in welchem nur staatliche oder nur kommunale Organpersonen zueinander stehen, keine Rede sein kann.

Um so auffallender und bedauerlicher ist es, daß selbst das O. V. G. diesen von ihm im wesentlichen erkannten Gegensatz der Subordination und Aufsicht dadurch wieder trübt und verwischt, daß es den ungenauen Sprachgebrauch der vulgären Praxis auch seinerseits beibehält. Schon an der zitierten Stelle bezeichnet es die Aufsichtsinstanz als die „vorgesetzte Dienstbehörde" der Gemeinde-

---

[15]) Vgl. Erk. d. O. V. G., Bd. XII, S. 423. Bd. XIV, S. 418.

organe; und diese wissenschaftlich inkorrekte Terminologie zieht sich durch seine ganze Judikatur in dieser Frage. So spricht das für die Beteiligung der Gemeindebeamten am politischen Leben bedeutungsvolle Urteil vom 20. Dezember 1886 ganz unbedenklich von dem „unerläßlichen Gehorsam" der „mittelbaren Staatsbeamten" gegenüber der „vorgesetzten Staatsbehörde", sowie von der „Gemeinsamkeit des auf den Auftrag des Landesherrn zurückzuführenden Staatsdienstes und dem Verhältnis der Über- und Unterordnung in demselben" [16]). Hier kommt nun freilich noch der Einfluß der im III. und IV. Kapitel dieses Buches kritisierten falschen Theorie vom Wesen des Amtsverhältnisses überhaupt und des im V. Kapitel erörterten veralteten Begriffs des mittelbaren Staatsbeamten, die begriffliche Unklarheit steigernd, hinzu. Jedoch davon abgesehen, wo bleibt der ganze vom Oberverwaltungsgericht selbst herausgearbeitete materielle Gegensatz von Kommunalaufsicht und Dienstsubordination, wenn beides in ein Verhältnis der Über- und Unterordnung im Staatsdienst zusammengeworfen und der Regierungspräsident in derselben Weise als vorgesetzte Dienstbehörde eines städtischen Magistrats wie etwa seiner eigenen Subalternbeamten bezeichnet wird? Es ist dies ein lehrreiches Beispiel dafür, wie ein ungenauer oder falscher Sprachgebrauch der Praxis auch auf die höchste Judikatur, und zwar trotz ihrer besseren Einsicht in das Wesen der Sache, und darüber hinaus auch auf die Sprache der Gesetzgebung einwirkt. Das führt dahin, daß für die Gestaltung des wirklichen Lebens regelmäßig nicht der Geist, sondern der Buchstabe des Gesetzes entscheidend wird; und die letzte Schutzwehr gegen eine solche Entstellung des Rechtsstaats zur Karikatur wäre beseitigt, wenn nach der Forderung der Positivisten auch die Wissenschaft unter Verzicht auf ihr kritisches Richteramt ihre Begriffe der amtlichen, gerichtlichen und gesetzgeberischen Terminologie anpassen würde.

Bis in zahlreiche Einzelheiten des städtischen Amtsrechts erstreckt sich die praktische Bedeutung dieser scheinbar so abstrakt theoretischen Prinzipienfrage. So bestimmt z. B. Art. 72 des preußischen Ausführungsgesetzes zum B. G. B. (§ 1784):

„Wer ein Staatsamt oder ein besoldetes Amt in der Kommunal- oder Kirchenverwaltung bekleidet, bedarf zur Übernahme einer Vormundschaft oder

[16]) Erk. d. O. V. G., Bd. XIV, S. 404. fg; Kamptz, Bd. IV, S. 1076.

zur Fortführung einer vor dem Eintritt in das Amt übernommenen Vormundschaft der Erlaubnis der zunächst vorgesetzten Behörde."

Bedürfen danach in diesem Falle Bürgermeister oder Magistratsmitglieder einer Erlaubnis der staatlichen Aufsichtsbehörde? Nach dem herrschenden Sprachgebrauch der Praxis, der vorgesetzte und Aufsichtsbehörde identifiziert, muß man diese Frage ebenso unbedenklich bejahen, wie auf Grund der hier vertretenen Ansicht verneinen. Diese Verneinung ergibt sich aber keineswegs nur aus der strikten Auslegung des Wortes: vorgesetzte Behörde, sondern auch aus dem Wesen der Sache und der ratio der einschlägigen Bestimmungen. In dieser Hinsicht erscheint die Führung von Vormundschaften nur als ein Spezialfall der Führung von Nebenämtern oder Nebengeschäften durch Beamte überhaupt. Die Kabinetsorder vom 13. Juli 1839, welche die Übernahme besoldeter Nebenämter oder Nebenbeschäftigungen von der Genehmigung der vorgesetzten Zentralbehörde abhängig macht, gilt an sich unbestritten nur für unmittelbare Staatsbeamte, denen auch hier wieder die in den unmittelbaren Staatsdienst gestellten städtischen Polizeibeamten gleichstehen. Darüber hinaus jedoch erklärt ein Ministerialerlaß vom 31. Dezember 1845, daß „die Kommunalbeamten in Bezug hierauf ‚nur' derselben Aufsicht und denselben Beschränkungen wie die unmittelbaren Staatsbeamten unterliegen; und sie bedürfen daher zur Übernahme von Nebenämtern nur der Genehmigung der ‚Dienstbehörde', welche die Vereinbarkeit dieser Ämter mit dem Hauptamte zu prüfen und zu beurteilen hat. Diese Dienstbehörde aber ist nicht die Stadtverordnetenversammlung, sondern für die Kommunalunterbeamten der Magistrat, für Magistratsmitglieder die königliche Regierung"! Diese gelegentlich der Entscheidung eines Einzelfalles von dem damaligen Minister geäußerte Meinung wird nun gleich einer ratio scripta von den meisten Kommentaren und Handbüchern einfach reproduziert[17]); und doch ist sie in dem entscheidenden Punkte unhaltbar. Daß der Beamte nicht durch Nebenbeschäftigungen seinen Amtspflichten ungebührlich entzogen werde, daß besonders der Berufsbeamte seinen Beruf auch wirklich im Amte und nicht in sonstiger Tätigkeit findet, dafür hat allerdings die vorgesetzte Behörde gegenüber den ihr subordinierten Beamten zu sorgen. Insoweit hat also jener Ministerialerlaß Recht, daß für die

[17]) So von Oertel, S. 219; Leidig, S. 155; in etwas modifizierter Fassung auch von Schön: Recht d. Kommunalverbände, S. 123, Kautz und Appelius, S. 246/47.

unteren städtischen Beamten auch in dieser Beziehung der Magistrat die Dienstbehörde ist; nicht aber darin, daß für die Magistratsmitglieder die Regierung oder jetzt der Regierungspräsident diese Dienstbehörde sei. Denn die Gemeindeverwaltung als solche, nicht die Dienstführung des einzelnen städtischen Beamten unmittelbar untersteht der staatlichen Aufsicht. Daß die Gemeinde die ihr obliegenden Pflichten erfülle, das hat die staatliche Aufsichtsbehörde zu überwachen und eventuell mit den ihr gesetzlich eingeräumten Mitteln zu erzwingen; zu diesen Mitteln gehört das Verbot von Nebenbeschäftigungen städtischer Beamter überhaupt und der Magistratsmitglieder im besonderen mangels eines gesetzlichen Spezialtitels nicht; und dieser Mangel läßt sich durch einen Ministerialerlaß nicht ersetzen. Gerät die Stadt dadurch, daß die Arbeitskraft ihrer Beamten durch Nebenbeschäftigungen allzusehr absorbiert wird, mit Erfüllung ihrer Obliegenheiten in Rückstand, so hat sie selbst Zwangsmaßregeln seitens der Staatsaufsicht, etwa im Wege der Zwangsetatisierung erhöhte Ausgaben für die betreffenden Zwecke, zu gewärtigen. Auch unter diesem Gesichtspunkte also ist es Sache des Selbstverwaltungskörpers, sich die Arbeitskraft seiner Beamten in dem erforderlichen Umfange zu sichern. Das Richtige trifft, wie so häufig auf diesem Gebiet, die hannöversche St. O. (§ 57), die für eine Nebenbeschäftigung der obersten städtischen Beamten die Genehmigung des Magistrats und der Bürgervorsteher verlangt, im übrigen die Regelung der Frage dem Ortsstatut überläßt. Inwieweit hierüber besondere Bestimmungen bei der Wahl oder Ernennung getroffen werden können, ist Sache des inneren städtischen Amtsrechts (s. dritter Teil).

Wie die unglückliche Verkuppelung von Staatsorgan und Kommunalorgan namentlich in der Polizeiverwaltung den Unterschied von Aufsicht und Subordination verwirrt, das zeigt sich besonders handgreiflich in der an sich ja nicht sonderlich bedeutungsvollen Frage der Urlaubserteilung an die Magistratsdirigenten. Urlaub erhält jeder Beamte von seinem Vorgesetzten. Ob als oberster Vorgesetzter der städtischen Beamten in dieser Hinsicht der Bürgermeister dem Magistrat mit Fug substituiert werden konnte, soll zunächst nicht erörtert werden. Bei wem aber hat der dirigierende Bürgermeister über die Grenze der Selbstbeurlaubung hinaus seinen Urlaub zu nehmen? Auch hier trifft wieder die hannöversche St. O. das

Richtige im Sinne der Selbstverwaltung, indem sie dafür den Magistrat zuständig sein läßt; das gleiche gilt von der Bestimmung der Provinzialordnungen (östl. § 96), wonach das oberste kollegiale Selbstverwaltungsorgan, der Provinzialausschuß, dem Landesdirektor längeren Urlaub erteilt. Dagegen bestimmt ein Ministerialerlaß vom 5. Dezember 1867, daß die Oberbürgermeister und Bürgermeister von ihrer Selbstbeurlaubung „dem vorgesetzten Regierungspräsidenten Anzeige zu machen und bei einer längeren als achttägigen Abwesenheit von ihm Urlaub zu nehmen haben". Dann folgt die Bestimmung: „Das nämliche gilt, falls eine andere Magistratsperson als der Bürgermeister mit der Handhabung der Polizei in der Stadt beauftragt ist, für den betreffenden Beamten." Würde demgemäß auch die Vorschrift wegen der Bürgermeister dieselben nur in ihrer Eigenschaft als Polizeiverwalter treffen, so wäre sie im Rahmen des preußischen Systems unanfechtbar; in dieser ihrer Eigenschaft ist ja de lege lata der Regierungspräsident wirklich ihr Vorgesetzter. Die Praxis jedoch wendet ebenso unbedenklich wie unberechtigt die Bestimmung auch auf Magistratsdirigenten an, die nicht die Ortspolizei verwalten; wie denn derselbe Erlaß auch Bestimmungen wegen des Urlaubs der übrigen Magistratsmitglieder enthält. Zu solchen Bestimmungen ist aber die Aufsichtsbehörde mangels eines gesetzlichen Spezialtitels durchaus inkompetent. Benachrichtigungen und Anzeigen kann sie hierüber wie über alle Vorgänge der städtischen Verwaltung von Aufsichtswegen einfordern; aber die Regelung des Urlaubs ist ein Bestandteil der inneren Dienstordnung, und diese ist Sache der kommunalen Autonomie. Führt ihre ungenügende Handhabung zu einer Verletzung der Pflichten des Selbstverwaltungskörpers, so hat die staatliche Aufsicht ihre Maßnahmen gegen diese zu richten. Vollends wunderliche Konsequenzen zieht nun aber aus jenem älteren Reskript ein Ministerialerlaß vom 10. Oktober 1898 (Min. Bl. f. d. i. Verw. 1899 S. 4ff.), wonach die städtischen Polizeiverwalter neben dem Urlaub des Regierungspräsidenten „eines Dispenses oder einer förmlichen Beurlaubung von den ihnen außer den polizeilichen übertragenen Magistratsgeschäften durch den Magistratsdirigenten" nicht bedürfen. Über die innere Dienstordnung des Magistrats bestimmt also insoweit endgiltig nicht dessen Dirigent, sondern der außerhalb des Selbstverwaltungsorganismus stehende Regierungspräsident. Noch erstaunlicher aber als die Anordnung selbst ist ihre Motivierung damit, daß ein selbständiges Beurlaubungsrecht des Bürgermeisters „neben demjenigen des ihm vorgesetzten Regierungspräsidenten den allgemeinen Regeln der Beamtendisziplin widersprechen würde und deshalb nicht anzuerkennen ist"! Weiter läßt sich allerdings die völlige Ignorierung des Unterschiedes von Aufsicht und Subordination und damit des Wesens der Selbstverwaltung nicht treiben.

Als „amtliche Vorgesetzte", denen § 196 Str. G. B. bei Beleidigung einer Behörde oder eines Beamten die Befugnis zur Stellung des Strafantrags außer den unmittelbar Beleidigten beilegt, sind in Konsequenz des hier vertretenen Standpunktes die staatlichen Aufsichtsbehörden gegenüber den städtischen Behörden und Beamten nicht zu betrachten. Der Vorgesetzte ist berufen, den subordinierten Beamten im ganzen Umfange seiner amtlichen Zuständigkeit zu decken und eventuell zu vertreten, was von dem Verhältnis der Aufsichtsbehörde zum Kommunalorgan durchaus nicht gilt. Handelt es sich um eine Amtsbeleidigung gegen ein oberstes Kommunalorgan, das einen Vorgesetzten im Sinne der amtlichen Subordination nicht hat, so ist nur dieses selbst zur Stellung des Strafantrags berechtigt. Dadurch ist nicht ausgeschlossen, daß demselben die Stellung des Strafantrags von Aufsichtswegen nahegelegt werden und die Unterlassung eventuell zu disziplinarischem Einschreiten wegen einer Beeinträchtigung des notwendigen Ansehens und Vertrauens Anlaß geben kann.

Ebensowenig ist die staatliche Aufsichtsbehörde die vorgesetzte Dienstbehörde im Sinne der §§ 53 und 76 St.P.O. und der §§ 376, 408 C.P.O., deren Genehmigung bei der Vernehmung städtischer Beamter als Zeugen oder Sachverständige erforderlich wäre. Nach der ausdrücklichen Bestimmung des Gesetzes darf den Reichs- und Staatsbeamten die Genehmigung nur versagt werden, wenn die Ablegung des Zeugnisses dem Wohle des Reiches oder eines Bundesstaates Nachteil bereiten würde. Demgemäß darf auch städtischen Beamten die Genehmigung nur unter dem Gesichtspunkte des kommunalen Wohles versagt werden; dies zu beurteilen ist aber Sache der kommunalen Autonomie, wie ja auch in anderen Beziehungen das Beanstandungsrecht der Aufsichtsbehörde aus Gründen des kommunalen Interesses durch die neuere Gesetzgebung (§ 15 Z.G.) beseitigt ist. Unberührt bleibt auch hier die Frage, inwieweit eine aus diesem Anlaß begangene Verletzung der Pflicht zur Amtsverschwiegenheit etwa disziplinarische Ahndung nach sich ziehen kann.

Anders liegt die Sache infolge positiver Gesetzesbestimmung bezüglich der Konfliktserhebung. Die Befugnis hierzu steht nach § 1 des Gesetzes vom 13. Februar 1854 „der vorgesetzten Provinzial- oder Zentralbehörde" des gerichtlich in Anspruch genommenen Beamten zu; und nach § 5 gilt dies auch für die „im mittelbaren Staatsdienst" stehenden Beamten. Die danach allein zuständigen Provinzial- und Zentralbehörden sind eben Staatsbehörden. Dabei mag dahingestellt bleiben, inwieweit die Ausführung des O. V. G. (Urteil vom 24. April 1880)[18]) zutrifft, daß nach dem Sinne des Gesetzes „ein so schwer wiegendes Recht, wie es die Hemmung einer eingeleiteten gerichtlichen Verfolgung darstelle, nur Staatsbeamten übertragen werden solle".

Die staatliche Aufsicht über die Kommunalverwaltung und die Dienstaufsicht des vorgesetzten über den subordinierten Beamten sind beides eminent obrigkeitliche Funktionen und beide mit Zwangsgewalt ausgerüstet. Aber während in den Zwangsmitteln des Subordinationsverhältnisses die Herrschaft der Gesamtperson über ihre Organpersonen unmittelbar in die Erscheinung tritt, sind die Zwangsmittel des Aufsichtsrechts ein Ausfluß der Herrschaft des höheren Gemeinwesens über das ihm eingegliederte engere Gemeinwesen. Der Subordinationszwang ergreift daher stets den Beamten selbst und unmittelbar; der Aufsichtszwang richtet sich prinzipiell gegen die Gemeinde und ergreift deren Beamte nur mittelbar, insofern eine Einwirkung auf die Gesamtperson durch die Einwirkung auf ihre Organpersonen vermittelt wird. Die Gesetzgebung, die ja formell alles kann, kann natürlich auch dieses aus dem Wesen des Rechtsverhältnisses fließende Prinzip durchbrechen; aber es bedarf eben zu solcher Durchbrechung einer ausdrücklichen positiven Gesetzesbestimmung, die keineswegs durch die Neigung der Praxis ersetzt werden kann, die aus dem Wesen der Subordination fließenden Befugnisse ohne weiteres auf die ganz anders geartete Kommunalaufsicht auszudehnen.

Der viel zitierte § 100 des Disziplinargesetzes vom 21. Juli 1852 erklärt, daß durch die Aufhebung aller diesem Gesetze entgegenstehenden Bestimmungen doch nichts geändert werden solle „in der Befugnis der Aufsichtsbehörden, im Aufsichtswege Beschwerden Abhilfe zu verschaffen, oder Beamte zur Erfüllung ihrer Pflichten in einzelnen Sachen

---

[18]) Kamptz, Bd. IV, S. 1133, Preuß. Verwalt. Bl., B. I, S. 404.

anzuhalten und dabei alles zu tun, wozu sie nach den bestehenden Gesetzen ermächtigt sind". Offenbar unterscheidet diese Bestimmung durchaus nicht zwischen der Staatsaufsicht über die Kommunalverwaltung und der sogenannten Dienstaufsicht der vorgesetzten über die subordinierte Behörde; vielmehr wirft sie beides ahnungslos durcheinander. Das ist aber um deswillen belanglos, weil dieser Paragraph weder nach der einen noch nach der anderen Richtung hin irgend welche Befugnisse selbständig schafft; sondern er hält lediglich diejenigen Befugnisse aufrecht, welche sowohl den vorgesetzten wie den Aufsichtsbehörden außerhalb des Disziplinargesetzes, nach Lage der sonstigen Gesetzgebung zustehen. Eine positiv rechtliche Durchbrechung des Wesensunterschiedes von Aufsichtszwang und Subordinationszwang ist also in diesem Paragraphen nicht zu finden; die Rechtstitel für beide sind außerhalb dieses Paragraphen und des ganzen Disziplinargesetzes zu suchen.

Man sucht sie für den Aufsichtszwang heute vor allem in dem § 132 ff. L.V.G. Gewiß stehen dem Regierungspräsidenten als dem Organ der Staatsaufsicht über die Kommunalverwaltung die dort erwähnten Zwangsmittel zur Durchsetzung seiner Anordnungen zur Verfügung; jedoch nur unter der in demselben Paragraphen ausdrücklich enthaltenen Voraussetzung, daß diese Anordnungen durch die gesetzlichen Befugnisse des Regierungspräsidenten als Aufsichtsbehörde gerechtfertigt sind. Durch diesen Paragraphen wird also keine einzige derartige Befugnis begründet; sondern es werden nur Zwangsmittel für die durch andere Rechtstitel begründeten Befugnisse an die Hand gegeben. Für jede unter Strafandrohung auf Grund des § 132 cit. erlassene Anordnung von Aufsichtswegen bedarf es eines anderweiten Rechtstitels, der die Aufsichtsbehörde zum Erlaß dieser Anordnung überhaupt, und weiter zu ihrem Erlaß unmittelbar an das betreffende Kommunalorgan berechtigt. Rechtlich geradezu bodenlos ist also die Neigung der preußischen Praxis, aus jenem Paragraphen die Befugnis der Aufsichtsbehörde zur zwangsweisen Durchführung aller möglichen Anordnungen gegen alle möglichen Kommunalorgane abzuleiten, in handgreiflichem Widerspruch gegen den unzweideutigen Wortlaut des Gesetzes, der die anderweite gesetzliche Rechtfertigung jener Anordnungen voraussetzt [19]).

---

[19]) Vgl. O. Mayer a. a. O. Bd. II, S. 417; Stengel: Die preuß. Organisationsgesetze, S. 464.

Bekannt geworden ist in dieser Richtung namentlich die Usurpation der Befugnis, von Aufsichtswegen einzelne Stadtverordnete „zur Erfüllung ihrer Dienstpflicht oder zur Unterlassung pflichtwidriger Handlungen“ anzuhalten, und dem Stadtverordnetenvorsteher zu verbieten, daß er einen bestimmten Gegenstand auf die Tagesordnung setze oder über denselben verhandeln lasse. Es ist ebenso traurig wie bezeichnend für die Ohnmacht der kommunalen gegenüber der staatlichen Praxis, daß sich der angesehenste Kommentar zur St. O. mit dieser Usurpation durch die Worte abfindet: „Trotz der Bestimmung in § 20 Abs. 3 Z. G. kann eine solche Befugnis der Aufsichtsbehörde nicht in Zweifel gezogen werden. Sie findet ihre Grundlage in § 132 L. V. G.“[20]. Gewiß, jene Bestimmung des Zuständigkeitsgesetzes, wonach gegen Mitglieder der Gemeindevertretung ein Disziplinarverfahren nicht stattfindet, kann der Anwendung dieses Aufsichtszwanges nicht entgegengehalten werden, da es sich hier eben nicht um ein Disziplinarverfahren handelt. Aber mit der Negierung dieser Einrede ist doch die positive Rechtfertigung jener Maßregel, wie sie § 132 cit. ausdrücklich verlangt, keineswegs erbracht. Wo ist die gesetzliche Bestimmung, die eine Zuständigkeit der Aufsichtsbehörde zu einer Einwirkung auf die Tagesordnung der Stadtverordneten überhaupt, und zu Befehlen an den Vorsteher im besonderen begründet? Das Gesetz kennt eine Beanstandung von Beschlüssen der Gemeindekollegien; eine Beanstandung ihrer Tagesordnungen kennt es nicht. Eine darauf gerichtete Anordnung der Aufsichtsbehörde ist also durch ihre gesetzlichen Befugnisse nicht gerechtfertigt und daher auch nicht mit den Zwangsmitteln des § 132 L. V. G. durchzusetzen.

Ferner richten sich, wie schon ausgeführt worden, die Aufsichtsmaßregeln prinzipiell gegen die Gemeinde selbst und demgemäß nur gegen diejenigen Organe, die den kommunalen Gemeinwillen nach außen repräsentieren. Das ist zunächst der Magistrat, in gewissen Fällen auch die Stadtverordnetenversammlung; aber der Stadtverordnetenvorsteher ebensowenig wie irgend ein anderer einzelner Stadtverordneter. Die Funktionen des Vorstehers beschränken sich im wesentlichen auf die internen Geschäfte der Versammlung; aller-

---

[20]) Oertel, S. 234, s. auch ebenda S. 248 u. 561 am Ende. Zwar nicht gegen die einzelnen Stadtverordneten, wohl aber gegen den Vorsteher gesteht dieses Recht der Aufsichtsbehörde auch zu Leidig a. a. O. S. 100.

dings ist er durch die neuere Gesetzgebung in einzelnen Fällen auch zur Repräsentation nach außen berufen, aber stets zur Repräsentation der Stadtverordneten[21]), nicht der Stadtgemeinde. Gegen die Stadtverordnetenversammlung als Repräsentativorgan des kommunalen Gemeinwillens sind der Staatsaufsicht eine Reihe gesetzlicher Zwangsmittel gegeben: das Recht zur Beanstandung und zur Genehmigung ihrer Beschlüsse in gewissen Fällen, das Recht der Zwangsetatisierung und endlich das radikale Exekutivmittel der Auflösung. Das sind die „durch ihre gesetzlichen Befugnisse gerechtfertigten Anordnungen" der Aufsichtsgewalt, deren Kreis durch § 132 L. V. G. in keiner Weise erweitert wird.

Die Organe, welche die laufende Tätigkeit der Gemeinde nach außen repräsentieren, sind Bürgermeister und Magistrat. Ihnen gegenüber kann also die Aufsichtsbehörde die durch ihre gesetzlichen Befugnisse gerechtfertigten Anordnungen durch Anwendung der in § 132 cit. normierten Zwangsmittel durchsetzen. Diese Mittel dienen also hier dem Aufsichtszwange, wie sie im übrigen dem Subordinationszwange dienen können. Aber der Unterschied beider wird dadurch nicht aufgehoben; er geht vielmehr zurück auf die Verschiedenheit der gesetzlichen Befugnisse der Aufsichtsbehörde einerseits, der vorgesetzten Behörde andererseits. Letztere umfassen die gesamte Zuständigkeit des subordinierten Beamten; jene endigen an der Kompetenzgrenze der Staatsaufsicht über die Kommunalverwaltung. Es ist nur eine Konsequenz dieses Unterschiedes, daß gemäß § 133 L. V. G. das Rechtsmittel der Verwaltungsklage gegen die Androhung des Subordinationszwanges regelmäßig versagt, gegen die Androhung des Aufsichtszwanges regelmäßig gegeben sein wird. Denn nicht die Anordnungen des Vorgesetzten, wohl aber die der Aufsichtsbehörde unterliegen der verwaltungsgerichtlichen Nachprüfung auf ihre Rechtfertigung durch die gesetzlichen Befugnisse; im ersteren Falle tritt an die Stelle dieser Nachprüfung eventuell die durch den Disziplinarrichter.

Während die Androhung solcher Exekutivstrafen sowohl dem Aufsichts- wie dem Subordinationszwange, wenn auch in verschiedenem

---

[21]) Vgl. Erk. d. O. V. G. vom 3. Okt. 1890, Bd. XX, S. 9 fg. Kamptz, Bd. I, S. 470.

Umfange, dient, sind die formlosen Anweisungen, Rügen, Ermahnungen u. s. w. „ein Ausfluß des jedem Vorgesetzten zustehenden Leitungsrechts“ [22]), und deshalb der staatlichen Aufsichtsbehörde gegen die Kommunalorgane nicht gegeben; denn nicht unmittelbar über die Diensttätigkeit des einzelnen Beamten, sondern über die Lebenstätigkeit der Gemeinde führt der Staat die Aufsicht. An sich und ihrem Wesen nach ist auch die Befugnis zur Verhängung sogenannter Ordnungsstrafen der bessernden Disziplin nur eine Steigerung jenes Rügerechts und demgemäß ein integrierender Bestandteil des Subordinationsverhältnisses. [23]) Ein wesentlicher Unterschied zwischen der formlosen Ermahnung des Vorgesetzten und der formellen Warnung, zwischen der einfachen Rüge und dem formellen Verweis besteht in der Tat nicht. Insoweit ist es auch ganz folgerichtig, daß dieses sogenannte Ordnungsstrafrecht regelmäßig der vorgesetzten Behörde als solcher zusteht; es ist eben gleichfalls ein Ausfluß des Subordinationsverhältnisses. Daher würde es begrifflich der staatlichen Aufsichtsbehörde gegen die Gemeindebeamten nicht zustehen. Hier setzt jedoch die positive Gesetzgebung ein, indem sie dieses Ordnungsstrafrecht für einen Teil der Disziplinargewalt erklärt, deren Normen für Staats- wie für Gemeindebeamte durch das Disziplinargesetz von 1852 gegeben und für die städtischen Gemeindebeamten durch § 20 fg. Z. G. modifiziert sind.

„In der Disziplinarbestrafung der Beamten wegen Verletzung ihrer Dienstpflicht kommt die juristische Natur des Beamtenverhältnisses am reinsten zum Ausdruck. Wenn man von der . . Auffassung des Anstellungsvertrages ausgeht, so ergibt sich von selbst der Rechtsgrund, der Inhalt und Umfang und der Zweck der Disziplinargewalt“. [24])

Mit diesen Worten beginnt Laband seine Polemik gegen die bis dahin herrschende Anschauung von dem Disziplinarrecht als einem Spezialstrafrecht für Beamte, an deren Stelle er seine Lehre von der Disziplinarstrafe als dem Surrogat der Kontraktsklage auf Leistung setzt. Daß die Konstruktion des Disziplinarrechts von der

---

[22]) Harseim, Artikel „Disziplin“ in Stengels Wörterbuch des Deutschen Verwaltungsrechts, Bd. I, S. 269.

[23]) Ebenda S. 272.

[24]) Laband a. a. O. Bd. I, S. 453. fg.; dort in n. 5 und S. 455, n. 1 auch weitere Litteraturangaben.

des Amtsrechts überhaupt und namentlich von der seines Begründungsaktes nicht loszulösen ist, wurde schon früher (S. 89 fg.) erörtert; dort auch gezeigt, wie uns die Konstruktion Labands bei dem städtischen Amtsrecht völlig im Stich läßt. Denn nach seiner Lehre hätte die Stadt eine Disziplinargewalt als Ausfluß des öffentlich rechtlichen Dienstvertrages und als Surrogat der Kontraktsklage über ihre besoldeten Berufsbeamten; sie hätte sie in Ermangelung jenes Dienstvertrages nicht über ihre Ehrenbeamten; über diese könnte man eine Disziplinargewalt nur dem Staate, und auch diesem nicht als Ausfluß eines Dienstvertrages, sondern nur als Ausfluß einer Dienstpflicht zusprechen. Mit der Verwerfung des öffentlich rechtlichen Dienstvertrages überhaupt kommt auch Labands Ausgangspunkt für die Konstruktion des Disziplinarrechts in Wegfall. Indessen abgesehen selbst von diesem Ausgangspunkt, erscheint die Lehre Labands an sich merkwürdig schief und widerspruchsvoll. Er meint, man dürfe „den Begriff des Disziplinarrechts nicht im Gegensatz und in der Vergleichung zum Strafrecht, sondern zum Privatrecht suchen“ [25]); und der wesentliche Inhalt seiner eigenen Ausführungen ist gerade die Vergleichung und die Hervorhebung des Gegensatzes zwischen Disziplinar- und Strafrecht, während seine Gegner, die im Disziplinarrecht ein spezielles Strafrecht sehen, es ja eben dadurch in einen begrifflichen Gegensatz zum Privatrecht bringen. Für ihn fällt jener Gegensatz zusammen „mit dem Gegensatz der obligatorischen Vertragsverhältnisse und der Gewaltverhältnisse“. Sehr richtig; nur daß darin gerade die Wesensverwandtschaft der Disziplinargewalt mit der Strafgewalt besteht, indem sie beide integrierende Bestandteile der Gewalt eines Gemeinwesens über seine Glieder und Organe sind, und beide mit Vertragsverhältnissen, seien dies wirkliche obligatorische oder angeblich publizistische, gar nichts zu tun haben. Laband sagt:

Die Disziplinargewalt des Staates gegen seine Beamten „ist das Mittel, um die Erfüllung der Dienstpflicht zu erzwingen. Der Staat bedarf hierzu keiner Klage vor den Gerichten, denn er steht seinen Beamten nicht als gleichberechtigte Partei, sondern als Dienstherr gegenüber. Die privatrechtliche Klage würde ihm auch nichts nützen, denn der Schaden, der ihm durch Nichterfüllung oder nicht ordnungsmäßige Erfüllung erwächst, ist nur selten in

[25]) Laband a. a. O. Bd. I. S. 454.

Geld zu schätzen und durch Leistung des pekuniären Interesses auszugleichen. Andererseits ist der Staat auf seine Disziplinargewalt beschränkt; er hat keine privatrechtliche Klage gegen seine Beamten auf Erfüllung der Dienstpflicht".[26])

Diese ganze Ausführung bleibt genau ebenso zutreffend, wenn man den Begriff der Disziplinargewalt durch den der Strafgewalt und den des Beamten durch den des Angehörigen, dem insoweit jeder im Gebiet der Gebietskörperschaft sich Aufhaltende gleich steht, ersetzt. Die Strafgewalt des Staates ist das Mittel, um die Erfüllung der Angehörigkeitspflicht, besonders der Gehorsamspflicht gegen seine Gesetze zu erzwingen. Der Staat bedarf hierzu keiner Klage vor den Gerichten; wenigstens hat die eventuell nötige Strafklage vor den Strafgerichten in dieser Hinsicht keinen anderen Charakter als die eventuell nötige Disziplinarklage vor den Disziplinargerichten; in beiden Fällen steht der Staat seinen Angehörigen wie seinen Beamten nicht als gleichberechtigte Partei, sondern als Herrscher gegenüber, woran die prozessuale Form des Parteistreits in beiden Fällen nichts ändert. Die privatrechtliche Klage gegen seine Angehörigen würde dem Staat auch nichts nützen, denn der Schaden, der ihm durch Nichterfüllung oder nicht ordnungsmäßige Erfüllung der Angehörigkeitspflichten erwächst, ist nur selten in Geld zu schätzen und durch Leistung des pekuniären Interesses auszugleichen. Andererseits ist der Staat auf seine Strafgewalt beschränkt; er hat keine privatrechtliche Klage gegen seine Angehörigen auf Erfüllung der Angehörigkeitspflichten. — Also?!

Also nicht an Stelle der Kontraktsklage auf Leistung steht die Disziplinarstrafe, das ergibt sich uns als logischer Schluß in diametralem Gegensatz zur Argumentation Labands; sondern statt der Ahndung von Verbrechen und Vergehen der Gliedpersonen als solcher durch die Strafjustiz tritt die Ahndung der Dienstvergehen der Organpersonen als solcher durch die Disziplinarjustiz. Der begriffliche Unterschied der Disziplinargewalt von der Strafgewalt wurzelt in dem begrifflichen Unterschiede des Rechtsverhältnisses der Gliedperson einerseits, der Organperson andererseits zu ihrem Gemeinwesen. Will man dies als ein Spezialstrafrecht bezeichnen, so darf man jedenfalls nicht übersehen, daß seine Spezialität nicht

---

[26]) Laband a. a. O. Bd. I. S. 455/56.

allein darin besteht, daß es nur einen bestimmten Teil der Staatsangehörigen ergreift; sondern vor allem darin, daß es auch diese nur in einem bestimmten Teile ihrer Persönlichkeit, nur in ihrer Eigenschaft als Organperson, nicht auch in der als Gliedperson ergreift. Allerdings ist also das Disziplinarrecht kein Spezialstrafrecht in dem Sinne, daß es „nur die wegen ihrer geringeren Schwere mit öffentlicher Strafe verschonten Vergehungen" der Beamten umfasse; vielmehr in dem Sinne, daß die Disziplinarstrafe „den Schuldigen nicht in seinem menschlichen und staatsbürgerlichen Sein zu treffen sucht, sondern in seiner Eigenschaft als Beamter".[27])

Das ist der Schlüssel zur Lösung all' der Schwierigkeiten, die Laband nur durch sein Surrogat der Kontraktsklage lösen zu können meint. Die rechtliche Distinktion von Organ- und Gliedperson innerhalb desselben Individuums zieht zunächst und ohne weiteres die Distinktion von Disziplinarvergehen und Amtsverbrechen nach sich. Letztere sind stets Delikte der Gliedperson als solcher; bei den sogenannten uneigentlichen Amtsverbrechen kommt lediglich als strafschärfendes Moment die Tatsache in Betracht, daß die Gliedperson zugleich Organperson ist; die sogenannten eigentlichen Amtsverbrechen sind Delikte der Gliedperson, die sie nur durch rechtswidrige Ausbeutung der ihr durch ihre Organstellung zur Verfügung stehenden Mittel begehen kann. Umgekehrt können aber sämtliche Straftaten der Gliedperson zugleich Disziplinarvergehen der Organperson sein, soweit sie gegen die elementare Pflicht der letzteren verstoßen, ihre bürgerliche Unbescholtenheit als Gliedperson aufrecht zu erhalten. Jene Distinktion erklärt es ferner in der einfachsten Weise, daß der Satz ‚ne bis in idem' auf das Verhältnis von Straf- uud Disziplinarrecht nicht zutrifft; denn wegen derselben strafbaren Handlung wird die Gliedperson kriminell, die Organperson disziplinarisch bestraft; letztere Möglichkeit vervielfältigt sich in dem Maße, als dasselbe Individuum sich in mehrfachen Organstellungen befindet.[28]) Gewiß, „es gibt kein erschöpfendes System und keine spezifisch verschiedenen Arten der Disziplinarvergehen; man kann keinen Katalog derselben aufstellen, wie ein Strafgesetzbuch die Verbrechen und Vergehen mit abschließender Vollständigkeit aufzu-

---

[27]) Harseim a. a. O., S. 268, 267.

[28]) Vgl. von Liszt, Lehrbuch d. deutschen Strafrechts (11. Aufl.) S. 233, und in Holzendorff's Rechtslexikon (3. Aufl.) Bd. II, S. 970.

zählen vermag“ [29]); aber auch diese Verschiedenheit geht zurück auf die Verschiedenheit der Rechtsbeziehungen der Gliedperson einerseits, der Organperson andererseits zu ihrem Gemeinwesen. Tatsächlich ergreift das Gemeinwesen seine Gliedpersonen nicht, wie es dies ja potentiell vermöchte, in der Gesamtheit ihrer Lebenstätigkeit; vielmehr läßt es der individuellen Freiheit einen mehr oder minder weiten Spielraum und normiert nur bestimmte Pflichten der Gliedperson, deren Verletzung es unter Strafsanktion stellt; das ist der Katalog der Strafgesetze und der Grund des Satzes ‚nulla poena sine lege.‘ Seine Organperson dagegen ergreift das Gemeinwesen in der Totalität ihrer Lebenstätigkeit als solche; innerhalb der Organtätigkeit ist keinerlei Spielraum für individuelle Freiheit, vielmehr ist jede Organfunktion ein integrierender Bestandteil der Lebenstätigkeit des Gemeinwesens. Deshalb und nur deshalb lassen sich die Pflichten der Organperson als solcher und folglich auch die disziplinarisch zu ahndenden Pflichtverletzungen nicht spezifizieren und nicht katalogisieren. Vielmehr entspricht diesem Verhältnis am ehesten noch die einfältig altväterische Formel mancher Diensteide, sich allenthalben so zu betragen, wie es einer treuen, redlichen und gewissenhaften Organperson eignet und gebührt. Und schließlich ist es nur eine Konsequenz dieser aus der Natur des Verhältnisses fließenden Unmöglichkeit, die Tatbestände der Disziplinarvergehen im einzelnen zu fixieren, im Gegensatz zu der notwendigen gesetzlichen Umschreibung der kriminellen Tatbestände, daß für die Verfolgung der letzteren das Legalitätsprinzip möglich, für die der ersteren aber unmöglich ist. Wie Laband um deswillen das Recht des Staates zur Verfolgung von Disziplinarvergehen mit der freien Disposition des Gläubigers über seine vermögensrechtlichen Forderungen in Parallele stellen kann, wäre ohne den verwirrenden Einfluß der individualistischen Anschauungsweise völlig unbegreiflich. Daß endlich die Zwecktheorie hier wie überall völlig versagt, ist selbstverständlich. Denn wenn Laband die Disziplinarstrafen von den Kriminalstrafen dadurch wesentlich scheiden will, daß sie „Mittel zur Erhaltung der Zucht und Ordnung inner-

[29]) Laband a. a. O. S. 457. — Merkwürdigerweise erwähnt er S. 456, n. 1. gewisse feudal patrimoniale Rudimente des Mecklenburgischen Amtsrechts als Belege seiner Theorie, während sie doch in Wahrheit die Unhaltbarkeit jeder individualistischen Konstruktion des Amtsrechts im modernen Staate grell beleuchten.

halb des Dienstverhältnisses und zur Sicherung der Erfüllung der Dienstpflichten" seien [30]), so kann man ebensogut die Kriminalstrafen als Mittel zur Erhaltung der Zucht und Ordnung innerhalb des Staatsgebiets und zur Sicherung der Erfüllung der Angehörigkeitspflichten bezeichnen; nur daß aus den eben erörterten Gründen für den letzteren Zweck die Aufzählung einer Reihe von Normen mit Strafsanktion genügt, während man für jenen anderen Zweck bei der generellen Formel einer Verletzung der Organpflichten stehen bleiben muß.

Die Tatsache, daß der Beamte einer Disziplinargewalt unterliegt, ist also lediglich die pathologische Seite der Tatsache, daß er Organperson ist. Indem ihm diese Eigenschaft besondere, über die Gliedschaftspflichten hinausgehende Organschaftspflichten gegen sein Gemeinwesen auferlegt, unterwirft sie ihn bei einer Verletzung dieser besonderen Pflichten auch einem besonderen, dem Disziplinarstrafrecht. Die Disziplinargewalt ist daher nichts anderes als der Ausdruck für die gesteigerte Intensität des Gewaltverhältnisses zwischen dem Gemeinwesen und seinen Organpersonen über das Gewaltverhältnis zwischen dem Gemeinwesen und seinen Gliedpersonen hinaus. Folglich untersteht prinzipiell jeder Beamte der Disziplinargewalt desjenigen Gemeinwesens, dem er als Organperson angehört. Zur Erklärung der Disziplinargewalt der Gemeinde über die Gemeindebeamten bedarf es also nicht einer Konstruktion, die das Disziplinarverhältnis von dem Gewaltverhältnis loslöst und auf einen angeblichen Dienstvertrag zurückführt (vgl. oben S. 91); vielmehr ist die Disziplinargewalt der Gemeinde über die Gemeindebeamten gerade der Ausdruck für das Gewaltverhältnis des kommunalen Gemeinwesens über seine Organpersonen. Umgekehrt jedoch bedarf die Rolle, welche Staatsorgane in dem Disziplinarrecht der städtischen Beamten spielen, einer rechtlichen Erklärung. Diese etwa darin zu finden, „daß alle Selbstverwaltung nur dezentralisierte Staatsverwaltung ist, und daher die Selbstverwaltungskörper nur diejenigen Rechte ausüben können, welche ihnen der Staat eingeräumt hat" [31]) — das widerspricht unserer Grundauffassung vom Wesen der Selbstverwaltung; ist aber auch an sich unzutreffend.

---

[30]) Laband a. a. O. S. 455; s. auch O. Mayer a. a. O. Bd. II, S. 242/43.

[31]) Schoen a. a. O. S. 157; vgl. auch Kautz und Appelius, S. 273, dagegen aber ebenda S. 251.

Denn indem der Staat das Recht der Gemeinden zur Bestellung eigener Beamter anerkennt, erkennt er auch das besondere Pflichtverhältnis der Gemeindebeamten gegenüber der Gemeinde und damit die Disziplinargewalt des Gemeinwesens über seine Organpersonen an.

Nicht beeinträchtigt wird die Disziplinargewalt der Gemeinde über die Gemeindebeamten zunächst dadurch, daß die Normen dieses Disziplinarrechts in Staatsgesetzen niedergelegt sind; vielmehr gilt in dieser Beziehung das gleiche, was oben (Kapitel VI) über das Verhältnis von staatsgesetzlicher Organisation und kommunaler Autonomie ausgeführt wurde. Und auch hier bleibt innerhalb der staatsgesetzlichen Normen Spielraum für die kommunale Autonomie zur Geltendmachung ihrer Befugnis durch statutarische oder reglementarische Dienstordnungen, in denen ihre Disziplinargewalt zum Ausdruck kommt. Demgemäß ist weder in § 80 St. O., noch in § 1 des Disziplinargesetzes von 1852 eine Negation der kommunalen Disziplinargewalt zu erblicken. Ebensowenig aber ferner darin, daß als entscheidende Behörden des förmlichen Disziplinarverfahrens auch gegen Gemeindebeamte staatliche Organe berufen sind. Dies ist vielmehr eine Konsequenz des staatlichen Justizmonopols. Denn aus dem hier entwickelten Wesen des Disziplinarrechts folgt, daß die Entscheidung im förmlichen Disziplinarverfahren ein Akt wirklicher Rechtsprechung ist, und alle Organe der Rechtsprechung sind in der heutigen Organisation prinzipiell Staatsorgane, die Verwaltungs- und Disziplinargerichte ebenso wie die Zivil- und Strafgerichte. Daß die Entscheidung im förmlichen Disziplinarverfahren eine Funktion der Rechtsprechung ist, und daß daher die entscheidenden Disziplinarbehörden in dieser Tätigkeit als Gerichte fungieren, bleibt bestehen, obgleich leider die Zusammensetzung dieser staatlichen Disziplinargerichte nach dem Gesetz von 1852 den Postulaten des Rechtsstaats für die Bildung gerichtlicher Behörden in keiner Weise gerecht wird. An dem gerichtlichen Charakter der durch § 20 No. 3 Z. G. zu entscheidenden Disziplinarbehörden über städtische Gemeindebeamte berufenen Verwaltungsgerichte kann vollends nicht gezweifelt werden. Die Entscheidung durch diese gerichtlichen Staatsorgane hebt also die Disziplinargewalt der Stadt über ihre Beamten ebensowenig auf, wie die Entscheidung derselben Behörden z. B. über streitige kommunale Steuersachen die Besteuerungsgewalt der Stadt aufhebt; oder wie die Zuständigkeit der staatlichen Strafgerichte wegen Verletzungen der kommunalen Gliedschaftspflichten das Gewaltverhältnis zwischen der Gemeinde und ihren Gliedpersonen aufhebt.

Im Strafprozeß hat der Staat, abgesehen von den sekundären Befugnissen der verletzten Individualperson, auch die Parteirolle des Verletzten und demgemäß des Anklägers für sich monopolisiert und nimmt sie durch das besondere Staatsorgan der Staatsanwaltschaft wahr. Bei Disziplinarvergehen ist der Verletzte stets das Gemeinwesen, dem gegenüber der Beamte seine Organpflichten verletzt hat; und sachgemäß fällt daher im Disziplinarprozeß die Parteirolle des Anklägers, „die Einleitung des Disziplinarverfahrens" der vorgesetzten Behörde als dem höheren Organ des verletzten Gemeinwesens zu. Kraft positiven Rechts hat nun aber der Staat sein Anklagemonopol auch auf den Disziplinarprozeß gegen städtische Beamte ausgedehnt.

Es mag dahingestellt bleiben, ob es nicht im Sinne der Selbstverwaltung angemessen wäre, die Zuständigkeit zur Einleitung des Disziplinarverfahrens gegen die obersten Gemeindebeamten den Repräsentativorganen des kommunalen Gemeinwesens wenigstens neben den staatlichen Aufsichtsbehörden einzuräumen; oder ob man ein Surrogat für den Mangel dieser Zuständigkeit in dem Erfordernis der periodischen Wiederwahl dieser obersten Gemeindebeamten erblicken kann.[32] Jedenfalls ist durch den gesetzlichen Spezialtitel in § 20 No. 3 Z. G. das ausschließliche Recht der Aufsichtsbehörden, Regierungspräsident und Minister des Innern, hierfür begründet. Daß dies jedoch nicht nur gegenüber den obersten, sondern auch gegenüber den subordinierten Gemeindebeamten unter Ausschaltung ihrer städtischen Vorgesetzten geschehen ist, bedeutet einen sachlich ungerechtfertigten, aber durch gesetzlichen Spezialtitel positiv legitimierten Eingriff von Aufsichtswegen in die städtische Disziplinargewalt. Bei den Verhandlungen über den St. O.-Entwurf von 1876 führte der Abgeordnete Miquel aus[33]):

„Die staatlichen Behörden mögen die Disziplin über die Magistratsmitglieder haben, aber die Magistratsmitglieder müssen die Disziplin über die

---

32) So Mayer a. a. O., S. 408.
33) Sten. Ber. d. Abg. H. 1876, Bd. II, S. 776.

städtischen Beamten haben. Ein direktes Eingreifen der Staatsgewalt in den städtischen Dienst halte ich nicht für notwendig und auch nicht für ratsam."

Diese richtige Auffassung kommt in den Provinzialordnungen zu positivem Ausdruck, indem für die Einleitung des Disziplinarverfahrens gegen die subordinierten Provinzialbeamten der Landesdirektor als oberster Selbstverwaltungsbeamter der Provinzialgemeinde zuständig ist (Östl. Pr. O. § 98). Man wird hierin einen Fingerzeig de lege ferenda sehen dürfen. De lege lata handelt es sich um eine positiv rechtliche Beschränkung der städtischen Disziplinargewalt durch das Anklagemonopol der Aufsichtsbehörden; keineswegs jedoch um eine prinzipielle Aufhebung jener Disziplinargewalt selbst.

Die Bestimmung in § 47 des Disziplinargesetzes, wonach jede rechtskräftige, auf Dienstentlassung lautende Entscheidung der Disziplinarbehörde der Bestätigung des Königs bedarf, wenn der Beamte vom Könige ernannt oder bestätigt worden ist, stellt eine positiv rechtliche Beschränkung der Disziplinargerichtsbarkeit dar.

An dieser Bestimmung haften noch die Eierschalen der historischen Entwicklung des staatlichen Beamtentums aus dem fürstlichen Dienertum; durch die Bestätigung wird der Zusammenhang aufrecht erhalten zwischen dem auf Entlassung lautenden Disziplinarerkenntnis und der altbeliebten Kabinetsorder: „Soll platt kassiert werden". Es lebt darin noch die Idee fort, daß es der individuelle Dienstherr ist, der den unwürdigen Bedienten aus dem Dienste jagt; daß es sich um die Kassierung eines Dienstvertrages handelt, den der König geschlossen hat, und den deshalb keine untere Behörde selbständig aufheben kann. Diese antiquierten Gedankenreihen reichen hier in den Disziplinarprozeß hinein, wie einstmals die antiquierte Vorstellung von dem ausschließlichen Recht des Landesherrn über Leben und Tod seiner Untertanen in den Strafprozeß hineinreichte und die landesherrliche Bestätigung gerichtlicher Todesurteile erheischte. Daß die heutige Erkenntnis vom Wesen der Rechtsprechung einem derartigen Institut durchaus widerstrebt, ist ebenso klar, wie es einleuchten muß, daß die Aufrechterhaltung desselben mit der Disziplinarjurisdiktion der Verwaltungsgerichte noch weniger vereinbar ist, als mit derjenigen der durch das Gesetz von 1852 eingesetzten Behörden. Ob demnach rechtskräftige, auf Dienstentlassung lautende Disziplinarerkenntnisse der Verwaltungsgerichte gegen Gemeindebeamte, die vom König bestätigt worden sind, gemäß § 47 noch jetzt der königlichen Bestätigung bedürfen, kann bezweifelt werden.[34]) Zwar müßte die strikte Auslegung des § 157 Nr. 2 L. V. G. zur Bejahung der Frage führen; jedoch stehen dieser Wortinterpretation erhebliche prinzipielle und praktische Bedenken entgegen. Das Erfordernis einer königlichen Bestätigung verwaltungsgerichtlicher Erkenntnisse widerspricht dem ganzen Wesen des Verwaltungsstreitverfahrens; und aus der Prinzipwidrigkeit folgt auch hier die praktische Unzuträglichkeit. Man stelle sich den Fall vor, daß ein vom Oberverwaltungsgericht seines Amtes entsetzter Bürgermeister dieses Amt doch weiterführen soll, weil das Disziplinarerkenntnis die königliche Bestätigung nicht gefunden hat; und man muß zu dem Schluß kommen, daß wohl eine Bestätigung, nicht aber eine Versagung derselben praktisch möglich ist.

Außer dem förmlichen Disziplinarprozeß kennt das Disziplinarrecht noch ein summarisches Verfahren durch Verhängung der sogenannten Ordnungsstrafen. Schon oben wurde betont, daß diese Ordnungsstrafen ihrem Wesen nach lediglich eine schärfere Form von Rügen und Zurechtweisungen sind, und sich demgemäß die Befugnis zu ihrem Erlaß für den Vorgesetzten als ein naturale des Subordinationsverhältnisses darstellt. Ganz in diesem Sinne sagt denn auch § 18 des Disziplinargesetzes: „Jeder Dienstvorgesetzte ist zu Warnungen und Verweisungen gegen seine Untergebenen befugt"; und § 19 schränkt dann diese Befugnis der Dienstvorgesetzten nur bezüglich der dritten Ordnungsstrafe, der Geldbußen, durch abgestufte Maximalsätze ein. Da beide Paragraphen nur von Dienstvorgesetzten und Untergebenen sprechen, so würde man zu dem ganz sachgemäßen Resultat kommen, daß ein solches Ordnungsstrafrecht der staatlichen Aufsichtsbehörde gegen die Kommunalbeamten nicht zusteht, da beide eben nicht in dem Subordinationsverhältnis von Dienstvorgesetzten und Untergebenen zu einander stehen. Freilich scheint der Gesetzgeber von 1852, wie an so vieles andere, auch an den Unterschied zwischen Aufsicht und Subordination nicht gedacht und sich in dem Wahne befunden zu haben, daß jene beiden Paragraphen auch auf das Verhältnis der staatlichen Aufsichtsbehörden zu den Kommunalbeamten zuträfen. In

[34]) Gegen die Anwendbarkeit des § 47 Kautz und Appelius, S. 311; für dieselbe: Leidig, S. 163; Schön, S. 159; Oertel, S. 583.

gleicher Weise hat natürlich die Praxis die Sache behandelt, bis die neuere Verwaltungsorganisation hier einsetzte. Wiederum bietet die Provinzialordnung das Beispiel einer sachgemäßen Regelung der Frage im Sinne der Selbstverwaltung; danach können gegen die leitenden Provinzialbeamten Ordnungsstrafen nur im förmlichen Disziplinarprozeß festgesetzt werden, d. h. sie sind eben kein Ausfluß des Subordinationsverhältnisses, sondern Bestandteil eines gerichtlichen Urteils; gegen die subordinierten Kommunalbeamten steht das Ordnungsstrafrecht ihren kommunalen Vorgesetzten zu.

Trotz dieses brauchbaren Vorbildes hat der § 20 Z. G. die Sache für die städtischen Beamten weniger klar und sachgemäß geordnet. Derselbe gibt gegen sämtliche städtischen Gemeindebeamten einschließlich des Bürgermeisters und der Magistratsmitglieder dem Regierungspräsidenten ein Ordnungsstrafrecht, über dessen Ausübung der Oberpräsident als Beschwerdeinstanz fungiert, und erst gegen den Beschluß des Oberpräsidenten geht die Klage an das Oberverwaltungsgericht. Ferner wird der Regierungspräsident als Beschwerdeinstanz über die vom Bürgermeister als Vorgesetzten der städtischen Beamten verfügten Ordnungsstrafen eingesetzt, und gegen seinen Beschluß die Klage beim Oberverwaltungsgericht gegeben. Diese Einschiebung der Aufsichtsinstanz ist also wiederum eine auf gesetzlichem Spezialtitel beruhende Beschränkung der städtischen Disziplinargewalt.

Darüber hinaus aber wird vielfach ein weitergehendes Ordnungsstrafrecht sonstiger staatlicher Behörden gegen städtische Beamte auf Grund der §§ 18, 19 des Disziplinargesetzes behauptet.[35]) Mit Unrecht, obgleich sich gelegentlich ein Kommissionsbericht des Abgeordnetenhauses[36]) und auch ein Erkenntnis des O. V. G.[37]) in diesem Sinne ausgesprochen hat. Dieses Erkenntnis bezieht sich unmittelbar übrigens nur auf das Verhältnis eines Bürgermeisters in seiner Eigenschaft als Ortspolizeiverwalter zum Landrat, welches Verhältnis sich ja allerdings nach preußischem Recht als Subordinationsverhältnis charakterisiert. Für uns handelt es sich hier stets nur um

[35]) Brauchitsch: Zuständigkeitsgesetz. S. 230/31; Kautz und Appelius, S. 293.
[36]) Drucks. d. Abg. H. 1880/81, Nr. 103, S. 20.
[37]) Erk. d. O. V. G. Bd. XVI, S. 404 fg.; Kamptz, Bd. IV, S. 1098/99.

die Gemeindebeamten in ihrer Eigenschaft als reine Selbstverwaltungsorgane. Sollte sich auch hierauf die Äußerung des O. V. G. beziehen, daß der Regierungspräsident nicht „der einzige Dienstvorgesetzte der Bürgermeister ꝛc. im Sinne des Disziplinarrechtes“ sei, so würde das O. V. G. auch hier wieder in die Verwirrung der Begriffe Subordination und Aufsicht zurückfallen (s. o. S. 312). Weiter heißt es in jenem Erkenntnis, daß § 19 al. 7 des Disziplinargesetzes „sogar ausdrücklich noch andere mit Disziplinargewalt ausgerüstete Dienstvorgesetzte der mittelbaren Staatsbeamten und so auch der städtischen Beamten, nämlich die Minister anerkennt“. Tatsächlich aber spricht jene Gesetzesstelle von allen den Ministern „unmittelbar oder mittelbar untergebenen Beamten“. Letzteres sind jedoch nach juristisch korrekter Interpretation nicht die Selbstverwaltungsorgane, sondern die Staatsbeamten, die nicht gleich den Ministerialräten, Oberpräsidenten ꝛc. unmittelbar unter den Ministern, sondern unter anderen unmittelbaren Vorgesetzten und daher nur mittelbar unter dem Minister stehen. Hat der Gesetzgeber von 1852 anderes gewollt, so hat er es doch im Gesetzestext nicht gesagt, und dieser allein ist geltendes Recht. Durch die positive Bestimmung des § 20 Z. G. werden nunmehr alle Interpretationszweifel behoben; wie überall, so tritt auch hier der Regierungspräsident an die Stelle der Bezirksregierung als kommunale Aufsichtsbehörde, und die Klausel: „innerhalb des derselben bisher zustehenden Ordnungsstrafrechts“ bezieht sich unzweifelhaft auf die den Provinzialbehörden durch § 19 des Disziplinargesetzes gezogene Grenze zur Verhängung von Geldbußen. Die Annahme eines von dieser Gesetzesbestimmung nicht berührten Ordnungsstrafrechts anderer Staatsbehörden gegen städtische Selbstverwaltungsorgane ist um so unhaltbarer, als sie den ganzen Rechtsschutz des § 20 Z. G. illusorisch machen würde, da es gegen solche Verfügungen keine Verwaltungsklage, sondern nur die einfache Beschwerde aus § 21 des Disziplinargesetzes geben würde; danach wäre aber der ganze Inhalt der Nr. 1 des § 20 Z. G. völlig sinn- und zwecklos.

Abgesehen von den hier erörterten, auf gesetzlichen Spezialtiteln ruhenden Einwirkungen der Staatsaufsicht, bildet das Disziplinarrecht der städtischen Beamten als Ausfluß ihres Organverhältnisses zur Stadtgemeinde einen Bestandteil des inneren Amtsrechts der städtischen Selbstverwaltung.

Dritter Teil.

Das innere Amtsrecht der städtischen Selbstverwaltung.

XI.

Städtische Repräsentativorgane und Ämter. — Städtische Ämter und Beamte. — Einteilung nnd Arten der Ämter und Beamten.

Der Begriff des Amtes wurzelt in dem des Organs, der Begriff des Beamten in dem der Organperson eines sozialen Organismus. Diese Grundanschauung haben die beiden vorangehenden Teile in ihrer Totalität entwickelt. Die Zugehörigkeit eines Beamten zu einem Gemeinwesen bestimmt sich, wie im VIII. Kapitel ausgeführt worden, nach der Zugehörigkeit seiner Organfunktionen zur Kompetenzsphäre eines Gemeinwesens. Das innere Amtsrecht der städtischen Selbstverwaltung ist daher zuvörderst umschlossen von der Kompetenzsphäre dieser Selbstverwaltungsorganisation, deren Rechtsbeziehungen zu dem höheren staatlichen Gemeinwesen und seiner Aufsichtskompetenz im zweiten Teile erörtert worden sind.

Der Umfang des städtischen Amtsrechts im technisch terminologischen Sinne deckt sich jedoch nicht völlig mit dem Recht der städtischen Organe überhaupt. Zwar ist jedes städtische Amt ein Stadtorgan und jeder städtische Beamte eine Organperson der Stadtgemeinde; aber umgekehrt werden gewisse städtische Organe und Organpersonen regelmäßig nicht als Ämter und Beamte bezeichnet. Wir knüpfen damit wieder an die schon im III. Kapitel erörterte Unterscheidung der Organe in Repräsentanten und Ämter an. Unter ersteren versteht man diejenigen Organe, die von der organisatorischen Rechtsordnung berufen sind, den Gemeinwillen in seiner rechtlichen Erscheinungsform an oberster Stelle zu repräsentieren, damit also die gesamte Lebenstätigkeit des Gemeinwesens nach innen zu normieren und nach außen darzustellen. Diesen obersten, keinem anderen Organe untergeordneten Repräsentativorganen werden dann als Ämter diejenigen Organe gegenübergestellt, welche in Unterordnung unter andere, höhere Organe bestimmte Funktionen des Gemeinwesens durch ihre Organtätigkeit versehen. Es wurde aber bereits (s. S. 67 fg.) hervorgehoben, daß diese Unterscheidung keineswegs mit der in unmittelbare und mittelbare Organe zu identifizieren ist; daß keineswegs nur die Repräsentativorgane unmittelbare, die Ämter dagegen mittelbare, durch jene mediatisierte und von ihnen ihre Befugnisse ableitende Organe seien. Vielmehr bezieht sich der Unterschied von Unmittelbarkeit und Mittelbarkeit der Organe lediglich auf die Art ihrer Bestellung, also darauf, ob sie unmittelbar durch die Verfassung des Gemeinwesens, ohne das Dazwischentreten eines anderen Organs, oder ob sie erst durch den Willensakt eines anderen Organs, d. h. durch Wahl oder Ernennung zur Organstellung berufen sind. Nur insofern besteht zwischen den beiden Einteilungen ein gewisser tatsächlicher Zusammenhang, als unmittelbar durch die Verfassung nur oberste, also Repräsentativorgane bestellt zu werden pflegen; so daß zu den Ämtern die Organpersonen regelmäßig durch Ernennung oder Wahl berufen werden. Wenn demnach die Beamten zu den mittelbar bestellten Organpersonen gehören, so gehören deshalb nicht umgekehrt die Repräsentanten regelmäßig zu den unmittelbar bestellten; vielmehr erscheinen unter ihnen neben den unmittelbar durch die Verfassung berufenen auch durch Ernennung oder Wahl bestellte.

Dem immanent genossenschaftlichen Charakter der Stadtgemeinde entsprechend gibt es unter ihren Organen regelmäßig nur ein einziges unmittelbar durch ihre Verfassung berufenes Organ: die Gemeindeversammlung oder die Gemeindewählerschaft. Die anderen Repräsentativorgane, Magistrat und Stadtverordnetenversammlung, werden mittelbar, durch Wahl, bestellt. Als städtische Repräsentativorgane bilden nun aber diese beiden den Gegensatz zu den städtischen Ämtern in jedem technischen Sinne, so daß also die Stadtorgane wie die jedes politischen Gemeinwesens in die beiden Kategorien der Repräsentanten und Ämter zerfallen.

Daß „die einzelnen Stadtverordneten nicht die Eigenschaft öffentlicher Beamten" haben; daß sie vielmehr „bloße Repräsentanten der Stadtgemeinde"[1]) seien, darüber ist man seit jeher einig, wenn auch die Bezeichnung als „bloße Repräsentanten" eine erstaunliche Unklarheit über das Wesen dieses Unterschiedes verrät. Treffend sagt O. Mayer[2]), man habe die Frage nach der Beamteneigenschaft der Stadtverordneten „meist mit richtigem Gefühl verneint. Aber das Gefühl gibt keine sichere Abgrenzung und mit der juristischen Begründung sieht es sehr mangelhaft aus". Er weist dann die Unhaltbarkeit solcher Begründungsversuche nach; nur ist leider seine eigene Begründung ebensowenig haltbar. Er sagt von den Stadtverordneten: „Sie sind bestellt für einen bestimmten Kreis von Geschäften der öffentlichen Verwaltung, in dauernder Weise, um namens des Selbstverwaltungskörpers darin tätig zu sein, und stehen dabei in öffentlich rechtlichem Verhältnisse zu diesem. Was zum Begriffe des öffentlichen Beamten bei ihnen fehlt, ist einzig die öffentliche Dienstpflicht. Diese ist wesentlich zum Begriff des Beamten, und diese haben sie nicht." Mayer zieht also hier nur die logische Konsequenz aus seiner Grundanschauung über die Kernfrage des Amtsrechts überhaupt; und obgleich er die einschlägigen Probleme tiefer und eindringender erörtert, als es in der herrschenden Litteratur sonst üblich ist, macht er doch der herrschenden Lehre allzu viele und allzu wichtige Konzessionen. Das hat sich gegenüber der Lehre vom Dienstvertrage (vgl. Kapitel IV) gezeigt und zeigt sich wieder hier bei der Theorie von der Dienstpflicht. Denn eine öffentliche Dienstpflicht, wie sie Mayer definiert, hat ausnahmslos jedes Organ gegenüber seinem Gemeinwesen, haben also auch die Stadtverordneten gegenüber der Stadtgemeinde; folglich kann sie nicht das Kriterium abgeben, um das Repräsentativorgan vom Amtsorgan zu unterscheiden.

Mayer definiert[3]) „Die öffentliche Dienstpflicht ist die öffentlich rechtliche Pflicht eines Untertanen, mit persönlicher Hingabe dem Staat eine bestimmte Art von Tätigkeit zu leisten". Ersetzt man in dieser Formel die Worte ‚Untertan' und ‚Staat' durch ‚Bürger' und ‚Stadt', so wird man dem Stadtverordneten die öffentlich rechtliche Bürgerpflicht, mit persönlicher Hingabe der Stadt eine bestimmte Art von Tätigkeit zu leisten, also die öffentliche Dienstpflicht unmöglich absprechen können. „Das eigentümliche Merkmal, welches die öffentliche Dienstpflicht vor allen

---

[1]) Möller: Preußisches Stadtrecht (1864) S. 85.
[2]) Deutsches Verwaltungsrecht II, S. 402 n. 13.
[3]) a. a. O. S. 195 fg.

ähnlichen Leistungspflichten auszeichnet, ist die besondere Kraft, mit welcher hier die Person erfaßt wird, die persönliche Hingabe und Treue, welche sie von dem Verpflichteten fordert". Schon früher wurde betont, daß die herrschende Lehre dieses Treueverhältnis als eine besondere sittliche Pflicht des Beamten proklamieren muß, weil es sich für ihre individualistische Anschauung um das Verhältnis zweier einander fremd und äußerlich gegenüberstehender Personen handelt; während die organische Lehre dieses Verlegenheitsmittels nicht bedarf, weil sich für sie die besondere Kraft, mit welcher die Organperson erfaßt wird, eben aus dem Organverhältnis ohne weiteres ergibt. Das gilt selbstverständlich von jedem Organ, dem Repräsentativorgan so gut wie dem Amt. Aber auch die drei Einzelmerkmale, die Mayer als Kriterium seiner öffentlichen Dienstpflicht anführt, treffen das Organverhältnis überhaupt. Das erste ist die Angehörigkeit; darüber ist gerade von unserem Standpunkte aus, der ja in dem Organverhältnis wesentlich ein gesteigertes Angehörigkeitsverhältnis erblicken läßt, nichts weiter zu sagen; auch nicht darüber, daß dies Erfordernis auf das Repräsentativorgan in eminentester Weise zutrifft. Das zweite ist der Diensteid. Die vielfach übliche Überschätzung dieser solennen Formel, die mangels einer besonderen Gesetzesvorschrift juristisch ganz unwesentlich, und bei deren Vorhandensein nicht wesentlicher als irgend eine andere Formvorschrift ist, erklärt sich aus dem eben erörterten Bedürfnis nach einer besonderen Betonung jener sittlichen Treuepflicht; „der Eid dient dazu, das rechtlich nicht vollkommen greifbare sittliche Element der Pflicht zu verstärken durch einen Anruf des Gewissens". Für die organische Anschauung ist jedoch das Pflichtverhältnis der Organperson zu ihrem Gemeinwesen vollkommen greifbar, wie denn umgekehrt den Inhalt aller möglichen Diensteide schließlich das Versprechen bildet, die Pflichten einer Organperson treulich zu erfüllen (s. o. S. 326). Die Vereidigung kann also für Repräsentativorgane wie für Ämter vorgeschrieben sein oder nicht; beides kommt auch tatsächlich vor; und auch die Stadtverordneten werden ja durch Handschlag an Eidesstatt verpflichtet. Das dritte ist endlich „die Unübertragbarkeit des öffentlichen Dienstverhältnisses", und zwar sowohl auf seiten des Verpflichteten, dessen Dienstpflicht eine höchst persönliche ist, als auch auf seiten des Dienstberechtigten; „nur einem öffentlichen Gemeinwesen gegenüber ist das besondere sittliche Verhältnis denkbar, welches mit der öffentlichen Dienstpflicht gemeint ist"; es kann hier niemals „ein beliehener Unternehmer" an die Stelle des Gemeinwesens treten. Damit ist durchaus zutreffend das Wesen des Organverhältnisses bezeichnet, das selbstverständlich nur gegenüber einem sozialen Organismus bestehen kann, und das auf beiden Seiten, sowohl der des Organismus wie der der Organperson, ein höchst persönliches ist. Das gilt jedoch von den Repräsentativorganen mindestens in derselben Weise wie von den Ämtern; oder ist etwa das Stadtverordnetenmandat übertragbar? kann der Stadtverordnete seine Dienste als solcher auch einem beliehenen Unternehmer an Stelle der Stadt leisten?

Somit treffen ausnahmlos sämtliche Merkmale, die das Wesen der öffentlichen Dienstpflicht bezeichnen sollen, auf Repräsentativorgane genau ebenso wie auf Ämter zu; und als Unterscheidungsmittel dieser beiden Arten von Organen ist daher der Begriff der öffentlichen Dienstpflicht absolut unbrauchbar. Wenn man mit Mayer das Amt als einen Kreis von Gemeindegeschäften, welche mit öffentlicher Dienstpflicht besorgt werden, ansieht, so bilden die Organfunktionen des Stadtverordneten ohne jeden Zweifel ein Gemeindeamt. Diese Betrachtungen erhärten nun aber lediglich die schon früher (s. o. S. 71) betonte Auffassung, daß der Unterschied zwischen Repräsentanten und Ämtern überhaupt kein essentieller und absoluter, sondern nur ein terminologischer und relativer ist. Es sind eben lediglich die obersten, keinem anderen Organ desselben Gemeinwesens untergeordneten Organe, die man herkömmlich als Repräsentanten gegenüber den einem anderen Organ untergeordneten Ämtern bezeichnet.[4]) Weil sie die obersten Organe sind, repräsentieren sie nach der organisatorischen Rechtsordnung den Gemeinwillen in eminenter und stärkster Weise, und werden deshalb im besonderen als willensbildende Organe bezeichnet. Weil sie keinem anderen Organ untergeordnet sind, tritt bei ihnen die Berechtigung handgreiflicher als die Verpflichtung in die Erscheinung; aber als Organe stehen sie deswegen nicht weniger in einem ausgeprägt rechtlichen Pflichtverhältnis zum Gemeinwesen. In Anbetracht dieses nur relativen und graduellen Unterschiedes verstößt der übliche Sprachgebrauch der Praxis hier weit weniger, als es ihm sonst wohl passiert, gegen das wahre Wesen der Sache, in-

---

[4]) Richtig Jolly: Art. „Gemeindeorgane" in Stengels Wörterbuch d. deutsch. Verwaltungsrechts I, S. 522.

dem er von dem Amt des Stadtverordneten, oder von der Stadtverordnetenversammlung als einer städtischen Behörde redet; wie denn überhaupt gegen die Bezeichnung von Repräsentativorganen als Behörden kein erheblicher Einwand zu machen ist.

Genau das gleiche und aus genau den gleichen Gründen gilt von dem Magistrat. Auch er ist in seiner Gesamtheit kein Amts- sondern ein Repräsentativorgan[5]), weil er als Kollegium keinem anderen Gemeindeorgan untergeordnet ist, und so gemeinsam mit der Stadtverordnetenversammlung an oberster Stelle den kommunalen Gemeinwillen repräsentiert. Ist demnach die Stellung der beiden Repräsentativorgane als Kollegien prinzipiell die gleiche, so ist doch die rechtliche Stellung ihrer einzelnen Mitglieder eine ungleiche. Die Stadtverordnetenversammlung ist nämlich nicht nur als Kollegium kein Amtsorgan, sondern auch ihre einzelnen Mitglieder als Organpersonen sind ausschließlich Repräsentanten, nicht Beamte, weil sie auch als Einzelne in ihren Organfunktionen keinem anderen Organ untergeordnet sind. Diese Unterordnung tritt auch für sie dann ein und sie werden demgemäß zu Beamten, sofern sie als Mitglieder in die dem Magistrat untergeordneten Verwaltungsdeputationen eintreten.[6]) Abgesehen von einer solchen, durch eine besondere Berufung bedingten Amtstätigkeit, wurzeln ihre Organfunktionen ausschließlich in der Mitgliedschaft des Kollegiums. Anders verhält es sich bei den Magistratsmitgliedern; ihre Organfunktion erschöpft sich prinzipiell nicht in der Mitgliedschaft des Kollegiums; sondern sie sind kraft ihrer Organstellung ohne weiteres zu anderen Amtsfunktionen als Dezernenten ꝛc. berufen. In dieser Amtstätigkeit aber sind sie anderen Gemeindeorganen, vor allem den beiden Repräsentativorganen amtlich untergeordnet; als einzelne Organpersonen sind sie folglich nicht Repräsentanten, sondern durchaus eigentliche Gemeindebeamte.

Nicht anders ist auch die Rechtsstellung des dirigierenden Bürgermeisters und zwar sowohl bei der kollegialen wie bei der bureaumäßigen Magistratsorganisation. Allerdings ist er der oberste Beamte der Stadt, der als solcher keinen Amtsvorgesetzten hat; aber trotzdem stehen über ihm die kommunalen Repräsentativorgane als

---

[5]) Mayer a. a. O. S. 403 fg. bezeichnet diese Organe als „Vertretungsämter".

[6]) Vgl. Erk. d. O.V.G. vom 28. Okt. 1893 Bd. XXV, S. 416 fg.

die obersten Träger des kommunalen Gemeinwillens. Sie sind nicht seine Dienstvorgesetzten, weil sich diese Bezeichnung im technischen Sinne auf das Subordinationsverhältnis der Ämter untereinander beschränkt, und weil jene Repräsentativorgane eben keine Ämter im technischen Sinne sind; aber auf der anderen Seite ist der Bürgermeister nicht oberstes kommunales Willensorgan neben ihnen, sondern er hat die Geschäfte regelmäßig nach Maßgabe ihrer Beschlüsse zu leiten, woran durch sein auf gesetzlichem Spezialtitel für gewisse Fälle beruhendes Beanstandungsrecht begrifflich nichts geändert wird. [7]) Es mag mit Fug bezweifelt werden, ob der Satz in § 20 der Magistratsinstruktion von 1835, wonach der Dirigent der unmittelbare Vorgesetzte der Mitglieder des Kollegii sein soll, dem Wesen des Rechtsverhältnisses zwischen dem Vorsitzenden und den Mitgliedern einer Kollegialbehörde entspricht, und ob er demnach im Rahmen der St. O. von 1853 Rechtsgiltigkeit zu beanspruchen hat, wie denn überhaupt die fortdauernde Rechtsgiltigkeit dieser ganzen Instruktion erheblichen Bedenken unterliegt. [8]) Keinesfalls jedoch kommt diesem Satze irgend welche Bedeutung für das Verhältnis des Dirigenten zum Kollegium selbst zu. Und wie sich im Geltungsbereich der Ratsverfassung die Rechtsstellung des Bürgermeisters zu der des Magistratskollegiums verhält, so verhält sie sich im Geltungsbereich der Bürgermeistereiverfassung zu der der Stadtverordnetenversammlung. Denn diese beiden Formen städtischer Verfassung unterscheiden sich dadurch voneinander, daß die Ratsverfassung auf dem Dualismus zweier koordinierter Repräsentativorgane beruht, während die Bürgermeistereiverfassung nur ein einziges Repräsentativorgan aufweist, die Stadtverordnetenversammlung. Darum ist hier der Bürgermeister von Amtswegen Vorsitzender dieser Versammlung; auf diesem Vorsitz beruht seine Teilnahme an einer repräsentativen Organstellung, wie in der Ratsverfassung auf seinem Vorsitz im Magistrat [9]); keineswegs aber ist der Bürgermeister selbständiges Repräsentativorgan neben der Stadtverordnetenversammlung.

---

[7]) Übereinstimmend Jolly a. a. O.

[8]) Vgl. Jebens: Die Instruktion für die Stadtmagistrate vom 25. Mai 1835 nach neuestem Recht (1901) S. 5 fg., S. 41.

[9]) Diese Erwägung steht dem Reformvorschlag von Schön, a. a. O. S. 119 entgegen.

Für die prinzipielle Erfassung des Wesens dieser Rechtsverhältnisse überwiegt, wie früher ausgeführt wurde, der gemeinsame Gattungsbegriff des Organs und der Organperson an Bedeutung die unterscheidenden Artbegriffe des Repräsentativorgans und Repräsentanten einerseits und des Amtsorgans und Beamten andererseits. Jedoch hat sich die folgende Darstellung des städtischen Amtsrechts im einzelnen an die technisch terminologische Begrenzung dieses Artbegriffs zu halten. Es scheidet daher für sie das Recht der Repräsentativorgane, Magistrat und Stadtverordnetenversammlung, als solcher aus, sowohl deren innere Rechtsordnung, wie ihr Rechtsverhältnis zueinander und ihre Zuständigkeiten nach außen, soweit sie sich nicht unmittelbar auf das städtische Amtsrecht im technischen Sinne beziehen. In dieser Hinsicht ist ihr Verhältnis zum Staat im zweiten Teil erörtert worden. Die Gesamtheit der ausscheidenden Rechtsverhältnisse bildet das konstitutionelle Stadtrecht, dem das eigentliche städtische Amtsrecht als ein engeres Gebiet gegenübersteht.

Der Begriff des städtischen Amtes im engeren Sinne umfaßt also sämtliche Organe des städtischen Gemeinwesens außer den Repräsentativorganen. Im Anschluß an die übliche Definition des Staatsamts [10]) mag man das Gemeindeamt als einen durch das publizistische Gemeinderecht umschriebenen Kreis von kommunalen Organfunktionen definieren; oder mit Gierke [11]) als einen „durch das objektive Recht dauernd verselbständigten Teilkomplex von Gemeindetätigkeit". Freilich trifft diese Definition auf die Repräsentativorgane genau ebenso zu wie auf die Ämter; und daß auch das Kriterium der öffentlichen Dienstpflicht [12]) beide nicht von einander scheidet, wurde oben dargelegt, ebenso die begriffliche Verwandtschaft und das einzige tatsächlich vorhandene Unterscheidungsmerkmal beider. Es fragt sich nun aber, ob für den Begriff des Amtes eine bestimmte Art von Organfunktionen erforderlich ist, oder ob für diesen Begriff der Inhalt und die Art der Funktionen selbst keine Bedeutung hat.

[10]) Laband (4. Aufl.) I, S. 338 — G. Meyer (5. Aufl.) S. 307 — Harseim, Artikel „Amt" in Stengels Wörterbuch I, S. 39.

[11]) Artikel „Gemeindebeamte" in Holzendorff's Rechtslexikon II, S. 49. Daß und weshalb ich mich dem übrigen Teil der Gierke'schen Definition nicht anschließen kann, darüber vgl. meine Abhandlung: Ueber Organpersönlichkeit a. a. O. S. 109.

[12]) O. Mayer, a. a. O. S. 195 u. 402.

Die früher viel verbreitete Meinung, daß **nur obrigkeitliche** Funktionen dem Begriffe des Amtes entsprechen, wird von der heute herrschenden Lehre mit Recht verworfen.[13]) In eigentümlicher Weise jedoch vertritt diese Ansicht noch Jellinek.[14]) Er meint:

„Dem Staate zuzurechnen sind alle Akte des Imperiums und der freien leitenden Tätigkeit. So weit hingegen der Staat eine von ihm angeordnete Tätigkeit inhaltlich entweder nicht bestimmen will oder kann, ist und bleibt sie individueller Art. Nur das Daß, nicht das Wie ihres Geschehens ist dem Staate zuzurechnen.“ . . . „Die spezifische Tätigkeit des staatlich angestellten Arztes, des Professors, des Lehrers, des Regierungsbaumeisters u. s. w. ist und bleibt individuelle, vom Staate autorisierte Tat, sie ist niemals Inhalt staatlicher Organtätigkeit, weil der Staat die eigentümliche Art dieser Tätigkeiten zu bestimmen außer stande ist; er kann nur anordnen, daß sie nach bestimmter Richtung wirken und gewisse Effekte hervorrufen sollen, er kann das Quantum, aber nicht das Quale der Leistungen anbefehlen.“

Das soll im Sinne Jellineks nicht minder von kommunalen wie von staatlichen Organen gelten; aber mit Fug hat ihm Laband[15]) die Frage entgegengehalten, ob sich alles dies mit obrigkeitlichen Handlungen anders verhalte? Jellinek entgegnet:

„Das richterliche Urteil hat der Staat gefällt, die vom Minister ausgehende Ernennung der Staat vollzogen u. s. w. Aber der Universitätslehrer trägt nicht königlich preußische Mathematik oder großherzoglich badische Psychologie vor.“

Auch das soll in manchen Disziplinen vorkommen. Im übrigen aber bedient sich doch auch der Richter bei der Findung des Urteils keiner staatlichen Logik und der Minister bei der Ernennung keiner staatlichen Menschenkenntnis. Diese geistigen Mittel muß die Organperson aus ihrem individuellen Vermögen ebenso hergeben wie die leiblichen, wie die Hand, mit der sie eine obrigkeitliche Verfügung schreibt oder einen Bauplan zeichnet. Und doch handelt sie nicht als Individual- sondern als Organperson, weil ihr Wille und ihre Kompetenz zu dieser Tätigkeit in dem Gemeinwillen und der Kompetenz des Gemeinwesens wurzelt; deshalb baut und lehrt das Ge-

---

[13]) Vgl. die in n. 10 zit. Stellen und die dort angeführte weitere Litteratur. Anderer Meinung noch Zorn, Deutsches Staatsrecht (2. Aufl.) S. 294 fg.
[14]) System S. 213, Recht des modernen Staats, S. 233 fg., S. 513 n.
[15]) a. a. O. S. 407, n. 2.

meinwesen, wie es richtet, befiehlt und ernennt. Der Ansicht Jellineks sehr nahe steht Gierke[16]), wenn er den rein technischen oder wissenschaftlichen Gemeindeämtern zwar nicht den Charakter des Amtes, aber doch die Stellung eines Organs oder Organteils abspricht, weil in ihren Funktionen keinerlei Berufung zum Wollen und Handeln für die Gemeinde enthalten sei. Mit dieser Loslösung vom Organbegriff würde der Amtsbegriff überhaupt völlig ins Leere fallen; jeder innerliche Zusammenhang zwischen dem Amt und seinem Gemeinwesen wäre zerrissen, wenn nicht in allen amtlichen Funktionen die Willens- und Handlungsfähigkeit des Gemeinwesens zu rechtlichem Ausdruck käme. Den Gemeinwillen in seiner Totalität und an oberster Stelle zu repräsentieren, sind allerdings nur die Repräsentativorgane, nicht die Ämter berufen; das gilt aber von allen, den obrigkeitlichen wie den technischen oder wissenschaftlichen Ämtern. An seiner Stelle und in seinem Kompetenzkreise jedoch ist jedes Gemeindeamt zum Wollen und Handeln für die Gemeinde berufen und hat somit auch die Stellung eines Organs oder Organteils.

Eine lehrreiche und gerade für das städtische Amtsrecht wichtige Illustration für die Unmöglichkeit, den Amtsbegriff nach der Art der amtlichen Funktionen zu bestimmen, bieten die mißglückten Versuche, die sogenannten Betriebsverwaltungen der Stadtgemeinden durch eine feste begriffliche Grenze von der „eigentlichen" städtischen Verwaltung zu sondern. Die Bedeutung dieser Frage für die persönliche Rechtsstellung der Beamten berühren wir später; hier kommt sie nur unter dem Gesichtspunkt des Amtsbegriffs in Betracht. Gelegentlich der Beratung des Kommunalbeamtengesetzes hat sich die Kommission des Herrenhauses ausführlich mit dieser Frage befaßt.[17]) Den „richtigen Gegensatz" zur Betriebsverwaltung wollte man dort „in dem Begriff der obrigkeitlichen und der sonstigen, mit den wesentlichen gemeindlichen Aufgaben verbundenen Verwaltung" finden. Wer aber auf die Zwecktheorie vertraut, der hat stets auf Sand gebaut; denn was nun eigentlich die „wesentlichen gemeindlichen Aufgaben" sind, das vermag kein Verstand der Verständigen prinzipiell festzulegen, und auch die Herrenhauskommission mußte sie als

[16]) Art. „Gemeindebeamte" a. a. O. S. 50.
[17]) Drucks. d. Herr.-Haus. 1899, No. 63, S. 13 fg.

„fließende und schwankende" anerkennen. Praktisch greifbarer glaubte man den Begriff der Betriebsverwaltung dahin formulieren zu können, daß „die betreffende Verwaltung auch als eine rein private gedacht und von der Gemeinde an private Unternehmer übertragen werden könne". Wenn man's so hört, mag's leidlich scheinen; aber als begriffliches Kriterium versagt es gerade in zweifelhaften Fällen gänzlich. Einstmals hat man auch die Steuereinnahmen als private gedacht und an private Unternehmer verpachtet, und ähnliches kommt auch heute noch bei Dingen vor, die man von der eigentlichen Stadt- oder Kämmereiverwaltung weder loslösen kann noch will. Überhaupt ist es der Herrenhauskommission nicht besser als der ganzen bisherigen Staatsrechtswissenschaft gelungen, a priori die Grenze zwischen öffentlichem und Privatrecht festzustellen, was doch die Voraussetzung für jene Unterscheidung wäre. Mit besonderem Nachdruck hob die Kommission die wichtige negative Feststellung hervor: „daß die Charakterisierung eines Verwaltungszweiges als Betriebsverwaltung durch folgende Momente nicht ausgeschlossen wird: 1. Der Betrieb kann sehr wohl in erster Linie aus Gründen des öffentlichen Interesses geführt werden, während die Gewinnerzielung nur mehr oder weniger nebensächlich, ja vielleicht gar nicht bestimmend ist; 2. auch Monopol und Benutzungszwang kann mit dem Betriebe verbunden sein; 3. es ist nicht von Bedeutung, ob einzelne der im Betriebe angestellten Personen obrigkeitliche Funktionen auszuüben haben". Das ist sehr richtig, heißt aber nichts anderes, als daß Inhalt und Art der amtlichen Funktionen irgend einen prinzipiellen Unterschied bezüglich des Amtsbegriffs nicht zu begründen vermögen. Darauf läuft es doch auch hinaus, wenn ausdrücklich die Möglichkeit betont wird, „daß derselbe Verwaltungszweig in einer Stadt als Betriebsverwaltung anzuerkennen sei, in einer anderen dagegen nicht". In diesem Zusammenhange ist man denn auch der richtigen Erkenntnis nahe gekommen, daß für dieses ganze Gebiet nicht der Inhalt der amtlichen Funktionen, sondern die Form der Organisation der begrifflich entscheidende Punkt ist.[18]) Dabei bleibt sehr wohl die Möglichkeit offen, daß die spezifisch obrigkeitliche Natur gewisser Funktionen in der Organisation zum Ausdruck kommen muß, indem sie die Errichtung von Ämtern erheischen. Die amtlichen Funktionen müssen nicht obrigkeitliche,

---

[18]) Vgl. auch die ministerielle Ausführungsanweisung zum K. B. G. Artik. III, No. 2; ferner die von Ebner, Verwalt.-Arch. Bd. VIII, S. 305 fg. aufgeführte Judikatur des Reichsgerichts und O. V. G.

wohl aber die obrigkeitlichen Funktionen amtliche sein, worauf ich noch zurückkomme. Schließlich trägt der § 8 K. B. G. selbst der Tatsache Rechnung, daß der Inhalt der Funktionen jedenfalls dem Amtsbegriff keine prinzipielle Begrenzung zu geben vermag.

Gilt dies von der technischen, wissenschaftlichen, wirtschaftlichen Tätigkeit gegenüber der obrigkeitlichen, so nicht minder von der mechanischen im Gegensatz zur geistigen Tätigkeit. Auf die Rolle, welche die Formel von den mechanischen Dienstleistungen für die persönliche Rechtsstellung der städtischen Beamten gespielt hat, ist später einzugehen; die ebenso reiche wie widerspruchsvolle Judikatur des Reichsgerichts und des Oberverwaltungsgerichts [19]), die sich namentlich in neuerer Zeit aus diesem Anlaß mit der Frage beschäftigt hat, zeigt, daß auch dieser Begriff ein fließender und schwankender ist. In der Tat ist es wohl von der Wissenschaft überhaupt, jedenfalls von der Jurisprudenz zu viel verlangt, daß sie mit Bestimmtheit die Grenze bezeichnen soll, wo leibliche und geistige Funktionen sich teilen. Für den Amtsbegriff als solchen ist die größere Geistigkeit oder Leiblichkeit der Funktionen unerheblich. Die Versuche der älteren Litteratur, hier den Amtsbegriff nach unten zu begrenzen, charakterisiert Laband [20]) treffend:

„Dem bureaukratischen Dünkel mochte es nicht behagen, daß der Herr Rat und der Bote unter dieselbe juristische Begriffskategorie gehören sollten."

In dieser Hinsicht hat nun aber der demokratische Geist der Zeit die Gesetzgebung, die Judikatur und die Wissenschaft infiziert und zu der Erkenntnis geführt, daß auch die niedrigsten Dienste Amtsfunktionen sein können.

Trotz alledem liegt den Versuchen, den Amtsbegriff nach unten oder vielmehr nach außen hin zu begrenzen, ein berechtigter Gedanke zu Grunde. Gewiß ist nicht jede Tätigkeit, die für das Gemeinwesen, auf seine Veranlassung geschieht, eine amtliche Tätigkeit. Wie die Einzelperson nicht nur eigene, sondern auch fremde Tätigkeit in Bewegung setzen kann, so kann dies auch das Gemeinwesen; diese fremde Tätigkeit bildet den begrifflichen Gegensatz zur amtlichen,

---

[19]) Siehe eine Blütenlese bei Ebner, a. a. O., S. 316 fg.; ferner die Begründung des Regierungsentwurfs, Drucks. Herr.-Haus 1899, Nr. 27. S. 9. Im übrigen ist auf die späteren Ausführungen im Text zu verweisen.

[20]) a. a. O., S. 408, n. 2.

welch' letztere stets eigene Tätigkeit des Gemeinwesens ist. Darauf beruht der fundamentale Unterschied zwischen dem sozialrechtlichen Amtsverhältnis und dem individualrechtlichen Dienst- oder Arbeitsverhältnis. Der Irrtum jener mißglückten Versuche besteht aber darin, daß sie diesen Unterschied nach dem Inhalt oder dem Gegenstand der betreffenden Tätigkeit bestimmen wollen; das ist ebenso unmöglich, wie es unmöglich ist, die Lebenstätigkeit eines politischen Gemeinwesens überhaupt teleologisch zu bestimmen [21]); ja, es ist nur ein anderer Ausdruck für diese Unmöglichkeit. So weit der Wille des Gemeinwesens überhaupt wirksam werden kann, so weit kann er auch durch eigene Handlung des Gemeinwesens, d. h. durch amtliche Tätigkeit wirksam werden; deshalb eben ist Inhalt und Gegenstand der Tätigkeit für den Amtsbegriff unwesentlich. Wesentlich ist vielmehr allein die organisatorische Frage, ob sich das Gemeinwesen für den betreffenden Funktionskreis, was auch immer sein Inhalt und Gegenstand sein mag, eigene Organe geschaffen hat oder nicht. Daraus ergibt sich übrigens sofort, daß der Amtsbegriff ein ausschließlich sozialrechtlicher ist; denn durch rechtliche Willensakte sich Organe zu schaffen vermag nur ein sozialer Organismus; die physische Person kann nur durch ihre physischen Organe oder durch die fremder physischer Personen, die zu ihr im individualrechtlichen Dienstmieteverhältnisse stehen, tätig werden; deshalb ist die Idee eines Amtsverhältnisses gegenüber einem individuellen Dienstherrn eine völlig unmögliche Vorstellung.

Weil die praktische Bedeutung jenes Gegensatzes von sozialrechtlichem Amts- und individualrechtlichem Arbeitsverhältnis namentlich in der Verschiedenheit der Rechtsstellung der in dem einen oder anderen Verhältnis zum Gemeinwesen stehenden Personen hervortritt, wird diese organisatorische Frage regelmäßig unter dem Gesichtspunkt der Begründung des persönlichen Rechtsverhältnisses erörtert: Beamtenanstellung oder Dienstmietevertrag. Und selbstverständlich ist die Wesensverschiedenheit der beiden Rechtsverhältnisse entscheidend für die verschiedene Rechtsform ihrer Begründung; jedoch werden wir diesen Gegenstand besonders und zwar im nächsten, XII. Kapitel, erörtern. Hier handelt es sich zunächst nur um den Amtsbegriff

---

[21]) Vgl. meine in n. 11 zitierte Abhandlung.

selbst, nicht um den Begründungsakt des Amts- wie des Beamtenverhältnisses. Und auch die beiden Begriffe ‚Amt‘ und ‚Beamter‘ sind vorläufig noch von einander zu trennen und zuvörderst nur der erstere festzustellen. Aus der Vermischung beider erklärt sich das weit verbreitete Mißverständnis über das Moment der Dauer, welches als essentiale für beide gefordert wird und doch für jeden von beiden Begriffen eine verschiedene Bedeutung hat[22]).

„Ein durch das objektive Recht dauernd verselbständigter Teilkomplex von Gemeindetätigkeit“ ist nach der schon mit Zustimmung zitierten Definition Gierke's[23]) das Gemeindeamt; und es ist nur ein anderer Ausdruck für den gleichen zutreffenden Grundgedanken, wenn er jedes Gemeindeamt als eine Gemeindeinstitution bezeichnet. Gewiß ist die Dauer als Zeitbestimmung ein schwankender und unfaßbarer Begriff; aber sie hat hier auch gar nicht die Bedeutung eines bestimmten Zeitraums, sondern die einer organisatorischen Einrichtung. Nicht auf den Zeitraum, während dessen das Amt besteht, kommt es an, vielmehr auf den Raum, welchen es als eigene Einrichtung in der Organisation des Gemeinwesens einnimmt. Gewiß hat Laband Recht, daß vorübergehende Bedürfnisse wohl vorübergehende Geschäfte erzeugen können, zu deren Erledigung zeitweilig Ämter eingerichtet werden. Aber auch in diesem Falle wird doch eben das Amt als solches eingerichtet, also eine organisatorische Institution, ein Organ des Gemeinwesens geschaffen, das eine selbständige — gleichviel ob lange oder kurze — Dauer hat, und zwar selbständig gegenüber der zu seinen Funktionen berufenen Organperson. Das Amt als organische Institution dauert so lange, bis es durch den organisatorischen Akt des Gemeinwesens aufgehoben wird; die Existenz der zuerst berufenen Organperson ist für die Existenz des Amts gleichgiltig; die Ämter als Organe „kontinuieren sich in einem wechselnden Personalbestande“.[24]) Damit tritt der Gegensatz des sozialrechtlichen Amts als der organisatorischen Einrichtung eines Gemeinwesens in seinem eigenen Innern zu dem individualrechtlichen Dienstverhältnis als einer Beziehung zweier einander fremd und äußerlich gegenüberstehenden Personen mit

---

[22]) Vgl. Laband, a. a. O., S. 407 n. 1.
[23]) Siehe n. 11.
[24]) Gierke a. a. O. S. 50.

aller Schärfe hervor; letzteres kann selbstverständlich die Existenz der Individualperson nicht überdauern.

„Das entscheidende Kriterium ist nicht in der Art der Dienste, sondern darin zu suchen, ob der fragliche Tätigkeitskomplex durch das objektive Gemeinderecht als eine ihren Träger überdauernde Einheit konstruiert ist oder lediglich mit dem subjektiven Rechtsverhältnis entsteht und vergeht".[25])

Ob das objektive Gemeinderecht, welches den schöpferischen Akt der Organbildung vollzieht, auf organisatorischem Staatsgesetz oder kommunaler Autonomie beruht, ist gleichgiltig; auch mag zunächst noch dahingestellt bleiben, ob sich jener organisatorische Akt von dem anders gearteten Akte der Bestellung der ersten Organperson für das Amt immer äußerlich und zeitlich scheiden muß oder eventuell beide scheinbar zusammenfallen können; denn auch in diesem Falle sind sie juristisch auseinander zu halten, während es bei dem individualrechtlichen Dienstverhältnis stets nur einen einzigen Rechtsakt geben kann.

Seinem Begriffe nach ist also das Amt ein in diesem Sinne dauernd und rechtlich abgegrenzter Kreis von Funktionen, die gerade durch diese organisatorische Abgrenzung zu Organfunktionen des Gemeinwesens werden. Der Sprachgebrauch der Praxis bezeichnet diese organisatorische Abgrenzung wohl als Schaffung einer Stelle. Wenn das Gemeinwesen für irgend welche Funktionen eine Stelle, d. h. sich ein Organ geschaffen hat, so führt es diese Funktionen eben durch ein eigenes Organ, d. h. selbst aus; die betreffende Tätigkeit ist, gleichviel welches ihr Inhalt sein mag, infolge der rechtlichen Organisation eigene Tätigkeit des Gemeinwesens, d. h. Amtstätigkeit. Den Gegensatz dazu bildet diejenige Tätigkeit, zu deren Verrichtung das Gemeinwesen sich kein Organ geschaffen hat, die es nicht organisiert hat, sondern im Einzelfall durch ihm fremde Personen im individualrechtlichen Dienstverhältnis verrichten läßt. Es gibt innerhalb der Gemeindekompetenz keine Tätigkeit, die die Gemeinde nicht durch eigene Organe, durch Ämter, also selbst verrichten könnte; ob es umgekehrt Tätigkeiten gibt, die die Gemeinde selbst, durch eigene Organe, also durch Ämter verrichten muß, die sie folglich nicht durch ihr fremde Personen verrichten lassen darf,

25) Ebenda S. 49.

ist nachher zu erörtern. Für den Amtsbegriff selbst aber ist Inhalt und Art der Tätigkeit in dem Maße unerheblich, daß das Wesen der Amtsstelle als einer dauernden Institution auch durch die Unbestimmtheit und den Wechsel der ihr zugewiesenen Tätigkeit nicht alteriert wird. Das Bedürfnis einer größeren Verwaltung, jederzeit Hilfskräfte für vorübergehende Geschäfte zur Verfügung zu haben, kann als solches ein dauerndes sein und ist demgemäß einer organisatorischen Verselbständigung als dauernde Einrichtung in dem oben erörterten Sinne fähig. Der hier dauernd verselbständigte Teilkomplex von Gemeindetätigkeit besteht dann nicht in der Erledigung immer wiederkehrender Geschäfte der gleichen Art, sondern in der Ausfüllung von Lücken in der Verwaltungsorganisation, deren jede einzelne zwar nur vorübergehend auftritt, die in ihrer Gesamtheit aber eine dauernde Erscheinung sind. So kann sich das Amt als eine dauernde Einrichtung auch in ständig wechselnden Tätigkeitskreisen perpetuieren.

Die Eigenschaft des Amtes als einer dauernden organisatorischen Einrichtung erblickt die Praxis mit Vorliebe in der Etatsmäßigkeit der betreffenden Stelle; und in der Tat ist dies insofern ein praktisch ganz brauchbares Erkenntnismittel, als der Haushaltsplan, der systematische Voranschlag aller Einnahmen und Ausgaben des Gemeinwesens, auch die Ausgaben sämtlicher organisatorischen Einrichtungen und also auch der Ämter in übersichtlicher Weise erkennbar machen soll. Aber zweierlei ist dabei wohl zu beachten. Einmal nämlich kommt im Etat doch nur die finanzielle Seite der Amtsorganisation zum Ausdruck; und er versagt daher jede Auskunft über diejenigen Ämter, mit denen finanzielle Aufwendungen nicht verbunden sind, was namentlich für die städtische Amtsorganisation mit ihren zahlreichen unbesoldeten Ehrenämtern von Bedeutung ist. Zweitens darf man auch bezüglich der besoldeten Ämter hier nicht Ursache und Wirkung verwechseln; das Amt existiert nicht deshalb, weil es im Etat erscheint; sondern es erscheint im Etat, weil es existiert. Allerdings kann eine Stelle durch Aufnahme der betreffenden Position in den Etat geschaffen werden; aber sie kann auch auf andere Weise entstanden sein; und so ist die betreffende Etatsposition nur eines der möglichen Beweismittel für die rechtliche Existenz der betreffenden Stelle, ohne daß das Fehlen einer solchen Position, die im Etat stehen sollte, aber nicht darin steht, von vornherein die rechtliche Existenz des Amtes ausschließt.

Indem eine Gliedperson zu Organfunktionen ihres Gemeinwesens in rechtsverbindlicher Weise berufen wird, wird sie in dieser Eigenschaft zur Organperson. Die zur Mitgliedschaft eines der beiden Repräsentativorgane der Stadt berufene Organperson ist als solche Repräsentant der Stadtgemeinde. Es fragt sich nun, ob auch jede zu amtlichen Organfunktionen der Stadt berufene Organperson dadurch zum städtischen Beamten wird; und ferner ob umgekehrt die Eigenschaft eines städtischen Beamten nur durch die Berufung zu einem Stadtamt erworben werden kann?

Daß für den Beamtenbegriff überhaupt vielfach als essentiale wiederum eine gewisse Dauer des Amtsverhältnisses gefordert, also die Berufung zu einzelnen amtlichen Funktionen nicht für genügend erachtet wird, um die Beamteneigenschaft der betreffenden Person zu begründen, ist schon im ersten Teil (Kapitel III S. 72 fg.) dargelegt worden; ebenso die von anderer Seite dagegen erhobenen Einwände und meine eigene Ansicht, daß mit jenem Postulat der Dauer des Amtsverhältnisses ein an sich richtiger Gedanke nur ungenau und mißverständlich ausgedrückt ist. Wie bei dem eben erörterten Amtsbegriff das Moment der Dauer nicht einen längeren oder kürzeren Zeitraum bezeichnen soll, vielmehr den Raum, welcher den Amtsfunktionen in der inneren Organisation des Gemeinwesens als dauernder Einrichtung angewiesen ist, so bezieht sich beim Beamtenbegriff das Moment der Dauer auf den Raum, welchen die amtlichen Funktionen innerhalb der individuellen Lebenssphäre der Organperson als dauernde Tätigkeit einnehmen. In dieser Hinsicht kann für den Begriff des städtischen Beamten einfach auf das verwiesen werden, was oben über den Beamtenbegriff überhaupt gesagt worden ist. Wenn als übliches Beispiel dafür, daß die Übertragung staatlicher Amtsfunktionen an sich noch nicht die Eigenschaft als Staatsbeamter verleiht, die Schöffen und Geschworenen zu dienen pflegen, so nehmen ihre Stelle im Rahmen der städtischen Amtsorganisation die Gemeindedienstpflichtigen ein, denen gemäß § 54 St. O. bezw. § 68 K. A. G. kommunale Organfunktionen übertragen werden können, ohne daß sie dadurch zu Gemeindebeamten werden.[26]) Darüber hinaus jedoch bildet die Unterscheidung zwischen dem besoldeten Berufs- und dem unbesoldeten Ehrenamt keine Beschränkung des Beamtenbegriffs überhaupt; namentlich sind die städtischen Ehrenbeamten keineswegs nur als uneigentliche oder partielle Beamte anzusehen, wie oben (S. 74) dargetan wurde. Die relative Verschiedenheit beider Kategorien besteht lediglich in der quantitativen Differenz des Raumes, den die Amtstätigkeit in der individuellen Lebenssphäre der Organperson ausfüllt; daraus ergeben sich gewisse später darzulegende Konsequenzen nach der pekuniären und disziplinarischen Seite; aber im übrigen ist die Organstellung des Ehrenbeamten zur Stadtgemeinde prinzipiell durchaus die gleiche wie die des Berufsbeamten.

Der Begriff des städtischen Beamten ergibt sich also nach der positiven Seite hin aus dem Begriff des Stadtamts: jede zu einem im obigen Sinne dauernd verselbständigten Teilkomplex von Gemeindetätigkeit berufene Organperson ist städtischer Beamter. Dabei scheidet die heikle Frage, wie sich von Rechtswegen jene Verselbständigung eines Teilkomplexes von Gemeindetätigkeit, d. h. die Begründung eines Amtes, und wie sich ferner von Rechtswegen die Berufung in dieses Amt, d. h. die Begründung der Beamteneigenschaft vollzieht, hier zunächst noch aus; sie wird im nächsten Kapitel erörtert. Eines ist aber nach den bisherigen Ausführungen schon hier festzustellen: wenn ein Amt im Rechtssinne existiert, gleichviel wie es rechtlich entstanden ist, und wenn zu den Funktionen dieses Amtes eine Person rechtswirksam berufen ist, gleichviel wie sich diese Berufung rechtlich vollzogen hat, so ist diese Person städtischer Beamter im vollen Rechtssinne. *Rechtlich absolut unmöglich* ist also ein „Zwitterverhältnis" der Art, daß jemand zwar als Träger von Amtsfunktionen und demgemäß nach außen hin als Beamter erscheint; jedoch nach innen, d. h. im Verhältnisse zur Stadtgemeinde *nicht* die Eigenschaft eines städtischen Beamten hat.[27]) Denn die Stellung nach außen ist lediglich die rechtliche Konsequenz der inneren Stellung in der Organisation des Gemeinwesens, ein Ausfluß des Organverhältnisses.

---

[26]) Oertel, S. 320 fg.

[27]) Siehe Erk. d. Reichsgerichts vom 10. Febr. 1896, Entscheid. in Zivilsachen, Bd. 37, S. 225 fg. Auf dieses für das städtische Amtsrecht Epoche machende Erkenntnis komme ich in den nächsten Kapiteln ausführlich zurück.

Daß die Handlungen einer Individualperson Amtshandlungen sind, ist lediglich ein anderer Ausdruck der juristischen Tatsache, daß in diesen Handlungen das Gemeinwesen selbst tätig wird; das Gemeinwesen selbst aber wird rechtswirksam nur tätig in den Handlungen seiner Organpersonen, d. h. — abgesehen von den Repräsentanten — in den Handlungen seiner Beamten. Dagegen sind die Personen, welche lediglich in einem Kontraktsverhältnis zum Gemeinwesen stehen, demselben fremde Personen; sie sind seiner Organisation nicht eingefügt, also keine Organpersonen; ihre Handlungen daher dem Gemeinwesen fremde, also keine Amtshandlungen. Mit anderen Worten: städtische Amtshandlungen können nur durch städtische Beamte, nicht durch „kontraktliche Diener“[28]) vollzogen werden; jede zu amtlichen Organfunktionen der Stadt berufene Organperson wird dadurch zum städtischen Beamten.

Auch nach der negativen Seite hin kann die Eigenschaft eines städtischen Beamten nicht von der Berufung zu einem Stadtamt begrifflich losgelöst werden. Allerdings gibt es Beamte, die ein bestimmtes Amt noch nicht oder nicht mehr innehaben. Das für das Staatsbeamtenrecht beliebteste Beispiel dieses Verhältnisses, der zur Disposition stehende Beamte, hat de lege lata für das städtische Amtsrecht keine praktische Bedeutung; für dieses kommen lediglich die im Vorbereitungsdienst stehenden und bezüglich etlicher Reste der Beamteneigenschaft die pensionierten Beamten in Betracht. Aber schon im ersten Teil (Kapitel III S. 75 fg.) wurde die Unhaltbarkeit einer Anschauung dargetan, die den Beamtenbegriff von dem Amtsbegriff um deswillen loslöst, weil das in der Bekleidung eines Amtes wurzelnde persönliche Rechtsverhältnis des Beamten dieser Bekleidung selbst eine kurze Zeit vorhergehen oder einige Rechtswirkungen über diese Zeit hinaus äußern kann. Wir haben dort gesehen, daß auch in diesen Fällen die amtlichen Funktionen den Mittelpunkt und das Wesen des ganzen Verhältnisses bestimmen; daß es sich hier um Konsequenzen der Berufsmäßigkeit innerhalb des Beamtenbegriffs, nicht um das Wesen des Beamtenbegriffs selbst handelt. Nur weil und so weit eine berufsmäßige praktische Vorbereitung für das betreffende Amt notwendig ist, gibt es Beamte im Vorbereitungs-

---

[28]) O. Mayer a. a. O. S. 199 n. 7. — Über die Beamteneigenschaft gewisser Kategorien von Privatbediensteten siehe ebenda S. 215 fg.

dienst; nur weil und insoweit das Amt seinen Lebensberuf bildete, behält der pensionierte Beamte gewisse Rechte aus dem Beamtenverhältnis [29]). Ja, für jenen ersten Fall steht der Schaffung besonderer Vorbereitungsämter kein Bedenken entgegen, da ebenso wie vorübergehende und aushilfsweise Dienstleistungen auch die berufsmäßige Schulung von Beamten durch solche Dienstleistungen ein dauerndes Bedürfnis des Gemeinwesens sein kann und daher einer dauernden organisatorischen Verselbständigung fähig ist. In keinem Falle jedoch besteht die rechtliche Möglichkeit für die Stadtgemeinde, einer Person einzelne Beamteneigenschaften statt der Beamteneigenschaft beizulegen, bestimmte Rechte und Pflichten des Organverhältnisses, ohne das Organverhältnis selbst zu konstituieren. Das ist ebenso und aus dem gleichen Grunde unmöglich wie die Amtsübertragung auf eine Person, ohne sie dadurch zur Organperson, d. h. zum Beamten zu machen. Alle einzelnen Rechte und Pflichten des Beamten haben keine selbständige Existenz, sondern sind lediglich rechtliche Ausflüsse des Status als Organperson. Auch der Staat vermag, solche einzelnen Rechte und Pflichten aus der Einheit des Organverhältnisses loszulösen und ihnen selbständige rechtliche Existenz zu geben, nur auf dem Wege der Gesetzgebung oder kraft gesetzlichen Spezialtitels. Ein solcher existiert für die Stadtgemeinden nicht; sie können also für eine Person die Beamtenrechte oder Beamtenpflichten lediglich in ihrer Totalität begründen, indem sie für diese Person den organischen Status des Gemeindebeamten begründen. Die bisher vielfach beliebte Beilegung der Steuerprivilegien und der strafrechtlichen Verantwortlichkeit der Beamten ohne Anerkennung der Beamteneigenschaft überhaupt ist nicht nur rechtsungiltig, sondern eine flagrante Verletzung des objektiven Rechts; denn dieses knüpft jene Rechte und Pflichten als Rechtsfolgen unbedingt an die Voraussetzung der Beamteneigenschaft als Statusverhältnis. Endlich kann zweifellos eine Stadtgemeinde nicht etwa eine „allgemeine Beamteneigenschaft", sondern ausschließlich „die Stellung von Gemeindebeamten im Sinne der St. O." [30]) begründen. Denn eine solche allgemeine Beamteneigenschaft gibt es überhaupt nicht; der Beamte

---

[29]) Vgl. übrigens auch O. Mayer a. a. O. S. 200 fg.

[30]) Siehe n. 27 und auch das in der Hauptsache abweichende Erkenntnis des O. V. G. vom 25. Okt. 1889 Bd. XVIII, S. 55 fg.

als Organperson kann dies stets nur im organischen Rechtsverhältnis zu einem bestimmten Gemeinwesen sein; es gibt also nur Reichs-, Staats- oder Gemeindebeamte, aber keine Beamten schlechthin. Und eine Stadtgemeinde kann füglich nur städtische Organpersonen, d. h. städtische Gemeindebeamte bestellen.

Der Verschiedenartigkeit der städtischen Ämter entsprechen die verschiedenen Arten städtischer Beamter. In der ersten Linie steht hier die Scheidung der städtischen Ämter in Berufs- und Ehrenämter, der die Scheidung der städtischen Beamten in die beiden Kategorien der besoldeten und unbesoldeten entspricht. Zu den Berufsämtern zählen auch diejenigen, deren Funktionen nur den Nebenberuf ihres Inhabers bilden, indem deren Besoldung neben dem Ertrage des Hauptberufs die wirtschaftliche Grundlage seiner Existenz ergänzt. Andererseits wird der Begriff des Ehrenamts dadurch nicht ausgeschlossen, daß dem Inhaber seine baren Auslagen erstattet werden gemäß der Schlußbestimmung in § 64 St. O.[31]); auch wenn diese Vergütung in Gestalt eines Pauschquantums erfolgt, hat sie nicht den Charakter einer Besoldung. Wie nicht jeder Beruf an sich eine berufsmäßig technische Vorbildung erfordert, so ist eine solche auch nicht die Voraussetzung für jedes Berufsamt; und andererseits mag der unbesoldete Beamte die für seinen sonstigen Beruf erworbene technische Vorbildung in den Dienst des Ehrenamts stellen. Jedoch ist dies letztere eine freiwillige Leistung, die über die allgemeine Pflicht zur Übernahme von unbesoldeten Stellen in der Gemeindeverwaltung nach § 74 St. O. hinausgeht; soweit also solche freiwilligen Kräfte nicht zur Verfügung stehen, muß die Stadt die Ämter, welche eine berufsmäßig technische Vorbildung erheischen, als Berufsämter einrichten und mit Besoldung ausstatten. Abgesehen von dieser tatsächlichen Nötigung ist durch gesetzliche Disposition nur das Bürgermeisteramt als ein besoldetes Berufsamt (§ 31, 64, 65 St. O.) und sind andererseits nur die Ämter der Schöffen, Deputationsmitglieder und Bezirksvorsteher als unbesoldete Ehrenämter charakterisiert. Im übrigen ist es Sache der städtischen Autonomie, bei Er-

[31]) Sten. Ber. d. erst. Kamm. 1852/53, S. 212 fg. — Hübner, S. 128, S. 250.

richtung eines Amtes dasselbe der einen oder anderen Kategorie einzureihen.

Für die unbesoldeten Ehrenbeamten gibt es eine gesetzliche Qualifikationsbedingung: den Besitz des Bürgerrechts nach Maßgabe der §§ 5, 7, 74 und 75 St. O. In diesem unlösbaren rechtlichen Zusammenhange zwischen dem städtischen Bürgerrecht und dem Recht wie der Pflicht zur Übernahme städtischer Ehrenämter kommt der begriffliche Zusammenhang zwischen Gliedverhältnis und Organverhältnis zu klarem und prinzipiellem Ausdruck. Das Organverhältnis wurzelt tatsächlich im Gliedverhältnis; das organschaftliche Gewaltverhältnis zwischen dem Gemeinwesen und dem Beamten ist nur eine Steigerung und Qualifizierung des gliedschaftlichen Gewaltverhältnisses zwischen dem Gemeinwesen und seinem Angehörigen (s. o. S. 86 fg.). Aus dem richtig erkannten Prinzip ergibt sich daher das Postulat, daß der Beamte als Organperson stets zugleich auch Gliedperson seines Gemeinwesens sei. Dieses begriffliche Postulat kann von dem positiven Recht in doppelter Weise erfüllt werden, indem es entweder nur Gliedpersonen zur Organstellung zuläßt, oder umgekehrt mit der Berufung zur Organstellung die Verleihung der Gliedpersönlichkeit, den Erwerb der Angehörigkeit von Rechtswegen verbindet. Bezüglich der Ehrenämter hat also die Städteordnung den ersten Weg eingeschlagen, wie dies auch dem Wesen jener nicht den Lebensberuf und die wirtschaftliche Existenz des Beamten bedingenden Ämter entspricht. Für die Berufsämter empfiehlt sich dagegen der zweite Weg, weil der erste die Auswahl der Berufsbeamten namentlich für kleinere Gemeinwesen allzu sehr einschränken würde. Daß zur Berufung in besoldete Stadtämter der Besitz des Bürgerrechts nicht Voraussetzung ist, unterliegt nach § 5 St. O. keinem Zweifel. Dagegen fragt es sich, ob unser positives Recht jenes prinzipielle Postulat auf dem anderen möglichen Wege erfüllt, d. h. ob mit der Berufung zu einem besoldeten Stadtamt die Verleihung der Gliedpersönlichkeit von Rechtswegen verbunden ist. Dabei ist zwischen der Angehörigkeit des § 3 und dem Bürgerrecht des § 5 St. O. zu unterscheiden. Da die Angehörigkeit durch den Wohnsitz begründet wird, und da mit der Übernahme eines Stadtamts schon nach der Rechtsvermutung des § 11 A. G. O. die Begründung eines Wohnsitzes im Stadtbezirk zusammenfällt, so wird die Angehörigkeit nach § 3 St. O. regelmäßig mit der Berufung zum Amt gegeben sein. Ausnahmen kommen allerdings besonders in großstädtischen Verhältnissen vor, insofern dem Beamten das Wohnen in einem Vorort ausdrücklich gestattet wird; hier könnte man sich vielleicht mit der Fingierung eines Wohnsitzes nach Analogie der für Staatsbeamte in § 8 des Gesetzes vom 11. Juli 1822 giltig gewesenen Bestimmung zu helfen suchen. Daß jedoch darüber hinaus auch das Bürgerrecht des § 5 St. O. durch die Berufung in ein besoldetes Stadtamt erworben werde, wird gemeinhin verneint[32]), was nach Ansicht des O. V. G.[33]) „den unzweideutigen Bestimmungen der Städteordnung gegenüber keiner weiteren Darlegung bedarf". Freilich haben die sachgemäßen Bestimmungen, welche die erste St. O. wenigstens für sämtliche Mitglieder des Magistrats in ihrem § 141 und § 155 enthielt, wonach dieselben Bürger sein oder es sofort werden mußten, in die heutigen Städteordnungen außer der hannöverschen[34]) keine Aufnahme gefunden. Und so weit der Besitz des Bürgerrechts nach § 5 St. O. an besondere persönliche und wirtschaftliche Voraussetzungen geknüpft ist, können dieselben allerdings nicht durch die Berufung in ein Stadtamt ersetzt werden. Im übrigen sollte jedoch das, was von der Naturalisation von Ausländern und der Aufnahme von Nichtstaatsangehörigen durch Anstellung im Reichs- oder Staatsdienst gilt[35]), auf den Erwerb des Bürgerrechts durch Anstellung im Stadtdienst analoge Anwendung finden. Es ist doch ein in sich überaus widerspruchsvoller Zustand, daß jemand Mitglied oder gar Vorsitzender eines obersten Repräsentativorgans der Stadt sein könnte, ohne Bürger der Stadt zu sein. Die Möglichkeit der Verleihung des Bürgerrechts durch Gemeindebeschluß gemäß § 6 St. O., auf die für diesen Fall verwiesen zu werden pflegt, beseitigt die Bedenken nicht, weil sie nicht mit der Berufung verbunden, sondern eventuell von dem Willen anderer Faktoren abhängig ist.

---

[32]) Oertel, S. 146.

[33]) Erk. vom 17. Febr. 1879, Bd. V, S. 11. Kamptz I, S. 105.

[34]) Leidig, S. 114.

[35]) Vgl. Laband I, S. 158 fg. — Reichsgesetz vom 1. Juni 1870, § 9. Die Bestallung von Reichsausländern als Gemeindebeamte bedarf danach und gemäß der Kabinetsorder vom 24. April 1834 der Bestätigung durch die Regierung als höherer Verwaltungsbehörde. Vgl. Kautz und Appelius, S. 7.

Daß die Verurteilung zu Zuchthausstrafe wie der Verlust der bürgerlichen Ehrenrechte zur Bekleidung besoldeter wie unbesoldeter Stadtämter unfähig macht, ergibt sich aus § 31 ff. R. St. G. B. und § 7 und 75 St. O. Mit der Vorschrift des A. L. R. II Tit. 10 § 70: „Es soll niemandem ein Amt aufgetragen werden, der sich dazu nicht hinlänglich qualifiziert und Proben seiner Geschicklichkeit abgelegt hat" schmücken sich die üblichen Handbücher gern; will man dieser Redensart irgend einen rechtlichen Wert beimessen, so mag sie als gesetzliche Qualifikationsbedingung für besoldete wie unbesoldete städtische Beamte fortgelten. Im übrigen fehlt es an solchen Bestimmungen bis auf einige prinzipiell wenig erhebliche Vorschriften der hannöverschen und schleswig-holsteinischen St. O., und abgesehen von dem früher erörterten Vorbehalt zahlreicher besoldeter Stellen im städtischen Subaltern- und Unterbeamtendienst für die Militäranwärter (s. o. S. 290 fg). Der städtischen Autonomie ist es überlassen, durch Gemeindebeschluß für besoldete Berufsämter bestimmte Qualifikationsbedingungen vorzuschreiben oder besondere Prüfungen einzurichten. Bei unbesoldeten Ehrenämtern kann davon keine Rede sein, weil deren Übernahme eine berufsmäßig technische Vorbildung nicht voraussetzt.

Die Einteilung der städtischen Beamten in verschiedene Klassen wird ausschließlich durch die Klassifizierung der Ämter selbst und ihre Über-, Neben- und Unterordnung in der städtischen Behördenorganisation bestimmt. Eine von der Stellung des Amtes verschiedene persönliche „Rangstellung" des Beamten kennt das städtische Amtsrecht nicht, auch darin verwandt der anderen modernen Organisationsform, dem Reiche. Freilich, hier wie dort sind „byzantinische Einrichtungen, die sich im preußischen und anderen Staaten konserviert haben, nicht ganz ohne Einfluß geblieben"[36]; aber alle solche Versuche entbehren jeder rechtlichen Begründung und Bedeutung. Einen einzigen persönlichen Titel können die Stadtgemeinden an eine bestimmte Klasse ihrer Beamten, nämlich an Magistratsmitglieder nach mindestens neunjähriger Dienstzeit gemäß § 34 St. O. verleihen; und dieser Titel eines Stadtältesten ist wegen seiner mäßigen Schönheit nicht sonderlich begehrt. Im übrigen kann die Stadt ihren

[36]) Laband I, S. 481.

Beamten weder einen anderen Titel noch eine andere persönliche Stellung geben, als der Bezeichnung und der Stellung ihres Amtes entspricht. Die Stellung der Ämter innerhalb eines Behördensystems differenziert sich nun einmal nach der örtlichen und der sachlichen Zuständigkeit. Der erste Gesichtspunkt ergibt die Einteilung in Zentral-, Mittel- und Lokalbehörden. In dieser Hinsicht ist jedoch die Entwicklung der städtischen Organisation gegenüber dem gewaltigen quantitativen und qualitativen Wachstum der städtischen Selbstverwaltung einigermaßen rückständig geblieben, indem sie noch immer eine Hypertrophie der Zentralorgane neben einer Verkümmerung der Mittel- und Lokalbehörden aufweist. Unter dem Magistrat und seinen Verwaltungsdeputationen als Zentralbehörden finden sich nur in einigen Großstädten etliche Ansätze zur Organisation von Mittelbehörden in Gestalt von örtlich abgegrenzten Bau- und Schulinspektionen, neuerdings wohl auch von Armenämtern oder ähnlichem. Und bezüglich der Lokalbehörden ist die organisatorische Entwicklung, abgesehen von Schulkommissionen oder Schulvorständen, Armenkommissionen oder Armenpflegern, über den Bezirksvorsteher der ersten Städteordnung nicht hinausgelangt; ja dieses Amt ist noch einigermaßen verkümmert, weil es in seiner jetzigen Gestalt den Anforderungen einer wirklich dezentralisierten Selbstverwaltung doch in keiner Weise zu entsprechen vermag. Bei der Beratung des Entwurfs von 1876 haben auch an diesem Punkte beachtenswerte Reformversuche eingesetzt[37]), die jedoch gleich anderen guten Gedanken seitdem liegen geblieben sind. Und doch ist die organische Dezentralisation der großstädtischen Selbstverwaltung eine der dringlichsten Aufgaben für die Entwicklung unseres Städterechts, eine Aufgabe, die im Geiste der städtischen Selbstverwaltung nur durch eine organische Verbindung von besoldeten Berufs- und unbesoldeten Ehrenämtern auch in den Mittel- und Lokalbehörden gelöst werden kann.

Aus der Differenzierung der Behörden nach ihrer sachlichen Zuständigkeit ergibt sich die Einteilung der Ämter in Ressorts. Dem entsprechen im städtischen Behördensystem, abgesehen von den Spezialkommissionen und Einzeldezernaten des Magistrats, vor allem die

[37]) Siehe d. Komm.-Ber. zu § 87 88 d. Entwurfs, Verhandl. d. Abg.-H. 1876. Anlageband III, S. 1494; vgl. auch Leidig S. 146.

ständigen Verwaltungsdeputationen, sowie die Kuratorien oder Direktorien der städtischen Werke und Betriebe oder einzelner städtischer Anstalten nebst den ihnen beigegebenen und untergeordneten Beamten. Daß zu diesen Beamten nach positivem Recht, wenn auch eigentlich prinzipwidriger Weise, auch die von der Stadt angestellten Polizeibeamten gehören, wurde oben (Kap. VIII, S. 223 fg.) erörtert. Dort wurde auch bewiesen, daß prinzipiell richtiger Weise die Lehrer an städtischen Schulen, an den höheren wie an den Volksschulen, städtische Gemeindebeamte sind, welcher Auffassung zwar die herrschende Meinung der Praxis, keineswegs jedoch das positive Recht entgegensteht, das von vornherein Beamte, die, wie die Lehrer nach der herrschenden Meinung, weder unmittelbare Staats- noch Kommunalbeamte sein sollen, gar nicht kennen kann.

Nach der im staatlichen Amtsrecht üblichen Einteilung aller Beamten in richterliche und nicht richterliche oder Verwaltungsbeamte gehören sämtliche städtische Beamte in die Kategorie der Verwaltungsbeamten. Indessen hat neuerdings das Reichsrecht mit dem Institut der Gewerbegerichte Behörden geschaffen, die sich zwar formell dem durch das Gerichtsverfassungsgesetz reichsrechtlich sanktionierten Prinzip des staatlichen Gerichtsmonopols einfügen, die aber materiell eine Neubelebung der alten Gemeindegerichtsbarkeit darstellen. Denn nach der ganzen organisatorischen Gestalt, die ihnen die Reichsgesetze vom 29. Juli 1890 und 30. Juni 1901 gegeben haben, erscheinen die Gewerbegerichte teils als obligatorische, teils als fakultative Einrichtungen einer oder mehrerer Gemeinden oder höherer Kommunalkörper. Daß sämtliche Mitglieder des von einer Stadtgemeinde errichteten Gewerbegerichts städtische Beamte sind, unterliegt keinem Zweifel. Die Beisitzer sind kommunale Ehrenbeamte wie etwa die Handelsrichter staatliche Ehrenbeamte sind, wobei die Bestellung durch Ernennung auf Vorschlag hier und durch Wahl dort keinen rechtlichen Unterschied begründet. Die Vorsitzenden sind städtische Berufs- oder Ehrenbeamte, deren richterliche Funktionen jedoch ihre Gesamtstellung als Verwaltungsbeamte nicht aufheben; insoweit ist hier das Prinzip der persönlichen Trennung von Justiz und Verwaltung durchbrochen.

Was das Subordinationsverhältnis der städtischen Ämter betrifft, so steht der Magistrat als oberste Verwaltungsbehörde allen anderen städtischen Ämtern, Berufs- wie Ehrenämtern, gegenüber. Er ist der Vorgesetzte aller Deputationen und Kuratorien, der Bezirksvorsteher und lokalen Kommissionen wie sämtlicher besoldeten Berufsbeamter. Daraus erklärt sich der in der Litteratur und auch in der Gesetzessprache gemachte Versuch, den Bürgermeister und die Magistratsmitglieder unter einer anderen Bezeichnung, etwa als Beamte der Stadtgemeinde oder Gemeindebeamte, aber nicht gleich allen übrigen als städtische Beamte schlechthin zusammenzufassen[38]); was jedoch bei der absolut gleichen Bedeutung aller dieser Ausdrücke ein Versuch mit untauglichen Mitteln sein und bleiben muß. Auch die vom Gesetz beliebte Bezeichnung aller besoldeten städtischen Beamten außer den Magistratsmitgliedern als Gemeindeunterbeamte ist eine wenig glückliche, weil das Wort Unterbeamte vom üblichen Sprachgebrauch schon in anderem Sinne festgelegt ist. Von der Mitgliedschaft des Magistrats sind die in § 30 der Östl. St. O. aufgezählten Personenkategorien ausgeschlossen[39]), was auch in den übrigen Städteordnungen analogen Ausdruck findet.

Im übrigen läßt sich die übliche Dreiteilung der Ämter und ihrer Inhaber in die Klassen der oberen, der Subaltern- und der Unterbeamten ohne weiteres auch auf die städtischen Ämter und Beamten übertragen. Will man diese Klassifikation nicht auf die besoldeten Berufsbeamten beschränken, so sind die Ehrenbeamten sämtlich zu den oberen Gemeindebeamten zu rechnen, da füglich weder Bureau- und Kassengeschäfte noch mechanische Dienstleistungen im Ehrenamt versehen werden. Der bei den Beratungen von 1876 gemachte Versuch, den zur Leitung einzelner, namentlich technischer Verwaltungszweige berufenen besoldeten Oberbeamten eine besondere rechtliche Stellung sowohl hinsichtlich ihrer Wahl durch Magistrat und Stadtverordnete in gemeinsamer Sitzung, wie hinsichtlich ihrer Stellung zu beiden Kollegien und zu den Verwaltungsdeputationen

---

[38]) Oertel, S. 395, Leidig, S. 140 n., Schön, S. 143.

[39]) Die Behauptung von Oertel, S. 219, Schön, S. 122, n. 10 u. a. m., daß zu den „Lehrern an öffentlichen Schulen“ im Sinne dieses Paragraphen auch die Dozenten an den Universitäten gehören, ist zweifach falsch; denn erstens werden von der Gesetzessprache weder die Universitäten als Schulen, noch gewöhnlich die Dozenten als Lehrer bezeichnet, und zweitens paßt die ratio dieser Bestimmung auf sie in keiner Weise. — Abweichend von den übrigen Städteordnungen regelt den Gegenstand die hannöversche §§ 49/50.

zu geben[40]), hat keine praktischen Folgen gehabt. Nach geltendem Recht unterscheiden sich die oberen Ämter nur durch die Art ihrer Funktionen und die sich daraus ergebenden tatsächlichen Anforderungen an die Qualifikation ihrer Inhaber von den übrigen Ämtern. Nur in einzelnen Großstädten sind durch besonderes Ortsstatut bestimmte Ämter dieser Kategorie, z. B. die von Magistratsassessoren, Stadtschulinspektoren u. dgl., geschaffen worden.

Ob der Begriff des Unterbeamten mit dem eines zu mechanischen Dienstleistungen bestimmten Beamten identisch ist[41]), ist ebenso streitig, wie der Begriff der mechanischen Dienstleistungen selbst. Wenn die St. O. in der später noch zu erörternden Bestimmung ihres § 56, 6 „diejenigen Unterbeamten, welche nur zu mechanischen Dienstleistungen bestimmt sind", heraushebt, so läßt dieser Wortlaut offenbar die Existenz noch anderer Unterbeamten zu. Auf demselben Standpunkt stehen Oberverwaltungsgericht und Reichsgericht in mannigfachen Erkenntnissen aus neuerer Zeit, wie in den früher schon erwähnten Nachtwächterprozessen. In dieser Beziehung hat ein Erkenntnis des O. V. G.[42]) auf Grund des § 89 der schleswig-holsteinschen St. O. die Identifizierung der Nachtwächter als polizeilicher Unterbeamten mit den nur zu mechanischen Dienstleistungen verwendeten Polizeibeamten verworfen. Der Entwurf zur St. O. von 1876 dagegen beseitigte in seinem § 110 die staatliche Bestätigung für die „unteren Exekutivbeamten" der städtischen Polizei und wollte sich damit eben jener Bestimmung in § 89 der schleswig-holsteinschen St. O. anschließen; damals faßten also Regierung und Abgeordnetenhaus den Begriff anders auf als jetzt das O. V. G. In einem Erkenntnis vom 5. Juli 1900 hat das Reichsgericht die mechanische Tätigkeit definiert als „eine solche, eigenes Urteil und eigenes Entschließen des Handelnden nur im Mindestmaß erfordernde, äußerliche Tätigkeit, deren Einzelheiten durch fremden Willen dem Handelnden so genau vorgeschrieben sind, daß er bei der Handlung lediglich als Werkzeug dieses fremden Willens die Einzelheiten ausführt, ohne dabei über ein nicht ins Gewicht fallendes geringes Maß hinaus eigenes Urteil und eigene Entschließung zur Anwendung zu

---

[40]) Vgl. die Beschlüsse zweiter Lesung zu den §§ 76, 85, 89, 97: Verhandl. d. Abg.-H. 1876, Anl. Bd. III, S. 1738 fg.
[41]) Oertel, S. 395.
[42]) Erk. vom 2. Mai 1894, Bd. 26, S. 27 fg. Kamptz, Bd. 1, S. 506 fg.

bringen".[43]) Und dieser Definition schließt sich neuerdings das Kammergericht in einem Erkenntnis vom 15. Februar 1901[44]) mit dem sinnigen Zusatz an:

„Da Menschen keine Maschinen sind, sondern, so lange sie bei Bewußtsein sind, nichts ohne eine gewisse Denkarbeit tun können, so darf der Begriff der mechanischen Dienstleistungen nicht auf solche Handlungen beschränkt werden, welche ohne jedes Denken vor sich gehen; vielmehr sind darunter solche zu verstehen, bei denen die Denktätigkeit hinter der körperlichen erheblich zurücktritt und nur in einem geringen Maße aufgewendet wird."

Auch die Weisheit höherer und höchster Gerichte vermag also nicht Geist und Leib und ihre Funktionen mit der Schärfe eines juristischen Begriffes zu scheiden; über das höhere oder geringere Maß aufzuwendender Denktätigkeit werden wohl in jedem streitigen Einzelfalle unlösbare Zweifel übrig bleiben, was doch aber nicht nur bei dieser untersten Beamtenkategorie zutrifft. Unter diesem Vorbehalt wird man den Begriff des Unterbeamten durch den der überwiegend mechanischen Tätigkeit bestimmen, freilich aber die Konstanz der Arten nicht gerade auf der Grenze zwischen Subaltern- und Unterbeamten suchen dürfen.

In einem eigentümlichen Rechtsverhältnisse zur Stadtgemeinde können endlich die Ämter und Beamten städtischer Anstalten oder Stiftungen stehen. So weit solchen Anstalten keine eigene Rechtspersönlichkeit innewohnt, hat das Verhältnis ihrer Ämter und Beamten zur Stadt keine prinzipielle Besonderheit; es sind städtische Ämter und Beamte. Schwierigkeiten können sich allerdings auch hier namentlich als Folge des absolut widersinnigen Verhältnisses ergeben, welches das preußische Recht, wie oben erörtert wurde, zwischen Kommunal- und Polizeiverwaltung konstruiert. Danach kann es oft eine nur nach Willkür, nicht mehr nach Rechtsgrundsätzen zu lösende Frage sein, ob eine bestimmte Anstalt eine kommunale oder polizeiliche Einrichtung ist, wie dies z. B. neuerdings bezüglich des Feuerlöschwesens in der Praxis hervorgetreten ist.[45])

[43]) Prozeß Schulz contra Berlin, Berl. Magistr.-Akten.
[44]) Prozeß Adameck contra Berlin, Berl. Magistr.-Akten.
[45]) Über die neueste Judikatur des Kammergerichts in dieser Frage siehe den — übrigens völlig von polizeistaatlichem Geiste beherrschten — Art. von Eilsberger: „Die Feuerlöschpolizei" im Preuß. Verwalt. Bl., Jahrg. XXIII, S. 177 fg.

In Städten, wo eine Berufsfeuerwehr und eine staatliche Polizeiverwaltung besteht, hängt dann die Entscheidung der Frage, ob die Feuerwehrbeamten Staats- oder Gemeindebeamte sind, von der Entscheidung jener Vorfrage ab. Wenn jedoch städtische Stiftungen oder Anstalten eigene Rechtspersönlichkeit besitzen, so kann hier eine Klasse von mittelbaren Gemeindebeamten entstehen, deren Verhältnis zur Stadtgemeinde dem der mittelbaren Staatsbeamten zum Staate im alten landrechtlichen Sinne sehr ähnlich ist, da ja damals auch die Gemeinden als Staatsanstalten erschienen. Je nach dem Anstalts- oder Stiftungsstatut können aber die Geschäfte auch durch unmittelbare Gemeindebeamte geführt werden.[46]) Die publizistisch wichtigste Erscheinungsform und zugleich ein Beispiel für die Kombination beider Möglichkeiten bieten die Invalidenversicherungsanstalten, die zwar sonst in Preußen nur zur Provinzialgemeinde, für Berlin jedoch zur Stadtgemeinde in einem solchen Rechtsverhältnis stehen. Hier sind die beamteten Vorstandsmitglieder der Anstalt unmittelbare, die sonstigen Anstaltsbeamten mittelbare Gemeindebeamte.

[46]) Vgl. O. Mayer, a. a. O., Bd. II, S. 408 fg.

XII.

Amtserrichtung und Beamtenbestellung.

Die Errichtung städtischer Ämter ist ein Akt der Organisation des Selbstverwaltungskörpers. Diese Organisation beruht auf dem rechtsschöpferischen Willen entweder des höheren politischen Gemeinwesens oder des Selbstverwaltungskörpers; sie geschieht also entweder durch staatliches Gesetz oder durch kommunale Autonomie. Das prinzipielle Verhältnis beider zueinander ist oben (Kapitel VI) erörtert. Soweit die städtischen Ämter als Organe der Stadt nicht unmittelbar durch deren organisches Statut, das Staatsgesetz der St. O., geschaffen sind, werden sie durch einen autonomen Akt des kommunalen Gemeinwillens errichtet. Dabei ist es für den Begriff zunächst unerheblich, ob die Errichtung des betreffenden Amts ein obligatorischer oder ein fakultativer Akt der städtischen Autonomie ist. Unter gewissen Voraussetzungen kann der Stadt eine Rechtspflicht zur Amtserrichtung obliegen, und die Erfüllung dieser Rechtspflicht eventuell durch Aufsichtszwang oder auf anderem Wege herbeigeführt werden; auch in diesem Falle beruht aber die Errichtung des Amtes auf dem kommunalen Willen: coactus voluit. Der Unterschied zwischen diesem Fall und der unmittelbaren Amtserrichtung durch Staatsgesetz ist allerdings ein wesentlich juristischer, der durch die äußere praktische Erscheinungsform leicht verhüllt wird. Beruht nämlich die Existenz des Amtes unmittelbar auf der Städteordnung, so hat die Stadt die Rechtspflicht zur Besetzung des schon existierenden Amtes, zur Anstellung eines Beamten in der betreffenden Stelle; im anderen Falle liegt ihr von Rechtswegen zunächst die Schaffung der Amtsstelle, des Organs, und sodann die Berufung einer Organperson, die Anstellung eines Beamten ob. Da jedoch die beiden juristisch zu scheidenden Akte der Amtserrichtung und der Beamtenbestellung äußerlich in einen einzigen zusammenfallen können, wie wir noch sehen werden, so beachtet die Praxis häufig die innerliche Verschiedenheit beider Fälle nicht.

Die Amtserrichtung durch kommunale Autonomie kann in allen den Formen geschehen, in denen sich der kommunale Gemeinwille überhaupt rechtsverbindlich zu äußern vermag. Also zunächst durch Ortsstatut; aber ferner ebenso durch Gemeindebeschluß. Der Unterschied dieser beiden Formen kommunaler Willensäußerung besteht wesentlich darin, daß der Inhalt des Ortsstatuts für den Umfang des Stadtgebiets ein Bestandteil der äußeren, dem Selbstverwaltungskörper transzendenten Rechtsordnung wird, der Inhalt des Gemeindebeschlusses nicht. Die innere, dem Selbstverwaltungskörper immanente Ordnung dagegen, namentlich also seine Organisation kann der Gemeinwille auch in Form des Gemeindebeschlusses rechtswirksam bestimmen, soweit nicht eben der höhere Gemeinwille durch Gesetz ihn hierin beschränkt. Demgemäß bedarf es zur Errichtung städtischer Ämter eines Ortsstatuts nur in den vom Gesetz vorgesehenen Fällen. Im Rahmen der Städteordnung selbst kommen hiernach die §§ 29 und 59 in Betracht. Die Einrichtung von Magistratsstellen unter Abweichung von den Normen der Städteordnung ist nur durch Ortsstatut zulässig, und ebenso eine von den Normen der Städteordnung abweichende Organisation der Verwaltungsdeputationen; innerhalb dieser Normen jedoch können nach der ausdrücklichen Bestimmung des § 59 gemischte Deputationen durch Gemeindebeschluß, bloße Magistratsdeputationen sogar durch Magistratsbeschluß allein errichtet werden. Letzteres ist aber auch zugleich der einzige Fall, in dem kraft ausdrücklicher Bestimmung der Städteordnung eine Gemeindebehörde von dem Magistrat allein errichtet werden kann, da im übrigen die Ämtererrichtung nicht zu den Angelegenheiten gehört, die im Sinne des § 35 dem Magistrat ausschließlich überwiesen sind. Wohl aber kann dem Magistrat diese Befugnis durch autonome Satzung für bestimmte Fälle übertragen werden; hierfür wird jedoch stets ein Ortsstatut erforderlich sein, da es sich um eine Abweichung von dem in der Städteordnung allgemein normierten konstitutionellen Verhältnis der beiden städtischen Repräsentativorgane zueinander handelt. Abgesehen von der Städteordnung selbst, ist die Amtserrichtung gesetzlich auf den Weg des Ortsstatuts verwiesen durch die Reichsgesetze von 1890 und 1901 betreffend die Gewerbegerichte, und durch die später zu erörternden Bestimmungen des Kommunalbeamtengesetzes von 1899. Im übrigen kann also die Errichtung städtischer Ämter regelmäßig auch durch einfachen Gemeindebeschluß geschehen [1]); d. h. in den Städten mit Magistratsverfassung durch übereinstimmenden Beschluß der beiden städtischen Kollegien, in den Städten mit Bürgermeisterverfassung nur durch Beschluß der Stadtverordnetenversammlung.

Die Sonderbestimmung der hannöverschen St. O. §§ 41 und 47, welche die Normierung sämtlicher städtischer Amtsstellen sowie ihrer Gehälter durch Ortsstatut obligatorisch machte, und der zu Folge also auch eine Errichtung von Ämtern nur im Wege des Ortsstatuts zulässig war, ist durch § 25 K. B. G. beseitigt. [2]) Angesichts der Willkür des freien Ermessens, die für die Genehmigung von Ortsstatuten allein maßgebend ist, empfinden die Städte natürlich jede Nötigung zum Erlaß von Ortsstatuten als eine höchst lästige Beschränkung, die Befreiung davon als einen erstrebenswerten Vorteil für ihre Selbstverwaltung. So berechtigt diese Auffassung unter den gegebenen Verhältnissen auch ist, so wenig läßt sich andererseits verkennen, daß durch die obligatorische Einrichtung eines organischen Ämterstatuts für jede Stadt den vielen und für die Selbstverwaltung überaus nachteiligen Rechtsstreitigkeiten über den städtischen Beamtenstatus in der Hauptsache vorgebeugt werden könnte, eine Aufgabe, die auch das neue Kommunalbeamtengesetz, wie wir sehen werden, keineswegs gelöst hat, weil sie sich überhaupt nicht gesetzlich, sondern nur ortsstatutarisch lösen läßt. Die Voraussetzung für eine gedeihliche Entwicklung ist freilich auch auf diesem Gebiete eine wahrhaft rechtsstaatliche Ordnung der Kommunalaufsicht überhaupt und der Genehmigung von Ortsstatuten im besonderen.

Da auch der Etat im Wege des Gemeindebeschlusses festgestellt wird, sein gesamter Inhalt also den Inhalt eines Gemeindebeschlusses bildet, so kann die Errichtung von Stadtämtern zweifellos auch durch den Etat erfolgen. Damit entsteht die bei der Praxis so beliebte

---

[1]) Oertel, S. 167 fg.

[2]) Siehe d. Kommiss. Ber. d. Herr. H. Drucks. 1899, Nr. 63, S. 5 und S. 28/29.

etatsmäßige Stelle, deren vielfach überschätzte Bedeutung für den Begriff des Amtes schon oben auf ihr richtiges Maß zurückgeführt wurde; wie denn von vornherein alle unbesoldeten Ämter hier nicht in Betracht kommen können. Im übrigen hat die Schaffung einer Amtsstelle durch den Stadthaushalt eine diesem gegenüber selbständige rechtliche Existenz. Während nämlich der Haushaltsplan in seiner Gesamtheit als Voranschlag der Einnahmen und Ausgaben einer bestimmten Wirtschaftsperiode nur für deren Dauer gilt, bildet der in ihm enthaltene Gemeindebeschluß über die Errichtung eines Stadtamts die dauernde rechtliche Grundlage für die Organisation und Dotierung dieses Amtes.[3]) Es kehrt hier eine allgemeine Erscheinung des konstitutionellen Wesens, die Verbindung von Elementen eines Gesetzes in formellem und in materiellem Sinne innerhalb des scheinbar einheitlichen Etatsgesetzes, in analoger Anwendung wieder. Die einmal bewilligte organisatorische Einrichtung ist, sofern der betreffende im Etat enthaltene Gemeindebeschluß nicht ausdrücklich anderes bestimmt, auf die Dauer bewilligt, d. h. bis die Einrichtung auf demselben Wege, auf dem sie geschaffen wurde, wieder aufgehoben wird. Weder Magistrat noch Stadtverordnetenversammlung können also einseitig eine solche Position aus dem nächsten Etat wieder streichen; es bedarf vielmehr zur Aufhebung des durch Gemeindebeschluß geschaffenen Amtes, auch wenn derselbe nur in Form einer Etatsposition erschien, wiederum eines Gemeindebeschlusses. Ist aber die betreffende Etatsposition nur die Konsequenz der ortsstatutarischen Errichtung eines Amtes, so kann auch die Aufhebung wiederum nur durch Ortsstatut geschehen, da ein Gemeindebeschluß kein Ortsstatut außer Kraft zu setzen vermag.

Die Frage, ob auch durch konkludente Handlungen einer Stadtgemeinde, nicht nur durch ausdrückliche Willenserklärungen Ämter errichtet werden können, ist in Verbindung mit den Streitfragen über die rechtswirksame Form der Beamtenanstellung akut geworden, mit denen sie auch innerlich im Zusammenhange steht. Denn die hier allein in Betracht kommende konkludente Handlung ist eben die Anstellung eines Beamten für den betreffenden Funktionenkreis. Nun scheint man sich aber auf den ersten Blick dabei in einem heillosen

[3]) Über die analoge Erscheinung bei der Errichtung von Reichsämtern vgl. Laband I, S. 345.

circulus vitiosus zu bewegen. Die Frage, ob in einem bestimmten Falle eine Beamtenbestellung oder ein Dienstmietevertrag vorliegt, soll, wie wir nachher sehen werden, durch die Vorfrage entschieden werden, ob die der betreffenden Person übertragenen Funktionen amtliche sind oder nicht. Ist jedoch die Errichtung des Amtes nicht durch ausdrücklichen Willensakt erfolgt, so hängt die Entscheidung jener Vorfrage wiederum von der Antwort auf die Frage ab, ob die Amtserrichtung in diesem Falle durch eine konkludente Handlung, nämlich eben durch die Anstellung der mit den betreffenden Funktionen betrauten Person als Beamter geschehen ist! Dem oben näher umschriebenen Satze: Beamter eines Gemeinwesens ist derjenige, dem das Gemeinwesen ein Amt übertragen hat, würde also der andere Satz zur Seite treten: Amt ist derjenige Funktionenkreis eines Gemeinwesens, den dasselbe durch organisatorischen Willensakt oder durch die konkludente Handlung der Übertragung an einen Beamten dauernd verselbständigt hat. Das ist in der Tat so lange ein völliger circulus vitiosus, als für Amtserrichtung und Beamtenanstellung ausschließlich der Wille des Gemeinwesens selbst maßgebend ist; ein Ausweg eröffnet sich nur da, wo ein stärkerer Wille, eine über dem betreffenden Gemeinwesen stehende Rechtsordnung eingreift. Dies ist aber dem organisatorischen Willen der Stadtgemeinden gegenüber der Fall, worauf am Eingang dieses Kapitels bereits hingedeutet wurde. „Die Einrichtung und Ausstattung der Ämter, wie sie in den bestehenden Normen vorgesehen werden, ist nicht nur ein Recht, sondern zugleich eine vom Staate zu kontrollierende Pflicht der Stadtgemeinden“.[4])

Bei den unmittelbar durch Gesetz errichteten Ämtern besteht die Pflicht der Stadtgemeinde, wie schon gesagt, in der Besetzung der bestehenden Amtsstelle mit einem Beamten. So gelangt man dazu, auch in den Fällen, wo ein Amt zwar nicht unmittelbar kraft Gesetzes existiert, wo jedoch die Stadt die Rechtspflicht zur Errichtung eines Amtes hat, diese Pflicht durch Anstellung eines Beamten als erfüllt, die Errichtung des Amtes daher als durch konkludente Handlung geschehen anzusehen. Welches die Ämter sind, deren Existenz unmittelbar auf dem Gesetze beruht oder deren Errichtung den Städten

[4]) Erk. d. O. V. G. vom 2. Okt. 1884, Bd. XI, S. 35. Kamptz I, S. 489.

durch ausdrückliche Gesetzesbestimmung vorgeschrieben ist, so daß sie durch Aufsichtszwang, namentlich, so weit materielle Aufwendungen dafür erforderlich sind, durch Zwangsetatisierung durchgesetzt werden kann, das ist schon im zweiten Teil (Kapitel IX S. 266) besprochen. Über diese gesetzlichen Spezialbestimmungen hinaus wird nun aber „als leitender Grundsatz festgehalten, daß obrigkeitliche Funktionen ausschließlich von Beamten ausgeübt werden müssen“; und zwar stützt sich dieser Grundsatz nicht unmittelbar auf das Gesetz, sondern auf „die Praxis der Verwaltungsbehörden und der Verwaltungsgerichte“.[5]) Das heißt also, die Städte sollen von Rechtswegen verpflichtet sein, für ihre sämtlichen obrigkeitlichen Funktionen Ämter zu errichten, so daß nun allerdings von dem Inhalt der Funktionen auf die Existenz des Amtes geschlossen werden und in ihrer Übertragung auf eine bestimmte Person eventuell die Errichtung eines Amtes durch konkludente Handlung, nämlich durch Anstellung eines Beamten gesehen werden könnte. Freilich erheben sich da zwei recht heikle Fragen; nämlich erstens: Wie kommt die Praxis der Verwaltungsbehörden und Verwaltungsgerichte zur Aufstellung eines bindenden Rechtssatzes, für den kein Gesetz eine Unterlage bietet, während andere Entscheidungen höchster Gerichte die prinzipielle Unerheblichkeit der Tätigkeitsart für den Amtsbegriff betonen[6])? Und zweitens: Was sind denn obrigkeitliche und was sind nicht obrigkeitliche Funktionen einer Stadtgemeinde? Offenbar könnte nur in einer befriedigenden Antwort auf die zweite Frage zugleich eine Entscheidung der ersten gefunden werden, indem durch eine schlüssige Klarstellung des rechtlichen Wesens der obrigkeitlichen Funktionen jene Praxis der Verwaltungsbehörden und Verwaltungsgerichte gerechtfertigt würde.

Die hier zu Grunde liegende Anschauung geht dahin, daß zwar jede Art von Tätigkeit seitens eines politischen Gemeinwesens selbst übernommen, d. h. durch Errichtung eines Amtes zu amtlicher Tätig-

---

[5]) Begründung zum K. B. G. Drucks. d. H. H. 1899, Nr. 27, S. 14 und Kommiss. Ber. Nr. 63. S. 4/5; ferner die dort zitierten Erkenntnisse des O. V. G. vom 3. Januar und 20. Nov. 1891 und 1. Febr. 1895 vgl. auch Ausführungsanweis. zum K. B. G. Artik. I, Nr. 5 und Oertel S. 393.

[6]) Einige Beispiele bei Ebner, Verw.-Arch. Bd. VIII, S. 306 fg.

keit gemacht werden **kann**; daß aber das Gemeinwesen selbst tätig werden, d. h. Ämter errichten **muß** „überall, wo es sich um die Ausübung öffentlicher Gewalt handelt in behördlicher Tätigkeit oder obrigkeitlichem Zwang". [7]) Das gilt im Prinzip von allen politischen Gemeinwesen; aber während sich der Wille des Staates wenigstens in der Form des Gesetzes von der Erfüllung dieses Rechtsprinzips dispensieren kann, vermag dies der Wille der Gemeinde in keiner Form ihrer Autonomie; vielmehr ist es Recht und Pflicht der Staatsaufsicht und Aufgabe der Rechtsprechung, die Gemeinde zur Erfüllung jenes Rechtsprinzips anzuhalten. Wo aber liegt danach die Grenze zwischen der fakultativen und der obligatorischen Ämtereinrichtung der Gemeinden; welcher Teil ihrer Tätigkeit ist „behördlich", ist „Ausübung öffentlicher Gewalt", und welcher nicht? Mit dem „obrigkeitlichen Zwange" wird man jenen ersten Tätigkeitskreis nicht identifizieren dürfen; denn dieser Begriff weist vor allem auf die Polizei hin; und wenn schon überhaupt behördliche und polizeiliche Tätigkeit durchaus nicht identisch sind, so würde speziell den Gemeinden damit nach preußischem Recht jede öffentliche Gewalt und jede behördliche Tätigkeit abgesprochen werden, da ja die Polizei Staatsmonopol ist. Und doch nähert sich die Praxis der Verwaltungsrechtsprechung bedenklich diesem wenig befriedigenden Resultat. Sie definiert mit geringen Variationen die obrigkeitlichen Funktionen der Gemeinden als „solche, die in die Verfassung des Staates organisch eingreifen und Zwecke erfüllen, die in direkten Beziehungen zu den Aufgaben des Staates stehen" [8]). Die Definition hat den Vorzug und den Fehler, daß sie ganz nach Belieben der weitesten und der engsten Auslegung fähig ist. Da die Gemeinde ganz und gar nach ihrer wie nach der Staatsverfassung dem Staate organisch eingegliedert ist, so greifen in gewissem Sinne alle ihre Funktionen organisch in die Verfassung des Staates ein; und ob die Zwecke einer Funktion in mehr oder minder direkten Beziehungen zu den Staatsaufgaben stehen, das zu entscheiden, ist wie bei allen Urteilen auf Grund der Zweck- und Interessentheorie Geschmacksache. Ein Stadttheater als moralische Anstalt betrachtet steht vielleicht in sehr direkten Beziehungen zur Staatsaufgabe der Volksbildung; dagegen kann eine städtische Steuerverwaltung, welche

---

[7]) O. Mayer, II, S. 220.
[8]) O. V. G. Bd. XX, S. 126.

die Einkommensteuer mit erheblichen Zuschlägen belastet, der Erfüllung der Staatsaufgaben mehr hinderlich als förderlich sein. Andererseits haben einige Erkenntnisse des O. V. G. diesen Begriff der obrigkeitlichen Funktionen in einem Sinne angewendet, der sie völlig mit denen der polizeilichen Funktionen identifiziert.[9])

Nun scheint allerdings die Unterscheidung zwischen obrigkeitlichen und anderen Funktionen der Gemeinde einen gewissen Stützpunkt in der Städteordnung selbst zu finden, und zwar in der Eingangsformel des § 56, wo von den Geschäften des Magistrats als Ortsobrigkeit einerseits und als Gemeindeverwaltungsbehörde andererseits die Rede ist. Die Zwieschlechtigkeit dieser Doppelstellung wie die praktische Unfruchtbarkeit dieser Unterscheidung habe ich schon wiederholt dargelegt. Neuerdings hat Jebens[10]) diesen Punkt einer Erörterung unterzogen, und er kommt zu dem Resultat:

„Ortsobrigkeit ist der Magistrat nur, insoweit er als Organ des unmittelbar beteiligten Staates durch Rechtsnorm oder von der zuständigen Staatsbehörde zu obrigkeitlichen Funktionen berufen wird — nicht auch in der Verwaltung der Gemeindeangelegenheiten, insbesondere der Angelegenheiten des § 56, Nr. 2—9 St. O.".

Danach wäre als obrigkeitliche Tätigkeit wesentlich nur die unter Nr. 1 des zitierten Paragraphen genannte anzusehen, nämlich die Ausführung der Gesetze und Verordnungen sowie der Verfügungen der dem Magistrat „vorgesetzten" Behörden. In Konsequenz dieser Auffassung würde sich die Rechtspflicht der Gemeinde zur Errichtung von Ämtern auf die Unterstützung des Magistrats nur gerade in diesen Funktionen beschränken. Wie oben dargelegt, handelt es sich hier um diejenigen Angelegenheiten, die nach der positiven Gesetzgebung nicht zur Gemeindekompetenz gehören, zu deren Besorgung aber der Staat sich unmittelbar der Gemeindeorgane bedient; und die wichtigste derselben ist wiederum — die Polizei. Obrigkeitliche und behördliche Tätigkeit wäre also abermals mit polizeilicher Tätigkeit im wesentlichen identisch, und die ganze eigentliche Gemeinde-

---

[9]) Entscheid. d. O. V. G. vom 1. Febr. 1895, Bd. XXVII, S. 431. — Kamptz, Bd. IV, S. 1068 fg. — und neuestens Erk. vom 8. Jan. 1901, Preuß. Verw.-Bl. Jahrg. XXIII, S. 295 fg.

[10]) „Der Magistrat als Ortsobrigkeit". Preuß. Verwalt. Bl. Jahrg. XXIII, S. 369 fg.

tätigkeit würde aus diesem Rahmen herausfallen. Es spricht aber eben jene Gesetzesstelle von dem Magistrat als Gemeindeverwaltungsbehörde, bezeichnet also auch die eigentliche Gemeindetätigkeit mit Recht als eine behördliche. Wohin schließlich jene Beschränkung führt, das zeigt Jebens, indem er zustimmend die Meinung Rosins zitiert, „daß Befehlen und Zwingen nach preußischem Staats- und Verwaltungsrecht Monopol der Staatsgewalt, die Kommunalverwaltung aber wirtschaftliche Verwaltung sei“. Damit wären wir wieder zu jener veralteten und schon oben (S. 131) widerlegten Auffassung des Selbstverwaltungsbegriffs und in Wahrheit auf den Standpunkt des Landrechts heruntergekommen, der den Stadtgemeinden ihre wichtigste Eigenschaft im Sinne der modernen Selbstverwaltung, die publizistische Persönlichkeit, entreißen will. Daß auch die Grenze zwischen dem eigenen und übertragenen Wirkungskreis der Selbstverwaltungskörper keineswegs durch den Gegensatz von obrigkeitlicher und wirtschaftlicher Verwaltung bestimmt wird, haben wir ebenfalls früher gesehen.

Obrigkeitliche Funktionen sind Ausfluß eines Gewalt- oder Herrschaftsverhältnisses, der Überordnung eines Willens über andere Willen. Wir haben es bereits (S. 87) als Charakteristikum des modernen Staatsrechts erkannt, daß dasselbe keine individualistischen Gewalt- und Herrschaftsverhältnisse mehr duldet; daß alle Individualwillen nach der heutigen fundamentalen Rechtsanschauung einander koordiniert sind. Den Einzelwillen übergeordnet ist nur der sie umfassende Gemeinwille, ein anderer Einzelwille ausschließlich in der Eigenschaft eines Organwillens, als rechtsverbindliche Manifestation des Gemeinwillens. Nur die Gemeinwesen also, aber auch alle Gemeinwesen herrschen über ihre Glieder, die Gemeinde innerhalb ihrer Zuständigkeit über die Gemeindeangehörigen genau so wie der Staat innerhalb seiner Zuständigkeit über die Staatsangehörigen. Da obrigkeitliche Funktionen nun eben Ausflüsse dieser ausschließlich den Gemeinwesen eigenen Herrschaft d. h. Willensüberordnung sind, können sie nicht an Individualpersonen als solche, sondern nur an Organpersonen übertragen werden; das erste wäre als Aufrichtung einer Privatgewalt ein Verstoß gegen den Fundamentalsatz alles modernen öffentlichen Rechts, das keine Privatgewalt kennt; obrigkeitlich können also nur die Gemeinwesen selbst durch ihre Organe,

Repräsentativorgane und Ämter, tätig werden. Obrigkeitlich aber sind alle diejenigen Funktionen, in denen die stärkere, einseitig bindende Kraft des übergeordneten Gemeinwillens den ihm eingegliederten Einzelwillen gegenübertritt; nicht obrigkeitlich diejenigen, in denen das Gemeinwesen den Einzelpersonen als rechtsgleich, als Quasi-Individuum gegenübertritt, und für die demgemäß das zweiseitige Rechtsgeschäft des Vertrages Rechte und Pflichten zu schaffen vermag. Insofern sich diese letzteren Funktionen wesentlich auf dem Gebiet des Vermögensrechts bewegen, mag sich nach dieser negativen Seite hin unsere Unterscheidung mit der vorhin zurückgewiesenen berühren; sie weicht aber nach der entscheidenden positiven Seite hin von jener prinzipiell ab, indem sie keineswegs nur in den Manifestationen des staatlichen, sondern nicht minder in denen des spezifisch kommunalen Gemeinwillens durchaus obrigkeitliche Funktionen sieht. Der Rechtssatz, daß obrigkeitliche Funktionen in diesem Sinne nur von dem Gemeinwesen selbst ausgeübt werden können, daß sie also notwendig repräsentative oder amtliche Funktionen sind, gilt an sich ebenso vom Staate wie von der Gemeinde; er bindet daher die staatlichen wie die kommunalen Behörden, und insonderheit haben ihn im streitigen Einzelfall die Gerichte auf den Staat wie auf die Gemeinde anzuwenden. Der Unterschied besteht nur darin, daß dem Staat die formale Allmacht der Gesetzgebung die Fähigkeit gibt, jenes Rechtsprinzip mittels positiver Gesetzesbestimmungen zu durchbrechen, während die Gemeinde in ihrer Autonomie ein solches Mittel gegenüber der höheren Rechtsordnung nicht besitzt.

Damit ist der Begriff der obrigkeitlichen Funktionen einer Stadtgemeinde so festgestellt, daß er in der Tat jenem von der Praxis der Verwaltungsbehörden und Verwaltungsgerichte befolgten leitenden Grundsatz einen festen Rechtsboden gewährt. Dieses Resultat ist jedoch vor Mißverständnissen nach zwei entgegengesetzten Richtungen hin zu bewahren. Einmal nämlich davor, daß die rechtliche Möglichkeit einer Amtserrichtung durch konkludente Handlungen auf obrigkeitliche Funktionen begrifflich beschränkt sei; und ferner davor, daß die Staatsaufsicht die Städte zur Errichtung von Ämtern für alle möglichen obrigkeitlichen Funktionen oder gar noch darüber hinaus auch für andere Funktionen im Wege der Zwangsetatisierung anhalten könne. Zunächst ist dieses Mittel des Aufsichtszwanges seiner Natur nach selbstverständlich auf besoldete Ämter beschränkt. Aber auch innerhalb dieser Grenze ist es nach § 19 Z. G. auf diejenigen Ämter beschränkt, deren Errichtung der Stadt gesetzlich obliegt. Ist nun die Stadt von vornherein zur Errichtung von Ämtern überhaupt nur für obrigkeitliche Funktionen verpflichtet, so sind doch nicht alle möglichen obrigkeitlichen Funktionen obligatorische, der Stadt kraft Gesetzes obliegende Leistungen; ausschließlich für diese aber ist der Staatsaufsicht das Mittel der Zwangsetatisierung gegeben. Unanwendbar also ist dies Mittel zur Durchsetzung der Amtserrichtung sowohl für obrigkeitliche, aber fakultative Funktionen, als auch für obligatorische, aber nicht obrigkeitliche Funktionen. Die Leistung der letzteren kann die Aufsichtsbehörde zwar erzwingen, nicht aber, daß zu ihrer Leistung Ämter errichtet werden. In dieser Hinsicht enthält die ministerielle Ausführungsanweisung zum K.B.G. in ihrem Artikel I, 5 einige ebenso kühne wie rechtlich unhaltbare Behauptungen über die zulässige Einwirkung der Aufsichtsbehörden auf die städtische Amtsorganisation.[11]) Bezüglich der Ortspolizeiverwaltung steht ihr allerdings ein gesetzlicher Spezialtitel zur Seite, wie dies schon im IX. Kapitel betont ist. Wenn sie sich jedoch darüber hinaus auf die Berechtigung der Aufsichtsbehörde zu denjenigen Maßregeln beruft, welche erforderlich sind, um die Verwaltung in dem ordnungsmäßigen Gange zu erhalten, so ist zwar auch dies ein gesetzlicher Spezialtitel, aber ein außer Kurs gesetzter, da mit der ganzen St.O. von 1831 auch ihr § 139 b nicht mehr geltendes Recht ist (vgl. o. S. 264). Und der § 11 K.B.G. gibt der Aufsichtsbehörde zwar einen Rechtstitel zur Einwirkung auf die Besoldung bestehender, nicht aber auf die Errichtung neuer Ämter (s. o. S. 281 fg.). Der Aufsichtszwang zur Errichtung städtischer Ämter ist also auf die obrigkeitlichen, und weiter noch auf die obligatorischen, gesetzlich fixierten obrigkeitlichen Funktionskreise beschränkt.

Anders als mit der Errichtung von Ämtern verhält es sich jedoch mit der Anerkennung eines schon durch konkludente Handlungen der Stadtgemeinde errichteten Amtsverhältnisses als solches in der vom K. B. G. dafür vorgeschriebenen Form. Die rechtliche Möglichkeit einer Amtserrichtung durch konkludente Handlungen be-

---

[11]) Vgl. auch Kautz und Appelius, S. 48, Oertel, S. 394.

steht eben nicht nur für obrigkeitliche und nicht nur für obligatorische, sondern auch für fakultative und für nicht obrigkeitliche Funktionen der Stadtgemeinden. Handelt es sich um obrigkeitliche aber fakultative Funktionen, welche die Stadt, wenn sie sie überhaupt wahrnehmen will, nur selbst d. h. durch ihre Organe wahrnehmen kann, so ist die Übertragung solcher Funktionen an eine Person die Berufung dieser Person zur Organperson, die Errichtung eines Amtes durch konkludente Handlung. Aber auch nicht obrigkeitliche, gleichviel ob fakultative oder obligatorische Funktionen kann die Stadt selbst wahrnehmen, wenn sie es will. Daß sie es im konkreten Falle gewollt hat, kann sich aus der Eingliederung der mit jenen Funktionen betrauten Person in den städtischen Amtsorganismus schließen lassen; auch dies ist eine Amtserrichtung durch konkludente Handlung. Das Nähere hierüber wie über die rechtlichen Folgen einer solchen Amtserrichtung durch konkludente Handlung ist gleich nachher bei der Beamtenanstellung zu erörtern.

Die Bezeichnung des Amtes und bei besoldeten Ämtern ihre pekuniäre Ausstattung sind integrierende Bestandteile der Amtserrichtung; Veränderungen in beiden Punkten sind Änderungen des Amtes selbst. Daher kann die Bezeichnung und Ausstattung eines Amtes wie Veränderungen in beiden Beziehungen nur auf demselben Wege wie die Amtserrichtung rechtswirksam geschehen. Daß zur Festsetzung der Besoldung eines Amtes nicht die Anstellungsbehörde zuständig ist, daß dies vielmehr zur Kompetenz der Organisationsorgane gehört, also nur im Wege des Ortsstatuts oder Gemeindebeschlusses erfolgen kann, ist unstreitig. Dagegen ist dieselbe Frage bezüglich der Amtsbezeichnung vielfach bestritten, jedoch in demselben Sinne zu beantworten, wie das schon oben (S. 271)) dargelegt wurde. In dieser Beziehung, aber auch nur in dieser Beziehung, trifft das Ministerialreskript vom 23. Oktober 1901 das Richtige, wenn es sagt:

„Die Ausübung des Rechts, städtische Ämter einzurichten und zu benennen, gehört — im Gegensatze zur Entscheidung über die Besetzung der Ämter — nicht zu den dem Magistrat ausschließlich zugewiesenen Gemeindeangelegenheiten und unterliegt daher der Beschlußfassung der Stadtverordnetenversammlung“.[12]

---

[12]) Ministerialbl. f. d. innere Verwaltg. 1901, Nr. 11. — Preuß. Verwalt. Bl., Jahrg. XXXIII, S. 253.

Wäre jene Benennung nicht ein integrierender Bestandteil der Amtserrichtung, sondern der Beamtenanstellung, so hätte man es in solchem Falle nicht mit einer Amtsbezeichnung, sondern mit einem persönlichen Titel des Beamten zu tun. Hätte also die Regierung in diesem Punkte Unrecht, so hätte sie in der Hauptsache Recht; weil sie aber in diesem Punkte Recht hat, hat sie in der Hauptsache, nämlich was die Befugnis der Stadtgemeinden zur Beilegung solcher Amtsbezeichnungen betrifft, Unrecht, da diese Befugnis in der städtischen Autonomie der Amtserrichtung als integrierender Bestandteil enthalten ist.

Die Berufung zu einem städtischen Amt ist ein Akt der mittelbaren Organbestellung, d. h. sie geschieht durch Ernennung oder Wahl seitens anderer städtischer Organe. Daß der Begründungsakt des Amtsverhältnisses stets ein prinzipiell einseitiger Akt des Gemeinwesens ist und in keinem Falle auf einem Vertrage, auch nicht auf dem sogenannten öffentlich rechtlichen Dienstvertrage beruht, das ist im IV. Kapitel des ersten Teils ausführlich nachgewiesen worden. Dort ist namentlich auch klargestellt, daß die Freiwilligkeit der Amtsübernahme seitens des Ernannten oder Gewählten durchaus nicht die Richtigkeit der Vertragstheorie beweist, daß sie vielmehr mit dem einseitigen Bestellungsakte als Voraussetzung für dessen Rechtsgiltigkeit durchaus vereinbar ist. Für sämtliche städtischen Ämter, für Berufs- wie für Ehrenämter gilt nicht nur die Einseitigkeit des Bestellungsakts durch Wahl oder Ernennung, sondern auch als rechtliche Voraussetzung seiner Giltigkeit die Einwilligung des Gewählten oder Ernannten, möge sie ausdrücklich oder stillschweigend durch die Amtsübernahme selbst erfolgen. Daran ändert auch der sogenannte Annahmezwang für unbesoldete Ehrenämter nach § 74 St. O. nichts; auch diese Ämter anzunehmen und zu führen wird in Wahrheit niemand gezwungen, weil sich eine solche Tätigkeit eben nicht erzwingen läßt; vielmehr wird nur „ein Druck geübt, um die . . . nötige Willenserklärung herbeizuführen“.[13]) Der Unterschied besteht also lediglich darin, daß die Einwilligung zur Übernahme besoldeter Berufsämter unbedingt und ohne Rechtsnachteile versagt werden kann, während eine Versagung der Einwilligung zur Übernahme

[13]) O. Mayer, a. a. O. II, S. 210.

unbesoldeter Ehrenämter, falls sie sich nicht auf einen der in § 74 St. O. genannten Entschuldigungsgründe stützen kann, den dort angedrohten Rechtsnachteilen ausgesetzt ist. Ist der Bestellungsakt durch Wahl oder Ernennung vollzogen, ohne daß ihre Voraussetzung, die Einwilligung des Ernannten oder Gewählten, zutrifft, so ist der letztere berechtigt, die Aufhebung jenes Aktes wegen Mangels einer rechtlichen Voraussetzung zu fordern. Auf die Formen und Folgen der Geltendmachung dieses Anspruches ist im nächsten Kapitel zurückzukommen.

Wahl und Ernennung sind nur äußerlich verschiedene, innerlich wesensgleiche Erscheinungsformen der mittelbaren Organbestellung eines Gemeinwesens. Ihre Gleichartigkeit zeigt sich auch darin, daß weder der wissenschaftliche noch der praktische Sprachgebrauch beide in bestimmter Weise auseinander hält. Bald spricht man von Ernennung dann, wenn die Bestellung von einer einzigen Organperson ausgeht, während man als Wahl die Bestellung durch den Gesamtakt einer Mehrheit von Organpersonen bezeichnet; bald unterscheidet man die beiden Formen in der Art, daß Ernennung die Berufung zu einem der ernennenden Behörde untergeordneten Amte bedeutet, während bei der Wahl kein Subordinationsverhältnis zwischen den wählenden und den gewählten Organpersonen stattfindet. Man mag für die beiden Bestellungsarten der städtischen Beamten die letztgenannte Terminologie zu Grunde legen, und daher die Berufung der Magistratsmitglieder durch die Stadtverordnetenversammlung oder andere Wahlkollegien sowie die Bestellung der unbesoldeten Ehrenbeamten durch die Stadtverordneten als Wahl, die Berufung der dem Magistrat untergeordneten besoldeten Beamten durch den Magistrat als Ernennung bezeichnen; aber ein innerer Wesensunterschied der beiden Bestellungsformen kommt darin nicht zum Ausdruck, weil er tatsächlich nicht existiert. Eine seltsame Kraftvergeudung ist es daher, wenn O. Mayer [14]) seinen ganzen Scharfsinn aufbietet, um „die große Frage“ zu lösen, wie denn die Wahl als rechtlicher Begründungsakt eines Beamtenverhältnisses zu wirken vermöge. In Wahrheit haben nicht die anderen Bearbeiter des Städterechts in diesem Punkte eine vorhandene Schwierigkeit über-

---

[14]) a. a. O. S. 405.

sehen, wie er ihnen vorwirft; sondern er sieht eine Schwierigkeit, die nicht vorhanden ist. Das ist aber eine logische Folge der Auseinanderreißung von Organ- und Amtsverhältnis, durch die sich Mayer der Rehm-Labandschen Theorie vom Dienstverhältnis im Gegensatz zum Amtsverhältnis nähert; und daß diese Theorie mit dem städtischen Amtsrecht im besonderen nicht fertig zu werden weiß, ist oben (S. 82 fg.) gezeigt worden. Die richtige Auffassung des Amtsverhältnisses als eine nur terminologisch enger umschriebene Art der Gattung Organverhältnis läßt hier keinerlei Schwierigkeit aufkommen. Gewiß liegt in der Berufung eines Beamten durch Wahl keine „bloße Übertragung der Vertretungsmacht der Wähler"; aber diese liegt ebensowenig in der Berufung eines reinen Repräsentativorgans durch Wahl. Auch bei der Wahl der Stadtverordneten übertragen die Wähler diesen nicht ihre Rechte, so wenig wie die Stadtverordneten durch Wahl der Magistratsmitglieder diesen die ihrigen übertragen; denn nemo plus juris transferre potest quam ipse habet; vielmehr bestellt in einem wie im anderen Falle ein durch Verfassung oder durch Gesetz dazu berufenes Organ ein anderes Organ des Gemeinwesens. Genau derselbe rechtliche Vorgang ist aber auch in der Bestellungsform der Ernennung enthalten. Wenn Mayer des großen Rätsels Lösung mit den Worten enthüllt: „Die Sache läßt sich nur so erklären, daß ein öffentlich rechtlicher Rechtssatz besteht, der an die angenommene Wahl die Entstehung von Amt und Dienstpflicht knüpft", — so ist das unzweifelhaft richtig, jedoch keine Besonderheit der Beamtenbestellung durch Wahl, sondern das ganz allgemeine Rechtsprinzip der Organbestellung überhaupt. Die Bestellung von Repräsentanten wie von Beamten eines Gemeinwesens, ihre Bestellung durch Wahl wie durch Ernennung läßt sich stets nur durch einen öffentlich rechtlichen Rechtssatz erklären, der an die angenommene Wahl oder Ernennung die Entstehung des Repräsentanten- oder Amtsverhältnisses knüpft. Daß und in welcher Weise bei der Besetzung städtischer Ämter außer den kommunalen Bestellungsorganen auch Staatsorgane in den verschiedenen Formen des Bestätigungsrechts mitzuwirken haben, ist im VII. und VIII. Kapitel des zweiten Teils behandelt worden.

Die Bestellung der obersten städtischen Beamten, der Bürgermeister und Magistratsmitglieder, sowie der Magistratspersonen, der

Beigeordneten in Städten ohne kollegiale Ratsverfassung, geschieht prinzipiell durch Wahl, abgesehen allein von der Ernennung der Bürgermeister in Neuvorpommern und Rügen und des ersten Bürgermeisters von Frankfurt a. M., dessen Ernennung aus drei präsentierten Kandidaten an die Stelle der Bestätigung tritt. Wahlorgan ist nach der östlichen, westfälischen, rheinischen Städteordnung und dem Frankfurter Gemeindeverfassungsgesetz die Stadtverordnetenversammlung. Die hessen-nassauische St. O. beruft zur Wahl der Bürgermeister und Beigeordneten die unbesoldeten Magistratsmitglieder und die Stadtverordneten in gemeinsamer Sitzung, während die übrigen Magistratsmitglieder von der Stadtverordnetenversammlung allein gewählt werden. In Hannover wird ein besonderes Wahlkollegium aus den vorhandenen Magistratsmitgliedern (Senatoren) und einer gleichen Anzahl von den Bürgervorstehern aus ihrer Mitte gewählter Wahlmänner gebildet; doch sind ortsstatutarische Abweichungen von dieser Norm zulässig. Nach der schleswig-holsteinschen St. O. wird zunächst in derselben Weise wie nach der hannöverschen ein Kollegium aus Magistratsmitgliedern und Stadtverordneten gebildet; die Wahl erfolgt jedoch durch die stimmfähige Bürgerschaft aus drei von jenem Kollegium präsentierten Kandidaten. In Neuvorpommern und Rügen enthalten die einzelnen Stadtrezesse zum Teil ähnliche Wahlprozeduren wie die beiden letztgenannten Städteordnungen, zum Teil besteht noch das alte Kooptationsrecht des Magistrats.

Die Mitglieder der Verwaltungsdeputationen werden, sofern sie Stadtverordnete oder Bürgerdeputierte sind, von der Stadtverordnetenversammlung gewählt; soweit sie Magistratsmitglieder sind, regelmäßig vom Bürgermeister ernannt, nur in Hessen-Nassau und Schleswig-Holstein vom Magistratskollegium gewählt; in letzterer Provinz erfolgt auch die Wahl der Bürgerdeputierten durch Magistrat und Stadtverordnete gemeinsam; mannigfache Abweichungen in der Bildung dieser Deputationen läßt endlich die hannöversche St. O. zu.

Die Bezirksvorsteher werden regelmäßig von den Stadtverordneten gewählt und vom Magistrat bestätigt; nur in Hannover geschieht die Wahl durch die Bürgerschaft im gleichen Verfahren wie die Wahlen der Stadtverordneten, und in Schleswig-Holstein tritt an die Stelle der Bestätigung durch den Magistrat die Präsentation von drei Kandidaten, aus denen die Stadtverordnetenversammlung wählt. Die Bestellung sonstiger Ehrenbeamten erfolgt regelmäßig durch Wahl der Stadtverordneten, wo nicht besondere gesetzliche oder ortsstatutarische Bestimmungen über die Wahl bestehen, wie z. B. für die Beisitzer der Gewerbegerichte.

In allen diesen Fällen ist die Wahl der konstitutive Akt der Organbestellung; und es ist ein unfruchtbarer Scholastizismus, auch hier eine Ernennung durch den Stadtvorstand anzunehmen, die allerdings rein formal sei, da er „bei der Auswahl der Persönlichkeit des zu Ernennenden gar nicht beteiligt ist und lediglich den zu berufen hat, welchen die Stadtverordneten wählen".[15] Einer Zustimmung des Magistrats im Sinne des § 36 St. O. bedürfen diese Wahlen nicht;[16] wohl aber hat der Magistrat die Wahlbeschlüsse wie alle anderen Beschlüsse der Stadtverordneten nach § 56, 2 St. O. vorzubereiten und zur Ausführung zu bringen. Die Klausel „sofern er sich mit denselben einverstanden erklärt" trifft hier nicht den Inhalt, sondern die Rechtsform des Beschlusses; auch ein Wahlbeschluß kann wegen Verletzung der gesetzlichen Formen beanstandet werden, worüber das Verwaltungsstreitverfahren nach § 15 Z. G. stattfindet. Ist der Wahlakt rechtsgiltig vollzogen, so ist der Magistrat zu seiner Ausführung verpflichtet; er hat, falls eine staatliche Bestätigung erforderlich ist, die dafür nötigen Schritte zu tun, im übrigen zur tatsächlichen Einführung des Gewählten in sein Amt das Erforderliche zu veranlassen. Das sind aber rein tatsächliche Handlungen der äußeren Geschäftsführung; rechtserzeugender Akt dagegen ist allein die Wahl, die eventuell unter der gesetzlichen Suspensivbedingung der hinzutretenden Bestätigung erfolgt. Soweit eine Bestätigung nicht erforderlich ist, sind etwaige Beschwerden über die Rechtsgiltigkeit dieser Wahlen gemäß § 14 Z. G. vom Bezirksausschuß im Beschlußverfahren zu erledigen.

Neben dieser Form der Organbestellung durch Wahl steht die andere durch Ernennung seitens des Magistrats oder — in den Städten ohne Ratsverfassung — seitens des Bürgermeisters. Es ist dies die regelmäßige Form der Bestellung sämtlicher nicht dem Magistrat angehörigen oder dem Bürgermeister beigeordneten be-

[15]) Schön, S. 144 und Leidig, S. 149.
[16]) Zustimmend Oertel, S. 237 und 222.

soldeten städtischen Berufsbeamten, der „Gemeindeunterbeamten“ in diesem Sinne. Nur in Hannover werden einige dieser Beamten in demselben Wahlverfahren wie die Magistratsmitglieder bestellt, und in Schleswig-Holstein werden die Gemeindeeinnehmer und die sonst durch Ortsstatut bezeichneten höheren Gemeindebeamten aus drei vom Magistrat präsentierten Kandidaten von den Stadtverordneten gewählt. Im übrigen geschieht, nachdem mit dem Entwurf von 1876 der Versuch, den oberen leitenden Gemeindebeamten eine besondere Rechtsstellung zu geben, gescheitert ist, die Anstellung aller dieser Beamten von der obersten bis zur untersten Kategorie nach den Normen des § 56, 6 der östlichen und den übereinstimmenden Sätzen der übrigen Städteordnungen. Auch das Kommunalbeamtengesetz von 1899 hat an dieser Art der Bestellung nichts geändert.

Die Anstellung aller dieser Beamten ist also Sache des Magistrats; sie soll jedoch nur erfolgen, „nachdem die Stadtverordneten darüber vernommen worden“. Diese Klausel will inhaltlich unzweifelhaft den Zustand aufrecht erhalten, den schon die erste St. O. in ihrem § 157 für die Unterbedienten des Magistrats so bestimmt hatte:

„Sie werden vor ihrer Ansetzung den Stadtverordneten namentlich bekannt gemacht, und insofern von diesen gegen die Gewählten erhebliche begründete Ausstellungen gemacht werden, darf der Magistrat solche nicht unbeachtet lassen.

Dasselbe will auch die revidierte St. O. von 1831 in ihrem § 96 al. 3:

„Vor jeder Anstellung hat er die Stadtverordnetenversammlung über die Würdigkeit der anzustellenden Personen zu hören.“ [17])

Indessen läßt sich so wenig aus diesen älteren wie aus der jetzigen Wortfassung eine unzweifelhafte Antwort auf die Frage entnehmen, ob es sich hier lediglich um eine instruktionelle Vorschrift handelt, oder ob die Rechtsgiltigkeit der Anstellung dadurch bedingt werde; und zwar in letzterem Falle wiederum, ob diesem Erfordernis durch die bloße Anhörung oder erst durch die Zustimmung der Stadtverordnetenversammlung genügt werde.

---

[17]) Die zu näherer Erläuterung ergangenen Reskripte siehe bei Rönne und Simon a. a. O. S. 653 fg.

Die Judikatur der Zivil- wie der Verwaltungsgerichte hat sich mit diesen Fragen namentlich in neuerer Zeit wiederholt beschäftigt, und ist dabei übereinstimmend zu dem Resultate gelangt, daß „diese Vernehmung eine rein innere Angelegenheit der Gemeinde ist; durch ihre Unterlassung wird die Rechtsgiltigkeit der Anstellung gegenüber dem Angestellten nicht berührt, und die beklagte Stadtgemeinde kann daher aus dem von ihr behaupteten Unterbleiben der Anhörung der Stadtverordneten nicht das Recht geltend machen, den Klägern die Beamteneigenschaft zu versagen“.[18]) Wenn sich freilich das Reichsgericht hierfür auf eine Entscheidung des Obertribunals[19]) beruft, so steht es dabei unter dem Banne der falschen Vertragstheorie; denn in jenem Urteil des Obertribunals heißt es:

„Bei Verhandlungen nach außen, also auch beim Abschluß von Verträgen mit Privatpersonen, vertritt der Magistrat die Stadt und verpflichtet dieselbe durch seine Handlungen dem Dritten gegenüber. Ob die städtischen Körperschaften bei der Beratung oder Beschlußfassung über das vom Magistrat zu Verhandelnde die in der Städteordnung deshalb gegebenen Vorschriften gehörig beobachtet haben, haben dieselben untereinander abzumachen; dies ist eine innere Angelegenheit, dem Dritten gegenüber kann die Stadt aus diesen Angelegenheiten kein Recht geltend machen. Die Verhandlungen desselben mit dem Magistrat sind hier allein maßgebend.“

Ließe sich also dieses Resultat nur aus dem rechtlichen Wesen des Vertrages gewinnen, so fände es auf den einseitigen Akt der Organbestellung keine Anwendung. Jedoch auch unter diesem Gesichtspunkte erscheint als das zu dem einseitigen Akte der Beamtenernennung vom Gesetze berufene Kreationsorgan der Magistrat allein. Sollte die Rechtswirksamkeit seines Aktes von einem Stadtverordnetenbeschluß bedingt sein, so müßte das Gesetz eine Zustimmung fordern. Darin ist also dem Oberverwaltungsgericht beizutreten:

„Wenn das Gesetz vorschreibt, daß die Stadtverordneten vor der Anstellung eines Gemeindebeamten ‚vernommen‘ werden sollen, so ist damit nichts anderes gesagt, als daß die Stadtverordneten zuvor mit einem Votum

---

[18]) Erk. vom 9. März 1896, Reichsgericht in Zivilsachen, Bd. XXXVII, S. 241 fg.

[19]) Vom 20. Sept. 1870, Striethorst Arch. Bd. 79, S. 196.

consultativum gehört werden sollen. Eine entscheidende Stimme über die Anstellung hat ihnen der Gesetzgeber nicht eingeräumt." [20])

Gewiß kann sich der Magistrat durch eine ohne Anhörung oder gegen die erhobenen Bedenken der Stadtverordneten vollzogene Anstellung regreßpflichtig machen, namentlich wegen culpa in eligendo; aber die Rechtsgiltigkeit der vollzogenen Anstellung wird dadurch nicht beeinträchtigt. Nicht auf einer Einigung der beiden städtischen Repräsentativorgane über die Person des Anzustellenden beruht, wie Schön [21]) meint, die Anstellung, sondern auf dem einseitigen Ernennungsakt des Magistrats. Glaubt letzterer dabei über die Einwendungen der Stadtverordneten hinweggehen zu können, so liegt doch keine Meinungsverschiedenheit beider Kollegien im Sinne des § 36 St. O. vor, welche eine Entscheidung des Bezirksausschusses gemäß § 17 Z. G. zuließe; denn es handelt sich hier nicht um eine versagte Zustimmung des Magistrats zu einem Stadtverordnetenbeschluß, dessen Ausführung gesetzlich dem Magistrat obliegt; vielmehr führt der Magistrat mit der Anstellung nur seinen eigenen Beschluß aus. [22]) Ob freilich dieser bestehende Rechtszustand ein ersprießlicher ist, das ist eine ganz andere und kaum zu bejahende Frage. Rechtlich unmaßgebliche Beschlüsse von Organen, die sonst zu entscheidenden Willensakten berufen sind, können fast niemals als ein glücklicher gesetzgeberischer Gedanke betrachtet werden; alle solche Anhörungen und Vernehmungen ohne das Erfordernis der Zustimmung laufen schließlich darauf hinaus, daß das betreffende Organ zwar Ja, aber nicht Nein sagen darf. Das ist ein ebenso unwürdiger wie unpraktischer Zustand, der Kompetenzreibungen geradezu herausfordert und die Verantwortlichkeiten verdunkelt, ohne die realen Garantien zu erhöhen. Das Repräsentativorgan der Stadtgemeinde ist nicht dazu da, in Gemeindeangelegenheiten rechtlich unerhebliche Sentiments von sich zu geben; und als bloßes Informationsmittel

---

[20]) Urteil vom 13. Juni 1893, Preuß. Verwalt.=Bl. Jahrg. XIV, S. 498. Kamptz, I, S. 505; vgl. auch die von Ebner im Verwalt.=Arch. Bd. VIII, S. 291/93 angeführte Judikatur.

[21]) Recht der Kommunalverbände S. 144/45.

[22]) Anderer Meinung: Schön a. a. O., Oertel, S. 395. — Übereinstimmend Leidig, S. 150. Jebens: Die Stadtverordneten, S. 171. — Vgl. auch Erk. d. Reichsgerichts vom 1. Okt. 1900 in „Die Selbstverwaltung", Jahrg. XXIX, S. 231 fg.

für den Magistrat ist ein Stadtverordnetenbeschluß ein zu wuchtiger Apparat. Das Kommunalbeamtengesetz hätte gut getan, in Verbindung mit der Neuordnung der Anstellungsform auch diesen Punkt in angemessener Weise zu regeln.

Diese Neuordnung der Anstellungsform, wie sie der zweite Satz § 1 des Gesetzes vom 30. Juli 1899 enthält, ist der eine der beiden Brennpunkte dieses ganzen Kommunalbeamtengesetzes; der andere ist die Durchbrechung des Prinzips der Lebenslänglichkeit, wie es von den meisten Städteordnungen für alle hier in Betracht kommenden Beamten, außer den zu vorübergehenden oder mechanischen Dienstleistungen angestellten, statuiert worden war. Der zweite Punkt scheidet hier zunächst noch aus und wird im folgenden Kapitel erörtert. Zur Auslösung der gesetzgeberischen Aktion haben aber die beiden Momente zusammengewirkt; denn da nach jenem Prinzip jede solche Beamtenanstellung, abgesehen von den eben erwähnten Ausnahmen, von Rechts wegen eine lebenslängliche war, erhielt im streitigen Einzelfall die Frage, ob eine rechtswirksame Anstellung überhaupt erfolgt sei, eine ganz eminente Bedeutung. Im Einzelfall streitig aber und rechtshängig wurde die Frage regelmäßig in der Form, daß eine aus dem städtischen Dienstverhältnis im Wege der Kontraktskündigung entlassene Person die Rechtsgiltigkeit dieser Entlassung um deswillen bestritt, weil sie als Beamter und folglich lebenslänglich angestellt sei. Zugleich ergab sich damit die Möglichkeit eines doppelten Rechtsweges, nämlich einmal des Zivilprozesses, in dem der Entlassene sein Gehalt als lebenslänglich angestellter Beamter einklagte, und ferner des Verwaltungsprozesses, falls der Kündigungsbeschluß von Aufsichts wegen beanstandet wurde, oder auch in Gestalt einer Disziplinar- oder Steuersache. In jedem Falle aber war — abgesehen von der Frage der vorübergehenden oder mechanischen Dienstleistungen — das punctum saliens: ist hier eine rechtswirksame Anstellung erfolgt? Und diese Frage nach der rechtswirksamen Anstellungsform haben in einer und derselben Sache das Oberverwaltungsgericht und das Reichsgericht in schroff entgegengesetztem Sinne entschieden. Während das Erkenntnis des O. V. G.[23]) vom 25. Oktober 1889 die ältere Meinung zum Ausdruck bringt,

[23]) Bd. XVIII, S. 55 fg. Kamptz, I, S. 501 fg.

bricht das Erkenntnis des Reichsgerichts[24]) vom 10. Februar 1896 einer neuen Anschauung die Bahn und hat insofern revolutionierend auf das städtische Amtsrecht eingewirkt, als es das eigentliche momentum agens zur Schaffung des Kommunalbeamtengesetzes wurde.[25]) Die beiden einander widersprechenden Erkenntnisse ergingen in dem jahrelangen Kampfe ums Recht, den der Bureauhilfsarbeiter Malitz gegen die Stadt Berlin führte, so daß man im parlamentarischen Jargon das K. B. G. als eine lex Malitz bezeichnen könnte.

Beiden Erkenntnissen liegen die gleichen und in allem Wesentlichen unzweifelhaften Tatsachen zu Grunde; einerseits die mehr als zehnjährige, also zeitlich dauernde Beschäftigung des Mannes mit städtischen Funktionen nicht mechanischer und jedenfalls vielfach obrigkeitlicher Art; andererseits die ausdrückliche und wiederholte Erklärung des Magistrats, daß der Mann nicht als Beamter angestellt, sondern durch Dienstkontrakt auf Kündigung angenommen sei, eine Erklärung, die noch besonders betont wurde, als ihm der Diensteid abgenommen und ihm die straf- und steuerrechtliche Beamtenqualität (s. o. S. 356) beigelegt wurde, und der er selbst sich wenigstens insofern ausdrücklich fügte, als er wiederholt um seine Anstellung bat, dieselbe damit als noch nicht geschehen anerkennend. Wohl ist die konstante Judikatur beider obersten Gerichtshöfe über die Rechtsungiltigkeit einer vertragsmäßigen Kündigungsklausel neben einer Beamtenanstellung einig,[26]) worauf nachher zurückzukommen ist; dies setzt jedoch unzweifelhaft den rechtswirksamen Akt der Anstellung selbst voraus. Die Dissonanz beider Urteile betrifft also einzig und allein die Frage, ob ein solcher rechtswirksamer Anstellungsakt trotz oder wegen jenes unzweifelhaften Tatbestandes zustande kommen konnte. Gesetzliche Formvorschriften für diesen Akt bestanden nicht; und auch darin ist die Judikatur beider Gerichtshöfe einig, daß den üblichen Begleiterscheinungen der Anstellung, der Vereidigung, der Vernehmung der Stadtverordnetenversammlung ꝛc. an und für sich

---

[24]) Entscheidungen in Zivilsachen, Bd. XXXVII, S. 225 fg.

[25]) Motive des Regierungsentwurfs S. 10, Kommiss. Ber. d. H. H. S. 2/3. Vgl. auch: Verhandl. des zweiten preuß. Städtetages, Jan. 1899 (S. 15/37), die freilich auf Grundlage eines früheren Entwurfs stattfanden.

26) Siehe auch Kamptz, I, S. 505.

eine konstitutive Rechtswirkung nicht beizulegen ist. Unter diesen Umständen spitzt sich das Problem auf die Frage zu, ob sich eine Anstellung ohne oder sogar gegen die ausdrückliche Erklärung der Anstellungsbehörde vollziehen kann? Das Oberverwaltungsgericht lehnt die Möglichkeit einer Begründung des Beamtenverhältnisses durch unzweideutige konkludente Handlungen nicht durchaus ab, obgleich es ihr sehr skeptisch gegenüber steht; aber es kann solchen Handlungen doch höchstens die Kraft beimessen, den Mangel ausdrücklicher Willenserklärungen eventuell zu ersetzen, jedoch nicht, ausdrückliche gegenteilige Willenserklärungen zu beseitigen. Denn wie man auch den Begriff der Anstellung auffassen möge, sicher sei, „daß jedenfalls die Begründung eines dauernden Dienstverhältnisses bezweckt und hierauf der Wille der Beteiligten erkennbar gerichtet sein muß. Niemals kann sich eine Anstellung ohne oder gar wider den Willen der letzteren, ihnen unbewußt, vollziehen. Mag immerhin das Beamtenverhältnis nur in gewissen Richtungen nach den Grundsätzen des Privatrechts zu beurteilen sein, und im übrigen dem öffentlichen Rechte angehören — immer ist rechtserzeugender Faktor der ausdrücklich erklärte oder doch sonst erkennbare Wille; wo er fehlt, wird eine Anstellung nicht existent".

Auch das Reichsgericht erklärt, daß „den Gegenstand der Anstellung die Begründung eines dauernden Beamtendienstverhältnisses bildet, und es muß der Wille der Beteiligten, der anstellenden Behörde und des anzustellenden Beamten, auf die Herstellung eines solchen Dienstverhältnisses gerichtet sein. Fehlt es an einem dahingehenden Willen, so hat sich auch eine rechtswirksame Anstellung nicht vollzogen". Auch soweit sind also noch beide Gerichte einig. Die Divergenz beginnt erst mit der verschiedenen Würdigung der rechtserzeugenden Kraft konkludenter Handlungen in diesem Falle. Während das Oberverwaltungsgericht ihnen höchstens die Fähigkeit zum Ersatz fehlender ausdrücklicher Willenserklärungen zugesteht, will das Reichsgericht in ihnen den rechtserzeugenden Willen eventuell auch „unabhängig von ausdrücklichen Erklärungen", d. h. auch im Widerspruch zu solchen erkennen, sofern derselbe „aus der Lage des Falles im allgemeinen, dem Gesamtverhalten der Beteiligten, der Art der übertragenen Dienstverrichtungen und dem tatsächlichen Fortbestande des Verhältnisses gefolgert werden" kann. Dies sei aber hier der Fall, da der Magistrat dem angeblich kontraktlichen Hilfsarbeiter „die Verwaltung eigentlicher, im Organisationsplane vorgesehener Beamtenstellen übertragen habe"; diese Beschäftigung sei eine solche, „die nach den Normen des öffentlichen Rechts nur Ausfluß und Äußerung eines öffentlichen Amtes sein kann... Der Kläger ist zur Ausübung öffentlich-rechtlicher

Dienstfunktionen von dem Magistrate als der zur Übertragung solcher Funktionen zuständigen Behörde berufen. Er hat die ihm übertragenen Dienstfunktionen unter der Aufsicht und Autorität der vorgesetzten Dienstbehörde ausgeübt und demgemäß ist er in ein lediglich nach den Grundsätzen des öffentlichen Rechts zu beurteilendes Dienst- und Abhängigkeitsverhältnis eines Beamten zur Behörde getreten". Nicht allein die obrigkeitliche Natur der ihm übertragenen Funktionen, sondern auch die ganze Art und die Dauer seiner Stellung charakterisieren sein Verhältnis als ein amtliches.

Denn selbst wenn man die rechtliche Möglichkeit zugeben wolle, „daß die Besorgung obrigkeitlicher Geschäfte gegen Entgelt im Wege der privatrechtlichen Dienstmiete übertragen werde", ein Satz, dessen Richtigkeit das Reichsgericht dahingestellt sein läßt, so treffe das doch jedenfalls nur zu, „wenn einzelne Geschäfte in Frage stehen, nicht aber auch dann, wenn es sich um die dauernde Besorgung obrigkeitlicher Geschäfte handelt". Letzteres aber sei hier geschehen und damit die Schlußfolgerung gerechtfertigt, „daß der Magistrat den Kläger als ein für die Erledigung der Geschäfte der Verwaltung erforderliches, in die Reihe der Gemeindebeamten dauernd eingefügtes Mitglied angesehen hat".

Diesen Handlungen aber legt das Reichsgericht eine für den tatsächlich vorhandenen Anstellungswillen dermaßen entscheidende und also rechtswirksame Kraft bei, daß sie sogar durch entgegenstehende ausdrückliche Erklärungen ihrer konstitutiven Bedeutung nicht entkleidet werden können.

Entspringt demnach die Meinungsverschiedenheit der beiden höchsten Gerichtshöfe zunächst und unmittelbar aus einer verschiedenen Würdigung der Bedeutung konkludenter Handlungen für den Anstellungsakt, so geht diese doch wiederum auf einen viel tiefer liegenden Gegensatz zurück, der sich schließlich auf das rechtliche Fundament des ganzen Beamtenverhältnisses überhaupt, auf die rechtliche Natur seines Begründungsaktes bezieht. Dies ist zwar nirgends ausgesprochen, vermutlich gar nicht zu klarem Bewußtsein gekommen. Aber um es vorweg zu sagen: vom Standpunkt der Vertragstheorie aus, wie sie oben im IV. Kapitel dargestellt und widerlegt wurde, ist einzig und allein das Urteil des Oberverwaltungsgerichts möglich und rechtlich haltbar; das des Reichsgerichts kann sich dagegen nur auf die hier vertretene Theorie von der strikten Einseitigkeit des Begründungsaktes stützen. Daß das Oberverwaltungsgericht in der Tat auf dem Boden der Vertragstheorie steht, ergibt sich unzweideutig aus dem Wortlaut und dem Gedankengang seines Erkenntnisses; dagegen läßt sich aus dem Erkenntnisse des Reichsgerichts unmittelbar gar nichts über seine Stellung zu dieser prinzipiellen Grundfrage entnehmen. Allerdings gibt es eine Reihe höchstgerichtlicher Entscheidungen in Zivilsachen aus früherer Zeit, welche ausdrücklich die Vertragstheorie verwerfen und die Einseitigkeit des Anstellungsaktes betonen [27]); jedoch später hat die Vertragstheorie ein solches Übergewicht erlangt, daß man sie auch stillschweigend als Grundlage der einschlägigen juristischen Argumentationen voraussetzt. Nur so erklärt sich das schier allgemeine Schütteln des Kopfes und das unwillige Befremden, dem das Erkenntnis des Reichsgerichts bei den Praktikern begegnet, deren Schulweisheit sich gemeinhin von der Existenz einer anderen als der Vertragstheorie nichts träumen läßt. Im Banne dieses Gedankenkreises muß jenes Erkenntnis in der Tat geradezu bodenlos erscheinen, während es auf dem Boden des einseitigen Anstellungsaktes durchaus schlüssig und unanfechtbar dasteht. Daher ist der Kampf zwischen Oberverwaltungsgericht und Reichsgericht in dieser Frage in Wahrheit ein Kampf zwischen den beiden Begründungstheorien des Amtsverhältnisses; und in diesem Kampf ist tatsächlich bereits der Sieg der Theorie vom einseitigen Bestellungsakt und die Niederlage der Vertragstheorie entschieden. Das zeigt sich am klarsten darin, daß die Gesetzgebung kein anderes Mittel fand, um die Spitze des reichsgerichtlichen Erkenntnisses abzubiegen, als die Schaffung einer Anstellungsform, durch die gerade die Einseitigkeit des Aktes noch handgreiflicher und unzweideutiger hervortritt.

Wäre die Anstellung ein Vertrag zwischen der Anstellungsbehörde und dem Beamten, so könnte die Verleihung des Prädikats öffentlichrechtlich an dieses zweiseitige Rechtsgeschäft zwischen einander koordinierten Personen nichts an der juristischen Tatsache ändern, daß das rechtserzeugende konstitutive Moment in der Willenseinigung der beiden Kontrahenten liegt. Dann würde aber auch die Beweiskraft konkludenter Handlungen, selbst wenn sie ausdrückliche Willenserklärungen ersetzen könnte, doch vor einer entgegengesetzten ausdrücklichen Willenserklärung beider oder auch nur eines Kontrahenten

---

27) Beispiele bei Gierke, Genossenschaftstheorie, S. 195/96 n.

unbedingt und im ganzen Umfange verschwinden. Aus irgend welchen Handlungen der Parteien ihre Willensübereinstimmung auf einen bestimmten Vertragsinhalt folgern zu wollen, wenn der Dissens einer Partei ausdrücklich erklärt ist, ja, wenn vollends die Willensübereinstimmung beider auf einen ganz anderen Vertragsinhalt ausdrücklich erklärt ist, wäre vollendeter Widersinn. In dem streitigen und für die ganze Frage typischen Fall lag in der Tat ein ausdrücklich abgeschlossener privatrechtlicher Dienstvertrag vor. Ein solcher kann aus Gründen des öffentlichen Rechts nichtig sein; aber er kann niemals auf Grund konkludenter Handlungen in einen ganz anderen Vertrag gerade entgegengesetzten Inhalts umgedeutet werden. Insoweit enthalten die Ausführungen des O. V. G. lautere Wahrheit; nicht minder darin, daß ein als privatrechtliche Dienstmiete abgeschlossener Vertrag unmöglich durch bloßen Zeitablauf sich in einen öffentlich-rechtlichen Beamtenanstellungsvertrag verwandeln kann. Unter jener Voraussetzung hat das O. V. G. ferner Recht, wenn es die Tatsache, daß hier nach den Bestimmungen der St. O. ein Beamtenvertrag hätte geschlossen werden und die Aufsichtsbehörden deshalb seinen Abschluß hätten verlangen sollen, als unerheblich ansieht für die Frage, ob nun ein solcher Vertrag wirklich und rechtsgiltig abgeschlossen ist. Es hat endlich Recht mit der Auffassung, daß jene Beilegung einer allgemeinen Beamteneigenschaft mit der ausdrücklichen Erklärung, daß sie ohne wirkliche Anstellung, ja ohne Aussicht auf solche geschehe, wohl rechtsunwirksam sei, also namentlich weder die Steuerprivilegien noch die strafrechtliche Verantwortlichkeit des Beamten erzeugen könne; daß sie jedoch nicht umgekehrt den ausdrücklich abgelehnten Anstellungsvertrag als konkludente Handlung zur Perfektion bringe. Diese ganze Beweisführung ist durchaus zwingend, und die entgegengesetzten Ausführungen des Reichsgerichts fallen völlig ins Leere — unter der einzigen Voraussetzung, daß die Anstellung ein Vertrag zwischen der Anstellungsbehörde und dem Anzustellenden ist. Gerade diese Voraussetzung aber ist falsch, und damit ergibt die Rechtslage das genau entgegengesetzte Bild.

Die Beweisführung des Reichsgerichts ist in der Hauptsache durchaus zwingend und die entgegengesetzten Ausführungen des O. V. G. fallen völlig ins Leere, weil die Anstellung kein Vertrag zwischen der Anstellungsbehörde und dem Anzustellenden, sondern ein einseitiger Akt der Gemeinde als Gesamtperson ist. Wohl ist auch dieser einseitige Akt ein Willensakt, eine Äußerung des kommunalen Gemeinwillens, und der Magistrat ist innerhalb seiner Zuständigkeit als Organ des Gemeinwesens gesetzlich berufen, diesen Gemeinwillen rechtsverbindlich auszudrücken. Jedoch kann die Rechtsordnung ohne Zweifel die konstitutive Kraft eines kommunalen Willensakts ebensowohl an bestimmte rechtlich erhebliche Tatsachen und Handlungen, wie an die ausdrückliche Erklärung eines bestimmten Organs knüpfen. Eine solche unbedingt konstitutive Handlung ist jetzt nach § 1 K. B. G. die Aushändigung der Anstellungsurkunde. Setzen wir den Fall, daß gleichzeitig mit dieser Aushändigung zwischen dem Magistrat und dem Anzustellenden ein Vertrag in jeder erdenklichen Form Rechtens und mit jeder möglichen Ausdrücklichkeit abgeschlossen würde, dahin gehend, daß die Aushändigung dieser Urkunde doch nicht die Anstellung oder nicht die volle Anstellung bewirken solle, so ist an der völligen Nichtigkeit dieses Vertrages nicht der geringste Zweifel möglich; die konkludente Handlung der Aushändigung jener Urkunde ist stärker als alle entgegenstehenden ausdrücklichen Willenserklärungen der Anstellungsbehörde wie des Anzustellenden. Das wäre undenkbar, wenn es sich beide Male um einen Vertrag handeln würde; denn dann würde der ausdrücklich abgeschlossene Vertrag unbedingt demjenigen vorgehen, auf dessen Existenz nur aus einer konkludenten Handlung zu schließen wäre, umsomehr, als der erstere den Vertragswillen der Parteien, den man aus der konkludenten Handlung entnehmen will, ausdrücklich negiert. Daran würde auch durch die Bezeichnung des einen der beiden Verträge als öffentlich-rechtlich nichts geändert; denn auch ein solcher käme als Vertrag nur durch die Willenseinigung der Kontrahenten zu stande, an der es hier eben fehlen würde. In Wahrheit ist jedoch die Aushändigung der Anstellungsurkunde nicht eine Handlung, die den Abschluß eines Vertrages bekunden soll oder kann, vielmehr eine solche, an welche die öffentliche Rechtsordnung die konstitutive Kraft eines kommunalen Willensaktes, nämlich des einseitigen Bestellungsakts geknüpft hat. Dieser Akt ist kraft öffentlichen Rechts die verbindliche Äußerung des kommunalen Anstellungswillens, und demgegenüber ist es absolut gleichgiltig, was die angeblichen „Kontrahenten", Magistrat und Kandidat, gewollt oder nicht gewollt haben; ihre etwa entgegenstehenden Vertragsabreden sind null und nichtig, denn jus publicum privatorum pactis mutari nequit.

Ein solcher gesetzlicher Formalakt für die rechtsverbindliche Äußerung des kommunalen Anstellungswillens existierte nun allerdings vor dem Kommunalbeamtengesetz noch nicht; er ist erst durch dessen § 1 geschaffen. Indessen gab es andere Handlungen und Tatsachen, denen kraft öffentlichen Rechts die gleiche Wirkung innewohnte. Vor allem die Übertragung obrigkeitlicher Funktionen. Das Wesen derselben haben wir oben dahin festgestellt, daß in ihnen die Überordnung des Gemeinwillens über die ihm eingegliederten Einzelwillen zum Ausdruck kommt, woraus sich ohne weiteres die begriffliche Notwendigkeit ergab, daß nur das Gemeinwesen selbst d. h. durch seine Organe, also durch Beamte diese Funktionen wahrnehmen kann, daß sie notwendig amtliche Funktionen sind. Daher ist die Übertragung solcher Funktionen eine Handlung, an welche die öffentliche Rechtsordnung die konstitutive Kraft des kommunalen Willensaktes der Anstellung geknüpft hat, quod privatorum pactis mutari nequit. Dazu kommt ein zweites Moment. Obrigkeitliche Funktionen **muß** das Gemeinwesen selbst, d. h. durch die seiner Organisation fest eingefügten Personen, durch seine Organpersonen wahrnehmen; andere Funktionen **kann** es ebenfalls in der gleichen Weise wahrnehmen. Ohne Rücksicht auf ihre Art und ihren Inhalt sind also alle Funktionen **amtliche**, mit deren Übertragung eine Person der Organisation des Gemeinwesens generell und dauernd (s. o. S. 353) eingefügt wird. Kein Vertrag ist fähig, jenes eigenartige Subordinations- und Gewaltverhältnis zu begründen, das zwischen der Organperson und ihrem Gemeinwesen besteht; wie jeder Vertrag so ändert auch die Dienstmiete nicht die Koordination der Willen, die Rechtsgleichheit der Kontrahenten. Der Mieter von Diensten wird niemals zum Vorgesetzten des Vermieters; letzterer ist zu mehr oder minder bestimmt umschriebenen Dienstleistungen, niemals aber zu völliger Hingabe in die Gewalt des anderen Kontrahenten verpflichtet. Ein solches Verhältnis kann eben überhaupt nicht zwischen gleichartigen Personen, nicht im Rahmen des Individualrechts bestehen, und folglich nicht in der Form des individualrechtlichen Vertrages entstehen; vielmehr kann es nur zwischen ungleichartigen Personen, nämlich einer Gesamtperson und ihren Organpersonen bestehen, und nur durch den einseitigen Herrschaftsakt der Organbestellung entstehen. Tritt daher eine Person in ein solches Gewalt- und Subordinationsverhältnis zum Gemeinwesen, steht sie ihm nicht als eine nur zu einzelnen Dienstleistungen verpflichtete koordinierte, sondern zu genereller Hingabe verpflichtete untergebene, also als Organperson gegenüber, so ist dies eine Tatsache, an welche die öffentliche Rechtsordnung die konstitutive Kraft des Willensaktes der Anstellung, der geschehenen Beamtenbestellung geknüpft hat, quod privatorum pactis mutari nequit. Ist mit einer solchen tatsächlichen Eingliederung einer Person in die amtliche Organisation ebenso wie mit der Übertragung obrigkeitlicher Funktionen die verbindliche Äußerung des kommunalen Anstellungswillens von Rechts wegen gegeben, so setzt nun allerdings der einseitige Ernennungsakt seitens des Gemeinwesens die Einwilligung zur Amtsübernahme seitens des Ernannten voraus. Diese geschieht aber in völlig rechtsverbindlicher Weise durch den tatsächlichen Eintritt in jenes Subordinationsverhältnis wie durch die tatsächliche Übernahme obrigkeitlicher Funktionen. So bedeutungslos gegenüber dem tatsächlich geschehenen Anstellungsakte die ausdrückliche Erklärung des Magistrats ist, nicht anstellen zu wollen, ebenso bedeutungslos ist gegenüber der tatsächlich erfolgten Amtsübernahme die Erklärung des Beamten, sich der Nichtanstellung fügen zu wollen. Will er das tatsächlich übernommene Amt nicht behalten, nimmt er also die geschehene Einwilligung zurück, so muß er seine Entlassung beantragen, worüber im nächsten Kapitel zu sprechen sein wird. Mit den Rechtsnormen über Verträge haben alle diese Willensbeziehungen nichts zu tun, so weit es sich nicht etwa um rein privatrechtliche pekuniäre Nebenabreden handelt (s. darüber unten Kap. XIV).

Diese Rechtsanschauung gibt den oben mitgeteilten Feststellungen des Reichsgerichts eine Beweiskraft, die ihnen die Vertragstheorie füglich versagen muß.[28]) So erscheint unter diesem Gesichtspunkt jene Beilegung der Beamteneigenschaft nebst der Vereidigung in der Tat als ein erhebliches Argument für die Einfügung der betreffenden Person in den Amtsorganismus und das amtliche Subordinationsverhältnis. Denn die Vereidigung ist ja nichts anderes als die

[28]) Aus einem Rückfall in die Vertragstheorie erklären sich manche Inkonsequenzen späterer Erkenntnisse, z. B. dem vom 15. Juni 1899 in Sachen R. gegen Berlin (Magistr. Akten).

feierliche Abnahme des Versprechens, die Pflichten einer Organperson getreulich zu erfüllen; die besondere Verantwortlichkeit wie das Steuerprivileg sind lediglich Rechtsfolgen des Organ- d. h. des Beamtenverhältnisses. Die Vertragstheorie sieht in der Übertragung einer Tätigkeit, welche sich nach den gesetzlichen Bestimmungen als eine amtliche qualifiziert, im Wege der privatrechtlichen Dienstmiete eine Verletzung der Rechtspflichten seitens der Gemeinde durch Unterlassung des Anstellungsvertrages; unsere Anschauung erklärt einen Dienstmietevertrag in solchem Falle für rechtlich unmöglich, und sieht in jener tatsächlichen Eingliederung der betreffenden Person und der tatsächlichen Übertragung der entsprechenden Funktionen an sie die Erfüllung der Rechtspflicht seitens der Gemeinde, die Vollziehung des Anstellungsaktes durch konkludente Handlung. Für die Vertragstheorie ist die Unterstellung des Reichsgerichts unannehmbar, wonach sich ein ursprünglich als Dienstmiete abgeschlossener Vertrag allmählich und stillschweigend in einen Anstellungsvertrag umwandeln könne; für unsere Anschauung steht der durch konkludente Handlung tatsächlich erfolgte Anstellungsakt mit einem etwaigen früheren Dienstmietevertrage in keinem rechtlichen Zusammenhange. Ein solcher Vertrag war nur dann rechtlich möglich, wenn es sich um die Beschaffung einzelner Dienstleistungen nicht obrigkeitlicher Art, sei es für einen bestimmten vorübergehenden Bedarfsfall zur Aushilfe, sei es zur Erprobung oder Ausbildung der künftig anzustellenden Person, jedoch ohne ihre Eingliederung in den Amtsorganismus handelt. Erfolgt dann tatsächlich eine solche Eingliederung oder die Übertragung obrigkeitlicher Funktionen und damit die Bildung eines amtlichen und in dem oben festgestellten Sinne dauernden Kreises von Organfunktionen, so ist damit die Errichtung eines Amtes und die Anstellung eines Beamten dafür durch konkludente Handlung auf Grund öffentlichen Rechts geschehen, aber nicht etwa eine Art von publizistischer Novation des ursprünglich privatrechtlichen Dienstvertrages eingetreten. Hiermit nicht zu verwechseln ist die andere, freilich nahe dabei liegende Frage nach der Grenze des Begriffs der vorübergehenden Dienstleistungen eines Beamten, von welcher die Möglichkeit seiner kündbaren oder die Notwendigkeit seiner lebenslänglichen Anstellung gemäß § 56, 6 St. O. abhängt. Das gehört in das nächste Kapitel von der Amtsdauer.

Die großen Schattenseiten dieses Rechtszustandes, wie ihn das viel gescholtene und viel gepriesene Reichsgerichtserkenntnis ja keineswegs geschaffen, sondern nur nach langer Verdunkelung klargestellt hatte, sind nicht zu verkennen.[29]) Dahin gehört vor allem schon die Schwierigkeit, vielleicht Unmöglichkeit, den Zeitpunkt eines durch konkludente Handlung vollzogenen Anstellungsaktes genau zu fixieren. Ferner wurden dadurch völlig haltlose Übertreibungen der Rechtsansprüche seitens der Beamten hervorgerufen. Während es sich immer nur um die Schaffung dieser konkreten Beamtenstelle mit der für sie festgesetzten Ausstattung durch jenen Akt handeln kann, glaubten manche dieser Beamten, die Berufung in andere, ausdrücklich errichtete Amtsstellen, die ihnen weder ausdrücklich noch tatsächlich übertragen waren, als durch konkludente Handlung geschehen ansehen, und statt des Gehaltes ihrer Stelle das Gehalt und wohl auch die Dienstalterszulagen dieser anderen Stellen von Rechts wegen beanspruchen zu dürfen. Um diese wirklichen und zugleich eine Anzahl vermeintlicher Mißstände zu beseitigen, hat nun die Gesetzgebung einen Formalakt für die Anstellung dieser Beamtenkategorien geschaffen. Das ist die Bestimmung in § 1 K. B. G.: „Die Anstellung erfolgt durch Aushändigung einer Anstellungsurkunde". In den Motiven zum Regierungsentwurf[30]) heißt es, daß diese Form „als sicherstes Kriterium der Beamtenanstellung erschien im Einklange mit dem Rechte der Reichsbeamten". Dieser Einklang ist freilich nur ein äußerlicher; denn die Bestimmung in § 4 R. B. G.: „Jeder Reichsbeamte erhält bei seiner Anstellung eine Anstellungsurkunde" ist doch nur eine instruktionelle, und hat daher eine juristisch ganz andere Bedeutung als der Satz des K. B. G., wonach die Anstellung durch Aushändigung der Urkunde erfolgt. Damit soll ja „eine klare Unterscheidung des privatrechtlichen Dienstmietevertrages von dem öffentlich-rechtlichen Beamtenkontrakt" ermöglicht werden, indem an diese Übergabe „konstitutive Wirkung für die Anstellung der Kommunalbeamten geknüpft und damit die Annahme einer stillschweigenden, aus konkludenten Handlungen hergeleiteten Anstellung für die Zukunft ausgeschlossen[30]) wird.

---

[29]) Siehe die oben Note 25 zitierten Aktenstücke.
[30]) Drucks. d. H. H. Nr. 27, S. 13.

Also einmal nur für die Zukunft d. h. für diejenigen Beamten, deren Anstellung nach dem Inkrafttreten des Gesetzes am 1. April 1900 erfolgt ist. Denn da sich das Gesetz keine rückwirkende Kraft beilegt, bleibt für die Frage, ob jemand vor jenem Stichtage als städtischer Beamter angestellt ist oder nicht, der bisherige Rechtszustand maßgebend, der daher noch auf eine sehr lange Reihe von Jahren in die Zukunft fortwirken wird. Weil man nun aber diesen Zustand nicht ohne Grund als einen recht mißlichen empfand, lag es nahe, ihn durch Aufnahme einer Übergangsbestimmung in das Gesetz nach Möglichkeit zu beseitigen. Dieser Gedanke ward denn auch in der Kommission des Herrenhauses angeregt; und zwar dachte man an die Möglichkeit, die etwa zweifelhaften Rechtsverhältnisse im Wege der Vereinbarung zwischen der Stadt und ihren Angestellten neu zu regeln. Gegen die Gangbarkeit dieses Weges jedoch erhoben sich sehr triftige Bedenken wegen des Rechtssatzes: jus publicum privatorum pactis mutari nequit. So wollte man denn diesen alten Fundamentalsatz für diesen besonderen Fall durch eine gesetzliche Spezialklausel außer Kraft setzen. Dagegen läßt sich gewiß Vieles und Gewichtiges sagen; was aber der Herr Regierungskommissar dagegen sagte, das gehört zu den wunderbaren Blüten jener Ministerialjurisprudenz, die namentlich auf dem Gebiete der Selbstverwaltung seit zwei Menschenaltern üppig gedeiht. Der Regierungskommissar behauptete nämlich schlankweg die Überflüssigkeit einer gesetzlichen Spezialbestimmung für den beabsichtigten Zweck, denn es könne „nach Inkrafttreten des Entwurfs zweifellos eine neue Anstellung mit den sich nach Maßgabe des letzteren ergebenden Modalitäten im Wege der Vereinbarung abgeschlossen werden, unter Verzicht des Beamten auf seine Rechte aus seinem bisherigen, durch die Vereinbarung aufzulösenden Verhältnis". Dazu komme noch, „daß Vereinbarungen über eine zivil- oder öffentlich-rechtliche Anstellung der Städteordnung nicht ohne weiteres zuwiderlaufen und daher nicht rechtsungiltig gewesen" seien.[31]) Allerdings muß als mildernder Umstand für diese erstaunliche Rechtsanschauung der verwirrende Einfluß der Irrlehre vom Staatsdienstvertrage anerkannt werden, als deren Folge wir ja auf Schritt und Tritt die unheilvollste Verrückung aller Begriffe vom öffentlichen und Privatrecht

[31]) Drucks. d. H. H. 1899 Nr. 63, S. 26/27; vgl. auch Ausführungsanweisung Artik. I Nr. 6.

gefunden haben. Aber man stelle sich den Fall einmal klar vor Augen: ein nach dem bisherigen Recht im Sinne der reichsgerichtlichen Judikatur bereits fest angestellter Beamter soll noch einmal angestellt werden, aber jetzt auf Grund des neuen Gesetzes. Gewährt ihm die neue Anstellung genau das gleiche wie die frühere, so wird ja kein Streit entstehen, der Zweck der Übung ist dann aber auch nicht einzusehen. Bedeutung gewinnt die Sache doch nur, wenn die neue Anstellung unter anderen Bedingungen als die frühere geschieht, also etwa auf Kündigung, während er nach dem früheren Recht lebenslänglich angestellt war. Nun schließen Magistrat und Beamter einen Vertrag etwa folgenden Inhalts: In Erwägung, daß es zweifelhaft sei, ob der Beamte bereits nach dem früheren Recht lebenslänglich angestellt sei, verzichte er auf die Geltendmachung dieser etwaigen lebenslänglichen Anstellung und unterwerfe sich dem neuen Gesetz, wogegen ihm der Magistrat eine Anstellungsurkunde mit Kündigungsklausel aushändigt. Wenn sich wirklich ein Gerichtshof fände, gleichviel ob Zivil- oder Verwaltungsgericht, der einer solchen Vereinbarung die Kraft beimessen würde, eine Berufung auf die frühere, rechtswirksam geschehene lebenslängliche Anstellung rechtswirksam auszuschließen, dann wäre in der Tat jener Fundamentalsatz der ganzen öffentlichen Rechtsordnung stillschweigend beseitigt. Denn es würde sich hier im Grunde darum handeln, daß sich ein Beamter durch Privatkontrakt einem Gesetze unterwirft, das nach seinem Inhalt wie nach der öffentlichen Rechtsordnung nicht für ihn gilt. Dann könnte sich wohl schließlich auch ein Richter durch Privatkontrakt den Rechtsnormen für nichtrichterliche Beamte unterwerfen; an Versuchen nach dieser Richtung soll es ja bei uns zu Lande nicht gefehlt haben. Das Gleiche gilt natürlich dann, wenn nicht die Kündbarkeit, sondern die Anstellung überhaupt in Frage steht. Vollends unklar ist der Sinn der Worte, daß Vereinbarungen über eine zivil- oder öffentlich-rechtliche Anstellung der Städteordnung n i c h t o h n e w e i t e r e s zuwiderlaufen! Ja, Vereinbarungen über zivilrechtliche Dinge laufen der Städteordnung gewiß nicht zuwider; wohl aber laufen ihr wie jedem Recht private Vereinbarungen über das, was zivil- und was öffentlich-rechtlich sein soll, zuwider; und nur darum handelt es sich doch in casu. Abänderungen von Normen des öffentlichen Rechts durch private Vereinbarungen sind nur möglich und daher nur rechtsgiltig, wenn das Gesetz sie expressis verbis in dem speziellen Fall zuläßt. Da das Kommunalbeamtengesetz dies auf den weisen Rat des Regierungskommissars, übrigens aber durchaus berechtigter, freilich anders zu begründender Weise nicht getan hat, so sind Vereinbarungen gegen das publizistische städtische Amtsrecht nach dem 1. April 1900 genau so null und nichtig wie vor diesem kritischen Tage.[32])

Die Mißlichkeiten des bestehenden Rechtszustandes durch Vereinbarungen, denen eine gesetzliche Spezialklausel unter Durchbrechung jenes Fundamentalprinzips Rechtskraft verlieh, lösen zu wollen, war wie aus prinzipiellen so auch aus praktischen Gründen kein glücklicher Gedanke. Wenn man den anderen, unmittelbar zum Ziel führenden Weg, dem Gesetze selbst rückwirkende Kraft zu geben, wegen der damit verbundenen Widerwärtigkeiten und Härten verwarf,[33]) so hätte die Annahme des in der Kommission gemachten Vorschlages dieselben Begleiterscheinungen, nur in verhüllterer Form, gezeitigt. Jener große Rechtsgrundsatz, der auf diesem Gebiet prinzipiell den Vertrag ausschließt, entspringt doch nicht irgend einer Willkür, sondern bringt die immanente Wahrheit zum Ausdruck, daß hier regelmäßig die Form des zweiseitigen Rechtsgeschäfts nur eine Maske für das in der Tat einseitige Wesen des Rechtsakts ist. Auf publizistischem Boden sind das Gemeinwesen und der Einzelne eben nicht gleichartige Personen; und wenn das Gesetz für die Ordnung ihrer Rechtsbeziehungen auf diesem Gebiet die für den Verkehr gleichartiger Personen maßgebenden Rechtsformen zuläßt, so sanktioniert es eine Täuschung. Das springt im vorliegenden Falle umsomehr in die Augen, als hier die Beamten nicht das geringste Interesse an einer solchen Vereinbarung gehabt hätten; denn alle ihre bisherige Lage verbessernden Bestimmungen des Gesetzes traten für sie ohne weiteres in Kraft; durch die Vereinbarung sollten sie sich nur den ihnen eventuell ungünstigeren Normen unterwerfen; man hätte vermutlich wahre Karikaturen von Verträgen erlebt. Dem in Wahrheit einseitigen Wesen dieser Rechtsakte entspricht nur die dem öffentlichen Recht eigene Einseitigkeit der Form, mit der sich zugleich die dem öffentlichen Recht eigenen Garantien verbinden, die durch die täuschende

---

[32]) Wegen der Möglichkeit von Vereinbarungen über einzelne Punkte vgl. die späteren Ausführungen im Text.

[33]) Verhandl. d. zweit. Städtetages 1899, S. 36/37.

Vertragsform ausgeschlossen oder doch verkümmert werden. Damit ist der Weg gewiesen, den hier eine gesetzliche Übergangsbestimmung einschlagen mußte: Sanktionierung einer gesetzlichen Pflicht der Städte, innerhalb bestimmter Frist den rechtlichen Status ihrer bisherigen Beamtenschaft durch ein organisches Statut festzustellen, gegen dessen einzelne Bestimmungen ebenso wie gegen die von Aufsichts wegen geltend gemachten Einwände den Beteiligten innerhalb einer präklusiven Frist das Verwaltungsstreitverfahren offen steht. Durch die letzte Bestimmung würde der herrschenden Abneigung gegen organisatorische Ortsstatute ihr berechtigter Kern im wesentlichen entzogen.

Indessen auch für die Zukunft schafft der vielgerühmte zweite Satz des § 1 K. B. G. keineswegs einen Rechtszustand, so reinlich und so zweifelsohne, wie ihn der Gesetzgeber wünschte, und er nimmt daher jenen Rechtserwägungen, welche die dissentierende Judikatur des O. V. G. und Reichsgerichts ausgelöst hat, durchaus nicht ihre aktuelle Bedeutung. Die Aushändigung der Anstellungsurkunde soll nunmehr der zwingende Formalakt sein, an dem es bisher bei der Anstellung fehlte; d. h. jeder, dem die Urkunde ausgehändigt ist, soll angestellter städtischer Beamter sein, und niemand soll es sein, dem sie nicht ausgehändigt ist. Dies kann jedoch unmöglich in dem Sinne verstanden werden, daß die Anstellung und die Aushändigung der Urkunde identisch seien; denn sonst müßte man annehmen, daß beispielsweise die irrtümliche Aushändigung der Urkunde an eine von der Anstellungsbehörde gar nicht gemeinte Person deren Anstellung bewirke. Dem Wesen des strengen Formalaktes würde in der Tat nur die Anerkennung dieser Person als zunächst angestellter Beamter entsprechen, vorbehaltlich einer eventuellen nachträglichen Anfechtung des vollzogenen Anstellungsaktes wegen Irrtums. Trotzdem wird man nicht bezweifeln, daß dies nicht der wirklichen Rechtslage in einem solchen Falle entspricht, daß vielmehr trotz erfolgter Aushändigung der Urkunde eine Anstellung überhaupt nicht erfolgt ist; und zwar deshalb nicht, weil der Anstellungswille gefehlt hat. Man mag dies mit Ledermann [34]) so ausdrücken, daß sich die neue Vorschrift nur auf die Form der Willensäußerung beziehe, dagegen nicht die bestehenden Bestimmungen über die Formen

[34]) Kommentar z. K. B. G., S. 42, zur St. O. (1902) S. 275.

abgeändert habe, in denen der Anstellungswille der Gemeinden rechtsgiltig zur Entstehung komme. In dieser letzten Hinsicht ist also nach wie vor der bisherige Rechtszustand, wie er in der Judikatur des Reichsgerichts zum Ausdruck kam, maßgebend; vor allem kann der kommunale Anstellungswille nach wie vor durch die konkludenten Handlungen der Übertragung obrigkeitlicher Funktionen und der Einfügung in das organische Subordinationsverhältnis rechtsgiltig zur Entstehung kommen. Während aber nach dem früheren Recht mit dieser rechtsgiltigen Entstehung des Anstellungswillens die Anstellung selbst vollzogen und damit das Beamtenverhältnis begründet war, bedarf es nunmehr zur Erzielung dieser Wirkung noch der vorgeschriebenen formalen Äußerung, der Aushändigung der Urkunde. Soweit der Anstellungswille auf der freien Entschließung der städtischen Organe beruht, kann der betreffende Beschluß bis zu geschehener Aushändigung der Urkunde beliebig widerrufen werden. Wenn jedoch der kommunale Anstellungswille unmittelbar auf zwingenden Rechtsnormen beruht, wie dies in den zur gerichtlichen Kognition gekommenen Fällen die Regel war, und wenn infolgedessen ein Anstellungsbeschluß gar nicht erforderlich war, so ist selbstverständlich auch eine Aufhebung oder ein Widerruf des Anstellungswillens rechtlich ausgeschlossen, und demgemäß die formale Vollziehung der Anstellung durch Aushändigung der Urkunde eine Rechtspflicht der Stadt. Es fragt sich nur, durch welche Rechtsmittel die Erfüllung dieser Rechtspflicht erzwungen werden kann.

Nach dem früheren Recht gab es hier, wie wir gesehen haben, zwei Wege; zwar nicht um die Stadt zu formeller Vollziehung der Anstellung, was ja damals nicht nötig war, wohl aber um sie zur Anerkennung der vollzogenen Anstellung zu zwingen. Der eine Weg wurde durch das Eingreifen der Aufsichtsbehörde eröffnet, an welches sich das Verwaltungsstreitverfahren anschließen konnte; der andere stand der betroffenen Einzelperson ohne weiteres offen, indem sie ihre vermögensrechtlichen Ansprüche aus dem Beamtenverhältnis im Zivilrechtswege geltend machen konnte. Die einander widersprechenden Resultate, die auf diesen beiden Wegen erreicht wurden, legten im Interesse der Rechtssicherheit den Wunsch nahe, einen der beiden Wege zu sperren. So hat ein Vorentwurf zum K. B. G. die Bestimmung enthalten:

„Über die Eigenschaft eines angestellten Kommunalbeamten entscheidet, wenn Streit entsteht, die Aufsichtsbehörde des Kommunalverbandes. Gegen die Entscheidung steht den Beteiligten, unter Ausschluß des ordentlichen Rechtsweges, die Klage im Verwaltungsstreitverfahren zu.“ [35])

In das Gesetz ist diese Bestimmung nicht übergegangen; vielmehr glaubte man durch dessen Fassung den Weg des Zivilprozesses zu verschließen, ohne zugleich der die Beamteneigenschaft beanspruchenden Person den Weg des Verwaltungsprozesses zu eröffnen, wie es jene früher beabsichtigte Bestimmung allerdings getan hätte. In der Tat hat das Gesetz die unmittelbare Beschreitung beider Rechtswege versperrt, freilich nur mit dem Erfolge, beide Male zu Umwegen zu nötigen. Das Gesetz sollte dafür sorgen, „daß eine Anstellung durch sogenannte konkludente Tatsachen, wie sie das Reichsgericht festgestellt hat, ausgeschlossen erscheint, mit anderen Worten, daß nicht mehr das Reichsgericht durch einen Rechtsspruch mit tatsächlicher Feststellung in Auslegung der St. O. eine dauernde feste Anstellung eines Beamten vornehmen kann, sondern nur die zuständige Behörde.“ [36]) Diese Aufgabe hat es auch insoweit gelöst, daß niemand, der nicht im Besitze einer Anstellungsurkunde ist, unmittelbar vermögensrechtliche Ansprüche aus einem nach dem 1. April 1900 gegründeten Beamtenverhältnis im Wege des Zivilprozesses geltend machen kann. Da ferner der Anspruch auf Aushändigung der Urkunde zweifellos ein publizistischer ist, so kann auch dieser nicht im Zivilprozeß gegen die Stadtgemeinde geltend gemacht werden. [37]) Wohl aber kann auf die Unterlassung dieser Aushändigung ein im Wege des Zivilprozesses verfolgbarer Schadensersatzanspruch gestützt werden; und zwar gerade in den viel erörterten Fällen, in denen der kommunale Anstellungswille unmittelbar auf zwingenden Normen des öffentlichen Rechts beruht. Denn da für die rechtswirksame Entstehung des Anstellungswillens der bisherige Rechtszustand unverändert fortbesteht, so kann er nach wie vor durch jene konkludenten Tatsachen rechtswirksam zur Entstehung kommen; dann ist aber die formelle Vollziehung der Anstellung durch

[35]) Vgl. auch Ebner a. a. O., S. 313.

[36]) Oberbürgermeister Schmieding in den Verhandl. d. zweit. Städtetages, S. 23.

[37]) Oertel, S. 397; Ledermann a. a. O. Der von Letzterem erwähnte, rein privatrechtliche Streit um Eigentum oder Besitz der Urkunde ist für unsere Frage ohne Belang.

Aushändigung der Urkunde eine Rechtspflicht der Stadt, bei deren Unterlassung sie dem Betroffenen schadensersatzpflichtig wird. Eine Zivilklage gibt es also in diesen Fällen nach wie vor, nur daß sie nicht mehr unmittelbar auf Zahlung des Beamtengehalts, sondern auf Schadensersatz für die rechtswidrige Vereitelung dieses Anspruchs geht; und nach wie vor kann daher die Frage, ob die Anstellungsurkunde von Rechts wegen hätte ausgehändigt werden müssen, als öffentlich-rechtlicher Inzidentpunkt zur Entscheidung durch die Zivilgerichte und das gefürchtete Reichsgericht gelangen.

Die Möglichkeit des Verwaltungsprozesses hat nach dem neuen wie nach dem früheren Recht das Eingreifen der Aufsichtsbehörde zur Voraussetzung, wobei die betroffene Einzelperson nur in der sekundären Rolle des Beschwerdeführers tätig werden kann. Daß das Eingriffsrecht der Staatsaufsicht seine Grenze in den der Stadt gesetzlich obliegenden Leistungen findet, und daß diese Grenze in der vorliegenden Frage von der ministeriellen Ausführungsanweisung zum K. B. G. nicht genügend beachtet wird, wurde schon oben (S. 377) dargelegt. So wenig der Staatsaufsicht das Mittel der Zwangsetatisierung zur Verfügung steht, um die Stadt zur Errichtung von Ämtern, die ihr nicht gesetzlich obliegt, anzuhalten, ebensowenig kann sie dasselbe Ziel durch Anwendung des Aufsichtszwanges zur Aushändigung einer Anstellungsurkunde erreichen. Die unbedingte Voraussetzung für die Anwendung dieses Zwanges ist vielmehr gleichfalls, daß der Stadt eine Rechtspflicht zur Aushändigung der Urkunde obliegt. Diese Rechtspflicht hat aber wiederum zwei Voraussetzungen, nämlich einmal, daß das Amt selbst rechtswirksam errichtet ist; und zweitens, daß der kommunale Anstellungswille der Übertragung des bestimmten Amtes an die bestimmte Person rechtswirksam zur Entstehung gekommen ist. Beides kann nun aber nach den mehrfach entwickelten Rechtsgrundsätzen nicht nur durch ausdrückliche Willenserklärungen, sondern auch durch die bekannten konkludenten Tatsachen geschehen sein. Wenn es auf die eine oder die andere Weise geschehen ist, so liegt der Stadt im Sinne des K. B. G. die Aushändigung der Anstellungsurkunde als gesetzliche Pflicht ob, zu deren Erfüllung sie durch die Mittel des Aufsichtszwanges angehalten werden kann. Als solche bietet § 132 L. V. G. neben den Exekutivstrafen auch die Ersatzvornahme, so daß also auch die Aushändigung einer Anstellungsurkunde von Aufsichts wegen angedroht werden kann.[38]) Gegen diese Androhung eröffnet § 133 L. V. G. der Stadtgemeinde den Weg des Verwaltungsstreitverfahrens, und damit kann die große Frage der rechtswirksamen Entstehung des Anstellungswillens durch konkludente Handlungen auch zur Kognition der Verwaltungsgerichte kommen, so daß am letzten Ende eine doppelte Judikatur über diese Frage in einem und demselben Falle auch durch den vielgerühmten Formalakt des § 1 K. B. G. nicht ausgeschlossen ist.

Daß sich die Vorschrift dieses Formalaktes auch auf solche Beamte erstreckt, die nur auf Probe, zu vorübergehenden Dienstleistungen oder zur Vorbereitung angestellt werden, sofern eben eine Beamtenanstellung dieser Personen erfolgen soll oder muß, bestimmt § 2 K. B. G. ausdrücklich, wie andererseits, daß dies nicht für die ein Kommunalamt lediglich als Nebenberuf versehenden Personen gilt. Da sich das ganze Gesetz ausschließlich mit den besoldeten Berufsbeamten befaßt, ist es selbstverständlich, daß auch der Formalakt der Anstellung nicht obligatorisch für sämtliche Ehrenbeamte ist. Zweifel haben sich dagegen darüber erhoben, ob jene Bestimmung auch für die besoldeten Magistratsmitglieder Geltung beansprucht. Einerseits beziehen sich zwar die allgemeinen Bestimmungen des Gesetzes auf alle besoldeten Berufsbeamten, also auch auf diese oberste Kategorie; andererseits soll es nach § 14 betreffs der Anstellung dieser Beamten bei den bestehenden Bestimmungen bewenden. Indessen ist dieser Vorbehalt richtigerweise doch nur auf die Formen der rechtswirksamen Entstehung des Anstellungswillens zu beziehen, so daß also die Bestimmungen über die Wahl und Bestätigung der Magistratsmitglieder ebenso unverändert bleiben, wie die über die Ernennung der übrigen Beamten, wodurch in beiden Fällen die Vorschrift des neuen Formalaktes nicht berührt wird. Damit entfällt die Notwendigkeit einer gewaltsamen Interpretation, die dem zweiten Satz des § 1 ein engeres Geltungsbereich als dem ersten Satze zuschreiben will; und für die übrigens weder äußere noch innere Gründe sprechen.[39]) Praktisch wird übrigens

---

[38]) Ausführungsanweisung Artik. I Nr. 4; Oertel, S. 397.

[39]) Übereinstimmend Kautz und Appelius, S. 50. — Anderer Meinung Ledermann, S. 87; Oertel, S. 218.

die Vorschrift gerade in diesem Falle am wenigsten eine Neuerung bedeuten.

Daß nach richtiger Rechtsanschauung die städtischen Lehrer zu den Gemeindebeamten gehören, ist oben (S. 257 fg.) dargelegt worden. Trotzdem kann man auf sie die Bestimmungen des K. B. G. überhaupt nicht, also auch nicht die über die Anstellungsurkunde anwenden. Denn wenn auch eine falsche Rechtsanschauung des Gesetzgebers an sich keine maßgebende Bedeutung beanspruchen kann, so muß doch die zweifellose gesetzgeberische Absicht anerkannt werden, durch das Kommunalbeamtengesetz die für die Lehrer bestehenden Spezialbestimmungen überhaupt und somit auch die über Ausstellung und Aushändigung der Vokationsurkunde geltenden, nicht aufzuheben.

Schon im IV. Kapitel des ersten Teils ist ausführlich erörtert worden, wie gerade diese äußere Form für die Vollziehung der Anstellung durch Aushändigung der Bestallungsurkunde die Einseitigkeit des Bestellungsaktes klar hervortreten läßt, und wie vergeblich die Bemühungen der Vertragstheorie sind, diese Form strenger Einseitigkeit in diejenige eines zweiseitigen Rechtsgeschäfts, des Vertrages, umzudeuten. Nicht die Regeln des Vertragsabschlusses, sondern die Regeln der Insinuation von Verwaltungsverfügungen sind für die Aushändigung der Anstellungsurkunde und ihre Rechtsfolgen maßgebend. Ist die Anstellungsurkunde in rechtsgiltiger Weise vollzogen und zugestellt, so ist auch die Anstellung rechtsgiltig vollzogen; und alle Einreden, gleichviel ob sie von der anstellenden Gemeinde oder von dem angestellten Beamten zu erheben sind, können nur in Form der Anfechtung mit dem Ziele, die geschehene Anstellung wieder aufzuheben, nicht in Form eines einfachen Widerrufs oder einer einfachen Ablehnung geltend gemacht werden.[40]) Demgemäß beginnt auch das Beamtenverhältnis im Zweifel mit der Zustellung der Anstellungsurkunde, was aber nicht ausschließt, daß in derselben ausdrücklich ein späterer Termin des Beginnes festgesetzt werde. Daß eine solche Festsetzung nach dem Kommunalbeamtengesetz unzulässig und ungiltig sei,[41]) ist eine völlig haltlose Be-

[40]) O. Mayer a. a. O. II, S. 222. Falsche Begründung bei Oertel, S. 410/11.
[41]) So Ebner a. a. O. S. 314.

hauptung. Soweit die Anstellung nicht an den Formalakt der Zustellung der Urkunde geknüpft ist, beginnt das Beamtenverhältnis im Zweifel mit der tatsächlichen Amtsübernahme; und diese kann in den oben erörterten Fällen einer Entstehung des Anstellungswillens durch konkludente Tatsachen auch für den Zeitpunkt bestimmend sein, in welchem die Rechtspflicht der Gemeinde zur Aushändigung der Anstellungsurkunde existent wurde.

Die Vereidigung der Beamten, welche auf Grund des Art. 108 d. Vf. durch die königliche Verordnung vom 6. Mai 1867 im einzelnen vorgeschrieben ist, hat für die Begründung des Beamtenverhältnisses selbst weder eine materielle noch eine formelle rechtliche Bedeutung. Inwieweit sie unter Umständen als Beweismittel für den durch konkludente Handlungen zu rechtlicher Entstehung gelangten Anstellungswillen dienen kann, ist lediglich quaestio facti.[42])

Einseitig wie der Bestellungsakt selbst, gleichviel ob er in der Form der Wahl oder Ernennung erscheint, ist im Prinzip auch die Normierung der Anstellungsbedingungen. Eine Abweichung von den gesetzlich oder ortsstatutarisch festgelegten Anstellungsbedingungen ist selbstverständlich nur insoweit möglich, als Gesetz oder Ortsstatut solche Abweichungen ausdrücklich zuläßt. Aber auch soweit dies der Fall ist oder eine solche Normierung durch Gesetz oder Statut überhaupt nicht stattgefunden hat, bildet die Ordnung der Anstellungsbedingungen einen Bestandteil der Amtserrichtung und erfolgt gleich dieser durch einseitigen Akt des Gemeinwesens. Der Wille des Anzustellenden kommt auch hier nur unter dem Gesichtspunkt der Freiwilligkeit der Amtsübernahme in Betracht; er übernimmt das Amt unter den vom Gemeinwesen einseitig festgesetzten Modalitäten. Wohl können tatsächlich Verhandlungen über diese Modalitäten mit ihm vorausgegangen sein; aber diese haben lediglich die Bedeutung einer Information des Gemeinwesens, auf Grund deren die einseitige Normierung der Anstellungsbedingungen erfolgt. Ein zweiseitiges Rechtsgeschäft, eine vertragsmäßige Nebenabrede kann daraus höchstens insoweit hervorgehen, als es sich um rein pekuniäre Fragen, also um privatrechtliche Nebenpunkte handelt (s. o. S. 110 fg. und

---

[42]) Vgl. die von Ebner a. a. O. S. 309 zitierten Erkenntnisse; ferner Erk. d. O. V. G. vom 8. Jan. 1901. Preuß. Verwalt.-Bl., Jahrg. XXIII, S. 295 fg.

später Kapitel XIV). Von der Unzulässigkeit solcher Nebenabreden bezüglich der Amtsdauer wird im nächsten Kapitel zu handeln sein. Sonstige Spezialbestimmungen, so z. B. die Untersagung von Nebengeschäften, entweder überhaupt oder ohne Zustimmung der Stadtverordneten, sind juristisch niemals Inhalt vertragsmäßiger Abrede,[43]) sondern stets einseitige Anstellungsbedingungen, auch wenn sie nicht generell durch Ortsstatut, sondern im Einzelfalle bei der Wahl oder Anstellung festgesetzt werden. Verstößt der unter dieser Bedingung angestellte Beamte später gegen dieselbe, so liegt kein Vertragsbruch vor, auf den die Gemeinde etwa durch Einstellung der Gehaltszahlung reagieren könnte, sondern ein Disziplinarvergehen, das im Wege des Disziplinarverfahrens zu ahnden ist.

Sofern die Modalitäten der Amtserrichtung oder der Amtsanstellung kraft gesetzlichen Spezialtitels einer Genehmigung von Aufsichts wegen bedürfen, wie z. B. die Ausstattung der Magistratsämter nach § 64 St. O.,[44]) ist selbstverständlich die Rechtswirksamkeit der von der Gemeinde festgestellten Modalitäten von der Erteilung dieser Genehmigung abhängig. Daß ferner in den Fällen, in denen kraft gesetzlichen Spezialtitels für die Rechtswirksamkeit des Bestellungsaktes neben der Wahl oder Ernennung durch die kommunalen Organe noch eine Bestätigung durch die Aufsichtsbehörde erforderlich ist, letztere eventuell auch die Anstellungsbedingungen ihrer Prüfung und Genehmigung unterziehen kann, ist zunächst nur eine tatsächliche Konsequenz des bestehenden Rechtszustandes, der die Gründe für eine Versagung der Bestätigung überhaupt nicht gesetzlich determiniert, sodaß die Bestätigung allerdings verweigert werden kann, weil der Aufsichtsbehörde irgend etwas, also auch eine Anstellungsbedingung nicht gefällt. Dabei ist sie keineswegs auf die Beanstandung solcher Bedingungen beschränkt, „welche etwa gegen die Gesetze oder das öffentliche Recht verstoßen",[45]) wie denn auch ein solcher Verstoß durch die trotzdem erfolgende Bestätigung selbstverständlich nicht geheilt werden kann. Bei einer Ordnung des Bestätigungswesens im Geiste des Rechtsstaates (s. Kapitel VII) müßte freilich für die Befugnis der Aufsichts-

[43]) So Oertel, S. 219/20. Vgl. auch Kautz und Appelius, S. 245/47.
[44]) Wegen § 11 K. B. G. siehe oben S. 281 fg.
[45]) Oertel, S. 222.

behörde, die Bestätigung auch wegen solcher Anstellungsbedingungen, die nicht rechtswidrig sind, zu versagen, ein gesetzlicher Spezialtitel geschaffen werden. In keinem Falle kann aber die Rechtswirksamkeit besonderer Anstellungsbedingungen auf den Bestätigungsakt zurückgeführt werden;[46]) vielmehr wurzelt sie durchaus in dem kommunalen Anstellungsakt, und nur insofern, als dessen Rechtswirksamkeit von der Bestätigung bedingt wird, hat dieselbe auch für die Modalitäten der Anstellung rechtliche Bedeutung.

Eine Sondervorschrift hinsichtlich der Anstellungsbedingungen gibt endlich das Kommunalbeamtengesetz im § 10 al. 2, wonach „bei Beamten, welche probeweise oder zu vorübergehenden Dienstleistungen oder zum Zwecke der Vorbereitung beschäftigt werden, die Regelung der Annahmebedingungen vor dem Antritt der Beschäftigung zu erfolgen" hat. Werden für eine derartige Beschäftigung Personen durch Dienstvertrag angenommen, so müssen die Annahmebedingungen durch den Vertrag geregelt werden, dessen Lücken eventuell nach den Normen des Privatrechts zu ergänzen sind; erfolgt jedoch auch für diese Beschäftigungsarten die Anstellung von Beamten, so erscheint diese Sonderbestimmung namentlich deshalb als notwendig, weil die meisten anderen Garantien des K. B. G. diesen Beamtenkategorien versagt sind.[47]) Die sorgfältige Beobachtung dieser Vorschrift würde es ermöglichen, die rechtlich so wichtige, aber oft verwischte Grenze zwischen einem vorübergehenden Anstellungsverhältnis und der dauernden Errichtung eines Amtes für wechselnde Dienstgeschäfte vorübergehender Art deutlicher zu markieren.

---

[46]) Wie es O. Mayer a. a. O. II, S. 406 fg. tut, freilich unter dem Zwange seiner oben widerlegten Ansicht von der rechtlichen Natur des Wahlaktes.

[47]) Vgl. Motive des Reg.-Entwurfs, S. 14, Ausführungsanweisung, Artik. III, Nr. 4, Kautz und Appelius, S. 60.

XIII.

Amtsdauer und Beamtenentlassung.

Durch den rechtswirksam vollzogenen Anstellungsakt erhält der Beamte ein gesetzlich umschriebenes Recht auf das Amt, und zwar keineswegs nur auf die aus dem Amtsverhältnis etwa entspringenden vermögensrechtlichen Ansprüche und die Ehrenrechte, sondern namentlich und vor allem gerade auf die Organfunktionen des Amtes innerhalb der gesetzlichen Schranken. Dieses Recht hat nichts gemein mit einem privatrechtlichen jus quaesitum; es ist vielmehr im Unterschied von den vermögensrechtlichen Ansprüchen des Beamten ein rein publizistisches Recht. Daß ein solches Recht nur auf dem Boden der organischen Theorie erwachsen kann, während es für die individualistische Vertragstheorie stets unerfaßlich bleiben muß, ist oben (S. 99 fg., S. 104) ausführlich dargetan worden.[1]) Dieses Recht steht nicht dem höheren Rechte des Gemeinwesens entgegen, durch seinen Willensakt die Kompetenzgrenzen seiner Organe zu ändern; aber innerhalb der bestehenden Kompetenzgrenzen hat der Beamte ein Recht auf die Wahrnehmung der amtlichen Funktionen. Wohl ist dieses Recht kein unentziehbares; aber sein rechtlicher Charakter prägt sich darin aus, daß es nur in den vom Gesetze normierten Fällen und in einem gesetzlich geordneten Rechtsverfahren entzogen werden kann, sofern es nicht von vornherein nur auf eine bestimmte Dauer verliehen ist. Aber auch in diesem Falle, dessen Zulässigkeit wiederum durch gesetzliche Bestimmungen bedingt wird, ist jenes Recht während der Dauer des Verhältnisses in gleichem

---

[1]) Vgl. auch O. Mayer a. a. O. Bd. II, S. 225.

Sinne unentziehbar. In den Gesetzesnormen über die Amtsdauer und die Amtsentziehung kommt daher vor allem das publizistische Recht der städtischen Beamten auf das Amt zu rechtsverbindlichem Ausdruck; für die Ehrenbeamten erschöpft sich sogar die berechtigende Seite des Amtsverhältnisses wesentlich in diesen Normen, während für die Berufsbeamten noch die vermögensrechtlichen Ansprüche hinzutreten.

Bezüglich der Amtsdauer der städtischen Beamten hatte die erste Städteordnung (vgl. oben S. 47 fg.) zwei Prinzipien nebeneinander gestellt: die Wahl auf Zeit für sämtliche Magistratsmitglieder und die unbesoldeten Ehrenbeamten (§§ 146 und 163), und die Ernennung auf Lebenszeit für alle dem Magistrat untergeordneten besoldeten Beamten (§ 157). Innerhalb der Magistratsmitglieder schied § 146 zwischen einer 12 jährigen Amtsdauer für die berufsmäßigen und einer 6 jährigen für die ehrenamtlichen Mitglieder, wobei jedoch Bürgermeister und Kämmerer der zweiten Kategorie gleich behandelt wurden. Die revidierte Städteordnung von 1831 formulierte dann in § 91 das seitdem im wesentlichen unverändert gebliebene System dahin, daß die Bürgermeister und übrigen besoldeten Mitglieder auf 12, die unbesoldeten auf 6 Jahre gewählt werden. Diese Bestimmung ist in alle übrigen Städteordnungen übergegangen mit alleiniger Ausnahme der hannöverschen, welche die Senatoren auf Lebenszeit beruft, und abgesehen von der lebenslänglichen Ernennung der Bürgermeister in Neuvorpommern und Rügen. Allerdings hatte eine Kabinetsorder vom 5. Mai 1815 ganz allgemein eine Wahl von Magistratsmitgliedern auch auf längere Amtstermine oder auf Lebenszeit zugelassen; und ein Ministerialreskript von 1818 mußte bekennen, daß man dabei zwar „eigentlich nur die besoldeten Magistratualen im Auge gehabt, weil die Gründe, wodurch Seine Majestät bewogen worden, die Order zu geben, streng genommen auf andere Mitglieder der Magistrate gar nicht anwendbar sind"; daß indessen gegenüber der allgemeinen Fassung der Order auch der bis dahin noch unerhörte Fall der Wahl eines unbesoldeten Magistratsmitgliedes auf Lebenszeit nicht ausgeschlossen sei.[2]) Die St. O. von 1831 § 91 ließ dann ebenfalls „aus be-

---

[2]) Siehe Rönne und Simon, S. 436/37.

sonderen Gründen" eine Wahl auf Lebenszeit für alle Magistratsmitglieder zu, erforderte jedoch dafür außer dem Stadtverordnetenbeschluß die Zustimmung des Magistrats und der Regierung. In die späteren Städteordnungen ging eine solche Bestimmung nicht über; aber ein besonderes Gesetz vom 25. Februar 1856 gibt auch jetzt noch den Städten die Möglichkeit, Bürgermeister und besoldete Magistratsmitglieder auf Lebenszeit zu wählen, wovon jedoch wohl kaum Gebrauch gemacht wird.

Für die auf sechs Jahre gewählten Magistratsmitglieder hatte schon die erste Städteordnung (§ 146) eine Partialerneuerung, und zwar alljährlich oder in kleinen Städten von zwei zu zwei Jahren vorgesehen. Die Gemeindeordnung von 1850 (§ 29) entwickelte daraus den Satz, daß alle drei Jahre die Hälfte der Schöffen ausscheidet und durch neue Wahlen ersetzt wird. Da die beim ersten Mal Ausscheidenden durch das Los bestimmt werden, verringert sich in diesem Falle die Amtsdauer ausnahmsweise auf drei Jahre. Bei der Herübernahme dieses Satzes in die jetzt geltende Städteordnung (§ 31) wurde zum Zwecke einer regelmäßigen Durchführung dieser halbschichtigen Erneuerung zugleich die Bestimmung getroffen, daß § 21 St. O. wegen der außergewöhnlichen Ersatzwahlen zur Stadtverordnetenversammlung auch auf diese Magistratswahlen Anwendung finde.[3]) Danach bleibt also der zum Ersatz für ein während der sechsjährigen Amtsdauer ausgeschiedenes Magistratsmitglied Gewählte nur bis zum Ende dieser Periode im Amt, womit eine zweite außerordentliche Verkürzung der Amtszeit durch gesetzliche Spezialbestimmung gegeben ist. Für die Berechnung aller dieser gesetzlich fixierten Amtsperioden ist die im vorigen Kapitel entwickelte Regel über den Beginn des Beamtenverhältnisses maßgebend. Danach kann der Anfangstermin in der Bestallungsurkunde oder sonst als Anstellungsbedingung vor dem Bestellungsakt ausdrücklich festgesetzt werden; ist dies nicht geschehen, so beginnt das Beamtenverhältnis und damit der Lauf der Amtsperiode mit dem Tage der Zustellung der Anstellungsurkunde, oder wenn eine solche nicht zu erfolgen hat, mit dem Tage des tatsächlichen Amtsantritts.

Das von der ersten Städeordnung (§ 157) aufgestellte Prinzip der lebenslänglichen Anstellung aller dem Magistrat untergeordneten

---

[3]) Hübner, S. 136.

besoldeten Beamten ward durch die Kabinetsorder vom 25. Mai 1828 dahin eingeschränkt, daß die Magistrate „diejenigen ihrer Unterbedienten, welche bloß zu mechanischen Dienstleistungen bestimmt und immer aus versorgungsberechtigten Militärpersonen zu wählen sind, nach Analogie der Vorschrift der Regierungsinstruktion vom 23. Oktober 1817 § 12, 2 auf Kündigung annehmen dürfen. Hieraus folgt aber von selbst, daß, wenn von der bedungenen Kündigung gegen Offizianten dieser Art Gebrauch gemacht werden soll, dies nur unter denselben Formen geschehen darf, welche die Geschäftsanweisung für die Regierungen vom 31. Dezember 1825 vorschreibt."

Die hier maßgebende Bestimmung dieser Geschäftsanweisung lautet:

„Die Entlassung soll jedoch nach vorgängiger förmlicher Instruktion auf den Vortrag eines der Justitiarien durch einen Beschluß im Plenum erfolgen."

Dem auf diese Weise entlassenen Beamten blieben keinerlei Ansprüche auf Pension gegenüber der Stadt; da es sich jedoch regelmäßig um versorgungsberechtigte Militärpersonen handelte, so wurden über den etwaigen Fortbezug von Militärpensionen aus Staatsfonds nähere Bestimmungen getroffen.[4]) Die in jener Kabinetsorder enthaltene Deklaration zu § 157 St. O. wurde in die Zusammenstellung von 1832 aufgenommen. Und inhaltlich stimmt damit die revidierte Städteordnung von 1831 (§ 96) völlig überein. Dagegen war aus der Gemeindeordnung von 1850 (§ 53, 7) das ganze Prinzip der Lebenslänglichkeit verschwunden, und auch in den Regierungsentwurf zu der jetzt geltenden Städteordnung nicht aufgenommen worden; in diese ist es vielmehr erst durch die Kommission der ersten Kammer hineingebracht worden. Danach wird eine Ausnahme von der lebenslänglichen Anstellung nicht nur durch mechanische, sondern auch durch vorübergehende Dienstleistungen begründet. Der Kommissionsbericht führt darüber aus: „Wo es sich nur um ein in bestimmter oder unbestimmter Frist sich abwickelndes Geschäft handelt, kann es kein Bedenken haben, die Anstellung auch nur auf die Zeit dieses Geschäfts zu bewirken; oder sofern es darauf ankommt, einen Beamten durch probeweise kommissarische Beschäftigung zunächst in seiner Befähigung kennen zu lernen, wird es ebenso gerechtfertigt sein, ihn vorläufig nur auf Probe und somit auf Kündigung anzustellen. Sonst aber erachte man es sowohl im Interesse des öffentlichen Dienstes, als durch die Rücksicht auf die zu sichernde Lebensstellung derjenigen, welche sich den Diensten einer Gemeinde widmen, geboten, die

[4]) Rönne und Simon, S. 457.

Grundsätze der Städteordnung von 1808 mit den erwähnten Einschränkungen aufrecht zu erhalten." Dem trat sowohl die erste wie die zweite Kammer bei, obgleich in der letzteren eine Opposition unter Hinweis auf die den Städten dadurch auferlegte „ungebührliche Last" sich geltend machte, die jedoch damit zurückgewiesen wurde, „daß der städtische Dienst selbst darunter leiden würde, wenn die Unterbeamten nur auf Kündigung, also ohne Sicherung ihrer Zukunft angestellt werden sollten." [5]) So erhielt der § 56, 6 St. O. seine heutige Gestalt.

Von den übrigen Städteordnungen schließen sich die westfälische wie das Frankfurter Gemeindeverfassungsgesetz in diesem Punkte völlig an die östliche Städteordnung an, während in vollem Gegensatz dazu die rheinische Städteordnung den Gemeinden völlig freie Hand läßt. Auf einer gewissen mittleren Linie halten sich die hannöversche und schleswig-holsteinische Städteordnung, die nur für bestimmte wichtigere Ämter dieser Kategorie die lebenslängliche Anstellung vorschreiben, die Regelung im einzelnen aber dem Ortsstatut zuweisen. Und in derselben Richtung bewegt sich mit einigen Abweichungen die hessen-nassauische Städteordnung von 1897, der sich in der Hauptsache nunmehr das Kommunalbeamtengesetz von 1899 in seinen §§ 8 und 9 angeschlossen hat, um in diesem Punkte eine gemeinsame Rechtsgrundlage für alle Provinzen zu schaffen und die Mißstände zu beseitigen, welche man unter der Herrschaft des von der östlichen Städteordnung sanktionierten Prinzips beklagte, ohne jedoch in die völlige Prinziplosigkeit der rheinischen Städteordnung zu verfallen. [6])

Der Zusammenhang dieser Frage der Amtsdauer mit der des Anstellungsaktes auf Grund zwingender Rechtsnorm ist im vorigen Kapitel hervorgehoben worden. Alles, was dort über die Fortwirkung des bisherigen Rechtszustandes auch nach dem Inkrafttreten des Kommunalbeamtengesetzes ausgeführt wurde, trifft hier genau ebenso zu. Das Kommunalbeamtengesetz hat sich rückwirkende Kraft so wenig für die Frage der Amtsdauer wie für die der Anstellungsform beigelegt; und dies kann weder in dem einen noch in dem anderen Falle durch Vereinbarungen zwischen der Anstellungsbehörde und dem Beamten ersetzt werden (s. o. S. 399 fg.). Daß nach dem

5) Hübner, S. 202/3.
6) Vgl. Motive zum Regierungsentwurf des K. B. G. S. 16—19.

bisherigen Recht eine Abweichung von dem Prinzip der Lebenslänglichkeit der Anstellung, sofern es sich nicht um mechanische oder vorübergehende Dienstleistungen handelte, weder durch eine in die allgemeinen Anstellungsbedingungen aufgenommene, noch durch eine Kündigungsklausel in der Form einer vertragsmäßigen Nebenabrede möglich ist, steht nach einer durchaus übereinstimmenden Judikatur aller obersten Gerichtshöfe, des Obertribunals und Reichsgerichts wie des Oberverwaltungsgerichts zweifellos fest.[7]) Insonderheit hat das O. V. G.[8]) auch die Frage erörtert, „ob nicht darum, weil die stipulierte Aufkündigung gegen das Gesetz verstößt, die ganze Anstellung hinfällig geworden sei. Eine solche Erwägung ließe sich vielleicht rechtfertigen bei der Beurteilung vom zivilrechtlichen Standpunkte eines gewöhnlichen Vertragsabschlusses. Dem öffentlichen Rechte gegenüber greift sie nicht Platz." Der Beamte „hat unter dem Schutze dieses Rechts das Gemeindeamt übertragen erhalten und verwaltet. Seine Anstellung ist eine Tatsache, welche nicht rückgängig gemacht werden kann, deren Konsequenzen nicht mehr abzuwehren sind. Sie muß nach Maßgabe jener Gesetzgebung beurteilt werden, und diese kennt für die städtischen Gemeindebeamten der fraglichen Kategorie die Anstellung auf Kündigung nicht. Danach entbehrt der Zusatz der Kündigungsklausel der rechtlichen Wirksamkeit". Was das O. V. G. hier von dem zivilrechtlichen Standpunkte sagt, das gilt überhaupt von der Vertragstheorie. Vollzöge sich die Anstellung durch Abschluß eines Vertrages, möge man ihn auch als öffentlich-rechtlichen bezeichnen, so könnte bei Hinzufügung der Kündigungsklausel allerdings die Ungiltigkeit des ganzen Vertrages in Frage kommen. Gegenüber dem unmittelbar auf Grund öffentlichen Rechts sich vollziehenden einseitigen Anstellungsakt gilt jedoch unbedingt der Satz, daß er durch Vertragsabreden nicht berührt wird. Damit entfällt aber auch jede rechtliche Möglichkeit, die nicht rückgängig zu machende Tatsache der unter dem bisherigen Rechte vollzogenen Anstellung durch spätere Vereinbarungen dem neuen Rechtszustande anzupassen und so ihre Konsequenzen abzuwehren; diese Anstellung kann vielmehr auch nach der Richtung der Amtsdauer nur nach Maßgabe der bisherigen Gesetzgebung beurteilt werden.

---

[7]) Siehe die Zitate auf S. 10 der Motive. — Nochmals wird die ganze Frage eingehend erörtert im Erk. d. Reichsgerichts vom 1. Oktober 1900. Vgl. „Die Selbstverwaltung" Jahrg, XXIX, S. 231 fg.

[8]) Erk. vom 26. September 1885, Bd. XII, S. 48. Kamptz I, S. 501. — Übereinstimmend besonders Erkenntnis des Reichsgerichts vom 6. Dezember 1888. Gruchot Bd. XXXIII, S. 1038.

In einem besonderen Falle hat allerdings das Reichsgericht eine Kündigungsklausel für zulässig erklärt in der Form einer „bei dem Abschlusse des Anstellungsvertrages oder auch nachträglich vereinbarten Bedingung des Inhalts, daß die Verheiratung der Klägerin die Aufhebung ihrer Anstellung zur Folge haben sollte“.[9] Es handelte sich um eine städtische Lehrerin; und das Erkenntnis, das an einem heftigen Rückfall in die Vertragstheorie leidet, steht auf dem Standpunkt der herrschenden Meinung, der zu Folge die städtischen Lehrer zwar mittelbare Staatsbeamte, aber nicht Gemeindebeamte sein sollen (s. o. S. 257 fg.). Nach der hier vertretenen Anschauung sind die städtischen Lehrer allerdings Gemeindebeamte, und die allgemeinen Rechtsnormen finden auf sie Anwendung, so weit nicht gesetzliche Sonderbestimmungen für sie bestehen. Eine vertragsmäßige Kündigungsklausel ist daher auch hier prinzipiell ausgeschlossen; nicht jedoch die rechtliche Möglichkeit, die Fortdauer des Amtsverhältnisses vom ledigen Stande der Lehrerin abhängig zu machen. Das kann aber nur in der Form geschehen, daß dieser Puukt in den Anstellungsbedingungen rechtswirksam geregelt wird, also zwar einseitig von dem anstellenden Gemeinwesen, jedoch im Rahmen der für die Amtserrichtung und Amtsübertragung bestehenden publizistischen Rechtsnormen. Ähnlich liegt die Sache in den Fällen, wo es von dem Willen einer außerhalb der Stadt stehenden Instanz abhängt, ob ein städtischer Beamter seine Amtsfunktionen fortführen kann. Das gilt von gewissen polizeilichen Funktionen sowie von denen der Standesbeamten. Diese Funktionen sind Gemeindebeamten übertragen, denen jedoch die Befugnis zur Ausübung derselben von der höheren Polizeibehörde oder dem Oberpräsidenten entzogen werden kann. Die Anstellungsbedingungen können hier die Fortdauer des Beamtenverhältnisses davon abhängig machen, daß ein solcher Widerruf nicht eintritt; das ist aber durchaus keine vertragsmäßige Kündigungsklausel. Ebenso zu beurteilen sind die Fälle, in denen die staatliche Schulinspektion einem städtischen Beamten auf Widerruf übertragen wird (s. o. S. 256).

Im übrigen sind alle vor dem 1. April 1900 vollzogenen Anstellungen dieser Beamten im Geltungsbereich des § 56, 6 östl. St. O.

---

[9]) Erk. d. Reichsgerichts vom 30. Apr. 1896, Zivils. Bd. XXXVII, S. 299 fg.

und der ihr nachgebildeten Städteordnungen auf Lebenszeit erfolgt, soweit es sich nicht um vorübergehende Dienstleistungen, oder um solche Unterbeamten handelt, welche nur zu mechanischen Dienstleistungen berufen sind. Die Unbestimmtheit dieser beiden Begriffe, durch welche allein das Prinzip der Lebenslänglichkeit eingeschränkt wurde, war einer der triftigsten Gründe für die Unzufriedenheit mit dem bisherigen Rechtszustande, umsomehr, als die Judikatur schon des Obertribunals, dann des Reichsgerichts und Oberverwaltungsgerichts diese Unbestimmtheit eher vermehrt als beseitigt hat.[10]) Von den Bemühungen um die Grenzregulierung zwischen den Begriffen der mechanischen und geistigen Tätigkeit ist oben gesprochen worden; was sich in dieser Beziehung durch Definitionen leisten läßt, hat die Judikatur redlich getan; und es ist kein Vorwurf für sie, daß sie das Unmögliche nicht möglich machen, Geist und Leib nicht trennen konnte. So wurden die Nachtwächter und Steuererheber in die Sphäre des reinen Geistes erhoben,[11]) während der brave Feuerwehrmann in den Niederungen mechanischer Tätigkeit verharren mußte.[12]) Und gesteigert ward die Grenzverwirrung noch dadurch, daß das Gesetz eine nur mechanische Tätigkeit verlangt, sodaß also schon gelegentlich und ausnahmsweise aufleuchtende Geistesblitze genügen, um die ganze übrige mechanische Tätigkeit zu adeln.

Keineswegs so undefinierbar an sich und doch die Quelle noch tiefer gehender Mißverständnisse ist der Begriff der vorübergehenden Dienstleistungen. Die Schöpferin dieser Klausel, die Kommission der ersten Kammer, hat sich an der oben mitgeteilten Stelle ihres Berichts durchaus klar und deutlich über diesen Begriff geäußert. Danach erscheint er einmal in der probeweisen kommissarischen Beschäftigung, deren vorübergehende Natur durch die Erledigung der Probe oder Ausbildung bestimmt wird; und er erscheint ferner in der Verwendung zu einem einzelnen bestimmten Geschäft, dessen vorübergehende Natur durch seine Erledigung entweder sachlich oder zeitlich bestimmt wird. Was die Verwaltungs-

[10]) Motive zum K. B. G. S. 9.

[11]) Z. B. Erk. d. Reichsgerichts vom 19. September 1892, Zivils. Bd. XXX, S. 181; 23. Dezember 1895 Gruchot, XL, S. 1046; 9. März 1896 Zivils. Bd. XXXVII, S. 241. Erk. d. O. V. G. vom 2. Mai 1894, Bd. XXVI, S. 27. — Siehe auch Ebner a. a. O. S. 317 fg.

[12]) Reichsgericht vom 28. Januar 1896, Gruchot, Bd. XL, S. 1057.

praxis aus dieser ursprünglich ganz klaren und einfachen Bestimmung im Laufe der Zeit gemacht hat, das ist allerdings erstaunlich. Indem sie den Gegensatz zur vorübergehenden Dienstleistung nicht in der dauernden Dienstleistung, sondern vielmehr in der dauernden Anstellung zu erblicken vorgab, erklärte sie jede beliebige Annahme auf Kündigung als eine solche zu vorübergehenden Dienstleistungen, und verkehrte damit das Prinzip des Gesetzes in sein gerades Gegenteil. So wurde der unerhörte Widersinn von „vorübergehenden Dienstleistungen" produziert, die ununterbrochen jahrzehntelang angedauert hatten. In diesen Schlendrian der Rechtsverdrehung hat dann endlich die Judicatur des Reichsgerichts eingegriffen, die sich damit ein hohes Verdienst um die Wahrheit des Rechts erwarb. Hier zeigt sich der innere Zusammenhang dieser Frage der Amtsdauer mit der im vorigen Kapitel erörterten Frage der Anstellung durch konkludente Handlung. Kurz vor dem Epoche machenden Erkenntnis im Falle Malitz hatte schon das Reichsgericht seine Rechtsansicht in jener Frage treffend dahin formuliert: „Aus dem anfänglich vielleicht beabsichtigten Provisorium ist durch den Zeitablauf von 21 Jahren ein Definitivum wenigstens in dem Sinne geworden, daß es sich um vorübergehende Dienstleistungen . . . nicht mehr gehandelt hat; auch sind objektiv die . . . übertragenen Dienstgeschäfte . . . nicht vorübergehender Natur, da sich solche Dienstleistungen in einer städtischen Verwaltung stets wiederholen".[13]) Gerade diese Betonung des objektiven Begriffs der Dauer ist von klärender Bedeutung. Diesen verkannte das Oberverwaltungsgericht, wenn es in seinem Erkenntnis vom 25. Oktober 1899 ausführte[14]): „Es wird nicht in Abrede zu stellen sein, daß bei einer Verwaltung von dem Umfang der Gemeindeverwaltung Berlins dauernd ein Bedürfnis obwalten und sich in den verschiedenen Zweigen geltend machen kann, vorübergehende Dienstleistungen in Anspruch zu nehmen und dafür Kräfte in Bereitschaft zu halten". Gerade weil dieses Bedürfnis ein dauerndes ist, charakterisiert sich die Beschäftigung des zur Befriedigung desselben von der Stadtgemeinde Berufenen als eine dauernde, mögen auch die einzelnen Dienstleistungen als solche wechseln d. h. vorübergehen; und das Reichsgericht traf durchaus das Richtige, wenn es in seinem Urteil über dieselbe Sache „den Kläger als ein für die Erledigung der Ge-

---

[13]) Erk. vom 23. Dezember 1895, Gruchot, Bd. XL, S. 1046. — Ebner a. a. O. S. 316.

[14]) Erk. d. O. V. G. Bd. XVIII, S. 55 fg.

schäfte der Verwaltung erforderliches, in die Reihe der Gemeindebeamten dauernd eingefügtes Mitglied angesehen hat". Es mag sich auf diese Weise die Stellung eines ‚ständigen Hilfsarbeiters' nach dem Sprachgebrauch des Reichs- und Staatsdienstes ergeben; aber das rechtlich Entscheidende für diese Stellung ist nicht die Hilfsarbeit, sondern die Ständigkeit, mit welcher für die städtischen Beamten nach der Städteordnung eben die Lebenslänglichkeit der Anstellung gegeben war. Deshalb ist auch der gegen die reichsgerichtliche Judikatur erhobene Vorwurf unbegründet: „Durch Zeitablauf wird der kündbare Hilfsarbeiter lebenslänglicher Gemeindebeamter wie ein Haufen entsteht, indem Sandkorn zu Sandkorn kommt; aber ebensowenig wie man sagen kann, wieviel Sandkörner zum Haufen gehören, ebensowenig kann man sagen, wieviel Zeit die Entstehung der Gemeindebeamtenqualität erfordert; man weiß schließlich zwar durch den Richterspruch, daß der Gemeindebeamte da ist, aber man kennt nicht seinen Anfang."[15]) So weit sich dies gegen den stillschweigenden Anstellungsakt als solchen richtet, ist es durch die Ausführungen im vorigen Kapitel erledigt. So weit es jedoch den Begriff der dauernden im Gegensatz zu den vorübergehenden Dienstleistungen treffen soll, ist es deshalb hinfällig, weil der Begriff der Dauer im organisatorischen Sinne überhaupt nicht einen bestimmten Zeitraum bedeutet (s. auch o. S. 350 fg.). Vielmehr kann nach dem Wortlaut wie nach der Entstehung dieser Klausel der Städteordnung der Gegensatz der Dauer, das Vorübergehende nur gefunden werden entweder in dem subjektiven Moment, wonach der Betreffende zu seiner Ausbildung oder Erprobung beschäftigt wird, oder in dem objektiven Moment, wonach das betreffende Geschäft selbst ein zeitlich oder sachlich umschriebenes und isoliertes ist.

Dieser Begriff der vorübergehenden Dienstleistungen behält seine rechtlich erhebliche Bedeutung nicht nur für die Beamtenverhältnisse, die vor der Geltung des Kommunalbeamtengesetzes begründet wurden, sondern auch für die Zukunft zur Begrenzung der Sonderbestimmungen in deu §§ 2 und 10 K. B. G. Diese Begrenzung ist eben durch jene beiden den Begriff der Dauer ausschließenden Momente gegeben: das subjektive Moment des Vorbereitungs- oder Probedienstes und das objektive Moment des vorübergehenden einzelnen Dienstgeschäfts. Nur solche Beamte, auf deren Beschäftigung eines dieser

---

[15]) Verhandl. d. zweit. preuß. Städtetages (1899) S. 18.

beiden Momente Anwendung findet, sind nach § 2 von den meisten Bestimmungen des K. B. G. ausgenommen; zugleich hat § 10 die Wirksamkeit des ersten, subjektiven Moments zeitlich auf zwei Jahre im Höchstmaß fixiert, von welcher Norm nur mit Genehmigung des Regierungspräsidenten abgewichen werden darf.[16]) Bei der Fortsetzung der amtlichen Beschäftigung über diese Zeitgrenze hinaus ist das Moment der Dauer und damit die Rechtspflicht der Stadt gegeben, die dauernde Anstellung nun auch in der gesetzlichen Form zu vollziehen. Für die Realisierung dieser Rechtspflicht gelten die im vorigen Kapitel für die Anstellung überhaupt entwickelten Regeln. Ganz dieselbe Sachlage tritt aber ein, wenn das objektive Moment des vorübergehenden einzelnen Dienstgeschäfts fortfällt und damit das Moment der Dauer gegeben ist, wofür eine bestimmte Zeitgrenze gesetzlich nicht fixiert ist. Ebenso wie bei der Frage der Anstellung selbst sind auch bei dieser Frage der Amtsdauer die viel angefeindeten früheren Rechtsgrundsätze durch das K. B. G. nicht beseitigt, sondern nur zu ihrer Realisierung auf den Umweg verwiesen, zunächst die Rechtspflicht der Stadt zur formellen Vollziehung einer dauernden Anstellung geltend zu machen. Dagegen ist es ein erheblichster Vorzug des neuen Gesetzes, daß es den Bastardbegriff der mechanischen Dienstleistungen nicht aufgenommen hat; derselbe wird daher wenigstens für die Zukunft aus dem städtischen Amtsrecht verschwinden, falls die Städte ihn nicht törichterweise in ihren Ortsstatuten wieder aufleben lassen.[17])

Wie das K. B. G. durch die Schaffung des Formalakts der Anstellung in seinem § 1 die Mißstände beseitigen will, die der bisherige Rechtszustand bezüglich der Beamtenanstellung überhaupt gezeitigt hatte, so in seinen §§ 8 und 9 die Mißstände dieses Rechts hinsichtlich der obligatorischen Lebenslänglichkeit der Anstellung, indem es die Zulässigkeit kündbarer Beamtenverhältnisse ganz erheblich erweitert. Allerdings stellt der § 8 das Prinzip der Anstellung auf Lebenszeit noch an die Spitze; jedoch nimmt er einmal sofort die Beamten der städtischen Betriebsverwaltungen davon aus, für die jenes Prinzip vielmehr nur infolge ausdrücklichen Gemeinde-

---

16) Wegen der Militäranwärter s. oben S. 290 fg.
17) Vgl. Motive S. 18.

beschlusses Geltung erlangen soll; ferner aber läßt § 9 auch für alle übrigen städtischen Beamten „Abweichungen von dem Grundsatze der Anstellung auf Lebenszeit . . durch Ortsstatut oder in einzelnen Fällen mit Genehmigung der Aufsichtsbehörde" zu. In Wahrheit ist damit die Entscheidung, ob jenes Prinzip in Zukunft noch eine reale oder eine lediglich papierene Existenz fristen soll, aus dem Bereiche des Rechts und seiner richterlichen Anwendung hinweg und in das tatsächlich schrankenlose Belieben der Bezirksausschüsse, welche die betreffenden Ortsstatute, und der Regierungspräsidenten, welche die Abweichungen im Einzelfall zu genehmigen haben, verlegt. Allein von diesen Instanzen hängt es ab, ob es in Zukunft überhaupt noch einen lebenslänglich angestellten städtischen Beamten geben wird, oder ob im Gegenteil die vom Gesetzgeber gewollte größere Bewegungsfreiheit der Städte auf diesem Gebiet mehr oder minder illusorisch wird. Aus dem Gefühl dieser zukünftigen Willkür erklärt sich jenes heiße Verlangen nach recht eingehenden und bestimmten Ausführungsanweisungen, mit dem der Minister während der parlamentarischen Verhandlungen von den Häuptern städtischer Selbstverwaltungen in einer Weise bestürmt wurde, die erheiternd wirken würde, wenn sie nicht ein allzu trauriges Symptom wäre. Man entkräftet das Gesetz, um dann hinter Ministerialreskripten Schutz zu suchen. Wenn es wahr ist, daß die Faust des Rechts weniger schmerzt als der Finger der Willkür, so kann die Zeit kommen, da sich die städtische Selbstverwaltung von den Segnungen ministerieller Ausführungsanweisungen und den Genehmigungen von Regierungspräsidenten und Bezirksausschüssen hinweg nach der viel geschmähten Judikatur des Reichsgerichts zurücksehnen wird.

Aber auch abgesehen von dem völligen Mangel jeder formalen Rechtsgarantie für die Durchführung des Gesetzes, stellt das Gesetz selbst einen innerlich unwahren Begriff in den Mittelpunkt des städtischen Amtsrechts. Ist schon die Bezeichnung einer Auflösung des Beamtenverhältnisses als Kündigung juristisch falsch und deshalb für den Gesetzgeber bedenklich, so ist vollends die Konstruktion eines *dauernden Beamtenverhältnisses auf Kündigung* ein logischer und rechtlicher Widersinn. Einen solchen sanktioniert aber hier der Gesetzgeber durch positive Rechtsnorm; denn im ausdrücklichen Gegensatz zu den auf Probe, zur Vorbereitung oder für vorübergehende Dienstleistungen angestellten handelt es sich hier eben um dauernd angestellte Beamte, für welche das Gesetz in so weitem Umfange die „Kündigung" zuläßt. Damit gibt der Gesetzgeber dem immanenten Unrecht den Schein und die äußere Kraft des Rechts.

Die Kündbarkeit ist eine Eigenschaft des Vertragsverhältnisses, und zwar nach heutigem Recht ein essentiale desselben, da unsere Rechtsanschauung dem Vertrage nicht die Kraft zuerkennt, dauernd und unauflöslich zu binden. Und in demselben Maße wie die Kündbarkeit dem zweiseitig begründeten Vertragsverhältnis entspricht, so widerspricht sie dem einseitig begründeten Amtsverhältnis. In Wahrheit ist denn auch das, was der vulgäre Sprachgebrauch und mit ihm leider der Gesetzgeber hier Kündigung nennt, juristisch gar keine Kündigung. Es ist nicht die Aufhebung eines durch Konsens geschaffenen Rechtsverhältnisses; sondern es ist vielmehr der einseitige Akt, durch welchen das durch einseitigen Akt begründete Amtsverhältnis aufgehoben wird (s. o. S. 98).[18] Von seiten des Gemeinwesens ist das, was man Kündigung nennt, in Wahrheit Amtsentlassung; von seiten des Beamten ist es ein Antrag auf Amtsentlassung. Denn rechtliche Wirksamkeit hat nur dieser Entlassungsakt; seine Vornahme kann ein Recht oder eine Pflicht der Gemeinde sein, und die Pflicht kann durch den Antrag ausgelöst werden, worüber nachher zu sprechen ist. Aber die rechtswirksame Auflösung des Beamtenverhältnisses geschieht nicht durch die „Kündigung", nicht durch den Antrag, sondern einzig und allein durch den rechtswirksamen Entlassungsakt. So erklärt sich auch die diametral entgegengesetzte Rechtsstellung, die im Laufe der historischen Entwicklung das Gemeinwesen einerseits, der Beamte andererseits in diesem Punkte erhalten haben. Während der Beamte zu seinem Antrag auf Entlassung stets berechtigt ist, wenn nicht ausdrückliche Rechtsbestimmungen entgegenstehen, ist das Gemeinwesen zum Entlassungsakt nur auf Grund ausdrücklicher Rechtsbestimmungen befugt. Das ist ja das Wesen des publizistischen Rechtes auf das Amt; und dieses wiederum wurzelt in dem organischen Gewaltverhältnis zwischen dem Gemeinwesen und seiner Organperson. Jene Ungleichheit der Rechtsstellung hinsichtlich der Auflösung des Amtsverhältnisses ist

[18]) Vgl. auch O. Mayer a. a. O. II, S. 228.

also nur das Korrelat der entgegengesetzten Ungleichheit von Gewalthaber und Gewaltunterworfenen während der Dauer des amtlichen Subordinationsverhältnisses. Dagegen ist die rechtliche Gleichheit der Kontrahenten hinsichtlich der Kündigung des Vertragsverhältnisses lediglich das Korrelat ihrer rechtlichen Gleichstellung und Koordination während der Kontraktsdauer. Indem man also die Rechtsform der Kündigung auf Gewaltverhältnisse ausdehnt, behandelt man einen Zustand rechtlicher Ungleichheit fälschlich als einen solchen rechtlicher Gleichheit, was sich praktisch darin äußert, daß man ihn der rechtlichen Garantien beraubt, die das moderne öffentliche Recht gerade als Korrelate jener Ungleichheit geschaffen hat.

Aus der Bedeutung des Berufs für die individuelle Lebenssphäre ergibt sich nun hier, wie dies schon früher erörtert wurde, ein Unterschied zwischen Berufs- und Ehrenbeamten. Greift bei letzteren ihr amtliches Subordinationsverhältnis naturgemäß nicht mit gleich zwingender Kraft in ihre persönlichen Lebensbedingungen ein, so bietet sich als entsprechendes Korrelat dafür die gesetzliche Befristung ihrer Amtsdauer auf einen bestimmten Termin; die nach dessen Ablauf erforderliche Wiederwahl wirkt als ein eigenartiges Mittel zur Verstärkung der Subordination und Disziplin dieser Beamtenkategorie. Welche Erwägungen dazu geführt haben, die Stellung der besoldeten Magistratsmitglieder in dieser Hinsicht der ehrenamtlichen wenigstens anzunähern, ist im zweiten Kapitel (s. S. 47 fg.) dargestellt worden; als Korrelat wurde jedoch zugleich nicht nur die längere Amtsdauer, sondern auch die besondere Ordnung ihres Pensionsrechts geschaffen, wodurch nach dem Ausdruck Steins das leichtsinnige Verwerfen vermieden werden sollte und das lästige Behalten gleichfalls. Im übrigen ergibt sich die Regel der lebenslänglichen Anstellung für die Berufsbeamten im allgemeinen aus der Natur des amtlichen Lebensberufes, welcher die dauernde Hingabe an das organische Subordinationsverhältnis zum Gemeinwesen in den Mittelpunkt ihrer ganzen persönlichen Existenz stellt. Die Aufhebung dieses Organverhältnisses durch einseitigen Akt des Gemeinwesens wider den Willen des Beamten ist daher gar nichts anderes als Ausstoßung aus dem organischen Verbande d. h. die schwerste Disziplinarstrafe, die irgend ein Amtsrecht kennt, da sie meist mit Vernichtung des Lebensberufes gleichbedeutend ist. Eben deshalb ist es der wichtigste Fortschritt des modernen Amtsrechts, daß es regelmäßig die Verhängung dieser Strafe unter die publizistische Garantie eines geordneten Rechtsverfahrens gestellt, an das formelle Urteil des Disziplinarrichters gebunden hat. Diesen ganzen Fortschritt macht ein Gesetz rückgängig, das diese öffentlich-rechtliche Garantie dadurch beseitigt, daß es die schärfste Disziplinarstrafe unter den privatrechtlichen Gesichtspunkt der Kündigung bringt; es sanktioniert damit eine Unwahrheit.

Die Ausnahmen, welche schon § 56, 6 St. O. zugelassen hatte und das K. B. G. §§ 2 und 10 zuläßt, widersprechen dem hier vertretenen Prinzip allerdings nicht. Denn bei den zu ihrer Ausbildung, auf Probe oder zu wirklich vorübergehenden Dienstleistungen angestellten Beamten fehlt eben das entscheidende Requisit des schon zum dauernden Mittelpunkt der Existenz gewordenen Lebensberufs; diese ihrer inneren Natur nach provisorischen Verhältnisse sind eben der begriffliche Gegensatz des dauernden Beamtenverhältnisses. Und was die Ausnahme wegen der mechanischen Dienstleistungen betrifft, so ist ihre technisch juristische Unbrauchbarkeit ja schon genügend beleuchtet worden; materiell ließ sie sich in der auch eigentlich gewollten Beschränkung auf Verrichtungen nach Art der Dienstboten und ungelernten Arbeiter rechtfertigen mit dem Mangel einer speziellen berufsmäßigen Eignung und der Möglichkeit eines leichten Wechsels der Arbeitsstellen. Das trifft auf sonstige Beamte gewiß nicht zu. Indem das K. B. G. die Beschränkung auf diese das Prinzip nicht berührenden Ausnahmen beseitigte und die Pseudokündbarkeit zu einem wesentlichen Bestandteil des städtischen Amtsrechts machte, hat es dieses selbst in bedauerlichster Weise zurückgebildet, was durch die beliebte Berufung auf das Reichs- und Staatsbeamtenrecht nicht widerlegt, sondern bestätigt wird. Gewiß kann sich das K. B. G. auf den § 2 des R. B. G. wie auf den § 83 des preußischen Disziplinargesetzes berufen, welch letzterer übrigens den Charakter der „Kündigung" als einer formlosen d. h. aller Rechtsgarantien beraubten Disziplinarmaßregel klar hervortreten läßt[19]). Aber schon wiederholt ist darauf hingewiesen worden, daß das städtische Amtsrecht eine höhere, rechtlich reifere

[19]) Kautz und Appelius, S. 316 fg.

und entwickeltere Form des organischen Amtsrechts darstellt als das staatliche, wozu seine Eingliederung in eine höhere Rechtsordnung mitgewirkt hat, die vielfach für das städtische Amtsrecht allein Normen setzte, die im Geiste des Rechtsstaats für alle Beamten hätten gelten sollen. In dieser Entwicklung bedeuten die §§ 8 und 9 K. B. G. einen hoffentlich vereinzelten, aber schon als solchen um so beschämenderen Rückschlag, als die Städte selbst die Anregung gegeben haben, in dieser Beziehung ihr höher entwickeltes Amtsrecht auf das rückständige Niveau des staatlichen herabzudrücken. Mit der Berufung auf das staatliche Vorbild könnte man ja schließlich auch die Ersetzung der Verwaltungsgerichte als Disziplinarfora für städtische Beamte durch die rückständige Form von Disziplinargerichten, wie sie das Gesetz von 1852 aufweist, rechtfertigen.

In der Kommission des Herrenhauses wurde als Gegengewicht gegen die auch dort als Rückschritt empfundene Neuerung großer Wert darauf gelegt, daß die §§ 12 fg. K. B. G. im Gegensatze zum bestehenden Recht auch den auf Kündigung angestellten Beamten Anspruch auf Pension und Reliktenrente gewähren [20]). Das ist ja sehr schön; nur muß man dabei an das Wort von Rindfleisch und Pflaumen denken, die auch nur dann ein schönes Gericht sind, wenn man sie kriegt. Gerade die Hinzufügung dieser „Berechtigungen" beleuchtet grell den logischen und juristischen Widersinn eines dauernden Amtsverhältnisses auf Kündigung. Der frühere Gesetzgeber wußte sehr wohl, was er tat, indem er aus vorübergehenden, nicht mit der Garantie der Dauer umgebenen Amtsverhältnissen keine Pensionsberechtigungen entstehen ließ; er wollte nicht in der Form des Rechts einen täuschenden Schein geben. Eine Aussicht aber, die beliebig ohne jeden rechtlichen Grund und ohne jedes rechtliche Verfahren entzogen werden kann, ist kein Recht. Wenn Arbeitgeber oder Dienstberechtigte ihren kontraktlich angenommenen Arbeitern oder Dienern eine Anwartschaft auf einen Ruhesold unter gewissen Voraussetzungen eröffnen, so ist das sehr hübsch von ihnen; aber ein Pensionsrecht entsteht dadurch so lange nicht, als das Vertragsverhältnis nach den Regeln des Vertrages, also durch Kündigung lösbar ist. In nichts wesentlichem aber unterscheidet sich hiervon

---

[20]) Komm.-Ber. d. H. H. Drucks. Nr. 63, S. 8.

die „Pensionsberechtigung“ der auf Kündigung angestellten Beamten. Das Wesen des wirklichen Pensionsrechts besteht darin, daß es bei einer nach zehnjähriger Dienstzeit eintretenden Dienstunfähigkeit dem Beamten nur kraft Richterspruches entzogen werden kann. Wie sieht es dagegen mit dem kündbaren „Pensionsrecht“ aus? „Das Kündigungsrecht wird durch den Ablauf zehnjähriger Dienstzeit oder durch Eintritt der Dienstunfähigkeit nach Ablauf derselben nicht ausgeschlossen und dauert auch dann noch fort, wenn bei dem Beamten die Voraussetzungen für eine Versetzung in den Ruhestand bereits eingetreten sind. Insbesondere kann es zu dem Zwecke ausgeübt werden, den Beamten wegen begangener Dienstvergehen ohne Einleitung des Disziplinarverfahrens aus dem Amte zu entfernen. Durch die vermittelst der Kündigung erfolgende Entlassung hören alle Ansprüche aus dem Dienstverhältnisse, insbesondere auch Pensionsansprüche auf!!“ [21]) Deutlicher kann die rechtliche Wertlosigkeit dieses Pensionsrechtes nicht illustriert werden, auch nicht die Wahrheit des harten Wortes, daß der Gesetzgeber hier eine Unwahrheit sanktioniert hat. Zugleich zeigt sich handgreiflich, daß die angebliche Kündigung gar keine Kündigung ist, sondern eben die Verhängung der schwersten Disziplinarstrafe, der Ausstoßung, ohne jegliche Rechtsform des Disziplinarverfahrens.

Übrigens war sich der Gesetzgeber auch selbst bewußt, daß es sich in Wahrheit hier um eine Disziplinarmaßregel handelt. Darauf deutet die Klausel in § 9, daß die Kündigung nur auf Grund eines Magistratsbeschlusses erfolgen darf; und in den Städten mit Bürgermeistereiverfassung wird sogar ad hoc ein Kollegium aus dem Bürgermeister und den Beigeordneten improvisiert. Eine ähnliche Bestimmung hatte ja bereits die Kabinetsorder von 1828 enthalten, welche zuerst eine Annahme von Unterbedienten auf Kündigung zuließ (s. o. S. 413). Nach Analogie der für untere Staatsbeamte bestehenden Vorschriften soll damit einer absoluten Abhängigkeit der Untergebenen von der Willkür und Laune ihrer unmittelbaren Vorgesetzten vorgebeugt werden. Ob dies eine tatsächliche „Kautel gegen eine mißbräuchliche Anwendung des Kündigungsrechts durch die Anstellungsbehörde“ [22]) ist, erscheint recht zweifelhaft; unzweifelhaft ist aber, daß damit keinerlei Rechtsgarantie gegeben ist. Vielmehr erinnert diese Stellung der obersten städtischen Verwaltungsbehörde als

---

[21]) Oertel, S. 417.
[22]) Motive zum K.B.G. S. 19.

Disziplinarforum für städtische Beamte in recht peinlicher Weise wieder an die analoge Stellung staatlicher Verwaltungsbehörden und zu oberst des Staatsministeriums als Disziplinarfora für staatliche Beamte nach dem Gesetz von 1852; ja der Magistrat ist sogar nicht einmal gleich diesen an ein rechtlich geordnetes Verfahren gebunden noch zu einer Rechtsbegründung seines Beschlusses, der doch in Wahrheit ein Urteil ist, verpflichtet. Demgemäß kann der formell zulässige und rite gefaßte Magistratsbeschluß auch keiner Nachprüfung auf seine materielle Gerechtigkeit, sei es im Aufsichtswege, sei es im Verwaltungsprozeß unterzogen werden. Alle Verbesserungsversuche nach dieser Richtung, wie sie im Abgeordnetenhause und seiner Kommission gemacht wurden[23]), mußten von vornherein an dem hier fälschlich angewendeten Begriffe der Kündigung scheitern. Denn darin hatte die Regierung sicherlich Recht, daß die Einfügung der Rechtsgarantien des Disziplinarverfahrens „schließlich den Unterschied zwischen den auf Kündigung und den lebenslänglich angestellten Beamten illusorisch machen würde". Die Rechtsform der Kündigung, die in der Gleichheit der Kontrahenten beim Vertragsverhältnis wurzelt, ist den publizistischen Rechtsgarantien, die auf der Ungleichheit des Gemeinwesens und seiner Organperson beruhen, naturgemäß nicht zugänglich; in der Anwendung der hier unanwendbaren Rechtsform der Kündigung liegt der schwere Fehler, nicht in dieser oder jener Modalität derselben.

Daß dieser § 9 K. B. G. in Wahrheit eine Degenerierung des publizistischen Amtsrechts zu einem privatrechtlichen Kontraktverhältnis anbahnt, das erhellt noch klarer als aus der Zulassung der ortsstatutarischen Kündigungsklausel, aus ihrer Zulassung „in einzelnen Fällen mit Genehmigung der Aufsichtsbehörde". Dahinter steckt tatsächlich die gesetzliche Sanktionierung jener vertragsmäßigen Kündigungsklausel, der gegenüber eine jahrzehntelang konstante Judikatur aller obersten Gerichtshöfe das wahre Wesen des öffentlichen Rechts zur Geltung gebracht hatte. Freilich die publizistische Form der Einseitigkeit wird noch leidlich gewahrt; auch in den einzelnen Fällen wird die Kündigungsklausel formell nicht vereinbart, sondern einseitig durch Gemeindebeschluß[24]) festgesetzt. Tatsächlich

---

[23]) Sten. Ber. d. Abg. H. 1899, S. 2188 fg. und 2406.
[24]) Vgl. Ledermann K. B. G. S. 69/70.

werden sich die Dinge regelmäßig ebenso abspielen wie bei den früheren entsprechenden Vereinbarungen. Während jedoch früher gegenüber der tatsächlichen Ungleichheit des anstellenden Gemeinwesens und des Anstellung suchenden Bewerbers die zwingende Norm des öffentlichen Rechts den erforderlichen Schutz gewährte, ist derselbe nunmehr einzig und allein der bevormundenden Weisheit des Regierungspräsidenten anheim gegeben. Auch hier glaubte die Selbstverwaltung einen Vorteil zu erringen, indem sie für die objektive Rechtsnorm das subjektive Ermessen der Aufsichtsbehörde eintauscht; „spottet ihrer selbst und weiß nicht wie". Alles in allem verwirklicht das Beamtenverhältnis auf Kündigung im wesentlichen denselben Zustand, den man früher unter Umgehung des Gesetzes auf die Weise herzustellen suchte, daß man für amtliche Funktionen kontraktliche Diener annahm, denen man „Beamteneigenschaft" beilegte, wohl auch den Amtseid abnahm, ohne ihnen die Totalität der Organstellung zuzuerkennen. Was das Reichsgericht als ein rechtlich unmögliches Zwitterverhältnis zurückwies (s. o. S. 354), das hat nunmehr der Gesetzgeber sanktioniert. Wohl stützte sich das Reichsgericht dabei auf die positive Rechtsnorm der St. O.; aber diese selbst war nicht das Produkt einer gesetzgeberischen Willkür, sondern der formalrechtliche Ausdruck für das wahre Wesen der Sache. Das Rechtsverhältnis des durch Dienstmietevertrag Angenommenen zum Gemeinwesen ist ein immanent anderes als das der bestellten Organperson. Jener steht dem Gemeinwesen fremd und koordiniert gegenüber, es existiert kein spezifisches Gewaltverhältnis; er ist nur zu bestimmten Diensten und Leistungen verpflichtet, und sein Lohn ist die vertragsmäßige Gegenleistung dafür. Diesem freien Vertragsverhältnis entspricht seine freie Lösbarkeit von jeder Seite in Form der Kündigung. Der Beamte ist als Organperson dem Gemeinwesen eingegliedert, er steht zu ihm im Gewaltverhältnis der Subordination; beim Berufsbeamten im besonderen ist der ganze Lebensberuf dauernd der amtlichen Tätigkeit gewidmet, was die völlige Hingabe seiner Existenz auf Gedeih und Verderb an das Gemeinwesen bedeutet, weshalb er auch nicht Lohn als Gegenleistung für die einzelne Leistung, sondern standesgemäße Alimentation für die Hingabe seiner berufsmäßigen Existenz empfängt. Dieser Organstellung entspricht als unbedingt notwendiges Korrelat die Rechtssicherheit, daß dies Organverhältnis nicht nach dem Belieben irgend eines Vorgesetzten aufgelöst werden kann, sondern nur auf Grund organisatorischer Rechtsnormen über die Ursachen und über das Verfahren zu ihrer Feststellung. Dem Kontraktverhältnis ist die freie Lösbarkeit, dem wirklichen Amtsverhältnis die Dauer immanent; eine Vermischung beider kann stets nur zu einem innerlich rechtswidrigen Zwitterverhältnis führen, auch wenn diese Vermischung durch eine positive Gesetzesbestimmung sanktioniert wird. Wenn der amtlichen Subordination nicht mehr die rechtliche Sicherheit der Amtsstellung gegenüber steht, so wird die ganze Entwicklung des modernen Amtsrechts vom Bediententum zur unmittelbaren Organschaft des Gemeinwesens rückgängig gemacht; der Beamte tritt dem Gemeinwesen wieder als fremde Individualperson gegenüber, statt daß das Gemeinwesen selbst durch ihn unmittelbar tätig wird. Die einzig adäquate Rechtsform für jenes individualistische Verhältnis ist aber der privatrechtliche Dienstkontrakt, nicht die publizistische Organbestellung.

Um so merkwürdiger ist es, daß nun auch noch eine Sonderbestimmung für die Beamten der städtischen Betriebsverwaltungen in § 8 al. 2 eingefügt wurde und in der Herrenhauskommission sogar „allseitige Zustimmung" fand.[25]) Denn während für die obrigkeitlichen Funktionen die Beamtenstellung obligatorisch war und blieb, und man die Ausdehnung der Kündbarkeit hier damit begründete, daß man sonst ausschließlich auf lebenslänglich angestellte Personen beschränkt sei, blieb ja für die nicht obrigkeitlichen Funktionen die Möglichkeit einer Annahme durch privatrechtlichen Dienstkontrakt offen; und außerdem ward noch die neue Möglichkeit der ortsstatutarischen Kündigungsklausel nach § 9 auch für Beamte der Betriebsverwaltungen eröffnet. Wenn in der Kommission des Herrenhauses behauptet wurde, diese letztere Möglichkeit „genüge dem Bedürfnisse bei der oft plötzlichen Entwicklung von Betriebsverwaltungen durchaus nicht; es sei vielmehr in der Tat eine Notwendigkeit, die gesamte Beamtenschaft der Betriebsverwaltung von dem Grundsatz der Anstellung auf Lebenszeit schon im Gesetz selbst auszunehmen" — so ist erstens diese Notwendigkeit zu bestreiten, und zweitens das als notwendig hingestellte Ziel ja doch nicht erreicht worden. Die erstaunliche Raschheit und überaus leichte Beweglichkeit unserer städtischen Verwaltungen in allen

[25]) Komm. Ber. S. 12.

Ehren; aber mit so märchenhafter Plötzlichkeit vollzieht sich die Errichtung oder Übernahme städtischer Betriebe denn doch wohl nicht, daß für die ortsstatutarische Regelung oder im schlimmsten Falle für die ja glücklich errungene Möglichkeit einer Genehmigung durch den Regierungspräsidenten im Einzelfall nach § 9 so gar keine Zeit bliebe! Das Seltsamste aber ist, daß für diesen unwahrscheinlichsten aller Fälle der Absatz 2 des § 8 auch nichts hilft. Denn bei der absoluten Unmöglichkeit, den Begriff der Betriebsverwaltung gesetzlich zu definieren (s. o. S. 346 fg.), muß es § 8 dem Ortsstatut überlassen, erst einmal festzustellen, was in concreto eine Betriebsverwaltung sei. Um das Ortsstatut kommen die Städte also doch nicht herum, am wenigsten dann, wenn ihre Betriebsverwaltungen wirklich wie Pilze nach dem Regen neu aufschießen würden; nur daß sie nun durch das Ortsstatut nicht unmittelbar nach § 9 die Stellung der Beamten regeln, sondern nach § 8 zunächst den Katalog ihrer Betriebsverwaltungen berichtigen müssen, um dann vielleicht erst wieder durch Gemeindebeschluß Ausnahmen von der Anstellung auf Kündigung herbeizuführen. Daß man auf diesem Umwege leichter und schneller zum Ziele gelangen sollte, ist nicht sehr wahrscheinlich.

Auch materiell sind die für eine rechtliche Sonderstellung der Betriebsbeamten üblichen Argumente nicht stichhaltig. So vor allem der Hinweis darauf, daß in diesen gewerblichen Betrieben die Städte in Konkurrenz mit Privatunternehmern ständen, die hinsichtlich ihrer Angestellten an keinerlei amtsrechtliche Normen gebunden seien.[26]) Denn einmal bildet eine wirklich freie Konkurrenz hier die Ausnahme, da in städtischen Betrieb doch in erster Linie die tatsächlich monopolistischen Unternehmungen übergehen; und auch da, wo ausnahmsweise neben der Stadt noch eine Privatgesellschaft auf dem gleichen Gebiet tätig ist, ihr gegenseitiges Verhältnis meist durch Verträge festgelegt ist. Aber hiervon abgesehen, ist schon die Voraussetzung grundfalsch, daß selbst im Konkurrenzkampfe die Existenz fester amtsrechtlicher Normen eine Schwächung, und nicht vielmehr eine Stärkung des Gemeinwesens gegenüber dem Privatunternehmer bedeutet. Freilich, wenn es wirklich aus der festen Anstellung der Beamten folgen sollte, „daß der Fleiß und der Trieb für das Gemeindeinstitut, dem

[26]) Sten. Ber. d. Abg. H. 1899, S. 2189, S. 2193. — Verhdl. d. zweit. Städtetages S. 29.

sie dienen sollen, nicht in dem Maße mehr vorhanden ist, wie es bei einem Angestellten der Fall ist, der auf Kündigung angestellt ist, und der seine Position erwerben und erhalten muß durch seine eigene Tüchtigkeit",[27]) dann müßte man die feste Anstellung durchaus verwerfen, aber nicht nur für die Betriebsverwaltungen, sondern für die Verwaltung überhaupt, die doch bei dem Mangel an Fleiß und Trieb für das Gemeinwohl auch nicht gedeihen kann. Jenes Argument beweist nichts, weil es zuviel beweist: die Ersprießlichkeit nämlich des radikalen Rückschritts zum rechtlosen Bediententum. Die gleiche Entwicklungstendenz, die dazu geführt hat, daß die Gemeinwesen sämtliche obrigkeitlichen Funktionen selbst, d. h. durch ihre eigenen Organpersonen wahrnehmen, ist auch in der mit elementarer Gewalt vorwärts schreitenden Kommunalisierung gewisser Betriebe wirksam. Die moderne Entwicklung bringt es eben mit sich, daß diese Betriebe für die Existenz des kommunalen Gemeinwesens mindestens eine gleich wichtige Lebensbedingung bilden wie das obrigkeitliche Regiment. Man vergegenwärtige sich die Bedeutung von Gas-, Wasser-, Elektrizitätswerken, von Straßenbahnen u. s. w. für die Existenz einer modernen Großstadt, um zu erkennen, daß die organisatorische Sicherung dieser Funktionen mindestens ebenso notwendig ist wie die der obrigkeitlichen Funktionen eines wohledlen Magistrats. Die organisatorische Sicherung vollzieht sich aber eben durch Übernahme dieser Betriebe in die öffentliche Verwaltung, durch ihre Eingliederung in deren Organismus. Das Gemeinwesen läßt diese Funktionen nicht mehr durch fremde Personen nach den Normen des Privatrechts wahrnehmen, sondern mehr und mehr nimmt es sie dauernd selbst, d. h. durch seine amtlichen Organpersonen wahr. Das Bedürfnis, die mit diesen Funktionen betrauten Personen in ein dauerndes Gewalt- und Subordinationsverhältnis zum Gemeinwesen zu bringen, muß als notwendiges Korrelat die rechtliche Sicherung ihrer Organstellung erzeugen. Die fortschreitende Verdrängung des individualistischen Kontraktsverhältnisses durch das organische Amtsverhältnis auch auf dem Gebiet der sogenannten Betriebsverwaltungen ist eine immanente Notwendigkeit, von der sich weitsichtige Stadtverwaltungen zu ihrem eigenen Vorteil führen, kurzsichtige zu ihrem Schaden überrennen lassen. Ja, gerade hier bewirken die inneren Gründe dieser Ent-

[27]) Sten. Ber. a. a. O. S. 2193.

wicklung eine Ausdehnung der Organstellung auf gewisse Kategorien besonders qualifizierter oder besonders ständiger Arbeiter, wofür jüngst das noch ungewohnte, aber treffende Wort „Arbeiterbeamtentum“ geprägt worden ist.[28]) Weit entfernt davon, in solchen Institutionen eine Schwäche der Gemeindebetriebe zu sehen, suchen vielmehr die Privatbetriebe ähnliche Einrichtungen zu treffen; nur daß es lediglich die größten und kräftigsten überhaupt versuchen können, und auch diese nie annähernd unter den dauernden Garantien wie die publizistischen Gemeinwesen. Unter diesen Umständen mit der Möglichkeit zu rechnen, daß diese Entwicklung wieder rückgängig werde, und die Städte ihre Betriebe in erheblichem Umfange an Privatunternehmer überlassen werden, weshalb man die Betriebsbeamten nicht dauernd anstellen könne, das steht etwa auf derselben Höhe des Gedankens, als wenn man die Möglichkeit einer Rückkehr zum System der Steuerpächter ins Auge fassen wollte.

Im übrigen ist mit der Verwerfung des Kündigungsprinzips für das Beamtenverhältnis durchaus nicht der Frage präjudiziert, ob nicht die starre Lebenslänglichkeit des früheren Systems einer gesetzlichen Ermäßigung in mancher Hinsicht bedürftig und ohne Verletzung des publizistischen Prinzips fähig war. Dies ist sicherlich der Fall; und manche Anregungen während der Verhandlungen über das K. B. G. wiesen dafür den richtigen Weg. So konnte das Gesetz sehr wohl den Städten die Möglichkeit einräumen, durch Statut oder Gemeindebeschluß als Vorbedingung für die lebenslängliche Anstellung die Erreichung eines gewissen Lebensalters oder die Zurücklegung einer gewissen städtischen Dienstzeit festzusetzen, ohne mit einem solchen der dauernden Anstellung vorhergehenden Provisorium gegen das Wesen der Amtsdauer selbst zu verstoßen. Vor allem lag es nahe, namentlich für die höheren Ämter dem Anstellungsmodus der besoldeten Magistratsmitglieder eine erweiterte Anwendung zu geben, diese Beamten also „auf eine bestimmte Reihe von Jahren mit Pensionsberechtigung für den Fall der Nichtwiederernennung“[29]) anzustellen. Daß damit eine ganz andere Rechtssicherung sowohl hinsichtlich der Amtsdauer wie auch der Pensionsberechtigung gegeben ist, als mit der Anstellung auf Kündigung, liegt auf der Hand. Den be-

[28]) Klien: „Minimallohn und Arbeiterbeamtentum“ 1902.
[29]) Komm. Ber. S. 11.

rechtigten Bedenken, welche gegen die lebenslängliche Anstellung namentlich der technischen Oberbeamten geltend gemacht werden, würde hierdurch vollauf Rechnung getragen. Gewiß kann bei diesen und ähnlichen Ämtern ebenso wie bei den Magistratsstellen ein Wechsel der Personen dringend wünschenswert sein, ohne daß irgend eine disziplinarische Verfehlung vorläge; gerade hier aber zeigt der treffliche Gedanke Steins den Weg, wie das lästige Behalten vermieden werden kann und das leichtsinnige Verwerfen gleichfalls. Zugleich bietet diese Einrichtung einen im wesentlichen ausreichenden Ersatz dafür, daß den Städten gemäß § 94 des Disziplinargesetzes von 1852 die Befugnis versagt ist, ihre Beamten zur Disposition zu stellen. Der § 9 K. B. G. läßt den Städten immerhin die Möglichkeit offen, sich bei der ortsstatutarischen Regelung ihres Amtsrechts in weiser Selbstbeschränkung mit diesen beiden Ermäßigungen des Prinzips der Lebenslänglichkeit in der Hauptsache zu begnügen, und die aus einer erweiterten Anwendung des Kündigungsprinzips folgende Zersetzung ihres Amtsrechts zu vermeiden.

Ebenfalls eine Frage für sich ist es, ob das geltende Disziplinarrecht den Bedürfnissen der städtischen Beamtendisziplin genügt oder nicht. Daß ihnen das Disziplinarmittel der Strafversetzung, so weit eine Ortsveränderung damit verbunden ist, fehlt,[30]) liegt in der Natur der Sache; daß es ihnen auch im übrigen durch § 16, 2 des Disziplinargesetzes versagt ist, wäre zu verschmerzen. Dagegen lassen die oben (Kapitel X) erörterten Bestimmungen des geltenden Rechts, welche die Disziplinargewalt der obersten städtischen Organe zu Gunsten der Staatsaufsicht unleidlich beschränken, eine gesetzliche Verbesserung allerdings dringend wünschenswert erscheinen. Jedoch in keiner Weise kann dadurch der vom Gesetzgeber beliebte Notbehelf gerechtfertigt werden, statt die Stellung der städtischen Behörden im geordneten Disziplinarverfahren zu verstärken, unter der falschen Flagge des Kündigungsrechts die Verhängung der schwersten Disziplinarstrafe ohne jede Form und Garantie des Rechts zu ermöglichen.

Wie alle Verwaltungsbeamten sind auch die Beamten der städtischen Selbstverwaltung prinzipiell versetzbar. Während der

[30]) Verhdl. d. Städtetages S. 25.

§ 16 Disz.-Ges. die Strafversetzung auf die unmittelbaren Staatsbeamten beschränkt, findet die Versetzung im Interesse des Dienstes, welcher § 87 l. c. ausdrücklich den disziplinarischen Charakter abspricht, allgemeine Anwendung. Das Recht auf die Organstellung wird dadurch nicht beeinträchtigt, vielmehr durch die gesetzliche Kautel gewahrt, daß die Versetzung nur in ein Amt von gleichem Range und etatsmäßigem Diensteinkommen geschehen kann. Der Organperson verbleibt also ihre Stellung im Amtsorganismus, und sofern es sich um besoldete Beamte handelt, ihre standesgemäße Alimentierung ungeschmälert. Daß die Organperson dem Gemeinwesen nicht zu einzelnen bestimmten Dienstleistungen, sondern zu ungemessener Organtätigkeit verpflichtet ist, darin liegt ja gerade der charakteristische Unterschied der amtlichen Organstellung von der des kontraktlichen Dieners. Die Versetzbarkeit gibt also durchaus keinen Anlaß, mit der Labandschen Theorie das einheitliche Amtsrecht auseinander zu reißen in ein Amts- und ein Dienstverhältnis; soweit hier Unterschiede hervortreten, beruhen sie nicht auf einer Verschiedenheit von Amtspflicht und Dienstpflicht, sondern sie ergeben sich als Konsequenzen aus dem Vorhandensein oder dem Mangel der Berufsmäßigkeit, wie das oben (S. 96) dargelegt ist. Daß die Mitglieder des Magistrats nicht versetzt werden können, dafür bedarf es keines besonderen Rechtssatzes, wie ihn nur die hannöversche St. O. in § 62 enthält; vielmehr ergibt sich dies einfach aus der Tatsache, daß es innerhalb des städtischen Amtsorganismus kein Amt von gleichem Range mit einer Magistratsstelle gibt; die Magistratsmitglieder sind eben die obersten städtischen Beamten. Daß eine Versetzung der gewählten Ehrenbeamten prinzipiell unmöglich sei,[31]) ist in dieser allgemeinen Form nicht richtig. Die erste St. O. enthält in §§ 195 fg. ein ganzes Versetzungssystem für die Ehrenbeamten; danach mußte jeder Ehrenbeamte die Beförderung zum Magistratsmitglied unter Niederlegung seines bisherigen Amtes annehmen, ebenso die Bezirksvorsteher die Wahl zum Stadtverordneten u. s. w. Doch auch die heutige St. O. gibt die Möglichkeit zur Versetzung von Ehrenbeamten, indem dieselben gemäß § 75, 2 durch Gemeindebeschluß von ihrem Amte entbunden werden können. Allerdings wird diese Möglichkeit

---

[31]) Oertel, S. 421. — Kautz und Appelius, S. 318.

tatsächlich sehr erheblich dadurch eingeschränkt, daß dem unbesoldeten Ehrenbeamten selbstverständlich kein Wechsel seines Wohnsitzes zugemutet werden kann, und daher die Versetzung in ein Amt, welches den Wohnsitz etwa in einem anderen städtischen Bezirk voraussetzt, ausgeschlossen ist. Diese Schranke fällt bei den Berufsbeamten eben wegen ihrer Berufsmäßigkeit fort; hier kann daher auch eine Versetzung über die Grenzen des Stadtgebiets hinaus in Betracht kommen, sofern die Stadt Werke oder sonstige Besitzungen außerhalb ihres Gebietes zu verwalten hat. Zuständig für die Versetzung ist die vorgesetzte Dienstbehörde, an oberster Stelle also der Magistrat und in Städten ohne Ratsverfassung der Bürgermeister.

Eine Auflösung des Beamtenverhältnisses wider den Willen des Beamten während der gesetzlichen Amtsdauer tritt ein, falls die Voraussetzungen wegfallen, an welche das Gesetz die Fähigkeit zur Bekleidung des Amtes knüpft. Dem entspricht die Bestimmung des § 75 St. O., wonach der Verlust des Bürgerrechts auch den Verlust der Ehrenämter, sein Ruhen die Amtssuspension nach sich zieht. Das Gleiche gilt für alle Ämter bei Verlust der bürgerlichen Ehrenrechte oder der Fähigkeit zur Bekleidung öffentlicher Ämter infolge einer strafgerichtlichen Verurteilung. Von der Amtsentsetzung durch Disziplinarurteil wird im Zusammenhange mit dem Disziplinarverfahren überhaupt im letzten Kapitel, von der Zwangspensionierung im Zusammenhang mit dem Pensionswesen im nächsten Kapitel zu sprechen sein.

Den Anlaß zur Auflösung des Beamtenverhältnisses während der gesetzlichen Amtsdauer kann nun auch der Wille des Beamten selbst geben. Dieses freiwillige Ausscheiden des Beamten aus dem Amtsverhältnis ist aber niemals in juristischem Sinne eine Kündigung oder Niederlegung des Amtes, obgleich die Gesetzessprache diese wie manche anderen juristisch falschen Ausdrücke gebraucht; vielmehr ist es lediglich ein Antrag des Beamten auf Amtsentlassung (s. o. S. 97 fg.). Wenn man von einem Rücktrittsrecht des Beamten spricht, so bedeutet das immer nur, „daß er einen Anspruch hat, auf sein Entlassungsgesuch von der Behörde entlassen zu werden“.[32]) Einen solchen Anspruch hat nun an sich jeder Beamte in logischer

[32]) O. Mayer a. a. O. II, S. 231.

Konsequenz des Grundsatzes von der Freiwilligkeit der Amtsübernahme. War diese Freiwilligkeit bei der Bestellung des Beamten nur irrtümlich vorausgesetzt worden, tatsächlich aber nicht vorhanden, oder kommt sie nachträglich durch Änderung seines Willens in Wegfall, so resultiert daraus ein Rechtsanspruch auf Amtsenthebung, der durch den Entlassungsantrag geltend gemacht wird. Wie jedoch die Begründung des Amtsverhältnisses nicht durch die Einwilligung des Beamten als Bestandteil eines consensus, sondern durch den einseitigen Bestellungsakt des Gemeinwesens rechtswirksam geschieht, so vollzieht sich auch die Auflösung des Amtsverhältnisses nicht durch die Willensäußerung des Beamten als Konstatierung eines dissensus, sondern allein durch den einseitigen Entlassungsakt des Gemeinwesens. Gegen die Ablehnung seines berechtigten Entlassungsantrags können dem Beamten vom positiven Recht bestimmte Rechtsmittel gegeben oder versagt sein; in jedem Falle aber bleibt er Beamter mit allen Rechten und Pflichten desselben, bis der Entlassungsakt von der zuständigen Stelle rechtskräftig vollzogen ist. Diesen Grundsätzen entsprechen auch durchaus die positiven Bestimmungen der §§ 94 97 A. L. R. II. 10, wie die für das städtische Amtsrecht im besonderen geltenden Rechtssätze. Dabei besteht im Prinzip kein Unterschied zwischen den auf Lebenszeit oder auf eine bestimmte Periode bestellten Beamten während dieser Amtsdauer, zwischen Gewählten oder Ernannten, zwischen Magistratsmitgliedern und anderen Beamten; endlich auch nicht zwischen Berufs- und Ehrenbeamten. Zwischen den beiden letztgenannten Kategorien besteht allerdings ein sekundärer Unterschied insofern, als § 74 St. O. eine Pflicht wie zur Übernahme so zur Beibehaltung unbesoldeter Ehrenämter unter Strafsanktion aufstellt, die für Berufsämter nicht existiert. Trotzdem ist es ein falscher Ausdruck des Gesetzes, daß das Vorhandensein eines der gesetzlichen Entschuldigungsgründe den Ehrenbeamten zur „Niederlegung" seines Amtes während der Amtsdauer berechtige; vielmehr handelt es sich auch hier nur um ein Antragsrecht auf Amtsentlassung. Der Unterschied gegenüber den Berufsbeamten besteht also lediglich darin, daß letztere jenes Antragsrecht ohne jede Voraussetzung, die Ehrenbeamten dagegen es nur unter den Voraussetzungen des § 74 haben; nach dreijähriger Verwaltung der Stelle ist übrigens der Ehrenbeamte auch hierin dem Berufsbeamten gleichgestellt. Selbstverständlich **kann** das Gemeinwesen dem Ehrenbeamten die erbetene Entlassung auch ohne Nachweis der gesetzlichen Entschuldigungsgründe gewähren; es ist dazu nur nicht wie gegenüber dem Berufsbeamten rechtlich verpflichtet.[33]) Zur tatsächlichen Fortführung des Amtes bis zum rechtswirksamen Entlassungsakt kann weder der Berufs- noch der Ehrenbeamte unmittelbar gezwungen werden, weil ein unmittelbarer Zwang zu Handlungen überhaupt unmöglich ist. Der psychologische Zwang durch Strafandrohung für den Fall, daß sich der Beamte vor der rechtswirksamen Entlassung der Verwaltung seines Amtes tatsächlich entzieht, besteht für den Berufs- wie für den Ehrenbeamten mit den begrifflich unerheblichen Unterschieden, daß die Straffolgen für den Berufsbeamten im Disziplinargesetz, für den Ehrenbeamten gleich in § 74 St. O. angedroht werden; daß sie für jenen in der Amtsentsetzung unter Verlust von Gehalt und Pension, für diesen im zeitweiligen Verlust des Bürgerrechts und in der Erhöhung seiner Gemeindeabgaben bestehen können; und daß endlich zu ihrer Verhängung dort die Disziplinargerichte, hier die Stadtverordnetenversammlung zuständig ist. Da übrigens gegen deren Beschluß nach § 11 Z. G. die Verwaltungsklage stattfindet, so können beide Fälle vor das gleiche Forum gelangen. Die landrechtliche Bestimmung, daß die Entlassung versagt werden kann, wenn daraus ein erheblicher Nachteil für das Gemeinwohl zu besorgen ist (§ 94 II, 10); und daß in keinem Falle der abgehende Beamte seinen Posten eher verlassen darf, als bis wegen Wiederbesetzung oder einstweiliger Verwaltung desselben Verfügung getroffen ist (§ 97 l. c.) würde sich demnach auch ohne diese positiven Sätze aus der rechtlichen Natur des Amtsverhältnisses und des Entlassungsaktes ergeben; und sie findet auf Berufs- und Ehrenbeamte gleichmäßig und ohne Rücksicht auf die besonderen Entschuldigungsgründe des § 74 St. O. Anwendung.

Dasselbe gilt von der Bestimmung, wonach der Entlassungsantrag bei derjenigen Instanz anzubringen ist, von welcher die Besetzung eines Amtes abhängt (§ 94 l. c.), da ja der Entlassungsakt ein Korrelat des Anstellungsaktes ist. Die vom Magistrat ernannten Beamten haben daher beim Magistrat, die von der Stadtverordneten-

[33]) In der Hauptsache kommt nach seltsamen Umwegen zu dem gleichen Resultat Toepfer: „Die Amtsniederlegung der Magistratsmitglieder" im Preuß. Verwaltungsbl. Jahrg. XXIII, S. 353 fg.

versammlung gewählten bei dieser ihre Entlassung zu beantragen. Zur Beschlußfassung über diesen Antrag ist aber durch die positive Bestimmung in § 10, 3 Z. G. die Gemeindevertretung d. h. die Stadtverordnetenversammlung berufen. Eine Beschränkung dieser Zuständigkeit auf die von der Versammlung gewählten Beamten ergibt sich aus dem gesetzlichen Wortlaut nicht und würde übrigens auch mit § 35 St. O. in Widerspruch stehen.[34]) Gegen den Beschluß der Stadtverordnetenversammlung steht nach § 11 Z. G. sowohl dem Beamten als dem Magistrat die Klage im Verwaltungsstreitverfahren zu. Damit ist gegen eine rechtswidrige Versagung der Entlassung ein Rechtsmittel im geordneten Verfahren gegeben; die Verwaltungsgerichte sind zur endgiltigen Entscheidung über die Frage im Streitfalle berufen. Demgegenüber ist die Bestimmung in § 96 A. L. R. II, 10, welche dem Beamten die Berufung auf die unmittelbare landesherrliche Entscheidung eröffnete, unzweifelhaft antiquiert.[35]) Denn im Sinne des Landrechts war der König die oberste Anstellungsbehörde für alle Beamte, was er heute jedenfalls für die städtischen Beamten nicht ist; und ferner ersetzte jene Bestimmung den Mangel jeglichen Rechtsmittels, während sie heute gegenüber der Eröffnung des Verwaltungsprozesses für die städtischen Beamten sinnlos wäre. In jedem Falle ist also der Entlassungsakt rechtswirksam vollzogen, wenn entweder der Beschluß der Stadtverordnetenversammlung einer Anfechtung nicht mehr unterliegt, oder das verwaltungsgerichtliche Erkenntnis rechtskräftig geworden ist.

[34]) Vgl. Toepffer a. a. O. S. 354.
[35]) Anderer Meinung Toepffer a. a. O. — Kautz und Appelius, S. 329.

XIV.

Die vermögensrechtlichen Ansprüche des Beamten aus dem Amtsverhältnis.

Die subjektiven publizistischen Rechte des Beamten aus dem Amtsverhältnis laufen sämtlich zusammen in dem Rechtsanspruch auf Organstellung während der gesetzlich normierten Amtsdauer, wie dies im vorigen Kapitel umschrieben wurde. Innerhalb dieses Rahmens bestimmen sich die einzelnen Kompetenzen je nach der Organisationsordnung jedes Gemeinwesens; ihre katalogartige Aufzählung ist unmöglich und wäre auch wissenschaftlich wertlos, wie es im großen die Kataloge von Hoheitsrechten nach der alten Regalienmethode gewesen sind. Der Inbegriff der Organfunktionen jedes Amtes ist zugleich der Inbegriff der publizistischen Rechte und Pflichten der betreffenden Organperson, des Beamten. Was oben (S. 326 fg.) von der organischen Einheit der Amtspflichten gesagt wurde, das gilt ebenso von der organischen Einheit der Amtsbefugnisse. In dem untrennbaren Zusammenhang von Recht und Pflicht prägt sich aufs schärfste der publizistische Charakter dieser Verhältnisse aus. Eine etwaige gesetzliche Regelung bestimmter Befugnisse einzelner Beamtenkategorien wie z. B. der Befugnis zum Waffengebrauch[1]) ist juristisch wesentlich nach der negativen Seite hin als eine gesetzliche Beschränkung von Belang, deren Überschreitung den Tatbestand eines Disziplinar- oder Amtsdelikts bildet. Die vielbeliebten Rechte auf Titel und Rang sind von dem Recht auf die

---

[1]) Die auch für städtische Polizei- und Forstbeamte in Betracht kommenden Bestimmungen sind zusammengestellt bei Kautz und Appelius S. 91—98.

Organstellung überhaupt nicht zu scheiden; besonders für das städtische Amtsrecht hat eigentlich nur das Amt Titel und Rang. Ebenso müßig ist die Konstruktion bestimmter Rechte des Beamten auf Schutz, wie sie herkömmlich auf die §§ 113 fg. und § 196 R. Str. G. B. gestützt wird; denn in den Bestimmungen über den Widerstand gegen die Staatsgewalt kommt lediglich die rechtliche Tatsache zum Ausdruck, daß der Beamte eben als Organperson fungiert; und das Recht des Vorgesetzten, wegen Beleidigung eines untergebenen Beamten Strafantrag stellen zu dürfen, ist doch offenbar kein Recht des letzteren, vielmehr ein Ausfluß der amtlichen Subordination, der Eingliederung in den Amtsorganismus (vgl. übrigens o. S. 317).

Anders verhält es sich mit den vermögensrechtlichen Ansprüchen des Beamten. Es ist früher (S. 105 fg.) ausführlich erörtert worden, wie diese vermögensrechtlichen Ansprüche nicht aus der Organstellung als solcher, sondern aus der Berufsmäßigkeit der amtlichen Betätigung fließen, aus dem Umfange, welchen die Hingabe an die Amtsfunktionen innerhalb der individuellen Lebenssphäre des Beamten einnimmt. Daraus ergibt sich zunächst, daß diese Ansprüche nur für diejenigen Beamten existieren, bei denen jene Voraussetzung zutrifft, also lediglich für die Berufsbeamten, nicht für die Ehrenbeamten, was ja im städtischen Amtsrecht von besonderer Bedeutung ist. Daraus ergibt sich ferner, daß jedenfalls die wesentlichsten jener vermögensrechtlichen Ansprüche auf eine Alimentierung, auf Gewährung der Lebensexistenz als Folge der Hingabe des Lebensberufs an die amtlichen Funktionen gehen. Diese Alimentierungsrente erscheint in der dreifachen Form des Gehalts während der Amtsdauer, der Pension nach dem Ausscheiden aus dem Amte unter gewissen gesetzlichen Voraussetzungen, der Reliktenrente nach dem Tode des Beamten. So wenig wie Pension und Reliktenrente ist also auch das Gehalt eine Gegenleistung für einzelne geleistete Dienste nach Art des Lohnes auf Grund eines Dienstmietevertrages; vielmehr bilden alle drei in ihrem Zusammenhange die Alimentierungsrente als Korrelat der berufsmäßigen Hingabe an das Amt. Wie gerade das Pensionsrecht, von dem der Anspruch auf Reliktenrente nur eine besondere Form ist, seinem Wesen nach nur mit dem berufsmäßig dauernden Amtsverhältnis vereinbar erscheint, das ist im vorigen Kapitel gezeigt worden.

Endlich ergibt sich aber auch aus der spezifischen Natur dieser Alimentierungsrente, daß die vermögensrechtlichen Ansprüche der Beamten aus dem Amtsverhältnis zwar einen rein publizistischen Entstehungsgrund haben, in ihrem Bestande jedoch privatrechtliche Ansprüche sind. Ihr Entstehungsgrund ist der einseitige Bestellungsakt seitens des Gemeinwesens, die rein publizistische Beamtenanstellung. Lediglich dadurch, daß er als Organperson dem Amtsorganismus des Gemeinwesens eingegliedert wird, zu ihm in das amtliche Gewaltverhältnis tritt, erwirbt der Berufsbeamte diese Ansprüche. Nachdem er sie jedoch einmal erworben hat, stehen sie ihm als Individualperson gegenüber dem Gemeinwesen zu, ohne Rücksicht auf das Gewaltverhältnis, in derselben Art wie sonstige Forderungsrechte einer Individualperson gegenüber anderen Individualpersonen zustehen. Gewiß ist die Grenze zwischen privatem und öffentlichem Recht überaus schwankend und a priori nicht festzustellen;[2]) aber individualrechtliche Verhältnisse sind stets und unzweifelhaft privatrechtlich; als individualrechtlich aber charakterisieren sich die vermögensrechtlichen Verhältnisse dadurch, daß hier alle Personen für das Recht als gleichartig erscheinen. Bei der Begründung des Gewaltverhältnisses durch Anstellung wäre ein Rollentausch zwischen dem Gemeinwesen und dem Beamten undenkbar; für seine einmal bestehenden vermögensrechtlichen Ansprüche ist der Beamte Gläubiger, das Gemeinwesen Schuldner; ein Rollentausch ist hier durchaus denkbar, der Beamte kann auch Schuldner des Gemeinwesens sein (vgl. oben S. 86 u. 110). Daher kann man mit der durch Laband herrschend gewordenen Meinung in den vermögensrechtlichen Ansprüchen des Beamten durchaus den Anspruch auf eine Alimentierungsrente erkennen, ohne sie jedoch ihrem Bestande nach als publizistische anzuerkennen (s. o. S. 106 fg.).

So erklären sich denn auch die kraft positiven Rechts geltenden Eigentümlichkeiten des bestehenden Gehaltsanspruchs nicht aus einem publizistischen Charakter, sondern aus seiner Alimentennatur.[3]) Darauf geht vor allem die Fortzahlung des Gehalts ohne tatsächliche Leistung von Diensten zurück, wie in Fällen der Krankheit, des Urlaubs u. s. w., weil das Gehalt eben Alimentation und keine

---

[2]) Vgl. Gierke, Genossenschaftstheorie S. 158 fg. S. 163.
[3]) Laband (4. Auflage) Bd. I, S. 470 fg.

Gegenleistung für die einzelnen Dienste ist. Umgekehrt jedoch wären die nachher zu erörternden Ausnahmen von diesem Prinzip mit einem publizistischen Charakter des bestehenden Gehaltsanspruchs durchaus unvereinbar. Das gleiche gilt von dem aus der Natur der Alimentation fließenden Prinzip der Pränumerandozahlung des Gehalts, die für die städtischen Beamten jetzt durch § 3 K. B. G. positiviert ist, allerdings mit einem Vorbehalt, von dem nachher noch zu sprechen ist. Im Zusammenhang hiermit steht die Rechtsnorm, daß der Gehaltsanspruch mit dem Beginn der Gehaltsperiode fällig ist; und da § 3 K. B. G. als Gehaltsperiode das Quartal festgesetzt hat, erwirbt also der Beamte am ersten Tage des Quartals den Anspruch auf das volle Vierteljahrsgehalt, woran durch Tod oder Pensionierung im Laufe des Quartals nichts mehr geändert wird.[4] Auch eine Endigung des Beamtenverhältnisses aus anderen Gründen im Laufe der Gehaltsperiode läßt entsprechend dem Alimentencharakter jedenfalls keinen Anspruch des Gemeinwesens auf Zurückzahlung entstehen.[5] Durch § 850 C. P. O. sind Gehalt und Pension der Beamten wie die Reliktenrente der Pfändbarkeit entzogen, soweit sie die Summe von jährlich 1500 M. nicht übersteigen, und sie sind ihr bezüglich des Mehrbetrags nur zu einem Drittel unterworfen. Ein entsprechender Geldbetrag sowie anständige Kleidung gehören nach § 811 C. P. O. zu den unpfändbaren Sachen. Als Ausfluß ihres Alimentationscharakters erweist sich diese Privilegierung der Gehalts- und Pensionsansprüche ganz handgreiflich durch die Ausnahme, welche al. 4 des § 850 C. P. O. davon zuläßt; denn diese Ausnahme besteht auch wieder nur zu Gunsten eines Alimentationsanspruchs, und zwar des familienrechtlichen, dem das Gesetz ganz folgerichtig den Vorrang vor dem amtsrechtlichen einräumt, weil die dem Berufsbeamten gewährte Sustentationsrente ihm auch zur Bestreitung seiner familienrechtlichen Verpflichtungen dienen soll. Was von der Pfändung überhaupt gilt, das gilt entsprechend auch von ihrer besonderen Form, dem Konkurse.

Auf der anderen Seite erklären sich auch die Beschränkungen, welche das positive Recht dem Beamten in der freien Disposition

[4] Oertel, S. 515/16.

[5] So zutreffend Laband a. a. O. S. 470 n. 7. — Anderer Meinung Reichsgericht im Erkenntnis vom 6. Februar 1887; Ebner im Verwaltungsarchiv, Bd. IX, S. 45. Oertel, S. 516 Ledermann, S. 48.

über seine Gehalts- und Pensionsansprüche auferlegt, nicht aus einem publizistischen Charakter derselben, sondern aus ihrer Alimentennatur. Der der Pfändung nicht unterworfene Teil von Gehalt und Pension kann gemäß § 400 B. G. B. von dem Beamten auch nicht freiwillig zediert, noch gemäß § 1274 u. 1279 B. G. B. verpfändet werden; für die Abtretung des überschießenden Teils gilt die Formvorschrift des § 411 B. G. B. Außerdem hält jedoch Art. 81 des Einführungsgesetzes zum B. G. B. die in dieser Beziehung etwa weiter gehenden landesgesetzlichen Beschränkungen aufrecht. Eine solche besteht nun für die Beamten in den altpreußischen Provinzen durch § 163 des Anhanges zur allgemeinen Gerichtsordnung I. 24, welcher die Zession und Verpfändnng irgend eines Teiles von Gehalt oder Pension ausschließt; und für die Beamten in allen Landesteilen bezüglich der Pension und Reliktenrente durch § 26 des Gesetzes vom 27. März 1872 und § 17 des Gesetzes vom 20. Mai 1882. Der Unterschied zwischen den reichs- und landesrechtlichen Beschränkungen ist also lediglich ein gradueller, indem das preußische Recht den ganzen Gehalts- und Pensionsanspruch, das Reichsrecht den größten Teil desselben als notwendige Sustentation betrachtet; beide beruhen aber auf der gleichen Erwägung, daß durch eine völlig freie Disposition des Beamten in dieser Hinsicht die Wirkung der berufsamtlichen Alimentierung vereitelt werden könnte. Derselbe Gedankengang führt nun aber auch zu einer Beschränkung des Gemeinwesens in der Befugnis, sich für seine etwaigen Forderungen an den Beamten durch Kompensation gegen dessen Gehalts- oder Pensionsforderung zu befriedigen. Es wäre offenbar sinnlos, wenn die rechtliche Sicherung des berufsamtlichen Lebensunterhalts, wie sie durch die eben erörterten Bestimmungen gegenüber anderen Gläubigern und gegenüber der freien Disposition des Beamten selbst gewährt ist, gerade gegenüber dem zur Alimentierung verpflichteten Gemeinwesen in seiner etwaigen Eigenschaft als Gläubiger des Beamten versagen sollte. Demgemäß schließt denn auch § 394 B. G. B. die Aufrechnung gegen diese Forderung in demselben Umfange aus, wie sie der Pfändung entzogen ist. Allerdings läßt Art. 81 des Einführungsgesetzes etwaige landesgesetzliche Vorschriften unberührt, die eine solche Aufrechnung in Abweichung von dem Prinzip des § 394 zulassen; aber da das preußische Recht solche positiven Vorschriften nicht enthält, so gilt hier das Reichsrecht; und man kann nicht etwa aus dem Fehlen ausdrücklicher Vorschriften die Zulassung der Kompensation ableiten.[6]) Wenn ein früheres Erkenntnis des Reichsgerichts[7]) — übrigens in einer außerpreußischen Sache — zu entgegengesetztem Resultat gekommen ist, so war einmal zu jener Zeit das B. G. B. noch nicht in Kraft getreten. Seine generellen Ausführungen aber, wonach diese Ansprüche „unter einen ganz anderen rechtlichen Gesichtspunkt fallen als die Alimente, die ihre rechtliche Bedeutung nur in dem Bedürfnisse des Alimentenberechtigten haben, daher nur zu seinem Unterhalt dienen sollen, dazu aber nicht dienen würden, wenn es in die Willkür des Alimentenverpflichteten gestellt würde, sie zur Tilgung beliebiger Forderungen an den Alimentationsberechtigten zu verwenden" — stellen wider Willen gerade das Wesen der Gehalts- und Pensionsansprüche als Alimente vortrefflich ins Licht. Dies merkte das Reichsgericht freilich selbst nicht, weil es damals noch völlig im Banne der Vertragstheorie stand. In dieser Hinsicht hat sich seit dem berüchtigten Erkenntnis des Obertribunals von 1872,[8]) welches noch ganz munter das Amt als ein Quasi-Kontraktsverhältnis proklamierte, ein sehr langsamer, aber doch unverkennbarer Gesundungsprozeß unserer obersten Judikatur angebahnt, der schon heute trotz gelegentlicher Rückfälle ihre baldige Genesung vom Dienstvertragsfieber in Aussicht stellt.

Für die Normen, nach denen städtischen Beamten bei ihrer Beurlaubung ihr Gehalt fortzuzahlen ist, ohne daß ihnen die Stellvertretungskosten zur Last fallen, pflegt man sich auf Kabinetsorders von 1837 und 1863 zu berufen,[9]) die jedoch entweder nur Selbstverständliches sagen oder keine verbindliche Kraft für die städtische Selbstverwaltung besitzen. Selbstverständlich ist, daß die Stadtgemeinde für die Vertretung eines erkrankten Beamten zu sorgen hat, und ebenso, daß sie ihm Urlaub zur Wiederherstellung seiner Gesundheit unter Fortzahlung des Gehalts und ohne Ersatz der Stellvertretungskosten so lange gewähren muß, bis die gesetzlichen Voraussetzungen für eine freiwillige oder Zwangspensionierung vorliegen. Denn diese Normen ergeben sich ohne jede positive Be-

[6]) Kautz und Appelius, S. 213/14; Ebner a. a. O. S. 49; — anderer Meinung ohne Begründung Ledermann, S. 48/49.
[7]) Reichsgericht, Erkenntnisse in Zivilsachen, Bd. 21, S. 188.
[8]) Striethorst, Bd. 85, S. 368.
[9]) Oertel, S. 516; Kautz und Appelius, S. 241/42.

stimmung ipso jure aus der rechtlichen Natur des Anstellungsaktes, dessen Wirkungen nur durch den Entlassungsakt unter den gesetzlichen Bedingungen aufgehoben werden können, sowie aus der rechtlichen Natur des Gehalts als einer durch die tatsächliche Leistung der amtlichen Funktionen nicht bedingten Alimentation. In diesen Fällen wäre die vorgesetzte Behörde nach Maßgabe des Disziplinarrechts gar nicht in der Lage, den vorschriftsmäßig nachgesuchten und begründeten Urlaub zu verweigern, und folglich auch nicht, seine Erteilung an besondere Bedingungen wie Gehaltsabzug oder Tragung der Stellvertretungskosten zu knüpfen. Ohne bindende Kraft für die Stadtgemeinden sind dagegen die weiteren Bestimmungen der Kabinetsorder von 1863, wonach bei einer Beurlaubung aus sonstigen Gründen für die ersten anderthalb Monate das volle Gehalt, für die nächsten viereinenhalben Monate die Hälfte und für einen weiteren Zeitraum gar kein Gehalt zu zahlen sei. Diese Kabinetsorder ist eine instruktionelle Verwaltungsverordnung für die Staatsbehörden, nicht eine auch für die Selbstverwaltungsbehörden maßgebende Rechtsverordnung. Wohl aber können die städtischen Behörden ihrerseits solche oder ähnliche Normen in den Fällen zur Anwendung bringen, wo die Gewährung oder Versagung eines erbetenen Urlaubs von ihrem freien Ermessen abhängt. Damit wird also die Gewährung an bestimmte Bedingungen geknüpft; und zwar kann dies sowohl generell durch Gemeindebeschluß oder Regulativ, als auch im Einzelfall durch Vereinbarung mit dem betreffenden Beamten geschehen. Nur so erklärt sich überhaupt die rechtliche Möglichkeit eines Gehaltsabzuges oder einer Aufbürdung der Stellvertretungskosten bei Beurlaubung. Zugleich ist hier aber auch der Fall eines Vertrages zwischen der Stadtgemeinde und dem Beamten als rechtlich möglich gegeben, ein Fall, der rechtlich unmöglich wäre, wenn diese vermögensrechtlichen Ansprüche des Beamten auch während ihres Bestandes öffentlich-rechtlichen Charakter hätten. Das publizistische Rechtsverhältnis zwischen dem Gemeinwesen und dem Beamten ist jeder Veränderung durch vertragsmäßige Abreden unzugänglich; deshalb ist es auch die Entstehung der vermögensrechtlichen Ansprüche. Während ihres Bestandes jedoch sind sie individual- also privatrechtlicher Natur, und deshalb vertragsmäßigen Modifikationen zugänglich. Solche Ausnahmen von dem Prinzip, daß der Gehaltsanspruch durch die tatsächliche Dienstleistung nicht bedingt wird, sind wohl mit der Alimentennatur dieser Ansprüche vereinbar, wären es aber nicht mit einem publizistischen Charakter derselben.

Unter diesem Gesichtspunkt ergibt sich auch die Antwort auf die viel umstrittene Frage, ob einem städtischen Beamten die Stellvertretungskosten auferlegt werden können, wenn er durch die Ausübung eines parlamentarischen Mandats an der Wahrnehmung seines Amtes verhindert ist; und ob seine Pflicht zur Ablehnung eines solchen Mandats vertragsmäßig ausbedungen werden kann. Die Verneinung der ersten Frage folgt ohne weiteres aus der Tatsache, daß die Stadt gar nicht in der Lage ist, dem Beamten den Urlaub zum Eintritt in den Reichstag oder Landtag zu verweigern, weil er gemäß Art. 21 der Reichsverfassung und Art. 78 der preußischen Verfassung eines solchen Urlaubes nicht bedarf; in diesem Falle wäre ja sogar die Amtsverlassung ohne Urlaub oder trotz Verweigerung des Urlaubs kein Disziplinarvergehen. Wenn aber der Urlaub nicht verweigert werden darf, kann auch seine Gewährung an keinerlei Bedingungen, wie Tragung der Stellvertretungskosten geknüpft werden. Allerdings hat das Obertribunal noch kurz vor seinem Ende im Jahre 1879 in entgegengesetztem Sinne entschieden;[10]) indessen steht es dabei völlig unter dem Banne seiner verfehlten Auffassung des Amtsverhältnisses als eines Quasi-Kontrakts; es wendet darauf die Grundsätze des A. L. R. I, 3 von der Erfüllung der Verbindlichkeiten und von der Zurechnung der Handlungen an, und erachtet demgemäß den Beamten für verpflichtet, die Kosten zu ersetzen, die der Stadt durch die ihm zuzurechnende Nichtleistung seiner Dienste entstanden sind. Welche Fortschritte die höchste Judikatur in der juristischen Konstruktion des Verhältnisses seitdem gemacht hat, das springt in die Augen, wenn man dieser Auffassung des Obertribunals die heutige Rechtsanschauung des Reichsgerichts gegenüberstellt, das z. B. in seinem Erkenntnis vom 23. März 1896 ausführt:[11])

„Nun ist aber die Anstellung eines Beamten überhaupt kein gegenseitiger obligatorischer Vertrag. Der Beamte hat privatrechtlich einen rein

[10]) Erk. vom 12. Juni 1879, mitgeteilt bei Ebner a. a. O. S. 41.
[11]) Erk d. Reichsger. in Zivils. Bd. XXXVII, S. 160.

einseitigen Anspruch auf sein Gehalt; öffentlich rechtlich ist er daneben verpflichtet, seine Dienstobliegenheiten zu erfüllen; daß ihm wegen Vernachlässigung der letzteren der Gehaltsanspruch auf disziplinarischem oder strafrechtlichem Wege verkürzt oder entzogen werden kann, kommt erst von da an in Betracht, wo dies durch besonderen Rechtsakt geschehen ist; daher fehlt es auch für eine Aufrechnung . . . . an jedem Rechtsgrunde."

Nach dieser durchaus zutreffenden Würdigung des Rechtsverhältnisses kann also auch eine Ersatzpflicht des Beamten nicht darauf gegründet werden, daß der Stadt durch die ihm zuzurechnende Nichtleistung seiner Dienste Kosten entstanden sind, da von der rechtlichen Voraussetzung einer disziplinar- oder strafrechtlichen Verfehlung im vorliegenden Falle keine Rede ist. Vielmehr könnte die Tragung der Stellvertretungskosten nur als Bedingung der Urlaubserteilung begründet werden, was wiederum deshalb ausgeschlossen ist, weil der Beamte des Urlaubs nicht bedarf.

Rechtlich unmöglich ist es aber auch, eine Pflicht des Beamten, kein parlamentarisches Mandat anzunehmen, durch eine entsprechende Anstellungsbedingung zu begründen; und zwar ist dies weder durch einseitigen kommunalen Willensakt noch durch Vereinbarung mit dem Beamten möglich. Durch einseitigen Kommunalakt nicht, weil ein solcher gegen die höhere Rechtsnorm der Reichs- wie der Staatsverfassung verstoßen würde, welche ausdrücklich den Beamten bezüglich einer parlamentarischen Tätigkeit von dem Willen seiner vorgesetzten Behörden unabhängig stellen. Durch Vereinbarung nicht, weil ihr Gegenstand nicht ein vermögensrechtlicher Anspruch des Beamten während seines Bestandes, sondern eine Modalität des Anstellungsaktes, also ein rein publizistischer Punkt wäre, der als solcher jeder vertragsmäßigen Abrede absolut unzugänglich ist.[12])

Dieselben Rechtsgründe führen zu dem Resultat, daß dem Beamten während der Verbüßung einer Freiheitsstrafe weder ein Gehaltsabzug noch die Kosten seiner Stellvertretung auferlegt werden können, sofern die betreffende Verfehlung nicht zugleich Gegenstand eines Disziplinarverfahrens geworden, oder der Beamte auf Grund des Disziplinargesetzes suspendiert worden ist. Die entgegengesetzten

---

[12]) Übereinstimmend Kautz und Appelius, S. 243. — Anderer Meinung Oertel, S. 220.

Bestimmungen mehrerer Ministerialerlasse sind mangels jedes gesetzlichen Anhalts rechtsunverbindlich.[13])

So wenig wie zur Ausübung eines parlamentarischen Mandats kann dem Beamten bei seiner Einberufung zum Militärdienst der Urlaub verweigert oder an irgend welche Bedingungen geknüpft werden. Dafür gibt § 66 des Reichsmilitärgesetzes einen reichsrechtlichen Spezialtitel, wonach gleich den Reichs- und Staatsbeamten auch die Kommunalbeamten durch ihre Einberufung zum Militärdienst in ihren bürgerlichen Dienstverhältnissen keinen Nachteil erleiden sollen; nur wird die Anrechnung einer etwaigen Offiziersbesoldung auf das Gehalt unter bestimmten Voraussetzungen ausdrücklich zugelassen.

Die aus der Alimentennatur des Gehalts sich ergebende Vorausbezahlung desselben hat § 3 K. B. G., wie schon erwähnt, nun auch positiv rechtlich fixiert und zugleich die vierteljährliche Gehaltsperiode als Regel aufgestellt.[14]) Jedoch trifft das Gesetz diese Bestimmung nur „in Ermangelung besonderer Festsetzung". Dieser Vorbehalt, der in der Regierungsvorlage gar nicht begründet wurde, von der Kommission des Herrenhauses aber „allseitig für zweckmäßig erachtet ward, weil örtliche Gewöhnungen auch andere Zahlungsarten, insbesondere monatliche Zahlungen für alle oder einzelne Beamtenklassen empfehlenswert erscheinen lassen können"[15]) — unterliegt erheblichen Bedenken; und zwar nicht wegen einer etwaigen Änderung der Gehaltsperiode, vielmehr wegen der Möglichkeit, auch das Prinzip der Pränumerandozahlung durch besondere Festsetzungen zu beseitigen. Dieses Prinzip würde ohne jede ausdrückliche Bestimmung des Gesetzes gelten, da es sich aus dem Wesen der Alimentationsrente ergibt, und anderenfalls der zu Alimentierende für die Dauer der ersten Gehaltsperiode auf die Fristung seiner Existenz durch Borgwirtschaft angewiesen wäre. Der ausdrückliche Vorbehalt besonderer Festsetzungen hat in dieser Hinsicht also die Rechtslage zu Ungunsten der Beamten ver-

[13]) Vgl. Ebner a. a. O. S. 43 und die dort zitierten Erkenntnisse des Reichsoberhandelsgerichts Bd. XIII, S. 28 und des Reichsgerichts in Zivilsachen Bd. XXXVIII, S. 317. — Anderer Meinung Kautz und Appelius, S. 244.

[14]) Daß § 3 K. B. G. sich nicht auf die Magistratsmitglieder beziehe, wird von Ledermann S. 46, Oertel S. 515 ohne Grund behauptet; richtig dagegen Kautz und Appelius, S. 113.

[15]) Motive, S. 15, Komm. Ber. S. 5/6.

schoben. Prinzipiell noch bedenklicher wird die Sache dadurch, daß solche Festsetzungen nicht nur statutarisch oder regulativ, sondern auch vertragsmäßig getroffen werden dürfen.[16]) Denn diese Frage berührt bereits den Zeitpunkt der Entstehung des Gehaltsanspruchs und steht somit wenigstens hart an der Grenze, wo das Gebiet der öffentlichen Rechtsnorm beginnt und die vertragsmäßige Dispositionsmöglichkeit aufhört.

Der Gehaltsanspruch entsteht durch den einseitigen publizistischen Rechtsakt der Berufung in ein mit Besoldung ausgestattetes Amt. Gemäß seiner publizistischen und einseitigen Natur ist dieser Akt und mit ihm die Entstehung des Gehaltsanspruches keiner vertragsmäßigen Modifikation zugänglich. Eine Vereinbarung, wodurch der Beamte auf das mit der Stelle verbundene Gehalt ganz oder teilweise verzichtete, wäre nichtig, ohne den Anstellungsakt zu entkräften, mit dem sie vielmehr in gar keinem rechtlichen Zusammenhange steht. Ebensowenig steht der Gehaltsanspruch mit der Leistung der amtlichen Funktionen in dem Verhältnis gegenseitiger rechtlicher Bedingtheit. Das zeigt sich, wie in den vorher erörterten Fällen einer Nichtleistung seitens des Beamten, so auch im Falle seiner Nichtbeschäftigung seitens der Stadt. Wie der Gehaltsanspruch durch den rechtsgiltigen Anstellungsakt entsteht, so erlischt er auch einzig und allein durch den rechtsgiltigen Entlassungsakt. Durch Nichtbeschäftigung, die regelmäßig auf dem rechtsunwirksamen Versuch einer gesetzlich unzulässigen Entlassung beruhen wird, kann der Gehaltsanspruch nicht berührt, insonderheit auch nicht in einen Schadensersatzanspruch verwandelt werden. Daraus folgt ohne weiteres, daß in einem solchen Falle die Stadt dem Beamten auf sein Gehalt nicht das anrechnen kann, was er infolge seiner Nichtbeschäftigung durch private Tätigkeit zu erwerben in der Lage war. Treffend sagt in dieser Hinsicht das Reichsgericht in dem vorhin zitierten Erkenntnis:[17])

„Auf das Beamtenverhältnis ist nicht die Analogie des Rechtsverhältnisses aus einem privatrechtlichen Dienstvertrage dahin anzuwenden, daß der Beamte sich auf sein Gehalt das anrechnen lassen müßte, was er, nachdem der Staat seine ferneren Dienste zurückgewiesen hat, sich anderweitig hat erwerben können; denn nur soweit rein privatrechtliche Wirkungen des Beamtenverhältnisses in

---

[16]) Motive a. a. O. Ausführungsanweisung, Artikel II, 1.
[17]) Bd. XXXVII, S. 160.

Frage stehen, kann jene Analogie Anwendung finden . . . Aus demselben Grunde ist es auch zu billigen, daß . . . die Verurteilung . . . für die Zukunft nicht auf Zahlung gegen Leistung der betreffenden Dienste beschränkt" wurde.

Die Besoldung ist gemäß § 64 St. O. vor der Wahl oder Ernennung festzusetzen, und zwar entweder durch den generellen Normaletat oder mangels eines solchen durch spezielle Bestimmung für den Einzelfall. Die Rechtsnormen für die Einwirkung der Aufsichtsbehörde auf diese Besoldungsfestsetzungen, und zwar für die Magistratsmitglieder einerseits und die übrigen städtischen Beamten andererseits, auf Grund des § 64 St. O. sowie des § 11 K. B. G. sind im zweiten Teil (S. 274 fg.) eingehend erörtert worden; ebenso die Bedeutung ortsstatutarischer Besoldungsordnungen. Wird eine solche Ordnung nicht beliebt, so geschieht die Festsetzung durch Gemeindebeschluß. Hierbei wird nun aber wiederum die im XII. Kapitel behandelte Frage der Anstellung durch konkludente Handlung und der Rechtspflicht zur Anstellung, wie sie sich nach den Normen des Kommunalbeamtengesetzes gestaltet hat, berührt.

In dieser Beziehung hat das Reichsgericht[18]) den Satz ausgesprochen: „Der Gehaltsanspruch ist eine Folge der A n s t e l l u n g und nicht eine Folge der V e r p f l i c h t u n g z u r Anstellung." Dieser unzweifelhaft richtige Grundsatz schließt nun zunächst die Entstehung des Gehaltsanspruchs als Folge der Anstellung durch konkludente Handlung nicht aus, so weit diese eben nach unseren obigen Erörterungen, die ja im wesentlichen mit der Rechtsprechung des Reichsgerichts übereinstimmen, rechtlich möglich ist. Auch in diesem Falle ist die Besoldung für das durch konkludente Handlung errichtete oder übertragene Amt durch Gemeindebeschluß festgesetzt, da ja die betreffenden Mittel, wenn auch eventuell nur in Form einer Pauschsumme innerhalb des Etats, bewilligt sind. Die Rechtspflicht zur Anstellung kann allerdings für den tatsächlich nicht Angestellten keinen Gehaltsanspruch erzeugen; wohl aber einen Anspruch auf Schadensersatz wegen der rechtswidrig nicht vollzogenen Anstellung, wie dies oben dargelegt und auch vom Reichsgericht[19]) anerkannt worden ist. Davon durchaus zu scheiden ist jedoch der Fall, wo es sich nicht um

[18]) Erk. vom 9. Nov. 1899 in Sachen Oesterreich contra Berlin; Berl. Magistratsakten.

[19]) Erk. in Civils. Bd. XLVIII, S. 84 und das in voriger Note zitierte Erkenntnis.

die Vorenthaltung der Anstellung in einer, sei es ausdrücklich, sei es durch konkludente Handlung, der betreffenden Person übertragenen Amtsstelle handelt, sondern um die Berufung in eine andere Amtsstelle, die nach bestehenden Normen der betreffenden Person übertragen werden sollte, aber tatsächlich nicht übertragen worden ist. In einem solchen Falle ist allerdings weder unmittelbar ein Gehaltsanspruch, noch mittelbar ein Schadensersatzanspruch gegeben, sondern lediglich ein Anlaß zum Einschreiten der Staatsaufsicht in der oben (S. 404) dargelegten Weise. So ist der Anspruch von Anwärtern, namentlich Militäranwärtern auf das Gehalt bestimmter Stellen, in die sie nach einer gewissen Zeit hätten berufen werden sollen, aber nicht berufen sind, in der Tat rechtlich unbegründet.[20]) Das Gleiche gilt natürlich erst recht von dem Anspruch auf die etwaigen Alterszulagen, die der Anwärter erhalten hätte, wenn er zur bestimmten Zeit in die betreffende Stelle berufen worden wäre. Dieser Anspruch ist deshalb unbegründet, weil eine solche Anstellung nicht stattgefunden hat; aber nicht deshalb, weil ein Rechtsanspruch auf Gehaltszulagen überhaupt nicht existiere.

Auch das Letztere wird zwar vielfach behauptet;[21]) ist jedoch in dieser Allgemeinheit unrichtig. Die Besoldung eines Amtes kann bei seiner Errichtung nicht nur in der Form eines festen Gehaltssatzes, sondern auch in der einer Skala periodisch steigender Gehaltssätze normiert werden. Dann ist eben das Amt mit dieser steigenden Gehaltsskala ausgestattet; und der Beamte erwirbt durch den Anstellungsakt einen Rechtsanspruch nicht nur auf das Anfangs- oder Grundgehalt, sondern genau in derselben Weise auf die festgesetzten Zulagen nach Ablauf der festgesetzten Zeitperioden. Darin besteht eben das Wesen des Alterszulagesystems im Gegensatz zu dem sogenannten Stellenetat, der dem Beamten zwar gleichfalls eine Aussicht auf das Einrücken in besser dotierte Stellen eröffnet, ihm jedoch nicht von vornherein einen Rechtsanspruch auf diese Erhöhung gewährt; diesen vielmehr erst durch die Anstellung in jener anderen Amtsstelle entstehen läßt. Das erste System ist durch eine generelle Gesetzesvorschrift (§§ 9 und 10 des Ausführungsgesetzes zur Gerichtsverfassung) nur für die Richter obligatorisch gemacht; indessen wiederholt sich

[20]) Erk. d. Reichsgerichts vom 4. März 1902 in Sachen Rogge contra Berlin. Berl. Magistratsakten.

[21]) Vgl. z. B. Ebner, a. a. O. S. 38.

auch hier die allgemeine Erscheinung, daß Rechtsnormen, die die Unabhängigkeit des Beamten von der Gunst oder Ungunst seiner vorgesetzten Behörden sichern sollen, zuerst für das Richteramt entstehen und sich hier am schärfsten ausprägen, jedoch allmählich auch auf andere Beamtenkategorien in gewissem Umfange Anwendung finden. Die Rechtsstellung des Beamten als unmittelbares Organ des Gemeinwesens, nicht als Diener seiner Vorgesetzten, von deren Zufriedenheit seine ganze Existenz abhängt, kommt auch in dem System der fixierten Alterszulagen zum praktischen Ausdruck. Die tatsächlich immer weiter vorwärts schreitende Ausdehnung dieses Systems liegt durchaus im Zuge der modernen Entwicklung des Amtsrechts. Da bei diesem System der Beamte den Rechtsanspruch auf die Alterszulagen durch den publizistischen Anstellungsakt unmittelbar erwirbt, ist auch in dieser Hinsicht jede vertragsmäßige Modifikation, mangels einer speziellen gesetzlichen Zulassung, rechtlich ausgeschlossen. Ein solcher oder ein dahin gehender Vorbehalt, daß ein Anspruch auf die Zulagen nur nach jedesmaliger Bewilligung entstehen oder diese Bewilligung nur im Falle des Wohlverhaltens erfolgen soll, kann freilich in die betreffenden Gehaltsordnungen rechtswirksam aufgenommen werden; aber das ist keine vertragsmäßige Abrede, sondern eine einseitige Normierung der Anstellungsbedingungen, und als solche auch nur dann zulässig, wenn das Alterszulagensystem für die betreffende Beamtenkategorie nicht gesetzlich vorgeschrieben oder ein solcher Vorbehalt vom Gesetze ausdrücklich zugelassen ist, wie z. B. in § 7 des Lehrer-Besoldungsgesetzes. Es handelt sich dann in Wahrheit nicht um ein reines Altersskalensystem, sondern um ein Zwischending zwischen diesem und dem Stellensystem.

Eine gesetzliche Vorschrift in dieser Hinsicht besteht für die städtischen Beamten, abgesehen von den Lehrern, nicht; die Städte können also das Alterszulagesystem mit den erwähnten Vorbehalten und ohne dieselben einführen oder nicht; und zwar sowohl durch Ortsstatut wie durch Gemeindebeschluß. Auch durch letzteren kann also ein Rechtsanspruch des Beamten auf Alterszulagen begründet werden. Denn da die Errichtung und Ausstattung städtischer Ämter überhaupt durch Gemeindebeschluß erfolgen kann, soweit nicht das Gesetz ausdrücklich ein Ortsstatut verlangt, und da ferner die Alterszulagen gleich dem Grundgehalt zur Ausstattung des Amtes gehören, so erwirbt der Beamte durch die rechtswirksame Anstellung in dem durch Gemeindebeschluß errichteten und ausgestatteten Amt den Anspruch auf das Gehalt in der durch Gemeindebeschluß festgesetzten Form. Hier ist also allein der ursprüngliche Anstellungsakt maßgebend. Soweit jedoch keine Altersskala besteht, jede Zulage also einer besonderen Bewilligung bedarf, ist für dieselbe ein Gemeindebeschluß erforderlich, aber auch ausreichend. Dieser Gemeindebeschluß kann sehr wohl im Rahmen des Etats zu Stande kommen. Einem entsprechenden einseitigen Stadtverordnetenbeschluß kann der Magistrat seine Zustimmung verweigern; hat er ihm jedoch zugestimmt, so ist er zu seiner Ausführung rechtlich verpflichtet, und zwar nicht nur gegenüber der Stadtverordnetenversammlung, sondern auch gegenüber dem Beamten, dem durch die rechtswirksame Veränderung in der Ausstattung seines Amtes auf Grund des Gemeindebeschlusses ein Rechtsanspruch auf das erhöhte Gehalt erwachsen ist. Umgekehrt entsteht jedoch ein solcher Rechtsanspruch für den Beamten nicht durch Bewilligung seitens des Magistrats in Ermangelung eines Gemeindebeschlusses; vielmehr ist eine solche Bewilligung rechtsunwirksam, da der Magistrat damit seine Organkompetenzen überschritten hat. Die gegenteilige Auffassung[22]) wird bewußt oder unbewußt von der im Reichsstaatsrecht hierüber herrschenden Meinung[23]) beeinflußt. Deren Richtigkeit auf Grund der Reichsverfassung kann hier unerörtert bleiben; auf das Rechtsverhältnis der beiden städtischen Repräsentativorgane auf Grund der Städteordnung ist sie jedenfalls unanwendbar. Der § 56, 8 stützt jene Ansicht nicht, da es sich der Organperson gegenüber weder um eine Vertretung „nach außen" noch um Verhandlungen oder Vertragsschließungen handelt. Ebensowenig kann die Analogie der vom Magistrat allein rechtswirksam zu vollziehenden Anstellung (s. oben S. 385) angerufen werden, da die Kompetenz hierzu dem Magistrat durch § 56, 6 ausdrücklich erteilt, die Kompetenz zu solchen Bewilligungen aber durch § 35 St. O. überhaupt und bezüglich der Besoldungen im besonderen durch § 64 St. O. ausdrücklich vorenthalten ist.

Auch über sonstige Bezüge der Beamten neben dem festen Gehalt, wie Dienstwohnung oder Wohnungsgeldzuschuß und dergl.

---

[22]) So Ebner a. a. O. S. 39.

[23]) Vgl. Laband, Bd. I, S. 472 und das dortzitierte Erkenntnis des Reichsgerichts.

existieren für die städtischen Beamten, abgesehen wiederum von den Lehrern, keine gesetzlichen Normen. Solche Nebenemolumente, zu denen auch Repräsentationsgelder, Funktionszulagen u. ä. gehören können, bilden je nach den Anstellungsbedingungen Bestandteile des Gehalts, die jedoch eventuell für die Pension ausscheiden können, indem sie dann als Zubehör der Alimentationsrente nur für die Dauer der amtlichen Funktionen erscheinen. Im Zusammhange damit steht der Ersatz für amtliche Auslagen des Beamten. Wenn man generell die Erstattung barer Unkosten zu den vermögensrechtlichen Ansprüchen des Beamten aus dem Amte zu zählen pflegt, so ist dies mindestens ungenau; denn der Anspruch auf Ersatz gemachter Aufwendungen ist kein spezifisch amtsrechtlicher; er wurzelt auch nicht in dem Beamtenverhältnis als solchem, sondern zunächst und allgemein in einem privatrechtlichen Titel. Solche Ansprüche können auch anderen Personen als Beamten dem Gemeinwesen gegenüber zustehen; und sie stehen auch unbesoldeten Beamten und Organpersonen zu, was durch die Bestimmung in § 64, 4 St. O. nicht erst begründet, sondern nur anerkannt wird. Wohl aber können derartige Bewilligungen in Form von Pauschalsätzen über den Rahmen einer bloßen Erstattung wirklicher Aufwendungen hinausgehen und so zu einer Remuneration und Besoldungsart werden. Gerade dies schließt die erwähnte Gesetzesstelle für die Schöffen und Stadtverordneten aus, während sie es für die unbesoldeten Beigeordneten zuläßt. Im übrigen besteht auch nach dieser Richtung, abgesehen wieder von den Umzugskosten der Lehrer, für die städtischen Beamten nur eine Sonderbestimmung durch § 6 K. B. G. Dieser Paragraph konstatiert zunächst die überaus selbstverständliche Tatsache, daß die Städte über die Art und Höhe etwaiger Reisekostenentschädigung bei Dienstreisen ihrer Beamten Vorschriften erlassen können. Daran lehnt sich der allerdings viel weniger selbstverständliche Satz, daß mangels solcher Vorschriften in Fällen, in denen der Regierungspräsident dieselben für ein Bedürfnis hält, er sie seinerseits auf so lange erlassen kann, bis die Städte selbst die erforderlichen Bestimmungen getroffen haben.[24]) Die Kommentatoren streiten darüber, ob durch § 6 den städtischen Beamten „ein obliga-

---

[24]) Motive zum K. B. G. S. 15/16. Komm.-Ber. S. 6/7; Oertel S. 512 f. Kautz und Appelius, S. 114 fg.; Ledermann, S. 56 fg.

torischer Anspruch“ auf Reisekostenentschädigung gegeben werde; eine Kontroverse, die nur durch falsche Fragestellung erklärlich wird. Denn einen „obligatorischen Anspruch“ auf Ersatz ihrer baren Auslagen bei Reisen haben die Beamten aus allgemeinen Rechtsgrundsätzen ebenso wie bei sonstigen Aufwendungen. Darüber hinaus aber kann von einem Anspruch auf Pauschalsummen oder feste Sätze der Reisediäten selbstverständlich erst die Rede sein, wenn Art und Höhe derselben entweder durch Gemeindebeschluß oder durch Aufsichtsverfügung festgesetzt ist.

Mit dem Ausscheiden des Beamten aus seinem Amte, sofern dies nicht auf Grund einer straf- oder disziplinarrechtlichen Verurteilung zum Amtsverlust oder auf Grund des Entlassungsantrages des Beamten selbst ohne eingetretene Dienstunfähigkeit erfolgt, geht sein Anspruch auf Alimentationsrente aus einem Recht auf Gehalt in ein Recht auf Pension über. Die Ausgestaltung der pensionsrechtlichen Normen weist jedoch zwei verschiedene Entwicklungsreihen auf, für die besoldeten Magistratsmitglieder einerseits und für die übrigen besoldeten Beamten andererseits. Diese Differenzierung wurzelt in dem besonderen Rechtsgrunde für den Pensionsanspruch der Magistratsmitglieder als einem Korrelat ihrer zeitlich beschränkten Amtsdauer im Gegensatz zu der prinzipiellen Lebenslänglichkeit der anderen städtischen Berufsbeamten (s. oben S. 411).

Die erste Städteordnung hatte in § 159 für die auf 12 Jahre gewählten Magistratsmitglieder, falls sie nach Ablauf ihrer Wahlperiode nicht wieder gewählt werden, einen Pensionsanspruch geschaffen, „damit diese Stellen, welche nur zur Erleichterung einer Veränderung nicht auf Lebenszeit besetzt werden, von Männern, die die erforderlichen Eigenschaften dazu besitzen, mit Bereitwilligkeit angenommen werden mögen“. Für diese Pensionen wurden gewisse Minimalsätze, abgestuft nach der Höhe des Gehalts und nach der Zurücklegung von einer oder zwei Amtsperioden, festgesetzt. Abweichungen von diesen Sätzen waren nur nach der Richtung ihrer Erhöhung durch Beschluß der Stadtverordneten zugelassen und sogar empfohlen. Da jedoch nach § 146 St. O. Bürgermeister und Kämmerer nicht auf zwölf Jahre gewählt wurden, obgleich sie nach §§ 142 bis 145 zu den besoldeten Magistratsmitgliedern gehörten, so waren sie von der Pensionsberechtigung ausgeschlossen; und sie konnten eine solche nach dem Wortlaut des Gesetzes sogar durch eine etwaige Wahl auf Lebenszeit nicht erlangen.[25]) Erst durch das Gesetz vom 11. Mai 1839 wurde den Bürgermeistern im Geltungsbereich der ersten Städteordnung ein Pensionsrecht gegeben, falls sie nicht wieder gewählt oder während der Amtsdauer ohne ihre Schuld dienstunfähig würden; und zwar findet sich hier zuerst die Skala, wonach die Pension nach sechsjähriger Dienstzeit ein Viertel, nach zwölfjähriger die Hälfte, nach vierundzwanzigjähriger zwei Drittel des Diensteinkommens beträgt. Auch wird eine vertragsmäßige Abänderung dieser Bestimmungen für die Zukunft zwar zugelassen, aber an die Genehmigung der Regierung gebunden. Schon vorher hatte die revidierte Städteordnung von 1831 in § 99 allen besoldeten Magistratsmitgliedern einen Pensionsanspruch gegeben für den Fall, daß sie nicht wiedergewählt oder nicht wieder bestätigt oder nach wenigstens zwölfjähriger Dienstzeit dienstunfähig würden. Da es nach der revidierten Städteordnung keine sechsjährige Amtsdauer besoldeter Magistratsmitglieder gab, wurden die Pensionen auch nur nach zwölf- bezw. vierundzwanzigjähriger Dienstzeit auf die Hälfte bezw. zwei Drittel des Gehaltes normiert; jedoch nur „wenn nicht eine besondere Verabredung getroffen ist". Obgleich eine Genehmigung solcher Verabredungen von Aufsichts wegen gesetzlich hier nicht vorgesehen war, behauptete doch die Regierung ihre Notwendigkeit, indem sie solche Verabredungen für „einen wesentlichen Teil des Wahlgeschäfts" erklärte, und damit ihre Genehmigung zu einem wesentlichen Bestandteil der Bestätigung machte.[26])

Nach dem Vorbilde der Gemeindeordnung von 1850 hat dann die jetzt geltende Städteordnung in § 65 die Bestimmungen des Gesetzes von 1839 und der revidierten Städteordnung über die Pensionsansprüche der Bürgermeister und besoldeten Magistratsmitglieder kombiniert. Voraussetzungen des Pensionsanspruches sind danach entweder eine während der Amtsperiode eintretende Dienstunfähigkeit oder nach Ablauf der Wahlperiode nicht eintretende Wiederwahl, welchem Falle die Nichtbestätigung des Wiedergewählten zweifellos gleichsteht. Dagegen ist eine Ablehnung der Wiederwahl

---

[25]) Vgl. die Ministerialreskripte von 1821 und 1838 bei Rönne und Simon, S. 472/73.

[26]) Vgl. die Ministerialreskripte von 1834, 1836, 1839 bei Rönne und Simon S. 659, 661.

dem freiwilligen Ausscheiden aus dem Amte gleich zu erachten und hebt daher den Pensionsanspruch auf, sofern nicht etwa die Anstellungsbedingungen für die zweite Amtsperiode zu Ungunsten des Beamten verändert sind.[27]) Vertragsmäßige Modifikationen sind unbeschränkt mit dem einzigen Vorbehalt der Genehmigung, die jetzt gemäß § 16 Z. G. vom Bezirksausschuß zu erteilen ist, zugelassen. Die Motive des Regierungsentwurfes von 1852 rechtfertigen diese Ausnahme, nachdem sie zuvor die Notwendigkeit einer gesetzlichen Garantie des Pensionsanspruchs einleuchtend dargetan haben, nur durch die minder einleuchtenden Worte: „Bietet sich ausnahmsweise ein tüchtiger Bewerber dar, der auf Pensionsansprüche verzichten will und kann, so wird es der Gemeinde unverwehrt sein, eine solche Verzichtleistung anzunehmen".[28])

Das Kommunalbeamtengesetz hat diesen Rechtszustand nur in dem sekundären Punkte geändert, daß sein § 14 die seit dem Gesetz von 1839 bestehende Skala vom zwölften bis vierundzwanzigsten Dienstjahr jährlich um ein Sechzigstel steigen läßt, wodurch sich das Maximum um zwei Sechzigstel erhöht.

Indem die erste Städteordnung den besoldeten Magistratsmitgliedern einen Pensionsanspruch gerade wegen des Mangels einer lebenslänglichen Anstellung gewährte, versagte sie ihn konsequenterweise den nach § 157 auf Lebenszeit angestellten „Unterbedienten des Magistrats". In dieser Konsequenz zeigt sich recht deutlich, daß jener erste Pensionsanspruch des städtischen Amtsrechts noch gar nicht den Charakter einer besonderen Alters- und Invaliditätsrente der Beamten hatte, der heute für den Pensionsbegriff bestimmend ist; daß er vielmehr eine indirekte Sicherung der Amtsstellung für die nicht lebenslänglich bestellten Organpersonen durch Gewährung eines lebenslänglichen Anspruchs auf einen Gehaltsteil bedeutet. So erklärt es sich auch, daß § 159 St. O. von 1808 gar nicht von dem Fall der Dienstunfähigkeit der Magistratsmitglieder, sondern nur von dem ihrer nicht erfolgten Wiederwahl spricht. Erst später kommen beide Gesichtspunkte nebeneinander zur Geltung. Deshalb mußten auch die Versuche, die hier im Gesetze vorhandene Lücke durch Ministeralreskripte auszufüllen, an ihrer Unvereinbarkeit mit Sinn

---

[27]) Oertel, S. 521.
[28]) Hübner, S. 253/54.

und Wortlaut der Städteordnung scheitern. So das Reskript von 1822, welches die ausdrücklich als Ersatz der mangelnden Lebenslänglichkeit gegebenen Vorschriften des § 159 auf die lebenslänglich angestellten Beamten ausdehnen wollte; ebenso aber auch das Reskript von 1836, welches eine vertragsmäßige Ordnung des Pensionswesens dieser Beamten unter Genehmigung der Regierung obligatorisch machen wollte.[29]) Das Bedürfnis einer weiteren Ausgestaltung nach dieser Richtung hin konnte also nur durch die Gesetzgebung befriedigt werden. Während sich das Pensionsrecht der preußischen Staatsbeamten aus der Einrichtung einer Zwangsversicherung (s. oben S. 27) heraus entwickelt hat, die unverkennbare Ähnlichkeiten mit der heutigen reichsrechtlichen Arbeiterversicherung aufweist, schlug die Gesetzgebung für die städtischen Beamten den Weg ein, daß sie zunächst auf vertragsmäßige Abreden hinwies, mangels derselben jedoch subsidiäre Normativbestimmungen aufstellte. Dies tat zuerst § 99 der revidierten Städteordnung von 1831, der für den Fall der Dienstunfähigkeit nach wenigstens zwölfjähriger Dienstzeit die lebenslänglich angestellten Beamten mit den besoldeten Magistratsmitgliedern gleichstellte. Die in erster Linie vorgesehene Vereinbarung war von einer Aufsichtsgenehmigung nicht ausdrücklich abhängig gemacht; jedoch suchte die Regierungspraxis diese Notwendigkeit auf einem Umwege zu statuieren, wie bei den Magistratsmitgliedern im Zusammenhange mit der Bestätigung, so bei den übrigen Beamten im Zusammenhange mit dem obligatorischen und genehmigungspflichtigen Normalbesoldungsetat (s. oben S. 272 fg.). Der Rechtszustand im Geltungsbereich der alten Städteordnung ward dann in ähnlicher Weise fortgebildet durch die Kabinetsorder vom 28. Dezember 1837, die in der Gesetzsammlung[30]) publiziert und einem Gesetze gleich zu achten ist. Auch sie stellt kontraktmäßige Verabredungen in die erste Linie, ohne deren Genehmigung vorzubehalten; mangels solcher Vereinbarungen fixiert sie subsidiär für die schon angestellten Beamten eine Pensionsskala, die nach zurückgelegtem fünfzehnten Dienstjahre mit zwei Achteln des Diensteinkommens beginnt und mit sechs Achteln nach dem fünfzigsten Dienstjahre abschließt, während sie die künftig anzustellenden Beamten einfach den Bestimmungen der revidierten

[29]) Rönne und Simon, S. 476, n. 1.
[30]) 1838, S. 7.

Städteordnung unterstellt. Alles dies gilt lediglich für die lebenslänglich angestellten, nicht für die auf Grund der Kabinetsorder von 1828 auf Kündigung angenommenen Beamten, da bei diesen die Voraussetzung des Pensionsanspruches, die dauernde amtliche Lebensstellung fehlt.

Einen Rückschlag in dieser Entwicklung brachte die Gemeindeordnung von 1850, indem sie die Pensionsverhältnisse der nicht dem Magistrat angehörigen Gemeindebeamten überhaupt nicht erwähnt. Dagegen nimmt der Regierungsentwurf zur Städteordnung von 1853 den Gegenstand wieder auf, indem er primär auf Verabredungen über die Pension verweist, und nur subsidiär den lebenslänglich angestellten, besoldeten Beamten nach wenigstens 15jähriger Dienstzeit bei eintretender Dienstunfähigkeit einen Pensionsanspruch nach dem für die unmittelbaren Staatsbeamten geltenden Normen gewährt. Die Kommission der ersten Kammer fand diese Voranstellung des Vertragsprinzips mit Recht anstößig, da „doch die Regelung der Pensionsverhältnisse vermittelst allgemeiner gesetzlicher Bestimmungen als das voranstehende, jede spezielle Verabredung aber nur als eine Ausnahme von der Regel zu betrachten ist“;[31]) demgemäß änderte sie die Fassung jener Bestimmung, und knüpfte zugleich die ausnahmsweise zugelassene Verabredung an die Genehmigung der Regierung. Letztere Klausel wurde nun aber wiederum von der zweiten Kammer auf Antrag ihrer Kommission gestrichen, „da die Genehmigung der Regierung hier nur von der ersten Kammer hinzugesetzt ist, sich für ein solches Erfordernis keine hinreichenden Motive erkennen lassen, überdies aber nach . . § 64 . . . den Regierungen keine Einwirkung auf die Anstellung der hier in Frage stehenden Beamten eingeräumt werden soll“. So erhielt der zweite Absatz des § 65 St. O. von 1853 seine endgiltige Gestalt. Das Erfordernis einer Aufsichtsgenehmigung für vertragsmäßige Modifikationen der gesetzlichen Pensionsbestimmungen blieb auf die Magistratsmitglieder beschränkt, indem es als eine Konsequenz der hier ja erforderlichen Genehmigung zur Festsetzung ihrer Besoldungen aufgefaßt wurde; hinsichtlich der lebenslänglichen Beamten behielten die Städte nach beiden Richtungen hin völlig freie Hand. Ebenso wurde die Sache in allen übrigen Städteordnungen geregelt mit einziger Ausnahme der hannöverschen, deren § 67 Verträge über die Pensions-

[31]) Hübner, S. 254.

berechtigung prinzipiell ausschloß und nur bezüglich der Berechnung der Dienstzeit zu Gunsten der Beamten Abweichungen von den gesetzlichen Normen zuließ. Erst die hessen-nassauische Städteordnung hat dann für die Pensionsverträge die Genehmigung des Bezirksausschusses gefordert, und an sie schließt sich auch hier wieder das Kommunalbeamtengesetz an.

Die Kommission des Herrenhauses hat in § 12 bei der Klausel des Regierungsentwurfs, wonach Abweichungen von den gesetzlichen Pensionsbestimmungen mit Genehmigung des Bezirksausschusses vereinbart werden können, das Wort „vereinbart" durch das Wort „festgesetzt" verbessert, „um die Möglichkeit nicht zu verschließen, daß auch im Wege allgemeiner Anordnung abweichende Bestimmungen getroffen werden könnten".[32]) Gegen eine solche autonome Pensionsordnung, die infolge der Aufsichtsgenehmigung den Charakter ortsstatutarischer Regelung hat, bestehen weit geringere prinzipielle Bedenken, als gegen die vertragsmäßige Regelung im Einzelfall. Auch die Motive des Regierungsentwurfs begründen hier eigentlich das Gegenteil dessen, was der Entwurf wie das Gesetz zuläßt. „Es wird einem Widerspruche nicht begegnen, daß die städtischen Verwaltungen bei der großen Zahl von Bewerbern um Stellen in den städtischen Verwaltungen es leicht in der Hand haben, zum mindesten die Mehrzahl der Anstellungen von einem Verzichte auf die Pensionsberechtigung abhängig zu machen. In welchem Umfange bisher danach verfahren ist, kann auf sich beruhen bleiben. Erkennt die Gesetzgebung die Pensionsberechtigung der Gemeindebeamten als eine Forderung des öffentlichen Interesses an — und nur unter dieser Voraussetzung haben die mitgeteilten Bestimmungen Aufnahme in die Städteordnungen finden können" — so, müßte man logischerweise fortfahren, ist eine Abweichung von den gesetzlichen Normen allenfalls durch statutarische Rechtssetzung unter gewissen Umständen und Garantien, niemals aber durch private Verabredungen zulässig. Mit dieser logischen Fortsetzung würden nur eben die Motive das Gegenteil des Entwurfs begründen; deshalb machen sie scharf Kehrt, indem sie also fortfahren: „— und entschließt man sich nicht zu der Auffassung der hannöverschen Städteordnung, nach welcher abweichende, dem Beamten ungünstige Vereinbarungen überhaupt nicht vorzubehalten sind, so wird das Erfordernis der Genehmigung nicht zu entbehren sein".[33]) Ja, aber warum

---

[32]) Komm. Ber. S. 20.

[33]) Motive des Entwurfs S. 21.

entschließt man sich denn nicht, dem trefflichen hannöverschen Vorbilde zu folgen; warum versucht nicht einmal die Regierung, einen solchen Entschluß herbeizuführen? Denn daß die preußische Regierung an Respekt vor der Autonomie städtischer Selbstverwaltung die hannöversche Städteordnung, die gerade in dieser Hinsicht eine Perle unter den deutschen Städteordnungen ist, übertreffen wollte, das hat den Reiz der Neuheit, aber nicht die Wahrscheinlichkeit für sich; wenigstens war es seit dem Jahre 1808 des Landes nicht mehr Brauch. Indessen sind Autonomie zu ortsrechtlicher Regelung und Zulässigkeit der privaten Vereinbarung noch immer zwei sehr verschiedene Dinge; man konnte dem neu erwachten Zuge der Herzens zur städtischen Autonomie folgen, ohne in die prinzipwidrige private Vereinbarung zu verfallen. „Daß die Zulassung einer Vereinbarung ... geeignet ist, den Wert der Pensionsberechtigung erheblich in Frage zu stellen“, das betonen die Motive selbst; freilich nur mit der Klausel: „ohne das Erfordernis der Genehmigung“. Mit diesem Erfordernis jedoch wird die Sache prinzipiell gar nicht, und praktisch nicht wesentlich gebessert. Prinzipiell entsteht der Anspruch auf Pension als Teil des amtlichen Alimentationsanspruchs durch den publizistischen Anstellungsakt. Seine vertragsmäßige Aufhebung oder Minderung richtet sich also unmittelbar gegen den öffentlichrechtlichen Ursprung; sie fällt nicht unter die oben als zulässig bezeichneten rein privatrechtlichen Abreden über die vermögensrechtlichen Ansprüche während ihres Bestandes. Indem das positive Recht durch Spezialbestimmung solche Vereinbarungen zuläßt, durchbricht es das Prinzip: jus publicum privatorum pactis mutari nequit. Und der theoretischen Unrichtigkeit entspricht auch hier wieder die praktische Unzuträglichkeit; es trifft auf diesen Fall alles das zu, was oben über die gesetzliche Sanktionierung einer innerlich unwahren Rechtsform gesagt wurde. Die angeführte Stelle der Motive deutet ja selbst darauf hin, daß diese vom Recht als Verträge behandelten Abmachungen in Wahrheit gar keine Verträge sind, weil die unbedingte Voraussetzung des Vertrages, die rechtliche Gleichartigkeit der Personen fehlt und durch keine gesetzliche Fiktion zu ersetzen ist. Daran ändert auch die Notwendigkeit der Aufsichtsgenehmigung wenig; sie ist keineswegs der Genehmigung eines generellen Ortsstatuts gleichwertig. Denn es fehlen einerseits die

Garantien, die dem Ortsstatut die Allgemeinheit und Publizität seiner Bestimmungen auferlegen; und es wird andererseits der Schein einer freien Willensübereinstimmung, die meist gar nicht vorhanden ist, hervorgerufen. Auch hier soll die Willkür der Aufsichtsinstanz im Einzelfall den Schutz der generellen Rechtsnorm ersetzen, was sie niemals vermag.

Daß § 12 K. B. G. die Pensionsberechtigung von den lebenslänglich angestellten auch auf die kündbaren Beamten ausdehnt, ist schon im vorigen Kapitel erörtert und kritisch gewürdigt worden. Er rechnet damit die auf Kündigung angestellten Beamten zu den dauernd angestellten, d. h. er sagt etwas, was nicht ist. Vielmehr befinden sich diese Beamten in derselben Rechtslage, wie die auf Probe oder zu vorübergehenden Diensten angenommenen, denen auch § 12 die Pensionsberechtigung versagt, und zwar mit Recht, weil eben die notwendige Voraussetzung, das organisch dauernde Verhältnis, fehlt. Anders liegt die Sache bezüglich derjenigen Beamtenkategorien, die nur deshalb nicht lebenslänglich angestellt sind, weil ihnen ihre Funktionen von einer staatlichen Behörde nur auf Widerruf übertragen werden, wie namentlich den Standesbeamten. Die Dauer ihrer Amtsstellung steht nicht wie die der kündbaren Beamten im freien Belieben der städtischen Behörden; vielmehr ist ihre Stellung diesen gegenüber eine dauernde und deshalb zur Begründung einer Pensionsberechtigung geeignet, wie es durch § 12 K. B. G. geschehen ist.

Die in Gemäßheit des § 65 St. O. und § 12 K. B. G. für städtische Beamte subsidiär, nämlich mangels anderweitiger, vom Bezirksausschuß genehmigter Festsetzungen oder Vereinbarungen maßgebenden Grundsätze bezüglich der Pension beruhen auf den Gesetzen vom 27. März 1872 nebst Novellen, vom 31. März 1882 und vom 1. März 1891. Die Pensionierung ist danach an zwei wesentliche Voraussetzungen geknüpft, nämlich an eine Dienstzeit von wenigstens zehn Jahren und an die dauernde Unfähigkeit zur Erfüllung der Amtspflichten infolge eines körperlichen Gebrechens oder wegen Schwäche der körperlichen oder geistigen Kräfte. Unter diesen Voraussetzungen beginnt die Pension mit einem Betrage von fünfzehn Sechzigsteln des von dem Beamten zuletzt bezogenen Diensteinkommens, steigt mit jedem weiteren Dienstjahre um ein Sechzigstel bis zu dem

Maximum von fünfundvierzig Sechzigsteln, wobei jedoch der über 4000 Taler hinausgehende Gesamtbetrag des Diensteinkommens nur mit der Hälfte in Anrechnung gebracht wird. Der Anspruch auf Pension im Falle dauernder Dienstunfähigkeit entsteht also unmittelbar durch die Anstellung zunächst nur in der Form einer Pensionsanwartschaft,[34]) die regelmäßig erst nach zehnjähriger Dienstzeit zu einer liquiden Pensionsforderung wird. Ausnahmsweise tritt jedoch diese Liquidität schon innerhalb der zehnjährigen Karenzzeit ein, falls „die Dienstunfähigkeit die Folge einer Krankheit, Verwundung oder sonstigen Beschädigung ist, welche der Beamte bei Ausübung des Dienstes oder aus Veranlassung desselben ohne eigene Verschuldung sich zugezogen hat". Außerdem kann bei vorhandener Bedürftigkeit die Pension auch schon vor Ablauf der Karenzzeit vorübergehend oder dauernd bewilligt werden; für Staatsbeamte bedarf es in diesem Falle der königlichen Genehmigung, an deren Stelle für Gemeindebeamte ein Gemeindebeschluß tritt; die einseitige Bewilligung durch den Magistrat genügt aus den oben (S. 453) entwickelten Gründen zur rechtswirksamen Entstehung des Anspruches nicht.[35])

Daß der Begriff der Dienstzeit eines städtischen Beamten nur die im Dienste seiner Stadtgemeinde zugebrachte Zeit umfaßt, ist als selbstverständlich auch früher bereits in Praxis und Judikatur anerkannt,[36]) und nunmehr durch Abs. 2 des § 12 K. B. G. positiv rechtlich ausgesprochen. Dabei werden jedoch zwei Vorbehalte gemacht. Einmal findet sich auch hier die Klausel „in Ermangelung anderweiter Festsetzungen"; diese Festsetzungen können durch generelle Bestimmungen oder durch Vereinbarung im Einzelfall geschehen; sie bedürfen jedoch keiner Genehmigung, weil ihr Inhalt nur die Anrechnung anderer Dienstzeit zu Gunsten des Beamten sein kann; deshalb treffen auch die vorhin entwickelten Bedenken gegen die Klausel in diesem Falle nicht zu. Der zweite Vorbehalt bezieht sich auf die Anrechnung der Militärdienstzeit bei Militäranwärtern und forstversorgungsberechtigten Personen des Jägerkorps, für welche die geltenden Bestimmungen aufrecht erhalten werden. Als solche kommen

---

[34]) Nach der Terminologie des Reichsversicherungsamts, vgl. Kautz und Appelius, S. 176.

[35]) Anderer Meinung Ebner, S. 62.

[36]) Vgl. Motive zu § 12 K. B. G. S. 20. Komm. Ber. S. 18 fg; — auch Ebner a. a. O. S. 65.

namentlich der § 107 des Reichsgesetzes vom 27. Juni 1871 sowie der Artikel 12 seiner Novelle vom 22. Mai 1893 in Betracht, den das Reichsgericht [37]) dahin ausgelegt hat, daß den Militäranwärtern ihre Militärdienstzeit überall da in die pensionsfähige Dienstzeit eingerechnet werden müsse, wo den anderen Beamten die im Vorbereitungsdienst zugebrachte Zeit angerechnet werde, was für die Gemeindebeamten gemäß § 13 des Pensionsgesetzes von 1872 der Fall sei Staatsrechtlich einigermaßen gewagt ist die Argumentation des Reichsgerichts, welche die Zuständigkeit der Reichsgesetzgebung zum Erlaß einer solchen Bestimmung auf Artikel 4 Nr. 14 Reichsverfassung stützt, weil die Versorgung der ausgeschiedenen Militärpersonen zum Gebiet des Militärwesens gehöre. In Wirklichkeit handelt es sich hier doch um eine Beschränkung der kommunalen Autonomie, die als solche nicht in das Bereich der Militär-, sondern der Gemeindegesetzgebung fällt. Eine festere Stütze jedenfalls gewährt der Artikel 2 Reichsverfassung: Reichsrecht bricht Landrecht. Während also allen anderen Gemeindebeamten ihre nicht der Gemeinde, sondern dem Reiche oder Staate geleistete Militärdienstzeit nicht angerechnet wird, muß sie den aus der Militäranwärterschaft hervorgegangenen Gemeindebeamten angerechnet werden. Die Vereinbarungsklausel aus Abs. 1 des § 12 K. B. G. kann freilich auch hier angewendet werden; indessen stehen ihr nicht nur die früher entwickelten prinzipiellen Bedenken entgegen, sondern ihre Anwendbarkeit wird wohl nur eine rein akademische sein, weil die Städte die hier notwendige Genehmigung vermutlich niemals erhalten werden, und weil sie eventuell die den Militäranwärtern vorbehaltene Stelle mit solchen besetzen müssen, auch wenn dieselben sich zu keiner anderweiten Vereinbarung wegen Berechnung der Dienstzeit bequemen. [38])

Durch die Bestimmung in § 13 des Pensionsgesetzes von 1872, wonach die Dienstzeit vom Tage der Ableistung des Diensteides gerechnet werden soll, wird die Vereidigung keineswegs zu einem essentiale der Beamtenbestellung oder des Amtsbeginns gemacht; sie bleibt vielmehr lediglich ein äußeres Merkmal des letzteren, ohne den Beweis eines anderen Anfangstermins auszuschließen. Das er-

---

37) Erk. vom 27. Febr. 1896, Zivils. Bd. XXXVII, S. 236.
38) Über sonstige Einzelheiten vgl. Oertel, S. 523 fg.

gibt sich schon aus dem zweiten Satz des § 13, wodurch der Nachweis eines früheren Amtseintritts zugelassen wird; dahin hatte sich auch das Reichsgericht [39]) ausgesprochen:

„Ein Merkmal der Beamteneigenschaft ist die Beeidigung auf Erfüllung aller Obliegenheiten des übertragenen Amts, obgleich auch sie nicht schlechthin für Berechnung der Dienstzeit maßgebend ist."

Die Richtigkeit dieser Anschauung wird auch durch neuere abweichende Entscheidungen nicht widerlegt. [40]) Daher stützt sich denn auch die Anrechnung der Vorbereitungs- und Probedienstzeit nicht sowohl auf die vorangehende Vereidigung, als vielmehr auf den Zeitpunkt der erfolgten Beamtenanstellung, wofür die oben (S. 407) dargelegten Momente bestimmend sind. Jedoch bleibt kraft positiver Vorschrift die Dienstzeit vor dem Beginn des 21. Lebensjahres außer Berechnung. [41])

Zur Konstatierung der dauernden Dienstunfähigkeit als Voraussetzung der Pensionierung ist die dem Beamten vorgesetzte Dienstbehörde, für alle städtischen Beamten also der Magistrat oder nach der rheinischen Städteordnung der Bürgermeister zuständig. Sind Magistrat und Beamter über diese Frage einig, so steht die Tatsache der Dienstunfähigkeit rechtsgiltig fest. Bestreitet der Beamte seine Dienstunfähigkeit, so kann dieselbe nur im Wege des Zwangspensionierungsverfahrens festgestellt werden, das für die städtischen Beamten gemäß § 20 Z. G. mit dem Disziplinarverfahren auf Entfernung aus dem Amte identisch ist, worauf wir später zurückkommen. Lehnt jedoch der Magistrat die von dem Beamten beantragte Pensionierung wegen noch vorhandener Dienstfähigkeit ab, so ist über die Frage gemäß § 20 Abs. 4 Z. G. im Beschlußverfahren Entscheidung zu treffen. Das Kommunalbeamtengesetz gibt nun aber in Abs. 3 des § 12 den Städten die Möglichkeit, durch Ortsstatut die Konstatierung der Dienstunfähigkeit eines Beamten nach Vollendung des 65. Lebensjahres durch Ausdehnung der für die Staatsbeamten giltigen Bestimmungen unnötig zu machen. In diesem Falle kann also sowohl der Magistrat den Beamten ohne weiteres Verfahren

[39]) Erk. vom 24. März 1882, Zivils. Bd. VI, S. 108.

[40]) Vgl. Pieper im Preuß. Verwaltungsbl. Jahrg. XXXIII, S. 443.

[41]) Die Ausnahmen für den Kriegsdienst u. s. w. regelt das Pensionsgesetz von 1872, § 16 fg.; siehe auch Kautz und Appelius, S. 136 fg.

mit Pension in den Ruhestand versetzen, als auch umgekehrt der Beamte ohne Konstatierung seiner Dienstunfähigkeit die Pensionierung verlangen. Existiert ein solches Ortsstatut und sind seine Voraussetzungen gegeben, oder ist im übrigen die Dienstunfähigkeit des Beamten in der vorher dargelegten Weise rechtswirksam konstatiert, so folgt die Pensionsbewilligung. Zu dieser bedarf es eines Gemeindebeschlusses wie für alle Bewilligungen aus städtischen Mitteln; hier setzt also auch die Mitwirkung der Stadtverordnetenversammlung ein. Kommt der Gemeindebeschluß nicht zustande, wird also der Pensionsanspruch überhaupt oder zum Teil von Magistrat oder Stadtverordnetenversammlung nicht bewilligt, so ist er streitig geworden; und solche streitigen Ansprüche verweist § 20, 4 Z. G. sowie § 7 K. B. G. zunächst auf den Weg des Beschlußverfahrens. Der weitere Rechtsweg gegen die Entscheidung der Beschlußbehörden gabelt sich dann in Verwaltungs- und Zivilklage, je nach der Verschiedenheit der streitig gewordenen Punkte. Dreht sich nämlich der Streit um die Frage, „welcher Teil des Diensteinkommens bei Feststellung der Pensionsansprüche als Gehalt anzusehen ist", d. h. ob neben dem festen Gehalt noch die oben erwähnten Nebenemolumente ganz oder teilweise der Berechnung des Pensionsanspruches zu Grunde zu legen sind, worüber die §§ 10 und 12 des Pensionsgesetzes von 1872 Normativbestimmungen enthalten, so ist dem Beamten die Verwaltungsklage, im übrigen die Zivilklage gegen die Stadt gegeben. Auf diesen Rechtsschutz, der jetzt die gesamten Alimentationsansprüche umfaßt, ist nachher noch kurz zurückzukommen. Von einem Schutze durch Aufsichtszwang, namentlich im Wege der Zwangsetatisierung,[42]) kann aber neben dem gerichtlichen Rechtsschutz nicht wohl die Rede sein.

Die Versetzung in den Ruhestand und damit der Übergang des Gehalts- in den Pensionsbezug tritt nun aber nicht unmittelbar mit der rechtswirksamen Erfüllung aller dieser Voraussetzungen ein, vielmehr erst „mit dem Ablauf des Vierteljahres, welches auf den Monat folgt, in welchem dem Beamten die Entscheidung über seine Versetzung in den Ruhestand und die Höhe der ihm zustehenden Pension bekannt gemacht worden ist". Ein früherer Zeitpunkt ist gemäß § 24 des Pensionsgesetzes nur „auf den Antrag oder mit ausdrücklicher Zustimmung des Beamten"

[42]) Wie Oertel S. 529 meint.

festzusetzen. In der Zwischenzeit besteht also das publizistische Amtsverhältnis in vollem Umfange fort; und wenn daher der Beamte während dieser Zeit straf- oder disziplinarrechtlich zum Amtsverlust verurteilt wird, so zieht dies durch die Vernichtung des publizistischen Rechtsgrundes auch den Verlust des Pensionsanspruches nach sich.[43]) Ist jedoch die Pensionierung tatsächlich vollzogen, so hat der pensionierte Beamte einen nunmehr rein vermögens- und privatrechtlichen Anspruch auf eine monatlich pränumerando (§ 25 Pensionsgesetz) zahlbare Alimentationsrente in dem rechtswirksam festgesetzten Betrage. Als privatrechtliche Forderung ist dieser rechtskräftig erworbene, und als solcher bestehende Anspruch nicht nur vererblich, sondern auch nicht mehr aus publizistischen Gründen verlierbar. Im besonderen zieht keinerlei strafrechtliche Verurteilung, die den Amtsverlust zur Folge haben würde, den Verlust der Pension nach sich; ebensowenig gibt es ein Disziplinarverfahren gegen den pensionierten Beamten auf Aberkennung des Pensionsanspruchs.[44])

Wie hierin der privatrechtliche, so tritt der Alimentencharakter der Pension in den Bestimmungen über das Ruhen derselben deutlich hervor, die schon der letzte Absatz des § 65 St. O. aus der Gemeindeordnung herübergenommen hatte, und die jetzt auch § 13 K. B. G. enthält. Denn durch ein gesichertes Einkommen, das die Höhe seines letzten Amtseinkommens erreicht, ist die standesgemäße Alimentierung des Beamten gegeben; ein Mehrbetrag muß vom Standpunkte des alimentenverpflichteten Gemeinwesens als überflüssig erscheinen. Wenn daher ein Pensionär in einem neuen öffentlichen Amtsverhältnis ein neues Amts- oder Pensionseinkommen erwirbt, so ist es durchaus im Sinne einer standesgemäßen Alimentation berechtigt, daß seine erste Pension insoweit ruht, als sein nunmehriges amtliches Gesamteinkommen sein letztes Diensteinkommen übersteigt. Daß der Erwerb aus einer privaten Stellung nicht in Betracht gezogen wird, erklärt sich aus dem Mangel seiner rechtlichen Sicherung; daß jedoch § 13 K. B. G. nur vom Staats- und Kommunaldienst, nicht aber vom Reichsdienst spricht, ist durchaus unerklärlich, und

---

[43]) Erk. d. Reichsgerichts in Zivils. Bd. XVII, S. 242. — Ebner a. a. O. S. 68. Kautz und Appelius, S. 140. — Anderer Meinung Oertel, S. 531.

[44]) Erk. d. Reichsgerichts in Zivils. Bd. II, S. 66 und Bd. XVII. S. 240. — Vgl. auch Ebner a. a. O. S. 71 fg., Oertel, S. 531.

wird auch nicht durch die in der Kommission des Herrenhauses abgegebene Erklärung verständlicher, daß die Bestimmung ganz den für die Magistratsmitglieder geltenden Vorschriften nachgebildet sei.[45]) Denn weil die Städteordnung anno 1853 den Reichsdienst nicht in Betracht zog, besteht doch nicht die gleiche Notwendigkeit für ein Gesetz von 1899; die praktische Unerheblichkeit dieses Punktes soll freilich nicht bestritten werden. Der Begriff des Staats- und Gemeindedienstes beschränkt sich übrigens nicht auf den preußischen Staat, sondern umfaßt auch den Dienst in anderen deutschen Gliedstaaten und Gemeinden, wie die Judikatur mit Recht annimmt.[46]) Gemäß dem privatrechtlichen Alimentencharakter des Pensionsanspruches ruht derselbe nur unter den gegebenen Voraussetzungen, und tritt sofort wieder in vollem Umfange in Kraft, wenn jene Voraussetzungen durch Verlust oder Verminderung des anderweitigen Einkommens, gleichviel aus welchen Gründen, wegfallen. Einen gewissen inneren Widerspruch mag man vielleicht darin finden, daß hier als Maßstab für die standesgemäße Sustentation der volle Betrag des letzten Diensteinkommens anerkannt wird, während sonst die Pension stets nur einen Bruchteil desselben beträgt; wie man denn überhaupt aus dieser Tatsache ein Argument gegen die reine Alimentennatur des Gehaltsanspruchs herleitet zu Gunsten ihrer Auffassung als Gegenleistung für geleistete amtliche Dienste.[47]) Indessen kann zur Rechtfertigung der Differenz zwischen der Höhe des Gehalts und der Pension doch auf die Freiheit von den amtlichen Verpflichtungen und die freie Verfügung über seine Zeit, die der Pensionär erhält, verwiesen werden. Wenn freilich die Pensionierung erst nach sehr langer Dienstzeit und demgemäß in hohem Alter des Beamten erfolgt, so würde eine materielle Bedeutung jenen Umständen allerdings nicht mehr beizumessen sein; und eine Steigerung der Pension für diesen Fall bis zur vollen Höhe des letzten Gehalts ist in der Tat ein in sich gerechtfertigtes und gewiß nicht dauernd unerreichbares Ziel der Entwicklung.

Wandelt sich mit der Versetzung in den Ruhestand der Alimentationsanspruch des Beamten aus einem Gehalts- in einen Pensionsanspruch, so wandelt er sich mit dem Tode des Beamten in einen Anspruch derjenigen Personen, deren Alimentation dem Beamten

---

[45]) Komm.-Ber. S. 21.
[46]) Oertel, S. 530.
[47]) So Ebner a. a. O., S. 57.

obgelegen hatte, seiner Relikten, auf unmittelbare Alimentation seitens des Gemeinwesens. Die gesetzliche Anerkennung dieses Anspruchs auf Reliktenversorgung ist der wesentlichste Fortschritt, den das städtische Amtsrecht dem Kommunalbeamtengesetz verdankt, indem bis dahin von allen Städteordnungen allein die hessen-nassauische derartige Normen enthielt. Und da bisher sämtliche städtische Beamte einschließlich der Magistratsmitglieder eines solchen gesetzlichen Anspruchs entbehrten, so erstreckt sich diese Neuerung auch auf sie alle, mit der selbstverständlichen Ausnahme der nur vorübergehend, auf Probe oder zur Vorbereitung angestellten. § 4 K. B. G. dehnt die Bestimmungen über das Gnadenquartal und den Gnadenmonat, wie sie für die Staatsbeamten durch die Gesetze vom 6. Februar 1881 und 11. Juni 1894 normiert sind, auf die städtischen Beamten aus. Danach erhalten die Witwe und die ehelichen Deszendenten des verstorbenen Beamten noch das volle Gehalt für das auf den Sterbemonat folgende Quartal; und die Relikten des Pensionärs die volle Pension für den auf den Sterbemonat folgenden Monat. Anderen von dem Verstorbenen alimentierten oder ihnen gleichzustellenden Personen können diese Bezüge vom Magistrat bezw. Bürgermeister bewilligt werden. Diese Bestimmungen sind zwingender Natur insofern, als sie durch besondere Festsetzungen nur zu Gunsten der Relikten modifiziert werden können. Dagegen greifen die Bestimmungen des § 5 K. B. G., wonach die Familie des verstorbenen Beamten im Genusse der Dienstwohnung noch drei Monate nach dem Sterbemonat, sonstige Erben desselben noch einen Monat nach dem Todestage zu belassen sind, nur in Ermangelung anderweiter Festsetzungen durch Reglement oder Verabredung Platz. Vor allem unterliegen nun auch die wichtigsten Bestimmungen, die des § 15 K. B. G. über das Witwen- und Waisengeld der Ausschließung oder Modifikation durch Vereinbarungen oder einseitige Festsetzungen seitens der Gemeinde, die jedoch hier an die Genehmigung des Bezirksausschusses (für Berlin natürlich des Oberpräsidenten) gebunden sind. In dieser Beziehung kann lediglich auf das über Pensionsvereinbarungen Gesagte verwiesen werden. Im übrigen dehnt § 15 K. B. G. die für die Staatsbeamten in den Gesetzen vom 20. Mai 1882, 28. März 1888 und 21. Juni 1897 enthaltenen Normen auf Witwen und Waisen städtischer Beamten aus. Witwen- und Waisengeld bestehen in Bruchteilen des von dem Beamten im Augenblick des Todes erdienten Pensionsbetrages; und zwar besteht das Witwengeld in 40 pCt. dieser Pension, beträgt jedoch mindestens 216 und höchstens 2000 Mark. Das Waisengeld beträgt bei Halbwaisen ein Fünftel, bei Ganzwaisen ein Drittel des Witwengeldes; jedoch bildet für beide Reliktenbezüge zusammen der zu Grunde gelegte Pensionsbetrag die Maximalgrenze. Der Anspruch erlischt mit der Verheiratung und für die Waisen mit Ablauf des Monats, in welchem sie das 18. Lebensjahr vollenden.[48])

Die neuen Bestimmungen des Kommunalbeamtengesetzes wegen der Pension und Reliktenversorgung gelten im Gegensatz zu denen über die Form der Anstellung und die Amtsdauer auch für die bei dem Inkrafttreten des Gesetzes im Amte befindlichen Beamten. Entsprechend dem privatrechtlichen Charakter des bereits erworbenen Pensionsanspruches macht jedoch § 24 K. B. G. den Vorbehalt, daß dem Beamten die von ihm am 31. März 1900 erdiente Pension zu bewilligen ist, falls dieselbe höher als die nach den neuen Normen zu berechnende ist. In diesem Falle würde jedoch über jenen Zeitpunkt hinaus der Pensionsbetrag nicht mehr steigen.[49])

Daß der Beamte für seine Alimentenansprüche in ihren sämtlichen Erscheinungsformen den Rechtsschutz der ordentlichen Gerichte im Wege des Zivilprozesses anrufen kann, folgt aus der privatrechtlichen Natur dieser Ansprüche während ihres Bestandes. Man kann nicht sagen, daß die Gesetzgebung diesen Ansprüchen ihre privatrechtliche Natur verliehen habe; denn das vermag die Gesetzgebung nicht; ihre formale Allmacht erstreckt sich nur auf das Tun, nicht auf das Sein. Wohl aber wäre es denkbar, daß die Gesetzgebung durch Spezialbestimmung vorgeschrieben hätte, behufs besseren Rechtsschutzes diese publizistischen Ansprüche zu behandeln, als ob sie privatrechtliche wären.[50]) Die Beantwortung der Frage, ob diese Ansprüche privatrechtliche *sind* oder nur als solche behandelt werden, ergibt sich daraus, daß es bei der letzteren Annahme stets eines gesetzlichen

---

[48]) Weitere Einzelbestimmungen siehe bei Kautz und Appelius, S. 167 fg., Ledermann, S. 90 fg., Oertel, S. 534 fg.

[49]) Die Übergangsbestimmungen bezüglich etwaiger früherer versicherungsmäßiger Reliktenbezüge siehe im Komm. Ber. zu § 15 K. B. G. S. 28. Oertel, S. 536, Ledermann, S. 92 u. S. 117.

[50]) So Wach, Handbuch des Zivilprozesses, S. 95.

Spezialtitels für die zivilistische Klagbarkeit bedürfen würde, während es sonst umgekehrt eines gesetzlichen Spezialtitels für den Ausschluß der Privatklage bedarf. Dies ist nun aber offenbar der wirkliche Rechtszustand. Im ersten Kapitel dieses Werkes ist gezeigt, wie die ursprünglich rein privatrechtliche Auffassung des Amtsverhältnisses überhaupt einerseits unter dem Einfluß der erstarkten Staatsidee, andererseits in der Defensive gegen den fürstlichen Absolutismus dahin fortschritt, die publizistische Entstehung des Amtsverhältnisses zu erkennen und dennoch die privatrechtliche Natur der bestehenden Vermögensansprüche aus dem Amtsverhältnis aufrecht zu erhalten. Es ist dort gezeigt worden, daß dies die höchste, im Gedankenbann des absoluten Staates mögliche, juristische Entwicklung des Amtsrechts war. Als gesetzlichen Spezialtitel des altpreußischen Rechts für die privatrechtliche Behandlung dieser Ansprüche überhaupt pflegt man § 104 A. L. R., II 10 zu zitieren, wonach Zivilbediente in ihren Privatangelegenheiten nach eben den Gesetzen und Rechten wie andere Bürger des Staates beurteilt werden. Dies ist aber das gerade Gegenteil eines Spezialtitels; denn die Anwendbarkeit dieses Paragraphen auf die Alimentenansprüche des Beamten setzt die Anerkennung derselben als Privatangelegenheiten voraus; die zivilistische Klagbarkeit derselben beruhte daher nicht auf § 104 zit., vielmehr auf ihrer anerkannt privatrechtlichen Natur. Umgekehrt hat der absolute Staat seinen Beamten die Klagbarkeit ihrer Alimentenansprüche durch die Spezialbestimmung der Kabinetsorder vom 7. Juli 1830 entzogen; und erst der konstitutionelle Staat hat sie ihnen durch das Gesetz von 1861 betreffend die Erweiterung des Rechtsweges zurückgegeben. Für die Eröffnung des Rechtsweges hätte es übrigens lediglich einer Aufhebung der Kabinetsorder von 1830 bedurft; ein gesetzlicher Spezialtitel war jedoch für die Beschränkung der Klagbarkeit durch Fristen und administrative Vorentscheidungen notwendig, wie sie das zitierte Gesetz enthält. Da sich weder die Kabinetsorder von 1830 noch das Gesetz von 1861 auf die Gemeindebeamten bezog, so waren ihre vermögensrechtlichen Ansprüche gegen die Stadt ohne jede Einschränkung zivilistisch klagbar, nicht auf Grund eines Spezialtitels, sondern infolge ihrer immanent privatrechtlichen Natur. Auch für die Pensionsansprüche im besonderen bedeutete Abs. 3 des § 65 St. O. keinen Spezialtitel, so weit er die Berufung auf richterliche Entscheidung zuließ, wohl aber umgekehrt, soweit er sie durch eine Vorentscheidung der Regierung beschränkte. Diese Beschränkung wurde durch § 20, 4 Z. G. modifiziert, und ist jetzt durch § 7 K. B. G. verallgemeinert. Nicht also die Zulassung des Zivilrechtsweges für alle streitigen vermögensrechtlichen Ansprüche der Kommunalbeamten aus dem Amtsverhältnisse beruht auf § 7 K. B. G., sondern die heute giltige Beschränkung dieses Weges. Diese Beschränkung besteht zunächst in der Notwendigkeit einer Vorentscheidung des Bezirksausschusses (in Berlin natürlich des absoluten Oberpräsidenten) über streitige vermögensrechtliche Ansprüche in jeder der vorher erörterten Erscheinungsformen. Gegen den Beschluß steht der Stadt wie dem Beamten einmal die Beschwerde an den Provinzialrat (in Berlin natürlich an den Minister des Innern) zu, oder — soweit sich die Beschlußfassung auf die Frage des dem Pensionsanspruch zu Grunde zu legenden Diensteinkommens bezieht — die Klage im Verwaltungsstreitverfahren bei dem Bezirksausschuß, und gegen dessen Urteil die Berufung an das Oberverwaltungsgericht. Der Ausschluß des Zivilrechtsweges für diese Streitfrage ist die zweite Beschränkung, die sich allerdings durch die Erwägung rechtfertigt, daß es sich hier um einen Punkt des publizistischen Entstehungsgrundes für den Anspruch handelt. Im übrigen steht der Stadt wie dem Beamten gegen den Beschluß des Bezirksausschusses und des Provinzialrats die Klage im ordentlichen Rechtswege offen, jedoch binnen einer Ausschlußfrist von sechs Monaten; dies ist die dritte positiv rechtliche Beschränkung.[51])

Die Verjährungsfrist für rückständige Ansprüche der hier erörterten Art beträgt nach § 197 B. G. B. vier Jahre; jedoch beginnt der Lauf der Frist nach § 201 B. G. B. erst mit dem Schlusse des Jahres, in welchem der Anspruch entstanden ist; und die Verjährung wird nicht nur durch die Erhebung der Klage und die sonstigen allgemeinen Unterbrechungshandlungen, sondern nach § 210 B. G. B. durch die Einreichung des Antrags auf Vorentscheidung an den Bezirksausschuß unterbrochen, wenn die Klage dann binnen drei Monaten nach der Entscheidung erhoben wird.

So weit die materielle Existenz der Beamten durch die amtlichen Alimentationsansprüche gesichert ist, besteht keine Veranlassung, sie

---

[51]) Vgl. Komm. Ber. S. 7.

der reichsgesetzlichen Zwangsversicherung, wenigstens für die Fälle der Krankheit, der Invalidität und des Alters zu unterstellen. Denn die Tendenz dieser sozialen Versicherungsgesetzgebung liegt ja gerade in der Ausdehnung eines der amtlichen Alimentation ähnlichen Verhältnisses in jenen Fällen auf gewisse Klassen nicht fest angestellter Personen. Wurde einst das Amtsverhältnis unter dem Gesichtspunkt des privatrechtlichen Arbeitskontrakts betrachtet, so vollzieht sich in unseren Tagen eine allmähliche und partielle Annäherung des kontraktlichen Arbeitsverhältnisses an das publizistische Amtsrecht. Sind doch auch die Pensions- und Reliktenansprüche der Beamten ursprünglich aus Einrichtungen der Zwangsversicherung hervorgewachsen. Was für die kontraktlichen Arbeiter einen sozialen Fortschritt bedeutet, würde also für die Beamten eine unmotivierte historische Rückbildung sein. Demgemäß unterliegen der Krankenversicherung nach § 3 des Reichsgesetzes die Beamten nicht, denen schon aus ihrem Amtsverhältnis ein Anspruch auf die im übrigen erst durch dies Gesetz begründete Alimentation im Krankheitsfalle bis zur Dauer von 13 Wochen zusteht. Ebenso unterliegen der Invalidenversicherung nach § 5 des Reichsgesetzes die Beamten nicht, die schon aus ihrem Amtsverhältnis einen Anspruch oder doch eine Anwartschaft auf eine Pension im Mindestbetrage der Invalidenrente haben. Die Anwartschaft erscheint hier deshalb als genügend, weil ja auch die reichsgesetzliche Zwangsversicherung zunächst nur eine Anwartschaft begründet. Dem entspricht es auch, daß die zur Ausbildung für ihre künftige Beamtenanstellung beschäftigten Personen nicht versicherungspflichtig sind. Auch bei dem Mangel jener Voraussetzungen sind selbstverständlich Beamte nur dann versicherungspflichtig, wenn sie im übrigen bezüglich der Art ihrer Tätigkeit und der Höhe ihres Einkommens in den Kreis der versicherungspflichtigen Personen fallen.

Dieselben Grundsätze gelten zwar zunächst auch für die Unfallversicherung; jedoch ist die Fürsorge für Beamte infolge von Betriebsunfällen durch das Reichsgesetz vom 15. März 1886 und das preußische Gesetz vom 18. Juni 1887 erweitert worden in der zutreffenden Erwägung, daß die gewöhnlichen Pensionsansprüche bei einer dauernden Dienstunfähigkeit, die den Beamten durch einen Betriebsunfall in Ausübung seines Dienstes trifft, billigerweise nicht als ausreichend zu erachten sind. Für die städtischen Beamten haben diese zunächst nur für Reichs- oder Staatsbeamte geltenden Gesetze insofern Bedeutung, als nach § 11 des preußischen Gesetzes sich die Städte von jeder Unfallversicherungspflicht für ihre Beamten und von jeder privatrechtlichen Haftbarkeit gegenüber den Beamten und ihren Hinterbliebenen bei Betriebsunfällen befreien können, wenn sie durch Ortsstatut eine den Normativbestimmungen jenes Gesetzes entsprechende Fürsorge für ihre Beamten einführen. Die wichtigsten dieser Normativbestimmungen sind, daß in diesem Falle die Pensionsberechtigung ohne Rücksicht auf die schon zurückgelegte Dienstzeit eintritt und mindestens 66 2/3 % des Diensteinkommens beträgt, woran sich analoge Festsetzungen hinsichtlich der Reliktenansprüche schließen. Da es sich auch in diesem Falle um Pensions- und Reliktenrechte städtischer Beamter handelt, gelten auch für sie die Bestimmungen des § 7 K. B. G.

Als vermögensrechtliche Ansprüche publizistischer Entstehung erscheinen endlich auch die Steuerprivilegien der städtischen Beamten. Das Kommunalabgabengesetz von 1893 stellt in § 41 ein besonderes Gesetz über die Steuerprivilegierung der Beamten überhaupt in Aussicht; jedoch dürfte vermutlich dieser Wechsel nicht prompter honoriert werden, als die zahlreichen ähnlichen Versprechungen in der preußischen Verfassung. Inzwischen gilt die Verordnung vom 23. September 1867 für das ganze Staatsgebiet. Danach sind von allen direkten Kommunalauflagen vollständig befreit die Besoldungen, Nebenbezüge und Pensionen der Elementarlehrer, die Pensionen aller übrigen städtischen Beamten, die Witwen- und Waisengelder nebst den Sterbe- und Gnadenmonaten. Im übrigen darf das Diensteinkommen der städtischen Beamten zur kommunalen Einkommensteuer „nur halb so hoch als anderes gleich hohes persönliches Einkommen der Steuerpflichtigen veranlagt" werden. Diese Bestimmung ist vielfach, so auch vom Oberverwaltungsgericht[52]) dahin interpretiert worden, daß das der Besteuerung zu Grunde zu legende Diensteinkommen, nicht der auf das ganze Diensteinkommen fallende Steuersatz halbiert werden muß. Dies erscheint als eine ungerechtfertigte und den Interpretationsregeln widersprechende Erweiterung einer Ausnahmebestimmung. Eine absolute Grenze der Besteuerung

---

52) Preuß. Verwaltungsbl. Jahrg. IX, S. 247.

ist schließlich noch dahin festgesetzt, daß der Gesamtbetrag aller kommunalen Auflagen bei Besoldungen unter 250 Talern nicht mehr als 1%, bei solchen bis 500 Taler nicht mehr als 1½ %, bei allen höheren Besoldungen nicht mehr als 2% des gesamten Diensteinkommens ausmachen darf. Dieses ganze Sonderrecht ist namentlich für die städtischen Beamten ein privilegium odiosum und seine Beseitigung auch im Interesse der Beamten selbst erwünscht.

Die gesetzlichen Spezialbestimmungen bezüglich der Besoldungsverhältnisse der städtischen Lehrer sind bereits oben (S. 289) erwähnt. Die Pensionsverhältnisse der Lehrer an höheren Schulen werden nach § 6 des Pensionsgesetzes von 1872 durch dieses Gesetz normiert. Für die Volksschullehrer gilt hinsichtlich der Pensionierung das Gesetz vom 6. Juli 1885, das den übrigen pensionsrechtlichen Normen in allem wesentlichen ähnlich ist, nur daß der Lehrer nach zurückgelegtem 65. Jahre zwar seine Pensionierung ohne Nachweis der Dienstunfähigkeit verlangen, aber wider seinen Willen nur im Wege des formellen Verfahrens pensioniert werden kann. Den Städten gegenüber tritt als Genehmigungsbehörde an die Stelle des Bezirksausschusses für autonome Ordnungen der vermögensrechtlichen Ansprüche der Lehrer die Schulaufsichtsbehörde. Analog sind die Reliktenverhältnisse der Volksschullehrer durch das Gesetz vom 4. Dezember 1899 geregelt.

XV.

Die rechtliche Verantwortlichkeit für Amtshandlungen. Das Disziplinarverfahren.

Der Inbegriff der Organfunktionen eines jeden Amtes ist zugleich der Inbegriff der publizistischen Rechte und Pflichten der betreffenden Organperson, des Beamten. Von diesem Satze ausgehend, habe ich am Anfang des vorigen Kapitels die Unmöglichkeit und Unfruchtbarkeit einer Aufzählung einzelner publizistischer Rechte des Beamten, im Gegensatz zu seinen vermögensrechtlichen Ansprüchen, dargelegt. Genau das Gleiche gilt aus genau den gleichen Gründen von den publizistischen Pflichten des Beamten aus dem Amtsverhältnisse. Sie erschöpfen sich in der einen Generalpflicht, Organperson zu sein; alles zu tun, was der Organperson obliegt, alles zu unterlassen, was den Organfunktionen abträglich ist (vgl. oben S. 326). Gewiß kann man aus dieser Generalpflicht eine beliebige Menge von Einzelpflichten herausholen; als da sind die Pflicht der Treue und des Gehorsams, die Pflicht der Amtsverschwiegenheit, des achtungswürdigen Verhaltens, die Pflicht, den Amtssitz nicht ohne Urlaub zu verlassen, das Amt nicht zum eigenen Vorteil noch zum Schaden anderer zu mißbrauchen. Das sind die gangbarsten und beliebtesten Einzelpflichten, die in keinem Handbuch des Amtsrechts fehlen dürfen; aber weder erschöpfen sie irgendwie die Generalpflicht, noch bestimmen sie dieselbe näher; vielmehr können sie umgekehrt nur durch sie bestimmt und begriffen werden. Wie die alte Regalientheorie aus dem organischen Begriffe der Staatsgewalt beliebig viele Hoheitsrechte bis zu einer Deposital- oder einer Straßenreinigungshoheit herausholen konnte, ohne dadurch der begrifflichen Erfassung des staatlichen Organismus auch nur einen Schritt näher zu kommen, so kann man in gleich unfruchtbarer Weise noch eine beliebige Reihe von Amtspflichten aufzählen: die Pflicht, die Akten ordentlich zu lesen nnd ordentlich aufzubewahren, die für das Ressort maßgebenden Entscheidungen und Verordnungen zu lesen u. s. w. Und die Generalpflicht, sich als Organperson zu benehmen, wird nicht durch jene Einzelpflichten bestimmt, sondern umgekehrt; inwieweit der Beamte zum Gehorsam, zur Amtsverschwiegenheit u. s. w. verpflichtet ist, das ergibt sich einzig und allein aus der Totalität seiner Organstellung.

Die rechtlich bedeutsame Seite jedes Pflichtverhältnisses ist die pathologische; durch die Pflichtverletzung werden bestimmte Rechtsfolgen ausgelöst. Die Generalpflicht der Organperson, sich als solche zu verhalten, schließt die Pflicht in sich, auch die Normen des Privat- und Strafrechts nicht zu verletzen. Die pathologische Seite dieses Pflichtverhältnisses entwickelt sich in der privat- und strafrechtlichen Verantwortlichkeit des Beamten. Da aber die Generalpflicht der Organperson diese Einzelpflichten gleich allen übrigen in sich schließt, wird dadurch zugleich die pathologische Seite des generellen Pflichtverhältnisses berührt, der die disziplinarrechtliche Verantwortlichkeit des Beamten entspricht. Und auch hier beantwortet sich wieder die Frage, ob ein Verstoß gegen die Normen des Privat- und Strafrechts zugleich eine Verletzung der Amtspflicht ist, aus der Totalität der Organstellung; sie ist maßgebend dafür, inwieweit eine Normverletzung nur der Gliedperson oder zugleich auch der Organperson als solcher zuzurechnen ist.

Daß die Verantwortlichkeit jedes Beamten für die Rechtmäßigkeit seiner amtlichen Handlungen ein gemeingiltiger Grundsatz des modernen Amtsrechts ist, wurde schon früher (S. 301 fg.) betont und im einzelnen ausgeführt. Nun haben wir aber das juristische Kriterium der a m t l i c h e n Handlungen darin erkannt, daß in ihnen das Gemeinwesen selbst tätig wird; amtliche Handlungen sind Handlungen der Organperson als solcher d. h. zugleich Handlungen des Beamten und seines sozialen Organismus. Daraus ergibt sich sofort mit zwingender Logik der viel umstrittene Grundsatz der Verantwortlichkeit des Gemeinwesens für die Rechtmäßigkeit der amtlichen Handlungen seiner Organpersonen, also auch seiner Beamten.

Durch die Verantwortlichkeit des Beamten wird weder die des Gemeinwesens, noch umgekehrt durch die letztere die des Beamten begrifflich ausgeschlossen, weil ja eben die Organhandlung nicht entweder Handlung des Gemeinwesens oder des Beamten, sondern beides zugleich ist. Dieses „Sowohl — als — auch" im Gegensatz zu jenem „Entweder — oder" ist das begriffliche Wesen des Organverhältnisses und der Organpersönlichkeit im Rechtssinne; es ist der springende Punkt für den Gegensatz der organischen und der individualistischen Theorie überhaupt.[1])

Mit der üblichen Berufung auf § 82 A. L. R. II, 6 ist nichts gewonnen. Denn wenn danach Korporationen und Gemeinen in Rücksicht auf ihre Rechte und Verbindlichkeiten gegen Andere außer ihnen nach eben den Gesetzen wie andere einzelne Mitglieder des Staates beurteilt werden, so heißt das, daß sie für ihre eigenen Handlungen unbedingt, für die Handlungen fremder Personen nur unter den allgemeinen Voraussetzungen der Haftbarkeit für Handlungen Dritter verantwortlich sind. Die entscheidende Frage ist aber gerade, inwieweit die Handlungen der Beamten rechtlich eigene Handlungen des Gemeinwesens sind. Prinzipiell sind Organhandlungen niemals dem Gemeinwesen fremde, sondern stets seine eigenen Handlungen; die Voraussetzung für die Eigenschaft als Organhandlung ist aber, daß der Beamte dabei innerhalb seiner Kompetenz, die ja in der Kompetenz des Gemeinwesens wurzelt, handeln muß. Daraus ergibt sich der Satz, „daß alles, was ein Organ außerhalb seiner Zuständigkeit rechtswidrig tut, lediglich dem Individuum zur Last fällt".[2]) Dies gilt unbedingt für die durch die Organisationsordnung des Gemeinwesens selbst gegebenen Kompetenzgrenzen seiner Organe. Indessen kann das Gemeinwesen auch selbst seine Kompetenz überschreiten; in diesem Falle können kompetenzwidrige Handlungen seiner Organe doch Organhandlungen, also eigene Handlungen des Gemeinwesens sein, für die es selbst verantwortlich ist. Die Organe haben dabei im Rahmen ihrer inneren Zuständigkeit gehandelt; aber eben dadurch hat das Gemeinwesen selbst seine äußere Zuständigkeit überschritten. So ist z. B. ein kompetenzwidriger Gemeinde-

---

[1]) Vgl. Einleitung und meine dort zitierte Abhandlung über Organpersönlichkeit.

[2]) Gierke, Genossenschaftstheorie, S. 768.

beschluß, der im übrigen nach der inneren Organisationsordnung rite zustande gekommen ist, immer ein Gemeindebeschluß d. h. ein Willensakt des kommunalen Gemeinwesens, nicht bloß der dabei mitwirkenden Individualpersonen als solcher. Seine Ausführung kann im Wege der Beanstandung verhindert werden; aber wenn eine Beanstandung nicht erfolgt, kann dies die kompetenz- uud damit die Rechtswidrigkeit des Beschlusses selbstverständlich nicht heilen; wohl aber ist dann die Ausführung des kompetenz- und rechtswidrigen Beschlusses möglich. Für die daraus entstehenden Folgen ist aber zweifellos die Gemeinde als solche verantwortlich; man wird den etwa dadurch Geschädigten nicht auf die Mitglieder der Mehrheit in Magistrat und Stadtverordnetenversammlung oder auf den Regierungspräsidenten, der die Beanstandung unterließ, verweisen wollen oder können. Dieser Fall, daß Handlungen von Organpersonen zwar innerhalb ihrer körperschaftlichen Zuständigkeit liegen und deshalb Organhandlungen sind, jedoch die Zuständigkeit der Körperschaft selbst überschreiten, ist freilich nur bei Repräsentativorganen möglich; Beamte im engeren Sinne würden durch solche Handlungen immer zugleich ihre innere Zuständigkeit überschreiten.

Im übrigen aber macht es hinsichtlich der Verantwortlichkeit der Gemeinde für die kompetenzmäßigen Handlungen ihrer Organe keinerlei rechtlichen Unterschied, ob es sich um Repräsentativorgane oder Beamte handelt; denn das Gemeinwesen wird „nur durch Organe, jedoch durch jedes Organ voll und unmittelbar dargestellt“.[3]). Wenn jetzt die §§ 89 und 31 B. G. B. die Verantwortlichkeit der publizistischen Gemeinwesen sanktionieren für den Schaden, den der Vorstand, ein Mitglied des Vorstandes oder ein anderer verfassungsmäßig berufener Vertreter durch eine in Ausführung der ihm zustehenden Verrichtungen begangene, zum Schadenersatz verpflichtende Handlung einem Dritten zufügt, so ist eben jeder Beamte innerhalb seiner Kompetenzsphäre ein verfassungsmäßig berufener Vertreter des Gemeinwesens. Für die übliche Unterscheidung zwischen Willensorganen und anderen Organen[4]) fehlt es an jedem rechtlichen und logischen Anhalt; ausnahmslos jedes Organ ist innerhalb seiner Kompetenzsphäre auch Willensorgan seines Gemeinwesens. Die

---

[3]) Gierke, a. a. O. S. 758.

[4]) So in Widergabe der herrschenden Meinung Oertel, S. 160.

Grundsätze über die Haftbarkeit für Handlungen dritter Personen, so namentlich der Gesichtspunkt einer culpa in eligendo oder einer Garantieleistung, können im Verhältnis des Gemeinwesens zu den durch Dienstmietevertrag angenommenen Personen, unter Umständen auch für Handlungen von Beamten außerhalb ihrer Zuständigkeit in Betracht kommen; niemals aber bezüglich der amtlichen, kompetenzmäßigen Organhandlungen seiner Beamten. Und diese Rechtslage ist auch keineswegs erst durch das B. G. B. geschaffen; vielmehr ohne weiteres durch die Willens- und Handlungsfähigkeit der Gesamtperson und die allgemeinen Rechtsgrundsätze über die Zurechnung von Handlungen gegeben. Nicht für die Anwendung, sondern umgekehrt für die Ausschließung dieser Rechtssätze bedarf es einer positiven Gesetzesbestimmung, die aber auch vor dem B. G. B. im preußischen Recht durchaus gefehlt hat, woran durch die vielfachen Schwankungen der Judikatur nichts geändert wird.[5])

Ebenso ist es für die Frage der Verantwortlichkeit des Gemeinwesens für Organhandlungen gleichgiltig, ob dieselben Privatrechtsgeschäfte oder obrigkeitliche Funktionen zum Gegenstande haben. Der angebliche Grundsatz, daß eine zivilistische Verantwortlichkeit für die Ausübung sogenannter Hoheitsrechte überhaupt nicht existiere, beruht auf dem Wahne, daß Staat und Fiskus, oder für unser Gebiet Gemeinde und Kämmerei, zwei verschiedene Personen seien: der Mensch und sein Portemonnaie nach dem treffenden Ausdruck Bährs. Wenigstens hinsichtlich der Gemeinden hat die reichsgerichtliche Judikatur[6]) den Bann dieser alten Gedankenlosigkeit zu durchbrechen begonnen, wobei nur die Ängstlichkeit und das scheue Ausweichen vor der Prinzipienfrage erstaunlich bleibt. Allerdings beziehen sich die vorhin erwähnten Bestimmungen des B. G. B. nur auf die privatrechtliche Seite, während das Gesetzbuch in seinem bekannten horror publici juris durch Artikel 77 seines Einführungsgesetzes bezüglich der Haftung des Staates und der Gemeinden für den von ihren Beamten in Ausübung der öffentlichen Gewalt zugefügten Schaden die landesgesetzlichen Vorschriften unberührt läßt.

---

[5]) Diese Seite der Frage ist — von Rechtswegen abschließend — klargestellt in Gierkes Genossenschaftstheorie, besonders S. 754 fg.

[6]) So im Erkenntnis vom 3. November 1882, Zivilſ. Bd. VIII, S. 298. Gierke a. a. O. S. 786, Oertel, S. 160.

Das preußische Recht enthält nun aber keine Bestimmung, durch welche die Haftung des Gemeinwesens für diese Fälle ausgeschlossen würde; was die Praxis darüber aus dem Landrecht herausgelesen oder in dasselbe hinein interpretiert hat, ist in sich widerspruchsvoll und jedenfalls rechtsunverbindlich.[7])

Organhandlungen von Gemeindebeamten sind aber selbstverständlich nur unter der Voraussetzung Gemeindehandlungen, daß sie in der kommunalen Kompetenz wurzeln. In jenen früher erörterten ausnahmsweisen, aber nach preußischem Recht allzu zahlreichen Fällen, in denen Gemeindebeamte nicht auf Grund der Gemeindekompetenz, sondern kraft unmittelbaren Staatsauftrags tätig werden, kann also von einer Verantwortlichkeit der Gemeinde für ihre Amtshandlungen keine Rede sein.[8]) Das gilt vor allem von der Polizeiverwaltung. Während jedoch das Dogma von dem absoluten staatlichen Polizeimonopol, wie wir gesehen haben, zum Schaden der kommunalen Selbstverwaltung und meist auch nicht zum Nutzen der Polizei mit starrer Zähigkeit aufrecht erhalten wird, macht das preußische Recht hinsichtlich der Haftbarkeit auf polizeilichem Gebiete durch ein Spezialgesetz eine weitherzige Ausnahme. Das Gesetz vom 11. März 1850 verpflichtet nämlich die Gemeinden zum Ersatze des bei öffentlichen Aufläufen verursachten Schadens. Wenn dies damit gerechtfertigt wird, daß die Stadtgemeinden für Aufrechterhaltung der Sicherheit Sorge zu tragen verpflichtet seien,[9]) so hat ihnen der Staat das Mittel zur Erfüllung dieser Pflicht durch Vorenthaltung der Polizei überhaupt und der Sicherheitspolizei im besonderen prinzipiell entzogen. Zum Ersatz dafür macht sie der weise und gerechte Staat für den Schaden haftbar, der durch Aufläufe infolge etwaiger Unterlassungssünden der Polizeibeamten, also prinzipiell staatlicher Organe, entsteht.

Die durch amtliche Handlungen ihrer Organpersonen begründete Verantwortlichkeit der Stadtgemeinde kann nun ebenso wie die der Beamten selbst sowohl eine privatrechtliche wie eine straf- und disziplinarrechtliche sein. Daß eine Bestrafung von Gesamtpersonen

---

[7]) Siehe über den Gegensatz der preußischen und bayrischen Interpretation des A. L. R. Gierke a. a. O. S. 796.

[8]) Gierke, a. a. O. S. 763, Oertel, S. 160.

[9]) Oertel, S. 323.

logisch und rechtlich möglich, daß sie auch gerecht und tatsächlich durchführbar und in Wirklichkeit durchgeführt ist, hat Gierke[10]) unwiderleglich bewiesen; freilich zugleich betont, daß unser positives Strafrecht den Gedanken der Körperschaftsstrafe prinzipiell ablehnt. Dies gilt jedoch nur von dem eigentlichen Strafrecht, nicht vom Disziplinarrecht. Wenn also die Gemeinde durch amtliche Handlungen ihrer Organe auch keine Amtsdelikte auf Grund des Strafgesetzbuches begehen kann, so kann sie doch durch Handlungen wie durch Unterlassungen ihrer Organe die Amtspflichten, die ihr als staatlicher Organperson dem Staate gegenüber obliegen, verletzen und dafür disziplinarisch bestraft werden. Alle die früher erörterten Mittel des Aufsichtszwanges, die sich gegen die Gemeinde selbst richten, wie namentlich die Zwangsetatisierung sind solche körperschaftliche Disziplinarmittel; ebenso die Sequestrierung kommunaler Funktionen durch Ernennung eines Staatskommissars oder durch Devolution des Bestellungsrechts; endlich ist die Auflösung der Stadtverordnetenversammlung gemäß § 79 St. O. eine Disziplinarstrafe gegen die Stadt selbst. Und über diese administrativen Maßregeln hinaus ist an sich die Verhängung weiterer Disziplinarstrafen in der Form des Gesetzes sehr wohl denkbar.[11]) Immerhin bleibt die privatrechtliche Verantwortlichkeit der Gemeinde für die amtlichen Handlungen ihrer Beamten die praktisch weitaus wichtigste Erscheinungsform. Diese erstreckt sich aber, wie schon gesagt, auch auf den durch Ausübung obrigkeitlicher Funktionen rechtswidrig verursachten Schaden, sie umfaßt Omissiv- wie Kommissivdelikte, vertragsmäßiges wie außervertragsmäßiges Verschulden. Diese Verantwortlichkeit „tritt überall ein, wo die Korporation handelnd in den Rechtsverkehr eingreift und mit ihrem Eingreifen zu anderen Personen in rechtliche Beziehungen tritt, welche eine Beschädigung dieser Personen zur Folge haben können" ..... sie tritt ein „für schuldhafte Willensentschlüsse, welche die Korporation durch die dazu berufenen Willens- und Vertretungsorgane in gehöriger Form kundgegeben hat";[12]) wie für die kompetenzmäßigen Organhandlungen ihrer Beamten. Und zwar ist diese Verantwortlichkeit begrifflich keineswegs eine subsidiäre gegenüber der individuellen Verantwortlichkeit des Beamten; vielmehr ist sie eine primäre, „falls nicht etwa durch

[10]) Genossenschaftstheorie, S. 771 fg.
[11]) Vgl. Gierke a. a. O. S. 778.
[12]) Erk. d. R. G. vom 15. Okt. 1888, Zivils. Bd. XXII, S. 259.

positiven Rechtssatz die an sich prinzipale Haftung zu einer blos subsidiären Verbindlichkeit herabgemindert ist"; einen solchen Rechtssatz kennt übrigens das preußische Recht, trotz einer gewissen Neigung der Praxis dafür, nicht.[13])

„Schließlich aber erschöpft das Körperschaftsdelikt als solches niemals den Tatbestand, in dem es sich verwirklicht, sondern läßt stets einen Rest von selbständiger Individualverschuldung stehen. Denn die Rechtsordnung legt den als Organen eines Gemeinwesens fungierenden Menschen immer zugleich eine individuelle Verbindlichkeit auf, hierbei normengemäß zu verfahren. Während sie also in der Lage ist, die rechtmäßige Willensaktion eines Organs regelmäßig ohne jeden individuellen Rückstand dem Gemeinleben zuzuweisen, muß sie für jede rechtswidrige Handlung oder Unterlassung eines Organs neben der etwaigen Verantwortlichkeit der dadurch belasteten Gemeinheit zugleich eine individuelle Verantwortlichkeit der schuldigen Einzelnen statuieren.[14])

Diese individuelle Verantwortlichkeit des Beamten äußert sich in den Formen des Privatrechts wie in denen des Straf- und Disziplinarrechts. Die privatrechtliche Haftbarkeit des Beamten besteht sowohl gegenüber der Gemeinde als gegenüber dritten Personen. Der Gemeinde gegenüber ist der Beamte in dem Maße verantwortlich, wie die Gemeinde nach außen für seine Handlungen verantwortlich ist; der Beamte haftet als Individualperson der Gemeinde privatrechtlich für den Schaden, der ihr aus seinen rechtswidrigen Amtshandlungen als Organperson erwächst. Für diese innere Verantwortlichkeit hat das B. G. B. gemäß seinem oben erwähnten Prinzip das Landesrecht unberührt gelassen; das preußische Recht behandelt sie der äußeren Haftbarkeit gegen dritte Personen gleich.[15]) Für diese äußere Seite, die zivilistische Haftbarkeit des Beamten dritten Personen gegenüber, sind die Bestimmungen des B. G. B. maßgebend. Nach § 823 haftet der Beamte generell für allen Schaden, der aus Handlungen entsteht, die einen Verstoß gegen das Strafgesetz enthalten oder widerrechtlich in fremde Rechte eingreifen. Weiter ist er aber nach § 839 schadensersatzpflichtig für jede vorsätzliche oder fahrlässige Verletzung der ihm einem Dritten gegenüber obliegenden Amtspflicht; bei fahrlässiger Verletzung jedoch nur,

---

13) Gierke a. a. O. S. 769, 796.
14) Gierke, a. a. O. S. 768.
15) Vgl. auch Laband I, S. 446 fg.

wenn der Verletzte auf keine andere Weise Ersatz zu erlangen vermag. Hat der Verletzte vorsätzlich oder fahrlässig unterlassen, seinen Schaden durch Gebrauch eines Rechtsmittels abzuwenden, so wird dadurch die Verantwortlichkeit des Beamten aufgehoben. Ist der Schaden durch die Amtshandlung einer Kollegialbehörde verursacht, so haften deren Mitglieder nach § 840 B. G. B. als Gesamtschuldner, was durchaus der rechtlichen Natur der kollegialen Amtshandlung als eines Gesamtakts entspricht. Ist die rechtswidrige Amtshandlung auf Befehl eines Vorgesetzten vorgenommen worden, so haftet für den daraus entstehenden Schaden der Vorgesetzte allein, soweit der Untergebene nach den Rechtsgrundsätzen der Subordination, wie sie oben (Kap. X) erörtert worden sind, zum Gehorsam verpflichtet war; anderenfalls haften beide nebeneinander im Verhältnis ihres Verschuldens.

So weit hiernach Ersatzansprüche gegen den Beamten bestehen, sind sie im Wege des Zivilprozesses geltend zu machen, und zwar nicht nur von der geschädigten Privatperson, sondern auch von der Stadtgemeinde. In letzter Beziehung besteht nur eine Ausnahme für das Verfahren bei Kassendefekten, für welches die Verordnung vom 24. Januar 1844 gemäß § 82 des Ausführungsgesetzes zum Gerichtsverfassungsgesetz noch maßgebend ist. Der Betrag des Kassendefekts sowie die Ersatzpflicht werden durch Beschluß des Bezirksausschusses (§ 17, 5 Z. G.) festgestellt; gegen diesen Beschluß gibt es nur das eine Rechtsmittel der Klage im Zivilprozeß, die innerhalb eines Jahres erhoben werden muß.

Die gerichtliche Verfolgung eines Beamten auf Grund seiner Amtshandlungen, und zwar sowohl die Verfolgung im Zivil- wie im Strafrechtswege, ist nach preußischem Recht noch von einer eventuellen Vorentscheidung abhängig. Auf Grund des Gesetzes vom 13. Februar 1854 kann nämlich, wenn gegen einen Beamten wegen einer in Ausübung oder in Veranlassung der Ausübung seines Amtes vorgenommenen Handlung oder wegen Unterlassung einer Amtshandlung eine gerichtliche Verfolgung im Wege des Zivil- oder Strafprozesses eingeleitet worden ist, von der vorgesetzten Behörde der Konflikt erhoben werden. Daß zur Konfliktserhebung bei der Verfolgung städtischer Beamter nur die staatlichen Aufsichtsbehörden infolge der positiven Bestimmungen des erwähnten Gesetzes befugt sind, wurde schon erwähnt (S. 318). Durch § 11 des Einführungsgesetzes zum Gerichtsverfassungsgesetz sind jene preußischen Vorschriften jedoch dahin modifiziert, daß zur Entscheidung über den Konflikt nicht mehr der Kompetenzgerichtshof, sondern das Oberverwaltungsgericht zuständig ist; und daß der Konflikt nur darauf gestützt werden kann, daß dem Beamten keine Überschreitung seiner Amtsbefugnisse oder keine Unterlassung einer Amtspflicht zur Last fällt. Demgemäß unterliegt namentlich nicht mehr der Vorentscheidung die Frage, ob es sich um einen zur gerichtlichen Verfolgung geeigneten Fall handelt; der Konfliktsrichter ist vielmehr auf eine rein objektive Feststellung darüber beschränkt, ob sich der in Anspruch genommene Beamte einer ihm zuzurechnenden Überschreitung seiner Amtsbefugnisse schuldig gemacht hat. Damit wird jedoch nach der Judikatur des Oberverwaltungsgerichts als Konfliktshof die Möglichkeit nicht ausgeschlossen, daß eine Überschreitung der Amtsbefugnisse im konkreten Falle nicht anzuerkennen, ein Konflikt also für begründet zu erachten ist, obwohl nach dem Urteil der zuständigen Instanz die amtliche Handlung des Beamten nicht mit dem einschlagenden objektiven Rechte im Einklange steht, nicht einer sachgemäßen Handhabung desselben entspricht. Hierhin gehören zunächst die Fälle, wo ein Beamter nach der bestehenden Dienstverfassung Gehorsam in der Ausführung ihm gegebener Befehle schuldig ist und ihm nicht das Recht zusteht, letztere darauf hin zu prüfen, ob sie überall dem bestehenden Rechte entsprechen; ferner der weite Kreis der amtlichen Handlungen, bei denen das bestehende Recht dem Beamten in der Feststellung und Beurteilung rein tatsächlicher Verhältnisse zum Zwecke der Anwendung des objektiven Rechts auf dieselben eine pflichtmäßige Untersuchung und freies Ermessen einräumt, so daß bei diesen Funktionen tatsächlich geirrt werden kann, ohne daß dadurch die Amtsbefugnisse überschritten werden.“ .... Daß der Beamte im guten Glauben gehandelt hat, „kommt für die Entscheidung über den Konflikt so wenig in Betracht, wie die weiteren Fragen, ob dem Beklagten in seinem Verfahren ein solches Versehen zur Last fällt, welches zum Anspruch auf Schadensersatz berechtigt. Diese Fragen unterstehen ausschließlich der Kognition des Zivilrichters“.[16]) Es wird sich nicht verkennen lassen, daß die Anwendung dieser Grundsätze die Gefahr einer erheblichen Ausdehnung der Vorentscheidung auf die Würdigung subjektiver Momente trotz aller vorausgeschickten Verwahrungen in sich birgt; eine Gefahr, die sich infolge der schon mehrfach erwähnten übermäßigen Zurückhaltung des Oberverwaltungsgerichts gegenüber dem Gebiet des freien Ermessens bedenklich steigert.

---

[16]) Erk. d. O. V. G. vom 16. Juni 1886, Bd. XIV, S. 420 fg.

Indessen würde sich auch durch die vortrefflichsten und einwandfreiesten Grundsätze einer Konfliktsjudikatur die Gefahr einer Beeinträchtigung des Rechtsschutzes gegen rechtswidrige Amtshandlungen niemals vermeiden lassen; denn sie liegt in der Existenz der Vorentscheidung überhaupt, nicht in der Art ihrer Handhabung. Es ist stets dasselbe kleinliche und ängstliche Mißtrauen vor der rückhaltlosen Anerkennung rechtsstaatlicher Institutionen, das auf allerlei kleine und kleinliche Mittelchen zur Einschränkung der ordentlichen Rechtsprechung nicht verzichten zu können glaubt. Wie sich das Reichsrecht von dem Flecken einer solchen Vorentscheidung freigehalten hat, so sollte sich auch das preußische Recht endlich von ihm befreien.

Die strafrechtliche Verantwortlichkeit des Beamten setzt nach dem Prinzip ‚nulla poena sine lege' eine spezielle strafgesetzliche Norm voraus, durch die der Tatbestand wie die Straffolgen festgestellt werden. Diese Normen enthalten auch für die städtischen Beamten die §§ 331—359 Reichsstrafgesetzbuch. Zu diesen „Verbrechen und Vergehen im Amte" oder sogenannten eigentlichen Amtsdelikten treten die sogenannten uneigentlichen, bei denen die Beamteneigenschaft zwar kein notwendiges Element des Tatbestandes, aber ein erschwerender Umstand ist, wie bei den in den §§ 128, 129, 174, 222, 230, 232 R. St. G. B. behandelten Delikten. Von dem Verhältnis dieser beiden Deliktsarten zueinander, ebenso wie von dem begrifflichen Verhältnis des Strafrechts zum Disziplinarrecht ist bereits im zehnten Kapitel (S. 322 fg.) die Rede gewesen.

Daß das Disziplinarverfahren als ein Spezialstrafrecht für Beamte erscheint, die Disziplinarstrafen als Ergänzung zu dem Systeme der öffentlichen Strafen hinzutreten und das Verfahren vor den Disziplinargerichten eine Abart des Strafprozesses bildet, hat in ausdrücklichem Gegensatz zu Laband auch das Oberverwaltungsgericht betont.[17]) Dieser Auffassung entsprechen auch durchaus die Normen, welche das Disziplinargesetz in seinen §§ 3—5 und 7 für das Verhältnis von Straf- und Disziplinarverfahren aufstellt. Dem gemeinen Strafrecht und Strafprozeß gebührt der Vorrang vor dem speziellen Disziplinarverfahren; denn das Verhalten des Beamten in seiner Eigenschaft als Gliedperson kann für seine Stellung als Organ-

[17]) Erk. d. O. V. G. vom 31. Oktober 1891, Bd. XXII, S. 428, Kamptz, Bd. IV S. 1089.

person von maßgebender Bedeutung sein, nicht aber umgekehrt. Wenn daher dieselben Tatsachen den Anlaß zu einer strafprozessualen Verfolgung der Gliedperson und zu einer disziplinarischen Verfolgung der Organperson geben, so hat das letztere Verfahren durchaus dem ersteren den Vortritt zu lassen und ist an seine Resultate insoweit unbedingt gebunden, als der von den ordentlichen Strafgerichten rechtskräftig festgestellte Tatbestand auch für den Disziplinarrichter unter allen Umständen maßgebend ist. Entscheidet das gegen die Gliedperson ergehende Strafurteil zugleich über ihr Schicksal als Organperson, indem es auf Verlust der bürgerlichen Ehre, auf Amtsunfähigkeit oder Stellung unter Polizeiaufsicht lautet, welchen Fällen durch die positive Bestimmung des § 7 die Verurteilung zu einer schwereren als einjährigen Freiheitsstrafe gleichgestellt ist, so bedarf es keines Disziplinarurteils mehr, weil damit die Ausstoßung aus der Organstellung ipso jure vollzogen ist. Im übrigen ist nach Abschluß des Strafverfahrens die Möglichkeit eines Disziplinarverfahrens wegen derselben Tatsachen durchaus gegeben; es handelt sich dabei nicht um ein ‚bis in idem', weil sich das Strafverfahren dann nur gegen die Gliedperson als solche gerichtet hat, während sich das Disziplinarverfahren nur gegen die Organperson als solche richtet. Aber auch in diesen Fällen hat der Disziplinarrichter seinem Urteil den vom Strafrichter rechtskräftig festgestellten Tatbestand ohne selbständige Nachprüfung zu Grunde zu legen. Seiner Beurteilung unterliegt lediglich die Frage, ob dieser feststehende Tatbestand, der vielleicht die Voraussetzungen einer strafgesetzlichen Norm überhaupt nicht oder nur einer mit geringeren als den eben erwähnten Straffolgen versehenen erfüllt, dennoch den Voraussetzungen einer disziplinarischen Ahndung entspricht. Derselbe Tatbestand, der danach zur Freisprechung oder geringeren Verurteilung der Gliedperson im Strafverfahren führen mußte, kann sehr wohl zur Verurteilung oder zur Ausstoßung der Organperson im Disziplinarverfahren führen.[18])

Die disziplinarische Verantwortlichkeit des Beamten ist die umfassendste und generellste seiner Verantwortlichkeiten; sie ist die pathologische Seite seiner Generalpflicht, sich als Organperson zu be-

[18]) Diese Auffassung ist auch im Gegensatze zu einem Staatsministerialbeschlusse vom 23. März 1891 von der Judikatur des O. V. G. aufrecht erhalten; vgl. das in n. 17 zitierte Erkenntnis.

nehmen; oder, wie es oben (S. 327) formuliert wurde: die Tatsache, daß der Beamte einer Disziplinargewalt unterliegt, ist lediglich die pathologische Seite der Tatsache, daß er Organperson ist. Dort wurde auch schon gezeigt, wie es sich als logische Folge dieses Prinzips ergibt, daß jeder Beamte der Disziplinargewalt desjenigen Gemeinwesens untersteht, dem er als Organperson angehört; daß also prinzipiell der städtische Gemeindebeamte der Disziplinargewalt der Stadtgemeinde untersteht. Eine Durchbrechung dieses Prinzips ist weder in der Normierung des städtischen Disziplinarrechts durch staatliche Gesetze noch in der disziplinaren Zuständigkeit staatlicher Gerichte zu erblicken, wie dies im zehnten Kapitel dargetan ist; eher liegt eine solche positiv rechtliche Durchbrechung des Prinzips in dem Anklagemonopol der staatlichen Aufsichtsbehörden für das formelle Disziplinarverfahren, und zweifellos in dem disziplinarischen Ordnungsstrafrecht dieser Behörden gegen städtische Beamte, weil eine solche Befugnis aus dem Subordinationsverhältnis fließt, die Staatsbehörden aber gegenüber den städtischen Organen nicht vorgesetzte, sondern Aufsichtsbehörden sind. Indessen kann durch jene gesetzlichen Spezialbestimmungen in keiner Weise das Rechtsprinzip beseitigt werden, wonach die gesamte disziplinarische Verantwortlichkeit der städtischen Beamten einzig und allein in ihrem organischen Gewaltverhältnis zur Stadtgemeinde wurzelt.

Die amtliche Organstellung zur Stadtgemeinde ist begrifflich für alle städtischen Beamten, für die Mitglieder des Magistrats wie für die dem Magistrat untergeordneten, für die besoldeten Berufs- wie für die unbesoldeten Ehrenbeamten die gleiche; dem entspricht die Gleichheit ihrer amtlichen Verantwortlichkeit nach all' den bisher erörterten Richtungen. Auch für ihre disziplinarische Verantwortlichkeit ergibt sich weder aus § 80 St. O. noch aus § 1 des Gesetzes vom 21. Juli 1852 noch endlich aus § 20 Z. G. irgend ein rechtlicher Unterschied. Daß nach dem zuletzt erwähnten Paragraphen gegen Mitglieder der Gemeindevertretung ein Disziplinarverfahren nicht stattfindet, ist keine Ausnahme von dieser Regel, vielmehr eine Konsequenz der Tatsache, daß die Stadtverordneten Repräsentanten, nicht Beamte im engeren technischen Sinne sind. Ein rein dynamischer Unterschied besteht allerdings insofern, als die Kraft des Disziplinarverfahrens namentlich mit Rücksicht auf seine pekuniären Begleiterscheinungen für die Existenz der Berufsbeamten diesen gegenüber weit intensiver als gegenüber den Ehrenbeamten wirkt, wofür ein gewisser Ausgleich, wie schon erwähnt, in der kürzeren Befristung der Amtsdauer für die Ehrenbeamten gefunden werden kann. Darüber hinaus sieht jedoch § 75, 2 St. O. die Möglichkeit vor, sämtliche unbesoldeten Gemeindebeamten mit Ausnahme der Magistratsmitglieder durch übereinstimmenden Beschluß des Magistrats und der Stadtverordneten jederzeit von ihrem Amte zu entbinden. Diese formlose Amtsentsetzung, gegen welche es keinerlei Rechtsmittel gibt, unterliegt den gleichen Bedenken, wie die entsprechende Bestimmung in § 206 der ersten Städteordnung (vgl. oben S. 54). Da sie aber einmal positives Recht ist, tritt sie allerdings für die städtischen Ehrenbeamten außerhalb des Magistrats, zu denen selbstverständlich auch die aus der Zahl der Stadtverordneten gewählten Mitglieder der Verwaltungsdeputationen gehören, an die Stelle des formellen Disziplinarverfahrens auf Amtsentlassung. Unbegründet ist es jedoch, diese Sonderbestimmung ausdehnend zu interpretieren und auch die übrigen Vorschriften des Disziplinargesetzes auf diese Beamten für nicht anwendbar zu erklären.[19])

Der organischen Einheit des amtlichen Pflichtverhältnisses, der Totalität, in der dasselbe die Organperson ergreift, entspricht, wie schon früher ausgeführt wurde, die generelle Einheitlichkeit des gesetzlichen Tatbestandes für den Begriff des Disziplinarvergehens: Verletzung der Organpflicht schlechthin. Nur ein einziges Disziplinarvergehen hat das Gesetz in den §§ 8—13 besonders substantiiert, nämlich die unberechtigte und unentschuldigte Versäumung der Amtspflichten überhaupt, die Amtsverlassung ohne Urlaub, die je nach ihrer Zeitdauer und den sonstigen begleitenden Umständen mit dem Verlust des entsprechenden Gehaltsteils als Minimalstrafe und der Dienstentlassung als Maximalstrafe bedroht wird. Im übrigen erschöpft sich der gesetzliche Tatbestand des Disziplinarvergehens in der Generalklausel des § 2: ein solches Vergehen begeht der Beamte, „welcher die Pflichten verletzt, die ihm sein Amt auferlegt, oder sich durch sein Verhalten in oder außer dem Amte der Achtung, des Ansehens oder des Vertrauens, die sein Beruf erfordert, unwürdig zeigt". So

[19]) So das Erkenntnis des O. V. G. vom 28. Okt. 1893, Bd. XXV, S. 416 fg. — Richtig dagegen Oertel, S. 440.

allgemein dieser Tatbestand auch ist, so hat er doch jedenfalls die eine unbedingte Voraussetzung, daß er nur von einer Organperson erfüllt werden kann. Allerdings kann auch das außeramtliche Verhalten des Beamten, seine Unwürdigkeit oder Bescholtenheit als Gliedperson auf seine Organstellung zurückwirken; darin wurzelt die vorhin erörterte Möglichkeit, daß eine Handlung der Gliedperson als solcher außer dem Strafverfahren gegen sie noch ein Disziplinarverfahren gegen die Organperson als solche auslösen kann. Immer aber muß die Gliedperson zur Zeit der Begehung der Handlung schon Organperson gewesen sein; das Verhalten außer dem Amte kann nur im sachlichen, nicht im zeitlichen Sinne verstanden werden, „da das voramtliche Verhalten notwendig dasjenige eines Privaten war und das Gesetz nur von dem eines Beamten redet".[20]) Und ebenso muß der Täter zur Zeit der Tat noch Organperson gewesen sein; deshalb gibt es kein Disziplinarverfahren gegen pensionierte Beamte wegen ihrer im Ruhestande vorgenommenen Handlungen. Ist der Beamte erst nach Begehung der Tat, aber vor dem Abschluß des Disziplinarverfahrens auf seinen Antrag aus dem Amte entlassen worden, was auch im Laufe des Disziplinarverfahrens durchaus zulässig ist, so kann das Disziplinarurteil nur noch über Titel und Pensionsanspruch entscheiden; ein Urteil auf Dienstentlassung ist gegen eine nicht mehr im Amte befindliche Person unmöglich (§ 16 Disz. G.).[21])

Seinen konkreten Inhalt kann jener überaus weite gesetzliche Tatbestand eben nur aus dem Wesen der Organstellung heraus erhalten. Demgemäß ist für die Frage, ob ein städtischer Beamter seine Amtspflichten verletzt oder sich des notwendigen Ansehens und Vertrauens unwürdig gemacht hat, prinzipiell seine Organstellung zur Stadt entscheidend; sein Verhältnis zum Staate kommt nur nach Maßgabe der Eingliederung des städtischen Selbstverwaltungskörpers in den Staat zur Geltung, wie dies im zweiten Teile nach allen Richtungen hin erörtert ist. Dieser Gesichtspunkt ist zwar auch von der Judikatur prinzipiell anerkannt, aber nicht immer praktisch befolgt worden, namentlich bei der Beurteilung des heiklen Problems

[20]) Erk. d. O. V. G. vom 30. März 1892, Bd. XXII, S. 423, Kamptz, Bd. IV, S. 1071 fg.

[21]) Erk. d. O. V. G. vom 26. Mai 1883, Bd. X, S. 370. Kamptz, Bd. IV, S. 1105.

eines Konflikts zwischen den Amtspflichten und den politischen Rechten eines Kommunalbeamten. Wenn in dieser Hinsicht das Oberverwaltungsgericht in einem bedeutungsvollen Erkenntnis[22]) die Amtspflicht des städtischen Beamten auf den Staatsdienst im Auftrag des Landesherrn und auf das Verhältnis der Über- und Unterordnung im Staatsdienst zurückgeführt hat, so ist die darin liegende Vermischung des Subordinations- und Aufsichtsverhältnisses schon oben (S. 312) hervorgehoben worden. Wesentlich weitherziger zeigt sich das Oberverwaltungsgericht, wo es sich um einen Konflikt der städtischen Amtspflicht nicht mit den staatsbürgerlichen, sondern mit den kommunalpolitischen Rechten des Beamten handelt. Dem städtischen Beamten eine weitgehende Zurückhaltung bei der öffentlichen Erörterung kommunaler Fragen und Interessen aufzuerlegen, scheint dem Gericht um so weniger angebracht, als dieser öffentliche Meinungsaustausch auch den Interessen des Gemeinwesens in der Regel förderlich sei.[23]) Sollte das von den politischen Diskussionen und dem Staatsinteresse nicht ebenso gelten? Allerdings will das O. V. G. auch in jenem früheren Erkenntnisse eine disziplinare Beurteilung erst da eintreten lassen, wo den inkriminierten Äußerungen überhaupt nicht mehr der Charakter sachlicher Erwägungen und Erörterungen beigemessen werden kann. Ja, wenn es nur einen objektiven Maßstab für die Grenze der Sachlichkeit und der unsachlichen Agitation gäbe, und dem politischen Gegner nicht gar leicht in diesem Lichte erschien, was der politische Freund für ein Muster von Sachlichkeit hält. Wohin trotz aller guten Grundsätze die Praxis auf diesem Gebiete schon geführt hat, das zeigt sich darin, daß ein treffliches Handbüchlein des preußischen Kommunalbeamtenrechts[24]) einen vollständigen Index partium prohibitarum aufstellen kann. Das Oberverwaltungsgericht als Inderkongregation!

Daß insonderheit eine Gehorsamsverweigerung des Beamten nicht unter allen Umständen den Tatbestand eines Disziplinarvergehens erfüllt, sondern, abgesehen von einer etwaigen Verletzung der Form, nur unter der Voraussetzung der Rechtmäßigkeit des Befehls und der Rechtspflicht zum Gehorsam, ergibt sich aus der rechtlichen

---

22) Vom 20. Dez. 1886, Bd XIV, S. 406, Kamptz, IV, S. 1075.
23) Erk. d. O. V. G. vom 20. Okt. 1888, Kamptz, IV, S. 1078.
24) Kautz und Appelius, S. 278 fg.

Natur der Kompetenzordnung und ist auch von der Judikatur anerkannt.[25]) Für die disziplinare Stellung der städtischen Beamten hat demgemäß der früher erörterte prinzipielle rechtliche Gegensatz von Subordination und Aufsicht in Anwendung auf ihre Gehorsamspflicht gegenüber staatlichen Behörden entscheidende Bedeutung. Im Verhältnis von Vorgesetztem und Untergebenem ist allein der Disziplinarrichter zur Entscheidung über die Frage der rechtmäßigen Gehorsamspflicht berufen; im Verhältnis der städtischen Behörden zu den Aufsichtsbehörden bedarf es jedoch im Streitfalle einer vorherigen Feststellung der Kompetenzgrenzen für die Staatsaufsicht, eventuell im Wege des Verwaltungsstreitverfahrens. Die allgemeine Gehorsamspflicht der Subordination gilt für die städtischen Beamten nur im Rahmen des städtischeu Behördensystems. Danach ist auch für das Disziplinarrecht der Bürgermeister bezw. der Magistrat der oberste Vorgesetzte aller städtischen Beamten. Ein Zweifel könnte nur hinsichtlich der Subaltern- und Unterbeamten der Stadtverordnetenversammlung entstehen. Hier liegt die Versuchung nahe, auf sie die gesetzlichen Sonderbestimmungen, wie sie im Rahmen des Reichs- und Staatsbeamtenrechts für die Beamten des Reichs- und Landtags existieren, analog in Anwendung zu bringen. Dies ist jedoch mangels jedes gesetzlichen Titels unzulässig; nur die Möglichkeit zur Anstellung eines besonderen Protokollführers ist der Stadtverordnetenversammlung durch § 38 St. O. gegeben, was in irgendwie größeren Verhältnissen dem Bedürfnis durchaus nicht genügt. Unter Umständen kann es sich unangenehm fühlbar machen, daß trotz der Koordination beider städtischen Behörden doch die der Stadtverordnetenversammlung beigegebenen Beamten allein dem Magistrat in jeder Beziehung dienstlich untergeordnet sind; aber es ist dies zweifellos der bestehende Rechtszustand.[26])

Als Vorgesetzter aller städtischen Beamten kann der Magistrat die disziplinarischen Ordnungsstrafen des § 15 Disz. G. gegen sie verhängen; und das gleiche Recht steht nach § 58 St. O. dem Bürgermeister zu. Unter diesen Ordnungsstrafen findet sich neben

---

[25]) Vgl. Erk. d. O. V. G. Bd. XII., S. 423, Kamptz, IV. S. 1072; Bd. XIV, S. 415 — Bd. XXVI, S. 412, Kamptz, IV, S. 1074.

[26]) So auch Oertel, S. 241.

Warnung, Verweis und Geldbuße bis zu 9 Mark auch noch immer die gegen Unterbeamte zulässige Arreststrafe bis zu drei Tagen; auch in diesem Punkte sollte sich Preußen endlich seiner Zugehörigkeit zum Reiche erinnern und sein Beamtenrecht nach dem Muster des Reichsbeamtenrechts fortbilden. Daß jedoch dem Bürgermeister ein disziplinarisches Ordnungsstrafrecht, wenn auch nur in Gestalt von Warnungen und Verweisen, auch gegen die Magistratsmitglieder zusteht, ist trotz der entgegenstehenden Rechtsauffassung des Oberverwaltungsgerichts [27]) zu verneinen. Eine ausdrückliche Bestimmung hierüber haben die Kammern aus dem Regierungsentwurf zu § 58 St. O. gestrichen; [28]) demnach kann die fragliche Befugnis nur auf § 18 des Disz. G. in Verbindung mit § 20 der Magistratsinstruktion von 1835 gestützt werden, welcher den Bürgermeister als den unmittelbaren Vorgesetzten der Magistratsmitglieder bezeichnet. Eine solche Stellung widerspricht aber durchaus der Kollegialverfassung des Magistrats, wie sie auf Grund der Städteordnung besteht und durch die ministerielle Instruktion nicht durchbrochen werden konnte. Die Stellung des Vorsitzenden von Kollegien hat aber das Oberverwaltungsgericht selbst treffend dahin charakterisiert, daß er „ohne eine Disziplinargewalt gegen deren Mitglieder zu besitzen, diese auf anderem Wege als durch Ordnungsstrafen zur ordnungsmäßigen Besorgung ihrer Dienstobliegenheiten anhalten muß“. [29]) Von dem Ordnungsstrafrecht der Aufsichtsbehörden war im zehnten Kapitel die Rede.

Je unbestimmter der gesetzliche Tatbestand des Disziplinarvergehens ist und sein muß, um so notwendiger ist eine Rechtsgarantie durch die gesetzliche Ordnung des Verfahrens und die Art der zur Entscheidung berufenen Behörden. In dieser Hinsicht bedeutet die Zuständigkeit, wie sie durch § 20 Z. G. und in seiner weiteren Ausführung durch das Gesetz vom 8. Mai 1889 betreffend das Disziplinarverfahren vor dem Oberverwaltungsgericht geordnet ist, für die städtischen Beamten einen entschiedenen Fortschritt gegenüber dem staatlichen Amtsrecht auf Grund des Disziplinargesetzes von 1852. Auch gegen die disziplinarischen Ordnungsstrafen ist danach, im Gegensatz zu § 21 Disz. Ges., der Rechtsweg eröffnet, wenn auch

---

[27]) Erk. vom 7. Dez. 1892, Bd. XXIV, S. 413; Kamptz IV, S. 1095.

[28]) Vgl. Hübner, S. 221.

[29]) Erk. vom 28. Okt. 1893, Bd. XXV, S. 416.

erst nach fruchtloser Beschwerde beim Regierungspräsidenten; die Klage gegen dessen Beschluß geht an den ersten Senat des Oberverwaltungsgerichts. Für das formelle Disziplinarverfahren, das gegen städtische Beamte nur die Strafe der Dienstentlassung oder die Zwangspensionierung zum Ziele haben kann,[30]) ist das Verwaltungsstreitverfahren vor dem Bezirksausschuß als erster und dem Disziplinarsenat des Oberverwaltungsgerichts als zweiter und letzter Instanz vorgeschrieben. Über die Frage, ob diesen verwaltungsgerichtlichen Erkenntnissen gegenüber noch § 47 Disz. G. wegen der königlichen Bestätigung anwendbar ist, ist schon früher (S. 330 fg.) gesprochen worden.[31]) Die Einleitung des Disziplinarverfahrens kann nur seitens der staatlichen Aufsichtsbehörden verfügt werden, die auch den Untersuchungskommissar und den Vertreter der Staatsanwaltschaft zu bestellen haben. Dagegen kann die durch § 48 fg. Disz. G. unter gewissen Voraussetzungen vorgeschriebene Amtssuspension bei Gefahr im Verzuge gemäß § 54 auch von dem Bürgermeister vorläufig veranlaßt werden. Schon die Suspension zeitigt insofern auch vermögensrechtliche Folgen, als dem Beamten die Hälfte seines Gehalts vorenthalten wird; aber erst das rechtskräftige Erkenntnis entscheidet definitiv über den Verlust der Gehalts- und Pensionsansprüche oder die Nachzahlung des zurückbehaltenen Gehaltsteils.[32]) Völlig geht also auch während des Disziplinarverfahrens der Beamte seiner Alimentation nicht verlustig; ja, es kann ihm sogar auch bei Verurteilung zur Dienstentlassung nach § 16 Disz. G. ein Teil seiner erdienten Pension dauernd oder auf gewisse Jahre als Unterstützung gelassen werden. Eine ganze Reihe von Ministerialreskripten[33]) sucht diese milde Bestimmung möglichst einschränkend zu interpretieren, wobei sie jedoch wohl nur die auf Staatskosten zu gewährende Unter-

[30]) Über die Notwendigkeit, die Strafe der Entfernung aus dem Amte und die Versetzung in den Ruhestand wegen Dienstunfähigkeit trotz der Gleichheit des Verfahrens streng auseinander zu halten vgl. das Erk. des O. V. G. vom 30. Oktober 1889 Bd. XVIII, S. 429, Kamptz, Bd. IV, S. 1099.

[31]) Bejaht man jedoch diese Frage, so ist kein Anhalt für eine Unterscheidung zwischen einem rechtskräftig gewordenen Erkenntnis des Bezirksausschusses und einem endgiltigen Urteil des O. V. G. So Schoen, S. 159, Oertel, S. 583; anderer Meinung, Leidig, S. 163.

[32]) Daß auch bei einer nachträglichen Freisprechung im Wiederaufnahmeverfahren der einbehaltene Gehaltsteil nachzuzahlen ist, erscheint als selbstverständlich; so auch Erk. d. R. G. vom 22. Okt. 1888, Zivils. Bd. XXII, S. 40.

[33]) Siehe dieselben bei Kautz und Appelius, S. 287 fg.

stützung im Auge haben, nicht die etwa städtischen Beamten auf Kosten der Stadt zuerkannte.

Mag immerhin das Disziplinarforum erster Instanz, der Bezirksausschuß, noch immer nicht die vollen Garantien eines wahren Gerichts bieten, so liegt doch in der Tatsache, daß an letzter Stelle über die organschaftlichen Rechte der städtischen Beamten das Oberverwaltungsgericht statt des Disziplinarhofs und des Staatsministeriums entscheidet, ein Wahrzeichen dafür, daß bis auf den heutigen Tag das städtische Amtsrecht seine spezifisch publizistische Überlegenheit dem Staatsbeamtenrecht gegenüber behauptet hat. Nach der privatrechtlichen und wirtschaftlichen Seite hin konnte für die städtischen Beamten aus einer Annäherung an die Verhältnisse des Staatsdienstes, wie sie das Kommunalbeamtengesetz namentlich durch die obligatorische Reliktenversorgung gewährte, wohl ein Vorteil erwachsen; nach der publizistischen Seite hin muß in einer solchen Annäherung, wie sie leider in anderen Bestimmungen des Kommunalbeamtengesetzes liegt, für das städtische Amtsrecht stets die Gefahr der Rückbildung erblickt werden. Die ungerechtfertigten Hemmungen und Beschränkungen, welchen die Städte in der Handhabung ihrer Disziplinargewalt über ihre Beamten durch eine zur Bevormundung übertriebene Staatsaufsicht unterworfen werden, sind gewiß von Übel und bedürfen der Beseitigung durch die fortschreitende Entwicklung des Rechtsstaates; aber schlimmer als das Übel selbst und ein verhängnisvoller Rückschritt der rechtsstaatlichen Entwicklung wäre es, wenn eine Abhilfe durch die Herabdrückung des städtischen Amtsrechts in die täuschenden Formen des Privatrechts versucht würde, wie das Kommunalbeamtengesetz mit solchen Versuchen schon begonnen hat. Während sich das Recht der Staatsbeamten nur mühsam und allmählich aus den privatrechtlichen Formen eines fürstlichen Bediententums befreit hat, ist das städtische Amtsrecht ein von Haus aus organisch publizistisches Rechtsverhältnis. Die immer stärkere und reinere Herausarbeitung der organisch publizistischen Natur entspricht der immanenten Entwicklungstendenz des modernen Amtsrechts überhaupt im Geiste des Rechtsstaats, dessen erste Schöpfung in Preußen und Deutschland die Städteordnung von 1808 und ihr Amtsrecht gewesen ist.

Alphabetisches Sachregister.

A.

B.

Kolibri 360 GmbH
Ferdinand-Jühlke-Straße 7
99095 Erfurt, Deutschland
produktsicherheit@kolibri360.de